教育部人文社会科学重点研究基地　学术丛书
黑龙江大学俄罗斯语言文学与文化研究中心

现代语言符号学

王铭玉　等著

2013年·北京

《现代语言符号学》作者：

王铭玉　　陈　勇

金　华　　吕红周

序

2004年我曾为王铭玉教授的《语言符号学》一书写过序[①]。在该序中,我表达了如下观点:王铭玉教授自1993年起即开设符号学课程,是我国从事符号学研究的先驱者;他在该书中充分肯定了索绪尔对建立当时"还不存在"的这门学科的预见性,以及索绪尔从符号学的视角奠定了结构主义语言学的理论基础和方法;介绍了索绪尔、皮尔斯等八位学者的有关理论;对符号的12个具体范畴或特征做了介绍和讨论;对中国符号学研究二十年的发展做了小结。

我万万没有想到才过了八年时间,在众多佳篇新著中,《现代语言符号学》书稿映入我的眼帘,书稿作者就是当年冲锋陷阵的王铭玉教授!赞叹之余,我开始琢磨起这"现代"一词该如何理解?具体说,本书有哪些新意或亮点?

翻阅书稿,我最大的感受是作者能鲜明地亮出自己的观点,在第一编中作者不但概略介绍了语言符号学的基本内容,并且清楚说明我们采取了双重意义学派的符号观,认为符号具有物质性,并且能传递一种本质上不同于载体本身的社会信息。符号既然具有"物质性",那它就不仅仅是声音意象;符号能传递社会信息,那就得探讨社会是如何"约定俗成"的。其次,作者按照指谓关系把符号概括为五大类,即征兆符号、象征符号、信号符号、语言符号和替代符号,这就修正了皮尔斯的传统观点。第三,作者指出现代符号学理论思想主要有自然科学、人文社会科学、现代哲学和现代语言学四大来源。第四,语言符号学不能简单地理解为语言学与符号学的加和,它同时也包含语言哲学和文学理论等领域的内容。

[①] 胡壮麟:"'王铭玉著:《语言符号学》'序",高等教育出版社,2004年5月。

反映作者对符号学研究新视角的是本书的第二编：现代语言符号学的思想渊源。类似的内容在2004年一书中是在第三章按索绪尔、皮尔斯、莫里斯、巴特、艾柯、雅各布森、巴赫金和洛特曼共八人分别介绍的。在本编中则分为十章，按各种思想和理论逐个讨论，如最能代表上述学者理论贡献的符号系统观与语言符号观，符号的三位一体与分类，符号学的三个世界与论域类型，符号的二元分析与多元解读，符号的代码理论及生产理论，符号的功能系统与双向模式，符号的性质及对话理论，模式系统与符号域。在本书中作者还谈到了过去没有充分讨论的符号的互文性与解析符号学，符号的结构语义分析与叙事语义分析。所有这些说明，一方面在治学方面我们应该对事不对人，了解各种理论的优势和不足；一方面我们应该在符号学研究中推陈出新，加速学科研究的建设和发展。

作者在与本人的交流中谈到《现代语言符号学》除梳理历史、构建体系和打造基础外，重点放在指导语言现象的层次分析上。这就是本书第三、四、五编的主要内容，即篇章符号学研究、句层符号学研究和隐喻符号学研究。显然，在层次上作者采取了自上而下的路子，反映了当代语言学研究中以语篇为本的思想。

从事符号学研究的学者，包括本书作者都承认开创现代符号学研究的两位先驱索绪尔和皮尔斯所作的贡献，但也无法回避两位先驱者在理论上的截然对立，以致国内一些研究人员有时会为支持其中之一的观点而争论不休。从第三编的内容看，我发现本书作者在建立自己的理论框架中，力图在索绪尔和皮尔斯两者之间取得平衡，只是操作的天平似乎向后者倾斜了一些。例如，尽管作者保住了索绪尔的组合和聚合理论，作者对"篇章"的重视是索绪尔不屑一顾的。又如，本章中的表达和内容两个平面及实体和形式两个层次的论述是继承索绪尔的叶尔姆斯列夫的结构主义理论或形式主义理论，但本编中的"语境"，如篇内语境、逻辑语境、篇外语境和认知语境及其形态又是典型的功能主义理论，由此引发的语用连贯更使人联想起皮尔斯。可以说，作者认识到对符号的产生、理解和应用离不开人与社会的观点是旗帜鲜明的，作者也没有回避这些对立，而是力图在新框架中整合这些对立，是一个大胆的创新者。

作者在第四编"句层符号学研究"中也有许多新的见解。如果说索绪尔符号学的能指——所指观主要体现在词语层次上和他的组合观或结构观主要体现在句子层面上,那么,本书作者的广义层次观基本上包括了语言的准符号层次(以音位为中心)、语言的符号层次(以词为中心)和语言的超符号层次(以句子为中心),但作者没有就此止步。作者认为,符号学的语构、语义、语用三分法是句子意义研究的基石。意义是语言表达的中心,句法是表现意义的手段,语用则是把握语义句法组合所传递信息的外在因素。作者下面一句话更为精彩:"可以说,从符号学三平面出发来研究句子的意义是当代语言学的重要趋势,三者相互结合,突破了结构主义的桎梏,符合当代语言学发展的脉络,更符合社会科学中提倡人本中心主义的诉求。"这样,我们对"现代"一词有了进一步的更加丰满的理解。

按常理来说,语言自上而下的层面应该是语篇、句子和词语,作者在第三编和第四编中讨论了语篇和句子两个层面后,在第五编满以为会讨论词语,但作者把讨论的主题定为"隐喻符号学研究",令人叫绝!我认为原因有二,一则作者主要讨论的是符号学,二则隐喻更能说明符号产生的实质和过程。在一次符号学会议上,我曾发表过这样的观点:如果我们讨论能指和所指的关系把任意性放在第一位,那有关语言学和符号学的一切研究都将是徒劳的。那么,人们为什么还要研究呢?本书作者就相似性和象似性的讨论回答了这个问题。用作者的话说,"我们的目的是在前人研究成果的基础上,试图用符号学的一般方法论原理对隐喻问题进行符号学阐释,……深入到语言的具体问题,发挥符号学方法论的解释力。"这就是说,作者的根本目的是实现符号学和语言学的"联姻"。在本编中,作者论述了语言符号系统的表达层、内容层、功能层的区分,人的思维活动的动态性、开放性、理据性,建构隐喻的施喻者和解读隐喻的受喻者的主体因素,等等,都是为了说明和加强两者的联系。

最后,我顺便谈一下作者在本书中提到的但尚未充分展开的一个观点,那就是:"语言符号的象似性问题对应于符号的任意性,象似性与任意性是语言符号性质的两极,在任意性与象似性之间存在着一个模糊渐进的中间区域,而并非除了象似性就是任意性。"作者在这里所说的"模糊渐进的中间区域"源自逻辑学的"内在居中逻辑"(the logic of included middle)。我们知道亚里士多德逻辑中没有中间状态,然而这种中间状态确实是现实世界的一部分。这个包含中间状态的逻辑在数学上已得到证明,可解释各种复杂性现象。因此,处于许多社会、经济和政治研究机关底层的非此即彼的二元逻辑已不能包括和应对所有人类所处情境，不能回答和解决人类社会和世界中的许多问题。基于这个原因，研究人员的注意力已从20世纪兴起的学科交叉研究进入超学科研究(transdisciplinarity)。超学科模式关注的是利用"学科间跨学科和超越所有学科"的知识，求得知识和存在的统一，以了解当前世界。[①] 我们之所以在这里强调"内在居中逻辑"，在于长期以来符号学研究者只满足于在索绪尔和皮尔斯之间站队，很少考虑世界是复杂的，人对世界理解的过程也是复杂的。我们应当把注意力放在如何解决符号学研究中存在的复杂问题，才能取得成果，才能创新，才能前进。

总的来说，本书对了解符号学的来龙去脉很有帮助，是一本难得的读本。其次，本书对如何从事符号学研究，给我国学者带来不少启示和灵感，让研究者们在纷繁的意义系统中，抓规律、找趋势、选择最佳可能性，并结合汉语符号和中国文化的特点为符号学研究注入新鲜血液。

非常感谢本书作者，把我这个八十老汉拉了一把，让我跟着我国符号学的研究队伍继续向前走。

胡　壮　麟

北京大学外国语学院

2012年2月17日

[①] Nicolescu, Basarb, *Manifesto of transdisciplinarity*. Albany, NY: State University of New York Press, 2002: p. 44, p. 56.

目　　录

第一编　语言符号学概论

第一章　语言符号学的学科定位 …………………………………… 3
　第一节　关于符号 ……………………………………………………… 3
　第二节　关于符号学 …………………………………………………… 7
　第三节　关于语言符号学 …………………………………………… 14
第二章　语言符号学的方法论基础 ………………………………… 19
　第一节　结构主义的态度 …………………………………………… 19
　第二节　二元对立的研究方法 ……………………………………… 22
　第三节　常体和变体的二分观念 …………………………………… 25
　第四节　组合和聚合的二维思想 …………………………………… 29
　第五节　符号学三分法原理 ………………………………………… 32
本编小结 ………………………………………………………………… 35

第二编　现代语言符号学的思想渊源

第一章　符号的系统观与语言符号观 ……………………………… 41
　第一节　索绪尔的语言系统观 ……………………………………… 42

第二节　索绪尔的语言符号观 …………………………………… 46
第二章　符号的三位一体与分类 ……………………………………… 50
　　第一节　皮尔斯的"三位一体"思想 …………………………… 51
　　第二节　皮尔斯的符号分类思想 ……………………………… 53
第三章　符号学的三个世界与论域类型 …………………………… 58
　　第一节　符号学的三个世界 …………………………………… 58
　　第二节　符号的论域类型 ……………………………………… 60
第四章　符号的二元分析与多元解读 ……………………………… 64
　　第一节　符号的二元分析 ……………………………………… 64
　　第二节　符号的多元解读 ……………………………………… 72
第五章　符号的代码理论及生产理论 ……………………………… 76
　　第一节　代码理论 ……………………………………………… 78
　　第二节　符号生产理论 ………………………………………… 83
第六章　符号的功能系统与双向模式 ……………………………… 86
　　第一节　符号的功能系统 ……………………………………… 88
　　第二节　符号的双向模式 ……………………………………… 94
第七章　符号的性质及对话理论 …………………………………… 107
　　第一节　符号的性质 …………………………………………… 108
　　第二节　关于对话理论 ………………………………………… 113
第八章　符号的模式系统与符号域 ………………………………… 119
　　第一节　符号的模式系统 ……………………………………… 120
　　第二节　符号域 ………………………………………………… 122
第九章　符号的互文性与解析符号学 ……………………………… 127
　　第一节　符号的互文性 ………………………………………… 128
　　第二节　解析符号学 …………………………………………… 139
第十章　符号的结构语义分析与叙事语义分析 …………………… 146
　　第一节　巴黎符号学学派 ……………………………………… 147
　　第二节　格雷马斯的语义学分析理论 ………………………… 148
本编小结 ………………………………………………………………… 160

第三编　篇章符号学研究

第一章　走向篇章的符号学研究 ················· 165
　第一节　篇章的符号学地位问题 ················· 165
　第二节　篇章的符号学特征 ····················· 176
　第三节　关于篇章的聚合分析和组合分析 ········· 190
第二章　篇章的聚合分析 ······················· 202
　第一节　篇章整体的相关研究 ··················· 203
　第二节　篇章整体表达平面的实体层——外部材料 · 206
　第三节　篇章整体表达平面的形式层——内部构造 · 213
　第四节　篇章整体内容平面的实体层——实指信息 · 220
　第五节　篇章整体内容平面的形式层——内容结构 · 225
第三章　篇章的组合分析 ······················· 249
　第一节　语境与连贯性 ························· 249
　第二节　篇内语境与语形连贯 ··················· 252
　第三节　逻辑语境与逻辑连贯 ··················· 263
　第四节　篇外语境与语用连贯 ··················· 284
　第五节　认知语境与认知连贯 ··················· 293
本编小结 ····································· 305

第四编　句层符号学研究

第一章　句子的符号学研究 ····················· 311
　第一节　关于语言符号的层次 ··················· 311
　第二节　句子的符号学定义 ····················· 315
　第三节　句子意义的符号性:词汇语义学证据 ····· 318
　第四节　句子的语言符号学地位 ················· 325
　第五节　句子符号研究的基本范式 ··············· 328
　第六节　句子符号的意义研究 ··················· 335

第二章　语言符号研究的层次观 338
　第一节　层级性：语言符号性的体现 339
　第二节　语言符号的结构层次与意义层次 346
　第三节　句子意义的层级性 368
第三章　句子意义层级的语言符号学模型 383
　第一节　句子符号意义层级的分析模型(ИМЗП) 384
　第二节　句子意义的符号化模型 412
本编小结 434

第五编　隐喻符号学研究

第一章　隐喻研究的多重向度与困境 439
　第一节　隐喻研究的多重向度 439
　第二节　隐喻多重向度研究的困境 461
　第三节　走向符号学的隐喻研究 473
第二章　隐喻生成的静态基础——符号间的相似性 494
　第一节　符号间的相似性 494
　第二节　符号象似性 500
第三章　隐喻生成的动态机制——符号间相似性的构建 508
　第一节　隐喻建构过程中的主体考察 509
　第二节　符号间相似性的构建形式 517
　第三节　隐喻的特征 523
第四章　隐喻生成的结果与符号学解读 528
　第一节　语言符号的系统性与层级性研究 528
　第二节　符号学视角下的隐喻意义 550
本编小结 564

参考文献 570
重要人名索引 593
跋 600

第一编

语言符号学概论

第 一 章

语言符号学的学科定位

第一节 关于符号

  人类从远古时代起就努力寻找能帮助他们协同行动的手段,为此人类在发展的早期阶段就想出了交换各种符号的方法。初民最先使用的是手势、表情、含糊不清的叫声等最简单的符号,然后依次出现了口头言语、口语、书面语。由于符号媒质的介入,人类对外界刺激的反应就不再是本能的、被动的,而是积极的、自觉的、主动的。原因在于,符号系统可以使人从已有的情景中解放出来,与现实保持一定的距离,主动地进行思考,延迟做出反应。这样,人就可以不但根据经验和直接需要来生活,而且根据想象与希望来生活。借助于符号系统,转瞬即逝的感觉印象被组织化和条理化,思维中的操作才有依托,才能在操作中渗入以往的经验和对未来的想象[1]。无论从整个人类的文化进化来看,还是从个体的成长来看,能够意识到任何事物不仅是自身而且可以是潜在的符号,符号所代表的是不同于本身的他物含义,确实是一个了不起的进步,也是一件相当困难的事情。人类经过了漫长的岁月才自觉地摆脱了实物性操作的束缚,进展到用符号思维的符号操作[2]。

  符号在使人摆脱实物性操作束缚的过程中发挥着强大的认知和交际功能。一方面,人类对客观世界的认知离不开符号,符号是人类认知客观世界的

---

[1] 王铭玉:《语言符号学》,高等教育出版社2004年版,第4页。
[2] 同上,第3—4页。

工具，如数学演算过程离不开数学符号的广泛运用；同时也是人类认知客观世界的结果，如语言符号、服装符号、建筑符号等符号系统的创立都是人类认知的卓越成果。另一方面，符号正是为适应人们的交流需要而产生的，人们的交际离不开符号。无论是传递客观信息，还是表达主观情感，人们在编码和解码过程中都必须借助于符号工具。从符号学的意义上说，人类的交际行为是指人们运用符号传情达意，进行人际间的信息交流和信息共享的行为协调过程[1]。正是符号这种强大的认知和交际功能，使得符号在人类生活的各个领域逐渐扩张开来。可以说，"在我们的生活中，存在着形形色色的符号，每一个人时时刻刻也在使用着各种符号"[2]；"人生活在符号的世界里，运用符号，在一定的场合下自己似乎也成了符号"[3]，如人的步伐、身材特点、嗓音音色、发型等都足以成为识别熟人的符号特征。也正是看到了符号在人类生活中的广泛存在，20世纪德国哲学家卡西尔(E. Cassirer,1874—1945)在《人论》中明确指出，从人类文化的角度看，"符号化的思维和符号化的行为是人类生活最富有代表性的特征"[4]，可以把人定义为符号的动物。

那么，究竟什么是符号呢？古往今来，众多学者对符号给出了各自不同的定义。古罗马哲学家圣·奥古斯丁(St. Augustine,354—430)认为：符号是这样一种东西，它使我们想到在这个东西加诸感觉的印象之外的某种东西。美国哲学家、符号学家皮尔斯(Ch. Peirce,1839—1914)认为：符号是在某些方面或某种能力上相对于某人而代表某物的东西。美国哲学家、符号学家莫里斯(Ch. Morris,1901—1979)认为：一个符号代表它以外的某个事物，并从行为科学的角度，对符号做出更为精确的表述：如果任何事物 A 是一个预备刺激，这个预备刺激在发端属于某一行为族的诸反应序列的那些刺激—对象不在场的情况下，引起了某个机体中倾向于在某些条件下应用这个行为族的诸反应序列去做出反应，那么，A 就是一个符号。意大利符号学家艾柯(U. Eco,1932—)认为：我建议将以下每种事物都界定为符号，它们依据事先确立的社会规范，从而可以视为代表其他某物的某物。法国符号学家巴特(R. Barthes,1915—1980)对

---

[1] 黄华新、陈宗明：《符号学导论》，河南人民出版社2004年版，第50页。
[2] 王红旗：《生活中的神秘符号》，中国华侨出版公司1992年版，自序。
[3] В. Н. Агеев, Семиотика. М.,2002: с. 8.
[4] 卡西尔著，甘阳译：《人论》，上海译文出版社2004年版，第38页。

符号的看法较为特殊：自有社会以来，对实物的任何使用都会变为这种使用的符号。日本符号学家池上嘉彦认为：当某事物作为另一事物的替代而代表另一事物时，它的功能被称之为"符号功能"，承担这种功能的事物被称之为"符号"。苏联语言符号学家济诺维耶夫（А. А. Зиновьев，1922—2006）认为：符号是处于特殊关系中的事物，其中没有，而且也不可能有任何思想的东西……符号的意义因而并不表现在它本身上，而是在符号之外。苏联心理学家列昂季耶夫（А. А. Леонтьев，1936—2004）认为：符号既不是真实的事物，也不是现实的形象，而是概括了该事物功能特征的一种模式。

可见，符号的定义是多种多样的，不同学术背景的学者定义符号时虽关注的角度并不相同，但总体而言大同小异。我们认为，所谓符号，是指对等的共有信息的物质载体。符号成其为符号，必然具备四个方面的重要特征。其一，符号具有物质性。任何符号只有是一种物质符号，它才能作为信息的载体被人所感知，为人的感官所接受。当然，物质符号可以是有声符号，如古战场上的击鼓与鸣金、欢迎国宾时的礼炮、各种有声语言等；物质符号也可以是光学符号，如各种体系的文字、手势语、哑语以及各种书面语言的替代符号（数码、电报、速记、信号、标记、公式等）。其二，符号具有替代性。任何符号都能传递一种本质上不同于载体本身的信息，代表其他东西，从而使自身得到更充分的展开，否则就没有意义，不成其为符号。这种新的信息，可能是另外的事物或抽象的概念，如用镰刀和锤子表示工农政党力量，用 V 字形代表胜利。这样就可以用符号代替看不见、听不到的事物、思想，从而超越时间、空间的限制，使抽象的概念能以具体事物作为依托。其三，符号具有约定性，传递一种共有信息。符号是人类彼此之间的一种约定，只有当它为社会所共有时，它才能代表其他事物。至于约定的范围，可以是全人类的，也可以是一个国家或一个民族、一个团体，甚至只限于两个人之间；这种约定的时效，则可以通过继承人、中继人的传递，跨越一个相当漫长的时期。其四，符号具有对等性。任何符号都由符号形式与符号内容构成，形式与内容之间是"对等"的关系。在这种关系中，形式与内容不是前后相随，而是联合起来，同时呈现给人们。举一束梅花为例。可以用梅花表示坚贞，这时，这束梅花就是符号形式，坚贞就是符号内容，梅花当然不等于坚贞，用梅花表示坚贞，绝不能解释为先有梅花，而后引起坚贞，恰恰相反，两者被联合起来，同时呈现给人们。符号形式与符号内容之间对等、联合、同时呈现的关系,就使这束梅花变成了一个符号①。

　　关于符号的类型,学界有着各种各样的划分方式。艾柯将符号分为三大类:自然事件类,人们用此类中的项目进行认知活动;人为符号类,人们用此类中的项目与他人通信;古意性(或废弃性)和诗意性符号类,这是文艺性表现的特殊活动。每一大类下辖多个子类,如自然事件类符号包括症状、斑迹、痕迹、姿势动作;人为符号类包括态度、标记、线条图形(信号)、图形表达(符号)、图像、语词符号、视觉图符、象征图符、形象符号;古意性(或废弃性)和诗意性符号类包括武器、旗帜、(古意的)造型图画、雕像、(古意的)星星、星相、黄道十二宫等;(废弃的)实验尿管、一些独立短语(如"正好"等),被看做隐蔽意志、天意、命运、魔力的自然事件②。皮尔斯根据"符号—对象—解释项"三项提出了三种得到确认的符号三分法模式:按单子式(即非关系式,符号为其本身)可分为性态、型例和原型;按二项式关系(即符号与对象的关系)可分为象似符、索引符和象征符;按三项式关系(即符号、对象与解释项的关系)可分为单词符号、命题符号和论证符号。其中,第二种三分法模式在学术界得到了最为广泛的认可:象似符与其对象具有象似性关系;索引符与其对象之间具有依存性、因果性关系;象征符与对象之间没有象似性或依存性关联,两者之间是按人为规则确定的一种任意性关系。莫里斯根据符号在四个方面的使用将符号分为指谓符号、规定符号、评价符号和形式符号,分别回答"对象是什么"、"应做什么"、"对象好坏"、"事物在一个符号复合体中如何被意谓"的问题。指谓符号,即意谓一个刺激对象的性质的符号,此时,解释者倾向于做出的反应序列以具有某些特性的对象结束;规定符号,即意谓对某一反应序列的要求的符号,此时,解释者倾向于做出某些反应序列而不倾向于做出其他的反应序列;评价符号,即意谓某事物引起喜爱行为的符号,此时,解释者倾向于愿意对对象做出反应;形式符号,即意谓某事物在一个符号复合体中是怎样被意谓的,它作为一种预备刺激影响解释者对某个事物的反应倾向。美国符号学家西比奥克(Th. Sebeok,1920—2001)秉持一般符号学和泛符号学思想,面向自然界和社会中的一切现象,按符号来源和通信信道性质两个标准对符号做出了两种分

---

① 王铭玉:《语言符号学》,高等教育出版社2004年版,第14—15页。
② 李幼蒸:《理论符号学导论》,社会科学文献出版社1999年版,第478—479页。

类。按符号来源将符号分为无机物和有机物两大类,其中无机物分为自然的和人为的,有机物分为非地球的和地球的(包括人类和动物)。按通信信道性质将符号分为"物"和"能",其中"物"分为气态、液态和固态,"能"分为化学的(下分近的和远的两类)和物理的(下分光学的、触觉的、声学的、电子的、热学的以及其他六类)。《语言符号学》(2004年)一书分别从指谓关系(以符号的形式与符号内容的关系性质为依据)、主客观关系(以符号的主、客观性质关系为依据)和符号思维关系(以符号思维的方式为依据)三个方面总结了三种符号分类体系。按指谓关系可分为征兆符号、感应符号、象征符号、语言符号、替代符号。按主客观关系分类包括客观性质的逻辑分类、主观性质的美学分类和兼有主客观性质的社会分类三个角度。其中,客观性质的逻辑分类包括伴随语言型代码、实用型代码、认知型代码、预言型代码;主观性质的美学分类包括艺术文学类符号、象征主题类符号、叙述结构类符号;兼有主客观性质的社会分类包括标记型符号和代码型符号。按符号思维关系则分出了机械性符号、抽象性符号和创造性符号三种类型[①]。

第二节 关于符号学

符号学在俄语中有两种表示法:Семиотика 和 Семиология,前者源于美国逻辑学家、哲学家、自然科学家皮尔斯在19世纪60年代最先提出来的符号学学科名称 Semiotics,后者则源于现代语言学奠基人、瑞士语言学家索绪尔(F. de Saussure,1857—1913)在19世纪末20世纪初提出的 Sémiologie。这两位学者在该领域的相关研究和相关思想随之成为现代符号学思想发展的源头。现代符号学成为一门正式学科则是20世纪60年代的事,其标志事件是:在雅各布森(P. O. Якобсон,1896—1982)、本维尼斯特(Émile Benveniste,1902—1976)和列维-斯特劳斯(Cl. Lévi-Strauss,1908—2009)等人的努力下,1969年在巴黎成立了国际符号学研究联合会(IASS),并开始出版联合会定期刊物《符号学》。符号学诞生之后,迅速在人文社会科学领域获得了应有的位置,以至于"符号学之于语言学和其他社会科学的重要性就如同物理学之于自然科

[①] 王铭玉:《语言符号学》,高等教育出版社2004年版,第15—31页。

学一样"①。

1. 现代符号学溯源

皮尔斯和索绪尔先后独立地提出了符号学的构想,两人各自不同的哲学和文化背景使两人在符号学术语的使用、符号学基本概念的理解方面处于对立的状态。索绪尔设想的符号学是"研究社会生活中符号生命的科学;它将构成社会心理学的一部分,因而也是普通心理学的一部分;我们管它叫符号学。它将告诉我们,符号是由什么构成的,受什么规律支配。因为这门学科还不存在,我们说不出它将会是什么样子,但是它有存在的权利,它的地位是预先确定的。语言学不过是这门一般科学的一部分,将来符号学发现的规律也可以应用于语言学,所以后者将属于全部人文事实中一个非常确定的领域"②。皮尔斯理解的符号学是"关于潜在符号化过程所具有的根本性质及其基础变体的学问",这里的符号化过程是指"一种行为,一种影响,它相当于或包括三项主体的合作,诸如符号、客体及其解释因素,这种三相影响,无论如何,不能分解为偶对因素之间的行为"③。皮尔斯在《皮尔斯哲学著作》中认为:"逻辑学,我认为我曾指出过,就其一般意义而论,只不过是符号学的另一种说法而已,符号学是关于符号的几乎是必然的和形式的学说。在把这门学科描述成'几乎是必然'或形式的学科的时候,我注意到,我们是尽了我们之所能来观察这些特征的,而且,根据这些观察,并借助于我愿称之为抽象活动的一种过程,我们已经到了可以对由科学才智使用的各类符号的特征进行十分必要的判断的时候了。"④显然,索绪尔注重符号的社会功能和语言功能,而皮尔斯注重符号的逻辑功能。

索绪尔的符号学定义认为能指和所指间的关系奠定在规则系统的基础之上,这种规则系统相当于"语言",换言之,一般认为索绪尔大体上只把背后有明确代码的符号体系看做符号学的对象,就此而言,索绪尔的符号学似乎是一种刻板的意指符号学。然而将符号学视为交流理论的人基本上仰仗于索绪尔

---

① Е. Курилович, *Лингвистика и теория знака.* // Звегинцев В. А. История языкознания XIX—XX веков в очерках и извлечениях. Часть II. М. ,1965:c. 423.
② 索绪尔著,高名凯译:《普通语言学教程》,商务印书馆1996年版,第37—38页。
③ 艾柯著,卢德平译:《符号学理论》,中国人民大学出版社1990年版,第17页。
④ 向容宪:"符号学与语言学和逻辑学",《贵州师专学报》(社会科学版),1998年第1期。

的语言学，这一点绝非偶然。那些赞同索绪尔的符号学概念的人，严格区分开有意图的人工措施（他们称之为"符号"）和其他自然或无意的表现形式，后者严格讲不配这样一种名称。而皮尔斯认为，符号就是"在某些方面或某种能力上相对于某人而代表某物的东西"[1]，与索绪尔不同的是，作为符号定义的组成部分，它并不要求具备那些有意发送和人为产生的属性[2]。一般认为，索绪尔的符号学定义看重符号的社会性，而皮尔斯则看重符号一般意义的逻辑[3]。按照穆南（G. Mounin, 1910—1993）的说法，索绪尔的符号学是以基于代码的传达为对象的"传达符号学"，皮尔斯的符号学则是以语义作用本身为对象的"语义作用符号学"，而"有效的传达"和"创造性的语义作用"被认为是语言符号两个方面的典型特征。俄罗斯语言学家乌斯宾斯基（Б. А. Успенский, 1937—）认为，索绪尔和皮尔斯的符号学理论体系分别归属于作为符号系统的语言的符号学（семиотика языка как знаковой системы）和符号的符号学（семиотика знака），两者确定了符号学的两个主流方向：语言学方向和逻辑学方向[4]。这两种方向分别对应于我们绪论中提到的现象学范式和逻辑学范式。紧随索绪尔的叶尔姆斯列夫（L. Hjelmslev, 1899—1965）建立的语符学理论（glossematics）、起源于苏联文学理论家普洛普（В. Я. Пропп, 1895—1970）的叙事学研究、在俄罗斯语文学传统基础上产生的莫斯科—塔尔图学派（Московско-тартуская школа）的文化符号学研究以及法国人文科学话语符号学的研究应属于第一个方向；而莫里斯的符号分类学思想、西比奥克（Th. Sebeok）的泛符号学思想、艾柯的一般符号学理论基本上归属于第二个方向。

　　从另一个方面来看，索绪尔接受的是将语言看做先天理性（трансцендентальный язык）的本质属性的笛卡尔（R. Descartes）哲学，因此，索绪尔将语言理解为活动的产物，而不是活动本身，由此体现出其对语言系统性的关

---

[1] 试比较莫里斯对符号的理解："某物之所以是一种符号，只是因为它由某一解释者解释成某物的符号……那么，符号学就不是热衷于研究特殊，而是关注普通客体；这一点是在（而且仅仅是在）它们参与符号化过程的程度上立论的"（艾柯著，卢德平译：《符号学理论》，中国人民大学出版社1990年版，第18页）。而雅各布森则强调符号的可感知性（或物质性）和可解释性（或可理解性）。

[2] 艾柯著，卢德平译：《符号学理论》，中国人民大学出版社1990年版，第17页。

[3] 乐眉云："索绪尔的符号学语言观"，《外国语》，1994年第6期。

[4] Б. А. Успенский, Избранные труды. Т. 1. Семиотика истории. Семиотика культуры. М., 1994: с. 40.

注。而皮尔斯和莫里斯及其后来者正好相反,认为索绪尔的观点将人与其他生物界割裂开,并对进化理论持怀疑态度。因而,美国符号学的主要任务是指出,动物和人的指谓过程(процесс означивания)是如何发生的。这样就可以理解,为何西比奥克主要研究的是动物界的符号化过程(семиозис),并由此奠定了一门新学科——动物符号学(зоосемиотика)的基础。简言之,美国符号学家的研究目的在于"描写低到动物的符号活动,分析一系列对于人进行指谓活动而言必须而足够的变体系列(набор модификаций),也就是解释语言的起源……他们试图描写作为动物和人的活动、作为过程而不是结果、作为功能而不是系统的符号过程"①。而欧洲的符号学家则很少涉及这个领域(本维尼斯特的一篇文章《动物世界的交际和人类语言》例外)。

2. 符号学的边界

由于对"什么是符号学"这一本源性问题的模糊认识,符号学在现阶段正承受着本体论上的巨大压力:综观符号学家的研究,符号学几乎渗透到了人文科学和社会科学,甚至自然科学的所有领域。斯捷潘诺夫(Ю. С. Степанов,1930—)指出:"符号学的对象遍布各处:语言、数学、文学、个别文学作品、建筑学、住房设计、家庭组织、无意识过程、动物交际和植物生命中。"②而研究对象的无限扩张对于一门学科来说则是一种致命的打击。在这方面,美国逻辑学家和符号学家莫里斯认为符号学是关于所有符号的科学,认为符号学不仅提供了一种丰富的语言来统一关于某个主题领域的知识,而该领域的现象一直是多种特殊的学科片面地加以研究的;还提供了一种工具来分析所有特殊科学的语言之间的关系。在此意义上,莫里斯甚至赋予了符号学以统一科学的使命,认为符号学既是科学统一中的一个方面,又是描述和推进科学统一的工具③。意大利当代符号学家艾柯基于其一般符号学立场,认为符号学所关心的是可以视为符号(即从能指角度替代他物的东西)的万事万物,并根据符号学所涉对象的广泛性确定了符号学研究的政治疆界、自然疆界和认识论疆界,符号学研究因而面向整个社会文化领域、自然现象领域和人类思维领域。这

---

① С. С. Ермоленко, и др., *Методологические основы новых направлений в мировом языкознании*. Киев,1991:с. 196.

② Ю. С. Степанов, *В мире семиотики*. //Семиотика. М.,1983:с. 5.

③ 莫里斯著,罗兰、周易译:《指号、语言和行为》,上海人民出版社1989年版,第268—269页。

样看来,"由于我们在社会生活最为广泛的领域,在认知过程、技术研究、国民经济,甚至在生物界的现象中都能接触到符号系统,因此符号学的对象及其作用的范围是足够宽泛的。"①对于这种现象,尼基京(М. В. Никитин)不无忧虑地指出:"符号学试图将下述所有领域都扣上符号性的帽子:心理学和心理分析,精神病学和性学理论,知觉、暗示、愉悦理论;女权论和男性化理论;个性、交往和个体相互作用理论,交际理论和意义理论;通灵术和占卜术(意识形态、神话学和宗教),语言学,文学批评,艺术理论(电影、戏剧、绘画、音乐等),诗学,结构主义,相对主义,形式主义,象征主义和其他一般性或个别性的不同层级上的众多现象。……以此各不相同的广阔领域为学科覆盖的范围,符号学的意义最终只能归于使用能指和所指的术语来对所有这些现象进行无谓的范畴化。"②正是看到了符号学理论繁多而学科地位不明的现状,杰米扬延科(А. Ф. Демьяненко)指出:"一方面对符号学对象研究的态度的多样性,另一方面符号本身的多面性是理论多样性和繁杂性的原因。要想避免这种繁杂性的局面,只有进一步弄清符号学科学的特征、它在学科体系中的位置及其理论基础。"③

虽然也有学者试图为符号学建立合理的边界,为其作为一门正式学科的地位正名,但到目前为止,这些努力收效甚微。莫里斯认为:"符号在符号系统中的生命是由三个向度确定的:符号体是如何构成的以及由何种实体表现;意思指的是什么;最后,产生了何种影响(符号的使用引起了什么样的效果)。"④莫里斯认为存在着关于符号的完整的科学,它有清晰确定的研究范围。但事实上,莫里斯将所有的符号均纳入符号学的疆域,而不管它是动物的或人的、语言的或非语言的、真的或假的、恰当的或不恰当的、健康的或病态的。此外,他看到了符号学对于科学知识的统一(系统化)的、特殊的重要性,并甚至试图赋予符号学以统一科学的使命。因此,我们很难说他已达到了清晰界定符号

---

① Л. Б. Баженов, Б. В. Бирюков, *Семиотика и некоторые аспекты проблемы языка и мышления*. // Язык и мышление. Отв. ред. Ф. П. Филин. М., 1967: с. 251.

② М. В. Никитин; *Предел семиотики*. //ВЯ, 1997, №1: с. 3.

③ А. Ф. Демьяненко, *О методологических направлениях семиотики и о связи мышления и языка*. // Язык и мышление. Отв. ред. Ф. П. Филин. М., 1967: с. 245.

④ Е. С. Кубрякова, *О связях когнитивной науки с семиотикой (определение интерпретанты знака)*. //Язык и культура: Факты и ценности. К 70-летию Юрия Сергеевича Степанова. Отв. ред. Е. С. Кубрякова, Т. Е. Янко. М., 2001: с. 285.

学研究范围的目标。艾柯把符号定义为基于业已成立的社会习惯,能够解释为代替其他东西的所有东西,认为符号学与其说有自己的对象,不如说具有自己的研究领域;符号学的中心问题是符号关系、符号替代某种其他事物的能力,因为这与交际和认知的认识论重要问题密切相关。他认为,符号学的研究对象是人类社会各个领域内使用的符号系统,它研究这些符号系统构成和使用的共性规律、为解决确定的认知和实践任务而编制人工符号系统的途径和方法。列兹尼科夫(Л. О. Резников,1905—1970)从认识论角度出发,认为(一般)符号学的实际任务应包括:"……符号的本质;符号在认知和交际过程中的角色;符号的种类;符号与意义、符号与事物、符号与形象间的相互关系;语言符号的特点;符号在科学知识形式化过程中的作用等等。"[①]苏联科学院控制论科学理事会的符号学研究室致力于从控制论和信息论角度为符号学研究设定清晰的边界,其理解的符号学大致体现在以下几个方面:为数字机器创建抽象的程序语言;构建、研究和运用科学和技术的人工语言;研究从一种自然语言到另一种自然语言的机器翻译问题;研究作为符号系统的自然语言,特别是数理语言学和结构语言学。但很显然,符号学的这些分支方向除了表现出莫斯科学派一贯的科学传统外,符号学的边界问题仍然没有得到有效的解决,人工语言的无限广泛性是不言而喻的。尼基京面对这种状况,认为符号学是有关符号和符号系统、符号系统的功能和相互作用、事物和事件符号化及其意义规约化和词典化的科学,并从寻找符号的科学定义入手来限定符号学的疆域。他认为符号应包括三个方面的构件:意图(интенция)、发出者(отправитель)、从发出者到接收者规约性的意义转换器(конвенциональный транслятор значения от отправителя к получателю),缺一不可。但即使这样,符号和符号学的范围仍然广大到令人无法把握。

与此同时,许多研究者认为,符号学更多的是一种体现一定思维风格和提出及解决问题方式的研究方向。如斯捷潘诺夫就认为:"很可能,符号学态度(семиологический подход)的特点更多的是体现在方法,而不是对象上。"[②]事

[①] А. Ф. Демьяненко, *О методологических направлениях семиотики и о связи мышления и языка*. // Язык и мышление. Отв. ред. Ф. П. Филин. М.,1967:с. 243.

[②] Ю. С. Степанов,《*Интертекст*》,《*интернет*》,《*интерсубъект*》(*К основаниям сравнительной концептологии*).// Известия АН РАН. Серия литературы и языка. 2001,No1:с. 15.

实上,尽管符号学边界问题时至今日仍然是一个无法精确把握的问题,但符号学的方法论和认识论彰显出独特的魅力,在各个学科的研究中发挥着重要的作用,如文学批评、建筑、音乐、电影、民俗文化等。"无论是在以科学性为己任的结构主义这条线索中,还是在唤起读者的阐释主体意识为特征的现象学、阐释学和接受美学这一线索中,甚至在马克思主义的意识形态生产理论这条线索中,符号学都可以作为一门无所不及的边缘学科扮演其他学派所无法扮演的角色。"①将符号学的一般原理应用于各个具体的符号域的研究中产生了社会符号学、法律符号学、电影符号学、音乐符号学、宗教符号学、心理符号学、建筑符号学、服装符号学、广告符号学等多个部门符号学,显示出应用符号学研究的勃勃生机。20世纪70年代格雷马斯(A. J. Greimas, 1917—1992)"在语义学和叙事学研究的基础上提出了将符号学作为人文科学认识论和方法论的基础的宏伟构想"②。针对这种情况,李幼蒸教授指出:"符号学作为专门科学领域的较弱地位和符号学作为人文科学分析方法的较高功效间的对比,不仅反映了符号学本身的内在学术张力的存在,而且反映了它所从属的人文科学全体构成的特点,从学术思想史上看,符号学也有着类似的处境,学科身份的不明与实质影响的深刻互不一致。"③看到了符号学对于科学的双重身份之后,莫里斯强调:"如果符号学——它研究那些起着符号作用的事物或事物的性质——是一门和其他的诸科学并列的科学,那么,符号学也是所有科学的工具,因为每一门科学都要应用指号并且通过指号来表达它的研究成果。因此,元科学(关于科学的科学)必须应用符号学作为一种工具科学。"④

囿于符号学研究对象的广博性,我们并不寻求符号学本体论意义上的精确定位,而是立足于语言符号学的态度。着眼于语言符号,我们认为符号应具备物质性(即符号能指是一种外现的物质形式)、规约性(指符号能基于一定的社会规约被解释为另一事物的代替者)、意图指向性(指符号的发出和运用不是盲目的,而是有一定的意向性)、解释者(符号之所以成为符号,必须有相应的解释者的存在作为前提)等相关要素。显然,语言符号是其中最为典型的符

---

① 王宁:"走向文学的符号学研究",《文学自由谈》,1995年第3期。
② 张光明:"关于中外符号学研究现状的思考",《外语与外语教学》,1995年第5期。
③ 李幼蒸:《理论符号学导论》,社会科学文献出版社1999年版,第3页。
④ 杨习良:《修辞符号学》,黑龙江教育出版社1993年版,第23页。

号类型。而所谓符号学,应该理解为关于符号系统和符号过程的理论和实践研究,它没有十分明确的研究范围,但以共同的方法论导向为特征,它在人文科学中的地位相当于数学①之于自然科学,符号学应当为人文社会科学提供精确的概念体系和有效的分析工具。以符号学的既往研究为基础,从方法论而言,我们认为符号学分析应具备一些相关特征。面对符号学本体论上的尴尬地位但在认识论和方法论上的卓越效用,我们不打算为符号学寻找非常恰当的本体依托,我们的重点将是立足符号学与语言学的关系(即语言符号学②的立场)来把握语言符号学研究,进而对语言现象进行符号学分析。

第三节 关于语言符号学

现代语言学思想是现代符号学的理论渊源之一。作为一门学科,符号学从自然科学(系统论、控制论和信息论)、人文社会科学、现代哲学、现代逻辑学、现代语言学等学科汲取营养,并渗透到各门学科,将广泛的语言符号和非语言符号系统均纳入视野,形成了门类繁多的部门符号学;作为一种方法论,符号学为各门学科(包括语言学)提供统一的元语言工具,显示出很强的理论阐释力。随着符号学向非语言符号领域的无限扩张,符号学与语言学渐行渐远。因此,在当前符号学本体定位并不明确但方法论效力明显的现状下,重新厘定符号学与语言学的关系,并借助符号学提供的方法论工具来分析语言学问题显得尤为现实和重要。

1. 符号学与语言学的关系

关于符号学与语言学两者之间的关系,源自索绪尔的欧洲符号学传统,一般强调语言学对符号学的影响。这里除了学科来源上的因素外,更多的理由是:语言是最具典型意味的符号学对象,正如本维尼斯特所强调的那样,"语言向我们提供了唯一一个既在形式方面又在功能方面具有符号学特征的系统模

---

① 因此,有人将符号学称为"人文科学的数学"。与此类似但又不同的是,库里洛维奇(J. Kurylowicz)认为对于语言学和其他社会科学而言,符号学占据着物理学之于自然科学的地位。

② 学界缺少语言符号学的公认定义,我们赞同王铭玉教授的观点,即将语言符号学定义为"研究语言符号以及用符号学的思想观点来研究语言学问题的学科"(王铭玉:《语言符号学》,高等教育出版社 2004 年版,第 8 页)。我们认为,语言符号学立足于语言学与符号学相互影响、相互协同的关系,侧重于用符号学的理论思想和方法论工具来分析语言学问题。

式……语言是卓越的符号系统。语言解释符号的功能,它本身又提供了一个典型的符号结构式"①;语言学可以作为其他学科的研究模式,是符号学领域中研究得最为充分、最为完善的部分;一些语言学概念,如系统、句法、语义、区别性对立等在其他学科领域的运用获得程度不同的成功;语言学的研究对象——语言担当着其他符号系统解释者的角色。叶尔姆斯列夫提出了语言的"可译性"特征,即语言是能够翻译它以外的一切符号体系的符号体系;雅各布森也强调语言在符号系统中的中心地位,进而将语言学的方法成功地延伸至诗学研究领域;巴特认为任何符号系统都与语言相关,因此有理由说符号学是语言学的一部分;本维尼斯特认为,所有非语言系统的符号学都必须借助语言工具,因此只能依靠语言符号学并作为它的一部分而存在②;俄罗斯符号学界的传统看法是将语言符号视为第一模式系统,而将其他符号,如宗教、文学、艺术、建筑等视为第二模式系统,第一模式系统起着解释第二模式系统的作用。在以探寻意义问题为核心任务的当今人文科学研究中,语言学因其更为完善、更为形式化而占有得天独厚的位置,同时也可以给其他学科提供经验和方法。正因为如此,语言学在20世纪50年代的法国就已经有了一个令人羡慕的主导学科的称号,法国很多学者将这种现象称为"语言学帝国主义"。但遗憾的是,"语言学所获得的优越地位只会造成一种带有悖论色彩的局面:从一个几乎什么都没有发生的所在辐射出一种双重效应"③。一为"通俗化",学科的方法论结构被严重扭曲,结果是"被贫化和扭曲的"语言学术语在一些前卫刊物上大行其道,以致语言学家极难从中辨认出自己的研究成果;一为产生了一种可靠的方法论效应,丰富了梅洛-庞蒂(M. Merleau-Ponty,1908—1961)、列维-斯特劳斯、拉康(J. Lacan,1901—1981)、巴特等哲学家和符号学家的思考。

同时,符号学作为与思维科学和认知科学密切相关的一般认识论和方法论科学,对语言学也有着不容忽视的影响。1978年6月28日至30日,来自15个国家、代表85所高等院校和研究机构的约200名学者汇集在美国伊利诺伊大学,专门讨论语言学与符号学这两门学科之间的互补问题。会上,几乎所有来自符号学领域的代表都对当时的语言学研究现状表示不满,尤其是美

---

① 郭鸿:"符号学使语言学成为一门科学",《外语研究》,1998年第3期。
② 黄晓敏:"漫谈法国叙述符号学",《外国文学》,1995年第3期。
③ 格雷马斯著,蒋梓骅译:《结构语义学》,百花文艺出版社2001年版,第2页。

国语言学家约瑟夫·兰斯德尔(Joseph Ransdell,1931—2010)在题为《符号学与语言学》的报告中提出应该用符号学语言学(Semiotic linguistics)来改进传统语言学①。总的说来,符号学对语言学的影响如下:

(1)符号学推动语言学研究地位的改变,即实现从边缘学科向主导学科的转变,在这方面,索绪尔提出的将语言学纳入更为广阔的学科环境,以摆脱封闭性的任务实际上已经完成。对此,索绪尔曾说道:"我已经成功地为语言学在众多科学中找到了一席之地,这是因为我把它和符号学联系起来了。"②

(2)根据索绪尔的计划,符号学将与句法学和语义学相关的语言学部门作为更为优先研究的领域,以此削弱音位学研究。莫里斯对语形学、语义学、语用学符号学三部门的划分彻底改变了语言学传统问题的研究视角。

(3)对待语言的符号学态度使得人们开始关注语言单位的符号特征,这一方面对于摆脱将符号同其所意指的现实割裂开来的唯心主义有重要意义,另一方面也克服了将符号与其所指等同的形而上学唯物主义倾向。语言学问题由此得到了其哲学上的本体论阐释,更为重要的是,意义问题终于获得了其在语言研究中应有的位置。

(4)符号学跨学科的本质特点促进了语言同人类生活其他现象的比较研究。符号学为语言学者将其他知识领域的素材,特别是民族学、文学、考古学等与文化相关的材料纳入研究的跨学科态度提供了坚实的理论基础。在这一点上,符号学提供了研究不同现象的统一的理论和方法基础。

(5)语言学研究的符号学方面消除了将语言看做名称表的错误观点,使研究者对语言个别单位和语言整体的功能给予足够的重视。③

(6)符号学是所有语言学研究的基础。符号学为语言学提供元语言,语言学家可以在符号学术语的基础上定义出语言学的术语。这就使人们能够用一种统一的术语来描述世界上所有的语言,从而使一种科学的比较语言学的建立成为可能。④

(7)符号学提供一种丰富的语言来讨论人文科学中的每一个领域;又提供

---

① 丁尔苏:《语言的符号性》,外语教学与研究出版社 2000 年版,第 24 页。
② F. Saussure, *The linguistic Sign*, Robert E. Innis(ed.),1985:p. 43.
③ С. С. Ермоленко и др., *Методологические основы новых направлений в мировом языкознании*. Киев,1991:с. 281—282.
④ 周祯祥:"现代符号学理论源流浅探",《现代哲学》,1999 年第 3 期。

一种工具来分析各种学科语言之间的关系。在此意义上来说,符号学担负着统一人文科学,包括语言学各个分支学科的使命。

从符号学与语言学相对性的学科定位来看,我们赞同索绪尔的观点,即认为语言学是符号学的一部分。在这方面,雅各布森从符号学、语言学和一般交际科学的关系角度给符号学进行的定位是可信的。他认为三者构成一组同心圆,符号学研究那些借助表述(сообщение)进行的交际,位居中间;语言学研究借助言语表述进行的交际,在最里层;而一般交际科学研究任何形式的交际,包括社会人类学、社会学和经济学,位于最外层。他认为,研究符号不能归结为研究语言这样的纯符号系统,它应该包含对应用性符号结构,如建筑、服装、饮食等的研究。每一幢建筑,都是一种建筑类型,同时也是一种表述类型;每一件服装都符合这样或那样的实用性要求,同时也表现出不同的符号特征。与此同时,现代语言学是现代符号学的主要来源和基础,对于这一点,李幼蒸解释说:"作为普遍语义研究学科的现代符号学,正是在现代语言学原理指导下提出了各种语义理论。……二者之间的密切关系还表现在这一事实上,即正是由于现代语言学在现代人文科学领域中具有较大的自主性和独立性,以其为根据之一的现代符号学活动才有了一定明确的和相对独立的轮廓。反之,那些不以现代语言学为基础的符号学研究,其内容范围的明确性或适切性都较弱。"[1]

2. 语言符号学

符号学与语言学之间广泛的相互影响和相互作用为我们建构语言符号学提供了广阔的理论空间。基于对语言符号的任意性、稳定性、演化性、通用性、第一性、系统性、兼容性、多义性、能产性、开放性、层次性、社会性、依存性、程式性、换位性、省略性、色彩性、概括性、模糊性、可操作性、虚指性等特征的认识及符号学和语言学之间互动关系的把握,我们将语言符号学视为"研究语言符号本身以及用符号学的思想观点来研究语言学问题的学科"[2]。我们认为,语言符号学立足于语言学与符号学相互影响、相互协同的关系,侧重于用符号学的理论思想和方法论工具来分析语言学问题。

---

[1] 李幼蒸:《理论符号学导论》,社会科学文献出版社1999年版,第82页。
[2] 王铭玉:《语言符号学》,高等教育出版社2004年版,第90页。

我们应该在把握语言学和符号学关系的基础上来建构语言符号学的理论框架,这些方面已有一些成功的尝试。如李幼蒸教授从语言结构、语义结构和话语结构三个方面构建了语言符号学研究框架,着重对语言系统各个层次上的单元和联结方式予以考察,依次涉及一般语言结构、作为前意义层的音位结构、现代哲学和语言学中的语义理论、风格性和修辞性语义学的历史根源和当代理论、作为当代符号学新发展的话语和文本理论。李幼蒸先生认为,自然语言各个层次上的结构问题是符号学的"硬核",是现代符号学的理论基础部分,语言符号学是符号学和语言学、语言哲学和文学理论的交汇面。

第 二 章

语言符号学的方法论基础

所谓符号学,应该理解为关于符号系统和符号过程的理论和实践研究,它没有十分明确的研究范围,但以共同的方法论导向为特征,它在人文科学中的地位相当于数学之于自然科学,符号学应当为人文社会科学提供精确的概念体系和有效的分析工具。如前所述,语言符号学简而言之就是用符号学的方法来分析语言学问题的学科,从方法论而言,符号学分析具备一些共性特征。

第一节 结构主义的态度

说到结构主义,一般有两种理解,即作为哲学和人文科学思潮和运动的结构主义和作为方法论的结构主义。作为一种思潮和运动的结构主义专指一群遵循共同哲学基础的法国理论家在各个学科中的理论探索,萌芽于20世纪40—50年代的法国,风行于60年代,仅仅盛行了10年左右的时间,到70年代初就开始衰退,到如今早已成为历史,这一思潮只是在文学理论界还继续延续着,被称之为"后结构主义"。霍克斯(T. Hawkes)在总结维柯(G. Vico, 1668—1744)的新科学思想和皮亚杰(J. Piaget, 1896—1980)的结构主义思想后强调指出:"结构主义基本上是关于世界的一种思维方式,……这种思维方式对结构的感知和描绘极为关注。……这种新的观念,即世界是由各种关系而不是由事物构成的观念,就成为可以确切地称为'结构主义者'的那种思维方式的第一条原则。简言之,这条原则认为,在任何既定情境里,一种因素的本质就其本身而言是没有意义的,它的意义事实上由它和既定情境中的其他因素之间的关系所决定的。总之,任何实体和经验的完整意义除非它被结合到结构(它是其中组成部分)中去,否则便不能被人们感觉到。"①而作为人文科学方法论的结构主义,被理解为在社会科学和人文科学中方法论的探讨和应用,结构主义方法广泛应用到各个学科的研究中,成为法国人文社会科学研究的特色,其影响远远大于结构主义哲学思潮,最明显的表现就是结构主义哲学思潮没落之后,作为方法论的结构主义仍然活跃在学术研究中。就文本而言,我们不打算寻求结构主义的哲学本原,而更倾向立足于其方法论特性来理解结构主义。

从方法论来看,结构主义是源于现代语言学研究的一种针对各种文化现象的分析方法。巴特认为:"无论是反映性的还是诗论性的结构主义活动,其目的都在于重新建构一个认识'客体',而建构的方式必须要表现出这个客体中起作用的'各种功能'的规律。"②无论是作为一般方法学的结构主义,还是作为文学理论中的具体结构主义分析方法,都将对象发挥作用的方式及其与其他对象或因素的关系问题置于更为优先的位置。美国霍普金斯大学文学理论家哈勒瑞(J. V. Harari)对于后者曾经解释道:"结构分析既回避与作家个性有联系的问题,又回避'文本'之外的其他标准,而是专注于'文本'自身,这个'文本'被理解为一种构成物,其发挥作用的方式必须加以描述。"③

就涉及的方法论本质来看,同样都从结构主义语言学中获取方法论营养的结构主义与符号学有着千丝万缕的联系。"结构(或系统)"和"符号"的概念在二者的概念工具体系中都占据最为中心的位置:作为"研究社会生活中符号生命的科学"(索绪尔语)的符号学,其最伟大的创新就在于确定了能指和所指这个符号的两面体结构特征和符号系统的结构层次观,这自不待言;对于结构主义研究的实质,法国权威的结构主义研究者瓦尔(F. Wahl)指出:"任何学科的任何部分内容均可看做是结构主义研究,只要它坚守能指—所指型的语言学系统,并从这一特殊类型的系统取得其结构。"④霍克斯认为:"大体说来,

---

① 霍克斯著,瞿铁鹏译:《结构主义和符号学》,上海译文出版社 1987 年版,第 8—9 页。
② 杨大春:《文本的世界》,中国社会科学出版社 1998 年版,第 32 页。
③ 李幼蒸:《结构与意义》,中国社会科学出版社 1996 年版,第 135 页。
④ 同上,第 130 页。

符号学的疆界和结构主义接壤：两个学科的兴趣基本上是相同的。从长远看来，两者都应被囊括在第三个容量很大的学科内。它简单地叫做交流。"①卡勒(J. Culler)甚至认为："如果说结构主义和符号学是一回事，这并没有错……倘若我决定谈论'结构主义'，而不是'符号学'，那倒不是我有意要将两者区别开来，只是因为'结构主义'局限于范围有限的一群法国理论家，而符号学则可以指任何研究符号的著作。"②这样就不难理解，西方学术界会出现"结构主义—符号学③"这样的双联词术语。针对在后结构主义（或称解构主义）和后现代主义思潮风起云涌的今天，结构主义—符号学方法已失去了其方法论优势、已被人们遗忘的说法，切列德尼琴科(И. В. Чередниченко)曾尖锐地指出："那些空谈的外行们关于结构主义符号学方法(структурно-семиотическая методология)已经消亡和完全不适用了的可笑的观点，可以解释为他们不愿（也没有能力!）掌握最有吸引力的认识论系统之一（结构主义代码在所有后结构主义思想中的现实存在之事实无需特别的证明，而这种存在内在地支配着新的话语，同时也是使后结构主义的发现具有价值和鲜明性的唯一语境）。"④

我们认为，结构主义是符号学分析的重要方法论特征，脱离结构主义方法的符号学分析是不能成立的。这就要求我们首先须要确定"结构"这一概念的实质。皮亚杰认为，结构包含三个特性：整体性、转换性和自身调整性。整体性突出关系概念和系统特征，强调结构所关注的是一种整体性联系，是一种系统；转换性，指结构作为一类整体，具有一种稳定的性质，结构必须具备转换的程序，借助这些程序，不断地整理加工新的材料，结构中的各个成分可按照一定的规则互相替换而不改变结构本身，在此突出的是规律和规则；自身调整性强调结构的内在性，对它的理解无须向外界求援，结构可以自动调整，以便保存自己。⑤

---

① 霍克斯著，瞿铁鹏译：《结构主义和符号学》，上海译文出版社1987年版，第127页。
② 杨大春：《文本的世界》，中国社会科学出版社1998年版，第31—32页。
③ 李幼蒸教授(1996:131)对此这样解释："首先，这种联用法强调'结构主义重视记号问题的研究'；之所以不用一个单一的学科名词来标志兼具结构与记号两方面内容的研究，是由于记号研究本身涉及更广泛和更丰富的领域，其中的很多方面结构主义者并不关心；结构主义也包括了许多与记号研究无关的内容。于是，'结构主义—符号学'就指大体同时涉及两个学科领域的研究活动。"
④ И. В. Чередниченко, *Структурно-семиотический метод тартуской школы*. СПб., 2001: с. 5—6.
⑤ 霍克斯著，瞿铁鹏译：《结构主义和符号学》，上海译文出版社1987年版，第7页。

在符号学视野下,能指和所指都是以结构方式存在的,格雷马斯就认为"结构是意义的存在方式,其特征是两个义素之间的接合关系的显示"①,关注语言对象的结构,要求我们从系统论和相对论的角度看待语言对象,视之为一种由质料(实体)和关系(形式)构成的符号系统,同时兼顾表达和内容结构的特点,把握其整体性、转换性和自身调整性特征。

第二节　二元对立的研究方法

二元对立是结构主义时代普遍被接受和运用的一种逻辑分析原则。语言学结构的二元对立机制和以此为基础形成的文化结构二极系统观均源于人类大脑中普遍的二极制。② 早在公元前3世纪,印度语法学家帕坦伽利(Patanijali)就已经发现了语言对立关系。索绪尔将二项对立的方法带入结构主义语言学中而做出的多项二元区分:语言和言语、共时和历时、组合和聚合、能指和所指等,构成了符号学研究的基本概念工具,开创了将二元对立观作为普遍的逻辑分析原则的结构主义时代,对人文社会科学研究产生了深远的影响。信息论科学中数字通信的二元制原则、人脑类似二元计算机的功能运作、大脑左右半球的二元式分工为二元对立的研究方法提供了有力的证据支持。当然,二项对立并不是任何事物或现象存在的固有方式,它只是适用性很强的一种操作方法。

在符号学框架下,叶尔姆斯列夫的语符学理论在表达和内容第一层对立的基础上区分出形式和实体这一第二层对立,从而深刻地揭示出语言的深层结构特点。哥本哈根学派另一代表人物布龙达尔(V. Brondal, 1887—1942)认为原始语言的特征就是频繁使用复合结构,而文明的进步则表现为复合结构转变为二元逻辑结构。列维-斯特劳斯的结构人类学研究借用结构主义语言学的方法来分析非语言的材料,试图把文化行为、庆典、仪式、血缘关系、婚姻法规、烹饪法、图腾制度的各个组成部分看做相互间保持着的对比关系,而不是固有的或无联系的实体,这些关系使它们的结构和语言的

---

① 格雷马斯著,蒋梓骅译:《结构语义学》,百花文艺出版社2001年版,第36页。
② 李幼蒸:《理论符号学导论》,社会科学文献出版社1999年版,第592页。

音位结构相类似,这样,如同语言学尤其是音位学一样,列维-斯特劳斯将这些非语言的现象分为各个组成要素,并根据对立的和相关的某些结构将这些要素组成系统。① 布拉格学派在区分语音学和音位学的基础上,突出贡献在于音位学研究,认为音位不是声音本身,而是声音的对比功能。着眼于音位间的对比关系,特鲁别茨柯依(Н. С. Трубецкой,1890—1938)根据与整个对立系统的关系、对立成员之间的关系、区别力量的大小等标准总结出了9种音位对立:双边对立、多边对立、均衡对立、孤立对立、否定对立、分级对立、等价对立、抵消对立、永恒对立。雅各布森更是将二分对立法推向极致,他认为每一个音位特征只有两个值,一个正值(表示某种特征),一个负值(表示该特征的对立特征),进而将这些在具体语言的具体音位中要么是正值要么是负值的音位特征区分为两大类共12组,一类为音响特征,共有9组:元音性/非元音性、辅音性/非辅音性、聚集性/分散性、紧张性/松弛性、浊音性/清音性、鼻音性/口音性、非延续性/延续性、刺耳性/圆润性、急煞性/非急煞性;另一类为声调特征,有3组:低沉性/尖哨性、抑扬性/非抑扬性、扬升性/非扬升性。二元对立是雅各布森终生坚持的研究原则,他甚至不论实体和对象,列出了一个繁杂且缺乏统一标准的二元对立清单:自主/包容、静态/动态、同在/序列、代码/信息、邻近性/类似性、记号实例/值项、形式/实质、语法学/语义学、意义/指称、客体语言/元语言、内部通信/外部通信、常量/变量、创生/扩散、个别性/兼容性等。② 显然,这样的清单是可以无限扩展的。除了音位学研究以外,二元对立在其他许多领域也大放异彩,如布拉格功能主义学派对词级单元及其变体通过对立原则发挥语法功能作用及语法范畴的标记性(有标记性/无标记性对立)问题的研究,结构主义学者在词汇分析中创造使用义素分析方法(或称成分分析法)的相关研究等。

格雷马斯的叙事语义学也广泛运用二项对立和两分法。在微观语义分析领域,格雷马斯从在话语中的显现方式角度将义素分为核心义素和类义素,分属信息变化所处的两个层次,即符号学层次和语义学层次;在宏观分

---

① 霍克斯著,瞿铁鹏译:《结构主义和符号学》,上海译文出版社1987年版,第26页。
② 李幼蒸:《理论符号学导论》,社会科学文献出版社1999年版,第285页。

析领域，格雷马斯将语言分成被理解为内在系统的语言和被感知为显现过程的语言①，用"文本"和"元文本"两个术语来表示话语中两个并存的同位意义集②之间的对立。具体到叙事篇章层次，格雷马斯通过二元对立的方法将普洛普和苏里奥(E. Souriau, 1892—1979)的行动者模型缩减为三组对立；在谈及功能组织和转换模型问题时，格雷马斯的双重认识论方法，亦即二元对立方法成为了一种构造结构的非常有效的操作手段，他将普洛普的功能清单通过建立上位范畴（如契约、考验等）并对下位范畴进行二项配对的转换方法进行了大幅度的缩减，得出了一个阐释力极强的最终功能清单。③ 莫斯科—塔图符号学派和洛特曼的文化类型学研究也处处体现着二元对立的效力，除了有关第一模式系统和第二模式系统的划分外，洛特曼和塔尔图学派还做出了多种二元划分，如将文化文本分为两种内部组织类型，即聚合类型和组合类型；认为文化按其组织二极系统的方式而呈现出不同的方向，表现为重文本方向的文化和重规则（语法）方向的文化；按照文本结构和功能理论，又将人类文化分为闭文化和开文化；按照概念指向性不同，将文化分为主要指向表达面的文化和主要指向内容面的文化，并分别通过一系列对立概念来描述这两种文化，对前者的描述借助正确的/不正确的、篇章系统/规则系统、真实的/虚假的、象征/仪式等对立概念，对后者的描述则借助秩序化的/非秩序化的、文化/自然等对立概念。

　　由此可见，二元对立在不同符号学者研究中运用的广泛性和所显示出来的效力足以证实它构成符号学研究方法论共性特征的一个重要方面。

---

　　① 在这里，格雷马斯受到了弗洛伊德(S. Freud, 1856—1939)的影响。弗洛伊德精神分析法及后来的深层心理学都习惯于在任何交际活动中力求区分信息传递的两个平面，即潜在平面和显现平面。

　　② 同位意义集是指话语中以类义素的重复出现为基础构建的意义序列。格雷马斯认为，同一个话语含有若干同位意义平面，这是因为一个或几个类义素范畴的组成项在话语中显现时拒绝分离所致。这样，类义素范畴中组成项的多少（往往是两项对立式结构）决定了同位意义集的数量。如，波德莱尔称自己是："……一间满是枯玫瑰的旧闺房，/里头散落着一大堆过时的时装，/唯有哀怨的粉画和苍白的布歇的画，/散发着开启的香水瓶的气味。"读这样一段话，我们必须看到类义素范畴的两个子项之间的对立关系：外在（对闺房的有形描写）vs内在（诗人的内在世界），这两者在话语中合二为一，其结果便是产生了话语带有双重同位意义集这一二价现象，这要求我们从两个方面来解读之。（格雷马斯著，蒋梓骅译：《结构语义学》，百花文艺出版社2001年版，第144—145页。）

　　③ 格雷马斯著，蒋梓骅译：《结构语义学》，百花文艺出版社2001年版，第300页。

第三节　常体和变体的二分观念

　　符号系统中常体和变体各自的表现和相互关系问题是符号学的中心问题之一，索绪尔对语言符号不变性和可变性的探讨实质上涉及的就是常体和变体问题。

　　苏联哲学家韦特罗夫（А. А. Ветров）曾指出："符号学作为符号和语言的一般理论是一门涉及很广的科学……对比相距甚远的领域使得符号学不仅能推导出某些一般的规律，而且能使我们更好地了解这些领域不对其进行对比就无法把握的特点。"[1]普洛普在一篇否认列维-斯特劳斯[2]对他的评价的文章中指出："自然领域和人类创造领域是不可分的。有某种东西将两者联系起来，对二者而言，有一些共同的规律只能通过相类似的方法才能得以研究。"[3]在斯捷潘诺夫看来，这些作为常体的共同规律正是作为整体的符号学最终需要努力揭示的问题。可以看到，这里所涉及的其实是常体和变体问题的一种典型表现形式，即不同符号域的同构性问题。这一问题早在索绪尔时代就已显现，艾柯就曾指出："早在索绪尔时期，语言已成为一切符号系统的模型，其他符号系统均可转译为语言的内容面。"[4]列维-斯特劳斯更是从人类学的角度确认了这种同构性特征的存在，他认为，既然语言是人的独一无二的特征，那么，它"就同时构成文化现象（使人和动物区别开来的）的原型，以及全部社会生活形式借以确立和固定的现象的原型"[5]。由此出发，列维-斯特劳斯致力于将语言学的方法运用于各种文化现象的分析中。在分析过程中，他认为亲属、食物、政治的意识形态、婚姻仪式、烹饪等所有系统能组合起来形成一种

---

[1] С. С. Ермоленко и др., *Методологические основы новых направлений в мировом языкознании*. Киев,1991:c.195.

[2] 列维-斯特劳斯认为，现代人类学的结构主义是俄罗斯形式主义方法，特别是普洛普方法的发展。普洛普不承认自己与形式主义和结构主义有什么继承关系，因为他宣称自己是"意志坚定的经验主义者"，受到了歌德的强烈影响，其经典著作 *Морфология сказки* 中的"Морфология"一词不是借自植物学手册，也不是借自语法学著作，而是源自歌德的植物学思想。

[3] В. Я. Пропп, *Структурное и историческое изучение волшебной сказки*（*Ответ К. Леви-Строссу*）.//Семиотика. М.,1983:c.568.

[4] 李幼蒸:《理论符号学导论》，社会科学文献出版社1999年版，第597页。

[5] 霍克斯著，瞿铁鹏译:《结构主义和符号学》，上海译文出版社1987年版，第25页。

语言和某种类型的交流，从中可以发现它们的共同结构。他最终选择了亲属关系、神话和原始人的思维作为分析对象，以此揭示社会各种"无意识的态度"的实质。到了莫斯科—塔图符号学派那里，语言与非语言符号材料间的同构关系以第一模式系统和第二模式系统①的形式和名称固定下来。相应地，现代符号学研究的方向表现为寻找第一模式系统（自然语言）和第二模式系统（如文学语言）这两种符号系统的共性和相异点。这样，将语言的人本中心论②投射到文学篇章中，就使得作者形象（образ автора）成为篇章的主导范畴。③ 普洛普则直接将民间故事的结构要素区别为"恒常体"和"可变项"，其中"恒常体"是行为的类型，"可变项"是出场人物及关于其他行为的种种东西或行为的方式；民间故事的原型就是作为"恒常体"的行为类型（普洛普称为"功能"）按一定顺序排列而成的，各个"功能"由什么样的"可变项"来实现，则有着各种具体的表现方式（如同样是"不在"这一功能，可以表现为"国王上阵"、"丈夫去旅行"、"妻子上班去了"、"父母去买东西"等多种形式）。这样，民间故事的结构与句法结构表现出明显的同构性：普洛普提出的民间故事的各种功能与句法学范畴中的"主语"、"谓语"、"宾语"的地位是相同的，都表现为同一个抽象的结构式能衍生出无数个具体的故事或句子。洛特曼也酷爱在符号学框架内探讨常体和变体问题，如他将整个20世纪文学看做一个文本，进而描述其常体性规则，而将区别归为该文本在发挥社会性功用过程中的变体。这样，遵循洛特曼的思路，通过描述20世纪文学的篇章群，研究者运用同一个总体代码（指纯粹的描写语言）对复杂的异质对象进行描写，试图通过简化研究对象而使不同质的篇章空间同化，使各种文学语言和代码合一并贴近自然语言的结构，建立不同篇章共同的符号学模式。④ 不仅如此，洛特曼甚至将常体和变体的对立衍化为两种美学观——证同美学（эстетика тождества）和矛盾美学（эстетика противопоставления）。对于文学

---

① 第一模式系统指的是语言系统，而第二模式系统是在具有直指语义的自然语言基础上组织而成的，具有天然语言结构以外的"附加结构"。
② 该思想源于库尔特内（Baudouin de Courtenay，1845—1929）、维诺格拉多夫（В. В. Виноградов，1894—1969）、谢尔巴（Л. В. Щерба，1880—1944）、本维尼斯特等学者的著作。
③ З. Я. Тураева，*Лингвистика текста*. М.，1986：с. 82.
④ И. В. Чередниченко，*Структурно-семиотический метод тартуской школы*. СПб.，2001：с. 40.

现象来说,前者建立在所述生活现象同受众已经熟知并已进入规则系统的模式—样板(модель-штамп)完全同一的基础之上。此时突出的是定型(стереотипы)在认知过程和信息传递过程中的重要作用,其认识论基础在于生活中的不同现象是通过将其与一定的逻辑模式等同起来的方式才被认识的。后者所示的符号学结构则是由在文学接受过程开始之前其代码特征不为受众所熟悉的系统构成的,文学家将自己原创性的解决方案同读者所熟悉的现实的模式化方法对立起来。这种对立加强了文学篇章的审美价值,但也不是推崇毫无规则的创作。前者易于建构生成模式,如民间叙述文学、魔幻童话等,而后者则难以归整为某种模型,如现代小说。

  正因如此,俄罗斯《语言学大百科词典》将作为学科的符号学解释为"研究保存和传递信息的各种符号系统在构成和功用上的共性的学科,这些符号系统包括在人类社会(主要是语言,还包括一些文化现象、习俗、仪式、电影等)、自然环境(动物世界的交际)和人自身(如对事物的视觉和听觉性感知、逻辑推理)发生作用的系统"[1]。其中语言和以语言为手段的文学之间表现出最大的共性特征,语言和文学符号学因此而成为人文符号学的中心。可见,寻找共性是符号学的根本任务。正是在这一意义上,莫里斯赋予符号学以统一科学的使命;叶尔姆斯列夫的语符学探讨语言的特定结构时,也是通过完全形式性的理论概念和前提系统来寻求不变项,这些不变项不在语言之外,而在语言之"现实"中;格雷马斯秉擎后叶尔姆斯列夫符号学大旗,将符号学变成元语言水平上的概念理论的等级系统,这些概念是不可定义也不必定义的语言普遍项,如连续性、非连续性、关系、词项、同一性、相异性、条件、整体、肯定、否定、对立、矛盾、主体、客体、描述、转换等。[2] 雅各布森也认为,符号学有助于界定语言在各种符号系统当中的特殊地位,也有助于确定把语言与相关符号系统联系在一起的不变量。[3] 所以,"从那时起(指雅各布森在1911年读大学本科的时候——本书作者注),我的研究工作虽然涉及的领域很广泛,但又很相似,工作的主题和方法就是在变量当中寻找不变量。不变量与变量的相互作用一直是我关心的问题"[4]。

---

[1] В. Н. Ярцева, Языкознание. Большой энциклопедический словарь. М., 1998:с.440.
[2] 李幼蒸:《理论符号学导论》,社会科学文献出版社1999年版,第442页。
[3] 雅各布森著,钱军、王力译:《雅各布森文集》,湖南教育出版社2001年版,第148页。
[4] 同上,第143页。

也正是沿着这一思路,对叙事类篇章的结构研究才显示出极强的科学性。一般而言,民间文学篇章是以多种变体形式出现的,它们并不直接归结于某一个原型(尽管理论上是可以构成的),而是一个主题的多种变体,这些变体提供了从统计学上接近某个常体的可能性。研究民间文学篇章揭示出来的即兴创作(变体)和既有模式(常体)的重复这两者的相互关系,一方面使民间文学篇章与口头言语中的类似现象接近,另一方面与书面文学形式中的类似现象接近。将语言理解为一种创造的观点能将洪堡特(B. von. W. Humboldt,1767—1835)传统与笛卡尔哲学式的乔姆斯基(A. N. Chomsky,1928—)语言学联系在一起,在当前,该观点应该有所补充,那就是要始终关注每一言语体裁所特有的模式化形式,这也是巴赫金(М. М. Бахтин,1895—1975)言语体裁理论所主张和强调的。由此,伊万诺夫(Вяч. Вс. Иванов,1929—)认为:"每一口头表述可以视作是由该言语体裁规范确定的句法和成语(词汇组配)模式同通常由篇章传统(该言语体裁传统也包括一些可行的对规则的偏离)所规定范围内的即兴创作的结合,日常言语中的口头表述同民间文学篇章的不同本质上仅在于前者缺少后者通常具有的美学价值。"①洪堡特、乔姆斯基及其继承者都过分强调构造语言表述的创造性和极端复杂性,并在这一点上认为语言能与艺术,语言学能与美学媲美。但事实上,创造性和模式化特点在语言中是共存的,二者缺一不可,伊万诺夫甚至找到了这二者的神经解剖学依据:与左半脑相关的是构造新的篇章,而与右半脑相联系的则是遵循既有模式构造篇章。根据完好地保存经典篇章和创建新篇章的态度,文化被伊万诺夫分为与列维-斯特劳斯划分相符的两种基本类型——冷文化和热文化,前者包括古代文化和新时期传统内的非官方的狂欢文化,趋于保存现有文本,尤其是神话、诗学和民间文学等基本文本;后者包括文艺复兴之后特别是17—18世纪理性主义科学思维取胜后的欧洲文化(包括被纳入欧洲文化轨道的非欧洲文化),趋于创造新的文本。②

在这方面,符号学的态度体现了科学认识的特点,科学认识与日常认识的不同之处就在于前者的任务体现为在特征各不相同的材料和过程中发现

---

① Вяч. Вс. Иванов, *О взаимоотношении динамического исследования эволюции языка, текста и культуры.* //Исследования по структуре текста. М. ,1987:c. 9.

② 同上,c. 10.

共性的、重复性的东西。在这个意义上,符号学可被界定为关于绝对共相的理论。① 也正因为如此,尽管每一个魔幻童话都可以见到不同的主人公、不同的魔幻事物和独一无二的情节,但依据符号学的统一原则,普洛普成功地将所有俄罗斯魔幻童话统一在一起从而揭示出其最为典型的情节和结构。这样就不难理解,异中求同(Synthesis in Diversity)直接成为了1994年6月在美国加州大学伯克利分校召开的世界符号学协会第五次大会的会议标题,大会的讨论项目涉及人类认识活动和实践活动的63个领域,而符号学的任务就是找出所有这些现象背后的共同规律。

第四节　组合和聚合的二维思想

斯捷潘诺夫认为符号学的特点之一在于将组合和聚合②两个平面结合起来,因此,聚合转换和组合转换在其语言符号学理论中是具有同等地位的程序工具。③ 普洛普对俄罗斯魔幻童话的结构主义研究运用的就是一种以组合分析为先导,以聚合分析为模式化工具的一种分析方法。列维-斯特劳斯的结构主义叙事学的特点之一也在于用聚合关系和组合关系两个分析轴来刻画神话叙事结构。④ 利用组合和聚合的分析方法,普洛普和列维-斯特劳斯先后实践了对民间创作真正意义上的结构主义类型学和符号学研究,因而两人的名字在符号学学术讨论会和有关第二模式系统的著作中总是会一起被提到。巴特⑤沿袭索绪尔关于语言双轴的观点,甚至认为符号学分析的主旨在于沿语言双轴中的每一根轴将列举的事实分类。⑥ 组合和聚合的确是符号学分析最

---

① В. В. Мартынов, *Категории языка：семиологический аспект*. М. ,1982；c. 178.
② 关于这两种关系,索绪尔、叶尔姆斯列夫、雅各布森、马丁内(A. Martinet,1908—1999)所用的术语分别是句段关系(syntagmatic)/联想关系(paradigmatic)、关系(relation)/相互关系(correlation)、邻接段(contiguity)/类似体(similarity)、对比段(contrast)/对立体(opposition)。
③ В. В. Мартынов, *Категории языка：семиологический аспект*. М. ,1982；c. 6.
④ 李幼蒸:《理论符号学导论》,社会科学文献出版社1999年版,第400页。
⑤ 巴特(1989:246—247)认为,任何一个符号自身都包含着三种关系:一种内部关系和两种外部关系。内部关系是指符号能指与所指之间的关系,由于这种关系在象征现象中表现明显,巴特称之为象征关系。外部关系之一是潜在的,它将符号归入某种确定的符号集合,并使之区别于集合内的其他符号,这是聚合关系。外部关系之二是现实的,它将符号与话语句中之前或之后的其他符号连接起来,是组合关系。
⑥ 巴特著,王东亮等译:《符号学原理》,生活·读书·新知三联书店1999年版,第54页。

为重要的两个参考维度和操作概念，它贯穿所有符号学家的符号学研究，因此，语言现象的符号学分析自然应紧贴这两个基本方向。

组合和聚合是率先由索绪尔提出来的两个重要的结构关系概念。组合以语言的线性特征和以两个或几个在现实的系列中出现的要素为基础，具有空间延展性；排除了同时发出两个要素的可能性，组合结构涉及各个不同的层次；所有的组合都遵循一个最基本的原则，即每个符号素的前后排列是依照区别原则构成的。聚合则把不在现场的要素联合成潜在的记忆系列，是彼此之间具有某种共同性的要素在记忆中联系起来形成的由各种关系支配的集合；聚合遵循的基本原则是，每个符号素是依照共性原则构成聚合系列的。适合两者的分析程序分别是切分和分类。对于语言要素间的这两种结构关系，英国语言学家莱昂斯（J. Lyons, 1932—）的解释是："一个语言单元由于其出现在一语境中的潜在性而进入两种不同的关系中。它进入与一切其他也能出现于同一语境中……的单元的聚合关系中，它也进入与同一层次的其他单元的组合关系中，即它与这些单元同时出现，它们构成了它的语境。"[①]由此可见，组合和聚合这两种关系并不是孤立存在的，它是言语产生过程的两个必然的阶段，也是言语产物同时呈现出的两种状态。

索绪尔突出了聚合的潜在性和系统性以及组合的实在性和过程性，叶尔姆斯列夫将两者作用的领域分别称为系统领域和过程领域。叶尔姆斯列夫语言结构逻辑学的观点认为，聚合关系和组合关系中的词之间的关系都是一种结构，聚合关系和组合关系实际表现出来的时空特性从结构层面上来讲只是体现了一种逻辑关系性：聚合关系中各单元之间的结合关系是析取关系（用"……或……"的形式表示），组合关系中各单元之间的结合关系是合取关系（用"……和……"的形式来表示）。聚合和组合关系在叶尔姆斯列夫那里已经上升到逻辑关系的高度。对于聚合和组合两种关系的地位，索绪尔认为两者并不平行，即不是同样反映语言结构的本质特征，他认为："在语言的组织中，头一件引人注目的是横向组合的连带关系：差不多语言中的一切单位都决定

[①] 李幼蒸：《理论符号学导论》，社会科学文献出版社1999年版，第126页。

于它们在语链中的周围要素,或者构成它们本身的各个连续部分。"①组合的优先地位反映了索绪尔自下而上的研究视角。

雅各布森接受和发展了索绪尔关于语言具有横向组合和纵向聚合两个结构范畴的观点,认为所有的信息都是由"垂直的"运动和"平面的"运动结合而成的,"垂直的"运动从语言现有的库或"内部储藏室"中选择具体的词,"平面的"运动则把词语组合在一块。选择的过程以相似性(一个词或概念和另外的词或概念的"相似")为基础,因而其方式是隐喻的,组合的过程以邻近性(把一个词置于另一词的旁边)为基础,因而是换喻的。显然,与索绪尔不同,雅各布森认为对于信息(篇章)的生成来说,聚合操作要先于组合操作,聚合的优先地位反映了雅各布森自上而下的视角。结合传统修辞学中的隐喻和换喻这两种修辞方式,雅各布森提出了两个具有重大普通语言学和符号学价值的概念:极性概念和等值概念。极性概念是指语言具有两个向度,即语言的垂直极和平面极,分别由隐喻和换喻来体现;而等值则指这两种修辞格所推出的实体相对于原实体而言具有同等的地位。在这方面,雅各布森的研究成果主要在于:通过对失语症病人的试验,为索绪尔的语言双轴观找到了脑神经方面的证据;发现失语症病人的语言错乱现象表现为相对立的"相似性错乱"和"邻近性错乱"。这与两种基本修辞格,即隐喻和换喻紧密相关,进而将隐喻(与聚合相对应)和换喻(与组合相对应)这两个概念扩展到其他符号域:认为诗歌试图凸显的是隐喻模式,而散文试图凸显的是换喻模式,浪漫主义诗歌中隐喻风格占主导地位,而现实主义文学中换喻风格占主导地位;认为隐喻和换喻的对立其实代表了语言的共时模式(它的直接的、并存的、"垂直的"关系)和历时性模式(它的序列的、相继的、线性发展的关系)根本对立的本质。②

巴特依据组合和聚合各自的特点,在分析作品时,将叙事单位分成功能性的和索引性的两类,前者着眼于从组合关系角度考察它如何与其他单位构成事件,而后者可能扩散故事的意义,如介绍人物、描写背景、离题描述,从而旁出事件之外,并与另外的事件发生相关的聚合性联系。③ 此外,巴特还敏锐地

---

① 索绪尔著,高名凯译:《普通语言学教程》,商务印书馆1996年版,第177页。
② 霍克斯著,瞿铁鹏译:《结构主义和符号学》,上海译文出版社1987年版,第77页。
③ 华劭:《语言经纬》,商务印书馆2003年版,第120—121页。

发现了组合和聚合两者之间相互渗透的现象,即聚合层向组合层"逾越"①的现象,这种渗透是语言诗性功能的重要手段。对于这种现象,斯捷潘诺夫用聚合中的对立关系(отношение оппозиции)和组合中的对照关系(отношение контраста)来加以诠释:语言单位在聚合中的对立关系越强,则它们在组合轴上的对照性就越弱,即搭配的可能性就越小。我们可以看到,在将等值原则从选择轴投向、提升至组合轴的诗性用法中,这种反比关系已经不复存在了。

总体而言,组合和聚合为符号学提供了两个有力的分析工具,在词汇语义学、修辞学、文学、文艺理论、文化学等学科中得到了广泛的应用。

第五节　符号学三分法原理

皮尔斯对于符号学的最大贡献在于他在"普遍范畴②"思想的指导下提出了符号过程中的三种关联要素:媒介关联物(符号本身即是一种存在)、对象关联物(它必须代表或表现其他某种东西)、解释关联物(这种代表或表现关系必定由某一解释者或解释意识所理解)。任何一个符号都应包含这三种要素,缺一不可。分别与这三种要素相对应,皮尔斯认为有三种区分符号的方法:单子式(即非关系式,相对于符号本身,即按照符号显现的性质),划分出了性态、型例和原型三类符号;二项式(相对于其对象,即按照符号与对象的关系),划分出了象似符、索引符和象征符三种;三项式(相对于解释项,根据对于解释项而

---

① 巴特认为,聚合与组合之间存在着逾越的可能,主要是聚合层向组合层的延伸,因为通常一组对应中的一个词项已经实现时,另一个(或另一些)仍处于潜在的状态。语言轴的逾越带来明显的意义颠覆,这方面存在三个研究方向:1)两个词具有相同的特征,但是这些特征的排列配置却并不相同,构成了配置对应,大部分的文字游戏、同音异义游戏及字母颠倒游戏就是这种对应,以此为基础,从一个相关的对应出发,只要排除聚合对应的障碍,就能得到奇异的组合,如 Felibres(法国南方奥克语作家)/febriles(狂热的)组成 Felibres febriles;2)再则,有韵的话语明显是由延伸到组合层的一段系统组成的;3)最后,整个修辞学无疑将是这些创造性逾越的领域,整个隐喻系列就是组合化的聚合,而所有换喻就是融于一个系统中的固定组合,隐喻中的选择成了毗连性,换喻的毗连性又成为选择场,而创作好像总是处在这两个层面的交界处。(巴特著,王东亮等译:《符号学原理》,三联书店1999年版,第80—82页。)

② 皮尔斯认为范畴应建立在思维和判断的关系逻辑上,任何一个判断都涉及对象、关系和性质这三者之间的关系,在语言中表现为"主语—连词—表语"的形式。相应地,任何判断或命题都应包括这三种成分:第一项(特性—表语)、第二项(对象—主语)和第三项(关系—连词)。这三者分别以基本范畴的身份共同构筑起"普遍范畴"。(王铭玉:"对皮尔斯符号思想的语言学阐释",《解放军外语学院学报》,1998年第6期。)

言符号在逻辑学操作中的作用),划分出了意元符号、命题符号和论证符号。①皮尔斯所广泛采用并努力倡导的三分法原则对于现代符号学的发展起到了至关重要的作用。如德国逻辑学家弗雷格(G. Frege,1848—1925)的符号学三角图、英国学者奥格登(C. Ogden,1889—1957)和理查兹(I. A. Richards,1893—1979)的语义三角理论、德国学者黑哥尔(K. Heger)的语义梯形说和苏联学者梅利尼科夫(Г. П. Мельников)的语义四方形说等意义理论的提出均与皮尔斯的符号三分法相关联。

受皮尔斯三分法影响最深的莫过于美国符号学家莫里斯,他对符号学最伟大的贡献是基于皮尔斯的符号三项说提出的关于符号学三部门,即语形学、语义学和语用学的理论。语形学关注的主要是在言语链和时间序列中的符号之间的关系;语义学是关于符号载体、指称对象和关于对象的概念三者间的关系的部门;语用学关注符号与其使用者间的关系。简言之,语形学、语义学和语用学分别从符号组合的限制、简单和复合符号的指表、语言在解释者行为中起作用的方式三个方面,构成了对语言进行完全说明所应该包含的内容和必备条件。在更为宽泛的现代认知态度中三者的关系如下:语形学是形式推导领域;语义学被理解为关于话语真值性的领域;语用学是有关观点、评价、前提和说话人指向性的领域。他认为,"符号分析就是研究具体符号化过程的语形、语义和语用向度"②,描述符号化过程的每一单个行为应该被视为包括"三种因素:符号、符号所指的对象、使相应的事物对于解释者而言成为符号的影响和作用"③。因此,俄罗斯符号学家阿格耶夫(В. Н. Агеев)指出:"以符号学态度为基础来研究社会生活的某些方面,意味着要揭示所研究现象的符号本质,总结符号构成及其组合的规则(语形学),确定符号的意思内容(语义学),寻找这样或那样的符号情境出现的条件(语用学)。"④

现代符号学的研究焦点基本上经历了从语形学经语义学到语用学的变化过程,即首先关注语言符号与符号间的关系,包括句法、结构、篇章形态学等方面的内容;然后转入以研究符号与外部世界关系为己任的语义学,重点关注世

---

① 李幼蒸:《理论符号学导论》,社会科学文献出版社 1999 年版,第 482—485 页。
② Ч. У. Моррис,*Основания теории знаков.* //Семиотика. М. ,1983;с. 78.
③ 同上,c. 39.
④ В. Н. Агеев,*Семиотика.* М. ,2002;с. 61.

界的指称、世界的范畴化和静态的世界图景等问题；最后涉足语用领域，研究诸如言说和书写主体，主体不同的"Я"，说者和听者、发话人和受话人间的关系、言语影响、说服等问题。① 现阶段，在日常语言哲学思潮和人本主义思潮的影响下，说话人（作者）和听话人（读者）以创造性主体的姿态被纳入语言符号活动过程而进入语言符号学家的研究视野，主体的认知能力、认知状态和认知过程成为了研究的焦点，这体现在日益兴盛的认知语言学、心理语言学和神经语言学等相关研究中。符号学的这三个方面构成语言研究的三个层级，每一个层级虽然侧重点不同，但后一层级上的研究是以前一层级为前提和基础的，它包括前一层级的相关内容。这是以语用为主的研究常常离不开语形和语义方面内容的原因，也是今日语言一体化描述倾向在外语教学、机器翻译、语言的自动化处理、词典编纂等应用语言学领域日显突出的一个重要原因。

与此同时，符号学的发展也是在自然科学的狭义理性原则和"精神科学"广义理性探讨两个轴向间进行的，前者集中体现为元语言理论，符号学的作用在于消除一个学科内部或各个学科之间在概念使用上的混乱现象。后者集中体现为认知理论，这时符号学系统的任务是使世界模式化。莫里斯的符号学三分法同这两个原则相结合，集中反映了符号学所包含的泛科学和科学统一的思想。由此看来，符号学的使命集中体现在两个方面：一方面，对于与语言相关的其他学科来讲，促进一个学科的思想向另一个学科的转移（如从逻辑学到语言学）而不必浪费时间；另一方面，符号学应该在元科学的水平上分析那些各学科中都运用的概念，并由此实现这些概念意义的一体化。② 难怪莫里斯在1938年就认为符号学的确立是科学一体化进程向前迈进的确定无疑的一步，因为它奠定了任何关于符号的个别科学的基础，如语言学、逻辑学、数学、修辞学、美学等；也无怪乎他试图用符号学来解释和说明由《国际统一科学百科全书》所代表的科学统一运动面临的四个主要疑难问题："形式科学"和"自然科学"之间的关系；心理学同生物学和物理学之间的关系；人文学科与科学之间的关系；哲学与系统化知识之间的关系。③

---

① Ю. С. Степанов，*В мире семиотики*. //Семиотика. М.，1983：с. 10。
② Е. Пельц，*Семиотика и логика*. //Семиотика. М.，1983：с. 144—145。
③ 莫里斯著，罗兰、周易译：《指号、语言和行为》，上海人民出版社1989年版，第268—285页。

本 编 小 结

　　对符号概念本身的正确认识是符号学研究的基础和起点,因此,我们从符号的概念谈起,在分析了历史上不同流派对符号的解释和定义之后,我们采取了双重意义学派的符号观,认为符号具有物质性,并且能传递一种本质上不同于载体本身的社会信息。此外,以符号能指和所指的关系性质为依据,按照指谓关系把符号概括为五大类,即征兆符号、象征符号、信号符号、语言符号、替代符号。需要指出的是,语言符号是我们在此研究的核心,我们的目的就是澄清对符号的认识、探索中西符号学思想传统、了解符号学的形成过程、确认现代符号学的思想源流、把握符号学的研究领域、流派和主要分支、展示符号学研究的重要意义和价值,从而在梳理语言学与符号学关系的基础上,建构语言符号学的合理框架和理论体系,我们认为,语言符号学的建立反映了语言学与符号学发展的内在需求和前进方向。

　　符号学思想从古希腊绵延至今,最早源于古希腊名医希波克拉底的医学符号学,而符号学作为一门独立的学科则诞生于 20 世纪,1969 年国际符号学联合会在巴黎的召开以及专门刊物《符号学》的出版标志着符号学在人文社会科学中取得了应有的位置,开始了快速发展时期,符号学已经形成了国际化的研究热潮,符号学的某些理论更是成为了哲学和许多学科领域中的重要组成部分。现代符号学理论思想主要有四大来源:自然科学、人文社会科学、现代哲学和现代语言学,对现代符号学做出奠基性贡献的两位学者是美国的实用主义哲学的先导皮尔斯以及从语言学角度步入符号学研究的现代语言学之父索绪系。虽然两人有着不同的学术背景、出身不同的学科领域,却在大约同一时期都提出了符号学的学科构想,因此,他们在符号学术语的使用、符号学基本概念的理解和界定方面以及符号学的研究领域都具有较大的差异。符号学思想如此悠久、流派如此众多、内容如此庞杂导致符号学作为同一学科研究的困境,不同的符号学研究者很难找到交叉的基础,他们往往各自谈论着自己的符号学,以至于有人批评符号学研究对象不明确、边界不清晰,这些都削弱了符号学应有的学术号召力和感染力。即便如此,符号学体现出的方法论威力体现在了众多的交叉学科上,如音乐符号学、宗教符号学、建筑符号学、文化符号学、符号学诗学、电影符号学等,新兴交叉学科的兴起体现了符号学作为人文社会科学方法论和认识论的阐释力。

　　鉴于符号学研究对象的广泛性,我们并不需要为符号学寻找本体论意义上的精确定位,而是继承索绪尔的语言符号观,把语言定位于最典型的符号系统,语言符号系统是所有符号系统的母版,因为,所有的符号系统最终都求助于语言给予语义或功能上的解读。我们的重点是在分析语言学与符号学关系的基础上进行语言符号学的学科理论体系建构。通过以往的研究我们发现,语言符号学作为独立学科不仅是可行的,而且是必然的发展趋势。语言符号学不能简单地理解为语言学与符号学的加合,同时也包含语言哲学和文学理论等领域的内容。语言符号学应该以研究语言符号系统本身以及用符号学的思想观点和研究方法来指导语言学的研究,从而为语言问题的研究提供新的理论支撑,展现符号学作为人文社会科学的认识论和方法论的指导意义。

　　符号学驳杂的流派分支和分散的研究内容使得我们无法全面总结和清晰透视符号学的研究方法,通过研究我们发现了符号学分析中所具备的一些共性特征:结构主义的态度、二元对立的研究方法、常体和变体的二分观念、组合和聚合的二维思想、符号学三分法原理等。当然,列出的这些内容只是历史上符号学著述中较笼统和普遍的方法,有的甚至还不能称之为具体方法,如结构主义的态度。结构主义更多的是指一种系统观或整体观,人们在把握事物的时候是先从整体到部分,是整体切分为要素,而不是由要素构成整体,要素之间处于相互联系之中。需要指出,符号学的分析方法远不止这些,对符号学的研究是一个需要逐渐深入的过程,语言符号学作为新兴的交叉学科,我们需要广泛吸收不同学科中的合理方面,这样,我们才能不断趋近语言符号学的学科本质。我们的研究首先就是要证明语言符号学作为一门独立学科的科学性,即语言学与符号学互相影响、互相交融的基础已经存在,二者的结合条件目前已经成熟,语言符号系统一方面作为阐释符号学的元语言工具,另一方面是语言符号系统本身的特点同时包含着符号学的深刻内涵,体现着语言符号学的学科价值。语言符号学是一门新兴的交叉学科,语言符号学的建立可以在一定程度上实现符号学与语言学的交叉和融合,更重要的是发挥语言学在新世纪领先学科的作用。这是对索绪尔把语言学定位于符号学这门一般学科的远见卓识的继承,更是适应学术潮流为语言符号学的建立所做的不懈探索,这是一项艰巨的事业。

第二编

现代语言符号学的思想渊源

第 一 章

符号的系统观与语言符号观

　　索绪尔被公认为是符号学特别是欧洲符号学的创始人。他提出:"我们可以设想一种研究社会生活中符号生命的科学;它将构成社会心理学的一部分,因而也是普通心理学的一部分;我们管它叫符号学(sémiologie,来自希腊语sēmeîon"符号")。"[1]同时他还认为,语言是一种表达观念的特殊符号系统,可以比之于文字、聋哑人的字母、象征仪式、礼节形式、军用信号等等,语言在符号系统中占据最重要的地位。对现代语言符号学而言,索绪尔关于符号系统以及语言符号的思想直接促成了语言符号学的构建。

　　索绪尔1857年10月26日出生于瑞士日内瓦一个法裔家庭,他从小就具有非凡的语言天赋,不满13岁就已经掌握了法语、德语、英语和拉丁语。受祖父的朋友、瑞士语言古生物学先驱阿道尔夫·皮克戴特(A. Pictet)的影响,索绪尔从小就对语言学产生了浓厚的兴趣。在皮克戴特的著作《印度欧罗巴人的起源》的启发下,1872年,年仅15岁的索绪尔就写了一篇探讨语言普遍系统的文章,试图证明所有语言中的词都起源于由3个辅音组成的一些词根。该文章后来以《试论希腊语、拉丁语和德语的词可归结为数量不多的词根》为题,刊登于《索绪尔研究集刊》第32期(1978年)上。1873年,受一次希腊语课的启发,他发现"响鼻音"在希腊语音位系统的演变中起着十分重要的作用,一定条件下(主要指在词中的位置)两个辅音之间的 n 可以变成 a。这个发现比人们公认的响鼻音的发现者德国语言学家布鲁格曼(K. Brugmann)要早3年。1875年索绪尔中学毕业后进入日内瓦大学学习,由于受家族胡格诺派科

---

[1] 索绪尔著,高名凯译:《普通语言学教程》,商务印书馆1980年版,第38页。

学传统的影响,他主修化学和物理学,但他明显缺乏对这些课程的兴趣。索绪尔于1876年10月转学至德国莱比锡大学,因为莱比锡大学是当时的印欧语言研究中心。在莱比锡大学上学期间,他主修了一系列语言课程,并与一些著名的语言学家和"新语法学派"的领军人物有较多的交往。1879年其著名的论文《论印欧系语言元音的原始系统》在莱比锡大学发表。次年,他以优异的成绩通过博士论文《论梵语绝对属格的用法》并获得博士学位,该论文于1881年发表。由于多名德国语言学家对他的《论印欧系语言元音的原始系统》及博士论文持有批评、抨击之词,1881年,索绪尔离开德国,到巴黎高等研究实验学校从事教学工作近10年。这期间他讲授了日耳曼比较语法(1881年)、拉丁希腊比较语法(1887年)、立陶宛语(1888年)、印欧语言比较(1891年)等课程,培养了梅耶(A. Meillet)、格拉蒙(M. Grammont)、帕西(Passy)等著名语言学家,建成法兰西学派。1891年,索绪尔回到瑞士,此后一直担任日内瓦大学教授,讲授了多门语言课程,其中,1906—1907年、1908—1909年、1910—1911年三次讲授"普通语言学"。正是基于这三次讲课的基础,他的学生巴利(Ch. Bally)和薛施蔼(A. Sechehaye)之后编辑、整理、出版了索绪尔的《普通语言学教程》(1916年)。1913年2月,索绪尔因病去世,享年56岁。

第一节 索绪尔的语言系统观

索绪尔认为语言是典型的符号,而且是一个特殊的符号系统,透过语言符号可以看到符号系统的真谛。

1. 语言是符号系统

一般根据语言的功能对语言进行定义,我们熟悉的有"语言是人们交际的工具"、"语言是人类最重要的思维工具"等说法,这种定义虽然在最广泛的意义上是正确的,但是缺乏操作性,而且需要进一步的补充和明确。索绪尔将语言定义为:"语言是一种表达观念的符号系统,因此可以比之于文字、聋哑人的字母、象征仪式、礼节形式、军用信号等等。它只是这些系统中最重要的。"[1]索绪尔第一次提出了语言学和符号学的关系,把语言学视为符号学的一部分,

---

[1] 索绪尔著,高名凯译:《普通语言学教程》,商务印书馆1980年版,第37页。

因此,利用符号学的一些方法和规律解释语言学问题增加了可操作性和科学性,在语言符号观下依据区分性特征和价值理论划分了语言的单位,音位—词素—词。"词被视为最重要的语言符号,它的重要特征是:词不是孤立存在的,它只是存在于系统中,我们称之为语言符号系统,语言符号系统只是众多其他符号系统层级中的一部分。"[1]语言的符号不纯粹是语言的事实,而是系统的组成要素,这个系统代表了语言。

索绪尔把语言学这一确定的人文领域知识划入了符号学,因为他认为语言首先是一个特殊的符号系统,语言符号具有符号的一般特征。语言符号有任意性,能传递一种本质上不同于自身的社会规约信息。索绪尔认为语言学的主要问题是符号学的问题,符号学发现的规律也可以用于语言学,但是语言是各种符号系统中最重要的,因为任何符号系统的解释都依靠语言。同时语言还是一个表达意义的层级符号系统。"语言是个层级符号系统。每一级的符号总是由能指加所指构成,而它们的复合构成物又作为上一级的符号的能指进入新符号的构成过程。"[2]音响形象和概念的联结称为符号,构成第一层级系统,表达最基本的语言符号的意义,这种意义往往与客观外界事物联系起来,指物性是其主要的内容。第一层级的能指和所指结合的符号整体在第二层级中作为高一级的能指,此时的所指往往是民族文化、宗教信仰和美学等附加意义。

2. 语言是关系系统

索绪尔认为语言是一个符号关系系统,是在系统内部对各种关系的考察。语言中只有关系,除此之外别无其他,"进入系统中的符号的功能,是由系统的组成成员的各个要素之间的相互关系来决定的"[3]。在索绪尔看来,语言系统建立在同一和区别之上(区别占支配地位),任何一个成分的确定依据的不是它本身具有的实体特征,而是关系。

首先,语言符号能指和所指之间的任意性关系。任意性在索绪尔看来是第一原则。在这一点上他强调了语言的社会心理属性,切断语言符号与外界客观事物的联系,是因为索绪尔把语言系统建立在语言符号的关系之上,语言

---

[1] А. Соломоник, Философия знаковых систем и язык. Издание второе, Минск, 2002: с.23.
[2] 王铭玉:《语言符号学》,高等教育出版社 2004 年版,第 222 页。
[3] 冯志伟:《现代语言学流派》,陕西人民出版社 1999 年版,第 23—24 页。

中只有差别建构的关系,这样语言符号就不是一个独立的实体。语言符号只在与其他语言符号和整个语言系统的相互关系中才得以存在,在索绪尔看来,关系远比实体重要得多。索绪尔否定了语言是一个分类命名集的说法,认为词与物没有天然存在的联系,它们之间是以不可论证的任意性结合在一起的。

其次,语言单位的组合关系和聚合关系。语言系统中单位的关系体现为组合和聚合,组合关系和聚合关系处于不同的轴线上,是语言系统复杂结构的两种基本关系。组合关系是在话语之内的,对语言要素结合为话语过程的概括,涉及的内容不只是相邻要素的关系,而且还包括各个要素和整体的关系。组合关系体现了语言的线性本质。话语只有一个长度,沿着时间先后排列,组合关系的各项要素有一定的数量,同时也有一定的次序。聚合关系的各个要素是不在场的,它们以意义的相似或能指的相似通过联想关系构成一个开放的集合。构成聚合关系的要素没有固定的数量,也没有确定的顺序,而且属于同一聚合体内的要素不能同时出现在话语中的同一位置,在话语中它们之间是互相排斥的。语言是一个多维关系系统,系统中的一切都基于关系而存在。

3. 语言是共时系统

索绪尔在自己历史比较研究实践中用系统的方法研究历时语言现象,但他坚持认为,语言系统只存在于共时之中,"索绪尔区分共时态和历时态,并把共时研究置于优先的地位,这是他对青年语法学派认为只有语言的历史研究才是科学研究这一狭隘历史主义观点做出的反拨"[1]。在共时语言学前提下,索绪尔把语言定义为是由词汇、语法和语音构成的系统。在《普通语言学教程》中索绪尔提出语言研究的第一个分岔点是语言和言语的区分,我们可以看到语言和言语的区分背后体现出了共时研究与历时研究对立的时代背景。正是针对历时语言学对语言研究对象的错误定位,索绪尔提出了应该从系统的角度建立语言的体系,研究语言系统内部语言单位间的关系。索绪尔的系统是在共时角度上提出的,在他看来共时才有系统,历时是对语言系统中要素演变的考察。他指出:"语言是一个系统,它只知道自己固有的秩序。……一切与系统和规则有关的都是内部的。……一切在任何程度上改变了系统的都是内部的。"[2]但是,索绪尔并没有割裂共时与历时的辩证关系,他提出了与历时语

---

[1] 戚雨村:"索绪尔符号价值理论",《外语研究》,2001年第2期。
[2] 索绪尔著,高名凯译:《普通语言学教程》,商务印书馆1980年版,第46页。

言学相对的共时语言学的概念："共时语言学研究同一个集体意识感觉到的各项同时存在并构成系统的要素间的逻辑关系和心理关系。历时语言学，相反的，研究各项不是同一个集体意识所感觉到的相连续要素间的关系，这些要素一个代替一个，彼此间不构成系统。"①索绪尔的共时系统是语言历史发展中的一个横截面，这是一个相对的概念，因为变化是绝对的，共时的含义是在语言整个系统不发生根本改变的一段或长或短的时间内语言的状态。正是在区分了共时语言学与历时语言学，并且把语言的共时研究放在主要地位的基础上才有了真正的现代语言学的开端。

4. 语言是价值系统

语言的价值来自语言符号系统，来自于系统中语言要素之间的多种关系，来自于系统中的差异和对立。价值的概念是索绪尔从政治经济学中引入语言学的，索绪尔认为，"因为语言是一个纯粹的价值系统，除它的各项要素的暂时状态以外并不决定于任何东西"②。经济学中有使用价值和交换价值，它们是商品的两个相辅相成的特性，人们不能同时拥有，而只能据其一，因为商品一旦交换成功，它的使用价值便为对方所有。商品的两种价值之间有天然的物质基础，而语言符号的价值是以能指和所指的任意性结合为依据的，没有必然的联系，语言符号的价值不能以物质的标尺来衡量，语言符号的价值不可以量化，也没有大小之别。语言要素互相联系、互相制约，只能从关系的网络中确定它们的价值。经济学中的价值和语言学的价值不是同一个范畴，它们之间只是一种类比关系，是一种基于内在的相似性，都是一种关系的体现。"语言系统是一系列声音差别和一系列观念差别的结合，但是把一定数目的音响符号和同样多的思想片段相结合就会产生一个价值系统，在每个符号里构成声音要素和心理要素间的有效联系的正是这个系统。"③

索绪尔从语言符号的能指、所指及符号的整体三个方面展开对价值的讨论。语言符号由能指和所指构成，能指和所指是为了深入研究符号的作用和功能而人为提出的理论上的区分。事实上单独的看其中每一方面，它们都是消极的、没有意义的，而只有两者的结合才能构成积极的要素即语言符号。

---

① 索绪尔著，高名凯译：《普通语言学教程》，商务印书馆1980年版，第143页。
② Ф. де. Соссюр, *Курс общей лингвистики*. Екатеринбург, 1999: с. 82.
③ 索绪尔著，高名凯译：《普通语言学教程》，商务印书馆1980年版，第167页。

"索绪尔认为共时状态是'真正的、唯一的现实性',只有同时要素间的关系才构成价值系统,共时价值的规律反映了语言系统的结构规律,语言任何层次的要素都是在共时状态中构成关系、确认自身、参与操作。"①声音差别和概念差别使语言符号得以存在,它们存在于一个系统中,每一个语言符号都以与所指区别和联系的其他语言符号的存在为条件,"绝对的、孤立的、没有其他任何参照的所指关系及由此构成的语言符号是不存在的。从这个意义上讲,价值是一种关系,是一种对比,是系统的产物"②。语言符号系统和语言价值系统是不可分割的语言的两个属性,一方面,我们从有连带关系的整体出发,对它加以分析,得出它所包含的要素;另一方面,是价值系统决定符号,而不是符号放在一起形成系统。

第二节　索绪尔的语言符号观

索绪尔在《教程》中指出:"语言是一种表达观念的符号系统。"③正是看到了语言的符号特性,索绪尔将语言研究纳入符号研究范围,并首次提到了符号学的概念。在索绪尔看来,语言学是符号学中一个最特殊也是最为核心的部分,符号学的研究方法和规律同样适用于语言学。

1. 任意性

语言符号能指与所指联系的任意性是索绪尔语言符号学思想的基础,任意性同时也是一切符号具有的一个重要特征。任意性原则实质指的是语言现象的社会规约性、惯例性,强调任意性原则的意义在于发掘支配语言的底层系统和惯例体系,即"究竟是什么东西造成不同符号的不同意义的"④。正是这种任意性的存在,才使得语言现象变得如此纷繁复杂,同时又十分有规律。

现阶段,有不少学者试图对语言的任意性原则提出质疑,理由是语言中存在很多似乎违反任意性原则的现象,如拟声词等。在这方面,我们应该注意的是,语言符号的任意性特征是存在绝对任意性和相对任意性之分的。索绪尔

---

① 皮鸿鸣:"索绪尔语言学的根本原则",《武汉大学学报》,1994 年第 4 期。
② 马壮寰:"索绪尔的语言价值观",《当代语言学》,2004 年第 4 期。
③ 索绪尔著,高名凯译:《普通语言学教程》,商务印书馆 1980 年版,第 37 页。
④ 刘润清:《西方语言学流派》,外语教学与研究出版社 1995 年版,第 103 页。

关于这一点有精彩的论述:"一切都不能论证的语言是不存在的;一切都可以论证的语言,在定义上也是不能设想的。在最少的组织性和最少的任意性这两个极端之间,我们可以找到一切可能的差异。"①显然,索绪尔早就看到了任何语言中都存在着绝对任意性成分和相对任意性成分这一事实。在《教程》中他以法语词 vingt(20)和 dix-neuf(19)两个词作为例子,说明绝对任意性和相对任意性两者并存的现象。其中相对任意性现象的可论证性是借助于联想关系和句段关系这两种连带关系才得以体现的。索绪尔还指出,绝对任意性更多的与语言的词汇相关联,而相对任意性则更多的与语法相关联,在此基础上,他认为:"不可论证性达到最高点的语言是比较着重于词汇的,降到最低点的语言是比较着重于语法的。"②不同的语言或同一语言的不同层面其绝对任意性和相对任意性的比例都是不同的。

2. 社会性

索绪尔认为:"它(指语言——本书作者注)既是言语机能的社会产品,又是社会集团为了使个人有可能行使这种机能所采用的一整套必不可少的规约。"③正是以语言符号的社会性为基础,索绪尔确定了语言在言语活动中的位置,指出"它是言语活动的社会部分,个人以外的东西;个人独自不能创造语言,也不能改变语言;它只凭社会的成员间通过的一种契约而存在"④。

语言符号本质上是社会性的,语言符号的社会性可以看做是语言惯例性和任意性的体现。索绪尔指出:"同表面现象相反,语言任何时候都不能离开社会事实而存在,因为它是一种符号现象,它的社会性就是它的一个内在特征。"⑤由语言符号的任意性特征可以看出,语言的生命力正在于与社会密不可分的联系,它来源于社会,运用于社会,也服务于社会。语言符号的变化和传承特点无不带有社会的印迹,正因为此,索绪尔认为,从历时的角度来看,语言是社会力量的产物,是一切社会制度中最不适宜创新的。索绪尔的这个结论是在讨论语言的不变性和可变性问题时,通过将语言同其他社会制度相对

---

① 索绪尔著,高名凯译:《普通语言学教程》,商务印书馆 1980 年版,第 184 页。
② 同上。
③ 同上,第 30 页。
④ 同上,第 36 页。
⑤ 乐眉云:"索绪尔的符号学语言观",《外国语》,1994 年第 6 期。

比而得出的。

由小松荣介(Eisuke Komatsu)和罗伊·哈里斯(Roy Harris)根据索绪尔的学生埃米尔·康斯坦丁(Emile Constantin)的第三次普通语言学课程笔记编辑,珀加蒙(Pergamon)出版社1993年出版的《第三次普通语言学教程》(以下简称《第三次教程》)中,索绪尔从共时的角度更加突出了语言的社会性这一根本特征,他明确地说:"通过区分语言和言语机能,我们认识到语言是一种'产品':它是一种'社会产品'……言语总是通过一种语言起作用,没有语言,言语不会存在;语言则完全独立于个体,它不可能是个体的创造,而基本上是社会的,并以群体为前提。"①

3. 心理性

索绪尔"语言符号是一个两面的心理实体"的观点在语言学界早已耳熟能详。该观点的形成源于索绪尔对言语活动过程的理解和把握:在对话发出者的脑子里,被称为概念的意识事实是跟用来表达它们的语言符号的表象或音响形象联结在一起的,即某一概念在脑子里引起一个相应的音响形象,这完全是一个心理现象;紧接着是脑子把与音响形象有相互关系的冲动传递给发音器官这样一个生理过程,随后是声波传递给接收方的物理过程;而在对话接收者处,言语活动则与上述过程相反:生理过程—心理过程。② 显然,在言语活动过程中,索绪尔突出了语言符号的心理性特点,认为能指—听觉形象和所指—概念都是心理的。在《第三次教程》中,索绪尔多次强调听觉形象和概念的心理性特征:"语言符号建立在两种非常不同的事物通过心智形成的联系的基础之上,但这两种东西都是心理的;在主体中:某一听觉形象和某一概念是联系着的,声觉形象(不是物质的声音)是声音的心理印迹。"③正如乐眉云所言:"由于概念是抽象的,音响形象是感觉的,作为二者结合的语言符号当然是心理的。事实上,一切符号所传递的信息,代表的意义,激发的概念或感情都只存在于使用符号交际的双方的心里。"④

4. 不变性和可变性特征

索绪尔指出:"能指对它所表示的观念来说,看来是自由选择的,相反,对

---

① 张绍杰,王克非:"索绪尔两个教程的比较与诠释",《外语教学与研究》,1997年第3期。
② 索绪尔著,高名凯译:《普通语言学教程》,商务印书馆1980年版,第32—37页。
③ 张绍杰,王克非:"索绪尔两个教程的比较与诠释",《外语教学与研究》,1997年第3期。
④ 乐眉云:"索绪尔的符号学语言观",《外国语》,1994年第6期。

使用它的语言社会来说,却不是自由的,而是强制的。"①这里就体现出索绪尔对语言符号可变性和不变性的辩证认识。当然,这是索绪尔结合语言内部和语言外部的因素,从共时的角度做出的判断。从历时来看,在连续的时间轴上,语言符号既具有不变性的一面,表现为语言的历史继承性,也具有可变性的一面,表现为语言的历时变化性。在《第三次教程》中,索绪尔明确强调:"时间对任意性既没有限制作用又起限制作用,这不会混淆相互对立的时间问题和任意性问题两者的联系。(概括起来讲,)构成一种语言的符号的非自由性是历史进程的结果,或者说是时间因素在语言中的表现,因为符号的非自由性建立在语言中时间因素的连续性基础之上。……时间因素的另一个表现(一种似乎同第一种表现相矛盾的事实)是符号多代相传后所发生的变化。"②可见,索绪尔对语言符号不变性和可变性的论述充满辩证法的思想,具有很强的哲学意味。

5. 能指的线性特征

这是语言符号一个容易让人忽视的特点。索绪尔明确指出:"能指属听觉性质,只在时间上展开,而且具有借自时间的特征:(a)它体现一个长度,(b)这长度只能在一个向度上测定:它是一条线。"③在这一点上,语言显示出与其他视觉能指不同的特性:视觉的能指可以在几个向度上同时并发,而听觉的能指却只有时间上的一条线;它的要素相继出现,构成一个链条。语言符号的线性特征不论在书面言语的文字中,还是在口头言语的话语中表现都是十分明显的。

---

① 索绪尔著,高名凯译:《普通语言学教程》,商务印书馆1980年版,第107页。
② 张绍杰、王克非:"索绪尔两个教程的比较与诠释",《外语教学与研究》,1997年第3期。
③ 索绪尔著,高名凯译:《普通语言学教程》,商务印书馆1980年版,第106页。

第 二 章

符号的三位一体与分类

自从符号学进入人们的视野之后,几乎每位研究者都关心符号的分类问题。对此研究最早、最受学者关注的要数皮尔斯。他从"普遍范畴"角度出发,构建"三位一体"模式,力求对符号做出科学、严密的分类。其思想形成于19世纪,但从20世纪70年代起,哲学界和符号学界对皮尔斯的研究逐渐升温,不仅对皮尔斯笔记式原典的解释和发挥构成了今日最具美国特色的符号学的重要内容,而且其符号分类思想也被视为人类现代符号学思想史上最丰富的贡献之一。

皮尔斯是美国实用主义哲学的先驱者之一,逻辑学家和符号学家。他是通过对康德《纯粹理性批判》的钻研开始符号学探讨的。皮尔斯一生并未出版过符号学的专门著作,他的理论散见于相关理论和布尔代数的逻辑学论文中。直到20世纪30年代,随着皮尔斯文集和全集(美国哈佛大学在1931—1958年间曾出版八卷本《皮尔斯著作全集》)的出版,他的符号学理论才引起人们的重视。皮尔斯非常注意分析人们认识事物意义的逻辑结构,他把符号学范畴建立在思维和判断的关系逻辑上,注重符号自身的逻辑结构的研究。总之,皮尔斯在学术史上的地位,是通过两方面的贡献确立的。一是其实用主义的哲学思想,核心是"三位一体"模式;二是其系统的符号学说,主要体现在符号的分类思想之中。但这两方面的论述在皮尔斯的著作里常常结合在一起,不可分割。换句话说,皮尔斯的符号学说带有浓厚的实用主义哲学色彩,在他看来,作为形式逻辑学的符号学,又是其实用主义哲学思想的一个非常重要的组成部分。

第一节　皮尔斯的"三位一体"思想

在皮尔斯的符号理论中,"范畴"思想占有重要的地位。他认为,范畴应建立在思维和判断的关系逻辑上。任何一个判断都涉及对象、关系和性质这三者之间的结合,构成"三位一体"的关系,在语言中它表现为"主语—连词—表语"的形式。换言之,任何判断或命题的成分都应包括:第一项(表语);第二项(主语);第三项(连词)。而且要想确定"第二项"(对象),就必须已经知道"第一项"(特性),并且通过"第三项"(连词)将特性与对象相联系。这样一来,皮尔斯为人们勾勒出了另一个范畴表,它的构成要素只有三个范畴,可以抽象地表述为"第一项"、"第二项"和"第三项",三项分别以基本范畴的身份共同构筑起"普遍范畴"。

"普遍范畴"是皮尔斯符号思想的理论支柱,其基础就是建立一切可能的、以经验为基础的一个三元类别综合体,即第一范畴(firstness)、第二范畴(secondness)和第三范畴(thirdness)。第一范畴是纯特性的或简单的可能性类别;第二范畴指的是存在的、事实的、个体的类别;第三范畴是一个普遍范畴,类似于第一范畴,却又有很大的差异,它指的不是一个简单的全面性的可能性,它是从人类的思想和事物发展的规律中揭示了这种可能性。具体分析,可以对皮尔斯的"普遍范畴"做出一个大致的勾勒。

第一项(表语)是它本身所呈现出来的一种肯定的存在样式,与其他事物无关。这是一种自身独立的自在的存在,系第一性存在,皮尔斯称之为"感觉质"。例如"红色"意义所反映的红的色彩,不论它是否被某个人所知觉或想到,它是何时并在何地出现的,它都存在着。这也就是说,第一项或感觉质,因为它是独立于时间和地点的,所以它是依据可能性的存在。

第二项(主语)是它本身所呈现的一种存在样式,关系到一个第二者,但不考虑第三者。例如对两种知觉"冷"和"热"的比较,它是相对的,它始终依存于一定的地点和时间,因此如同一切实际的事件和一切具体的单个物体,它是依据现实性的存在,是经验性的、第二性的存在。

第三项(连词)是它本身所呈现的一种存在样式,它将第二者与第三者相互连接起来。此项属于所有精神的、意识的存在方式及活动所确定的东西,如思维的认识、规律性、秩序、表达和交往等,同时,也是作为一种"解释"用于符号本身的,所以它是一种以思维或符号为核心的第三性存在。精神活动和作为其基础材料的符号既不是依据可能性又不是依据现实性而存在的,它始终是依据于必然性的存在。

皮尔斯"普遍范畴"的三个基本范畴之间的关系如下所示:

范畴项	内容	特点	存在样式	存在依据	表现形式
第一项	性质	质	知觉或感觉	可能性	表语
第二项	对象	质	经验或活动	现实性	主语
第三项	关系	表现	思维或符号	必然性	连词

图表1

皮尔斯之所以要谈"普遍范畴",其真正目的在于分析符号的性质。他把符号普遍地理解为代表或表现其他事物的东西,它可以被某人所理解或解释或者对某人具有一定意义。根据这一定义,我们可以把它解释为:每一个任意的符号必须本身是一种存在,与它所表征的对象有一定关系,这种"表征"必定由某一解释者或解释意识所理解,或具有一定"解释"或意义。也就是说,符号应具有三种关联要素:媒介关联物(M-medium);对象关联物(O-object);解释关联物(I-interpret)。

符号的三种关联物相应于"普遍范畴"第一项、第二项和第三项三个基本范畴,即:(1)表达第一项的媒介关联物;(2)表达第二项的对象关联物;(3)表达第三项的解释关联物。这里,从本体论来看,作为一个第三项的完整符号是"最高存在物",任何一个符号作为一个整体,正是由此才构成世界的一个真正的"说明项",但它本身所包含的一切可能的"存在物",是由第一项、第二项和第三项综合把握的。所以说,三个关联因素互为依赖,构成符号"三位一体"的本性。

这三个关联要素不具有分离性,而是"三位一体"。换言之,任何一个符号都应具有此三要素;否则,它就不是一个完整的符号。例如,我们发现了一个物体(岔道口的石头)或听到一种声响(三声中继性敲门声),如果没有什么意义或无可解释,它就还不是符号,这里至多是存在一种符号的媒介关联物。如果人们了解了这一媒介涉及什么,它可以如何解释(石头——指明方向、路标、分界石等;敲门声——自己人来了、来者不是一人等),那么它才成为一个完整的符号。

第二节　皮尔斯的符号分类思想

符号的分类问题是皮尔斯符号学说的一个非常重要的组成部分。皮尔斯一生有很大一部分时间倾注在对符号的烦琐分类上。但遗憾的是,当今符号学界,虽然经常提到皮尔斯的符号分类,但许多学者往往以皮尔斯的分类过于烦琐为由,抛弃其在符号分类问题上的可贵探索。能让符号学家记住的,也最为人们频繁引用的仅仅是相似符号(icon)、标引符号(index)、象征符号(symbol)这三种。实际上,皮尔斯的符号分类思想极其丰富和复杂,正是通过对各种符号现象的分类,皮尔斯引入了赖以探讨符号现象的多重角度,为符号学的研究开拓了一个新的天地。

如上节所述,皮尔斯的符号分类思想与其"普遍范畴"思想密不可分。他认为,任何符号都可以用三个范畴加以划分,即每一种三位要素都是第一项(M)、第二项(O)和第三项(I)的一种综合。换言之,所有的符号只能通过三个关联要素来考虑:媒介关联物、对象关联物和解释关联物。

皮尔斯的符号分类法基本上经历了两个阶段。[1] 第一个阶段以1904年提出的符号分类理论为标志。第二个阶段以1908年《给魏尔比夫人的信》里所提出的分类方法为标志。目前国际符号学界讨论得比较多的是皮尔斯第一个阶段所提出的符号分类标准及其分类结果。

1. 1904年分类理论

在皮尔斯看来,符号分类最基本的角度有三个方面:一是从符号载体的属性进行考察,二是从符号与所指对象的关系进行考察,三是从符号与解释项的关系进行考察。这三个角度看起来很简单,但实际上都涉及认识论的一个基本前提。皮尔斯为此指出,我们考察任何现象或事物的时候,首先接触到的是诉诸各种感觉,如视觉、听觉、味觉、嗅觉、触觉等的物理属性,其次是有关现象之间的联系,最后才是将有关现象关联在一起的观念或认知。从第一个角度分类,符号可以分为性质符号、个体符号、法则符号。根据第二个角度对符号

---

[1] 卢德平:"论符号的分类问题",《解放军外国语学院学报》,2002年第4期。

加以分类，符号可以分为相似符号、索引符号、象征符号三类。符号分类的第三个角度是符号与解释项的关系。因解释项的种类和形态不同，从这一角度对符号所作的分类也呈现出不同的形态。如果是思维观念充当有关符号的解释项，那么这一思维过程可以表述为逻辑上的概念、命题、论证。因而相应的有意元符号、命题符号及论证符号。①

(1)性质符号(MM-qualisign)：性质符号指符号通过自身所具有的物质属性来指谓一定的符号对象，这种属性的获得并不来自于所指对象的影响。如一张图片作为符号，本身就具有一定的色彩、形状，当这些物质特性与一定的对象客体，如人物、建筑物、风景等的物理特征相似的话，就成为指谓后者的符号。换言之，符号的每一种物质特性都是一种质，它是一种一旦包含在符号中并作为符号而起作用的"性质"。在它具体化之前，它还不能实际起到符号的作用。然而性质符号被再现出来时绝不会完全是它本身，而只能是与原来符号相似的符号。性质符号必定由感官可以知觉，并总是从属于一定的知觉渠道，归入一定的符号储备系统。例如，视觉符号储备系统以一个色彩表或一个色彩环给出，听觉符号储备系统以一种语言的词汇为基础的音响或以半阶及非半阶音的音响给出。

(2)个体符号(MO-sinsign)：个体符号就是可以作为符号而起作用的某个实际存在的事物或事件。它必须通过它的性质并与时间和地点相关才能起到符号的作用。换言之，个体符号实际上就是作为"例"(token)的符号，是一种"言语"范畴符号。这种符号表现为具体的个体或事件，是受到时间或空间制约的语境符号。比如本书中多次使用的汉语"符号"一词，它在汉语词汇系统里只是一个词，词典里记载的是撇开具体使用的时间和场合的"符号"，而我们这里每使用一次这个符号，都赋予了它不同的上下文意义和细微的差异。但是不管使用多少次，在汉语词典里，这些无数次复现的符号仍然不失去其同一性的特点，最终还是被作为同一个符号处理。与此同理，即使在街道交通中存在着许多停车符号，它是依据法规而使用并按习惯引入的，那么这一确定的停车符号在某一确定的交叉路口就是一个个体符号。

(3)法则符号(MI-legisign)：法则符号就是可以作为符号而起作用的某条

---

① 王铭玉：《语言符号学》，高等教育出版社2004年版，第120—121页。

法则,这条法则通常是由人们所制定的,每个约定符号都属于法则符号。与性质符号和个体符号的区别在于它"在每次再现中保持其同一性",并不受一定的现实或现象的限制。也就是说,法则符号是作为"型"(type)的符号,它是维持符号同一性的符号类型,与我们上文所说的词典符号实际上是同语反复,是一种"语言"范畴。它不是以单独对象的形式出现,而是一个一般的类型,作为一套规则或原则的抽象活动。比如,语法在语言中就作为反复出现的法则符号而起作用,它在任一现实中都是"同一个、相同的符号",只要是涉及一定的对象和在一定的关系中理解,它都具有同等效用。这样的例子很多,按规则使用的符号如一种语言的字母表,语言的词汇,科学中的数学、化学、逻辑的符号,交通符号,气象符号,指南针、时钟的表盘,温度计的刻度等。

(4)象似符号(OM-icon):象似符号又叫图像符号。这一类符号主要指符号的载体所具有的物质属性与所指对象之间存在着相似、类比的关系。一张照片、一幅图画之所以被看做象似符号,是因为符号载体所拥有的色彩、线条、形状与这些照片或图画所表现的人、物体、景观等的物质特征相似。换言之,象似符号是通过对于对象的写实或模仿来表征其对象的,它是某种借助自身和对象酷似的一些特征作为符号发生作用的东西,即在相似性的基础上来表示对象。属于象似符号的有:图像、图案、结构图、模型、简图、草图、比喻、隐喻、函数、方和式、图形以及(逻辑的、诗歌的)形式等。

(5)索引符号(OO-index):索引符号可以被理解为一个符号对一个被表征对象的关系,但这种关系不是模仿的,而是一种直接的联系,与对象构成一种因果的或接近的联系。如敲门是某人到来的索引,烟是火的索引,风标则是风向的索引。正因为索引符号与它的对象间的这种具体的和现实的关系,所以其对象是一种确定的、个别的、与时间和地点相关联的对象或事件。可以归入索引符号的有:路标、指针、箭头、基数、专有名称、指示代词等。索引符号与象似符号的差别在于,索引符号反映了符号与对象之间处于一定的物质关系,符号的形成需借助于所指对象的影响和作用。这种影响和作用表现为时间上的前后相继、空间上的邻接相近或逻辑上的因果关联。而象似符号则主要是通过自身独立于所指对象的物质属性来确定其自身的符号特性的。地图、照片、图画这些象似符号并不是受所指对象的影响所造成的结果。而犯罪现场的指纹是一种索引符号,它指谓着曾经到过现场的犯罪嫌疑人。正是因为指纹是犯罪嫌疑人造成的结果,所以在这个符号与所指对象之间存在着因果关系。

(6)象征符号(OI-symbol):象征符号是一种与其对象没有相似联系或因果联系的符号,所以它可以完全自由地表征对象。象征方式的表征只与解释者相关,他可以由任意的符号储备系统中选择任意的媒介加以表征,它可以在传播过程中约定俗成地、稳定不变地被应用。比如,我们可以指着或看着一片树叶,说这是树的索引符号;把一幅关于树的图画看做树的图像符号;但是如果我们说出"树"这个词,它就是树的象征符号,因为在这个音中,并没有固定的、必然的"像树一样"的性质:它和现实的树的关系从本质上说是武断的、强加的,对这种关系起主要支撑作用的是它在其中出现的那种语言结构,而不是它特指哪一个外在的经验领域。

(7)意元符号(IM-rheme 或 seme):意元符号对其解释来说,是一种关于定性的可能性的符号,与逻辑学中的"概念"或者"命题函项"接近。也就是说,它被理解为代表一种如此这般的可能对象,其直接对象须在解释项中加以确定,常常被视为一种"开放性(即可补充的、不饱和的)联结"因素。例如一个陈述语"……是红色的"或"……是谁的恋人"就是意元符号,从逻辑学上看,它既非真亦非伪,但这种符号表示解释者一旦有机会激活或诱发对象,他就可能理解对象,如"血液是红的"或"张三是李四的恋人"。

(8)命题符号(IO-dicisign 或 dicent sign):命题符号对其解释来说,是一种有关实际存在的事实的符号,所以,它可以被认作逻辑学中的"命题"或"准命题"(quasiproposition)。与意元符号相对,命题符号可被视为一种"闭合的联结"因素,它不仅不能加以补充,而且本身也表现出一种完整性。这种符号通过自身内部对对象的确定来限制解释项的指示,它常常可转译为语句的形式。

(9)论证符号(II-argument):论证符号对其解释者来说,是一种关于法则的符号,与逻辑学中的"推论"或"变元"接近。论证符号的对象最终不是单独的事物而是法则,它不仅是一种复杂的符号联系,而且除此之外还是所有应用符号的完整的、依据于规则的联系,换言之,它可被视为"完整的联结"因素。例如逻辑学的推论形式(A 为 B;B 为 C;故 A 为 C)或者诗歌形式以及科学的公理系统都是这种完全的联结。

显然,上述九类符号不是基于符号的外在规定或特征,而是以媒介关联物、对象关联物和解释关联物作为符号的前提产生出来的。换言之,它们通过横向和纵向各要素的交叉或"多项倍乘"(如图表 2、图表 3 所示),得到了 9 个可能的"乘积"或排列的组合。需要注意的是,依据皮尔斯的思想,这九类符号并不是完整的符号,而是部分符号或称下位符号,即表达完全的"三位一体"关系所赖以构成的部分符号。

	M	O	I
M	MM	MO	MI
O	OM	OO	OI
I	IM	IO	II

图表 2

	媒介	对象	解释
媒介	性质	个体	法则
对象	象似	索引	象征
解释	意元	命题	论证

图表 3

2. 1908 年分类

皮尔斯在对符号分类问题进行了大量探讨之后发现,一切符号的分类都离不开以下十种观点或原则。1908 年在《给魏尔比夫人的信》中,皮尔斯把这些原则总结为:(1)根据对符号本身的理解方式;(2)根据符号的直接对象的呈现方式;(3)根据符号的动态对象的存在方式;(4)根据符号与动态对象之间的关系;(5)根据直接解释项的呈现方式;(6)根据动态解释项的存在方式;(7)根据符号与动态解释项之间的关系;(8)根据标准解释项的本质;(9)根据符号与标准解释项之间的关系;(10)根据符号与动态对象及标准解释项这三者之间的关系。

皮尔斯在提出上述原则并对晦涩的符号学新术语进行解释的时候,仍然不忘记对以前的符号分类进行修正。根据第一条原则,他区分出可能符号、实际符号、习惯符号。根据第二条原则,他区分出记述符号、指示符号、连接符号。根据第三条原则,他区分出抽象符号、具体符号、集合符号。根据第四条原则,他区分出相似符号、标引符号、象征符号。这一分类没有变化。根据第五条原则,他区分出假言符号、选言符号、联言符号。根据第六条原则,他区分出共感符号、打击符号、平常符号。根据第七条原则,他区分出暗示符号、命令符号、陈述符号。根据第八条原则,他区分出让人满足的符号、引发行为的符号、克制自己的符号。根据第九条原则,他区分出单纯的符号、前件和后承兼具的符号,以及前件、后承及二者间的逻辑关系皆备的符号。根据第十条原则,他区分出本能保证的符号、经验保证的符号、形态保证的符号。[1]

---

[1] 卢德平:"论符号的分类问题",《解放军外国语学院学报》,2002 年第 4 期。

第 三 章

符号学的三个世界与论域类型

符号学之所以引起人们的极大关注有赖于其学科的性质,它与哲学和逻辑学有着密切的联系,它是一门方法论科学。除了索绪尔、皮尔斯的贡献外,莫里斯对符号学三个世界的划分以及对符号学论域的描写构成了符号学方法论的重要来源。莫里斯是美国著名哲学家和逻辑学家,他在20年代开始研究作为逻辑分析工具的语义学,由此走向创立符号学之路。他在创立符号学方面,主要汲取了皮尔斯的符号学研究成果,还借鉴了逻辑学家尤其是卡尔纳普(R. Carnap,1891—1970)对符号的理解。他从皮尔斯那里借用了"符号学"这个名字来冠称关于通信的符号的一般理论。莫里斯的主要符号学著作有:《符号理论基础》(*Foundations of the Theory of Signs*,1938年)、《符号、语言和行为》(*Signs, Language and Behavior*,1946年)、《指表和意思》(*Signification and Significance*,1964年)和《一般符号理论著作集》(*Writings on the General Theory of Signs*,1971年)。《符号理论基础》这本小册子被公认是创立现代符号学的奠基性著作。《符号、语言和行为》进一步全面而又深刻地发展了符号理论,被认为是自奥格登和理查兹的《意义的意义》以后语义哲学和符号学方面最重要的著作之一,并且由于此书致力于"不偏不倚地"论述符号理论,又被认为是教科书式的著作。《指表和意思》则是他的一般哲学观点贯彻于符号学,致力于把符号学和价值学相结合的工作成果。

第一节 符号学的三个世界

作为现代符号学的创建者,莫里斯的主要贡献是把符号划分出语构、语义和语用三个维度,把符号学划分为相应的三个分支——语构学(syntactics)、语义学(semantics)和语用学(pragmatics),由此界定符号学的分野,并制定了初步的理论。莫里斯符号思想的特点是:从自己的一般哲学观点出发,把符号看做人类的一种行为。他最早是在《符号理论基础》(1938年)中引入三个维度的。他认为,符号学所研究的符号涉及三个方面的关系,即"对对象的关系,对人类的关系和符号对符号的关系"。这三种关系表明了符号意义的三个方面:语言意义(linguistic meaning)或句法意义(syntactic meaning)、指称意义(referential meaning)或语义意义(semantic meaning)以及语用意义(pragmatic meaning)。由此产生了符号学的三个世界,其中,语构学研究"符号彼此间的形式关系",语义学研究"符号对其所适用的对象的关系",语用学研究"符号对解释者的关系"。后来他在《符号、语言和行为》(1946年)中又进一步对符号学的三部分做了定义:"语构学研究符号的组合,而不管它们的特定指表或它们同它们在其中出现的那些行为的关系;语义学研究符号在一切指表模式中的指表;语用学是符号学研究符号在它们所出现的行为之中的起源、用途和效果的那个部分。"

　　莫里斯"三个世界"的理论模式无疑反映了符号的内容(意义)的本质。莫里斯一方面指出了作为符号内容特征的各个不同方面的质的区别,另一方面,他又指出这些不同方面是相互联系的,相互之间互为条件而紧密联系于一个整体(即符号内容)之中。作为符号学的三个分支学科均体现了符号及其意义的联系性质。这就是说,在某一门学科中某一符号体现出来的特征也必然与同样符号在其他学科中体现出来的相应特征有着必然的联系。莫里斯一生都在努力架构一座可以把欧洲的实用主义(强调语用关系)、经验主义(强调语义关系)和逻辑主义(强调语构关系)连接起来的桥梁。尤其明显的是,他直接继承和利用了早期的美国实用主义思想,特别是实用主义影响下的行为主义思想和皮尔斯的符号论,并在此基础上创立了行为主义语用学理论。莫里斯被认为是皮尔斯三位一体思想的继承者,是皮尔斯符号总体理论的发展者。但实际上,皮尔斯的符号学与莫里斯的符号学之间存在一种根本性的差异。皮尔斯重视对所有那些抽象符号实体的分析与分类,关注符号的原则和常数。而莫里斯的兴趣在于对具体时间和空间里的实际过程的研究,他关注的是符号的有关过程和变项。因此,人们往往把皮尔斯的思想作为理论范式,把莫里斯的符号观作为实践模式。莫里斯的三个分野的学说是对符号学的一大贡献，正是这一学说为符号研究提供了构架或者说参照系，一切符号学问题，甚至现代语言学和西方语言哲学的问题都应当也可以放在这个构架中进行研究。

第二节　符号的论域类型

论域(discourse)是"语言符号的复合体"，现代语言学称之为"话语"。论域研究是莫里斯主要的符号学工作之一，占了《符号、语言和行为》一书的四分之一篇幅。对论域的研究，实际上就是运用符号学观点来揭示语言现实运用的符号本质和特征。莫里斯对论域的符号学研究，主要体现在运用符号学观点来对论域进行分类。这分类的基础是语言符号复合体的两个符号学表征——指表模式和用途。

1. 符号的指表模式(mode of signifying)

莫里斯认为，在明确符号概念和有关术语的基础上，符号学的中心和前沿课题是"指表模式"。莫里斯对此的主要贡献是划分了五种类型指表模式：识别符号(identifior)；标示符号(designator)；评价符号(appraisor)；规定符号(presoriptor)；构成符号(formator)。[1]

(1)识别符号

识别符号作为"预备性刺激"，是把解释者的行为引向某行为对象所在的时空位置，即指表时空位置。识别符号包括三类：标志符号(indicator)、描述符号(descriptor)和命名符号(namor)。标志符号是非语言的信号，例如指向手势和风向标。描述符号和命名符号都是语言符号，前者如"今晚十点钟"，后者包括专名、人称代词、指示代词等。

(2)标示符号

标示符号指表行为对象的特征(discriminata)。这里的特征是一个对象区别于另一个对象的特性。标示符号可分为"对象标示符号"(object designator)，如"鹿"；"性质标示符号"(character designator)，如"黑的"。

---

[1] 周昌忠：《西方现代语言》，上海人民出版社1992年版，第140页。

(3) 评价符号

评价符号指表对象的偏好状态，决定解释者在行为上倾向于支持哪些对象。评价符号的指表分为"正"和"负"（例如"好"和"坏"），"正－负"形成一个"连续统一体"（例如"极好—很好—相当好—好——般—坏—相当坏—很坏—极坏"）。

(4) 规定符号

规定符号给解释者指表对某对象或情景的一种特定反应所要求的行为，即指表对某一反应序列的要求。规定符号包括三类：直言的（categorical），它不加修饰地指表规定的行动，例如："到这里来！"假言的（hypothetical），它指表在某些条件下规定的行动，例如："如果你哥哥来电话，那么就到这里来！"理由的（grounded），它不仅指表规定的行动，而且还指表这样规定的理由，例如："到这里来，这样我可以把东西给你！"

(5) 构成符号

构成符号也叫逻辑符号，包括"或"、"非"、"有"、"是"、"十"、"5"、变项、词序、前后缀、语法结构、标点符号等等。构成符号具有以下四个特点：A. 它给已具有多情境符号添加某个刺激，这些符号在该刺激未出现的其他结合中也是符号；B. 当这新因素添加上去后，这特定符号组合的指表发生变化，可由解释者的行为差别表明；C. 这新刺激并不影响反应对象的特征，也不增添任何评价或规定的因素；D. 这新刺激影响解释者的行为。总之，构成符号以别的符号为前提，影响特定符号组合的指表。

2. 符号的用途

莫里斯认为，符号用来控制解释者的行为。这种行为包括四个方面（此时，他把"识别"与"标示"归为一个方面，共同以"标示"冠之），相应地把符号的用途也可以分为四类，它们分别控制行为的一个方面。[①]

(1) 告知（informative）：告诉解释者某种东西，让他考虑所处的环境；

(2) 估价（valuative）：帮助他对对象作偏好选择，即选取这环境的某些特点；

(3) 诱导（incitive）：诱发属于某行为族的反应序列，获致适合他需要的环境；

---

① 莫里斯：《指号、语言和行为》，上海人民出版社1989年版，第150页。

(4) 系统(systemic)：把符号导致的行为组织成确定的整体。

3. 符号的论域分类

莫里斯根据符号的指表模式和符号的用途制定了论域的"模式—用途分类"，从而把全部论域分为 16 个类。一切论域——语言现实运用的专门化——全都可以纳入到这 16 个类之中。

模式	用		途	
	告 知	估 价	诱 导	系 统
标 示	科 学	虚 构	法 律	宇 宙
评 价	神 话	诗 歌	道 德	批 判
规 定	技 术	政 治	宗 教	宣 传
构 成	逻辑—数学	修 辞	语 法	形而上学

图表 4

〖科学论域〗 它最纯粹地采取标示指表模式，最大限度地摆脱别的指表模式，最充分地履行传达真知即告知的任务。

〖虚构论域〗 它包括小说、剧本等。它的指表模式是标示，但它标示的是想象的世界而不是现实的世界。它的目的也不是告知，而是估价，使解释者得以检验、改造和形成自己的偏好。

〖法律论域〗 它标示当一个社团的成员进行或不进行某些行动时，该社团准备采取的步骤，目的在于使其成员进行或不进行这些行动。

〖宇宙论域〗 它是哲学家的世界观，标示宇宙是一个还是多个，宇宙是物质的还是精神的，由实体还是事件构成，是有目的的还是机械论的。

〖神话论域〗 它以生动形式告知解释者由某个集团准许和不准许的行动模式，就是说，神话本身是对某些行动模式的评价，而目的在于让解释者知道这些评价，以便在行为中利用。

〖诗歌论域〗 它使用评价指表模式的符号，目的在于使解释者赋予指表以（在他的行为中的）偏好地位，即让解释者对评价做出估价。诗歌的作用在于记载和维护既成的估价，探索和加强新的估价。

〖道德论域〗 它评价某个集团所赞成（或反对）的行动，旨在诱导（或禁止）这些行动。它同法律和宗教论域密切联系，但以其评价性和诱导性相结合而区别于它们。它同社会行为领域相联系，其重要作用在于对个人行为实行社会控制。

〖批判论域〗 它是由评价符号组织而成的一个比较复杂的符号系统。例如,对一本书的评论,乃由许多具体评价系统地组织而成。

〖技术论域〗 它用规定符号规定行动,旨在告知解释者如何达致某些目标。就是说,它旨在提供关于达致特定目的的技术的信息。例如,它告知如何使用机器、如何讲某一外语、如何烹调等。

〖政治论域〗 它给作为整体的社会的制度化组织规定行动,让该组织对规定做出估价。它同其他类型论域有密切关系,但又有自己的特异标志,即它试图规定为维护某社会组织的一般行动方针,以引致其批准。

〖宗教论域〗 它规定一种行为模式,赋予其对一切别的行为的优先性,目的在于在解释者身上唤起这种行为。

〖宣传论域〗 它通过运用本身为规定性的符号,着眼于把规定符号组织起来。其意义在于系统地组织规定,这种组织的范围可大可小。

相对于以下 4 种形式的论域,以上 12 种论域可以称为有内容的论域。它们揭示了各种认识和活动领域的语言特点,尤其表明了从语言角度研究各个领域的本质和特征的方法,从而显示了符号学和语言哲学的方法论力量。

〖逻辑—数学论域〗 它由构成符号构成,告知我们关于语言而不是关于世界的知识,帮助我们组织和检验知识。

〖修辞论域〗 它用来唤起解释者实施估价行为。例如:"孩子就是孩子";"只有善良愿望才是善的"。这两句话不是告知关于语言的信息,而是用来唤起评价:孩子像孩子而不是像大人那样行事,不该受到指责;对一个人的道德认可应根据他的行动的意愿而不是其效果来做出。

〖语法论域〗 它是表明语法规则的论域,旨在诱导言者或书写者习得语言的规则,以便习惯地按语法规则运用语言。

〖形而上学论域〗 这是指始自亚里士多德的传统,它认为,形而上学的语句是必然的,其真理不可能由各门具体科学的资料所证实或反驳。

莫里斯用"论域"来把握语言的实际运用,从符号学观点出发,按"指表模式—用途"的参照系对一切实际运用加以分类,从这种"符号分类"之中来把握语言在实际运用中所体现的符号本质和特征。这为语言的哲学研究和从语言角度对各门学科做的元研究提供了最一般的方法——符号学方法,树立了良好的范例。

第 四 章

符号的二元分析与多元解读

自索绪尔提出符号学的构想以来,虽说不乏后人的接续研究,但成果零散,难成体系。真正竖起符号学大旗,使得符号学走进科学殿堂的人是巴特,他深得索绪尔语言学思想的要领,采用先人二元分析的方法和自己独特的多元解读方法对符号学的建立做出了重要的贡献。巴特是法国著名的语言学家、符号学家、文艺批评学家,法国结构主义符号学的代表,被誉为"现代符号学之父"。他于1952年进入法国科学研究中心从事研究工作。1953年便发表了《写作的零度》,这本书被认为是他的符号学思想的萌芽。1964年,《符号学原理》问世,确立了他的符号学家的地位。1970年,他还发表了《符号的王国》,此外,他的著作还有《S/Z》、《批评与真理》、《论拉辛》、《神话学》、《文本的意向》、《萨德·傅立叶》和《罗兰·巴特》等。

第一节 符号的二元分析

巴特十分重视索绪尔的语言学理论,并吸收了叶尔姆斯列夫、列维-斯特劳斯等人的思想,形成了自己独特的符号学理论。他在《符号学原理》(*Elements de Semiologie*)一书中,沿用了与他们相同或类似的术语,并借用了索绪尔的二分法,对符号学的原理进行讨论,提出了符号学的建构原则。他的观点深入发展了索绪尔的理论,同时也对其中的不完善或不合理的部分加以修改。[①]

[①] 巴特著,黄天源译:《符号学原理》,广西民族出版社1992年版,第2页。

1. 语言和言语

在语言和言语的关系上,巴特一方面承袭了索绪尔的观点,大体承认语言和言语的二分法。但同时,索绪尔重语言而轻言语,却又是巴特不愿苟同的。他认为,人只有从语言中吸收言语才能运用语言;而另一方面,只有从言语出发,语言才能存在。总而言之,语言既是言语的产物,又是言语的工具。因此,语言和言语的关系是辩证的关系。巴特的论述是十分精当的,它纠正了索绪尔把语言和言语割裂开来的偏差。①

巴特认为,语言就是指不包括言语的言语行为,它既是一种社会规约,同时又是一种价值系统。作为社会规约,它绝不是一种行为,它不受任何预想的约束;它是言语行为的社会部分,任何个人不能独自创造它、改变它;它基本上是一种集体契约,如果要进行交际,那就必须完全遵守这一契约;此外,语言这一社会产物是自主的,就像一场游戏有自己的规则,只有通过学习,才能掌握。作为价值系统,语言是由一定数量的成分所组成,每一个成分既是一个特定声音的等价物,又是具有某种更大功能的词项,其中还不同程度地具有其他相关价值。显而易见,语言的社会规约方面和价值系统方面是有联系的,因为语言是一种契约性的价值系统,它能抵制来自个人的任意篡改,因此是一种社会规约。

与之相对的言语,基本上是个人进行选择并加以实现的一种行为。言语首先是由"说话者利用语言代码表达个人思想时所需要的各种组合"构成;其次,它还由"使说话者得以运用这些组合表示出来的心理—物理机制"构成。例如发音肯定是不能与语言混为一谈的:说话者个人声音的高低、速度的快慢等因素,不会使语言的社会规约和价值系统发生改变。谈到言语,就有可能涉及"个人言语特点"这一概念。一般来说,所谓个人言语特点,是指个体说话者的语言变体,包括发音、语法和词汇方面的特点。但往往有一种观点也很盛行,即"言语行为永远是社会化的,即使在个人层面上也是如此"。对此,巴特提醒人们记住,个人言语特点可以有效地用于指称以下事实:(1)失语症患者的言语行为。失语症患者既不能领会他人的意思,也不能接受按他自己的语言模式发出的信息。因此,这种言语行为是一种纯粹的个人言语特点;(2)一个作家的"风格"。尽管风格总是带有来自传统、也就是说来自集体的语言模

---

① 巴特著,黄天源译:《符号学原理》,广西民族出版社 1992 年版,第 3 页。

式的印记;(3)最后,我们可以毫不犹豫地扩大这个概念,并将个人言语特点界定为一个语言共同体——以同样方式理解所有语言表述的人群——的言语行为。①

显然,区分语言和言语是有必要的,但又不能使二者彼此割裂。因为语言和言语这两个术语只有在两者之间相互联系的辩证过程中才可以得到各自完整的界说:没有言语,就没有语言;反之,也不存在语言之外的言语,语言的真正生产手段就存在于这种交换的关系中。正如丹麦语言学家布龙达尔(Viggo Brondal,1887—1942)所说:"语言是一种纯粹抽象的实体,是一种超越个人的规范,是言语通过变化万端的方式而实现的基本类型的总和。"②因此,语言和言语处于一种互相依存的关系之中。一方面,语言是"言语实践储存于同一集团的人们中的财富",而且因为它是打上个人印记的集体产物,所以从每个孤立的人的层面上看,它只能是不完整的:语言只是完美无缺地存在于"全体说话人"之中,只有从语言中提取言语,才能运用言语;但是,另一方面,只有以言语为基础,语言才能存在;历史地看,言语现象总是先于语言现象(是言语使语言得以演变发展);而从发生学的观点看,语言是通过个人学习其周围的话语而获得的(人们并没有向婴儿教授语法和词汇,即大体上的语言)。总之,语言既是言语的产物,又是言语的工具。

2. 所指和能指

所指和能指与语言和言语一样,都是巴特符号学理论的要素。索绪尔在《普通语言学教程》中提出,用所指和能指分别代替概念和音响形象。他认为,这两个术语的好处是既能表明它们彼此间的对立,又能表明它们和它们所从属的整体间的对立。巴特通过自己的研究支持了这一观点,他认为,在诸如衣服、汽车、食物、家具等符号系统中,它们的符号都是由能指和所指组成的。但他认为,符号学的能指和所指与语言学的能指和所指在实体层面上是有区别的,一些符号系统如实物、手势、图像,其本质不在于表示什么意思。比如衣服用于蔽体,食物用于维生,并同时又用于能指。符号系统的所指既不是语言学中的意识行为,也不是现实,而是在获得意义的过程中通过语义重复得到界定

---

① 巴特著,董学文、王葵译:《符号学美学》,辽宁人民出版社1987年版,第2—10页。
② 布龙达尔:"结构语言学",《国外语言论文选译》,语文出版社1992年版,第154页。(译文有所改动)

的。在符号系统中,所指与能指的区别在于能指有中介作用,它可以同语言的能指联系在一起。巴特虽然认为符号学属于语言学范畴,但他发现在一些实物系统中,不能简单地用音响形象代表一切能指。因此,他提出,既然能指方面构成表达方面,所指方面构成内容方面,那么,使用表达方面和内容方面的概念有其长处,既保留了能指和所指的本义,又更具灵活性,在这里,巴特丰富了索绪尔能指和所指的观点。①

具体讲来,巴特认为能指的性质与所指的性质是相关联的,很难把二者截然分开,唯一的区别在于能指是个中介物:它需要有物质为依托。但这还不够,因为在符号学中,所指也可以被某个物质替换,这物质就是词。这里很有必要区分物质和实体概念:实体可以是非物质的(内容的实体的情况就是这样)。所以我们只能说,能指的实体永远是物质的(如声音、实物、图像等),而符号学研究的是运用各种不同物质的混合系统。

关于所指的性质,曾经引起过种种争论,争论的焦点是"现实性"的程度。不过所有的争论都一致同意强调所指不是"一个事物",而是这个"事物"的心理复现。索绪尔本人在把所指称为概念时,明确地指出所指的心理性质:"牛"这个词的所指不是动物牛,而是它的心理复现。简而言之,所指就是使用某一符号的人所指的"某一事物",它构成符号的两个关系物之一,它与能指的唯一不同点在于能指是中介物。巴特认为,能指和所指既是术语同时也是关系。为了阐释这种关系,他提出了以下几种尝试性的解决办法:

(1)[Sr/Sd]在索绪尔的语言学理论中,符号强烈地表现为一种深层情境的竖向延伸:在语言中,所指(Sd-Signified)在某种程度上处于能指(Sr-Signifier)的背后,即从某种意义上说是在能指之后的,只有通过能指才能达到所指。

(2)[ERC]这是叶尔姆斯列夫所喜欢使用的纯文字表示法:表达方面(E)和内容方面(C)存在着关系(R)。

(3)[S/s]这是拉康使用的一种空间化表达法。它有两点不同于索绪尔的表达法:一是能指(S)是个整体,由多层次的链("链"指的是各成分的"水平"序列或线性序列,即横组合关系)(隐喻链)构成,能指和所指(s)处于一种不稳定的关系中,只有通过某些停泊点才有可能"重合";二是能指和所指之间的区分

---

① 巴特著,董学文、王葵译:《符号学美学》,辽宁人民出版社 1987 年版,第 8—9 页。

线本身也具有意义(这一点在索绪尔的理论中是没有的):它表示所指所起的抑制作用。

(4)[Sr≡Sd]在非同构异素(这是一化学术语,指构造成分相同但功能不同的有机体)系统中(即指在此系统中所指通过另一系统加以体现的),很显然,以相当的形式(≡)而不是以相等(=)的形式扩展它们的关系是可以的。

谈到能指与所指的关系,还必须加深对"理据"的理解。索绪尔认为符号的能指和所指之间是一种任意性的、无理据的关系。巴特较为辩证地看待这一问题:在语言学里,意义是无理据的,不过是部分的无理据。因为在拟声构词情况下,以及每当一系列的符号通过模仿某种复合构词法或派生构词法的原型确定下来时,从所指到能指,确有某种理据存在。所谓类比符号,如pommier(苹果树)、poirier(梨树)、abricotier(杏树)等等的情况就是这样,一旦它们的词根和后缀的无理据性确定下来后,这些词就呈现出一种组词类推现象。所以,一般而言,可以说在语言中,能指和所指之间的联系原则上是契约性,但是这一契约是集体的,并载入一个相当长的时间跨度中(索绪尔说过:"语言永远是一笔遗产"),并因此在某种程度上制约化了。列维-斯特劳斯以同样方式明确指出,语言符号先天就是任意的,而不是后天才任意的。这样,一方面符号是任意的和无理据的系统,另一方面是非任意的和有理据的系统。

索绪尔确认了符号是由能指和所指组成。而叶尔姆斯列夫又指出:能指方面构成了表达方面,所指方面构成内容方面;而且,每个方面实际上还包含两个层次——形式和实体。对此,巴特又做了进一步的阐释。他认为,形式是语言学家无需求助于任何超语言学前提,就可以对它做出透彻、简要而严密的描述的事实;而实体则是不求助于超语言学前提就无法描述的语言现象的方方面面的总和。既然这两个层次都同样存在于表达方面和内容方面之内,那么,实际上就有四种情形:(1)表达的实体,例如语音的、有音节的、非功能性的实体,这些都是语音学研究的范畴,而不是音位学研究的范畴;(2)表达的形式,它是由纵聚合规则和句法规则组成的(需要指出的是,同一形式可以有两种不同的实体,一种是语音的实体,另一种是书写的实体);(3)内容的实体,比如,它可以是所指的感情、思想意识或者纯概念,即"实际的"意义等方面;(4)内容的形式,它是各种所指之间在形式方面的组织,不管有无语义学标记。①

3. 组合和聚合

联结语言的词语之间的关系可以从两个方面发展,其中每一方面都产生各自特有的价值。这两个方面与精神活动的两种形式相对应,即组合与聚合。②

组合就是符号的结合,它以(时空的)广延为依托。在言语行为中,这个(时空的)广延是线性的和不可逆转的(这就是"语链")。比如,两个音素不能同时被发音,每一个词都在它之前或之后的词的对立中获得价值。语链中,词语是联系在一起出现的。组合具有较多的言语性质,适用于组合的分析活动就是切分。

聚合就是在(横组合的)话语之外,有共同点的语言单位在记忆中产生的联想。比如,enseignement(教学)在意义上可以联想 education(教育)、apprentissage(学习);在声音上可以联想到 enseigner(教)、renseigner(告诉),或者是 armement(武器)、chargement(装载)。这样,每一个词群就形成一个潜在的记忆系列,一个"记忆库"。在每一个记忆系列中,与组合的情况相反,词汇是在未出现的情况下被联系起来的。聚合很明显与作为系统的语言紧密相关,适用于聚合的分析活动就是分类。组合和聚合这两个概念历来有不同的术语表示,可归纳如下:

	组 合	聚 合
索绪尔	句 段	联 想
巴 特	意 串	系 统
叶尔姆斯列夫	关 系	相 关
雅各布森	相 邻	相 似
马丁内	对 照	对 立

图表 5

巴特是符号学研究史上里程碑式的人物,他突破了符号学的语言研究的框架,将符号学的分析思维广泛运用于社会生活的各个领域。巴特运用组合和聚合理论对衣着系统、食物系统、家具系统以及建筑系统进行了很有想象力的分析,举例如下:

---

① 巴特著,董学文、王葵译:《符号学美学》,辽宁人民出版社 1987 年版,第 25—44 页。
② 同上,第 49—79 页。

	系　　统	意　　串
衣着系统	一组件头、裙腰、饰物，它们不能同时在身体上的同一部位上穿戴，其变化是与衣着意义的变化相一致的：无边女帽/无边软帽/阔边女软帽。	并存于不同成分的同一类衣着中：女裙—女衫—女上装。
食物系统	一组相似但又不相同的食物系统。在这组食物中，根据某种意图选择一道菜：第一道正菜、烤肉或者甜食。	一顿饭中，选定的菜的实际上菜顺序，这就是菜单（横读正菜名称相当于系统，竖读菜单相当于意串）。
家具系统	同一件家具（如一张床）的各种不同风格的种类。	同一空间不同家具的摆设（床—衣柜—桌子等等）。
建筑系统	一座建筑物同一成分的不同风格，各种形状的屋顶、阳台、入口等等。	整座建筑物里各部分的前后排列。

图表 6

4. 直接意指和含蓄意指

在认同索绪尔对能指/所指进行分析的基础上，巴特提到了直接意指和含蓄意指，这是从叶尔姆斯列夫处得来的概念。在巴特看来，一切意指都包含了一个表达平面(E)和一个内容平面(C)，而意指作用(R)相当于两个平面之间的关系。直接意指就是表达平面和内容平面的直接组合(ERC)，也称第一系统。巴特假定这样一个系统 ERC 本身也可以变成另一系统中的单一成分，这个系统因是第一系统的引申，属于含蓄意指范畴。这样就存在着两个密切相连但又彼此脱离的意指系统：直接意指和含蓄意指。巴特又按照第一系统进入第二系统方式的不同，将其分为两种情况：第一系统(ERC)作为第二系统的能指成分；第一系统作为第二系统的所指成分。[①]

在第一种情况下，第一系统(ERC)变成了第二系统的表达平面或能指：

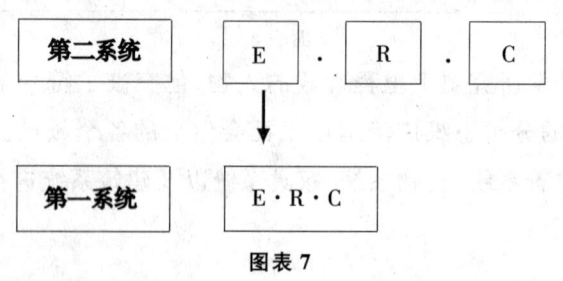

第二系统	E . R . C
↓	
第一系统	E·R·C

图表 7

---

① 巴特著，黄天源译：《符号学原理》，广西民族出版社 1992 年版，第 80—84 页。

也可以表示为:(ERC)RC。叶尔姆斯列夫把这种情况称为附加意义符号学。这样,第一系统就是所指意义层面,第二系统(可延伸到第一系统)是附加意义层面。所以,我们可以说,附加意义系统就是一个其表达层面本身由一个意义系统构成的系统。

在第二种情况中,第一系统(ERC)不是像在附加意义中那样变成表达层面,而是变成第二系统的内容层面或者所指:

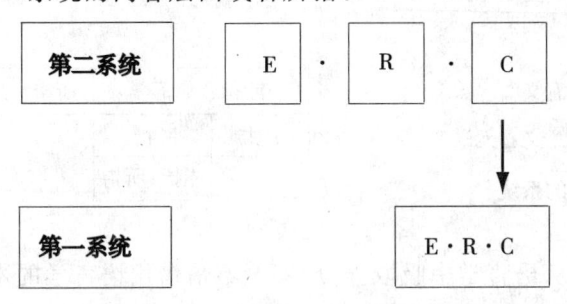

| 第二系统 | E · R · C |
| 第一系统 | E·R·C |

图表 8

或者还可以表示为:ER(ERC)。所有的元语言都属于这种情况:元语言是一个其内容层面本身由一个意义系统构成的系统,或者还可以说,它是一种论述符号学的符号学。

以下是扩充双重系统的两条途径:

| 能指 | 所指 |
| 能指 \| 所指 | |

附加意义

| 能指 | 所指 |
| | 能指 \| 所指 |

元语言

图表 9

虽然对附加意义的现象还没有进行过系统深入的研究,可是,未来可能是属于某种附加意义语言学的,因为社会从人类言语行为为它提供的第一系统出发,不断地发展第二意义系统。附加意义的能指——可称为附加意义载体——是由所指意义系统的符号(能指和所指的结合)构成的。但不管附加意义以什么方式"覆盖"所指意义的信息,它都不会把信息耗尽,总还是留下某些"所指的东西"。简言之,意识是附加意义所指的形式,而修辞学则是附加意义载体的形式。

在附加意义符号学中,第二系统的能指是由第一系统的符号构成的。在元语言中,情况恰好相反,第二系统的所指由第一系统的符号构成。这样,对元语言概念可作如下解释：由于一种活动是建立在经验的，亦即非矛盾的、完整的和单纯的原则基础上的一种描述，所以，科学符号或者元语言就是一种活动，而附加意义符号学则不是活动。巴特认为，人文科学的历史在某种意义上说是一种元语言的历时语言学，这就为人们解释各种文化现象提供了理论依据。作为总结，巴特在这里得出一个综合的整体，在这个整体中，言语行为在其实指意义层面上是一种元语言，但是，元语言也参与了附加意义演变的过程。

（3）附加意义

能指：修辞学		所指：思想意识
能指	所指	
能指+所指		

（2）所指意义：元语音

（1）真实的系统

图表 10

总之，巴特从语言学中吸取养分，甚至不惜借用语言学的术语和概念来建构自己的符号学理论。他的这本《符号学原理》为现代符号学提供了较完善的理论基础，因而被公认为普通符号学的"前言"。

第二节　符号的多元解读

巴特一般被视为结构主义符号学家，但实际上他同时又是解构主义的代表，他反对结构主义者对语义深层结构的推崇，反对一元的意义观，主张解构哲学的符号理论，彰显结构的开放性和意义的多元性。巴特经历了从前期的结构主义过渡到后结构主义的过程，其哲学观与德里达（Derrida, 1930—2004）的解构主义相似，巴特从符号和文本的关系角度，意在阐明意义的多元性和文本的开放性。在巴特的文本意义理论中，一个明显的创新在于从解释学新思路分析了意义的多元性的成因，即认为意义不是固定在作品中，而是读者的一种对于意义的实践。

《S/Z》(1970)被普遍认为是巴特从结构主义到后结构主义的转折点。《S/Z》是巴特对巴尔扎克的一部中篇小说《萨拉辛》的解读，也是巴特对符号学方法运用的极致。为什么巴特把此书定为《S/Z》这样一个怪名呢？按巴特的说法，其中含纳着好几个可能的意义，该题目呈现了此书的构想，表明一种多元论批评的可能性。S和Z是巴特的阅读对象——巴尔扎克的《萨拉辛》中两位主要人物萨拉辛和赞比内拉的字首大写字母。S 和 Z 之间的斜线号(/)，是一个纵聚合体的两项交替互生的符号，具有语言学和象征的性质。严格地讲，这书名应该读作 S 对 Z。符号学对巴特来说不仅是一种理论体系，更是一种研究方法，在《S/Z》一书中，巴特对阅读和写作所包含的代码的本质以及对代码的潜能进行了分析，他所运用的"五种语码解读法"是符号学研究的一个杰作，耐人寻味。在《S/Z》一书中，巴特把《萨拉辛》分为 561 个阅读单位，在每个单位下稍作解释，然后注明这个单位所含的语码(或一个或同时兼含数个不等)，并在他认为可再进一步加以理论化或深化或归纳之处，他插入称之为 key(线索)的阐发，书中共有 53 个这样的 key。语码共有 5 种类型：疑问语码、动作语码、内涵语码、象征语码和文化语码。巴特多元阅读法的基础乃是把"文本"的构成与这 5 种语码等同，视作一体。换言之，文本乃一个网，它由 5 种语码构成。①

1. 疑问语码(阐释语码 hermeneutic code 或谜语语码 code of puzzles)

hermeneutic 一词原指西方圣经的诠释，寻求经义之真谛。但这里却是指文本中的"疑问"的设置与解答，属于结构上的一个层面。巴特说："疑问语码是指那些以各种形态来设置及其回答的单位，这些单位的功能是构结疑团并最终引至疑团之解开。"具体讲，"在这种语码里，我们将用各种形式上的词汇，以陈述一个疑团之被辨出、暗示、运演；被悬而未决；最后被解开"。巴特在研究《萨拉辛》时剖析了该代码的 10 种状态，它由 3 大部分组成：(1)建构问题：主题(每个疑问都涵摄一个主词)、疑团之构成(疑问的指陈)、疑团之指出(疑问号)；(2)延搁：答案之承诺、答案之延搁、答案之粘连(含糊其词)、陷阱、局部答案、模棱；(3)答案：解开答案。在一些文本中，如侦探小说中，此种代码统治着整个表述，它同动作语码一起构成叙述悬念并去满足读者完成结束文本的愿望。

2. 动作语码(code of actions)(也称行动语码)

巴特所界定的动作包含动作及其反应两个方面，即一个动作本身涵摄这个动作的反应。比如，敲门即涵摄应门或不应门的反应。因此，一个动作往往涵摄着人类行为的一个逻辑，用巴特的话来讲，即"一种理性的能力决定了动

---

① 王铭玉：《语言符号学》，高等教育出版社 2004 年版，第 145—147 页。

作涵摄着一种反应"。

当亚里士多德和托多罗夫(T. Todorov)那样的大多数传统批评家只关注并寻找故事的主要情节的时候,巴特(在理论上)则把从"开门"这样最平凡的行动到浪漫历险等所有行动都视为代码活动。动作语码主要指涉一些动作连续体,它是在阅读时被建构的。换言之,我们在阅读中抓住一大堆动作的资料,赋予它们动作的名称,以帮助我们对这些资料的把握。这些类属性的动作名称,或取自我们琐屑的日常行为(如敲门、约会等),或取自小说经常出现的设计(如引诱、示爱、谋杀等)。当然,这些动作可以像树一样产生许多枝叶而扩展起来。

3. 内涵语码(connotative code or code of semes)

在这个标题下,我们可以找到的不是一种而是多种语码。读者在阅读中使文本主题化。他注意到文本中词和词组的某些内涵,可以同其他词和词组的类似内涵组合在一起。要是我们识别出各种内涵的"共同核心",我们就找到了文本的一个主题。当一群内涵依附于一个特殊的专有名词时,我们就能辨别出一个具有某些特征的人物。内涵语码是文本一些阅读片断所内含的一些意义的片断,如女性化、富有、国际化、神奇、复合、超越时空、幼稚、机械、空洞、世外等等,它们主要是从角色、物件里被解读出来的。

4. 象征语码(symbolic code 或象征场 symbolic field)

这是小说代码化在巴特的表达中最具"结构主义"的一个方面。它建立于这样的概念之上:意义来自某些最初的二元对立或区别——无论是在言语制作中声音变成音素的水平上,还是在精神性别对立的水平上。在词语文本中,这种象征性的对立,可以用诸如对偶的修辞手段来译成代码。

5. 文化语码(cultural code)

文化语码有许多。它们组成文本的那些已经"为人所知"的和被一种文化代码化了的事情的参照物。文化语码是指各种成规化了的知识或智慧,这些语码在文本里被作为参考的基础。巴特称文化语码为"科学的语码",这里"科学"一词是指称成一个体系的学问而言。总之,与传统批评要从文本中读出读入的方法不尽相同。疑问语码及动作语码接近传统的所谓结构;内涵语码及象征语码则接近传统的所谓主题、意旨等。但这只是接近而非相等。文化语码似乎是比前面四种语码更推进了一层,是一条通入隐在背后、支持着文本的变化或意识形态的门径。文化语码具有强烈的符号学精神,它从深层来看问题,把文本表面的所谓"自然性"或"合理性"粉碎,"文本"所呈现的"天真无邪"终被掀开。阅读是一个元语言行为,是一个"赋予名称"的过程。巴特曾说:"去阅读是去找意义,去找意义是用词汇把这些意义命名出来;……名称——召唤着、重组着,而这些组合又要求赋予新的名称。于是,文本就在这过程里逐渐产生。"[1]

---

[1] 司格勒斯著,谭大立、龚见明译:《符号学与文学》,春风文艺出版社1988年版,第138—173页。

第 五 章

符号的代码理论及生产理论

按照我国符号学家李幼蒸先生的说法，欧洲大陆的符号学研究，第一研究大国当然是法国，而第二研究大国就是意大利了。意大利之所以有此美誉，主要是因为产生了艾柯（Umberto Eco,1932—）这样一位享有国际盛誉的符号学家。艾柯是意大利著名的符号学家，是国际符号学界的权威，更是当今世界著名的公共知识分子。艾柯的世界辽阔而又多重，除了随笔、杂文和小说，还有大量论文、论著和编著，研究者将其粗略分为 8 大类 52 种[1]，包含中世纪神学研究、美学研究、文学研究、大众文化研究、符号学研究和阐释学研究等，这些成果是他成为一代大师的明证。

1932 年 1 月 5 日，艾柯出生于意大利西北部皮埃蒙蒂州的亚历山大。当时的意大利天主教氛围浓郁，自 20 年代兴起的新托马斯运动方兴未艾，以至于 13 岁的艾柯就参加了意大利天主教行动青年团，还在方济各修会做过一段时间的修道士。正是这段经历使他接触了天主教的哲学核心——托马斯主义。后来，艾柯进入都灵大学哲学系学习，在美学教授、存在主义哲学家路易斯·帕莱松（Luigi Pareyson）的指导下，于 1954 年完成了博士论文《圣托马斯的美学问题》，经过修改的论文于 1956 年出版，更名为《托马斯·阿奎那的美学问题》(The Aesthetics of Thomas Aquinas, 1956)，由此初步奠定了他作为"中世纪学者"(medieval scholar)的地位。大学毕业之后，艾柯进入了新闻传媒的世界。先在电视台工作，后到米兰的一家期刊社当了非文学类栏目编辑，同时他还为另外几份报刊撰稿、开设专栏，逐渐成为意大利先锋运

---

[1] 根据艾柯研究的权威网站、博洛尼亚大学设立的"Porta Ludovica"统计。

动团体"63集团"(Group 63)的中流砥柱。1962年,他发表了自己的成名作《开放的作品》(The Open Work, 1962),凭借此书成为意大利后现代主义思潮的主将。

1964年,巴特发表《符号学原理》,标志着符号学进入新阶段。也是在这一年,艾柯发表了论著《启示录派与综合派——大众交流与大众文化理论》(Apocalyptic and Integrated Intellectuals: Mass Communications and Theories of Mass Culture, 1964),自觉尝试使用符号学方法研究媒体文化问题,这标志着他已经站在了意大利学术界的前沿。此前,他已经在都灵、米兰、佛罗伦萨等地的大学讲授美学,从1964年开始,他成为米兰大学建筑系教授,讲授"可视交往"(Visual Communication)理论,关注建筑中的"符号"问题。1965年,他的论文《詹姆斯·邦德——故事的结合方法》发表于法国符号学阵地《通信》杂志上,意味着他已经跻身于以巴特为核心的符号学阵营。同一时期他又将《开放的作品》中有关詹姆斯·乔伊斯的部分修改出版,定名为《混沌宇宙美学:乔伊斯的中世纪》(The Aesthetics of Chaosmos: The Middle Ages of James Joyce, 1966)。这种将《007系列》与《芬尼根守灵夜》平等对待的态度,显示出艾柯非同寻常的广阔视野。1968年,《不存在的结构》(The Absent Structure)出版,这是他数年研究建筑符号学的成就,也是他第一部纯学术性的符号学著作,奠定了他在符号学领域内的重要地位。进入20世纪70年代,艾柯的成就进一步获得了国际学术界的肯定。1971年,他在世界最古老的大学博洛尼亚大学开办了国际上第一个符号学讲座;1975年发表符号学权威论著《符号学理论》(A Theory of Semiotics, 1975,英文版本在1976年出版),并成为博洛尼亚大学符号学讲座的终身教授;1979年用英文在美国出版了论文集《读者的角色:文本的符号学探索》(The Role of the Reader: Exploration in the Semiotics of Texts, 1979)。此外,艾柯还在美国西北大学(1972年)、耶鲁大学(1977年)、哥伦比亚大学(1978年)等著名院校授课,以符号学家声名远扬。

由中年步入老年的艾柯视野愈加扩大,在学科与学科之间、历史与现实之间、学院与社会之间游刃有余地纵横穿梭。作为学者的艾柯一方面修改完善了自青年时代起就深为关注的中世纪研究;另一方面继续完善其符号学—阐释学理论,延伸或部分修正了昔日的观点。他陆续发表了《符号论与语言哲学》(*Semiotics and the Philosophy of Language*,1984)、《完美语言的探索》(*The Search for the Perfect Language*,1993)等专著,编著了近20本书籍,并先后在哥伦比亚大学(1984年)、剑桥大学(1990年)、哈佛大学(1992—1993年)、巴黎高等师范学校(1996年)等一流名校讲学,还获得了全世界20多个大学的名誉博士称号。与此同时,作为公共知识分子的艾柯也极为活跃,先后发表了《如何与三文鱼同行》(*How to Travel with a Salmon*,1992)、《康德与鸭嘴兽》(*Kant and the Platypus*,1997)、《五个道德片断》(*Five Moral Pieces*,2001)等亦庄亦谐的杂文集,甚至为儿童写了两部作品。自1995年始,更是积极投身于电子百科辞典的编修工作,主持了《17世纪》和《18世纪》部分,并在各地发表题为《书的未来》的长篇演说。

艾柯的符号学理论秉承欧洲文化符号学的传统,同时又兼具英美科学主义的传统,颇受符号学研究者的关注。艾柯融合了由索绪尔倡导的欧洲式交流论符号学和皮尔斯倡导的美国式意指论符号学。从其思想发展脉络来看,他更偏向于皮尔斯的广义符号概念。与索绪尔强调具有意图性的人工符号概念相比,艾柯与皮尔斯一样,认为符号概念还包括非人工符号和非意图性符号。这样,艾柯的符号学体系就如同莫里斯的符号学体系一样宏大。从自然和自发的交流过程出发产生的交际系统,直到更为复杂的文化系统,都可以视作符号学的研究领域。在语言符号学界,艾柯的《符号学理论》一直备受推崇,可以说是一部继索绪尔和皮尔斯之后的权威性符号学论著。这不仅是由于此书与同类书相比更具系统性,而且是因为,这位勇于创新的学者提出了一整套超越于前贤的理论见解,尤其是他所关注的符号代码理论和符号生产理论更是为符号学的发展做出了重大贡献。

第一节　代码理论

艾柯认为,关于一般符号学的设想应该考虑到:(1)代码理论;(2)符号生产理论。代码理论和符号生产理论之间的差异,并不对应于"语言"和"言语"、能力与运用、句法学(及语义学)与语用学之间的区别。

从原则上讲,意指符号学蕴涵代码理论,而交流符号学蕴涵符号生产理论。所谓"交流",我们可以把这一过程定义为信号(未必是符号)从源点(经由传递物、沿着频道)到达终点的通行过程。在机对机过程中,信号就其可以决定外形刺激下的终点而言,无力指谓。在这种情况下,我们没有发现意指,却有某种信息的流通过程。当终点是人或"接受者"时(源点或传递物不一定是人,只要它们按照人类接受者所了解的规则系统去发出信号,这一点就成立),相反,我们正目击到一种意指过程——不过前提在于:信号不仅仅是刺激,而且在接受者身上激起一种解释反应,这一过程是由代码的存在促成的。代码是一种意指系统。当依据潜在规则,实际诉诸接受者感觉的东西代表他物时,存在着意指。意指系统是一种自动符号学系统,它具有抽象的存在方式,而不取决于任何促成其事的潜在交际行为。相反(刺激过程除外),每种指向人们或介于其间的交流行为——甚或任何其他生物或机械智能机制——都把意指系统预设为其必要条件。总之,我们可能独立于交流符号学而确立一种意指符号学;然而,没有意指符号学,就无法确定交流符号学。

1. 代码

代码(code)这个词在古代词源学中是制度性法典之意,即将诸法律条文按一定分类和次序排列在一起,以避免彼此冲突或重复。在词源学中,code 与 codex 同源,后者为拉丁文中的"树干"之意,是古代书写工具,后来人们用其表示书本。其后这个词被加以抽象使用,逐渐含有以下的意思:"项目或单元之系列"和"排列这些单元的规则"。自从莫尔斯电码出现后,code 被引申为一部词典,即提供一电信符号的系列和一字母系列之间的相关关系。在社会科学中此词的流行发生于控制论和信息论及生物遗传学诸学科创立之后,这时它指一组信号在信息发出者和接收者之间的传递法则,后者相当于一个二元制句法,不涉及意义,为纯操作性的。自 20 世纪 50 年代后,科学代码概念开始移用于人文学界。

在索绪尔书中出现过代码一词,当时索绪尔用其指 langue 的属性(按艾柯解释),或 langue 本身(按马丁内解释)。根据该词在语言学中的这种原始用法,它可大致解释为任何主题的一个规则系列,包括语言规则系统。在现代语言学中代码概念的流行首推雅各布森之功,他在 1956 年的《语言基础》一书中引用了几年前申农(C. E. Shannon,1916—2001)等在信息论中使用的这个词,并将其与从信息论中借用的语言通信中的另一个概念"信息"(message)并用。大约与此同时,列维-斯特劳斯将其用于文化人类学研究,此时它被明确地理解为规则、系统、结构等,以强调每一文化现象的产生都是受规则制约的。而且语言现象和文化现象有同构性,二者均受同一代码制约。应该说,代码一词侵入人文学界并非出于对人文话语进行科学化装饰的需要,而是为了增加描述的准确性,这就是增强话语符号学分析中的操作性倾向和强调价值中立性的结果。①

2. 水闸模式

艾柯借助代码模型来建立其一般符号学的意指关系规则系统,他通过生动的工程学例子说明了意指系统和通信过程的关系,其中,最典型明了的例子是"水闸模式"。模式的情景是这样的:有一名工程师——位于下游——需要知道,处于两座山之间的峡谷地带并为水闸所阻断的一段水域,何时到达一定的饱和平面;对此,他界定为"危险平面"。在此有关的信息项为:有无水;水在危险水平以上或以下;上下程度;上升速度。

此例中,水域可视为信息源点;工程师为了获取信息就在该水域放上一种浮标,当水域达到危险平面时,浮标就激活传递物,使之能够发出一种电信号,该电信号经由一个频道(一根电线),并在下游由接受者获取;这种手段把信号转变为一连串特定的成分(也即释放一系列机械指令),它们构成了终点装置方面的信息。在这里,终点能释放出一种机械反应,以便矫正源点的状况(例如打开水闸让水能慢慢排放出去)。这样就构成一种水闸模式:

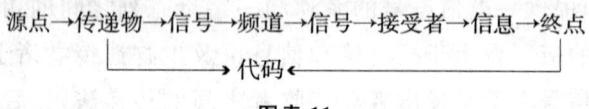

源点→传递物→信号→频道→信号→接受者→信息→终点
　　　　　　　　　　　→代码←

图表 11

在该模式里,代码是保证特定电信号能产生特定机械信息,并由此引起一种特殊反应的手段。②

3. 非语言现象的分节结构

21世纪符号学研究的方向可以大致分为三大类:语言学的、非语言学的和折中的。他们彼此的立场区别主要是语言结构是否应成为非语言文化现象的模型或"蓝图"。在考察语言结构和非语言现象的意指结构问题时,重要的

---

① 李幼蒸:《理论符号学导论》,社会科学文献出版社1999年版,第542—543页。
② 艾柯著,卢德平译:《符号学理论》,中国人民大学出版社1990年版,第38页。

是文化对象结构的分节方式问题。所谓"分节方式"(articulation),即诸部分之间的联结方式、组接方式。按照马丁内理论,语言是由两个分节层组成的,即由有意义指示性的层次(第一分节层)和仅作为物质支持成分的无意义指示性的层次(第二分节层)共同构成。而如果一些非语言对象确实具有隐性的语言结构,那么它们首先应当也含有双层分节。

艾柯认为,符号系统的联结方式多种多样,远不限于双层,而且一些符号系统并不具有分节联结结构,此外,诸可能的联结层次之间的结合方式也各有不同。艾柯针对非语言现象,提出了6种符号分节类型(即由各种各样的组接方式形成的符号类型):

3.1 无分节的系统(不具备组接形式的系统):"超符号"(super-sign 即有独立意指作用的符号)为主体,它们在成分因素之中无法进一步分解下去。

(1)具有单个超符号的系统(如盲人的白色拐杖),其出现意指着"我是盲人",而其不出现不一定意指前意的反面。

(2)具有"零符号"载体的系统。如船上的司令旗。其出现意指"司令在船上",而其不出现意指"司令已下船。"

(3)交通灯。每一单元均指一种有待执行的操作。这些单元不能在自身内部组接起来以构成某种文本,也不能进一步分解为潜在的组接单元。

(4)用单个数字或字母表示的汽车路线。

3.2 只具有第二分节系统的代码(只具备一级组接形式的代码):单元为超符号。这些成分不能进一步分解成符号,而只能被分解为符号素(figurae),而后者不表示主要单元的内容部分。

(1)有二位数字的汽车标志,如第"63"路是指:汽车从 X 地开往 Y 地;该单元在[6]和[3]这两个符号素之间可以切分,但不具有任何意义。

(2)海军旗语信号系统:用左、右臂各种倾斜姿势表示各种分节元(即"符号素"),两个分节元的结合可表示一字母,字母不是词,无意义,只有在作为一天然语言的分节成分时才有意义。

3.3 只有第一分节的代码(也是只具有一级组接方式的代码):如单元可分为符号,但不会再分为符号素(即主体单元可以分解为符号,但不能由此分解为符号素)。

(1)旅馆房间号码:如单元"21"通常表示"第二层楼上的第一间房",它可以再分为符号[2],意指"二层楼",进而分解为[1],意指"第一个房间"。

(2)交通信号具有可分为符号的单元:有红边的白圈内包一黑自行车轮廓即表示:"自行车禁止通行"。此单元却可再分为:"红边",意指"不允许";"自行车图形",意指"骑车人"。

3.4 具有两个分节的代码(带有两种组接方式的代码):超符号可分为符号和符号素。

(1)天然语言:音素或音位被分节联结为语素,语素又被分节联结为更大的单元——组合段。

(2)六位数的电话号码:其中有些可分为两位数组,每两位数分别代表城区、街道、个人,而一个两位数符号本身可分为两个无意义的符号素。

3.5 具有流动性分节的代码(具备动态组接形式的代码):有些代码虽有符号和符号素,但其作用各有不同(即在某些代码里,可能既有符号,又有符号素,但并不总是具有同一功能。符号可以变为符号素,或反之,符号素则变为超符号,其他现象也可具备符号素的价值)。

(1)调式音乐:音阶符号是符号素,它们可分节联结为符号,如中止符与音符,二者可联结为乐段。

(2)牌戏:它包含第二分节的成分,后者参与构成了具有意义的符号。但其中也有些无第二分节的符号,如"国王"与"皇后"等肖似性超符号。

3.6 三层分节代码。这类代码的唯一例子是出现在银幕画面中的,如视觉上无意指作用的光符号素,其组合可形成有意指的现象:形象、肖像或超符号。[1]

4. 非严格代码系统

符号系统的组织结构具有不同的严密性,如果说天然语言符号系统具有较强的结构组织性,那么各种非语言符号系统则大多只具有较弱的结构组织性。艾柯称后者为"非严格编码的"符号系统。

4.1 风格化编码类型

有些象似符号的相似性,不是因其与被意指物内容的模式类似,而是因与

---

[1] 艾柯著,卢德平译:《符号学理论》,中国人民大学出版社1990年版,第266页。

表达形式的类似而被识别,它不是严格强制性的,其中往往含有许多"自由变元"因素。如"国王"、"皇后"这类扑克牌中的超符号,我们并非依据相似性识认一个"人",然后再识认其为"国王",而是直接理解所指者为"国王",因为可依靠对适切特征的识认达到此目的。这类准相似性关系称作"风格化"(stylization)编码。例如:纹章特征——英国皇室卫队的独角兽徽;宏观特征——建筑中的房屋、寺庙、广场、街道中的诸风格特征;音乐样式——"进行曲"式;文学或艺术样式——"西部片"、"滑稽喜剧"类;识别代码——斑点可意指"豹",条纹可意指"虎";肖像素(iconograms)特征——肖像学所研究的:"耶稣诞生图"、"最后的审判"、"启示录中四骑士";某种香气可引申意指"引诱"、"欲望",而另一种香气可引申意指"个性";烧香气味可引申意指"教堂"等。

在上述例子中,符号的相似度(即能指与所指特征的相符性)各有不同,但各类意指作用方式都是明显约定性的或习惯性的。人们只不过利用相似性符号的某部分风格化特征,经惯约性编码后,使其有专门所指者。

4.2 矢量性编码

这是一种表示各种广义"方向"的因素,艾柯称之为"矢量"(Vector)和"矢量化"(Vectorialization)编码方式。在天然语言中也有大量矢量性特征,如"约翰打玛丽"一句中的词序性可使句子内容被理解(汉语的矢量性特征就较明显)。不过艾柯说,矢量特征不能成为独立符号进行表达,而只能作为表达面的成分(如以语言性质来解释,可理解为言语平面上的线型特征)。[1]

第二节　符号生产理论

所谓符号生产理论,就是关注那些为生产和译解符号、信息或文本而需要的各种劳作及它们相互作用所引起的结果(艾柯,1990:175)。

符号生产理论体现某种三合一过程,它可简单图示如下:

---

[1] 李幼蒸:《理论符号学导论》,社会科学文献出版社1999年版,第519—521页。

	信号单位的生产	信号群的生产
形成表达 连续体的过程		系统编制
	表达单位的组接	系统观察
		系统变迁
与潜在内容 联系的过程	功能函项的关联	代码编制
		代码观察
		代码变迁
		代码转换
		超编码
		低编码
	内容单位的组接	符号学判断
		事实判断
与外界 连接的过程	专注于外界	指 涉
		预 设
	专注于发送者和接受者关系	言内之力行为
		言外之力行为
		措辞行为

图表 12

从上图表可以看出,存在着各种不同的生产方式,并且,这些生产方式与三合一过程也联系在一起:(1)形成表达式连续体的过程;(2)将成形的连续体与其潜在内容联系起来的过程;(3)将这些符号与外界的实际事件、事物或状态连接起来的过程。由于这三个过程分别关注的是符号与表达形式、符号与内容功能、符号与外界和使用者的关系,于是它们分别与符号学的语构范畴、语义范畴、语用范畴有机地联系了起来。

1. 形成表达式连续体的过程

这一过程主要是从物理角度生产信号。这些信号也许仅仅作为不具备符号学功能的物理实体而生产出来,但是,一旦它们作为符号—功能的表达平面而生产出来,或在既有实体之中选择出来,那么,其生产方式就直接与符号学有关。

表达连续体生产出来以后,接下来便是组接问题,它涉及符号载体的选择和处置。也就是说,在构成(编制)某种创新代码行为期间、在发送者试图借以观察所有现存代码法则的话语之中、在发送者赖以创造新的表达单位而丰富和改变有关系统的某一文本内部,都将有表达组接手段的存在。

2. 将成形的连续体与其潜在内容联系起来的过程

显然,在表达平面所作的调整,必须和内容平面所进行的调整联系起来,否则,只会变成语法上的无意义现象;因此,在表达平面上实施的系统观察、系统编制及系统变迁操作都必须联系内容平面上的相应操作(编制、观察、变迁)进行考察,即由功能函项关系方面的操作作为中介。其中,为避免语义系统的矛盾,话语必须从一种代码转换到另一种代码。这是一个复杂的过程,包括符号学判断和事实判断,而主要是依据小件不明推理式,从而产生某些超编码形式和低编码形式。

一般说来,符号学判断可以具备三种形式:(1)元符号命题("我声明,'船'这一词也可以应用于在空中运行的工具");(2)永恒命题("骑士是男性");(3)标引性命题("此客体是一支笔")。事实判断可以包括两种类型:一是标引性命题。我们给符号学类型的个例现象赋予事实属性,而这种属性,根据定义,并不隶附于同一个"类型"里的其他"个例"(如"这支笔是黑的"),简言之,其目的是对客体的属性做出概述和界定;二是持续非标引性命题。这种判断在第一次表述时,就是一条实际标引性命题。但是,当这些判断被社会视为正确形式而接受时,就具备一种元符号学功能,并逐渐变成符号学判断。

3. 将符号与外界的实际事件、事物或状态连接起来的过程

把符号与其内容进行组接并不意味着生产过程的终结,还需将符号和实际事件进行比较并揭示出发送者与接受者的关系。在这一过程中,不仅要考察语义内容与预设的吻合情况,还要核实某一表达式是否指涉人们所谈事物的实际属性。

最后一个操作,就是发送者所实施,其目的在于使接受者的注意力集中于其态度和意向,从而在别人身上诱导出某些行为反应。这种操作通常是由所谓言语行为理论研究的。"言语行为"概念从目前的角度看被视为不仅涉及语词行为,而且涉及多种表达形式(如形象、体态、客体等)。在这类各式各样的交流行为之中,不仅出现所谓措辞行为(这可以对应于符号学判断和事实判断),而且还呈现所有那些表达式类型。它们并不表达任何论断,而是相反,实施某种行为,或者发问、命令、建立联系、激起情绪,诸如此类(言内之力行为和言外之力行为)。

第 六 章

符号的功能系统与双向模式

语言是最富于变化的、用于交际的、存在于人际间的特殊符号系统,它具有多种模式和功能,总是在多种关系之中发生变化。但这种变化就如同一个"万花筒",虽瞬息万变且千姿百态,却是在规则中的组合,在规则中的变幻。对语言符号的变化做出重要研究的是符号学家雅各布森,他将发现语言变化的规则作为自己毕生追求的主要目标,不仅在语言学,而且在诗学领域也取得了令世人瞩目的成就,尤其是他所构建的功能系统和双向模式为语言符号学留下了一笔丰富的财富。雅各布森是一位天才的语言学家、文艺理论家和符号学家。他是莫斯科语言学小组的创建者、布拉格学派的奠基人和纽约语言学小组的发起者,生前为挪威科学院、美国语言学学会等 30 个学术团体的成员。

1896 年,雅各布森出生于莫斯科一个富裕的犹太人家庭,1914 年毕业于俄国拉扎列夫东方语言学院,后转入莫斯科大学语文史系,1918 年获得硕士学位。读书期间他曾参与创建莫斯科语言小组,从此步入语言学研究领域。1920 年雅各布森以"俄国红十字代表机构成员"的身份离开苏联,流亡到捷克斯洛伐克,移居布拉格,这一时期他曾任教于捷克马萨里克大学,教授俄罗斯语文学。1926 年,雅各布森在马泰休斯(Mathesius,1882—1945)的邀请下一起建立布拉格语言学会。1939 年,德国法西斯占领捷克斯洛伐克,他流亡到北欧。1941 年定居在美国,1943 年执教于哥伦比亚大学,1949 年担当哈佛大学斯拉夫语文学及普通语言学教授。雅各布森与当时旅美学者一起成立纽约语言学会,创办了语言学刊物《词》。之后进入美国主流社会,融入美国语言学研究队伍。1959 年,他当选为美国语言学会会长,1982 年死于波士顿,享年86 岁。

雅各布森植根于语言学的研究,对社会人类学、心理学、精神病学、生物学等学科都产生了深远的影响。他的研究成果得到学术界的认可,生前被9家科学院聘为院士,得到25个荣誉博士学位,一生著作等身,出版或发表的专著与文章多达650多种,其中的大部分被收入八卷本《选集》(Selected Writings)。他的学术轨迹见证了20世纪人文科学的发展,而他学术生涯每一阶段都可由不同的时间、地点和标志着他诗学思想发展的重要概念与著作来代表:第一个阶段为俄国时期,即20世纪初—俄国十月革命。1915年,雅各布森以俄国未来派诗人和理论家的身份,发起了莫斯科语言学小组,后成为俄国形式主义的领袖人物。他相继发表了《无意义的书》、《未来派》、《俄国现代诗歌》等著作,致力于诗歌和语言学理论的研究。从那时起直到生命的尽头,诗歌与语言学之间的相互关系就一直处于雅各布森学术研究的核心地位。第二个阶段是欧洲时期,从俄国十月革命到第二次世界大战。俄国十月革命之后,雅各布森来到了布拉格,于1926年建立了布拉格学派。他从交际的角度考察语言的功能及其相互关系,为语言学从形式主义向功能主义的转折做出了重要贡献。雅各布森的《历史音位学原理》等重要的语言学论文,首次提出了20世纪人文社会科学最为流行的术语——结构主义(structuralism)。雅各布森的结构功能观和音位学理论对其他相关学科(如人类学、心理学等)产生了重要影响,为结构主义的全面崛起奠定了理论基础,也确立了他作为结构主义理论家的地位。二战爆发后,雅各布森先后前往挪威和瑞典避难,他利用当地资源研究失语症,写下了著名的《儿童语言、失语症和语音普遍现象》,为文学的语言学研究开辟了新的道路。第三个阶段是美国时期。由于战争的原因,雅各布森于1941年移居美国,在美国的40年是他学术生涯的最后一个阶段,他的学术思想在那里结出了丰硕的果实。1943年,雅各布森帮助建立了纽约语言学小组,并协助创办了小组刊物《词》和《斯拉夫词》。他先后执教于哥伦比亚大学、哈佛大学和麻省理工学院,从事语言学和斯拉夫语言文学的研究与教学,为美国语言学发展做出了重要贡献。这期间,他不断总结与修正自己的语言学与诗学思想,发表或出版了众多著名的论文与专著,如《语言初步分析》(1952年,与哈勒等合著)、《语言的基础》(1956年)、《结束语:语言学与诗学》(1958年)、《语法的诗和诗的语法》(1960年)、《言语行为的两个方面和失语症的两种类型》(1962年)等等。雅各布森长期坚持从语言学视角进行文学研究,开辟了20世纪文学研究的新领域——语言学诗学,语言学与文学的联姻给当代西方文学研究带来了划时代的变化。

从雅各布森的学术生涯中,我们能明显看到他学术发展的特殊脉络:形式主义语言学—结构主义语言学—美国符号学。其中莫斯科语言小组是在俄国形式主义运动内部,走向结构主义发展的代表。而布拉格学派则是俄国形式主义走向结构主义的第二个发展阶段,这一时期雅各布森的形式主义语言学观有了新的发展。"结构主义"这个词也正是雅各布森本人最先提出的。他的研究成果,将俄国形式主义和结构主义语言学紧密连接在一起。在结构主义语言学研究中,雅各布森又提出了语言符号观,这促成他最终走向符号学的语言学分支研究。雅各布森一生中所涉及研究的领域主要是:(1)普通语言学理论(包括诗学);(2)神经语言学;(3)斯拉夫语。在普通语言学领域,雅各布森提出自己的音位学理论,探讨符号体系分类法和类型学问题,努力创建富有特色的诗学理论。在神经语言学领域,雅各布森的重要贡献反映在他研究的课题"语言的两极和失语症的两种类型"。在对斯拉夫语研究的领域里,雅各布森认为斯拉夫语的统一性可以用共同的语言遗传来说明,它们能构拟并且解释民族文学借入、融合和巧合的演变。

雅各布森是国际上享有盛名的语言学家(尤其是语音学),他的影响从语言学的范畴扩大至符号学,他还同时从语言学、符号学角度来探讨诗学。雅各布森的语言学思想和符号学的一些见解扩大了"符号"的领域及语言学的视野。目前在广阔的符号学领域里,在从事语言学与符号学(尤其是与诗学)合流性研究的学者中,当以雅各布森的研究为最有力度,影响也最为深远。可以说,雅各布森不属于某一特定的时间和地点。他属于全世界,属于整个 20 世纪。他以自己一生的学术活动,为新观念的发展和传播进行了不懈的努力,在现当代学术界建立了自己的丰碑。①

第一节 符号的功能系统

雅各布森是布拉格学派的奠基人,20 世纪最重要的语言学家之一。索绪尔的许多思想如系统、符号、时空、普遍现象等重要概念都在雅各布森那里得

---

① 田星:雅各布森诗性功能理论研究[D]。博士学位论文,南京师范大学 2007 年;傅丹莉:罗曼·雅各布森"语言学诗学观"试论[D]。硕士学位论文,福建师范大学 2007 年。

到了创造性的发展。如果我们说索绪尔是充分理解系统观对语言学重要意义的第一人,那么雅各布森无疑是充分理解功能观对语言学重要意义的先驱。对于雅各布森而言,语言不是静态的、抽象的系统,而是动态的、功能的系统。他注重研究活的语言,把重点放在语言提供的各种功能上,而不是"为语言而研究语言"。雅各布森认为语言是交际的工具,其主旨就是在交际中完成一定的功能,运用一定的语言手段去执行一定的任务。因此,既然语言是为一定目的服务的表达手段,就应当从语言功能入手,然后去研究语言形式。而不考虑语言成分在交际中的功能,就不可能理解和评价一个成分,厘清并分析该成分与其他成分的关系。

"功能"(function)一词来源于古拉丁文词根 functio,它原本有两个意思:一为"功能",二为"函数"或"函数关系",语言学在引进此术语时主要采用前一个意思。较早对功能进行阐释的学者是德国心理学家、语言学家布勒(K. Bühler,1879—1963),他在《语言论》(Sprachtheorie,1934)一书中指出,语言有3大功能:(1)描述功能(representational function),即对各种事实(facts)进行陈述的功能;(2)表达功能(expressive function),即表现讲话者本人各种特点(characteristics)的功能;(3)呼吁功能(vocative function),即对受话者施加影响的功能。之后,穆卡洛夫斯基(J. Mukarovsky,1891—1975,捷克著名美学家与文学理论家,结构主义美学的奠基者)也提出了自己的看法:认为语言有两个基本功能:体现智能言语活动的是社会功能(social function),用于沟通人与人之间的关系;体现感情言语活动的功能是表现功能(expressive function)。

雅各布森在布勒和穆卡洛夫斯基等人分类的基础上又进行了新的拓展,他在一篇题为《语言学与诗学》(Linguistics and Poetics,1960)的论文中,系统地阐述了他关于语言的6大主要功能模式的观点。雅各布森的功能思想是从语言交际要素发展而来的,他提出了语言行为的六要素及其相对的六功能模式。他指出,语言行为的成立,有赖于6个要素的通体合作。每一个要素有独特的功能,在各种话语里,依据这6个功能在其建立的级阶梯次里的诸种安排,能够建构不同类型的话语。

雅各布森认为,语言交际行为离不开信息的发送者(addresser,亦称说话人)和接收者(addressee,亦称受话人或话语对象);信息的发送者把信息(message)或话语传递给接收者;信息若想生效,则需要相关的语境(context)

或指涉；接收者要想捕捉到这种语境，需要有为发送者和接收者完全或部分通用的代码（code）或语规；同时，交际的完成还有赖于通畅的交流渠道（或称通信渠道），使发送者和接收者进行接触（contact），从而进入和保持交流。这六个因素是语言交际所固有的要素，意义就存在于全部交流行为中，意义的产生和变化就取决于上述这些要素分配方式和发挥作用的主体呈现。雅各布森所提出的交际要素模式不仅是语言模式，而且涵盖其他表意系统或符号系统，所以，它实际上是一个符号学模式：

$$
\begin{array}{ll}
& \text{context} \quad （语境或指涉）\\
& \text{message} \quad （信息或话语）\\
（说话人）\ \text{addresser} \longrightarrow \text{addressee} \quad （受话人或话语对象）\\
& \text{contact} \quad （接触或通信渠道）\\
& \text{code} \quad （代码或语规）
\end{array}
$$

图表 13

雅各布森指出六要素的真正目的在于构建语言符号的功能系统。他认为，功能就是信息对某一因素的焦点，或信息对某一因素的倾向或目的；与语言交际6个要素相对应，存在着6种功能：(1)焦点如果集中在信息发送者（如说话人或作者）时，构成情感（emotive）功能。它说明了说话者对自己所讲述的事的态度（即表达发出者的态度和感情），其中主要使用一些感叹词，并伴随着改变说话的语调。(2)焦点集中在信息接受者时，构成意动（conative）功能。即对接受者的感情或态度施加影响，从而产生听话者被招呼、被说服或被迫服从的结果。这种功能的纯粹语法表现见之于呼语和祈使句中，它们无论从句法、词法或甚至是语音上都背离了其他名词性和动词性语法范畴，两者都不受制于陈述句的真值测试（truth test）标准。(3)焦点集中在语境时（即信息形成时），外部世界的真实情况构成指称（referential）功能或指涉功能，它与参照对象、信息的所指或认知内容有关，也被雅各布森称为所指（denotative）或认知（cognitive）功能。通常情况下，信息的焦点集中在语境上，就特别强调信息所指涉的内容。(4)交际的成功不仅要保持交际渠道顺畅，还需要检查他们是否运用了同样的代码。这时，焦点就转移到代码本身，起作用的是元语言（metalinguistic）或后设语功能。现代逻辑学通常区分语言的两个层次——谈客体的"客体语言"（目标语 object language）和谈语言本身的"元语言"

(metalanguage)。元语言功能也就是对语言本身做注解的功能,它关注语言本身的运用,阐明语码使用的方式,包括使用批注、定义、术语等方式来注释语言现象(如散文或诗歌),包括谈论语言的正确用法、评论方言等等。比如,我们可以用英语(作为元语言)来谈论英语(作为目标语言),用英语中的同义词、迂回表述和释义法来解释英语中的词句。显然,这样的操作,并非只限于科学研究的领域,而是我们日常语言活动的内在组成部分。对话的双方经常要检查他们是否使用同样的代码,说话人会问"你懂我的意思吗";听话人也会插话"这是什么意思",然后说话人会用其他代码来代替有问题的代码,使信息更易为听话人接受。(5)当焦点集中在联系方式时,即说话者与受话者之间的接触时构成交际(phatic)功能,亦称寒暄功能。雅各布森指出,有些信息主要是用来建立、延长或中断交际的;有些是用来检查交际渠道是否畅通,如:"喂,你听见我说话吗?"而有些则是为了吸引对方的注意力或确保注意力持续,例如:"你在听吗?"而电话那端则传来"嗯,哼"的应答声等等。这个保证接触的机制,套用马林诺夫斯基(B. K. Malinowski,1884—1942)的术语来说就是交际功能(phatic function)。凡是旨在开通、维持或是结束交际途径的行为都是交际功能的体现,它可以在大量仪式化的客套语中表现出来,还可以在旨在延长交际的整个对话中表现出来。(6)当焦点集中在信息自身时,就构成诗歌(poetic)功能,亦称诗学功能,其特点就是按照信息的原样来传递它,突出语言符号可感知的一面。雅各布森称其为"指向信息本身的倾向,为其自身而聚焦于信息"。那么,诗性功能是通过什么来表征自身的?它是通过将语词作为语词来感知,而不是作为被指称的客体的纯粹的再现物,或作为情感的宣泄。它是通过诸个词和它们的组合、它们的含义、它们外在和内在的形式,这些具有自身的分量和独立的价值,而不是对现实的一种冷漠的指涉。诗性功能吸引人们对于符号过程的关注:词语"说"了些什么。这种言说使人们关注话语本身作为表达的存在,并进而思考这种表达的意义。它似乎构成了一种强制性的力量,将人们的注意力吸引到表达形式自身。换言之,诗歌功能将语言的美学功能置于前台,用雅各布森的话来说,信息为其自身而存在。此时,"诗歌功能"的定义,与德国浪漫主义者认为"作为诗歌语言基础的不及物性"相像。布拉格学派的文学理论家都特别强调文学语言的表现功能即诗歌功能,但是雅各布森的功能立场更为灵活。他的"诗歌功能"其实超出了严格意义上的诗歌,适用于所有语言,无论是民间同音异义字的文字游戏,还是政治、广告口号都具有此功能,而诗学本身,也被看做是语言学中专门探讨诗歌功能与其他语言功能之间关系的一部分。至此,雅各布森对语言结构功能系统做出了全面的阐释,如把语言交际要素与功能相对应,可见下图:

$$语境(指称功能)$$
$$信息(诗歌功能)$$
$$说话者(情感功能) \cdots\cdots\cdots 受话者(意动功能)$$
$$接触(交际功能)$$
$$代码(元语言功能)$$

图表 14

如单独解释功能系统,可见下图:

$$referential(指称或指涉功能)$$
$$poetic(诗歌或诗学功能)$$
$$emotive(情感或抒情功能)\text{————} conative(意动或感染功能)$$
$$phatic(交际或寒暄功能)$$
$$metalinguistic(元语言或后设语功能)$$

图表 15

雅各布森指出,尽管区分出了语言的六个方面,但事实上我们很难找到只实现某一种功能的语言信息。也就是说,语言具有多功能性(multiplicity of functions)。语言的各个功能可以同时存在于结构功能系统中并各具价值,即语言的各功能要素构成了客观存在的系统,各要素之间相互制约,互为条件。而系统的性质取决于结构功能体系中占据主导地位、支配并规定其他功能的各个功能,取决于信息的焦点聚集在哪个语言要素上。

这就是说,如果交流倾向于语境,那么指涉、指称功能就占支配地位,如"洛阳是中国的一个古老文明的城市"——这个信息意在指出自身之外的一个语境并且传达有关这个语境的具体的、客观的情况。当然,这似乎是大多数信息的首要任务,但是问题不仅仅如此,比如,如果交流倾向于信息的发话者,那么抒情或情感的功能就占支配地位,而这种安排就会产生诸如"洛阳是九朝古都"、"这里有众多的名胜古迹"、"洛阳牡丹甲天下"等"自豪、为之骄傲"等信息,意在表达发话者对一特定情境的情感反应,而不是纯粹指称性的描述。同样的,如果交流倾向于信息的接收者或受话人,那么感染、意动的(或称呼、祈使、愿望、命令的)功能就占支配地位,意在启发、诱惑、建议对方,"你是不是来看一看"、"唉! 百闻不如一见啊! 请来一趟吧!"

另外,如果交流倾向于接触,那么,交际的功能就占支配地位,其目的在于检查接触是否进行的恰当:在谈吐中,它产生了诸如"早上好"、"你好"、"吃饭了没有"、"How do you do!""Как дела?"等交际语,其目的不是为了引出或提供信息,而是为了建立语言的接触,或"打开话匣子"。大多数英国人关于天气的对话具有这种交际功能,而不具有气象学的功能。如果交流倾向于代码,那么,元语言的功能就占支配地位,这是检查相同的代码是否双方都加以使用:在谈吐中就出现了诸如"理解吗?""明白吗?""领会吗?""行吗?"等短语。

最后,当交流倾向于信息(或话语本身),诗学的功能或者美学的功能就占据支配地位。比如,当提及可怕的恶魔时,女孩子常说"the horrible Harry"。为什么她用 horrible,而不用诸如 dreadful,terrible,frightful,disgusting 等表示可怕的词呢? 雅各布森指出,尽管并不自知,这个女孩已经运用了文字游戏①(paronomasia)这一诗性手法。再如雅各布森的例子"l like lke"中的首韵与母音的相同,以及中国常见的对联"爆竹一声除旧,桃符万户更新"的平仄与对偶都是话语在形式上的安排,都是"诗学"功能的表达。这里,词语作为自身而非客体的影子,语言的诗性功能就"通过提高符号的可触知性,加深了符号和客体的根本分裂"②。

由此可见,雅各布森走出了索绪尔的静态体系分析。在他那里,语言不只是一套形式系统,而更是一套功能系统,即各种用来为一定目的服务的表达手段的系统。换言之,语言是形式系统和功能系统的统一体。同时,有别于索绪尔,在雅各布森的结构功能体系中,对立范畴绝非是单向的、排他的封闭体,而是在某种条件下可以相互转换、相互制约的矛盾统一体。在对系统内部各组成要素关系的描述中,雅各布森的研究始终带有辩证的特征。他认为语言具有多功能性,语言的各功能要素可以同时存在于系统之中,它们之间的对立是一种相互制约、互为条件的关系。就此而言,雅各布森对语言结构功能系统的阐释必然成为语言学史上的一笔宝贵财富。

---

① 文字游戏在这里指两个词押头韵。
② R. Jakobson, *Linguistics and Poetics. Selected Writings III : Poetry of Grammar and Grammar of Poetry*. Hague, 1981: p. 25.

第二节 符号的双向模式

1. 选择和组合

雅各布森认为语言行为涉及两个过程——选择和组合。任何语言行为都包含着对某些语言实体的选择和把它们组合成更为复杂的语言单位的过程。① 选择和组合这两个概念源于索绪尔关于语言活动中存在着句段关系（横组合）和联想关系（纵聚合）的观点。索绪尔已经清楚地认识到了语言的这两种基本运作方式，为了将它们区分开来，他称句段关系为"在场"的，它是基于两个或几个词接连出现在一个真实的系列中；而联想关系把"不在场"的、作为虚拟的记忆序列成员的词语联系起来。② 换言之，横组合关系就是语言的句段关系，是指构成句子时每一个语句符号按顺序先后展现出的相互间联系，具有时序性。纵聚合关系，即联想关系，指在话语之外各个具有某种共同点的词会在人们的记忆中汇合起来，构成具有相关性词汇的集合。它与横组合关系不同，纵聚合关系是以潜在的方式将各要素结合成潜在的记忆系列。

这里，雅各布森再次提出的有关"选择"和"组合"的概念，不仅是对索绪尔的"句段关系"和"联想关系"概念的继承，同时又是一种深化和发展，尤其还在一定程度上避免了索绪尔思想中的缺陷③：

(1)选择意味着在一套替换的集合中，符号是由不同程度的相似性而联系在一起的。这种相似性或因同义而具有等价关系，或因反义而享有共同内核。它涵盖的范围极广，从同义词到反义词，从形似到类比，从元语言到隐喻用法，从对等到对比等等。信息发送者和接收者之间空间或时间上的距离，就是由这种相似性来弥补：发送者使用的符号和接收者了解并用来阐释的符号之间，必然存在着某种程度上的对应关系。否则，信息就是无效的，即使把它发送给接收者，也不会对他产生任何影响。

(2)组合是处于同一语境下的各个组成部分的连接，它依靠的是邻近性。

---

① R. Jakobson, *Two Aspects of Language and Two Types of Aphasic Disturbances. Selected Writings* II : *Word and Language*. Hague,1971：p. 243.
② 索绪尔著，高名凯译：《普通语言学教程》，商务印书馆 1980 年版，第 171 页。
③ 田星：雅各布森诗性功能理论研究[D]．博士学位论文，南京师范大学 2007 年；第 31—32 页。

这种邻近性与语言的规则有关，受语言结构的逻辑制约，而体现为空间位置上的序列。它还包括从属、并列或派生、屈折等关系。

（3）选择和组合这两种操作，体现在语言的各个层级上。首先，组合是将语言由低一级单位组合成高一级单位的过程，语音组成词再组成句，各组成部分按一定的规则次第连接。而在组合的过程中，在每一个环节上，无论是语音还是词汇，都存在着选择这个操作过程。因此，语言结构的每一层级都是由选择和组合这两种关系来定位的。

（4）选择反映的是基于相似性之上的内部关系，它所处理的语言实体和代码相连，但不出现在所给的语言信息中；而组合是基于邻近性的外部关系，它将选择出来的语言实体连接起来。因此，组合中的实体要么同时在代码和信息上彼此连接，要么只在实际信息中彼此连接。

（5）选择不只意味着共时性，而组合也不只具历时性。受话者所接受的话语信息是从所有可能的代码的知识库里选择出来的组成部分的结合，因此，语言的选择还应考虑到语言的变化因素。选择具有共时性和历时性。同样，某一语言单位和其他单位的组合，也是或同时或相继地发生。因此，选择和组合，作为语言行为的两个方面，均反映出了语言的共时与历时的两个特性。

总之，雅各布森使我们认识到，选择和组合这两个操作层面，给每个语言符号提供了两套阐释。同一符号有两个所指：一个指向代码，一个指向语境。每个符号都和另一套符号相关，通过替换进行选择，通过排列达成组合。某个有意义的单位可以被同一意义序列中的其他单位所替代；而它在整个语境中的意义则由它和其他符号的前后连接关系所决定。任何信息的组成部分都由内部的相似性关系和代码相连，由外部的邻近性关系和信息相连，语言同时涉及这两种关系。

2. 相似性和相近性

对语言的选择和组合这两个极性概念，雅各布森不仅从理论上进行论述，还借助于语言的病理学，即失语症的研究。他的总体思路可以如此把握：通过反观语言交际的失败，从中可以得出关于语言交际的有益启示；而要想充分研究语言交际失败的原因，就必须首先了解那个不再起作用的语言交际手段的性质和结构；而要完成这一切，需要用语言学的标准对失语症现象进行分析和归类。客观地讲，雅各布森对于失语症的研究，一方面加深了已有的失语症研究,因为结构语言学已取得的进展给研究失语症现象提供了有效的工具和方法;而另一方面,它反过来又促进了语言科学的发展,因为对失语症的研究拓展了语言学家探索语言普遍法则的新视野。

通常,对失语症的研究多基于心理学和神经学上的数据,而在《语言的两个方面和失语症的两种类型》①(1956年)中,雅各布森从语言学的角度对语言紊乱的两种情形进行了深入的考察,并将其与语言的两个过程联系起来。因为语言紊乱在不同程度上影响个体对语言单位选择和组合的能力,所以雅各布森把失语症患者分为两类,主要根据其缺陷源于选择和替换,还是组合和构造。

雅各布森指出,第一类患者存在着选择和替换上的障碍,而组合和构造的能力相对稳定,因此,语境是至关重要的决定性因素。当把零星的字句呈现给这类患者时,他可以轻易地把它们连贯起来。他的言语不过是一种反应,他可以毫不费力地进行谈话,但让他选个话题开始对话却有困难。当他是或者想象自己是一个信息的接收者时,他能够对真实的或想象中的信息发送者做出应答。对他来说,他的表达越是依赖于语境,他就越能更好地应付表述任务,但要他说出甚至理解独白之类的封闭性话语是极其困难的。比如要他说出一个句子,这个句子既不是对他的对话者的提示做出回答,也不是对真实的情景做出反应,那他就会感到无能为力。除非看到真的下雨了,否则这类患者就说不出"下雨了"这句话。话语越深入语言或非语言的语境,这类病人成功表达的概率就越高。

同样,一个词语越是依赖于同一句子中的其他词语,越是与句法结构有关,就越不会受这类语言紊乱的影响。因此,在句法上从属于语法规则的词语就比较容易保留下来,而从属关系的动因,即主语,往往被忽略掉。正因为话语开始的部分是病人的主要困难,所以他会在开始对话时出现问题。在这类语言紊乱中,句子被设想为一种省略的结果,省略的部分是患者本人前面所说的语句或他接收到的对方的话语。而和语境有内部关联的词语,如代词和代词性副词,以及像连词和助动词等只用来构造语境的词语,则特别易于被保留下来。这类患者在最严重的情况下,只能说出句子的大概结构和保持交际的

---

① R. Jakobson, *Two Aspects of Language and Two Types of Aphasic Disturbances. Selected Writings* II : *Word and Language*. Hague,1971;p. 239—259.

一些关联词语。

雅各布森进一步指出,自中世纪以来,语言理论一直反复强调脱离语境的词是毫无意义的。然而这一断言的有效性仅限于失语症,或更确切地说,只限于上面这一类型的语言紊乱。在所讨论的病理案例中,一个孤零零的词只不过是无意义的声音而已。无数的测试表明,对这类患者来说,同一个词出现在两种语境中,只是同音异义词。由于发音不同的词比同音异义词承载着更大的信息量,有些这类失语症患者往往用不同的词代表一个词的语境变体,这些不同的替代词各自对应于特定的环境。举例来说,戈德斯坦①的病人从来不单独说"刀",而是根据其不同用途和周边环境分别称之为"刨笔刀"、"削皮刀"、"面包刀"、"刀和叉"。这样,"刀"从一个可以独立出现的自由形式变成了一个受限定的形式。

第一类病人在依赖于语境的语言构造能力相对稳定的同时,语言的选择和替换能力却出现了问题。比如,戈德斯坦的病人说"我有一套好公寓,有门厅、卧室、厨房","还有一些大公寓,只是后面住着单身汉(bachelor)"。事实上,"未婚者"(unmarried people)这个词组比"单身汉"(bachelor)这个词更明确,可以用来替代"单身汉",但说话人还是选择了后者。当病人被反复询问什么是单身汉时,他不做回答并"显然很痛苦"。像"单身汉就是未婚者"或"未婚者就是单身汉"之类的回答往往提出一种等式论断,因而是把替换组从语言的词汇编码中投射到既定信息的语境中。对等词汇成为一个句子的两个相关部分,并进而连在一起。当有涉及"单身汉公寓"的日常谈话语境支撑时,患者能够选择"单身汉"这一合适的词,但却不能用其替换词组"单身汉等于未婚者"来做句子的话题,这是因为他的主动选择和替换的能力受到了损害。

有替换困难的失语症患者也不能根据指向物体的动作,说出所指物体的名称。他不会说"这是一支铅笔",而是以一个有关它用途的省略句"用来写"来取而代之。如果同义符号中的某一个在场,比如"单身汉"这个词或是指向铅笔的动作,那么其他的符号,如"未婚者"这个词组或"铅笔"这个词,就变得多余了。对这类患者来说,如果别人用了某个符号,那他会避免用它的同义词。同样,这类病人看到一个物体的图画,也叫不出它的名字,即不能用语

---

① 雅各布森结合了德国神经病学家戈德斯坦(Kurt Goldstein,1878—1965)的研究成果。

言符号替代图像符号。例如,把指南针的图片给病人看,他会说:"是的,这是……我知道它属于哪一类,但是我说不出它的技术名称……对了……方向……显示方向……磁针指向北。"用皮尔斯的话说,这样的病人不能把象似符号(icon)或索引符号(index)转换为语言符号。

而雅各布森发现,失语症患者在命名能力上的缺陷也正是元语言的丢失,即不能在同样的语言中用某些相似的符号来解释另一些符号。实际上,上述失语症患者所不能清晰表达的等式判断就是元语言命题。他本可以说:在我们所使用的代码中,所指物体的名称是"铅笔",或"单身汉"就是"未婚者"。这类失语症患者既不能把一个词转换成它的同义词或迂回说法,也不能将之转换为它在其他语言中的同义词。这一类型的紊乱还表现为失去双语能力,并且局限于某种语言的某种方言,形成患者特殊的话语方式,即"个人习语"(idiolect)。在一般情况下,语言不具个人属性,而是社会化的,因为语言交流,像任何其他形式的交际行为一样,要求最起码有两个人参与。为了让对方听懂,我们往往使用共同的代码,甚至有时为达到某种目的,会使用对方的语言。"个人习语"是行不通的。但对于失去了语码转换功能的失语症患者来说,"个人习语"则变成了唯一的语言事实。除非他以自己的语言模式来解读对方的信息,否则,他会感觉"我清清楚楚听到你在说话,但不知道说的是什么"。对他而言,对方的话要么是胡言乱语,要么是一门他所不懂的语言。

这样,雅各布森得出这样的结论:因为外部的邻近性关系将句子的各部分联结起来,而替换的基础是内在的相似性,所以,对于替换功能受损而构造功能尚存的失语症患者,涉及相似性的语言操作就让位于邻近性操作。邻近性决定了病人的整个语言行为,他把这类失语症称为相似性紊乱。①

由此我们还可以推测,语义组合由空间或时间上的邻近性而非相似性支配。我们知道,仅仅说言语是由词组成的是不够的,言语是由以某种特殊方式

---

① 雅各布森还引用戈德斯坦的试验证实他的这一论断:让一个相似性紊乱的女患者列出一些动物的名字,她就按照她在动物园看到的动物的同样顺序来罗列。同样,当请她按照物体的颜色、大小和形状来排列一些物品时,她就根据物体的空间邻近性而把它们归为日用品、办公用品等等,并且为她的这种分类找到了理由:橱窗里展示的东西并不非得相似,什么东西都可以陈列。同样是这个病人,她乐于说出主要色调的名称——红、黄、绿和蓝,但是却不能把这些名称和各种过渡色相联系,因为对她这样相似性紊乱的病人来说,词语不具备借由相似性和其相连的另外的转换意义。

彼此相关联的词组成的。没有词与词之间的相互关系，我们所听到的不过是一串没有任何命题意义的名称。失语并不意味着完全说不出话，而是失去了命题陈述的能力。当陈述能力受损，或将较为简单的语言实体组合为更加复杂的单位的能力受损时，就产生了邻近性紊乱。

雅各布森把这种构造型缺陷的失语症称为邻近性紊乱，此时，把词语组织成更高级单位的语法规则被丢弃了。这种丢弃被称作"反语法性"，导致了句子沦为词语的堆砌。词序变得混乱，并列或主从等语法关系被瓦解。连词、介词、代词、冠词等只具有语法功能的词语最先消失，使得话语呈现为"电报式"；而在相似性紊乱中，这些词是最不易丢失的。一个词越少依赖于句子的语法关系，就越容易被相似性紊乱患者所抛弃，但却为邻近性紊乱患者所保留。因此，在相似性紊乱的情况下，"核心主语词"是最先被排除出去的；但是对邻近性紊乱来说，情况恰恰相反，它是最不受影响的。邻近性紊乱影响句子构造，往往导致幼稚的单句和独词句表达，只有几个已成陈规的、现成的长句得以保留下来。

在正常的语言模式中，一个词既是句子的组成部分，同时它本身又由音素和词素这样更小的组成成分所构成。"反语法性"的典型例子是词尾变化的缺失，还会体现为用动词不定式代替各种限定动词形式而形成的非标记范畴，或在有格变化的语言中，用主格代替所有的格变化。这些缺陷一部分是由于失去了统领和一致这样的语法规则，另外也是由于缺乏将词语分解为词干和词尾的能力。有的词形变化虽具有相同的语义，但却是通过邻近性从不同角度彼此相联系的，这也是邻近性紊乱患者丢弃这些语法范畴的又一个原因。①

其次，由同一词根衍生出来的词语，如授予—授予者—被授予者（grant-grantor-grantee），通过邻近性而意义相互关联。邻近性紊乱患者要么丢掉派生词，要么丢掉词根和派生后缀的结合。有时他们甚至对两个词的组合也无能为力：他们能理解也能说出像 thanksgiving 这样的复合词，却说不出 thanks 和 giving。有时这类病人尚有对派生词的认识，也用构造派生词的方法来创造新词，但在这种情况下，我们往往可以观察到简单化和自动化的倾

---

① 比如像主格的他(he)、物主代词他的(his)、宾格的他(him)这样的代词词形变化，或者像"他投票"(he votes)和"他投了票"(he voted)这样的动词时态变化，就是因邻近性而彼此关联的。

向:假设由派生词所构成的语义单位不能完全从其组成部分中得出其意义,那么这个词就会被曲解。

邻近性紊乱的另一个表现是对语音的无能为力。雅各布森指出,二战前,音位学在语言学中最具争议。一些语言学家对音素是否是语言行为的最小意义单位持有疑义,他们认为音位的区别性特征不过是便于语言的科学描述和分析的人为结构,而词素或词才是语言的最小实体。这一观点,已被美国语言学家萨丕尔驳斥为"与现实相反",但是它在邻近性紊乱的失语症患者身上倒很适用:词是他们所保留的唯一语言现实。他们对所熟悉的词只有一个整体的、不可分解的印象,而其他所有的声音序列对他们来说,要么是陌生的、难以了解的,要么他们忽略其语音来源,而将之并入熟悉的词中。戈德斯坦的病人能理解词,但觉察不到这些词所含的元音和辅音。有个法国患者能够辨认、理解并重复"cafe"(咖啡馆)和"pave"(铺路)这两个词,却不能识辨和发出"feca"、"fake"、"kefa"、"pafe"这些无意义的声音序列。然而,这样的识辨和发音困难,对于一个正常的法国人是不存在的。只要这些声音序列和其组成部分符合法语的音位模式,他甚至会把这些声音理解为法语词汇中他所不知道却可能存在的、具有不同意义的词语。

如果失语症患者不能把词语分解为其音素组成部分,那么他对词语构造的控制能力就减弱了,很显然,音素和其组合也就受到损害。失语症患者的音位系统的逐步退化恰恰和儿童语音习得的顺序相反。这种退化涉及词汇量的减少和同音异义词的膨胀。如果语音和词汇两个层面上的退化发展下去,那么最后言语就变成单词、单句的表达。病人将恢复到婴儿语言发展的初始阶段,甚至是前语言阶段,他面临着完全失语症,即完全失去了理解和使用语言的能力。①

综上所述,雅各布森从相似性紊乱和邻近性紊乱这两种失语症的研究中,

---

① 语言和其他符号系统相比的一个显著特征是区别性和指示性功能的分离。当构句有缺陷的失语症患者显示出取消语言单位的层级关系并将不同的层级缩减为一个层次的倾向时,语言的这两个方面就会发生冲突。最后所剩的那个层次或是一些具有指示价值的词语,或是一些具有区别性特征的音素。在后一种情况下,病人仍然能辨别、区分和复制这些音素,只是失去了同样的处理词语的能力。在一个中等程度的病例中,词语也被辨别、区分和复制了,但戈德斯坦说"它们只是被认出了,而不是被理解了"。这里,词语已经失去了其通常的指示性功能,而代之以常属于音素的纯区别性功能了。

确证了存在于语言的两个层面上的关系:选择基于相似性;组合基于邻近性。不仅如此,他还将这两种关系延展到与隐喻和转喻的关系上。于是,隐喻和转喻不再是传统的文学修辞方法,而成为话语中的两种基本关系。[①]

3. 对隐喻和转喻的符号学分析

作为形式主义者,雅各布森的一个主要兴趣在于试图说明语言的诗歌功能。为了这一目的,他提出两个具有普遍意义的语言学概念:极性概念和等值概念(polarities and equivalence)。[②]

所谓"极性"概念,它来自索绪尔关于语言活动的联想的(聚合的)和句段的(组合的)观点,即雅各布森所说的具有"相似性"特征的"选择"和具有"相近性"特征的"组合"。所谓"等值"概念,则与其所提出的诗学功能密切相关。雅各布森将信息指向自身称为诗学功能,实际上是对诗歌中语言符号和对象之间的关系提出了质疑。他认为,在诗歌中被凸现的并非是客观世界,而是语言符号本身。信息指向自身,等于通过"诗之所为"给诗从功能上下了定义。在符号的背后,流动着符号的功能,即诗歌的表达形式对一个潜在的意义网络之间的关系。那么,这一关系究竟是如何体现的?答案是:通过"等值"概念所形成的隐喻和转喻来体现。

隐喻(metaphor)和转喻(metonymy)都具有"等值"的性质:因为它们都分别意味一个与己不同的实体,而这个实体同形成修辞格主体的实体相比具有"同等的"地位。比如,在隐喻"汽车甲壳虫般地行驶"中,甲壳虫的运动和汽车的运动"等值",而在转喻性的短语"白宫在考虑一项新政策"中,特定的建筑和美国总统是"等值的"。所以广义地说,隐喻是以人们在实实在在的主体(汽车的运动)和它的"比喻式"代用词(甲壳虫的运动)之间提出的相似性或类比为基础的;而转喻则以人们在实实在在的主体(总统)和它的"邻近的"代用词(总统生活的地方)之间进行的相近的或相继的联想为基础。

雅各布森把隐喻和转喻看成是二元对立的典型模式,它们为语言符号得以形成的选择和组合这一双重过程打下了坚固的基础:"特定的话语(信息)是从所有的组成因素(代码)的库存中选择出来的各种组成因素(句子、词、音位

[①] 田星:雅各布森诗性功能理论研究[D]。博士学位论文,南京师范大学 2007 年,第 32—36 页。
[②] 霍克斯著,瞿铁鹏译:《结构主义和符号学》,上海译文出版社 1987 年版,第 76—82 页。

等)的组合。"也就是说,这种信息是由"平面的"运动和"垂直的"运动结合而构成的。"平面的"运动把词语组合在一块,"垂直的"运动则从语言现有的库存或"内部储藏室"中选择具体的词。组合的(或句段的)过程表现在相近性(把一个词置于另一个词的旁边)中,它的方式因而是转喻的。选择的(或联想的)过程表现在相似性(一个词或概念和另外的词或概念"相似")中,它的方式因而是隐喻的。因此可以说,隐喻和转喻的对立其实代表了语言的共时性模式(直接的、并存的、垂直的关系)和历时性模式(序列的、相继的、线性发展的关系)根本对立的本质。因此,人类语言确实如索绪尔所说,它有两种基本向度,这两种向度体现在修辞手法,更确切地说,它表现在隐喻和转喻上,可用两根轴线标示:

(选择的/联想的共时性的向度)

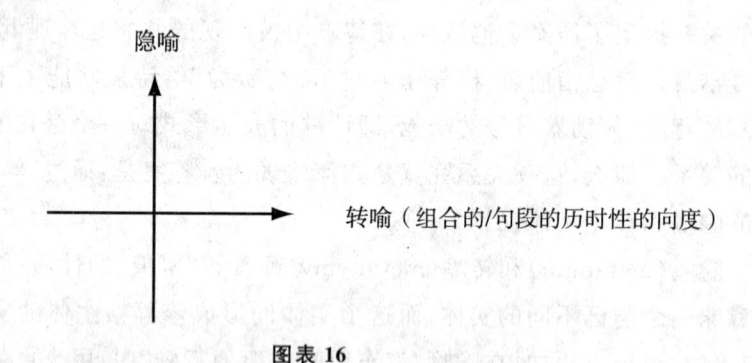

隐喻

转喻(组合的/句段的历时性的向度)

图表 16

隐喻与转喻既相通又有别,这种区别甚至反映在我们每一个人的思维方式中。巴黎符号学家高概曾提示说,隐喻是文学思维,转喻是科学思维;隐喻是形象思维,转喻是逻辑思维。我国语言学家华劭依据索绪尔和雅各布森的理论把隐喻和转喻的区别特征归纳为以下五点:①

(1)"类似性"和"邻近性"的区别。从脑神经科学方面来看,隐喻和换喻的区别是"类似性"和"邻近性"之间的区别。这一结论是雅各布森通过对失语症病人的观察而得出的。雅各布森发现,对于失语症患者的言语行为来说,有两种语言关系发生了紊乱,即有关相似性与相近性作用的紊乱,而这两种紊乱竟然和两种基本修辞即"隐喻"和"换喻"紧密相关。在著名的《语

---

① 华劭:"从符号学角度看转喻",《外语学刊》,1996 年第 4 期。

言的两极与语言的失语症》一文中,他曾指出,话语的进行会沿着两条不同的语义线发展:一个话题或者通过相似关系,或者通过相近关系而导向另一个话题。前者可以用隐喻性方式,这个术语得到最恰当的概括,后者则相应地符合换喻性方式。因为这两种情形分别在隐喻和换喻中找到了最集中的表现。但丁在《神曲》中描写禁食的灵魂瘦得两眼深陷无神,像宝石脱落的戒指,这就是隐喻的用法。而转喻则是相邻事物(时间或空间上的)替代或相继,相近性是其重要特点。在"教室进来了一位戴眼镜的"这句话中,用"眼镜"(辅助人提高视力的工具)这个空间上相邻的代用词来替代来人,就是转喻的用法。因此,雅各布森认为,隐喻与相似性紊乱不相容,而转喻与相近性紊乱不相容。

(2)"垂直的"和"平面的"区别。从两轴关系上来看,隐喻和换喻是二元对立的典型模式。特定的话语(信息)是从所有的组成因素(代码)的库存中选择出来的各种组成因素的组合,即信息是由"垂直的"运动和"平面的"运动结合而成的。"垂直的"运动从语言现有的库存或"内部储藏室"中选择具体的词,"平面的"运动则把词语组合在一起。聚合的过程表现在相似性(一个词或概念和另外的词或概念"相似")中,它的方式因而是隐喻的,即相似选择。例如,"十七八岁的女子美丽得像朵花"进而可以说"十七八岁的女子是一朵花",两个句子发生在有聚合关系的符号列中,是选择轴上词语推敲的结果。组合的过程表现在相近性(把一个词置于另一词的旁边)中,它的方式因而是换喻的,即使用相关陈述。例如,用 черные ботинки(黑皮鞋)来称呼 человек в черных ботинках(穿黑皮鞋的人);用 старая шляпа(旧草帽)来称呼 человек в старой шляпе(戴旧草帽的人)。显然,两组词组发生在有组合关系的符号列中,是符号精简的体现,是配置轴上词语凝练的产物。因此,隐喻和换喻的对立其实又代表了语言的共时性模式(是一种直接的、并存的、垂直的关系)和历时性模式(是一种序列的、相继的、线性发展的关系)的根本对立的本质,它们可以表现为两种基本向度关系。

(3)"同位"和"异位"的区别。从句法关系上来看,二者的区别也是明显的。波兰语言学家库里罗维奇曾指出,隐喻是出现在同一句法位置的词语互换(如俄语中以 гусь"鹅"表示体态臃肿、行动迟缓的人;以 петух"公鸡"表示爱吵好斗的男子);而换喻则在词语代替另一符号的同时,往往改变了原来的句法地位。比如：Вошли в комнату очки. / 几个戴眼镜的人走进屋来。/ 其中，очки 在表示人的概念时，由原来的修饰成分 люди в очках 变成了主语。按照传统的结构主义观点，隐喻词与其所代替的词是执行相同的句法功能，它们本来都可在同一位置上出现，因而是互相排斥的，彼此之间没有改换句法地位的问题；而换喻所代替的词，是本来应在现场的、与其有组合关系的词，所以说换喻一般是所谓偏正结构中的以偏代正，需要经常改变自己的句法位置。

（4）"描述功能"和"指称功能"的区别。从功能角度来看，二者无论在交际功能上，还是在句法功能上也是相互对立的。以名词为例，用作隐喻的名词主要的交际功能在于描述功能，即通过特征意义去描述另一名词所表示的事物。如：Этот человек——настоящая свинья. / 这个人是一头十足的猪。/ 这时的隐喻 свинья（猪）表示"不爱干净的人"。与此相反，换喻的基本交际功能是起称名作用，即以一个名词称谓与其所指相关的另一事物，从而代替另一名词。如：Это дело поразило весь класс. / 这件事情使全班同学感到惊奇。/ 这里的 весь класс 代替"全班同学"起指称作用。句法功能是与交际功能密切相关的，隐喻的描述功能决定了它往往用作谓语表示述语性特征（如 настоящая свинья），而换喻的称名功能又形成了它以表示题元角色（актант）为主的功能，即在句法上通常用作主语和补语（如 очки，весь класс）。句法功能如果用汉语语法学的说法来概括，即隐喻侧重用作谓词，而换喻则主要用作体词。

（5）"明喻紧缩"和"话语紧缩"的区别。从构成的理据性来看，二者在很大程度上也表现出了差异。隐喻以相似性为基础，它来自明喻紧缩（сокращение сравнения），其隐喻理据具有相当大的主观因素，用于隐喻的词与被置换词之间的联系往往是虚拟的，可以用 X（似乎，как если бы）＝ Y 来表示。也就是说，隐喻常常带有个人想象、民族文化、社会价值诸方面的因素。例如，осёл（骡子、驴）在许多语言中都表示"蠢人"、"倔犟的人"，但在中亚的某些语言中却表示"吃苦耐劳的人"；俄语词 заяц（兔子）当作"胆小的人"，似乎能被许多外国人接受，而转义为"不买票的人，逃票者"，尤其当"太阳射出的光点"讲时，就令人颇费思索和想象。与此相比较，换喻以相近性为基础，它来自连贯话语的紧缩（сокращение текста），其换喻理据具有一定的客观因素，用于换喻的词与被置换词之间的联系一般是真实的，也就是说，其理据主要是建立在两种意义所指事物或现象的实有联系上,如一个词兼表树与果实(слива:李树与李子)、居住地点与居民(деревня:村庄与村民),材料与其制成品(бронза:青铜,铜器,铜牌),这样,二者的关系可用 X(蕴涵,имплицирует)→ Y 来表示。总的说来,隐喻的表示很难与规律相提并论,因为虚构的想象和生动的形象一般与规律、习惯互相排斥,要创造和理解隐喻要靠想象、直觉甚至灵感;而换喻的产生却有一定的规律性,通过其 X 和 Y 之间的实在的联系,我们可以捕捉到词的语义变化和词汇语义类别的规律,也就是说,换喻的构成和解释需要生活经验、科学知识和逻辑推理。

　　隐喻和转喻的符号学分析对于艺术作品的鉴赏很有益处。但需要注意的地方有三点:(1)转喻的功用不能忽视。雅各布森指出,隐喻性过程在浪漫主义和象征主义文学流派中的首要地位已得到确认,但人们尚未充分认识到的是,正是转喻的主导性支撑并预先决定了所谓的现实主义潮流。现实主义潮流处于浪漫主义衰落和象征主义兴起的中间过渡阶段,但又对立于两者。现实主义作家遵循"相近"关系的路线,以转喻的方式偏离情节而转向氛围,偏离人物而转向时空场景。比如,在安娜·卡列尼娜自杀的场面中,托尔斯泰的艺术匠心集中体现在安娜的手提包上,而在《战争与和平》中,"上唇的汗毛"和"裸露的肩膀"之类的转喻式提示被托尔斯泰用来代表具有这些特征的女性人物。(2)作品的类型不同,隐喻和转喻的地位也不相同。每一类型作品并不专门运用这两种模式中的一种(因为选择和组合是所有话语都必需的),而仅仅要求两者之中有一个处于主导地位。比如,属于隐喻(替换联想处于主导地位)的我们大致可以举出俄国抒情歌曲、浪漫主义和象征主义作品、超现实主义绘画、查理·卓别林的电影(其重叠的渐隐现象应属真正的电影隐喻)、弗洛伊德(发现)的梦的符号、主题式的文学批评、格言式的话语;而属于转喻(横组合占主导地位)的可能有英雄史诗、现实主义流派的故事、格里菲斯文的电影(特写、蒙太奇、镜头角度的变化)、通过移动和聚光而产生的朦胧画面、通俗小说和报刊发表的叙事等。(3)隐喻和转喻之间既存在竞争,又存在相融关系。雅各布森指出,隐喻和转喻这两种方式间的竞争,表现在任何象征过程中,无论是内心的,还是社会的。他认为弗洛伊德对梦的结构的探讨就是基于相近性和相似性基础上的:对于梦的象征,弗洛伊德提出的"移置"(displacement)概念具有转喻性质,"浓缩"(condensation)具有转喻性质,而"自作用和象征主义"(identification and symbolism)则是隐喻性的。另外,他认为弗雷泽也将构成巫术仪式的原则分为基于相似性的符咒和基于邻近性的符咒,因为在感应巫术(sympathetic magic)的两个主要分支中,前者被称为顺势疗法(homoeopathic)或模仿的(imitative);而后者被称为感染的(contagious)。[①]

[①] 田星:雅各布森诗性功能理论研究[D]。博士学位论文,南京师范大学 2007 年。

第 七 章
符号的性质及对话理论

俄罗斯符号学家伊万诺夫在20世纪70年代曾说过:"提出于20年代(指20世纪20年代——作者注),而仅仅在今天才成为研究者们注意中心的符号和文本系统的思想的功劳是属于巴赫金的。"[①]巴赫金被誉为20世纪最重要的思想家之一,也是最富创意的符号学思想家之一。1895年11月17日巴赫金生于奥勒尔市一个银行职员家庭,1918年毕业于圣彼得堡大学文史系。后曾在维尔城一个中学任教,1920年秋转往维捷布斯克教授文学和美学。1923年因病辞职治疗,1924年去彼得格勒供职,1945年起应邀到摩尔达维亚师范学院任俄罗斯和外国文学史教研室主任,1961年退休,1969年起定居于莫斯科,1975年5月16日卒于莫斯科。巴赫金的一生饱经磨难。1928年被捕,1929年起被流放5年。但不论是在流放中、战争年代,还是在一次次革命的动荡期间,巴赫金始终坚持创作。直到60年代初,65岁高龄的巴赫金被"发现"了,许多被束之高阁的文稿得以出版问世。80年代至90年代以来,巴赫金的学术思想被广泛传播,世界各国的思想家几乎都在研究、探讨他的学说。

巴赫金一生勤奋,著述丰硕。他先后写作并出版了许多具有世界声誉的大作,比如:《文学创作中内容、材料与形式问题》(1924年)、《陀思妥耶夫斯基诗学问题》(1929年)、《马克思主义与语言哲学》(1929年)、《言语体裁问题》(1935年)、《小说语言的史前期》(1940年)、《言语体裁问题》(1953年)、《语言

[①] 钱中文:"理论是可以常青的——论巴赫金的意义",《巴赫金全集》(第一卷),河北教育出版社1998年版,第31页。

学、文学与其他人文科学中的文本问题》(1961年)、《拉伯雷的创作和中世纪及文艺复兴时期的民间文化》(1965年)等。由于巴赫金受到的不公正待遇,其著述思想又"不合时宜",他的著作除了1929年的两部专著外,大都被时光埋没。20世纪60年代巴赫金的学说开始为学术界,尤其是西方学术界所重视,其独特的学说在西方掀起了一股研究热潮,他被看做俄罗斯结构主义和形式主义的开拓者和超越者。可以说,巴赫金不只在学术上,而且在思想上给世界人文思想以巨大冲击。他在哲学、哲学人类学、语言学、符号学、美学、诗学、历史文化学等诸多方面都卓有建树,并在这些领域将持续发挥影响。在巴赫金的学术思想中有一个贯穿始终的线索,就是他在各个时期就符号的性质(准确地说是语言符号的性质)和对话理论所发表的看法,它们共同构成巴赫金符号思想的主体理论。

第一节 符号的性质

1. 符号的物质性

在谈到符号的形式和内容时,巴赫金认为任何一个符号现象都有某种物质形式,"任何意识形态的符号不仅是一种反映、一个现实的影子,而且还是这一现实本身的物质的一部分。任何一个符号现象都有某种物质形式:声音、物理材料、颜色、身体运动等等"[1]。也就是说,符号的现实性完全是客观的,符号是有物质基础的,即以物示物,由此产生意义。为了更清楚地阐释符号的物质性,他还曾专门指出:"与自然现象、技术对象以及消费品一起,存在着一个特别的世界——符号世界。符号也是一些单个的物体,就正如我们看见的那样,任何一个自然、技术或消费的东西都可以成为符号,但是同时它又具有单个物体自身范围内的意义。符号不只是作为现实的一部分存在着的,而且还反映和折射着另外一个现实。"[2]

2. 符号的历史性

符号的现实性完全是客观的,符号是外部世界的现象。至于符号的内容,

---

[1] 巴赫金:"马克思主义与语言哲学",《巴赫金全集》(第二卷),河北教育出版社1998年版,第350页。
[2] 同上。

巴赫金着重阐述了符号的"重音性"和"多重音性"。他指出,符号中反映的存在不是简单的反映,而是符号的折射。而这种折射是由一个符号集体内不同倾向的社会意见的争论所决定的,也就是阶级斗争,可以说符号是阶级斗争的舞台。因此,在每一种意识形态符号中都交织着不同倾向的重音符号。巴赫金认为符号的这种多重音性是符号中非常重要的一个因素。因为正是由于具有多重音性,符号才是活生生的,才具有运动和发展的能力。如果一个符号被排除在社会斗争之外,就必然会衰微,进而会退化为一种寓意,只能成为语文学概念的客体。

3. 符号的社会性

巴赫金指出符号与社会环境是不可分割地联系在一起的。首先,在巴赫金看来,任何意识形态的符号,也包括语言符号,在社会交际过程中实现时,都是由这一时代的社会氛围和该社会团体所决定的。其次,对任何符号的理解都离不开该符号实现的环境,而且这一环境必然是社会的。第三,符号产生的环境也是社会的。符号不可能产生于个体的意识中,它只产生于众多单个意识之间的相互作用的过程中。即符号只能够产生在个体之间的境域内,而且这一境域不是自然的,必须使两个个体社会组织起来,即组成集体:只有这时它们之间才会形成符号环境。因此巴赫金强调说"任何符号无论如何都是社会的"[1]。

4. 符号的意识性

巴赫金认为,个人意识依靠符号、产生于符号,自身反映出符号的逻辑和符号的规律性。单个意识本身就充满着符号,因为意识是在集体的、有组织的社会交往过程中,由创造出来的符号材料构成的。也就是说,只有当它充满思想的、相应的符号内容,只有在社会的相互作用过程之中,才能成为意识。因此,巴赫金指出"个人意识是社会意识形态的事实"。[2] 我们看到,这里巴赫金又特别强调了社会交往,符号就是人与人交往的物化表现。

巴赫金在《马克思主义与语言哲学》一文中着重阐释了符号与意识形态的

---

[1] 巴赫金:"马克思主义与语言哲学",《巴赫金全集》(第二卷),河北教育出版社1998年版,第378页。
[2] 同上,第353页。

关系。他指出,意识形态领域与符号领域是一致的,意识形态与符号是相互依存的:"一切意识形态的东西都有意义:它代表、表现、替代在它之外存在的某个东西,也就是说,它是一个符号。哪里没有符号,哪里就没有意识形态。"①意识形态本身就是一种符号,它既具有现实性又具有精神性,换言之,它既是现实现象的一部分,又是精神现象的一部分。比如面包和酒一方面属于消费性物质,另一方面又是基督教圣餐仪式中的宗教象征符号。再如,人的思想要通过语言来表达,而语言首先是一种符号、一个标记、一个指号,它具有绝对的物质现实性,即语言符号在传递人的心灵意识时具有客观实在性;另外,语言符号也包括所指成分,围绕着语言符号会不断地产生意义,而"一切意识形态都具有意义"②。

与此同时,巴赫金还分析了弗洛伊德的意识与无意识语言之间的斗争,认为它实际上是两种社会力量之间的斗争,即官方意识与非官方意识之间的斗争。巴赫金还援引语录和引语来证明语言符号的意识形态性甚至是政治性。在语言交流中,人们常常会引用名人的经典词句。巴赫金分析了中世纪的引语,它们都是加引号的直接引语。这种引语带有生硬的宣扬理性主义和教条主义的性质,具有绝对的权威性,这恰好与中世纪神学、理性主义和机械论占统治地位的哲学思潮有关。③

5. 符号的可解码性

巴赫金把"语言"看做"符号体系"的一种,他认为任何的符号体系原则上都总是可解码的,即译成其他的符号体系。所谓解码一般主要是针对"理解"环节而言的。④ 那么人们是如何理解符号的呢?巴赫金谈到以下三种情况:其一,通过熟悉的符号弄清新符号的意义。这种方法把符号归入一个符号群,是一个整体,其意义的发展是连续不断的。其二,无论是外部符号,还是内部符号,对它的理解都是在与该符号实现的整个环境的密切联系中得以完成的。因为符号的符号性在于它和社会环境的不可分割的联系。其三,内部符号使

---

① 巴赫金:"马克思主义与语言哲学",《巴赫金全集》(第二卷),河北教育出版社1998年版,第349页。
② 巴赫金:《文艺学中的形式方法》,中国文联出版公司1992年版。
③ 周泽东:"论巴赫金的语言学理论",《湘潭师范学院学报》,2002年第1期。
④ 白臻贤:"论巴赫金对符号学的贡献",《湖南商学院学报》,2006年第2期。

人们得以感受和理解外部符号,因为没有内部符号就没有外部符号,不能够进入内部符号的外部符号,也就是不能被理解和感受的外部符号,就不再是符号,而变成了一个物体。以上谈到的是符号理解的途径,而对符号进行解码时,我们还要关注其过程。巴赫金曾经专门列举过它的四个过程。一是对物理符号(词语、颜色、空间形式)的心理上和生理上的感知;二是对这一符号(已知的或未知的)的认知。理解符号在语言中复现的(概括的)意义;三是理解符号在语境(靠近的和较远的语境)中的意义;四是能动的对话的理解。这个模式可简约为:感知→认知(概念意义)→认知(语境意义)→能动的对话。第一阶段之所以纳入理解过程,是因为所感知的不是物体,而是"物理符号",即人们经由意识形态所感知的意识。第二和第三过程都是认知过程。由概括而具体,由一般而特殊。到第四阶段,则是积极的能动的对话过程。这关系到符号接受者个人的思想意识形态的参与和交流。

在认识"理解"概念时,我们还要注意区分容易被混淆的另一个概念"解释"。巴赫金认为,"解释(explanation)"与"理解(understanding)"有本质上的不同,这决定于何者具有对话关系。在解释的时候,只存在一个意识,一个主体,这时解释对客观不可能有对话关系,所以解释不含有对话因素。反之,在理解的时候,则有两个意识、两个主体,是解释者和符号使用者之间的互动和交流,因而理解在某种程度上总是对话性的。

6. 符号的话语性

在此,符号主要指人类的语言。在巴赫金看来,作为最纯粹和最巧妙的社会交际手段的话语,也是最纯粹和最典型的符号。巴赫金认为只有在语言里,符号的特性和交际的全方位的制约性才能表现得那么清楚和充分。他说:"话语的整个现实完全消融于它的符号功能之中。话语里没有任何东西与这一功能无关。"[①]与此同时,巴赫金认为话语符号具有一定的普适性。我们知道,话语之外的其他符号材料在意识形态创作的一些个别领域都被专门化了。这样,每一个领域都拥有自己的意识形态材料。这些专门化符号与象征在其他

[①] 巴赫金:"马克思主义与语言哲学",《巴赫金全集》(第二卷),河北教育出版社1998年版,第354页。

领域是无法被运用的。而话语符号是普遍适合于意识形态功能的,即它可以承担任何的意识形态功能:科学的、美学的、伦理的、宗教的等等。① 除此之外,符号的话语性还具有不可忽视的伴随特点,即话语伴随和评论着任何一种意识形态行为。如果没有内部语言的参与,无论哪一种意识形态现象(绘画、音乐、仪式)的理解过程都不会实现。虽然这并不意味着,话语可以替代任何一个意识形态的符号。"但是同时这一切无法用话语替代的意识形态的符号都依靠着话语,由话语伴随着,就如同唱歌的伴奏。"②

7. 符号的元语言性

在符号的语言学功用问题上,巴赫金的思想往往被解读为或被翻译成两个概念:元语言性和超语言性。从表面上看来,这两个术语似乎有所区别,但实际上反映了巴赫金对语言学的一种辩证哲学思想。

巴赫金对语言学的阐述主要体现在两个问题上:符号在人类思维中的作用以及表述在语言中的作用。前者和元语言性相关,后者和超语言性相关。首先,巴赫金把语言看做符号体系的一种,他认为任何的符号体系原则上都是可解码的,即可译成其他的符号体系。因此,存在着各种符号体系的共同逻辑,有一个潜在的统一的语言之语言,发挥着元语言的作用。显然,巴赫金的策略是揭示一种贯穿在所有语境当中的共同特征,找出一种可以解释研究对象的元语言,他认为正是这种元语言构造了诸意识之间的人际关系,形成了人类的认识活动,起到了一种社会原动力的作用。再则,在巴赫金的思想中,语言符号还具有超语言的性质。在研究语言符号时,我们不仅应该关注语言内部的事情,还要关注语言外部的事情,不能为了语言而语言,而应该为了寻求语言符号的本质把研究对象延伸到超语言学的范围。换言之,我们在承认语言符号系统性的同时,还应致力于思考具体情境下具体话语的复杂性质,因为这里有另一种同样井然有序的系统性。在巴赫金看来,人的语言活动的真正中心,不是语言体系,而是话语活动中的表述(высказывание)。他指出,任何一个具体的表述,都是特定领域中言语交际链条中的一环。每一表述首先应视为是对该领域中此前表述的应答——它或反驳此前的表述,或肯定它,或补

---

① 巴赫金:"马克思主义与语言哲学",《巴赫金全集》(第二卷),河北教育出版社 1998 年版,第 355 页。
② 同上。

充它,或依靠它,或以它为已知的前提,或以某种方式考虑它。因为表述在该交际领域里,在这个问题上,总要占有某种确定的立场。那么要确定自己的立场,而又不与其他立场发生关系是不可能的。所以,每一表述都充满对该言语交际领域中其他表述的种种应答性反应,这些反应有各种不同表现形式。这样,言语交际就成为积极的"思想交流"的过程,所交流的思想彼此之间不是漠不关心的,每一个思想也不是独立自足的,它们彼此熟悉,相互反应。每一表述都以言语交际领域的共同点而与其他表述相联系,并充满他人话语的回声和余音。①

可见,巴赫金关于语言符号的思考具有重要的本体论意义,他拒绝那种为了获得语言系统的全景而本末倒置地看待语言的做法(为了获得纯净的范例和词典意义,而不顾言辞的具体生成过程),拒绝将语言与社会、宗教、人的本质割裂开来的做法,解决了语言显而易见的系统性特征(例如词法、句法或相对固定的词义)与无法纳入系统的语境及语言外因素表面上的分裂状态。由此来看,对巴赫金关于语言符号的"超语言性"或"元语言性"的理解都是正确的,而"元语言性"的阐释可能更接近本质。

第二节 关于对话理论

对话思想的提出是巴赫金的杰作。巴赫金一生把自己的学术目光投向语言同生活、个性和社会密不可分的联系,站在哲学的高度考察语言文化活动,他借助于对陀思妥耶夫斯基(Ф. М. Достоевский,1821—1881)小说的分析,提出了他在诗学、美学和哲学方面的基本立场——对话主义,为学术界带来了诸多的启示。

对话主义作为巴赫金学说的哲学出发点与理论归宿,在其整个思想体系中占据着重要位置。② "对话主义"或称"对话性"(диалогизм,dialogism)滥觞于巴赫金的哲学人类学观点,是巴赫金在论述"复调小说"理论时提出的,是在研究俄罗斯作家陀思妥耶夫斯基(下简称为陀氏)小说的基础上加以阐发的。

---

① 巴赫金:"言语体裁问题",《巴赫金全集》(第四卷),河北教育出版社1998年版,第177页。
② 蒋述卓、李凤亮:"对话:理论精神与操作原则",《文学评论》,2000年第1期。

巴赫金认为,陀氏小说从整体上处处都渗透着对话性,体现出以下几个重要特征:一是"平等性"。小说主人公之间、主人公与作者之间是平等的对话关系,都有着自己的"言说"权。"在地位平等、价值相当的不同意识之间,对话性是它们相互作用的一种特殊形式。"①每个人物都处在运动变化之中,只有进行平等对话,才能使未完成的形象不断丰富、充实起来。小说中人物的"言说"权,也是"对话性"的一个重要问题。没有每一个人物对他人、对世界的言说权,小说的"对话性"就只能限于意识内部并有导致消弭的可能。② 在巴赫金看来,陀氏具有一种天赋的才能,他可以听到自己时代的对话,在这个时代里不仅能把握住个别的声音,更重要的是把握住了不同声音之间的对话关系、它们之间通过对话的相互作用。他能听到居于统治地位的、得到公认而又强大的时代声音,即居于统治地位的主导思想,还听到了一些较微弱的声音和一些还没有完全显露的思想,听到了潜藏着的思想及刚刚萌芽的思想。③ 二是"自主意识"。小说中并不存在一个至高无上的作者的统一意识,小说中每个人物都具有独立的"自主意识",小说正是借此展开情节、人物命运、形象性格,从而展现有相同价值的不同意识的世界。换言之,文学作品中的人物是有生命力的,有自己的思想、观念,而作家在复调小说里"描绘任何人",都"把自我意识作为主导因素",这种主导因素"本身就足以使统一的独白型艺术世界解体"。④ 可以说,没有人物"对话性"自主意识,就不可能有人物心灵的"微型对话",也不可能有小说布局上人物之间、作者与人物之间的"大型对话"。⑤ 三是"积极性"。小说中主人公的主体性和不同意识世界的展现,并不意味着作家是消极的、没有自己的艺术构思和审美理想,而是指作家在创作过程中给自己的人物以极大的自由,在其想象的空间内让他们以对话的方式充分表现自己的见解,同时把各种矛盾对立的思想集中置于同一平面上描写,努力营造一种共时性的存在状态,而作者的意识则随时随地都存在于这一小说中,并且时

---

① 巴赫金:"陀思妥耶夫斯基诗学问题",《巴赫金全集》(第五卷),河北教育出版社1998年版,第374页。
② 刘坤媛:"巴赫金'对话'理论中国化的启示",《社会科学战线》,2006年第4期。
③ 王铭玉:《语言符号学》,高等教育出版社2004年版,第166页。
④ 巴赫金:"陀思妥耶夫斯基诗学问题",《巴赫金全集》(第五卷),河北教育出版社1998年版,第67页。
⑤ 刘坤媛:"巴赫金'对话'理论中国化的启示",《社会科学战线》,2006年第4期。

时刻刻具有高度的积极性。以上这些特征是巴赫金对文学作品的一种创造性剖析与发掘,它让我们感受到了作品主人公的独立性和内在自由性,让我们感悟到了对话的未完成性和未盖棺定论性,让我们似乎聆听到了作品众声合唱的复调性。

巴赫金关于作品主人公对话关系的论述具体而丰富,令人耳目一新,尤其是他关于对话关系由具体到抽象的提升,以及对话语所隐含着的哲学基础和对语言文化研究的喻示色彩的揭示更是令人瞩目。下面择其主要思想予以阐释。

1. 主体间性

我们知道,"主体间性"是一个文化哲学概念,主体之间的对话与潜对话正是凭依于这种"间性"的存在。在巴赫金的研究中,与此密切相关的是"他性"的存在,没有他者就没有不同于"我性"的"他性","对话是无法形成的。的确,不仅在理论构建上,在研究的实践中,巴赫金也始终延续着这种基于"间性"基础之上的"他性"思想。"就研究体裁而言,他在陀思妥耶夫斯基、拉伯雷(Rabelais,1494—1553)及其他作家间寻求着对话;在研究观念上,他在俄罗斯与德国哲学及其他西方思想资源间寻求着对话;就研究目的而言,他在文学与哲学、语言学、人类学等不同学科间、文学因素与非文学因素间寻求着对话;他在研究小说中人物之间的对话、作者与主人公的对话,也在试图以此进行自己与作品人物、作者及其他研究者的对话。"[1]巴赫金具有开放性、相对性、包容性的对话立场以及对独语策略的消解应该引起语言文化学界对自身存在境况与发展路向的反思,我们的研究必须要谋求不同话语系统及文化体系的共存,注重"间性"和"他性",并在此基础上寻求相互生发的基点,因为文化本身的主要任务一是教会你尊重他人的思想、领会他人的思想,二是教会你同时保留自己的思想、创新自己的思想。

2. 复调理论

复调概念原本借自音乐创作中的"复调音乐",指多声部的同步进行。把它运用为小说形式原型的譬喻,是巴赫金的一个原创,是巴赫金对话小说理论在诗学中的应用性变体。巴赫金借此来概括陀思妥耶夫斯基作品中新的话语类型,指出了此类小说的特点。"复调的实质恰恰在于:不同声音在这里仍保

---

[1] 蒋述卓、李凤亮:"对话:理论精神与操作原则",《文学评论》,2000 年第 1 期。

持各自的独立,作为独立的声音结合在一个统一体中,这已是比单声结构高出一层的统一体。如果非说个人意志不可,那么复调结构中恰恰是几个人的意志结合起来,从原则上便超出了某一个人意志范围。可以这么说,复调结构的艺术意志,在于把众多意志结合起来,在于形成事件。"①显然,复调概念远远超出了狭隘的小说叙事学的概念,因为巴赫金对陀思妥耶夫斯基小说的解读,有他自己的美学语境,他从小说语言入手,关注的却是小说语言的人文精神。

巴赫金复调理论是和复调小说密切相关的。他认为,复调小说与独白型小说的不同之处在于作者与主人公的关系。陀思妥耶夫斯基笔下的主人公,是具有充分价值的言论的载体,而不是默不作声的哑巴,不只是讲述的对象。在复调小说里,作者不把他人意识变为客体,并且不在他们背后给他们做出最后的定论。作者会感到存在着平等的他人意识,这些他人意识同作者意识一样,是没有终结,也不可能完成的。"作者意识所反映和再现的不是客体的世界,而恰好是这些他人意识以及他们的世界,而且再现它们是要写出它们真正的不可完成的状态。"②既然他人意识不能作为客体、作为物来进行观察、分析和确定,那么同它们只能进行对话的交际。思考它们,就意味着同它们说话。因此,作者对待主人公应采取对话的态度:他是在和主人公说话,而不是讲述主人公。只有采取对话和共同参与的策略,才能认真听取他人的思想,并把他人的话当成另一种思想立场。

巴赫金的复调理论实质上是在倡导对话式的艺术思维,反驳的是"独白型"的创作原则。巴赫金发现艺术创作中的他我互动,即作者与主人公的相互关系,最接近现实生活中的他我互动,但又有着原则的不同。在生活的认知中,认知者把被认知者视为独一无二的发展变化着的具体个人,不断地对其进行深入观察而不做定论。在文学认知中,作者则对主人公做出终极判断,一切尽在作者的掌握之中,主人公再没有发展与变化。作者控制主人公,并予以最终的完成和定论,这可以说是审美观照的通行的法则。③

3. 狂欢化理论

"狂欢化"概念源自古希腊罗马或更早时期的"狂欢节"型的庆典。巴赫金

---

① 巴赫金:"陀思妥耶夫斯基诗学问题",《巴赫金全集》(第五卷),河北教育出版社1998年版,第27页。
② 同上,第90页。
③ 王铭玉:《语言符号学》,高等教育出版社2004年版,第166页。

从发表处女作起直至最后,一直锲而不舍地关注"狂欢化"现象,几乎从未间断过对狂欢化诗学的研究。"狂欢化"概念不仅被巴赫金用作对拉伯雷小说的特征描述,其更重要的意义在于对社会转型期文化特征的概括。夏忠宪在对巴赫金狂欢化诗学理论研究之后指出,狂欢化有其独特的外在特点和意蕴深刻的内在特点。① 比如,全民性、仪式性、距离感消失、插科打诨等是其外在特点,而狂欢式的世界感受、两重性、相对性等则是其内在特点。当然,对狂欢化的简单解读不是巴赫金的目的,而对狂欢精神的阐发与移植方是巴赫金的所图。巴赫金认为,狂欢精神使一切被等级世界观所禁锢的东西,重又活跃起来。神圣同粗俗、崇高与卑下、伟大同渺小、聪颖与愚钝等接近起来或融为一体,它们之间的界限被打破、鸿沟被填平。② 由此来看,狂欢化是一种特殊的语言或符号,是一种特有的思维方式,同时,它还可被视作更广泛的精神文化现象,是一种文化渗透和文化交合的产物。狂欢化诗学是巴赫金多年来潜心研究、精心架构的理论体系,它倡导一种渗透着狂欢精神的新的历史观,它对文化研究有着重要的指导意义。第一,文化的多元性。巴赫金视野中的"狂欢"是对社会、宗教、伦理、美学、文学的等级、规范的颠覆,打破了文学体裁的封闭性,动摇了单一文化的垄断地位,使各种亚文化、俗文化与官方主流文化的二元对立日益模糊含混,使众多难以相容的因素奇妙地结合在一起,使其在对立、碰撞、冲突间又相互渗透、交流与对话,达到同时共存、多元共生。③ 第二,文化的平等性。"在隐喻意义上,狂欢化实际隐喻着文化多元化时代不同话语在权威话语消解之际的平等对话。"④在以往的文化研究中,人们的主要目光停留在"中心文化"之上,而对"边缘文化"常常不屑一顾。狂欢化理论对此给予了警示:"在众声合唱、多极共生的时代,任何一种思想或话语所尝试的'独白'企图,最终都将以一种喧闹近乎喜剧的情境收场。"⑤因此,中心与边缘不断的位置互换,将成为未来文化研究的可能景观,而传统文化研究中对中心话语的尊崇和对边缘话语的漠视,也将因着价值论的退场而被动摇。第三,文

---

① 夏忠宪:"巴赫金狂欢化诗学理论",《北京师范大学学报》,1994 年第 5 期。
② 同上。
③ 同上。
④ 蒋述卓、李凤亮:"对话:理论精神与操作原则",《文学评论》,2000 年第 1 期。
⑤ 同上。

化的开放性。巴赫金指出:"在欧洲文学的发展中,狂欢化一直帮助人们摧毁不同体裁之间、各种封闭的思想体系之间、多种不同风格之间存在的一切壁垒。狂欢化消除了任何的封闭性,消除了相互轻蔑,把遥远的东西拉近,使分离的东西聚合。"① 文化研究与此非常相似,单色调的描绘是苍白的,应该积极寻求多种因素不同寻常的综合,主张内容和形式的开放性,把各种文化类型、不同的思维体系(常规的体系和狂欢的体系)、多种手法等结合起来,展现纷繁万状的生活原生态和价值观念多向的世界。巴赫金学术思想的核心和精髓是对话理论,其主旨在于强调一种积极的、崇尚个性、注重平等参与的人文精神,对话思想贯穿了他的语言学和符号学思想。

---

① 巴赫金:《陀思妥耶夫斯基诗学问题》,生活·读书·新知三联书店1988年版,第190页。

第 八 章
符号的模式系统与符号域

　　苏联是现代结构主义和符号学运动中最重要的国家之一,那里的符号学研究不仅开展得比较普遍,而且表现出强烈的独创性——它是俄罗斯传统的人文精神与现代科学思想的完美结合。洛特曼则是这一方面的杰出代表,由他参与创建的莫斯科—塔尔图学派以及主要由他对俄罗斯文学、文化、历史的独特观察而形成的文化符号学理论在世界范围内享有盛名。

　　洛特曼是出色的文艺学家、文化学家、艺术理论家和符号学家。1922 年,洛特曼出生在列宁格勒的一个知识分子家庭,父亲是知名律师,母亲是医生。他于 1939 年进入列宁格勒大学语文学系学习苏联文学,其间参加了卫国战争并获得两枚勋章、七枚奖章。战后他重返校园继续学业。1950 年毕业时,正逢"世界主义"运动的高潮期,身为犹太人的洛特曼只得离开列宁格勒,在遥远的爱沙尼亚加盟共和国的塔图大学谋得一份教职,在那里度过了一生。大学期间他就发表了自己的第一篇学术论文。毕业后一年,他凭这篇论文获得了副博士学位。1961 年,洛特曼在列宁格勒通过博士论文答辩,成为文学理论专业当时最年轻的语文学博士。1962 年,苏联科学院斯拉夫学研究所和控制论研究中心共同组织召开了"符号系统的结构研究研讨会",正式讨论了结构主义和符号学问题。其后不久,对此同样产生了极大兴趣的洛特曼便亲赴莫斯科,着手建立了莫斯科和塔图之间的学术合作机制。两地的学者在研究内容上虽各有偏重,但同时又在密切的学术合作中相互补充,各自都得到了丰富和发展。他们共同举办了 5 次暑期学术研讨会(1964—1974 年),出版了 25 期《符号学系统丛书》(1964—1992 年),最终发展成为一支聚集了大批优秀学者的学术团队,这就是赫赫有名的莫斯科—塔尔图学派,洛特曼遂成为这一学派的领军人物之一。

洛特曼一生勤于治学,著述达 800 多种,其中有不少已成为文化学、文艺理论和符号学方面的经典之作,被翻译成多种文字广为流传,在世界范围内产生了重要的影响。例如,《论结构概念在语言学和文学中的区别》(1963 年)是主张把语文学与精密科学结合起来的第一批著作之一;《文学文本的结构》(1970 年)中提出了文学代码的多样性、文本的分级建构、文本的组合与聚合、布局、情节、视点、文本和文本外结构的类型学等重要理论问题;《思维世界》(1990 年英文版,1999 年俄文版)作为他符号研究的代表作,提出"文本自身就是一个意义生成的机制"的观点;《文化与爆发》(1992 年,洛特曼生前最后一部书)讨论了文化发展的方式问题,并探讨了俄罗斯文化史动荡多变的原因。

作为一名世界级的著名学者,他生前拥有不少荣誉和头衔——他曾是世界符号协会的副主席、不列颠科学院院士、挪威和瑞典科学院正式成员、世界多所大学的荣誉博士、俄罗斯科学院普希金奖获得者,去世的前一年(1992 年)还当选为爱沙尼亚科学院院士。应该说,洛特曼涉足的领域非常广泛,作为俄罗斯符号学界标志性、总结性的人物,他将社会、历史、文化、思想、精神、艺术等方面的现象和内容均纳入其考察的范围,做了一些深入的、别具一格的研究,给后来者留下了丰富的文化遗产。下面我们主要从语言和文化两个角度出发,探讨一下洛特曼关于符号的模式化系统思想和符号域思想。

第一节 符号的模式系统

大千世界由三大要素构成,它们分别是人、客观世界和符号。符号学认为,人与客观世界的联系是通过符号建立起来的,即人通过符号认识世界。符号既是人类对客观世界认知的结果,也是认知世界的方式,同时也是人类文化发展所依赖的条件。符号体系是人类创造的现实世界的替代物,是再现我们周围世界的模式,以此来表达人们对周围世界的感受和认识,所以,符号体系被称为模式化体系(моделирующая система)。

洛特曼把"语言"分为三种:(1)自然语言,如英语、俄语、汉语等语言;(2)人工语言,如科学语言以及路标等常规信号语言;(3)第二语言(第二模式系统)。① 自然语言是对生活的第一次模式化,是第一模式化系统。它不仅是最早的,还是最强有力的人类交际的体系,它是人类描绘世界的语言图景,人类用语言提供的模式了解和表现世界。因此,在所有符号系统中,历史形成的各民族的语言被称为第一模式化系统,而在原生自然语言基础上形成的、模仿语言的结构(组合轴和聚合轴)建构起来的符号系统(风俗、仪式、神话、法令、道德规范、宗教信仰等,以及戏剧、电影、绘画、音乐等各种门类及各种科学,均有自己独特的语言)被称为第二模式化系统。

研究表明,洛特曼模式化系统理论有其思想渊源。首先,它是以语言学为原型和基础的,在一定程度上受到了索绪尔语言学传统的影响。索绪尔认为,语言学是符号学的一部分,语言学是一个层级符号系统,语言是所有符号系统中最典型的,其他任何符号系统都可以通过语言也必须通过自然语言对其进行解释。洛特曼正是根据语言文本来对历史文化文本进行重构,各种以语言结构为基础的非语言的文化系统可以归属于符号的第二模式化系统。再则,模式化系统理论的提出受到了前辈巴赫金的影响。巴赫金曾指出:"整个文化不是别的,而只是一种语言现象。"②不难理解,第二模式化系统建立在第一模式系统之上,因此具有了自然语言组织结构信息以外的附加意义即文化价值。但这里并不是说只是把自然语言作为文本分析的工具,绘画、音乐、电影等其他形式的非文字文本也包括在第二模式系统当中,两种模式系统划分的依据是它们组织结构的差异。

第一和第二模式化体系的区分,有利于我们更为科学系统地研究文化符号。我们知道,文化语言和自然语言均是符号体系,因此它们有相通的地方,即二者同源、同构。这样一来,我们可以用研究语言学的方法来研究文化语言,从一个全新的角度来深入探讨文化语言现象的结构及其内部的规律性。但与此同时,我们还需清醒地意识到,文化语言和自然语言分属不同的模式化体系,各自具有不同的特点,归为异质现象。首先,自然语言是第一性的,它是一种工具,是所有文化语言的基础;而文化语言是第二性的、派生的,是一种信

---

① 洛特曼:"艺术文本的结构",《西方二十世纪文论选》,中国社会科学出版社 1989 年版,第 362 页。
② 李幼蒸:《理论符号学导论》,社会科学文献出版社 1999 年版,第 638 页。

息,是一种比自然语言更高级、结构更复杂的符号系统。再则,自然语言基本上是单语的,而文化语言是多语的,文化内部不同语言符号的互动成为研究文化的关键。

鉴于两个模式化系统的区别,我们不能把二者混淆对待,否则就会把文化语言变成机械的符号,文化的意义就被阉割了。正确的做法是,一方面,可以把文化语言看做是服从于普遍结构规则的符号系统,那些在第一模式系统中,或者说在普通符号学中富有成效的科学范畴,例如语言和言语、组合和聚合、共时和历时、内部和外部、文本和结构等可以运用于文化的研究;另一方面,也是更重要的一面,文化研究的重心应向第二模式化系统倾斜。主要原因有二:一是第二模式系统制约着文化信息的传递。文化语言现象具有自己独特的规则体系,区别于自然语言,主要归属第二模式系统,其功能是传递信息,传递一种对人与社会的存在具有价值的信息,传递一种体现人们价值判断、人生经验、原则、规范的信息(比如神话、宗教、音乐、绘画、文学、政治等)。二是第二模式系统影响着对语言文化信息的接收。第二模式系统具有"先验性",无论是政治的、经济的、历史的、神话的、艺术的,它们都是依靠自身的模式使一种"现实"出现,比如,诗歌的韵律模式将自然的字、词、句纳入到统一的框架中去,并通过这种方式再现客观世界。

第二节 符号域

"符号域"(семиосфера)术语源自韦尔纳德斯基(В. И. Вернадский,1863—1945)的"生物域"(биосфера)概念,由洛特曼于1984年正式提出。所谓符号域,指符号存在和运作的空间。在洛特曼的符号学思想中,"符号域"是一个非常重要的概念,它注重从符号学的角度来研究文化,构成了一种符号论的文化观。洛特曼认为,符号域与生物域具有共同的比拟性,二者都有空间的概念和它们所包含的内部各个系统的存在、发展条件。就文化研究而言,符号域实际上是一种文化环境、文化背景。换言之,它是民族文化符号系统产生、活动、发展的空间,是文化的载体,是民族思想意识结构以及思维方式的表现形式和手段。

符号域思想的核心是空间概念,它来自于拓扑学(topology)。拓扑学术语由近代德国哲学家莱布尼茨(G. W. Leibniz,1646—1716)提出,该门学问属几何学范畴。它的基本思想是拓扑等价,即研究有形的物体在连续变换下保持不变的性质。换言之,拓扑学是一门只研究图形各部分位置的相对次序,而不考虑它们尺寸大小(由于变形引起的)的新的几何学。拓扑学也被人们称作橡皮膜上的几何学,变与不变的双重性质是其性质特征。所谓"变",是指随着橡皮膜的拉动,图形的长度、曲直、面积等外在特征都将发生变化;所谓不变,是指橡皮膜上图形的内在性质保持不变,例如点变化后仍然是点,线变化后依旧是线,相交的图形绝不因橡皮的拉伸和弯曲而变得不相交。

洛特曼之所以倚重拓扑学,"正是看到了拓扑学对解释文化表层各异的功能和空间中的深层同构作用,也就是文化文本中蕴涵的恒量。我们认为,不同类型文化之间在思想精神上的相通点,就是整体文化的恒量,而文化语言及系统的特性,就是拓扑变形的结果"。[1] 总而言之,符号域引用拓扑学的是"变换下的不变"概念,追求的是文化研究中的"动态平衡"目的。

首先来看"动态"。时间和空间是一切事物存在的两大坐标和参照系,洛特曼也正是运用拓扑学的原理,把空间和时间这两个普适性的概念作为符号域的重要坐标。用时间来衡量文化,会有过去、现在、将来之分,使得文化具有了历时继承性和动态变化的特点。比如,在对符号域的基本单位——文化文本的时间性考察中,洛特曼提出了两种认知思维模式——神话思维和历史思维。[2] 神话思维究其本质属于循环思维观。当时,由于缺乏对客观世界的科学认识,人们往往根据对自身的认识以及对自然界的体验去解释周围发生的一切,进行简单的联想和推理。人类可以经历从出生、成熟到衰亡的过程,植物可以随着季节由发芽、成长到死亡而变化。所以世界上有很多关于人的生命周而复始的神话,佛教中有轮回、转世的说法相信和对自然的体悟是分不开的。这样一来,神话思维把时间看做是一个无头无尾的连环,是一个周期性的循环。神话思维可以帮助我们分析理解许多既有的文化现象,但其封闭、循环的思想又失去了对时间的区分功能。因此,洛特曼在关注神话思维的同时,充分重视历史思维的重要作用。他知道,只有当把时间看做是线性的、非循环

---

[1] 郑文东:《文化符号域理论研究》,武汉大学出版社2007年版,第60页。
[2] 同上,第152—156页。

的,看做是不可倒转的这一概念在社会意识中起主导作用的时候,才能把过去、现在和未来完全明确地区分开来。所以,文化思维还必须有理性的一面,文化文本中的事件的发生更要按时间的顺序来考察,从思维的角度来认识。

　　与横向时间轴相交叉,符号域内还存在纵向空间轴,它包括内部空间、外部空间和符号域各个亚结构之间的边界。洛特曼把符号域视为文化存在的空间,文化文本的信息在此空间中传递和翻译,拓扑学中的区域、边界、位移等可以在文化研究中得到演绎。第一,文化是由文本符号构成的,但这些文化文本符号绝不是杂乱无章堆积在一起,而是以有序的多层级性互动共存在符号域内。为了能够站在整体的角度全面地研究文化,应该找到一种对文化模式进行统一描写的元语言,用于揭示诸多表面各异的功能和空间形态下掩盖着的一致性和集合性。而适合这一主旨的元语言就是对图形和轨迹拓扑性质的描述结构和区域概念(符号域内的每一条道路在区域内部都是相"连通"的)。第二,符号域按照拓扑学理论可分为中心区域和边缘区域。中心区域就是一个互相连通的区域,它是最发达、结构最严谨的符号系统,是一种文化的核心,是符号域赖以存在的基础;边缘区域就是远离中心的区域,其划分依据是不可连通性。中心区域和边缘区域之间的界限就是边界。边界概念的意义在于它既是固定的,又是变迁的、不对称的。就文化而言,位于中心区域的是主流文化,是原型文化,但中心无法覆盖全部,我们还不能忽视边缘的区域,摒弃非主流文化,因为符号域是一个动态变化的领域,随着中心与边缘的互动,边缘文本的地位才日益凸显,最终被人们重新发现和认可。第三,众多文化文本、文化语言共同构成了文化符号系统,构成民族文化的整体,符号域就是这个文化符号错综交织的空间模式。在其中,文化文本不是静止不动的,而是不断地运动,产生位移,其直接的结果和价值在于:有序结构对无序结构的侵入和无序结构对有序结构的侵蚀。如果按洛特曼的观点,从外部观察者的角度看,"文化不是静止的均匀平衡机制,而是二分结构,即有序的结构对无序的结构的侵入,同样,无序的结构也在侵蚀有序的结构。在历史发展的不同时期,某一种趋势可能占据上风。文化域中来自外部的文本增加,有时是文化发展有力的刺激因素"[1]。

---

[1] Ю. М. Лотман,*Семиосфера*. СПб. ,2000:с. 506.

接下来再看"平衡"。作为结构主义者,洛特曼在对文化的研究中非常重视对文化共相和恒量的分析,提出了文化的恒量文本模式,探讨文化符号在拓扑变形的情况下保持文化统一和文化平衡的问题,我们对此再做延展性探索。第一,从文化的生成来看,文化的平衡与生态的平衡相类似。《国语·郑语》里有过这样的论述:"和实生物,同则不继。以他平他谓之和,故能丰长而物归之。若以同裨同,尽乃弃矣。"显然,这里体现了中国古代文化的精髓,对我们的文化研究具有重要的启迪作用:只有和谐与多样的统一,才能造成万物的繁荣、文化的兴盛,而"以同裨同",千篇一律,只会造成事物的凋敝,窒息文化生机。和谐的生成,通过"以他平他"的相生相克、互相补充才能求得平衡,使得各种文化相互协调并进。第二,文化的平衡应关注域间平衡。贾载明在《人类文化的分类》一文里,重点讨论了"文化性质分类法",从文化反映的事物的性质出发,将人类创造的全部文化分为伦理道德文化、科学技术文化、管理文化、思想哲学文化、历史文化和文学艺术文化。[1] 就六大文化领域来论,各个国家和地区的情况是迥异的,这一点可能会深深地制约着文化的研究。比如,几千年来,中国的伦理道德文化、思想哲学文化、文学艺术文化、历史文化发展较好,而有些文化却不及西方文化先进和优秀,突出表现在科学技术文化和管理文化这两大类。因此,我们在研究文化的过程中,要注意文化领域间的协调研究。人类创造文化是存在时间上的先与后的,但人类创造的各种文明成果是可以相互借鉴的,不同国家、不同地区、不同民族的文明是可以相互促进的。第三,就语言文化而言,异质文化的平衡构成主线。文化的价值之一就是它使不同时间、不同空间、不同民族的人得以沟通,使异质文化相互和谐平衡。众所周知,我们所归属的中华民族,本来就是由中国境内的各民族混合而成的,我们所拥有的中华文化,同样也吸收了多民族异质文化的成果,比如,如果没有其他少数民族先进文化的充实以及佛教的传入,恐怕就难有唐代的舞蹈、诗歌、绘画和书法的辉煌。所以,提倡文化的复数主义对文化研究是大有裨益的,因为"文化是与环境、时代和种族相关联的,文化受其所处的环境的制约,要不断地和周围的环境相互调节而生存,还要受到外来文化的影响"。[2] 第四,跨文化交际应是语言文化研究的热点。跨文化交际实际上是一种文化意

---

[1] 贾载明:"人类文化的分类",《博客中国》:"谈各类文化的平衡协调发展",2007年8月12日。
[2] 桑郁:"生态平衡与文化平衡",《渝西学院学报》(社会科学版),2002年第3期。

识的相互渗透,在这一过程中,平衡问题不可忽视。一方面,要充分了解另一个文化;另一方面,不能忘记本土文化,因为,了解其他民族文化的最终目的是为了更好地保护和传播中华民族的灿烂文化。这是目前语言文化研究需要格外强调的一点。要知道,本土文化在多元性的语境和视域下,更能保存、凸显和张扬,要真正做到"跨文化生存",成为"跨文化的人",它要求学者拥有超乎自身文化之外的眼光,对本土文化再阐释或价值重估。① 以物质文化交流和语言接触为例就可以充分印证这一思想。我们知道,中国文化对世界文化的贡献是巨大的,比如物质文化方面就有造纸、火药、指南针、印刷术、丝绸、瓷器、茶叶等一些令世界震惊的杰作,它们漂洋过海,丰富着世界文明、影响着世界民族文化的形成。语言接触更是如此,比如汉语的外借问题。越南语、日本语和朝鲜语在历史上,甚至直至今天都不同程度地采用了汉字的字形和读音,以致语言上把这三种语言中受汉语影响而产生的成分称作汉语的"域外方言"。当然,伴随近现代西方文化而来的外来词对汉语及其中国文化的影响也是显而易见的,因为外来词所反映的文化内涵丰富多彩,既包括社会制度、意识形态、理论学术、哲学宗教,也包括科学技术、生活方式、文学艺术,一句话,几乎囊括了精神文化和物质文化的各个领域。

　　洛特曼一生研究范围极广,著述丰富。广泛的研究兴趣、宽广的学术视野、独特的研究视角和方法、非凡的研究能力和丰富的研究成果等一起构成了洛特曼学术生涯的特点。

---

① 李成坚:"本土意识关照下的多文化平衡策略",《中国国学网》,2006年4月11日。

第 九 章

符号的互文性与解析符号学

在世界范围内,如果就符号学的学术影响范围、文化影响规模和国际影响大小等参数来衡量,法国是唯一一个形成过符号学运动,并使符号学具有学术社会性规模的国家。除了先前介绍的巴特之外,还产生了诸如本维尼斯特、马丁内、吉罗(P. Guiraud, 1912—1983)、格雷马斯、克里斯蒂娃(J. Kristeva, 1941—)、热奈特(G. Genette, 1930—)、托多罗夫、德里达、列维-斯特劳斯,麦茨(Ch. Matz, 1913—1993)等一大批符号学理论家。法国符号学主流具有鲜明的特点、明确的理论观念、广泛的学术影响和跨学科的学术渗透,其中,对语言符号学具有重要学术指导意义的不能不提解析符号学家克里斯蒂娃。

克里斯蒂娃是当代法国著名的文学理论家、符号学家和心理学家。她提出了独树一帜的解析符号学理论,突破了结构主义的局限,成为促使20世纪60年代末70年代初欧美思想界突破结构主义总方法论时代步入后结构主义时代的重要因素之一。克里斯蒂娃出生于保加利亚,于1965年来到法国攻读博士学位,是继巴特之后仍然活跃在当今思想舞台上的伟大法国哲学家之一,是20世纪60年代以来法国符号学运动的领军人物、文学评论家和精神分析学家。她的研究涉及了语言学、符号学、女性主义、精神分析学、马克思主义等诸多领域,并提出了"解析符号学"、"互文性"、"符号话语"等许多原创性术语。克里斯蒂娃自从20世纪60年代登上学术思想舞台至今,先是精心创制了独特的诗学——符号学本体论,既区别于一般的结构主义与解构主义,又迥异于存在主义和西方马克思主义的人本主义;在此基础上,作为来自东欧的移民——边缘人—女性言说主体,克里斯蒂娃逐渐形成了一整套反抗西方白人历史中心论、男性中心论与逻各斯主义中心论的女性主义政治实践策略。

20世纪80年代以来,克里斯蒂娃的几乎所有著述都被译为英文。其中,收集了克里斯蒂娃本人所写的重要论文的《克里斯蒂娃读本》(*The Kristeva Reader*)和《克里斯蒂娃文集》(*The Portable Kristeva*)是最为重要、最具有影响的英译版著作。伴随这种译介传播过程,克里斯蒂娃的符号学、女性主义理论、精神分析等理论日益受到西方学界的关注,不断涌现出大量关于她的学术理论的研究文章与专著。其中重要的论著包括:托莉·莫娃的《性/文本政治:女性主义文学理论》(1986年),约翰·里奇的《朱莉娅·克里斯蒂娃》(1990年),本雅明和约翰·弗莱彻合编的《卑贱、忧郁和爱情:朱莉娅·克里斯蒂娃的著作》(1990年),多恩菲尔德主编的《克里斯蒂娃著作中的身体/文本——宗教、女性和精神分析》(1992年),凯莉·奥里弗所著的《阅读克里斯蒂娃》(1993年)和她主编的《克里斯蒂娃著作中的伦理、政治与差异》(1993年),还有诺勒·麦克菲的《朱莉娅·克里斯蒂娃》(2004年)等著作,这充分显示了克里斯蒂娃对学术的重要贡献。

第一节　符号的互文性

1967年,克里斯蒂娃在法国《批评》杂志上发表题为"词语、对话与小说"的论文,首次提出了互文性概念(intertextualité)。她宣称:"'文学词语'是文本界面的交汇,它是一个面,而非一个点(拥有固定的意义)。它是几种话语之间的对话:作者的话语、读者的话语、作品中人物的话语以及当代和以前的文化文本……任何文本都是由引语的镶嵌品构成的,任何文本都是对其他文本的吸收和转化。互文性的概念代替了主体间性,诗学语言至少可以进行双声阅读。"[①]

"互文性"(Intertextuality)一词,前缀"inter"即表示"相互间的"、"彼此间的"、"相互、相涉、相融"的含义,而该词中的"text"在拉丁文中为"编织物"之意。"互文性"又称"文本间性"、"间文本性"、"文本互涉性"等,说的就是文本之间的关系。克里斯蒂娃把互文性定义为符号系统的互换关系,或符号系统的互文性结构。

---

① J. Kristeva, *"Word, Dialogue and Novel"*, The Kristeva Reader, Oxford: Basil Blackwell, 1986.

1. 互文性理论的思想基础

互文性理论是当代西方后现代主义文化思潮中产生的一种文本理论。它涉及当代西方一些主要文化理论如西方马克思主义、结构主义符号学、文化符号学、精神分析学以及哲学等，覆盖面十分广阔。

1.1 西方马克思主义

克里斯蒂娃推崇西方马克思主义，而且她的符号学思想也较多地受到了马克思主义理论的影响，具有浓厚的马克思主义的色彩。1970 年，克里斯蒂娃在《作为文本的小说》一书中指出，马克思在对资本主义社会体系进行批判的过程中所进行的关于商品流通和交换的考察，与她自己在研究符号意义的过程中对意义的生产及传达的关注极其相似。她借鉴马克思实践批评思想，将其运用到自己的符号学研究中去。可以说，克里斯蒂娃的符号学研究是马克思主义方法论在符号学领域的应用和发展。马克思在构筑自己的理论过程中极为重视政治经济实践。与之相似，克里斯蒂娃在符号学研究中反对对符号进行静态研究的结构主义方法，主张对符号进行动态研究。也就是说，克里斯蒂娃把意指实践放在了极其重要的位置上。[①]

1.2 结构主义符号学

克里斯蒂娃在符号学阐述过程中不可避免地在批判结构主义符号学局限性的同时，受到其创始人索绪尔语言观的影响。虽然她反对索绪尔的静态语言观，更强调语言符号意义的动态性和形成过程性，但不可否认，索绪尔思想是她的符号学思想的基础。克里斯蒂娃接受索绪尔的语言系统思想，并对其进行扩展。她从文化符号学观点出发，认为任何文化现象都是一个整体[②]。整体中的各个组成部分相互影响，相互关照。克里斯蒂娃在社会与历史大文本中思考问题，并把社会与历史当作文本本身，这与索绪尔在语言这一大系统中思考言语问题，探索语言的本质具有相似性。同时，虽然克里斯蒂娃反对能指与所指的简单对应关系，但她还是接受索绪尔对符号的这种二分，并在此基础上进行自己独特的后结构主义符号学研究。没有索绪尔提出的能指与所指关系问题，没有他所提出的意义研究问题，就没有克里斯蒂娃所说的意义生成

[①] 孙秀丽、李增：" 克里斯蒂娃符号学思想探源"，《外语学刊》，2008 年第 1 期。

[②] J. Kristeva, *Desire in Language: A Semiotic Approach to Literature and Art*. New York, 1980: p. 167—169.

性问题。结构主义符号学既是克里斯蒂娃理论的批判对象,也是其诞生的摇篮,对其形成、发展甚至成为一种适应现代社会理论发展方向的思想体系非常重要。

1.3 文化符号学

在互文性理论形成过程中,给予克里斯蒂娃影响最大的人是俄罗斯的伟大学者巴赫金。克里斯蒂娃于1966年在巴特的研讨班上开始介绍巴赫金的理论思想,这使她成为最早向西方学术界介绍巴赫金思想理论的学者之一。她借助于巴赫金的语言哲学理论及其有关狂欢化文学的种种探讨,"对索绪尔的静态语言模式以及结构主义的文本理论进行了批评,强调文本的对话原则、复调结构与互文本的生成过程"。① 在《诗性语言革命》和《词、对话与小说》等著作和论文中,克里斯蒂娃认同了这一语言学思想,并指出这一思想由于关注了人类语言的对话本质,从而找到了人类语言之所以能够表达无穷意义的原因所在和生命力源泉。另外,克里斯蒂娃接受巴赫金将语言放在语境中进行研究的方法,并指出这样的研究向学术界展示了在文学批评、人类学、社会学等众多学科间建立一种间性学科和间性理论的可能性和必然性②,这对于正确研究符号意义生成问题具有重要的方法论意义。在研究和接受巴赫金思想的同时,克里斯蒂娃将其研究成果发展成为自己独特的文本间性理论,从而达到深入探讨在文本意义的产生过程中文本与其他文本之间的相互关系问题。

1.4 语言精神分析学

法国20世纪最具影响力的思想大师之一拉康的语言精神分析学对克里斯蒂娃的影响十分深刻。她继承并发展了拉康的学说,将语言学与精神分析学结合起来,通过对弗洛伊德和拉康的观点进行改造和扩展运用至其精神分析学。拉康区分了镜像界、象征界和现实界,其中镜像阶段是一个不可知的、已经失落的领域。而克里斯蒂娃认为镜像界能够被认知,并且应该根据它在符号模型中留下的痕迹得到关注。这个镜像领域始终在我们的更为诗性的和唤起记忆的意义世界中发挥作用。换言之,拉康意义上的象征界中的"父亲的

---

① 罗婷:"克里斯蒂娃的符号学理论探析",《当代外国文学》,2002年第2期。
② 安妮·玛丽·史密斯:《朱莉娅·克里斯蒂娃——言说不可言说者》,布鲁图出版社1998年版,第42页。

法则",虽然是我们形成意义世界过程中的统治秩序力量,但从来没有战胜过克里斯蒂娃所谓的符号学的即更加流动化、更富有娱乐性和灵巧性的意指实践过程。意指的过程并不是一个直截了当的现成事实,它被一种更加本初原始的驱动力所牵引萦绕。这也意味着作为言说主体,我们总是在过程中来显身手的,我们的主体性从来不会被一劳永逸地铸就。意义的产生就是一个借助于符号与符号之间的链接而生成的意义的过程。人是在没有出现世界分裂之前就已经理解到了世界,只是后来人忘记了它的统一。

1.5 哲学

克里斯蒂娃的符号学理论受到了黑格尔辩证法思想的影响。我们知道,黑格尔(Friedrich Hegel,1770—1831)强调事物的发展要经历肯定、否定和否定之否定三个阶段。在这一过程中,否定之否定并不是简单地回到肯定阶段,而是经过否定阶段去超越肯定阶段。也就是说,黑格尔强调否定因素的作用。黑格尔的否定性概念被克里斯蒂娃吸收并将之进行唯物化。她的所谓对立物的并存实际上就是黑格尔辩证法的应用和发展。她认为文本间性是通过否定性才形成的,也就是说,克里斯蒂娃认为一个文本总是对其他文本的吸收与转化,而这种吸收与转化的基本法则之一就是否定性。在否定性运动过程中,符号学不断思考自身,使自己成为一个永远在自我修正的、开放性的过程,成为一个不断进行自我批判的科学。

2. 互文关系的分类

自从克里斯蒂娃于20世纪60年代末首次提出互文性概念之后,围绕着该术语本身及其内涵展开了一系列的讨论,尤其在互文关系的分类问题上,仁者见仁,智者见智,分别从不同角度做出了划分,虽然分类还显粗糙,彼此间还有兼类现象,但对进一步完善互文性理论无疑具有重要的意义。

2.1 水平互文性和垂直互文性

克里斯蒂娃最早提出了这种分类,她认为互文性可以分为水平(horizontal)互文性和垂直(vertical)互文性两种。[1] 前者指一段话语与其他话语之间所具有的对话性和互文关系;后者则是一个语篇对其他语篇语料的引用以及对其他语篇的应答关系。

---

[1] J. Kristeva,"Word, Dialogue and Novel",The Kristeva Reader,Oxford:Basil Blackwell,1986.

2.2 狭义互文性和广义互文性

狭义互文性也被称为结构互文性,它指向的是结构主义或曰修辞学的路径,倾向将互文性限定在精密的语言形式批评范围内,把互文性看做是一个文学文本与其他文学文本之间可论证的互涉关系,代表人物有热奈特、里法泰尔(M. Riffaterre, 1924—2006)、安托瓦纳·贡巴尼翁(Antoine Compagnon, 1950—)等人。比如,热奈特把互文性称为跨文本性(transtextuality),划分了五种类型的跨文本关系[①]。其一,互文性,两篇或几篇文本共存所产生的关系,其手法是引用、抄袭、暗示。其二,侧互文性(paratextuality),指主要文本与其派生文本(paratext)之间的关系。正文当成主要文本,派生文本一般包括前言、献词、鸣谢、目录、注解、图例、后记等。其三,原互文性(architextuality),指的是将一个文本视为某一(或某些)文体的一部分所形成的关系,文本同属一类的情况。其四,元互文性(metatextuality),指的是一个文本对另一个文本外显的或暗含的评论关系。其五,超互文性(hypotextuality),即一个文本与作为其基础但又被变形、修饰、发挥或扩展的文本或文体之间的关系,见于滑稽模仿等场合。

广义互文性也称解构主义互文性,通常包括非文学的艺术作品、人类的各种知识领域、表意实践,甚至把社会、历史、文化等都看做文本。这种观点研究任何文本与赋予该文本意义的各种语言、知识代码和文化表意实践间相互指涉的关系。确切地讲,研究一部作品在一种文化的话语空间之中的参与,一个文本与各种语言或一种文化的表意实践之间的关系。

2.3 宏观互文性和微观互文性

宏观互文性指整个文本的谋篇布局的立意手法与前文本相似,是文本间在宏观上的联系。换言之,宏观互文性指的是一部文学作品在立意、艺术手法等方面曾受到其他作品的影响,它们之间具有相似或相关之处。最为典型的宏观互文性指涉要数詹姆斯·乔伊斯(J. Joyce, 1882—1941)的作品《尤利西斯》,他借尤利西斯之名指涉荷马史诗《奥德赛》中的主人公奥德修斯。我们知道,《奥德赛》中的勇士奥德修斯是在战争中突然悟到家园与和平的重要和至高无上,所以他才再下定决心回归家园,而他的妻子也同样在家中坚定信念、

[①] 热奈特著,史忠义译:《热奈特论文集》,百花文艺出版社2001年版。

忠贞不渝地等待着丈夫的归来。《尤利西斯》与它在情节结构上保持了对应和一致,两个文本间确定了一种肯定的互文关系,都是以寻找为始,以团圆为终。在人物刻画方面,渺小和伟大、空虚和勇敢、轻佻和忠贞形成对立,体现了卑劣的现实和英雄的历史间的强烈反差,《尤利西斯》借着《奥德赛》达到借古讽今的作用。

微观互文性指在具体的语词句子上所保持的选择一致或彼此相关,具体讲,微观互文性指的是一部作品的词句在套用、暗引、点化、改制、翻新、反用、仿拟等方面与其他作品具有相关性。显然,与宏观互文性相比,微观互文性就非常细化了,文学作品中的微观互文性指涉主要有:典故和原型(allusion and archetype)、拼贴(collage)、仿拟(parody)和引用(citation)等等,它们成为语言转换中的"超语言因素",在很大程度上影响着语篇的理解和交际。以仿拟为例,所谓仿拟是仿照现成的语句格式,通过替换或调整当中部分词、短语、句子或腔调以表达新的思想内容、创造临时性的新语句的一种修辞方式,可达到新颖风趣、讽刺嘲弄的效果。如:Wall Street owns the country. It is no longer a government of the people, by the people and for the people, but a government of Wall Street, by Wall Street and for Wall Street. 这是仿拟了林肯"Gettysburg Address"中的名言 a government of the people, by the people, for the people. 通过仿拟使原有的"民有、民治、民享的政府变成了华尔街有、华尔街治、华尔街享的政府",充分揭示了垄断财团控制国家财政的实质。

2.4 显著互文性和构成互文性

费尔克拉夫(Fairclough,1941—)把互文性区分为显著互文性(manifest intertextuality)和构成互文性(constitutive intertextuality 或 interdiscursivity)。[1] 前者是指特定的其他文本公开地被利用到一个文本之中,如有引号、明确标示或暗示的;后者则是按照各种体裁或语篇类型来建构一个文本。显著互文性是话语实践与语篇之间的一个灰色地带,它涉及语篇的生成,它在语篇的表层明确可见,通常包含话语引述、预设、否定、超话语和反语。[2] 构成互文性说明语篇所采用的语篇类型和体裁,如是否存在一个明显的语篇风格,语篇是否利

---

[1] N. Fairclough, *Discourse and Social Change*. London, 1992: p. 85.
[2] 同上, p. 119.

用了多种体裁,什么样的行为类型(activity type)、风格、体裁、话语在语篇中得到利用,语篇是较传统的还是有创新的。简言之,显著互文性主要指具体(specific)引用,而构成互文性主要指体裁(generic)互文性。

2.5 被动互文性和主动互文性

哈蒂姆和梅森(Hatim & Mason)根据互文链是存在于语篇之内还是指向语篇之外,将互文性区分成被动互文性和主动互文性。[1] 被动互文性构成语篇内部的连贯和衔接,并产生意义的连续性;而主动互文性则激活语篇之外的知识和信念系统,因而文化蕴涵和知识结构都被包括进互文性来。哈蒂姆将不在场语篇,即互文指涉分成社会—文化客体和社会—语篇活动:前者是跨文化交际中可见的文化客体,如机构的命名、习惯和风俗、生存方式等;后者是指体裁规约、话语态度和语篇修辞目的在语篇的体现。

2.6 强势互文性和弱势互文性

劳伦特(Laurent Jenny,1949—)把互文性分为强势的(strong)和弱势的(weak)两种[2]:前者指明显存在的互文性,即一个语篇中包含与其他语篇相关的话语,如模仿、拼凑、引言、抄袭等;后者为隐含的互文性,即语篇中存在一些让读者联想到其他语篇的类似的观点、文体或主题思想的语义成分。

2.7 积极互文性和消极互文性

国内学者把互文性又分为积极互文性和消极互文性两种类型。[3] 前者是指当互文性要素进入当前文本后,发生了"创造性的叛逆"(creative treason,埃斯卡皮语),与原文本相比产生了新的意义,与当前文本形成了某种对话关系。后者则是互文性要素进入新的文本后,与原文本相比意义没有发生变化。互文性是文学艺术的重要属性,每一文学艺术文本都是独创性和互文性的统一。作者首先是读者。在他创作文学艺术作品之前,他已经读过许多文本。作者不可避免地要对以前的文本进行吸收、借鉴和改造。因此,文学艺术中的互文性几乎全是积极互文性的体现。与此相比,互文性在科学中的重要性远不如文学艺术。因为科学追求共性,科学实验要求可以重复,科学定理要求具

---

[1] B. Hatim & I. Mason, *Discourse and the Translator*. 上海教育出版社 2001 年版,第 32—33 页。

[2] J. Laurent, "The Strategy of Forms."// *French Literary Theory Today: A Reader*, Cambridge,1982:p.34—63。

[3] 李玉平:"互文性新论",《南开学报》(哲学社会科学版),2006 年第 3 期。

有普泛性。"科学家把世界看做是一个被剥夺任何历史含义的概念的信号系统,所以他们操作和运用的是不模棱两可的、准确的概念和定义"①。因此,科学著作和学术论文的互文性就要求尽可能完整精确地再现他人的原意,不能有丝毫的增加、缩减和改变。也就是说,科学文本中的互文性现象几乎都是消极互文性的体现。

3. 互文性概念的基本特征

互文性概念与巴赫金的对话思想是分不开的。正是在《巴赫金:词语、对话与小说》(1967年)的论文中,克里斯蒂娃通过对巴赫金对话理论的阐释和修正,提出了互文性概念。次年,她在克吕尼举行的"语言学与文学"研讨会上又宣读了一篇题为《文本的结构化问题》的论文,再次提出了互文性概念,从此成为广义互文性理论的奠基性人物。

但我们注意到,互文性与对话性又不是一对可以简单类比的概念,前者具有很大的独立性和创新性,国内学者秦海鹰在"克里斯蒂娃的互文性概念的基本含义及具体应用"一文中对此做了颇有见地的分析,归纳出了互文性概念的三个基本特征:引文性、社会性和转换性。其中第一点涉及互文性的基本表现形式,第二点意味着互文性理论对结构主义方法的超越,第三点可以看做是互文性的运作方式以及用于揭示互文性的分析方法。②

3.1 引文性或二重性

互文性必不可少的特征是引文性,即一个文本中含有另一个文本。克里斯蒂娃认为,"任何文本都像是引文的拼接,任何文本都是对另一个文本的吸收和转换"。③ 这里,克里斯蒂娃观点的独特意义在于,她的互文性概念建立在她的泛文本主义之上,"文本"、"另一个文本"或"引文"等词语在她那里都具有极为宽泛的含义。她所说的"文本"可以确指一部文学作品,但首先是指一种意义生产过程;她所说的"另一个文本"可以确指另一部文学作品,但首先是指一切社会历史实践;各种社会历史文本不一定属于自然语言,但都"像语言那样来结构",所以任何符号系统或文化现象(社会实践)都可以看做是"文本"。

---

① 丁亚平:《艺术文化学》,文化艺术出版社 1996 年版,第 279 页。
② 秦海鹰:"克里斯蒂娃的互文性概念的基本含义及具体应用",《法国研究》,2006 年第 4 期。
③ J. Kristeva. *Le mot*, *le dialogue et le roman*. op. cit., p. 146.

二重性是克里斯蒂娃阐释巴赫金对话理论时使用最多的一个词,也是巴赫金本人使用较多的一个词。但不同的是,巴赫金主要是把当前话语(文本)与先前话语(文本)的历时关系叫做"二重性",而把作者和听者的共时关系叫做"对话性";而克里斯蒂娃赋予了二重性更为宽泛的理论含义,这个概念在她那里几乎成了符号的基本意指方式或普遍原则,可以用来说明所有同时存在、相互作用的对立因素:文本与另一个文本、写作与阅读、历时与共时、横组合和纵聚合、自我与他者、语言(系统)与言语(文本)、交流性与生产性、对话与独白、存在与不存在,等等。此时的二重性远远大于对话性,或者说,"对话"一词此时只能理解为语言二重性原则的形象比喻。在克里斯蒂娃看来,文本的二重性或引文性意味着文本向文本之外开放,接纳一切外来因素。

3.2 社会历史性或意识形态素

如果把克里斯蒂娃的互文性仅仅理解为一部作品对其他作品的借用关系,那么她的理论便很容易与后来发展起来的诗学范围的互文性理论相混淆,甚至很容易让人想到文学史范围的实证研究,但事实上她的理论既不同于热奈特的跨文本性研究,更不同于传统的文献考证。她在当时盛行的结构主义文本理论中打开了缺口,引入了社会历史维度,同时仍把社会历史性维持在文本的层面上,以区别于传统的文学史研究。这样她既走出了(狭义的)文本,又仍然处在(广义的)文本之中。换言之,"互文性概念能提示一个文本阅读历史、嵌入历史的方式"[1]。

具体到"历史文本"和"社会文本"这两个概念,它们本身又分属两个不同的维度。历史文本指先前的文本,社会文本指同时代的社会话语(周围文本),它们显然分别构成了互文性的时间轴和空间轴。但克里斯蒂娃认为,由于历史文本也被写入当前文本,所以即使是时间的、历史的纵向关系也是按照空间的、社会的横向关系来运作的,这就是她所说的"历时性转化为共时性"。

互文性的社会历史特征在克里斯蒂娃那里还被称为"意识形态素"(idéologème)。这个概念也是她从巴赫金那里借来的,原指"意识形态的最小单位",但她赋予了它"明显不同的、更确定的含义":"能够在一个互文空间中使一个具体结构(比如小说)与其他一些结构(比如科学话语)相连接的这种共

---

[1] J. Kristeva, *Problèmes de la structuration du texte*. op. cit. , p. 311.

同功能,我们称之为意识形态素。我们将通过一个文本与其他文本的关系来确定文本的意识形态素。比如我们将把某个确定的文本组织(某种符号实践)与它吸收到自身空间中的那些语句(句段)或它所指向的外部文本(符号实践)空间中的那些语句(句段)的交汇,称为意识形态素。意识形态素是在每个文本结构的不同层面上可以读到的、'物化了'的互文功能,它随着文本的进程而展开,赋予文本以历史的和社会的坐标"①。换句话说,小说的意识形态素是互文功能的直接显现,它把外部文本的社会历史价值引入小说文本。

3.3 转换性

克里斯蒂娃认为,既然小说是一个变化过程,那么她就有理由借用专门研究语句变化过程的转换生成语法,把小说当作一种"转换性话语结构"来考察,所以她的《小说文本》的副标题叫做"一种转换性话语结构的符号学研究"。当然,她在借用转换生成原则时也加入了许多非语言学的思考,尤其是互文性意义上的"转换生成"完全是她本人的独特发明,是为了弥补转换生成语法的不足,以便研究"像小说这样的复杂符号系统"②。

在她看来,相对于早期结构主义语言学的静态研究来讲,乔姆斯基的转换生成语法是一种进步,它把语句当作一个动态的变化过程来考察。但这仅仅是结构主义内部的进步,因为这种方法只能处理语言系统内部的变化问题,并不考虑外在于语言系统的各种因素的作用,无法揭示不同系统之间的转换。而小说之所以是一个"复杂的符号系统",就在于它不仅是一个内部转换过程(共时转换),而且是小说文本与社会历史文本之间的转换过程(历时转换)。

转换生成语法所说的"转换",其基本含义是指按照一定规则把一个语言结构(或几个语言结构)变成另一个语言结构的过程或结果。克里斯蒂娃从乔姆斯基那里吸收了两个基本原则。第一个原则是在语句描述中区分表层结构和深层结构,并把句法描述与语义阐释结合起来考虑,认为表层结构无从表示具有语义价值的语法关系,不起深层结构所起的作用。克里斯蒂娃认为,对于小说的描述也可以提出同样的假设:"小说的表层结构无从表示具有语义价值的意指结构关系。这一基本事实一方面允许我们在小说研究中应用转换方

---

① J. Kristeva, *Problèmes de la structuration du texte*. op. cit. ,p. 312.
② J. Kristeva, *Le Texte du roman*. op. cit. ,p. 37.

法,另一方面也说明小说本身是一个转换场。"①转换生成语法的第二个原则是假设转换前的结构和转换后的结果之间有语义对等关系,即语义不因表层结构的变化而变化。克里斯蒂娃认为这一原则的实质在于承认,相同的内容可以用不同的语言形式来实现,而这正是她利用转换生成语法来分析小说内在结构的主要理由,因为小说也存在形式(能指)变化、内容(所指)不变的情况。

需要指出,转换生成语法模式是对语言系统的内部生成过程的共时研究,它并不考虑系统外的各种社会历史因素。克里斯蒂娃看到了这种分析的局限性,她认为,为了使转换生成分析能够应用于文学的社会历史价值的研究,必须对它加以改造,具体办法就是引入"历时转换"的概念。所谓"历时转换",通俗地讲,就是考虑文本的社会历史维度。通过这一改造,克里斯蒂娃得以从第一个步骤的"转换生成分析"进入第二个步骤的"转换生成方法":"我们将把转换分析变成一种转换方法,把一个确定的文本结构中的各个句段(或代码)看做是对取自其他文本的句段或代码的'转换式'(transforms)。例如法国 15 世纪的小说结构可以看做是对其他几种代码——经院哲学、典雅爱情诗、城市的口头(广告)文学、狂欢节——的转换结果。转换方法引导我们把文学结构置于社会整体中,把社会整体看做是一个文本整体。我们把这种产生在同一个文本内部的文本互动作用叫做互文性。"②

总之,不同性质的符号系统之间的转换和相互作用是克里斯蒂娃的互文性理论与后来的诗学范围的互文性理论的关键区别。诗学范围的互文性理论关注的是文学语言系统内部的问题,是一个文学文本与另一个文学文本的关系,而克里斯蒂娃的互文性理论则一再要求考虑文学文本对其他非文学或非语言的符号系统(即各种社会实践)的转换,也就是考察文学文本怎样把其他类型的社会实践重新写入自己的空间。

4. 互文性概念的价值

4.1 对结构主义符号学的超越

其一,克里斯蒂娃注意到决定文本意义的不仅仅是语言系统,还有外部世界这个大文本。社会与历史并不是外在于文本的独立因素或背景,它们本身

---

① J. Kristeva, *Le Texte du roman*. op. cit., p. 37.
② J. Kristeva, *Problèmes de la structuration du texte*. op. cit., p. 311.

就是文本,是文本整体的一个有机组成部分。这样一来,互文性理论就对结构主义者所谓的"文本是一个独立自足的、离散的语言封闭体"的观点形成了冲击。其二,互文性理论强调现存文本与历史文本的关联,而不是像结构主义者那样排斥历史,只对文本作共时性研究,换言之,克里斯蒂娃的功绩之一在于将历时因素纳入到了文本符号研究的视野之中。其三,结构主义符号学一直认为,符号是由能指和所指构成,在能指以外存在着一个所谓的先验所指与能指相对应。而克里斯蒂娃反对这种观点,她强调符号意义的非确定性,能指与所指关系的无法确定性,意义应该产生于能指之间的交叉、组合和变换及其释放出来的无数能指关系之中。[①]

4.2 对传统文学研究的超越

克里斯蒂娃一直被认为是当代著名的文学理论家之一,她所倡导的互文性理论自然而然地也被人们看做是文学的一种研究方法。实则不然,她的研究理念与传统的文学研究有着明显的不同。传统的文学研究以作品和读者为研究中心,相信文本有终极意义,主张在对文本加以批评时应力图指出其确定意义。同时传统的文学研究侧重历时性的展开,认为原文本是意义的来源。而互文性理论则注重读者与批评家的作用,认为他们间接地参与了作品的写作过程。互文性研究否认文本存在固定的意义,强调文本意义的不可知性,并且更注重文本意义的生成过程。和传统文学研究的侧重点相比,互文性理论则更重视文本的共时性和互涉性。更为重要的是,互文性理论突破了传统文学研究的封闭模式,把文学研究纳入到与非文学话语、代码或符号相关联的整合中,进一步拓展了文学的研究领域。不难看出,互文性理论是对传统文学研究的反叛,它打破了传统的自足、封闭的文本观念,动摇了文本原创性的权威,从而把研究的对象从作者转移到文本间的相互关系上。[②]

第二节 解析符号学

克里斯蒂娃以互文性理论作为自己的初始和支撑性概念,在巴赫金的语

[①] 孙秀丽:"解析符号学批判",《外语学刊》,2006年第5期。
[②] 申顺典:"文本符号与意义的追寻——对互文性理论的再解读",《青海师范大学学报》(哲学社会科学版),2005年第6期。

言哲学思想基础之上充分吸收近代社会科学领域的精华思想,如马克思的价值形成理论、弗洛伊德的潜意识理论以及拉康的分裂主体理论等,先后在《符号学——解析符号学》(1969年)、《语言—未知物:语言学的尝试》(1969年)和《小说文本:转换话语结构的符号学方法》(1970年)等著作中进一步提出了解析符号学思想。

互文性理论已被公认为对世界人文科学的一大贡献,那么,为什么克里斯蒂娃又要提出解析符号学的思想呢?这不得不再次从结构主义符号学谈起。我们知道,结构主义符号学影响广泛而深远,它以语言学为基础,向我们充分展示了符号系统以及系统内部各组成部分之间的相互关系,但与此同时,我们也必须看到,它也具有自身无法克服的局限。概括起来,其局限性体现在以下几个方面。第一,结构主义方法对于超出"结构"范围以外的东西无法把握,因而只有将各种现实问题排除在结构主义的考虑范围之外。第二,结构主义符号学割裂了自己与真值之间的联系。要知道,这种研究方法是以语言学为基础,而索绪尔的语言符号任意性理论与真值无关。第三,任何事物都不是孤立存在的,这种仅仅局限于"结构"的结构主义观点实际上连"结构"都无从完整而真正地把握。第四,结构主义符号学否定人在创作中的作用,从而剥夺了主体在意义表达中的地位。第五,仅仅封闭在意义表达图式中的语言不能说明"意义生产"的过程。[1]

克里斯蒂娃并不否认结构主义符号学方法在人文社会诸学科发展中的作用,但对其局限之处始终具有清醒的认识。她认为,在符号学研究过程中,只有动态地把握符号系统,才能超越结构主义思想的局限,从而在"结构"生成和变化、在"结构"与外部关系中辩证地把握符号。符号实质上是主体的意识或知识借助于能指而形成的一种物质载体,必然与人及其存在的世界密切联系。因此我们在研究符号意义生成的动态性特征的同时,还必须致力于将符号学研究的触角延伸到外部世界的各个方面,特别是非语言性社会、历史和文化,从而建立起一门后结构主义符号学的研究方法——解析符号学。

解析符号学是对结构主义符号学的一种反叛和挑战。克里斯蒂娃曾明确指出:"符号的这种解析理论旨在解析自斯多葛派以来以主体和符号为内容的

---

[1] 西川直子:《克里斯蒂娃多元逻辑》,河北教育出版社2002年版,第24—26页。

符号学运作基础,重新确定符号学的方案。解析符号学——符义分析——绝不满足于笛卡尔式的或知性行为式的对封闭体的描述……它视表意实践为多元实践。"①可见,解析符号学既研究那些以语言为基础建构起来的事实,也研究那些不能还原为语言的实践;既重视封闭的结构系统,也关注结构形成前后的不属于结构范畴的内容。总之,解析符号学理论是克里斯蒂娃"在符号学的大范围下提出的一种批评方法,它以意指系统的成义过程(significance)为主要对象,关注说话主体的身份构成,强调语言的异质性(heterogeneous)和物质性(material)层面以及文本的多层表意实践"②;"是一种通过精神分析对语言学所作的反形式主义的重新阅读……它将对结构的关注转移到结构生成的过程,从对能指的关注转向记号"③。

一般认为,解析符号学主要由三部分内容构成:一是文本间性理论(互文性理论),它揭示不同结构之间存在相互影响、相互制约的关系;二是意义生产动态理论,它关注文本的动态结构、转换机制及意义生成过程;三是过程主体理论,探讨意义形成之前以及意义形成过程中主体存在的方式问题。由于上文已对互文性理论有所分析,所以下文主要对意义生产动态理论和过程主体理论加以阐释。

1. 意义生产动态理论

生产是一个动态概念,意义生产,实质上就是意义生成。克里斯蒂娃的意义生产动态理论是在马克思关于商品生产和商品价值产生过程的理论基础上形成的。就意识形态批评观而言,克里斯蒂娃是一个"新马克思主义"的推崇者。由于她出生于保加利亚,所以她拥有良好的马克思主义教育背景,她曾经对马克思关于资本主义社会所进行的批判性研究有所考察和探讨。在她看来,马克思是实行符号学批评的第一人,因为马克思与传统思想的断绝是通过大量的政治与经济的意指实践分析进行的。马克思的有关价值产生于生产之中以及商品存在于交换过程之中的观点对克里斯蒂娃思考文本意义的来源问题产生非常大的影响。克里斯蒂娃认为马克思对交换体系的批判性考察与其进行的文本、意义的研究具有很大的相似性。文本的意义同剩余价值一样是

---

① 史忠义:《20世纪法国小说诗学》,社会科学文献出版社2000年版,第93页。
② 罗婷:"克里斯特瓦的符号学理论探析",《当代外国文学》,2002年第2期。
③ O. Kelly, *Ethics, Politics and Difference in Julia Kristeva's Writing*. Routledge,1993:p.27.

在文本生成过程中产生的,并且会在形成过程中存在差异性。也就是说,文本具有开放性和未完成性等特点,其形成过程就是意义的变化或积累过程。克里斯蒂娃将文本与商品类比,将其按资本市场运作的模式进行分析,揭示了文本意义的流动性和交互性,彻底粉碎了静止封闭的文本意义观。商品进入流通领域,通过买卖交换才具有价值。与此类似,文本也只有经过传播,被读者消费,才会产生价值,具有意义。[①] 克里斯蒂娃重视语言的固定意义形成以前的所谓的意义生产过程,她试图通过研究意义生产过程来阐明意义的来源问题,从而实现研究文本符号意义外部空间的可能性。她认为在构成结构的体系内部存在着被结构隐藏的另一场所,而要想真正弄清意义问题,就必须剖析静态的符号,从而在传统静态的符号内部开辟另一种不同的研究空间,这种空间与符号结构的外部或所谓的他者相关,对意义的产生具有重要作用,是构成语言的一种必不可少的元素。对这一空间的重视实质上就是重视语言的一些物质性特征,如语音、语调、语气等,就是重视语言使用的具体语境,就是强调参与说话交流过程的主体。而这些对于传统的结构主义语言学来说都是语言的所谓异质性特征。我们知道,结构主义的研究方法只强调语言的内部,不考虑语言使用的具体的社会历史环境,不考虑人的主体性。与此相反,克里斯蒂娃特别重视符号的异质性,认为异质性在决定符号意义的过程中发挥着不可替代的作用。我们在进行符号学研究时绝对不能忽视这些异质性因素的决定性意义。克里斯蒂娃的研究在借鉴马克思主义研究方法的基础上克服并超越了传统语言学中意义作用(signification)的范畴。

另外,我们应该注意到,为了进一步讨论解析符号学如何在结构主义的符号系统基础上建立语言的意指过程,克里斯蒂娃还引出了生成文本(genotext)和现象文本(phenotext)两个概念。她指出,生成文本表示的是非系统的、前现象的本能冲动的释放;现象文本指的是可感知的、可分析的、可用结构描述的符号意指系统。这二者之间有一个重要特征,即生成文本与现象文本具有异质性,但生成文本却在现象文本之内,它一方面受社会约束,另一方面又不断冲破此约束,其本能冲动的释放是在意指系统内完成。[②] 换言之,二者

[①] 王瑾:《互文性》,广西师范大学出版社 2005 年版,第 36—40 页。
[②] 刘文:"异质性:克里斯蒂娃的符号系统和言说主体",《哲学动态》,2005 年第 7 期。

具有互为依赖的关系：现象文本是生成文本的表层，即被意指的文本结构，生成文本是现象文本的深层，即意指过程的生产性。对于克里斯蒂娃而言，生成文本是语言中的潜在驱力，是文本意义生命力的所在。因此，文本具有多重意义，它由能指不断产生、活动、再活动、再重组并不断扩散，而不是一个被动消费品，一个被化约为沟通、再现或表现的语言。

显然，克里斯蒂娃的意义生产理论注重强调讲话者与听众、自我与他人之间、内部与外部之间、话语与社会历史之间对话的重要性，修正了主体作为在一切话语结构中的统治地位。在《公式的产生》一文中，克里斯蒂娃说得更为清楚，"文本不是一个语言学现象，不是言语汇集中出现的那种平淡无奇的意义结构，而是意义结构的生产（engenderment）本身，是记录在印刷文本这一语言'现象'、这一现象文本上的产生过程。然而，只有纵向上溯语言类型和成义行为拓扑学的渊源，才能读懂现象文本"。[①] 克里斯蒂娃眼中的文本是一种生产力，是一种动态的意义生产过程、生产程序。

2. 过程主体理论

所谓过程主体理论就是反对理性主体一统天下，尝试将过程中的无意识主体纳入意指系统的主体理论，与过程主体理论密切相关的有两对关键概念——意识和无意识、记号和象征。克里斯蒂娃的解析符号学从一开始就将结构之外的东西作为自己的研究主题。她认为语言具有动态性和物质性，不能将其简约为逻辑命题，简约为能够为理性所随时把握的层次。[②] 而结构主义虽然将人类主体纳入结构之中，但并没有对人类和主体进行重新研究，从而使近代的理性主体自在于结构之外。我们知道，结构主义没能表述创造出结构并促使结构变化的力量以及超出结构使结构不成其为结构的因素。[③]

克里斯蒂娃继承和发展了弗洛伊德与拉康对于主体及其本源的理论论述。为了将无意识整合进语言理论中，克里斯蒂娃将他们的主体理论发展成自己的过程主体理论。

19世纪末，弗洛伊德提出了"无意识"（活动于某一时间，而在那一时间内

[①] 克里斯蒂娃："符义解析"，《符义解析探索集》，瑟伊出版社1969年版，第219—220页。
[②] 孙秀丽："解析符号学批判——克里斯蒂娃研究之一"，《外语学刊》，2006年第5期。
[③] 西川直子：《克里斯蒂娃多元逻辑》，河北教育出版社2002年版，第100页。

我们又无所知觉的一种历程活动)概念。他认为,无意识是一个特殊的精神领域,无意识的过程是一种特殊的精神过程,它不为意识所感知;隐藏于理性主体背后的这种无意识活动常常扰乱主体正常的理性思索。因此,单纯的理性主体认识并不能把握人类主体的全部,这就冲击了近代认识论"语言主体就是理性主体"的主张。拉康持有与此大致相同的观点,他认为,控制人类生存的无意识具有语言的结构,是"他者"的话语;语言先于无意识而存在。根据弗洛伊德对主体人格心理结构的分类(分为本我、自我、超我三部分),拉康也把他的主体间性,或者说主体与主体、主体与他者的关系分为想象界、象征界和现实界三个阶段,或三层结构。

克里斯蒂娃强调语言习得中主体身份的建构,并试图建立关于主体的辩证思维模式、思考特定的语言、历史以及政治环境对主体构成的潜在动力,提出了两个重要的概念:记号(sign)和象征(symbol),以它们的区别代替了拉康的"想象界"与"象征界"的区别。围绕着辩证范畴——记号和象征,她研究过程中的主体。首先,她认为主体总是分裂成意识主体与无意识主体两部分,意识主体是一种文化现象,产生于文化、象征之中;无意识主体源于身体,寄身于自然或记号世界之中。二者在矛盾中运动,共同促进异质主体的形成。其次,所谓记号,是指那些在潜意识中尚未定型、与音乐和节奏相似的东西。在这一个阶段,人的生理和心理的冲动有节奏地交替穿越,没有被家庭、社会的规范所制约,特别是没有被规范、逻辑的语言所归化,对这些冲动的"最初的组织形式是节奏、语调和原初过程(置换、口误、压缩)"[①]语言的产生似乎必须超越记号,进入象征。在象征阶段,象征逆着记号的本能而运作,记号受到象征的压抑。这样,在还没有产生意义的前记号阶段,要产生意义,必须压抑主体的身体性和物质性,对记号进行物质性反抗,从而使象征的相对稳定态在记号中形成。再次,记号与象征,一个是开放的,具有颠覆性的"非理性"体系,一个是封闭的、自成一体的"理性"体系;一个是原初的"一",完整的浑然一体,一个是人为的工具,把这个整体切割成任意的碎片,制造出一系列的二元对立。[②] 最

[①] J. Kristeva, *Revolution in Poetic Language*. //The Theory of Criticism: From Plato to the Present: A Reader. London, 1988: p. 239.

[②] 郭军:"克里斯蒂娃:诗歌语言与革命",《外国文学研究》,2003年第1期。

后,克里斯蒂娃进一步指出,即使到了象征阶段,主体也是不稳定的,同样处于形成和发展中。记号总是利用语言的物质性层面实现对象征的侵入。克里斯蒂娃认为,在主体最终形成的象征阶段,存在着被压抑的无言的东西。它们贯穿于主体间的交流结构,保证主体在象征阶段同样处于不断发展、变化的过程当中。

从本节的阐释中我们可以得出以下结论:在符号学领域,克里斯蒂娃的主要贡献在于超越了索绪尔的静态结构主义模式,转向了动态的文本研究,并提出了解析符号学这种后结构主义的研究方法,并把它用于文化和文本的批评实践,推动了后结构主义和解构主义的发展。

第 十 章

符号的结构语义分析与叙事语义分析

  法国的符号学在世界范围内影响十分广泛,其学术规模之广、影响之大是任何其他国家无法与之比拟的,法国甚至被认为是形成符号学运动的唯一国家。在法国众多的符号学家中,先前我们已经对巴特、克里斯蒂娃做了介绍,本节主要对格雷马斯的结构语义分析和叙事语义分析思想展开研究。

  格雷马斯生于苏联图拉,1934年毕业于立陶宛大学法律系,后移居法国。20世纪50年代起与巴特一同研究哲学和语言学,偏好胡塞尔和梅洛-庞蒂哲学。早期研究词汇学的同时,也注意时装系统的符号学问题。60年代起积极开展语言学和语义学研究,并与其他法国结构主义者一道推动人文科学跨学科研究。70年代在语义学和叙事学研究的基础上提出了将符号学作为人文科学认识论和方法论的基础的宏伟构想。这一构想最先提出于1976年的《符号学和人文科学》论文集中,后又系统地实现于他与库尔泰斯(Courtès)合编的《符号学——语言理论分析词典》(1979年)中,从而使符号学研究者获得了一部既有理论明晰性和系统性,又有实用性的参考书。格雷马斯也是今日符号学研究意指分析方向或符号学语义学的主要代表,他的符号学分析法的实质影响是当前任何其他符号学家都难以相比的。[①]

  格雷马斯一生著述颇丰,其代表作《结构语义学》(1966年)、《意义论》(1、2卷,1970、1983年)、《符号学与人文科学》(1976年)、《符号学——语言理论分析词典》(1979年)等已成为法国符号学的经典。其弟子高凯在对格雷马斯理论的历史、关联、学说主旨和研究范围进行研究之后,于1982年发表了一篇

[①] 李幼蒸:《理论符号学导论》,社会科学文献出版社1999年版,第18—19页。

题为《巴黎学派》的报告,按照他的解释,正是格雷马斯的理论使符号学成为一门独立的学科,并创造了著名的符号学"巴黎学派",今天在法国的符号学学者多出自他的门下。

第一节 巴黎符号学学派

以格雷马斯为代表的巴黎符号学学派是现代西方符号学研究的代表,他们提出"符号学就是意指系统的一种等级分析学说"。这一定义表明现代符号学研究忽略语言符号本身,而主要采用结构主义研究方法,把整个符号系统作为研究的对象,强调符号系统的意指方式和过程。巴黎符号学通常包含以下几个方面:当代法国语言学、一般符号学理论、人文学科的部门符号学和各种科学方向的符号学。[①] 其中,以下几个方向的研究备受关注。

第一,语言学方向。语言学方向的符号学研究是与哲学方向、逻辑学方向、自然科学方向相对而言的,其理论基础是由瑞士语言学家索绪尔奠定的。这一学术方向经过雅各布森和叶尔姆斯列夫的理论发展,20世纪50年代以来影响了包括格雷马斯在内的法国符号学活动。格雷马斯的一般符号学理论就是按照索绪尔和叶尔姆斯列夫的基本理论建立起来的。格雷马斯的人文科学符号学分析还广泛参照了其他语言学派,如当代美国语言学。此外,格雷马斯符号学运动被称作是结构主义方向的,主要因为它是按照各种结构主义语言学理论建立的。这一特点使它与按逻辑学传统和现代通信理论建立的符号学方向明显有别。

第二,文学倾向。法国是当今世界上文学理论最活跃的国家,也是文学符号学的发源地。在此背景下,法国一般符号学和部门符号学的认识论和方法论都具有明显的文学符号学特点。格雷马斯符号学具有极强的"文学性",其含义即格雷马斯符号学是实现于文学领域的,他从事过与文学有关的研究。更深的含义是格雷马斯的一般符号学主要是按照文学符号学策略拟定的,如他的一般叙事学理论。文学分析模型成为格雷马斯一般符号学分析的基础之一。

---

① 李幼蒸:《理论符号学导论》,社会科学文献出版社1999年版,第16—17页。

第三,首屈一指的跨学科和应用符号学的研究趋向。格雷马斯的符号学不仅表现在语言和文学符号学的一般领域和部门领域,它也表现在人文科学的各个领域中。一方面,在格雷马斯的研究中出现了独立的部门符号学学科,如语言、文学、电影等;另一方面,格雷马斯程度不等地运用了符号学分析方法研究许多其他学科,如哲学、美学、史学、社会学、人工智能和各门艺术科学等。

第二节　格雷马斯的语义学分析理论

格雷马斯主要对语义学发生兴趣,他运用"结构主义"方法对意义问题进行探讨,产生了两本很有影响的著作——《结构语义学》(1966年)和《意义》(1970年)。他的著作试图按照公认的语言范例来描述叙述的结构,这种范例来自索绪尔关于一种基本的语言或生成具体的言语或表演的能力的概念,还来自索绪尔和雅各布森的二元对立观念。

格雷马斯认为对天然语言意义进行精确描述是一个与一般语义学任务不同的领域,首先不能误认为语义学的目的在于对天然语言词汇中包括的无限多的所指群进行详尽描述。因为,"首先,天然语言中的意义描述是人文科学的任务,语言学不能取而代之。其次,语言学进行这样一种描述,只是在元语言域中进行语义域划分,以研究其组织原则。语义学的抱负只在于建立一种元语言基础,根据这一共同基础来记录和统一意义描述的程序"。[1] 这就是说,格雷马斯提倡的新语义学旨在理论语言学水平上拟制语词义素描述大纲,而不是在于为内容面上无穷无尽的意义进行分解和分类。语言的意义问题也不只是将诸词汇单元独立的意义加以综合,因此传统研究是无法完成语义描述任务的。反之,新语义学试图在不同的元语义域中建立已知的诸单元间、诸系统间和诸规则系统间的相互关系,并确定一些假设和描述模型系统。格雷马斯为新语义学提出的基本原则和方法论前提,使欧洲语言学和符号学的内容大为丰富。

1. 格雷马斯的结构语义学分析理论

结构语义学分析理论的形成与两个因素相关:一方面从波蒂埃(B. Potti-

---

[1] A. J. Greimas, *Semantique Structurale*. Paris, 1966: p. 141.

er)20世纪60年代初的语义分析中获得方法论的启发,另一方面从叶尔姆斯列夫理论中接受了语言学认识论前提。因此,在元理论层次上进行语义学分析是结构主义语义学分析总的方向,其理论的重要问题就是探讨"意义"。①

"结构语义学",顾名思义,谈的是语义的结构,或用结构主义的方法来分析语义。格雷马斯认为语义研究必须分两步走。第一步是建立一套能与被分析的语言对象区别开来的术语,区别工具与研究对象,以避免不必要的概念混淆。术语建设的极端例子是数学,数学本身的发展有赖于代码。如果不用阿拉伯数字而用汉语的一、二、三、四、五来开方,试想会出现什么情况?第二步则是确定义素的存在方式。否定了义素也就否定了科学分析的可能性,所以必须假设义素的存在。如果义素的存在方式与原子的存在方式不同(在意义世界中照抄物质世界的样板,那大概是机械唯物主义),那就得确定它特有的存在方式。②

格雷马斯将最基本的义素二元对立称为义素组。举个例子,河与海同是水域,二者之间根据表意的需要可以形成不同的义素对立:小与大,线与面,动与静,吐与吞;可是在河、山的对立中,除了以上的某些对立外,又出现了固体与液体、凸与凹的对立;在河与溪的对立中,河则为"大"。由此可见,"河"这个物像在和其他物像相遇时会选择不同的义素,据此可以得出三个结论:1)"河"这个物像本身是一个义素的集合,其中的义素具有相对性,格雷马斯称其为核心形象,属于"符像层";2)在不同的上下文中,义素抽象的程度有可能不同;3)在不同的上下文中,有的义素被悬置,有的义素被择取,即在两个对立的义素中择取其一。上下文以冗余形式在能指中选择某一义素或义素组,这个被选定的义素就是语境义素,格雷马斯将其称为定位义素,属于"语义层"。③

格雷马斯对复杂的语义现象进行解剖是根据叶尔姆斯列夫两个基本的语言认识论范畴进行的,这就是语言描述的两个不同层次:内在性层面和表现性层面,可以简称为内在域和表现域。二者之间的对立关系等同于语言系统和语言过程之间的对立。内在性是语符学的基本原则,即排除对语言外事实的

---

① 李幼蒸:《理论符号学导论》,社会科学文献出版社1999年版,第285页。
② 吴泓渺:《"结构主义学"的启示》,《法国研究》,1999年第1期。
③ 后来在《符号学——语言理论分析词典》(1979年)里,格雷马斯又把符像层改称为形象层,把语义层改称为非形象层。

关涉，从而保持语言描述的齐一性。这是由于内在性描述主要是对内在性形式进行描述和构造。而表现性作为内在性本质的形式显现于实质中，它是符号行为的先决条件。意指描述中的构造单元于是可按内在性和表现性两个平面加以排列。格雷马斯用图表将其表示如下：①

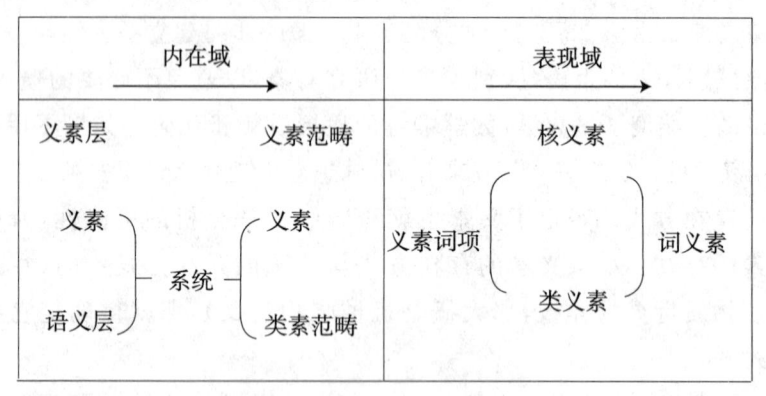

内在域	表现域
义素层　　义素范畴	核义素
义素〕　〕义素 　　　〕系统〕 语义层〕　〕类素范畴	义素词项〕　　　　　　　〕词义素 　　　　类义素

图表 17

　　这份制于 20 世纪 60 年代中期的义素分析图表较明确区分了义素层和语义层这两个意指层，前者由诸核义素组成，语义层则向话语提供语境义素，二者共同构成意指域。义素不是独立存在的最小单元，而是意指构成过程中的产物，具体说是两个能指集合（义素词项）的结合产物，即由于二者的析取作用而被确定于义素范畴内部，又由于与其他义素的合取作用而确定于义素成分组合之内部。格雷马斯认为，这是意指作用的两种不同存在方式。各种义素范畴构成集合，每一集合都是由在义素层和语义层上的两个子集构成的。义素范畴与本身的义素有属—种关系，而与在此等级结构中处于较上位置的范畴有种—属关系，因此一切义素均参与此结构网络。

　　在表现域方面，意指表现有两个必要条件，一个是内容面与表达面的同时性联结，另一个是诸义素间存在有一定关系，而诸不同义素之结合即为表现。如果把内在域看做是义素范畴的集合，表现即诸联结的结合。如果诸义素范畴的配置存于系统层，它们的诸联结的词义素结合体（combinatoive）就存于词形学层。格雷马斯将这些词义素结合体的构成规则归结如下：

　　(1) 诸义素范畴的集合分为两个子集：由核义素构成的子集 E 和由类义

---

① A. J. Greimas, *Semantique Structurale*. Paris, 1966; p. 54.

素构成的子集 I；

（2）表现的一切单元均应包含至少两个义素；

（3）两种表现单元可被结合：词义素和元词义素（mêtasêmèmes）：由子集 I 得出的结合体只由一个元词义素构成；运用两个子集 I 和 E 的结合体构成词义素群。词义素应这样被结合以使得每个子集的至少一个词项出现在每个词义素中。

（4）每个子集都是由双元义素范畴构成的：在表现时由于其可能的联结，每个双元范畴永远使六个不同词项出现。结果，表现的六个可能的不同的词义素对应着内在域的一个双元范畴。[①]

作为表现域单元的词义素可沿两个轴分级，第一个轴包括两个义素的一个最小成分，第二个轴包括对应于双元义素范畴总数的义素数量。格雷马斯认为这种义素分布方式体现了一种义素"浓度（La densité sémique）"，它可作为估计全体话语中词义素抽象性与具体性多少的量度。语义浓度的变化刻画着话语的全部展开。词义素在实现过程中，即在构成词符素的过程中同时对应着若干词符素。而作为两个基本操作性程序的词符素形成的过程又与语法形成的过程相混合。作为语音组合的形声素（formant）和作为义素组合的词义素二者的合取贯穿于语言二平面的正常结合过程中，于是语义域的描述可借助两个一般模式加以解释，第一个相关于内容之表现，第二个相关于被表现内容之组织。第一个模型是内在域（univers immanent），它关系到被表现域（univers manifesté）。这样被表现的内容按其存在方式就是一种诸词义素的结合体；而按其出现方式，它构成了性质世界，无数意义效果均反映于此世界中。第二个模型是被表现域，它组织着语义功能，将诸词义素结合为信息。结果就形成了一种内在性句法关系到被表现的信息的分类学。第一个模型由诸意指范畴构成，它为每一个别词义素提供义素赋予（investissements sémiques）。与此相对应的句法模型则由诸元词义素范畴组成，它不与词义素事件相关，而是与作为独立于语义内容的类的词义素相关。意指的表现与存于不同等级系列水平上的两种解释模型有关，结果它具有一种双层分节

[①] A. J. Greimas, *Semantique Structurale*. Paris, 1966: p. 108—109.

(double articulation),经受两类分析。第一类涉及在词义素中实现的义素赋予;第二类涉及被赋予的内容之组织。格雷马斯主要关心的是第二类分析的条件和使其成立的两种模型。① 结果在具有同位性的语义域中信息可按两套不同品目分类:针对此组织本身的功能性信息和性质性信息。格雷马斯的一般符号学或元符号学是倾向于语言学的,但它又不是列维-斯特劳斯和巴特所采用的那种直接外推式语言符号学方法,而是既关注语言诸层次本身的深入分析,又关注各种科学话语结构分析,同时一切思考及其表现都是在语言平面上完成的。②

2. 格雷马斯的叙事语义学分析理论

20世纪60年代,在结构主义语言学的影响下叙事学逐渐兴起。叙事学(narratology)又译"叙述学",在法国还有"叙事作品结构分析"、"叙事作品语法"、"叙述符号学"、"叙事作品话语"、"叙事作品诗学"、"散文诗学"等多种别称。"叙事学"一词始见于法国国立科学研究中心研究员托多罗夫1969年发表的《〈十日谈〉语法》一书,它借助语言学的方法,以文本分析为基础,力图找出分析叙事文本的一整套模式和定律,从而将文学研究变为一门操作性、应用性和技术性极强的科学学科。有关叙事学的界说尚未达成共识,但将叙事学看做对叙事文内在形式进行研究的理论这一点是共同的。因此,我们可以将叙事学看做一门对各类叙事作品如神话、民间故事、小说、叙事诗等的叙述技巧和叙述模式及与其相关的各种理论问题进行研究,并试图从中总结出某种理论原则的科学。

叙事学是法国结构主义文学理论的一个分支,因为其阐释性、应用性极强的特点而迅速成为文学研究的一门显学,同时也成为符号学世界内一个独立的学术领域,在当代西方文学理论和批评中占有重要的地位。在文学理论中,叙事学属于结构主义的分支,将语言中的模式运用到叙事作品当中,它提倡的三个主张是:符号(故事)和所指(语境)以某些任意的方式分离;内容反映叙事形式;叙事者运用某些框架结构来分析叙事作品。由此来看,叙事学试图建立一种结构或语法来分析叙事中的语码、常规和系统,建立一种对文学文本尤其

---

① A. J. Greimas, *Semantique Structurale*. Paris, 1966: p. 126—127.
② 李幼蒸:《理论符号学导论》,社会科学文献出版社1999年版,第286—289页。

是叙述文本进行结构—语法分析的研究模式。研究表明,叙事学可以帮助我们解决两个方面的问题:一是叙事结构,它告诉我们故事的形成机制;二是叙事主体,它告诉我们在媒介故事中谁在说话?通过这个叙事结构,我们可以得出结论,虽然故事的内容千变万化,但其形成的规则却是有限的。这就如同掌握了有限的语言规则,我们就可以从容地面对无穷无限的话语了。我们可以把一个故事看成是一个被扩展的句子。一个句子有主、谓、宾,故事就是主人公(主语)的行为和经历(谓语)。从这个意义上说,所谓的文学就是语言功能的扩展和应用。

格雷马斯不仅是文学叙事学最主要的代表之一,而且也是一般叙事学的积极提倡者。作为纯理论家,他的叙事语义学分析理论不是根据具体叙事作品的分析来进行归纳研究的,而是直接在普洛普等人已发展的理论话语群上进行的,种种记号系统的叙事结构问题均在关注之列。他认为叙事结构是把握意义问题的前提条件,叙事分析应在表现层和内在层两个水平上来进行;意指现象并不取决于表现方式,因为叙事意指作用可出现在种种语言的和非语言的表现文本中,尽管各种叙事话语的表现介质不同,却都呈现出整体意义结构。对于格雷马斯来说,叙事分析与语义分析密切相关,而叙事学和叙事语义学共同构成了他的一般符号学。叙事学的首要工作是叙事语法研究,其任务是处理叙事句法和语义学之间的关系。佩提托(C. J. Petitot)解释说,格雷马斯的符号学叙事语法将解决三个问题:什么是基本叙事结构;什么是语义范畴;基本语义学转化为句法学的性质是什么。[①]

2.1 叙事语义学分析理论的基础

奠定叙事结构研究基石的应首推俄罗斯学者普洛普。他的《民间故事形态学》(*Морфология сказки*)一书是整个叙事学领域里一部里程碑式的著作,在此书中,普洛普对过去俄国童话研究中的分类提出质疑,指出按照范畴、主题等进行分类不够严密准确。为了革新方法,普洛普引进了一个十分重要的概念——功能(function),这是他对童话进行结构分析的核心概念,也是他分类的依据。普洛普对 100 多个俄罗斯民间故事进行了研究,之后他发现了一些惊人的一致性,他比较了下面几个故事:1. 沙皇赐给一个英雄一只雄鹰,雄

---

① J. Petitot-Cororda, *Morphogenese du Sens*. France, 1985: p. 5.

鹰驮着他到了另外一个国度;2.一个老者送给苏萨宁一匹骏马,骏马驮着他到了另外一个国度;3.巫师给了伊凡一条小船,小船载着伊凡到了另外一个国度;4.公主给了伊凡一枚戒指,从戒指中跳出一个年轻人,年轻人背着伊凡到了另外一个国度。普洛普由此得出的结论是:1)童话中人物的功能是稳定、不变的因素,它的实现,由谁来实现,与功能本身关系不大,功能是童话的基本要素;2)童话已知的功能要素是有限的;3)功能的次序总是一致的;4)就功能意义来说,所有的童话都属于一种类型。最后,普洛普归纳了俄罗斯民间童话故事中的7个行为层面和31种功能,创造了一种分析民间故事的模式。

对叙事语义学的构建产生重大影响的另外一位学者是列维-斯特劳斯。他是法国杰出的结构主义人类学家,曾被人誉为"结构主义之父"。其经典之作《结构人类学》(*Structural Anthropology*)吸收了现代语言学的方法和概念,在人类学领域里另辟蹊径,赢得了人们的赞誉。他的研究着重探索原始人在创造神话时的思维结构,他采用结构分析的方法,排除具体语言符号的干扰和具体人物情节等的羁绊,在各个平面上对神话结构作最大限度的切分,即所谓相对成分分析法。他对于神话逻辑的研究对结构主义叙事学的形成有重要的启示作用。列维-斯特劳斯认为神话也是一种语言,也具有历时和共时两种性质,只不过神话的语言具有更复杂的特性,高于一般语言层。神话也是由一系列要素构成,这种要素称作"神话素"。它与音素、词素、义素不一样,属于更高的层次,必须在句子层中寻找。神话的意义也不存在于构成神话的单个因素中,而存在于这些因素结合的方式中,存在于一组神话所构成的体系中。分析神话结构必须打破情节的线性发展,将神话素进行逻辑排列。具体步骤是首先抽离出神话的基本成分——神话素,然后按照二元对立的方式排列出神话素的相互关系表,最后指出这种排列的意义,并以此来说明原始人的思维逻辑。列维-斯特劳斯的分析突破了传统分析神话的惯例,为我们提供了理解神话的又一把金钥匙。①

2.2 叙事语义学的理论框架

2.2.1 叙事语义学的层级

格雷马斯认为,叙事分析不只是作为符号学世界的一个领域——文本科

---

① 胡亚敏:《叙事学》,华中科技大学出版社2004年版,第178—181页。

学的分支,而且是一个具有相当完全性的符号学领域。在格雷马斯看来,叙事分析或叙事理论乃是符号学的核心部分,因为如果说符号学的目标是研究意义问题,那么只有在叙事层次上语言意义才能获得最充分的体现。这同时也是一种一般符号学意义论的主要领域,并具有认识论和方法论的意义。作为叙事学"认识论"研究者的格雷马斯对叙事话语的语法(句法和语义)机制的分析十分细密。在他的话语理论中随时可以察觉他具有较高的叙事话语分层意识,他认为,对叙事话语语义学而言,内在层(基本层,潜在层)、中介层(活动层,过程层)和表现层(话语实体)是最基本的。

内在层的结构组织称作叙事话语的深层语法,它包括基本句法学和基本语义学。基本句法学的任务是说明作为组合段组织的话语之生产、功用和理解。句法学实际上包括按分类学原则组织的词法学和按动作方式组织的句法学,二者都是表层叙事语法的前提条件或先在的关系图式。与此相适应,基本语义学也是表层叙事语义学的前提条件,它是抽象性的,由诸基本义素范畴表或分类系统组成,同时也是位于聚合轴上的、潜在的价值学系统。

在格雷马斯的叙事语义学中"话语"和"叙事"也可以是特定叙事领域的名称。"叙事"为叙事表现层的通称,而"话语"为叙事形成过程领域的通称。"表层叙事语法层"简称为叙事语法层,是知觉到的叙事话语的结构分析。话语层的语法即为陈述作用层的语法,它表现为"话语化"的诸动作(行动者化、时间化和空间化)及话语单元的规定、分类和关系。这些概念和步骤将基本语法中的结构投入时空坐标和行为关系中,从深层(基本)句法层向表层(表现)语法层的运动,相当于从类逻辑向命题逻辑的运动。表层叙事语义学实际上是格雷马斯符号学语义学的主要部分,它将基本语法学运用于具体叙事话语分析上。基本语义学只提供一般的语义范畴关系,但仍然是"潜在的价值域",而只有经主体在陈述作用层动作之后,抽象价值系统才被实显化或具体化。[1]

2.2.2 叙事语义学的结构

格雷马斯的叙事语义学分析理论包括词形学、句法学和语义学。这三个叙事语义学领域有三种叙事组织方式。格雷马斯称其为三种符号学存在域,

---

[1] 李幼蒸:《理论符号学导论》,社会科学文献出版社1999年版,第412—417页。

即潜在域、实行域和实现域。就叙事话语域中主词和宾词或主体和客体的关系而言,潜在的叙事关系即主词和宾词连接之前的状况,此时各自独立地存在于聚合轴系中,不发生结合关系。当两类词项进入组合段上的结合关系后,如为二项之间的析取关系即为实行关系;如为合取关系即为实在关系。当客体为主体"据有"后,即两者共同存在后,就出现了被实现的存在,即实在的情境和行动,或者说客体的价值被实现了。

叙事话语学强调陈述作用活动,以陈述作用为中心,存在着在它之前的语言潜能域和在它之后的叙事陈述域。在整个叙事话语界均存在有话语行动主体的作用。主体与客体的关系一方面存于潜在、实行、实在三个层次上,另一方面也体现在两者之间转换关系的形态上。具体来说,主体对于客体有四种样态或样式值,即存在于潜在层上的"应当"和"要(欲)求",以及在实行层上的"能够"和"认知",它们可以使状态和动作这两种实在层上的陈述样态化[①],在话语符号学组织中起作用。以上三个层次和四种样态构成了叙事径的诸领域。[②]

2.2.3 叙事语义学的角色

在格雷马斯的叙事语义学分析理论中,"角色"主要包括题元、题元作用及行动者,它们对叙事话语述谓结构的构成起着重要的作用。"题元(actant)"一词由泰斯尼尔首创,他用其指人参与任何过程的、或作为谓语之主语的事物。共有三种题元:主体(人物等)、客体(动词对象)和受者。格雷马斯运用题元概念取代功能概念来对叙事结构进行分析。在他的理论中,题元是一句法单元类型,只具形式性,它先于任何语义的和意识形态的内容,也就是先于一切规定性。叙事句法使话语内诸项(主词、谓词、宾词)相连接,这些功能不同于它们在组合段单元中的实现。题元也可以说是诸功能之关系项。有关题元的语法属于深层水平,它可用于说明叙事句法表层水平上的叙事话语组织。把叙事组合段的内容面看成题元关系系列,诸种行动关系的关系项即题元,诸

[①] 格雷马斯说样态范畴是"支配性词"与"被支配词"一同表述,因此不说"要"、"能",而说"要做"、"要是"和"能做"、"能是"。样态是动作陈述或状态陈述的组成成分,在组合轴上说"样态结构",而在聚合轴上说"样态范畴"。

[②] 李幼蒸:《理论符号学导论》,社会科学文献出版社1999年版,第417—421页。

题元在叙事行动关系系列中体现不同的功能或作用,而各个题元均依其与动作主体的功能关系定位。

由题元范畴可导出"题元作用(actantial role)"范畴①,后者是由题元在叙事逻辑序列的位置、或由句法规定、或由词法规定所共同形成的。题元作用又可称作叙事状态。每一题元都具有一定数目的题元作用或一特定的功能系列。因此可以说题元即一叙事径上诸题元作用的集合。由此可见题元不是一固定概念,而只是一种遍及整个叙事径的潜在的、变动的概念。而题元作用则可理解为句法题元按其位置和其符号学存在性的双重规定产生的结果。同理,题元作用不是只由被实现的最终 NP 和所获得或失去的最终值所刻画,它实际上遍布于所经历的全部叙事径。

题元是一个较为抽象的概念,而比较具体的概念是"行动者(acteur)"概念。格雷马斯认为,如果说题元和题元作用是叙事结构中表层叙事句法的概念,行动者则属于陈述作用这个叙事话语的中介层,相当于名词性的词汇学单元。但当它体现于叙事话语中时,可取叙事句法和话语层语义学值。因此一个行动者可以是表层叙事结构中的个人或集体,具有或不具有形象性。行动者既与题元相联系又与其对立。一个单一主体题元可表现为若干出现的行动者,在叙事话语系列中行动者遵守同一律,具有同一性身份,但在叙事话语中,随主题变化而具有种种题元作用。如果说题元是组合性质的,那么行动者与句法无关,而只与语义学有关。一个行动者只有在介入叙事句法时才起题元作用。②

2.2.4 叙事语义学的"方阵"

在格雷马斯叙事语义学中最富独创性和应用性的贡献之一即所谓"符号学方阵"(carre semiotique,也称"语义方阵"、"符号学方形图")分析法。对格雷马斯来说,符号学意味着转化的过程,即意义的产物。他认为"符号学方阵"是一切意义的基本细胞,语言或语言以外的一切"表意"都采取这种形式。"符号学方阵即任何语义范畴联结的视觉表象。意义初级成分结构(structure el-

---

① role 本来是"被组织的行为模式",相当于社会环境中的"角色",但在格雷马斯叙事学中使其进一步形式化而与功能近义,并永远使其与形容词连用,如"题元作用"或"主题作用"。

② 李幼蒸:《理论符号学导论》,社会科学文献出版社 1999 年版,第 421—425 页。

ementaire）当被定义为至少两项间的关系时，它只基于语言聚合轴特有的一种对立区分法。"①

格雷马斯是在结构主义的二元对立原则基础上提出了"符号学方阵"，即由语义对立关系中四个相关的义素所组成的四角关系图。他的灵感来自亚里士多德的古典逻辑学，后者认为，逻辑学中存在两类命题，一类是矛盾，另一类是对立。格雷马斯正是继承了这一观点，比如，黑白之间的关系是对立关系，黑与非黑之间的关系是矛盾关系，它们彼此就构成了四角关系图：

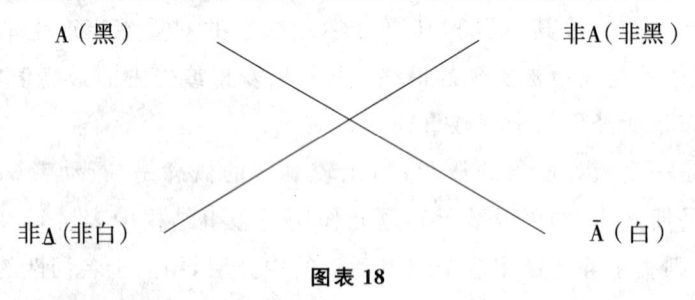

```
        A（黑）                    非A（非黑）


                    ╳


        非Ā（非白）                 Ā（白）
```

图表 18

在上边的方形图表中，首选存在有 A 与 Ā（即黑与白）组成的矛盾关系，即两项在静态的聚合轴上不可能同时出现，而在动态的组合轴上，在 A 或非 A 项上的否定动作可产生矛盾项 Ā 或非 Ā。也就是从最初的两个范畴项又生产出了新的矛盾项。其次，在矛盾项 Ā 和非 Ā 完成的肯定性动作呈现为一种蕴涵关系，并可使两个最初词项呈现为所肯定词项的前提成分，这样就有"A⊃非 Ā"和"非 A⊃Ā"，当和仅当此双重动作的效果产生这两个平行的蕴涵关系时，即可说两个前提初始项为同一范畴的词项，所选择的语义轴构成了语义范畴。反之，当 Ā 不蕴涵非 A 和当非 Ā 不蕴涵 A 时，初始项 A 和非 A 连同其矛盾项就属于不同的语义范畴。格雷马斯说，在前一情况下词项 Ā 和非 Ā 及非 A 和 A 之间建立的蕴涵关系为互补关系。双重否定后的词项虽与初始肯定词项同义，但又有别，故在语义上有补充作用。

符号学方阵的另一重要关系为相对关系，即两个初始项可同时出现，即可同为真或伪，此时二者属于互为前提的关系或相对性的关系。换言之，相对关系是指语义轴上的一个矛盾项蕴涵着另一项的相对项的情况，具体可用下图

---

① 李幼蒸：《理论符号学导论》，社会科学文献出版社 1999 年版，第 431 页。

表来说明这种关系。

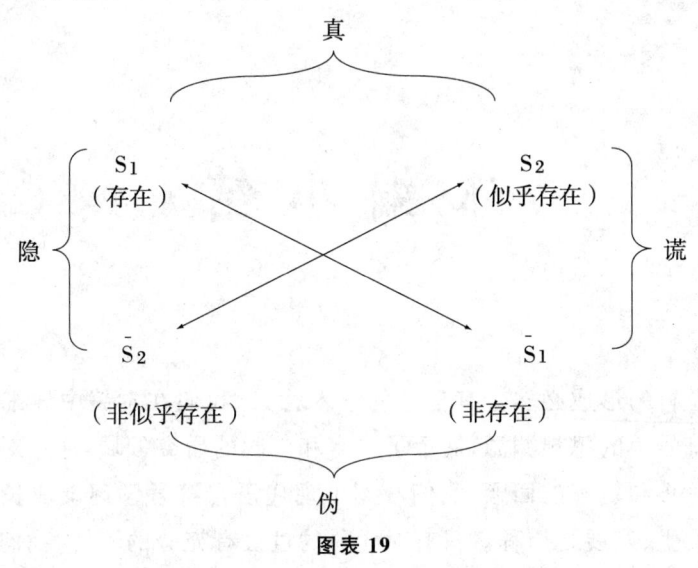

```
                          真
              ⌢⎯⎯⎯⎯⎯⎯⎯⎯⎯⎯⎯⎯⎯⌢
         ⎧   S₁              S₂     ⎫
         ⎪  （存在）         （似乎存在）⎪
     隐  ⎨        ╲       ╱          ⎬  谎
         ⎪         ╲    ╱            ⎪
         ⎪          ╳                ⎪
         ⎪         ╱    ╲            ⎪
         ⎩   S̄₂              S̄₁     ⎭
         （非似乎存在）      （非存在）
              ⌣⎯⎯⎯⎯⎯⎯⎯⎯⎯⎯⎯⎯⎯⌣
                          伪
```

图表 19

图表中 S_1/S_2（真）和 $\bar{S}_2/\bar{S}_1$（伪）两对词组分别作为新的关系而彼此构成了新的矛盾关系，而 $S_1/\bar{S}_2$（隐）和 $S_2/\bar{S}_1$（谎）两对词组分别作为新的关系项彼此构成了新的相对关系。[①]

格雷马斯符号学是一种基于内在论立场的一般符号学，它的工作语言具有结构语言学传统的严格性和语言内在性，而其直接的和间接的应用对象却可遍及文化的一切领域。正因如此，他所倡导的符号学方阵为各种类型叙事文本中基本义素间的关系提供了描述模型，他所提出的各种分析模型也因最强的理论性与最广的应用性而成为今日符号学广泛采纳和遵循的理论原型。

---

① 李幼蒸：《理论符号学导论》，社会科学文献出版社 1999 年版，第 431—436 页。

本 编 小 结

  一门学科的形成必然会有自己的学术背景,我们在本编中详细地审视了现代语言符号学的思想渊源,展示了丰富和广阔的研究领域,通过对不同符号学家研究思想和贡献的回顾,我们看到了现代语言符号学逐渐成长为一门独立学科的发生、发展之历程。只有对学科的过去有充分的了解,我们才能更好地把握学科的脉络,这无疑对学科的建设和发展方向有重要的指导意义。符号学历史悠久、流派众多,一定程度上甚至可以认为,符号学涉及人文社会科学中的一切,但也因其过于宽泛的定义和潜在的可能性研究内容带给符号学致命性的打击,一度被冠以符号学帝国主义,意在把符号学边缘化和虚无化。符号学的魅力就在于,它一方面饱受学者们的质疑,另一方面它却在众多研究中不断展现自己的认识论和方法论阐释力,形成了一系列新兴的符号学交叉学科。正如我们在文中指出的,虽然符号学最早由语言学家索绪尔提出,但是符号学的发生、发展的轨迹却与语言学渐行渐远,令无数语言学人扼腕叹息,人们都在默默地期待语言学与符号学的真正融合,盼望语言符号学作为独立学科发挥作用。

  我们坚信语言是最典型的符号系统,认为只有深入了解语言符号系统的本质才能更好地解释其他的符号系统。因此,我们从索绪尔的符号学观出发,逐一探究了历史上在语言学与符号学交叉领域做出贡献的学者的思想,为语言符号学学科框架的建立寻找学术依据。索绪尔认为语言首先是一个系统,语言的系统性体现在语言是一个符号系统、关系系统、共时系统、价值系统,然后,索绪尔通过语言的任意性、社会性、心理性、不变性和可变性、能指的线性特征等论证语言是符号系统的观点。索绪尔从内指论出发,排除符号与外界的一切联系,建构语言符号系统的意义观,采用的是符号能指与所指的二分法。与之相对的是从范畴论和逻辑学出发进入符号学研究的皮尔斯,他以符号三位一体的思想为基础对符号的类型进行详细的划分,直至今日,符号的媒介关联物、对象关联物、解释关联物依然是符号学中重要的概念,而划分的索引符、象似符、象征符是应用最广泛的符号分类。莫里斯是美国符号学的另一旗帜性人物,他继承皮尔斯的符号学思想,提出符号学三分天下的观点,即语用学、语义学、语构学,为符号学的进一步发展提供了框架性建议,符号学的发展方向逐渐明晰。法国的巴特被誉为现代符号学之父,把符号学思想与写作紧密结合,他的一系列著作奠定了他世界符号学大家的位置,同时,也创建了文学符号学的阵营和发展流派。意大利符号学家艾柯以代码理论和符号生产理论立足于世界符号学界,他在学科与学科之间、历史与现实之间、学院与社会之间游刃有余地纵横穿梭。雅各布森所构建的功能系统和双向模式为语言符号学留下了丰厚的财富,此外还发展和完善了索绪尔的系统、符号、时空、普遍现象等众多概念,成为充分理解功能观对语言学重要意义的先驱。雅各布森把语言视作一套为表达一定的目的而服务的功能系统,并且这种系统在某种条件下可以互相转换,语言的各功能要素之间是一种互相制约、互为条件的关系。此外,雅各布森以语言组合和聚合关系为依据,通过对失语症病人的研究,得出隐喻与换喻对应于语言的相似性和邻近性概念,隐喻和换喻的符号学分析对艺术作品的鉴赏有重要的应用意义。俄罗斯是符号学研究的重要阵地,俄罗斯的符号学研究的代表是以对话理论成名的巴赫金和文化符号学的领军人物洛特曼,俄罗斯的符号学研究是世界符号学的重要组成部分。巴赫金符号思想的主体理论就是语言符号的性质和对话理论,在自己的理论中他强调了符号的物质性、历史性、社会性、意识性、可解码性、话语性、元语言性,而对话理论则由主体间性、复调理论、狂欢化理论构成。洛特曼作为俄罗斯符号学界具有标志性、总结性的人物,他将社会、历史、文化、思想、精神、艺术等方面的现象和内容纳入其考察范围,其符号的模式化系统思想和符号域思想在世界范围内享有盛名。除了以上列举的符号学大家,我们还简单介绍了文学理论家和符号学家克里斯蒂娃,她提出的符号的互文性和解析符号学理论,突破了结构主义的局限,使她本人成为促进步入后结构主义时代的先驱性人物。巴黎是世界学术的重要根据地,格雷马斯也是巴黎符号学阵营中的重要代表,20世纪70年代他在语义学和叙事学研究的基础上,提出了将符号学作为人文科学认识论和方法论的基础的宏伟构想。以格雷马斯为代表的巴黎符号学派忽略语言符号本身,主要采用结构主义的方法把整个符号系统作为研究的对象,主要研究符号系统的意指方式和过程,结合叙事学研究符号学理论,其贡献是符号的结构语义分析与叙事语义学分析。

通过以上的简要回顾,我们大体找到了现代语言符号学的源流,为现代语言符号学的学科建立划定了大致的框架,这些成为学科建立的理论基础和支撑。

第三编

篇章符号学研究

第 一 章

走向篇章的符号学研究

第一节 篇章的符号学地位问题

目前,篇章是修辞学、文献学、解释学、诗学、语言学及各个分支学科(如语用学、社会语言学、篇章语言学、心理语言学等)、文学、信息论、交际理论、编辑学、传播学等众多学科研究共同的对象物(объект)。但从源头来讲,篇章问题可以追溯到两千多年前古希腊时期的古典修辞学(即讲演艺术,риторика)和语文解释学(филологическая герменевтика)。讲演艺术涉及政治场合和法律场合公开演说的计划、组织、表演等体现出的各种规则。范·迪克(Teun A. van Dijk)指出:"古典修辞学既预示着当代风格学和话语的结构分析,也包括了交际语境中有关记忆组织和观点变化的认知与社会心理上直觉的概念。"[1]到了中世纪,关注篇章和话语的讲演艺术与逻辑学和语法学一起成为欧洲三艺之一,文艺复兴之后随着采用实验和分析方法进行研究的欧洲自然科学的发展,经验主义的语言学研究占据主导地位,其结果是历史比较语言学在19世纪的出现和蓬勃发展,修辞学问题则不再受到人们重视。到了20世纪,随着理性主义科学思维的复兴,语言的结构主义研究占据了统治地位,作为人文科学基本学科的修辞学的地位彻底被取代了。语文解释学是一门根据科学上已经得到证明、逻辑上已经得到阐述的原则和方法来理解、解释、认识篇章的

---

[1] 范·迪克:"话语分析——一门新的交叉学科",《国外语言学》,1990年第2期。

科学,它与一般解释学①理论关系密切,以关注篇章,尤其是以对宗教篇章和经典文学作品进行注释和意义发掘为特色。解释学与诗学、修辞学和讲演艺术一起成为研究篇章意思组织、揭示篇章中体现的意思和精神的语文学②范畴内的四学科(квадривиум③)。由此可见,篇章分析作为一门新的学科是有着古老的历史渊源的。

在语言学研究的早期阶段,特别是在普通语言学著作中,语言学家将注意力集中在作为符号的词(和词形)上,随后作为由词形构成的序列的句子成为关注的焦点,并在相当长的时间内语言学都是以句子为最大的研究单位④,篇章作为句子的连续体成为专门研究的对象则是后一阶段的事。只是"到了20世纪60年代初,随着结构语言学的发展和文学结构主义的兴起,把篇章或文本从语言学角度重新加以考察成为结构主义运动中一项突出的工作"⑤。事实上,欧美语言学界,在德国语言学者瓦恩里希(H. Weinrich)1967年提出"篇章语言学"这一术语之前,已有多位学者涉及篇章研究,英美国家最早进行篇章研究的是哈里斯(Z. Harris)和米歇尔(T. F. Mitchell)。在俄罗斯,如果不考虑维诺格拉多夫院士在修辞学、诗学、文学作品语言研究领域对文艺作品所做的语言和风格分析,对篇章的纯粹语言学分析始于菲古罗夫斯基(И. А. Фигуровский)和波斯佩洛夫(Н. С. Поспелов)在20世纪40年代末期的相关研究。

一般认为,与语言学的这种内部运动轨迹相符,符号学的研究对象也经历

---

① 阿布拉莫夫(С. Р. Абрамов)将基督教传统中的欧洲一般解释学的发展分为四个时期:准备期(从基督教诞生到16世纪宗教改革运动初期)、第一次高潮期(从宗教改革初期到18世纪后半期)、科学探讨时期(从洪堡特和施莱尔马赫(F. Schleiermacher)开始)和使解释学普适化的现代主义和后现代主义时期,并认为基督教解释学传统是以古希腊、古印度、古犹太教解释学为基础的。(С. Р. Абрамов,Герменевтика: история и теория метода. Майкоп,2001:с. 41—42)

② 作为研究表现在语言和文学创作中的民族文化的人文科学的总和,语文学的出现是篇章研究的结果(例如,对印度宗教颂歌"吠陀",特别是"梨俱吠陀"的研究,古希腊对荷马史诗的注释),语文学同时也是有关的篇章知识比较集中的领域。Л. А. 诺维科夫指出,篇章就自身内部层面和外部联系的整体而言是语文学的起始现实。集中于给篇章创设辅助性的注解(语文学著作最古老的形式和古典原型),语文学由此将广博、深刻的人类存在,首先是精神存在纳入自己的研究视野。(Л. А. Новиков,Художественный текст и его анализ. М. ,1988:с. 6)

③ 又为квадривий,原指中世纪由算术、几何、天文和乐理构成的高等学校四学科。

④ 本维尼斯特和巴特都曾说过"语言学止于句子"的观点,美国描写语言学代表人物布龙菲尔德也认为句子是最大的组合段分析的单元。这种认识主要集中在被视为语言学正统的语法学界,在很多语法学家看来,句子以外的问题是修辞学的问题,而不是语法问题。

⑤ 李幼蒸:《理论符号学导论》,社会科学文献出版社1999年版,第360页。

了从研究单个符号到研究整个符号的序列——篇章,特别是整体能够作为一个符号系统起作用的篇章这样一个过程。伊万诺夫甚至将这两个阶段分别称为"第一代的符号学"和"第二代的符号学"①,认为前者源起于皮尔斯和索绪尔,指向个别符号,后者则指向符号序列,这种转向与巴赫金和其他苏联时期的符号学家相联系。② 可以认为,符号学与语言学在研究对象上的演变是基本一致的。然而,考察语言符号学研究简史,篇章问题虽然并不总是符号学关注的中心问题,但源起于索绪尔传统的语言符号学一直没有忽视篇章的存在,而文学符号学研究从最开始就以篇章作为研究的根本对象,这显示出篇章在符号学研究中的地位的演变并不是界限分明的,但总体来讲,最终走向篇章问题构成了符号学研究发展的总趋势。在当代符号学领域,篇章问题更是占据着重要的位置。伊万诺夫对篇章在符号学研究中的地位有这样的论述:"现阶段语言学和与之相关的所有符号学学科的发展均将篇章概念推到第一位的位置,并视之为研究的基本对象。"③在法国当代领军性的符号学家格雷马斯看来,以篇章为导向的叙事分析或叙事理论是符号学的核心部分,因为如果说符号学的目标是研究意义问题,那么只有在叙事层次上语言意义才能获得最充分的体现。

综观俄罗斯符号学的发展简史,我们可以看到,篇章研究构成了俄罗斯符号学研究在各个阶段的一条主线,并最终在莫斯科—塔尔图符号学派那里发挥到极致。俄罗斯符号学家对篇章的理解主要集中在作为诗学理论观照对象的文学篇章上,并由此走向更为宽泛、更加难以准确把握的文本研究领域,文本概念因而成为所有符号系统研究的纽带,在文化符号学和历史符号学的广阔领域显示出强大的方法论威力。我们以俄罗斯符号学界最具影响力的 3 位

---

① 在国外,随着 20 世纪 70 年代以来篇章语言学方面的著作相继问世,篇章研究被认为是第二代符号学的基本任务。受信息论、元理论和人机对话理论研究发展的影响,伊万诺夫认为第三代符号学的概念框架将与莱布尼茨的组合演算观念和皮尔斯的相关思想最为接近。而对于篇章,艾柯依据与"句级语言学"的关系区分了两类本文研究,他称之为第一代本文理论和第二代本文理论:前者产生于 20 世纪 60 年代本文科学酝酿之初,人们强调本文科学应与句级语言学保持足够距离;后来研究态度转为折中,试图把两种可能性结合起来,并在作为穿越结构的系统的语言之研究和作为语言产物的话语之研究二者之间建立联系,体现出第二代本文理论的特点。(李幼蒸:《理论符号学导论》,社会科学文献出版社 1999 年版,第 373 页)

② Вяч. Вс. Иванов, *Очерки по истории семиотики в СССР*. М. ,1976:с. 3.

③ Вяч. Вс. Иванов, *О взаимоотношении динамического исследования эволюции языка, текста и культуры*. //Исследования по структуре текста. Отв. ред. Т. В. Цивьян. М. ,1987:с. 5.

学者的研究为参照来把握篇章的符号学研究地位问题。

1. 雅各布森对篇章的研究

在俄罗斯,雅各布森和巴赫金分别是莫斯科语言学传统和彼得堡文学传统中的重要人物,两人的符号学研究在俄罗斯符号学史上处于现当代过渡时期,对代表俄罗斯符号学研究最高成就的莫斯科—塔尔图学派有着重要影响,如洛特曼偏爱二分法是直接受雅各布森结构主义方法的影响,巴赫金关于法国诗人拉伯雷(F. Rabelais)的文集直接导致莫斯科—塔尔图学派向文学符号学的转向。

雅各布森对索绪尔的符号任意性原则、线性原则、共时/历时划分等观点持批判态度,提出了一系列影响深远的语言符号学观点。他在对比索绪尔和皮尔斯的符号学说的基础上,认为象似性在语言结构的不同层级中都发挥着重要的和广泛的作用,从而否定了索绪尔的语言符号任意观,进而将很大一部分精力放在语言象似性问题的研究上。他认为索绪尔共时和历时的划分也不合逻辑,因为任何结构系统都永远处于运动和变化之中,而历时变化又不可避免地体现在结构系统中,所以共时和历时是不可分割的。正如他自己强调的那样:"从那时起(指1927年雅各布森在刚刚成立的布拉格语言小组做了其第一次报告——本书作者注),我就一直主张清除共时与历时之间的矛盾,提出永恒的动态共时(dynamic synchrony)的思想,同时也强调了语言历时层面上静态不变量的存在"[①]。在思考皮尔斯的符号学观念时,雅各布森力图解决当代符号学最为现实的一些问题,这些思索体现在《寻找语言的本质》(В поисках сущности языка,1965)一文中。雅各布森将皮尔斯的符号学说与语言学结合起来,透过皮尔斯的范畴工具深入到语言各个层面的具体材料,特别是语言象似性现象的研究[②]中,这是学界第一次将皮尔斯的理论运用于语言研究。艾柯对雅各布森在该领域的成就给予了高度评价,认为符号学作为一

[①] 雅柯(各)布森:《雅柯(各)布森文集》,湖南教育出版社2001年版,第147页。
[②] 皮尔斯区分了三种象似符号:图像符号(икон типа образа),能指与所指对象在一些特征上相同;图表符号(икон диаграмматического типа),反映了对象诸部分之间的关系;隐喻符号(метафорический икон),指符号与对象存在一般的类似性。在《寻找语言的本质》一文中,雅各布森只是略微涉及了一下图像符号,隐喻符号则完全没有提及,而把重点放在分析语言符号的图表象似性上,特别是对语法象似性的研究堪称经典。

门成熟学科的存在得益于雅各布森将结构主义,特别是布拉格学派的结构主义学说同皮尔斯理论的结合,"'皮尔斯'与'布拉格'的简短接触甚似一种融合,这是对失去的一种挽救,一种寻找,是具有历史意义的科学事件,它揭示出还没有完全被意识到的研究潜力"[1]。雅各布森进一步扩展了皮尔斯的三分法理论,从"相似性/相关性"、"事实性的/约定性的"这两组二项对立的不同组合中看到,除了皮尔斯所说的三类符号,即事实性相关符号(索引符)、约定性相关符号(象征符)和事实性相似符号(象似符)外,还应存在第四种组合,即约定性相似符号,他认为,这第四种组合对于音乐来讲是非常典型的。

在阐述其普通语言学和一般符号学主张的基础上,雅各布森把注意力投向了具体的言语交际行为及其构成物——表述(篇章),提出了著名的语言通信理论,他将言语行为理论中原有的三要素——说话人、受话人和言语的指称扩大为六要素,认为任何一个语言行为的成立决定于以下六个因素:所指(语境)、代码、说话者、受话者、接触和表述(篇章),它们分别对应语言的六种功能:所指功能、元语言功能、情感功能、意动功能、联络功能和诗学功能。此外,雅各布森发展了借自叶斯柏森(Otto Jespersen)的转换词[2](shifter/шифтер)概念,他所理解的转换词是反映表述同言语行为(特别是第一人称说话人和第二人称听话人)联系的任何动词性或代词性的语言成分。在关于转换词的著作中,雅各布森在援引巴赫金早期著作的基础上,奠定了分析篇章语言学的关键问题所需的重要而清晰的语法基础。可见,在雅各布森那里,转换词理论成为了语法理论同篇章理论的绝佳结合点。关于篇章,雅各布森明确指出,分析文学作品本身属于语言学家的兴趣和职责之所在,因而他们自然会将注意力投向复杂的诗学问题。正因如此,雅各布森将诗学视作语言学的一部分,运用结构主义的方法对诗学篇章问题做了深入的研究。他提出了极性概念和等值

---

[1] С. С. Ермоленко и др., *Методологические основы новых направлений в мировом языкознании*. Киев,1991:с. 292.

[2] 雅各布森关于转换词的理论为法国数学家托姆(Р. Том)对语言语义的研究所发展,他认为,任何语言的语句都是描写时空过程,转换词起着确定该过程进行的区域的作用,该定位作用是针对说话人和听话人所处的时空区域而言的。在自然语言的大多数语句中这种定位作用是必需的,因此转换词是语言系统中最为重要的部分。(Вяч. Вс. Иванов,*Лингвистический путь Романа Якобсона*.//Р. О. Якобсон, Избранные труды. М.,1985:с. 19)

概念①，试图以此来描述诗歌中语言使用的形式特点。他认为，诗歌功能把等值原则从选择轴弹向组合轴，换言之，处于聚合关系中的单位往往会向诗歌组合段上渗透（即巴特所谓的"逾越"），这样，"附着于邻近性的相似性把自己彻底象征的、多重的、多语义的本质输入诗歌……更精确地说，任何相继的东西都是明喻。在相似性取代邻近性而代之的诗歌中，任何转喻都略具隐喻的特征，任何隐喻又都带有转喻的色彩"②。雅各布森认识到语音层次与诗歌的密切关系，因而探索出诗韵学领域的一些规律；同时，将音位学研究关系不变量的方法应用于语法范畴的一般意义与特殊意义的关系分析中，进而揭示出"语法转义"手段在诗歌中的重要作用；此外，语法中平行法的诗歌功能也备受其重视。霍克斯指出："通过使用复杂的内在关系，强调相似性，以及通过语音、重音、意象、韵脚的重复、'等值'或'平行'、诗歌仿效并'浓缩'了语言，'凸现'了语言的形式特征，因而也就把它包容相继的、推论的、参照的意义之能力'收藏起来'。"③这样看来，诗歌在充分利用语言各个层次提供的资源的同时，也在系统性地异化和颠覆语言的结构，使诗歌中的语言除了在形式上保留着语言的外壳外，其内容发生了实质性的变化，正如雅各布森自己所言："诗歌性不是以华丽的词句来充实话语，而是对话语及其构成话语的所有因素进行全盘的重新评价。"④

可见，雅各布森的语言通信理论、转换词理论以及诗学理论中，篇章问题均受到了一定程度的关注，与丹麦语符学派的叶尔姆斯列夫⑤不同，雅各布森关注篇章问题着眼于语言层级系统与篇章（尤其是诗歌类篇章）的内在关系，对篇章的认识较为具体，倾向于具体篇章材料的分析。

2. 巴赫金对篇章的研究

巴赫金对符号学问题的探讨直接针对的是叙事篇章的对话性特征。对于符号，巴赫金没有给出一个完整的定义，而是从多方面论述了符号的独特性，具体表现在：物质性，符号是有物质基础的，即以物示物，由此产生意义；历史

---

① 极性概念是指语言具有两个向度，即语言的垂直极和平面极，分别由隐喻和换喻来体现；而等值则指这两种修辞格所推出的实体相对于原实体而言具有同等的地位。
② 霍克斯著，瞿铁鹏译：《结构主义和符号学》，上海译文出版社1987年版，第79页。
③ 同上，第81页。
④ 同上。
⑤ 叶尔姆斯列夫考虑篇章问题是为了构建其完整的、可证实的语符学理论，因而以篇章作为理论的起点，但对篇章的认识较为抽象、宏观。

性,任何意识形态的符号,都与所处的时代有关;社会性,只有在两个个体社会性地组织起来的集体中,个体之间才会形成符号环境;意识形态性,当形象转化为象征后,构成意识形态。①

篇章问题是巴赫金符号学探索的一个中心问题,他认为:"篇章(书面的和口头的)是所有这些学科(语言学、诗学、篇章的语言学或文学分析等——本书作者注)和整个人文—哲学思维(甚至包括源头上的神学和哲学思维)的第一手材料。篇章是思想和感受的直接现实。这些学科和思维只能从篇章出发。哪里没有篇章,哪里就没有研究和思维的对象。"②重新审视将个别符号,而不是篇章(话语)置于第一位的符号学研究路线的人正是巴赫金。巴赫金认为,从亚里士多德、奥古斯丁直到莱布尼茨、洪堡特和索绪尔,研究者关注的中心是单个的符号,而忽视了符号在交际中的对话性功用。因而,巴赫金开始关注交际和思维的对话性结构,从而坚定地以篇章作为研究对象,他在20世纪30—40年代创建的小说理论是整个篇章(而不是个别符号)成为符号学研究的基本对象之后出现的首批重要成果之一。③ 对篇章这个复杂的模式化系统进行符号学研究之所以成为可能正是得益于巴赫金在其复调小说理论中确立的新的研究态度和原则。

巴赫金的篇章中心论源自于他对人文科学的理解,他认为人文科学是关于带有其自身特性的人的科学,人在其本性上总是在表达自己,也即创造篇章(哪怕是潜在的),绕开篇章而不是依靠篇章去研究人,这已经不是人文科学。④ 巴赫金认为,篇章存在两极,一极是语言,指每一个篇章均以一定集体范围内约定性的符号系统——语言为前提,包括语言学领域的作者的语言、体裁的语言、派别的语言、时代的语言、民族的语言,最后还包括潜在的语言,这属于结构主义、语符学等学科的范畴。如果篇章没有语言系统的支持,那么这已经不是篇章,而只是自然现象,如失去语言符号重复性的自然叫声和呻吟声。篇章中与语言系统相符合的是所有重复和复现的、可以重复和可以复现

---

① 胡壮麟:"走近巴赫金的符号王国",《符号学研究》,军事谊文出版社2001年版,第13页。
② М. М. Бахтин, *Проблема текста（опыт философского анализа）*. //Вопросы литературы, 1976, No10:с. 123.
③ Вяч. Вс. Иванов, *Очерки по истории семиотики в СССР*. М. ,1976:с. 273.
④ М. М. Бахтин, *Проблема текста（опыт философского анализа）*. //Вопросы литературы, 1976, No10:с. 128.

的,即所有离开该篇章亦可获得的成分。另一极则与语言符号系统可重复的成分无关,而与其他篇章以非重复的、特别的对话关系相联系,指的是不可重复的唯一性的篇章事件。所有认同篇章的第一性现实地位的人文学科均位于这两极之间。

巴赫金对篇章的符号学研究最为突出的成就在于他的对话理论,这源于他对陀思妥耶夫斯基的复调小说和叙事文本的对话性结构进行的精辟分析。他认为:"小说是社会各种话语,有时是各种语言的艺术组合,是个性化的多声部。"[①]小说中的对话语言是文学的"最强形式",排除了统一的、绝对主义的独白通信形式,即排除了个人意识形态的统一性,而代之以"民族的和社会的语言多重性"。[②] 其对话理论的现实基础是他者与他人话语在个体话语中的广泛存在,他认为,话语具有双重指向性:一方面指向言语的内容本身,另一方面指向他人话语。这种双声语的本质是两种意识、两种观点的交锋。巴赫金根据利用他人话语的方式及使用目的的不同,将双声语的语体划分为故事体、讽刺性模拟体、暗辩体等几种类型。除了看到生活中人类思想本身存在的对话关系以外,巴赫金在说者和听者范畴中拟出了这样几种对话性关系——人物与人物、人物与自我、作者与人物、作者与读者、人物与读者,在此基础上重点分析了作者与人物(即主人公)的对话关系,并将这种对话关系概括为三种类型——主人公掌握作者、作者掌握主人公、主人公即作者。作者与读者的关系是巴赫金走出作者—主人公的对话关系和对陀思妥耶夫斯基作品的个例分析,进入一般叙述学范畴时才被提到重要位置上来的。按照巴赫金的观点,作者应该充分重视读者的统觉背景和积极理解,换言之,文本接受者——读者的主体地位是在巴赫金对普通说者与听者之间往返式的对话指向过程进行分析后才被其认同的。他认为,托尔斯泰的话语充满着内部对话性(即说者在揣摩听者的特殊视野和独特世界之后,在话语中暗含的表达信息的因素)。"托尔斯泰能敏锐地洞察读者的意义及表达特点"[③],其作品的指向是直接向社会开放,他与之进行论争的各种社会声音在文本中都有其代表人物。欧洲小说的发展有三条线索:史诗式时代、修辞学时代和狂欢节时代,巴赫金在分析陀

[①] 董小英:《再登巴比伦塔——巴赫金与对话理论》,生活·读书·新知三联书店1994年版,第23页。
[②] 李幼蒸:《理论符号学导论》,社会科学文献出版社1999年版,第631页。
[③] 董小英:《再登巴比伦塔——巴赫金与对话理论》,生活·读书·新知三联书店1994年版,第44页。

思妥耶夫斯基的小说时将其纳入第三种类型,由此开始其狂欢节诗学研究。狂欢节本质上表现为对所有限制、所有规则、所有等级现象的完全颠覆,将狂欢节的特点引入文学之后形成的狂欢节式文学是对话形式在新的甚至是错乱的时空范畴内的一种表现:压缩情节拓展的时间流程,扭曲情节场景的空间特质,将作者、人物、读者置于全新的时空范畴,使他们之间的对话呈现出狂欢化的特点。

此外,巴赫金对篇章研究的贡献还在于其著名的言语体裁理论,他认为个别的表述(высказывание①)理所当然是个性的,但每一个使用语言的领域都在编制相对固定的话语类型,他将这种话语的类型称为言语体裁,认为言语体裁具有主题内容、语体、结构三位一体(триединство)的典型特征。② 另外值得一提的是,巴赫金在批评形式主义者日尔蒙斯基(В. М. Жирмунский)研究依据的材料美学所持的方法论上的错误观点的基础上,依据系统的哲学美学的方法论基础,对诗学的基本概念——文学作品的内容、材料与形式做了精辟的方法论分析。他认为内容是进入审美客体③,并在其中借助于一定的材料获得全方位的艺术外化的认识和伦理行为的现实,与之相对的是艺术形式,倘若离开与内容的关联,即离开与世界及其要素的关联,艺术形式不可能获得审美的意义,也就不能实现自己的基本功能;形式一方面属于材料、全靠材料实现并依附于材料,另一方面它又从价值角度帮助我们超越作为经过组织的材料的作品、超越作为实物的作品;而材料就其自身的非审美特性来说,不进入审美客体,但作为具有审美意义的一个要素,它又是创造审美客体必不可少的技术因素④,事实上,属于艺术家的只有材料:物理学数学中的空间、声学中的声音、语言学中的词语,艺术家的审美立场只能以此种确定的材料为基础。⑤

---

① 巴赫金认为表述(высказывание)即篇章(текст)。
② М. М. Бахтин, *Проблема текста (опыт философского анализа)*.//Вопросы литературы, 1976, No 10: с. 237.
③ 审美客体本身是由表现为艺术形式的内容(或者说是包含着内容的艺术形式)构成的。(巴赫金:《巴赫金全集:哲学美学》(第一卷),河北教育出版社 1998 年版,第 348—349 页。)
④ 这里所谓的技术因素,是指为了创作自然科学意义上或语言学意义上的艺术作品所完全必不可少的工作;已完成的艺术作品作为实物,它的所有成分都可归于技术方面;但这个技术因素不直接进入审美客体,不是艺术整体的组成部分;技术因素是产生艺术印象的要素,但不是这一艺术印象亦即审美客体中有审美价值的内容。(巴赫金:《巴赫金全集:哲学美学》(第一卷),河北教育出版社 1998 年版,第 347 页)
⑤ 巴赫金:《巴赫金全集:哲学美学》(第一卷),河北教育出版社 1998 年版,第 305—373 页。

可以看到,巴赫金对篇章问题的研究占据着他人文、哲学和符号学思考的绝大部分空间。从时间和渊源上来说,他的研究正好处于形式主义学派和莫斯科—塔尔图符号学派之间,与雅各布森的研究一起在俄罗斯符号学发展史上起着承上启下的作用。其关注的对象主要是文学作品,目的在于审美,只有其言语体裁理论开始突破传统的文学体裁、演说体裁和日常言语体裁(主要表现为日常对话)的局限,才能开始面对篇章的一般语言符号学类型。

3. 莫斯科—塔尔图学派及洛特曼对篇章的研究

代表俄罗斯符号学研究最高成就的莫斯科—塔尔图学派以文学和文化符号学的研究实践见长,学派的一个重要理论特点就是用文本原则(принцип текста)取代符号原则(принцип знака),这同时也是对一切文化现象进行符号学分析的一种趋势。1973年全苏斯拉夫学大会上,伊万诺夫、洛特曼、乌斯宾斯基、托波罗夫(В. Н. Топоров)等学者提出了文化符号学范畴,认为文化是一个有组织的领域,其基本单位即是文本(篇章只是其中的一种表现),文本是功能和意义的载体,文化就是文本的总和。俄罗斯当代语言符号学家斯捷潘诺夫从语言学与文学的关系角度来解释这种趋势,认为语言和文学的共同符号(一般词语除外)一直未被发现,符号原则对于建立语言和文学的共性无能为力,而表述(высказывание)则是语言和文学的共同单位。在此基础上,甚至可以将语言和文学符号学定义为关于具有表述的符号系统的科学。[①] 对此,莫尔恰诺娃(Г. Г. Молчанова)强调:"研究日常语言世界和作为特别的符号系统的文学作品世界是符号学问题,而不是文学理论问题。符号学研究志在使语言研究和文学研究更为接近,寻找自然语言和文学语言间的共性和不同之处。正因如此,后者被纳入到了篇章语言学研究的问题之列。"[②] 这样看来,篇章研究克服了语文学领域语言学和文学传统分界的局限性,加强了两个学科同符号学及其他人文学科的联系,这一点在俄罗斯科学院斯拉夫学和巴尔干学研究所的系列出版物中有鲜明的体现。与此相似,迪克在谈到话语科学[③]与语

[①] Ю. С. Степанов, *В мире семиотики*. //Семиотика. М., 1983:с. 7.

[②] Г. Г. Молчанова, *Семантика художественного текста*. Ташкент,1988:с. 15.

[③] 对话语,迪克采用的术语是 text,钱敏汝教授将其译作"话语",李幼蒸先生则将其译作"文本"。对于话语分析,迪克不采用"话语语法"(Textgrammatik)和"话语语言学"(Textlinguistik)等术语而运用"话语科学"一词,意在强调话语研究的多学科交叉性。

言学和文学的关系时也曾强调指出,话语科学能顾及到一般语言学和语言学所不能考虑到的语言使用方式,如报刊文章和其他新闻机构的文体、广告、使用说明、法律和管理系统的应用文,以及会话形式、社会环境、使用某种语言的机构和文化等,都在话语科学的研究范围之内,因此话语科学填平了文学和语言学之间的沟壑。[①]

莫斯科—塔尔图学派的研究兴趣从个别符号到作为符号序列的篇章的转向,对于理解语言的本质,对于重新考察索绪尔—布拉格学派的"语言/言语"两分观念具有重要的意义。莫斯科—塔尔图学派认为索绪尔及随后的结构主义语言学家关于代码(语言)是第一性的,而篇章是第二性的观点只适合于人工语言,认为篇章"不是意思的消极包装,而是信息的生成器",学者们基于经验主义的研究,进而得出言语、言语活动是第一性的观点。在文本研究的框架内,莫斯科—塔尔图符号学派形成了文学研究和文化历史研究两条主线。其中文学研究以文学篇章作为研究的基本对象,认为篇章是文化最起码的组成部分和基础单位,是文学符号学和文化符号学的连接环节。学派的领军人物洛特曼在其著作《文学篇章的结构》中主张用结构主义的方法来研究文学篇章的解读问题,把文学篇章研究引入到语言学研究的领域。[②]作为某种符号集的篇章与作为自然语言之上层建筑的第二模式系统、广义上源自转码(перекодировка)概念的意义(значение)、作为对描写篇章的元篇章(метатекст)等概念成为洛特曼符号学理论的基础。同时,洛特曼区分了篇章和作品(произведение)两个概念,认为作品是高于篇章的概念:"我们称之为文学作品的历史—文化现实,不是仅仅由篇章就能穷尽的。篇章只是关系中的一个成分。文学作品的现实躯壳由处于与篇章外部现实、文学规范、传统和概念的关系中的篇章(篇章内部关系系统)构成。如果脱离篇章外部背景,是不可能理解篇章的。即使在这样的背景对于我们来说并不存在的情况下,我们事实上也会反历史性地将篇章投射到我们当代的观念背景中,在与该背景的关系中篇章才成为作品。研究篇章时将其等同于作品而不注意到篇章外部关

[①] 钱敏汝:"戴伊克的话语宏观结构论(上)",《国外语言学》,1988年第2期。
[②] 杜桂枝:"莫斯科—塔尔图符号学派",《外语学刊》,2002年第1期。

系的复杂性,就如同研究交际行为时忽视理解、代码、阐释、错误等问题,而将其归为单一的说话行为一样"[1]。此后,洛特曼重点强调了篇章的三个符号学特征:表达性、边界性和结构性。探讨文学篇章的意义结构时,洛特曼认为,一个文学篇章包含着两个意义系统,即非艺术性的(自然语言的)意义系统和艺术性的(超自然语言的)意义系统,这两套意义系统相互作用,互相视为对法则的合法偏离,解读文学文本的全部意义不仅取决于创作者,还取决于读者的统觉知识和预期结构。他认为作品、现实和解释活动的关系问题是语义学三要素在文学篇章层次上的反映。同时,洛特曼将篇章的概念扩大到文化系统的每一个方面(此时,篇章概念由更为宽泛的文本概念所代替,但他并没有做这种区分,而统一使用 текст 这一术语),进而将文本作为其研究任何一种符号系统的基本单位,从而走入俄罗斯文化史、文化思想史和意识形态的研究。

第二节　篇章的符号学特征

text/текст 一词从词源上来讲,源于拉丁语 textus,取"织物"、"编织"、"连接"之义。因此,巴特认为:"文(指篇章——笔者注)、织品及编物,是同一件物品。"[2]这里,巴特理解的篇章不是指已然"织就"的产品,而是强调其生成、"编织"的延展过程。我国古代文献中也有颇多类似比喻:《易·系辞》称:"物相杂,谓之文";《国语·郑语》谓:"物一无文";《说文》道:"文,错画也"。可见,我国古代学者也将篇章理解为篓状交错编织之貌。篇章与"编织物"的比喻源于柏拉图的《哲人篇》:"一切谈论在于把真形(eidos)交织起来",真形是一切谈论所指示的意义,而种种意义交织于巨大的织品中。柏拉图后期对话常涉及结合的技术和分开的技术,前者指的是编织,后者指找出或区别已然织就的意义。针对篇章织品的特性,维特根斯坦(Wittgenstein)将相似点的重叠交织称为"家族相似性",认为与其说"所有的这些构造都有某些共同点——即它们所有共同的属性",还不如说"有某种贯穿全线的东西——即那些纤维持续不断的交织"。[3] 这样,维特根斯坦回避或超越了对本质、真理、终极意义的探寻,

---

[1] Ю. М. Лотман, *Лекции по структуральной поэтике*.//Ю. М. Лотман и тартуско-московская семиотическая школа. Отв. ред. А. Д. Кошелев, М.,1994:с. 123.
[2] 巴特著,屠友祥译:《S/Z》,上海人民出版社 2000 年版,第 263 页。
[3] 同上,第 58 页。

开始直接关注编织本身,巴特也是如此,并且两人都采用了断想或断片式的写作。篇章的词源学意义为我们认识篇章的符号学本质提供了重要参考,它起码给我们以下几点启示:篇章是语言符号交错混杂的复杂构成物,而不是简单的符号序列;篇章的构成应该具有横向和纵向两个轴向,只有这样,才能保证"编织物"的牢固性,不至于一点破碎则整个织物全部分解无遗;篇章的整体性源于一针一线的穿插和缀合,源于碎片或断片的连接和整合。

1. 篇章符号学特征概述

对于篇章,洛特曼遵循其结构主义符号学思路,在《篇章类型学》中给出了其纯形式的描述:"一个篇章是一离散的信息,它可被明确地看做不同于某一'非篇章'或'其他篇章'……篇章有开端、结尾和确定的内部组织。按定义,每一篇章内均有其固有的内部结构。"[1]篇章因此首先是一个有组织的符号系统,组织性和结构性是任何类型篇章的共同特点。更确切地说,篇章是一个等级性结构,其结构是以层级组织的形式出现的。在此基础上,洛特曼强调了篇章的以下三个特征:(1)表达性(выраженность)。指篇章在确定的符号中得以固定,并在此意思上与篇章外结构相对立。对于文学作品而言,这首先是指篇章由自然语言表达的特性。表达性与非表达性的对立要求我们将篇章看做某种系统的实现,从而关注其物质体现。[2] 表达性问题与语言/言语、系统性成分/非系统性成分的二元对立是相关的。(2)边界性(ограниченность)。洛特曼认为在这一点上篇章一方面根据"可纳入性/不可纳入性"原则与不进入其中的有物质表现的符号相对立;另一方面又与没有边界特征的所有结构(如自然语言的结构、自然语言言语文本的无边界性或开放性)相对立。[3] 与自然语言系统中具有典型边界性特征的词和句子一样[4],篇章的篇章性(текстовость)或自我证同性(самоидентичность)是无法通过其内部结构辨认的,它只能在与篇章外结构的并置过程中才能得以显现。[5] 洛特曼认为,边界向读者表明他

---

[1] Ю. М. Лотман, *Избранные статьи*. Таллин, 1992: с. 83—85.
[2] Ю. М. Лотман, *Структура художественного текста*. // Ю. М. Лотман, Об искусстве. СПб., 1998: с. 61.
[3] 同上, с. 62.
[4] 波铁布尼亚(А. А. Потебня)也曾提到过篇章与词之间的这种同形性(изоморфность)。
[5] И. В. Чередниченко, *Структурно-семиотический метод тартуской школы*. СПб., 2001: с. 18.

正与篇章打交道,并在读者的意识中唤起相应文学代码的整个系统,边界在结构上处于强位位置。① 由于一些成分是某个边界的标志,而另一些成分是在篇章的相同位置上重合的某些边界(如章节的结尾就是整本书的结尾)的标志,同时,层级体系的存在也预示着某些边界的主导地位,因此,对划界标志的作用进行结构上的比较是可能的。相应地,篇章内部边界的多样性和篇章外部边界的显著性程度为篇章构成上的类型划分提供了基础。(3)结构性(структурность)。洛特曼认为,篇章不是位于两个外部边界之间的符号的简单序列,在组合层次上将篇章变为结构整体的内部组织是篇章的固有属性。因此,要想承认自然语言句子的某种集合就是文学篇章,应该确认,它们在文学组织层次上构成了某种第二性的结构。②

可以看到,洛特曼强调篇章与语言系统间的同构关系,突出了篇章能指形式方面的特征,对我们认识篇章的符号学本质具有非常重要的作用。这似乎表明,洛特曼忽略了篇章的所指内容方面的特点。对于这一问题,洛特曼指出:"符号和符号系统的概念本身就是与意义问题相联系的。符号在人类文化中行使着中介者的功能。符号活动的目标就是传达一定的内容";"内在地研究语言是通往语言写作之物的本质途径。……意义问题是符号学系列所有学科的基本问题之一。研究任何符号系统的最终目标都是确定它的内容"。③因此,洛特曼认为,研究意义、交际行为及其社会功能本身是符号学态度的本质,因而无须一味地重复众所周知的真理(在他看来,所指意义的重要性对于符号学研究而言是一个不言自明的真理);结构主义者强调必须将篇章看做一个内在的结构,正是基于这样的认识,即结构是通往意义的必经之路,而且,篇章的表达平面和内容平面都是由确定的关系联系起来的"结构链"(цепочка-структура)。但值得强调的是,在这一问题上洛特曼还是表现出了一定的犹豫:一方面,在"篇章/作品"的对立关系中,他强调篇章的能指平面,认为篇章是阐释的第一阶段的美学对象,此时篇章对象与自然语言相联系,是"不表现文学性的美学现象",表层的表达平面是第一性的、常体性的东西;另一方面,

---

① Ю. М. Лотман, *Структура художественного текста*. // Ю. М. Лотман, Об искусстве. СПб. ,1998: с. 62.

② 同上, с. 63.

③ 同上, с. 44—45.

在"篇章/篇外结构"的对立关系中,他认为,作为读者接受的对象,篇章的符号学存在受制于第一对象(即表达平面)与篇外结构(作者的意图、美学系统等,即语境)的相互联系,显然,他在此又强调了篇章的所指平面。因此可以说,洛特曼对篇章特征的理解带有典型结构主义符号学研究的特点,以篇章的结构特点为本位,同时兼及篇章内容和功能方面的特点。

关于篇章的符号学特征,除了洛特曼之外,有不少学者做过很多探讨,其中尤以德国语言学家伯格兰德(de R. Beaugrande)和德雷斯勒(W. Dressler)的观点最有代表性。这两位学者在谈到篇章作为整体得以存在的条件时提出了"篇章性"(textuality/текстуальность)的概念,并提出了判定篇章性时所需兼顾的七条标准:形式接应或黏着性表达(cohesion/формальная когезивность),也译作衔接性,即篇章内部成分之间的关系在表层上的体现,多用语法手段来表示;语义接应或黏着性(coherence/смысловая когерентность),也译作连贯性,指篇章深层内容结构的整合性;意向性或意图性(intentionality/интенциональность),即篇章作者的意图,指篇章表达者的话语态度,其含义是,在现实化过程中,篇章只是由言语计划向言语目标过渡的一种手段或者工具;可接受性(acceptability/воспринимаемость),即对接受者而言篇章可以被理解的特点;信息性(informativity/информативность),指篇章的信息量,即篇章信息的已知和预期程度;场合性或情景性(situationality/ситуацион-ность),指篇章对于其使用场合的合适性;篇章相互关联性或相互成文性(intertextuality/интертекстуальность)或互文性,即对其他篇章的依赖性,指篇章与相关经验篇章或篇章原型的依存关系,是建立篇章类型的一个基本因素。[1] 在此基础上,伯格兰德将这七条标准划分成了四大认知维度,即语言、心智、社会和计算处理。[2] 其中形式接应和语义接应突出的是篇章的语言维度,意向性和可接受性偏重篇章的心理维度,情景性和互文性主要反映篇章的社会维度,而信息性则显示出篇章的计算处理维度,因而篇章性是最具理性化的一种篇章特征概念。也有学者将篇章的特征概括为:可理解性

---

[1] Е. Я. Шмелева, *Начало и конец анекдота*. // Логический анализ языка: семантика начала и конца. Отв. ред. Н. Д. Арутюнова. М., 2002: с. 524.
[2] 张廷国、陈忠华:"语篇的理论界定、描写和解释",《烟台大学学报》(哲社版),2003年第7期。

（воспринимаемость）、互文性（интертекстуальность）、意图性（намеренность）、可接受性（доступность）、语法修正性（грамматическая корректность）、情感性（эмотивность）等等。俄罗斯语言学家诺维科夫（А. И. Новиков）将篇章的特征概括为：可扩展性（развернутость）、序列性（последовательность）、连贯性（связность）、完整性（законченность）、深层前景化（глубинная перспектива）、静态和动态性（статика и динамика）。[1] 比利时学者韦斯（P. Werth）教授认为篇章具有三大特征，即序列性（sequentiality）、连接性（connectivity）和语境性（contextuality）。卡缅斯卡亚（О. Л. Каменская）认为篇章的特征是言语思维活动（РМД，речемыслительная деятельность）在篇章中的表现，因而认为分析篇章应关注它的以下特征和方面：整体性（целостность，包括连贯性和独立性）、类型学和修辞学特点、可切分性（指可切分成超句统一体）、篇章中句子的意义、词汇的意义、语法结构的意义、篇章的内部联系和界限、篇章句子的主位—述位切分等。[2] 戈尔什科夫（А. И. Горшков）肯定了洛特曼总结的上述三种特征，同时他又追加并确认了另外四个特征，即完整性（завершенность）、内容性（содержательность）（或 информативность/信息性）、可复现性（воспроизводимость）、体裁相关性（соотносимость с жанрами художественной и нехудожественной словесности）。[3]

　　基于不同的学科、不同的角度和立场，不同的学者关注着篇章不同方面的符号学特征，上述这些特征对于篇章概念来说其重要性各不相同，但大致能反映出篇章的总体特点。我们将侧重于最能体现篇章符号学本质特征的方面，即基于篇章聚合和组合两个基本维度来考察篇章的符号学特征。

2. 篇章符号学特征所属的两个维度

　　依据符号学的观点，系统的构成是沿聚合和组合两个轴向展开的，作为一种系统的篇章也不例外。洛特曼认为，篇章的产生关涉到两种操作：一个是将各个片段相互连接起来，根据内部转码（внутренняя перекодировка）原则形成附加意思；一个是将各个片段"抚平"（уравнивание）的操作，将篇章片段变为结构上同义的单位并根据外部转码（внешняя перекодировка）原则形成附加意

---

[1] А. И. Новиков，*Семантика текста и её формализация*. М.，1983：с. 23—33.
[2] О. Л. Каменская，*Текст и коммуникация*. М.，1990：с. 41.
[3] А. И. Горшков，*Лекции по русской стилистике*. М.，2000：с. 49.

思。经过这种"抚平"操作,也是作为对篇章单位相互之间进行比照(со-противопоставление)的结果,篇章单位不同中显示出相同之处,而相同之处则显示出意义上的区别。这样,文学篇章建立在两种类型的关系基础之上:重复的等价成分间的比照关系和相邻(非等价)成分间的比照关系。在此基础上,他将成分的重复性趋势视为诗学结构原则,而将成分的可连接性趋势称为散文结构原则。① 可见,洛特曼关于篇章中组合和聚合关系的观点与雅各布森对组合和聚合关系的引申性理解如出一辙。

对于篇章构成的聚合方面,洛特曼以等价性②(эквивалентность)作为贯穿其研究的关键词,选取等价片段(эквивалентные сегменты,包括音位层、构词层、句法层、语义层等)作为分析单位,并将等价片段的研究归结为两个方向。其一是揭示常体中变体成分的语义角色,即解答该语义常体为什么通过这些变体来表达。此时,每一个变体均可视为从某种集合体中选择出来的成分,选择这一个而不是另一个成分使得它们之间的区别成为了意义的载体。其二是揭示该语义常体与篇章其他部分及该作者其他篇章的语义常体间的关系。此时,语义常体是某种二级常体的变体,并再次形成等价集合体,作者可以从中进行选择。③ 这样看来,篇章聚合方面的构成源于常体/变体间的对立及两者在篇章系统中的层级性演进。

组合方面,洛特曼看到了篇章与句子的同构性,认为文学篇章中任何有意义的片段都既可解释为句子,也可解释为句子序列。在该片段的范围内,并置的词因为语列的挤压作用(теснота словесного ряда,特尼亚诺夫〈Ю. Н. Тынянов〉所用术语)及从选择轴向组合轴的投射作用(проекция оси селекции на ось соединения,雅各布森所用术语)而组成语义上不可分解的整体。④ 在这个意义上,任何有意义的片段不仅与语义链相互联系,同时也同一个不可分

---

① Ю. М. Лотман, *Структура художественного текста*. // Ю. М. Лотман, Об искусстве. СПб., 1998: с. 87—89.

② 在洛特曼看来,等价性与重复性意义相同,以不完全等同关系为基础,包括在某一层次上相同而在另一层次上不同的现象。

③ Ю. М. Лотман, *Структура художественного текста*. // Ю. М. Лотман, Об искусстве. СПб., 1998: с. 94.

④ 同上。

解的意思相联系,换言之,它本身就是一个词。具体到篇章单位的组合规律,洛特曼赞同帕杜切娃(Е. В. Падучева)的观点:"单位的组合规律经常可以归为必须重复这些单位的某些组成部分。这样,诗的形式结构以发音类似的音节的重复为基础;名词和形容词的组合以性、数、格特征的相同值为基础;音位的搭配性也可归结为这样一条规则,即在相邻单位中应当重复某种区别性特征的相同值。段落中体现的篇章的连贯性在相当程度上是以相邻句子同一语义成分的重复为基础的。"[1]洛特曼没有对非文学篇章的组合规律进行具体阐述,而将注意力主要集中于文学篇章,特别是诗学篇章中,认为诗学篇章中篇章单位在语法、语义、修辞、语调方面的组合限制规律被全面打破,其组合方面呈现出完全不同的特点。

与篇章生成过程关涉的聚合和组合模式相对应,篇章的符号学特点也集中表现在聚合和组合两个维度上,篇章的符号学研究也因此主要体现为两种方法:一种是重视篇章是否统一在某个整体结构之下的所谓整体或宏观结构(макроструктура)的方法,另一种是注重构成篇章的各个具体的语句与语句间的局部或微观结构(микроструктура)的方法。可以看到,这两种方法关注的焦点分别是篇章的整体性和连贯性,整体性和连贯性因而分别表现为篇章单位相对于篇章全局和篇章局部的相关性,这种相关性在表达和内容两个平面均有表现。

整体性(цельность)和连贯性(связность)是篇章的基本属性,这一点为洛特曼、尼科拉耶娃(Т. М. Николаева)、托波罗夫、科日娜(Н. А. Кожина)等符号学家和语言学家所证实。整体性和连贯性是篇章的本体论特征:连贯性问题局限于阐明篇章是借助什么样的语言手段及如何连接而成的;而整体性或者不加以界定,或者被解释成总的连贯性。正如穆尔津(Л. Н. Мурзин)和什捷尔恩(А. С. Штерн)指出的那样:"连贯性受制于篇章的线性特征,在这一点上完全符合其他任何语言单位的线性本质,而整体性决定于将篇章纳入相应的聚合关系的操作。"[2]我们认为,从符号学角度来看,整体性和连贯性分属于篇章的聚合和组合两个维度。原因在于:整体性关涉篇章整体,贯穿于整个篇

---

[1] Ю. М. Лотман, *Структура художественного текста*. // Ю. М. Лотман, Об искусстве. СПб., 1998: с. 96.

[2] Л. Н. Мурзин, А. С. Штерн, *Текст и его восприятие*. Свердловск, 1991: с. 11.

章及其构成单位,以等价性或一致性为基础,体现了篇章纵向方面的总特点,显现的是一种替换(субституция)关系;而连贯性关涉篇章的局部,以相关性为基础,体现的是篇章构成部分(语句)之间的组合联系,体现了篇章组合方面的特点,显现的是一种分布(дистрибуция)关系。我们认为,上述所有特征均可纳入总体上分别表现为整体性和连贯性的聚合特征范畴和组合特征范畴。我们可以将这两种符号学特征分别称为聚合—整体性和组合—连贯性。

3. 整体性构成篇章聚合维度上的总特点

一般系统论之父奥地利生物学家贝塔朗菲(L. von Bertalanffy)认为:"一个系统,无论是一个原子、一个细胞、一个格式塔模型,还是一个完整的符号宇宙,都具有分别在它的各个组成部分中难以发现的整体特性。更确切地说,这些整体特性就是从构成这个整体的各个部分之间所具有的相互关系中产生的。"[1]在这种思想的指导下,贝塔朗菲将符号世界、价值世界和文化世界均看做是"可以按有序状态的和谐系统进行分类的'真实的'统一体",从而成功地在科学与人类之间古老的鸿沟上架起一座桥梁来。格式塔心理学认为,被观察对象是作为一个整体被感知的,在符号化过程和交际过程中篇章就是一种格式塔完形结构。我们认为,任何复杂的事物,本身无不构成一个完整的系统,篇章正是这样一种具有整体性的系统,整体性构成篇章的核心特征。

金金(С. И. Гиндин)、任金(Н. И. Жинкин)、列昂季耶夫、尼科拉耶娃、索罗金等俄罗斯学者均将篇章的整体性视作篇章的基本特征,都认为一个具有整体性的篇章描述的是一个对象(主题),只是用的术语不同,包括целостность、семантическая связь、имплицитная связь、осмысленность、тематичность、когерентность等。索罗金认为:"从心理语言学角度来看,篇章就是某种整体性的东西,是某种概念(концепт)和心理构成物,这在语言学文献中被称为篇章的整体性。"[2]А. И. 诺维科夫认为:"成为篇章主导特征的不是连贯性的语法指示,而是整体性、整合性、完整性等特征,这些特征在意思和内容上有自身的特点,这也使它们成为了一种心理的、言语的和交际的现象。"[3]尼科拉耶娃指出:"篇章的整体性概念是与它的空间表现范畴相联系的。然而篇章的空间性(пространственность)具有双重意义:一方面指的是它在时间上的扩

---

[1] 贝塔朗菲、拉威奥莱特著,张志伟等译:《人的系统观》,华夏出版社1989年版,第1页。
[2] Ю. А. Сорокин, *Психолингвистические аспекты текста*. М.,1985:с. 6.
[3] А. И. Новиков, *Семантика текста и её формализация*. М.,1983:с. 18.

展,此时空间被理解为延展性(протяженность);另一方面,可以将空间说成是总体上作为整体性而被理解的东西。正是具有延展性的篇章成为了叙事语法(нарративная грамматика)的研究对象。"[1]整体性对于篇章的重要性同时突出了研究整个篇章而不是它的一个部分的重要性,这在篇章研究的发展进程中有鲜明的体现。

篇章的整体性一方面与作者的意图和观念世界的完整性相关,"篇章的整体性反映出个人意识中被客观化的观念模式的整体性,是由相应的语言手段所表征的言语思维活动思维范畴的体现"[2];另一方面与客观世界的整体性和系统性相关,是作为世界完整形象的世界图景(картина мира)和事物的格式塔完形的反映。很明显,前者起着决定性的作用。加利佩林(И. Р. Гальперин)认为:"当从作者的角度来看,他的意图得到了充分的表述,这样的篇章才能算是完整的。换言之,篇章的完整性是意图的功能,该意图是作品的基础,在一系列告知、描写、思考、叙述和其他交际过程的形式中得以展开。"[3]科日娜认为:"作为交际单位的篇章的整体性是由这样一个事实所决定的,即篇章的所有成分,更确切地说,篇章的整个组织——表层和意思层——受制于表述的目的,表达基本的概念和作者的意图。该整体性从开头(标题、评介)到结尾(推论、结论)贯穿整个篇章(作品)。"[4]季布罗娃(Е. И. Диброва)认为:"作者意图的整体性(холизм авторского замысла)将篇章固结成一个精神整体,从而统辖整体的各个部分——卷、部分、章、节、段落,以及整个篇章空间向心性结构——内容所包装的语义。"[5]切列德尼琴科也认为:"篇章的边界取决于作者,仅凭篇章内部来进行分析无法确定我们面对的是篇章还是篇章的一部分。只有确定了篇章对于作者意图的关系(对于大部分篇章而言,这都是主要的关

---

[1] Т. М. Николаева, *От звука к тексту*. М. ,2000:с. 415.

[2] О. Л. Каменская, *Текст и коммуникация*. М. ,1990:с. 43.

[3] И. Р. Гальперин, *Текст как объект лингвистического исследования*. М. ,1981:с. 131.

[4] Н. В. Данилевская, *Научное знание как единица анализа целого текста (к обоснованию объекта исследования)*. //Принципы и методы исследования в филологии: Конец XX века. Санкт-Петербург-Ставрополь,2001:с. 280.

[5] Е. И. Диброва, *Пространство текста в композитном членении*. //Структура и семантика художественного текста. Доклады VII-й Международной конференции. Отв. ред. Е. А. Диброва. М. ,1999: с. 118—119.

系)之后才能弄清:在我们面前的是篇章还是篇章的一部分。"①这样看来,主题的推进和展开已经达到了作者所期望的结果,这样的篇章就是完整的。

  应该强调的是,篇章的整体性不同于约定性符号的整体性,也不同于篇章部分的整体性;篇章整体性的形成是由于篇章内部成分在两种相反趋势②的作用下构成了统一体,同时也是由于篇章具有作为整体(符号)和作为更高整体的部分(符号成分)两种身份发挥作用的双重能力。③ 这种对篇章整体性④的认识一方面与原子主义形而上学的理解相反,认为篇章整体性不是绝对不变的机械性的篇章特征,篇章并不是处于孤立的状态,它有能力进入更高的整体,如篇章类群;另一方面,这种认识也与宣称篇章不存在清晰边界和结构的后结构主义观念相左,认为篇章尽管灵活多变,但它具有明确的结构常体,其中的隐含意义具有一定的边界和范围,不能随意发挥。

  交际主体对篇章中各种符号成分、各个层次单位的整合作用⑤在篇章交际中是显著的,其结果是使篇章获得了整体性,这实际上涉及两个方面。一方面,作为发送一方的作者,他对篇章表达手段的选择总是服务于其表达意图的需要,并在意图的干预和统摄下不断整合这些表达手段。另一方面,作为接受一方的读者,必须首先承认篇章的整体性,而后才能在阅读过程慢慢地加以发掘和领会,进而把握作者想要在篇章中表达的意图。我们应该在正常的篇章交际的框架下,在兼顾作者和读者两种主体因素的基础上来把握篇章的整体性特点。因此,我们理解的聚合—整体性是在兼顾"作者—篇章—读者"这三种交际要素及其互动关系的基础上而提出来的篇章的符号学特征。

---

① И. В. Чередниченко,*Структурно-семиотический метод тартуской школы*. СПб. ,2001:c. 18.
② 这里指的是篇章成分在篇章整体框架内具有两种相反的趋势:一是语义自主性(автосемантия)倾向,一是整合性倾向。同时,篇章成分兼具两种身份:一是与同一层次的其他成分一样是符号,一是相比于更高一级的成分而言,是符号的一部分。
③ И. В. Чередниченко,*Структурно-семиотический метод тартуской школы*. СПб. ,2001:c. 21.
④ 列昂季耶夫认为篇章的整体性不同于完整性(завершенность или законченность):完整性是整体性的前提,但不是其充分条件;完整性是从作者的角度而言的,当作者认为其意图得到了充分的表达,篇章就是完整的,而整体性不是由作者的意图来确定的,而是由接受者对作者意图的功能性理解来决定,即对接受者而言具有整体性的篇章才构成整体。由于这两个概念指的是篇章同一个特征的两个方面,故在本文中不做专门区分。
⑤ 整合关系(интегративные отношения)甚至被图拉耶娃(З. Я. Тураева)视为是与聚合关系和组合关系并列的第三种普遍性的关系类型。(З. Я. Тураева,*Лингвистика текста*. М. ,1986:c. 23)

4. 连贯性构成篇章组合维度上的总特点

连贯性问题是篇章语言学关注的核心问题，早在古典修辞学时代就受到关注。在修辞学中，连贯被认为是使文章获得统一性的重要前提条件（苗兴伟，1998：44），但连贯性（coherence，когерентность）作为专门术语是由威多森（H. G. Widdowson）于1973年首先提出来的。此后，随着1976年韩礼德（M. A. K. Halliday）和哈桑（R. Hasan）合著的《英语中的衔接》一书问世，有关衔接（cohesion）和连贯问题的研究迅速成为语言学界的热点。

关于篇章的连贯性特征，洛特曼指出："篇章连贯依靠的是渐次排列的句子中某些结构成素的重复性。"[①]杜波依斯（P. Dubois）认为，横组合多义现象，强调了连续文本的特殊性，即文本越长，冗余现象就越来越多，引入的信息就越来越少；而且，鉴于作者所偏爱的结构重复出现，文本会同时展示一套独立的次代码。文本因信息枯竭而封闭，这一封闭性使文本具有个人言语特征，因为文本所包含的名称受限于而且只受限于文本中出现的定义，以致文本成了一个自我封闭的微观语义域。[②] 可见，结构和意义的重复性是符号学家对于连贯性的根本性认识。但我们认为，重复只是连贯性所依托的"省略/冗余"这一对核心范畴中"冗余"范畴的一个方面，从广义上来讲，篇章研究所涉及的各种连贯性表现均可纳入这一对范畴。

对篇章连贯性的理解，国内外篇章分析学界均存在一定的分歧，这主要体现在对衔接与连贯的关系、连贯的标准、实现连贯的手段、影响连贯的因素等几个问题的看法上。英美语言学界对篇章连贯性的研究经历了20世纪70年代、80年代、90年代至今三个主要阶段，其研究方向可归为以下几个方面：从语言衔接手段入手，研究语言内部的各种语义联系，如韩礼德和哈桑等；从主位推进来探究语义连贯，如弗里斯（P. Fries）和丹尼斯（F. Danes）等；从语言交际者的共有知识和认知能力等语言外因素来讨论篇章的语义是否连贯，如布朗（G. Brown）、尤尔（G. Yule）和威多森等。[③] 总体说来，英美学者的连贯研究主要表现为两种方法：一是研究语言本身即篇章所包含的各种衔接手段对连

[①] Ю. М. Лотман, Внутри мыслящих миров. Человек—текст—семиосфера—история. М., 1999: с. 309.

[②] 格雷马斯著，蒋梓骅译：《结构语义学》，百花文艺出版社2001年版，第137页。

[③] 朱永生："试论语篇连贯的内部条件（上）"，《现代外语》，1996年第4期。

贯所起的作用,二是既注意语言形式本身的使用和变化,又注意情景因素、文化背景和认知能力等非语言因素对篇章连贯的影响与制约。① 而篇章连贯的条件可以通过两个渠道来研究:社会文化和情景语境渠道;认知心理和心理过程渠道。② 胡壮麟教授则在吸收英美学者,特别是系统功能语法学者观点的基础上提出了衔接与连贯的多层次说,将衔接与连贯自上而下分为社会符号层、语义层、结构层、词汇层、音系层等五个层次。③

在俄罗斯学界,连贯性被视为是篇章的本质特征之一。А. И. 诺维科夫指出:"由于篇章外部形式的线性特征不允许以其存在于心智中的方式那样表达思维内容,因而在篇章的扩展过程中将篇章成分连接成整体性结构的连贯性手段就具有特别的意义。因此,连贯性成为了篇章的基本特征。"④卡缅斯卡亚认为:"篇章的连贯性是个人意识的观念模式中成分连贯性的直接反映,因此是思维范畴在篇章中的体现,而不同的篇章内部联系方式和机制是借助语言手段得以实现的。对完整的观念模式的语言描述应该是连贯性的结构。"⑤最早注意到篇章句子间存在某种联系的是茹尔蒙斯基(В. М. Журмунский),但真正意义上的篇章连贯研究开始于 1948 年波斯佩洛夫的论文《复杂句法整体及其主要结构特征》。随着篇章语言学在俄罗斯的兴起,20 世纪 50—60 年代的什韦多娃(Н. Ю. Шведова)、维诺库尔(Т. Г. Винокур)、帕杜切娃、马尔捷米扬诺夫(Ю. С. Мартемьянов)和 70 年代、80 年代的尼科拉耶娃、金金、列夫津(И. И. Ревзин)、奥特库普希科娃(М. И. Откупщикова)、加利佩林、加克(В. Г. Гак)、加斯帕罗夫(Б. М. Гаспаров)、莫斯卡利斯卡亚(О. И. Москальская)、图拉耶娃、列费罗夫斯卡亚(Е. А. Реферовская)、科夫图诺娃(И. И. Ковтунова)、布赫宾杰尔(В. А. Бухбиндер)、叶伊格尔(Г. В. Ейгер)、兹多罗沃夫(Ю. А. Здоровов)等俄罗斯学者对篇章的连贯性问题都做了较为深入的研究。早期连贯性研究集中在描写句际联系的纯语法手段上,如菲古罗夫斯基将复合句内部的联系手段扩展到篇章中句与句的联系,马斯洛夫(Б.

---

① 朱永生:"试论语篇连贯的内部条件(下)",《现代外语》,1997 年第 1 期。
② 张德禄:"社会文化因素与语篇连贯",《山东师范大学外国语学院学报》,2000 年第 4 期。
③ 胡壮麟:《语篇的衔接与连贯》,上海外语教育出版社 1994 年版,第 225 页。
④ А. И. Новиков, *Семантика текста и её формализация*. М., 1983: с. 26.
⑤ О. Л. Каменская, *Текст и коммуникация*. М., 1990: с. 42.

А. Маслов)和弗里德曼(И. А. Фридман)则指出了一些更为复杂的手段,如动词的时体联系,列昂季耶夫强调了篇章中句际联系中句法排比、句法紧缩、句法切割等语法现象的作用。而随后对连贯性更为一般的态度是将词汇重复、代词和同义词替代、关系词(относительные слова)等词汇手段和词汇—语法手段视为篇章连贯的根本,各种不同的联系手段呈现出类别性的特点。在此基础上,索尔加尼克(Г. Я. Солганик)将判断间的联系等同于篇章所反映的思维运动过程,将句际联系归结为两种基本的联系类型:链式联系和平行联系。当代俄罗斯语言学家,如索罗金、尼科拉耶娃、А. И. 诺维科夫等不再将连贯性问题视为纯粹的篇章语法问题,认为纯语法分析不能揭示出篇章生成和理解的基础,不能体现保障篇章语义连贯的过程,篇章的语义构成规律不是语言性的,而是交际性的和心理性的,从而实现了研究从篇章的语法连贯性向语义连贯性的过渡。这样,篇章连贯性问题的研究与心理语言学理论、交际理论、认知理论的结合更趋紧密,探讨的广度和深度得到了大幅拓展,连贯性问题与篇章交际从生成到理解的整个过程和方方面面制约因素的密切关联受到了应有的重视。

　　国内外学界对连贯性存在各种各样的解释,分析也深入到了篇章的各个方面和各个层次,出现了语法连贯、语义连贯、语用连贯等术语。但总的说来,与"作者—篇章—读者"这三种篇章交际的主要要素相对应,对连贯性应该有三种认识的角度:一是从作者角度来看,连贯性是作者遵循的写作原则;二是从篇章本身出发,连贯性是篇章的固有特征;三是从读者角度来看,连贯性是读者在阅读过程中积极理解的结果。① 与对整体性的认识一样,我们认为分析连贯性应该兼及这三种角度,因而可以将连贯性看做是作者、篇章和读者三种要素相互影响、相互作用而使篇章表现出来的篇章成分在篇章局部前后相关联的特性,这种关联可以是表达平面上的,也可以是内容平面上的。各种各样的连贯研究针对的只是这种关联性在各个方面的表现,连贯性研究不论深入到哪一个层次,如语音、语法、语义、语用、认知等层次,揭示的都是篇章单位

---

① 正是从第三种认识角度出发,克莉斯多(David Crystal)在《语言学与语音学辞典》中把连贯性定义为"读者假设出来的一种篇章组织的原则,他们用这一原则解释一种口头或书面语言内在的功能上的连续性"。伯格兰德认为,连贯性是读者"把众多概念和关系联合成一个网络的结果,这个网络是由围绕着一些主要话题的知识空间组成的"。(李战子:"论篇章连贯率",《外语教学》,1994年第4期)

在组合上的一些特点。

5. 整体性与连贯性的区别

关于整体性与连贯性的关系,从符号能指(表达)和所指(内容)的对立来讲,一般认为,整体性归属于内容平面和篇章的深层(即语义层),更多地依赖于语义上的关联性,而不依赖于外显的形式手段,在整体性的作用下,单位的离散性变得模糊不清,篇章因此成为一个连续体。连贯性归属于表达平面和篇章的表层(词汇—语法层),更多地依赖一些表达手段,体现出由使用的语言单位所决定的篇章的离散性,离散单位依靠连贯性手段的使用而联系在一起。因此,索罗金认为:"连贯性是用来阐释篇章表层结构现象的概念,而整体性则是用来阐释在篇章和接受者的相互作用过程中产生的心灵现象。"①穆尔津和什捷尔恩认为:"情景性显现出篇章整体性的本质。与连贯性的形式本质不同,因为篇章情景性的影响,整体性是一种内容范畴,它总是指向篇章的内容及篇章在情景中获得的意思。"②瓦尔吉娜(Н. С. Валгина)也认为:"篇章的连贯性是通过外部结构标志和篇章成分的形式依附性得以表现出来的;篇章的整体性则体现在主题、概念和情态的联系中。"③由此可见,传统观念认为连贯性同整体性之间是表达和内容上的对等分立关系,但我们认为,从系统的两种结构关系来说,整体性和连贯性分属篇章聚合和组合两个轴向上的特点,而不能归于能指(表达)和所指(内容)的对立。这是因为连贯性关涉的不是纯粹的表达问题,它不能脱离意义内容;整体性也不是纯粹的内容范畴,它的存在必然要依托表达上的支持。除了分属于聚合和组合两个对立维度这一基本区别外,整体性和连贯性的区别还体现在以下几个方面:

1)实现方式方面。整体性的实现靠整合(интеграция),整合是指通过联合篇章所有部分以实现篇章整体性的操作,整合的实现可以通过衔接手段,但也可能建立在联想和预设关系基础上。连贯性的实现靠衔接(когезия),衔接是联系的形式,即篇章单个部分间的语法、语义和词汇联系形式。衔接属逻辑学范畴,而整合则属心理学范畴。很明显,衔接是一种组合过程,而整合则是

---

① А. В. Кинцель, *Психолингвистическое исследование эмоционально-смысловой доминанты как текстообразующего фактора*. Барнаул,2000:с. 36.

② Л. Н. Мурзин, А. С. Штерн, *Текст и его восприятие*. Свердловск,1991:с. 13.

③ Н. С. Валгина, *Теория текста：учебное пособие*. М. ,2003:с. 43.

一种聚合过程。

2) 相关学科方面。整体性与意思统一体相联系,篇章是一种整体性的东西,是在语言学文献中被命名为篇章整体性的那种心灵构成物,因此,篇章的整体性是心理语言学研究的重点。而连贯性是标明篇章内部成分连接特点的范畴,连贯性手段和连贯性问题因而是篇章语言学研究的重点。

3) 关涉的篇章范围方面。连贯性在篇章的局部实现,而整体性则是篇章整体上的特性。列昂季耶夫指出:"与连贯性相反,整体性是篇章作为意思统一体和统一结构时的特征,因而在整个篇章中才能确定。它不同语言学范畴和单位直接相关,具有心理语言学本质。"①

4) 存在状态方面。整体性是接受者与篇章相互作用过程中篇章潜在的投射(概念)状态;而连贯性是语言或言语的结构或非结构成分的并列(рядоположенность)或共置(соположенность)关系,是某种分布,而分布的规律决定于相应的语言技巧。②

5) 指向方面。连贯性一般是回指性的,而整体性则是前指性的。整体性与篇章作者的意图休戚相关,在扩展篇章的篇幅时,不管增加了哪些成分,篇章仍然保留其整体性的特征。因而可以说,在篇章意图的影响下,篇章的整体性预示着篇章新成分的出现,它指向篇章的后续部分,是前指性的(прогрессивная)。而建立连贯性一般需要回溯到篇章的先前部分,是回指性的(регрессивная),此时虽然也有后指(катафора)的情况,但相对而言并不多见。

第三节　关于篇章的聚合分析和组合分析

1. 篇章分析的两个维度

篇章的符号学特征显示,无论我们将篇章看成是交际的产物,还是交际过程本身,聚合和组合始终构成篇章的两个轴向,并以二元对立的形式支撑着篇章生成和理解的全过程。因此,从聚合和组合两个方向来分析篇章似成必然。这两种分析维度的合理性也在于聚合和组合两种关系具有相对的独立性,因

---

① А. И. Новиков, *Семантика текста и ее формализация*. М.,1983;с. 17.
② Ю. А. Сорокин, *Психолингвистические аспекты текста*. М.,1985;с. 8.

此,结构主义符号学框架下的篇章研究才能够彰显出聚合分析和组合分析的可操作性和卓越功效。

普洛普对俄罗斯魔幻童话的结构主义分析是以组合分析为先导,以聚合分析为模式化工具的一种分析方法,他的第一个操作步骤就是将篇章分离、分节为连续的行动系列,借助这种组合方向上的切分操作,魔幻童话的内容可以用简短的句子进行转述,如 Родители уезжают в лес, запрещают детям выходить на улицу, змей похищает девушку(父母去森林,让孩子不要去外面,蛇偷走了女孩)等。第二个步骤是通过对比大量语料将这些短句抽象化,使每一类行动归结为某种功能,并用简短的名词形式来称谓这些被抽象化了的行为(如 отлучка、подвох、борьба 等),表现为一种聚合操作。不同魔幻童话其功能的数量不同,但不会超过其所列的 31 种[①],而且功能在魔幻童话情节扩展中的序列是一致的,这些功能不同的组合关系决定了角色(人物)的活动范围,角色的数量也是确定不变的 7 个,这样,普洛普得以勾画出魔幻童话常体性的情节模式。列维-斯特劳斯也是运用组合和聚合两种分析方法来对神话叙事结构进行研究。在将神话分解为尽可能小的具有关系特征的单位后,即完成组合操作之后,与普洛普类似,列维-斯特劳斯也分离出了一些功能,不同的是,他侧重于研究功能间的关系,他将一些功能看做是另外一些功能转换的结果,因而将开头的功能系列与结尾的功能系列结合起来,并用布尔代数式的操作图式来代替功能的序列,体现了聚合的思想。对于两学者所进行的分析之间的关系,梅列京斯基指出:"功能间联系的多样性在分离出功能之前是很难确定的,而确定功能之前必须将叙述分解成在时间线性序列中彼此相继的组合段。否则,确定功能间的联系、将功能聚合成束并猜测这些聚合束的象征意义、分离聚合体等等这些操作都将不可避免地带有若干的任意性色彩,都走不

---

① 这 31 种功能按顺序依次为:主人公不在(отлучка)、禁止(запрет)、违反(нарушение запрета)、探求(разведка вредителя)、泄露(выдача ему сведений о герое)、欺诈(подвох)、同谋(пособничество)、加害或缺乏(вредительство или недостача)、调解(посредничество)、反对行动(начинающееся противодействие)、离开(отправка)、赠与者的第一功能(первая функция дарителя)、主人公的反应(реакция героя)、魔具的获得(получение волшебного средства)、空间转换(пространственное перемещение)、斗争(борьба)、做标记(клеймение героя)、获胜(победа)、缺乏被消解(ликвидация недостач)、返回(возвращение героя)、追赶(преследование)、解救(спасение)、不相识的来者(неузнанное прибытие)、假主人公的无理要求(притязания ложного героя)、难题(трудная задача)、解决(решение)、酬谢(узнавание)、真相大白(обличение)、变身(трансфигурация)、处罚(наказание)、婚礼(свадьба)。

出仅仅是猜想的局限,不管这种猜想显得多么睿智或在多大程度上令人信服。普洛普将自己的组合分析看做是研究童话历史及童话本身逻辑结构的敲门砖,这为列维-斯特劳斯倡导的将童话作为神话而进行的研究做了准备。分析组合结构作为研究童话一般结构的第一个阶段,不仅是必需的,而且还直接服务于普洛普提出的目标,即确定童话的特点,描写并解释其结构同一性(структурное единообразие)。"①

格雷马斯在20世纪60年代的结构语义学研究中则试图通过现代逻辑学和语义学的手段来完善普洛普的图式,以此整合普洛普和列维-斯特劳斯的研究方法,即组合和聚合的方法。他在分析童话故事时以普洛普的理论作为基础,同时借助列维-斯特劳斯的理论进行补充和修正,而分析神话时则相反,主要参照列维-斯特劳斯的理论,但辅以普洛普的理论作为补充。在普洛普提出的7种角色类型的基础上,格雷马斯建立了行动角色结构模式图。对于功能,格雷马斯通过两两结合的方式将普洛普的功能数目缩减为20个,并将功能偶对(парные функции)分为消极系列和积极系列,其中消极系列与童话的开头部分(重重灾难、疏远的关系等)相关联,而积极系列与童话的结尾部分(如消除灾难、奖赏英雄等)相关联,这样,开头和结尾分别可看做契约的违反和恢复,中间部分则是一系列考验,其中每一次考验都是以就眼前的灾难订立契约开始,包括与敌人的战斗和英雄成功的结果。此外,格雷马斯还看到了考验的结构与角色的结构模式之间呈现出的一种对应关系:与基本的交际对立轴(发出者和接收者)对应的是契约,与辅助者—反对者的对立轴对应的是战斗,与获得所要的客体相应的则是考验的结果。可见,聚合分析和组合分析作为篇章符号学分析的两个方面不能完全割裂开来。

也许正是看到了聚合和组合研究各自的效用及两者进行结合的必要性,俄罗斯篇章研究的领军人物尼科拉耶娃指出:"为了描写篇章的实质,我们可以说存在两种生成模式,即纵向的层级模式和横向的链状模式"。② 图拉耶娃认为,篇章生成的纵向模式与关于深层和表层结构的观念相关,该模式理论认

---

① Е. М. Мелетинский, *Структурно-типологическое изучение сказки*. //В. Я. Пропп, Морфология сказки. Изд. 2-е. М., 1969:с. 144.

② Т. М. Николаева, *Лингвистика текста: современное состояние и перспективы*. //Новое в зарубежной лингвистике. Вып. VIII. Лингвистика текста. Составление, общая редакция и вступительная статья Т. М. Николаевой, М., 1978:с. 35.

为存在着某种被称为深层结构的初始性的抽象模式,该模式在具体实现过程中经历了一系列的转化过程而最终体现在表层结构上;此时,篇章被视为一种包含了深层和表层结构的总体结构(глобальная структура)。而篇章生成的横向模式在一些学者看来是最基本的篇章模式,与篇章语法学理论更为相关,体现了篇章的线性序列特点。① А. И. 诺维科夫和奇斯加科娃(Г. Д. Чистякова)也认为,篇章理论②的构造应呈现两种类型的模式:一个是纵向组织,包括意思单位层级系统;一个是横向组织,结构的线性序列形式。③ 分析篇章横向的线性生成特点是传统篇章语法学研究的主要内容,包括确定篇章的形式手段和内容范畴清单,研究用形式手段表达一定的篇章内容范畴的规则,这种组合研究将词法学、句法学和句法语义学的范畴和方法延伸到更大的组合体中,分析传统语法和词汇手段的组篇作用,并在一定程度上建立不同于传统语法学的范畴体系,以揭示由句子构成超句统一体,进而构成篇章的规律。而篇章的纵向生成模式(由上而下的生成过程)往往为人所忽略,事实上,同生成语法中句子的生成过程一样,篇章的展开也经过了一个从起初的抽象象征到具体的实现这样一个过程。哈韦格(R. Harweg)认为,纵向方法及其基本原则事实上早在横向生成过程之前就为研究者所熟悉,因为它们更加明确地指向具体的篇章类型(如学生作文、公文书信、报刊简讯等)。④ 他认为,生成的纵向模式更适合于一些规定性的和专门性的篇章。这一点为皮特菲(J. S. Petofi)⑤的研究所证实,后者研究的绝大多数篇章均属于专门的对象域,他认为人们是

---

① З. Я. Тураева, *Лингвистика текста*. М. ,1986;с. 58—59.
② 更有甚者,有学者认为任何理论物质上都反映在符号模式上,而符号模式是以相互依赖的组合和聚合这两种形式存在的:组合形式就是由定义(即判断)和纳入理论阐述的句子构成的集合;而理论表征的聚合形式则是术语的总和,即反映该理论概念间联系的术语体系。(В. М. Лейчик, *Термин и научная теория*. //Научный и общественно-политический текст: Лингвистические и лингводидактические аспекты изучения. Отв. ред. А. М. Соколов. М. ,1991;с. 23—24)
③ А. И. Новиков, Г. Д. Чистякова, *К вопросу о теме и денотате текста*. //Известия АН СССР. Серия литературы и языка,1981,№1;с. 49.
④ Т. М. Николаева, *Лингвистика текста: современное состояние и перспективы*. //Новое в зарубежной лингвистике. Вып. VIII. Лингвистика текста. Составление, общая редакция и вступительная статья Т. М. Николаевой. М. ,1978;с. 33.
⑤ 篇章类型学追求的目标是认识篇章理想类型的结构及其特征,因而皮特菲将自己的理论称为"共相—篇章"理论(ко-текстуальная теория):比较潜在共存着的篇章,构造进行这种比较分析的算式并将其引入模式;模式建构在原子式的、与词库具有组配关系的内容述谓的清单之上,词库里的语言信息并不严格区别于语言外信息。

先建立某种篇章—结构（текст-конструкт）和篇章的一般观念，然后才生成该篇章所有可能的变体。可以看到的是，这里提到的纵向和横向两种模式分别关注篇章的层级性构造和线性扩展特点，分属聚合和组合两个轴向，尽管它们并不能体现聚合分析和组合分析的全貌。翻译理论研究也关注到篇章的聚合和组合两个维度，如俄罗斯学者科米萨罗夫（В. Н. Комиссаров）在考察篇章与翻译的关系问题时，认为描写篇章意思结构最为本质的方向有三个：纵向描写、横向描写和深层描写。在纵向描写态度下，对篇章内容的分析是自上而下的，即从篇章整体到其部分，开始分离出篇章的总主题，然后将其分解成若干次主题，并区分这些次主题相对独立的组成部分。横向描写则侧重于揭示篇章内容的组合结构，包括组成单位的相互作用、在篇章中的分布次序、邻接性和间隔性的联系、内容上的前指性和后指性等其他使篇章具有连贯性的一切现象。深层描写侧重于描写篇章内容的深层结构，包括语言内容、具体—语境意思和蕴涵意思等。①

  聚合和组合②作为系统的两个维度，并不是孤立存在的：聚合方面的同异特点往往能反映在组合关系上，如聚合体中单位之间的区别和对立可通过单位的组配性能（包括特殊搭配）表现出来，而语言单位在组合体中的位置特点和组合体本身的模式可以成为聚合操作的依据。③ 因此，聚合和组合之间实际上是一种协同关系，更不用说巴特所发现的"逾越"现象了。在篇章生成过程中，聚合提供选择的手段，而组合提供参照的模式，两者构成篇章产生过程中的两个必然的阶段，两者的有机结合是篇章生成的必要条件；在篇章的理解过程中，聚合与篇章的系统构成、统一主题等全局性的问题相关，而组合则与篇章的局

---

  ① В. Н. Комиссаров, *Смысловая стратификация текста как переводческая проблема*.//Текст и перевод. Отв. ред. А. Д. Швейцер. М., 1988：с. 7.

  ② 对于组合和聚合在符号学研究中所具有的重要的方法论效力，我们在第一编中已做了综述。这里需要补充的一点是，对聚合和组合的理解，学界的认识并不相同，一般而言，存在着广狭不同的三种理解。对此，华劭教授做了比较精辟的解释。（华劭：《语言经纬》，商务印书馆2003年版，第98—105页）广义的聚合关系是指在任何方面都有共同点的不同性质、不同层次单位之间的联系；广义的组合关系是指在特定的一段话语中某一单位和同一层次单位直接或间接的关系，以及与其他层次单位关系的总和。狭义的聚合关系是指语言单位内部的聚合关系，即语言单位各种变体之间的关系；狭义的组合关系是指有主从联系的两个语言要素之间的关系。我们偏向于通用的、中等范围的理解：聚合关系是指同一本体层次单位之间的聚合关系，这样形成的聚合类中各个单位之间既有相同点，也有不同点；组合关系是指一个要素在某一组合体中与所有其他同层次单位之间不同性质的联系，包括直接联系和间接联系。

  ③ 华劭：《语言经纬》，商务印书馆2003年版，第106—107页。

部连接、动态铺展问题相关。因而,在篇章层次,聚合和组合两种维度分别对应选择、整合、分类与配置、连接、切分两组操作,分别指向篇章的整体和局部,体现为整体性和连贯性两个最为本质的符号学特征。这里的聚合一方面指篇章作为一个系统其内部成分具有聚合性的非线性联系,另一方面还包括篇章作为整体所具有的类别特征,与其他篇章具有聚合性的联系。组合则指篇章局部语句间的线性联系,这种线性联系由各种语境来支撑。聚合分析和组合分析分别关注篇章的整体性(聚合—整体性)和连贯性(组合—连贯性)特征。

2. 篇章的双面双层特点

除了聚合和组合两个轴向外,尼科拉耶娃还看到了篇章描写模式呈现出的另外两种导向,即语法导向和事件导向。这两种导向反映了渐次结构化的同一内容场的两个极,二者的对立直接引起人们对叙事性问题的广泛研究。"纵向的(聚合的)"和"横向的(组合的)"、"语法的"和"事件的"这两组二项对立形成了篇章描写的四种模式:语法指向性的纵向生成模式、语法指向性的横向生成模式、事件指向性的纵向生成模式、事件指向性的横向生成模式。

我们看到,以语法为导向的代表性研究是篇章语法学研究,篇章语法是一种场的语法,而不是传统语法意义上离散单位的对立系统,它试图将语言系统的模式套用到篇章上以揭示篇章自身的系统关系,因此侧重于对篇章的表达系统进行非严格意义上的分析。而以事件为导向的典型研究则是叙事学,普洛普的功能原型分析、布雷蒙的叙事语法逻辑分析、托多罗夫的叙事语法学等均属此列,该方向的研究忽视能指的作用,致力于挖掘一类篇章的所指(内容)呈现出来的规律,强调人物的行动和功能,但并不关心人物本身是谁。因此,这两种研究实质上体现的是篇章"表达"和"内容"的对立。正因如此,尼科拉耶娃认为篇章语言学的目标正在于"寻找并创建带有篇章自身特别的内容和形式特征的篇章范畴系统"。[1] 可以说,尼科拉耶娃归结出的四种理论模式体现了语言符号学自索绪尔以来的关于符号具有双面双维特点的观点。事实上,每个符号都包含着三类关系:首先是联结能指(表达)与所指(内容)的内部关系,其次是两类外部关系——抽象的聚合关系和具象的组合关系。[2] 因此,传统上讲的"语言符号存在于组合和聚合两个关系系列中"的说法,准确地说,

---

[1] Л. А. Новиков, *Художественный текст и его анализ.* М.,1988:с.7.
[2] 华劭:《语言经纬》,商务印书馆2003年版,第119页。

应该修正为"语言符号两个平面(或组成项或符号函数的函子)分别处于组合和聚合的关系网中"。因此篇章的聚合分析和组合分析也应该从表达和内容两个平面着手。符号学界存在着将篇章等同于其表达平面的观点,如洛特曼在对比篇章与作品两概念时,表现出篇章理解上的不确定性和矛盾性:一方面他认为篇章不仅仅是作品物质上得以固定的部分,即纯粹的表达平面(голый план выражения),同时也是内容平面第一性的方面,但另一方面他又将篇章视为作品的纯语言材料,即相当于与自然语言相对的篇章的表达平面,只是作品的一个成分。[①] 但俄罗斯传统语文学更多地仍然是强调篇章表达和内容平面之间的有机联系,如维诺格拉多夫认为:"文学作品中所展现的现实体现在言语外壳中;这里所提到和复现的事物、人物、行动相互联结在一起,处于多种多样的功能联系中。所有这些都体现为词汇、表达法和结构在文学作品的布局—意思统一体中的联系、使用和相互作用的手段之中。文学作品结构中的言语手段成分是同其内容相联系的,并取决于作者对它的态度。"[②] 表达和内容两个平面之间的这种有机联系凸显出篇章的二元结构符号学性质,以至于洛特曼将诗学篇章视作一个统一的符号,强调篇章的语言结构单位性质,因而《文学篇章的结构》(1970年)一书中会专辟一章"文学篇章中的意义问题"来讨论意义而不是内容[③]问题。

语言符号除了具有表达平面(план выражения)和内容平面(план содержания)两个平面外,每一个平面又包括形式(form/форма)和实体(substance/субстанция)两个部分。区分出表达的形式和实体及内容的形式和实体,是语符学理论奠基者叶尔姆斯列夫最有创见的观点之一。相比较而言,索绪尔的

[①] И. В. Чередниченко, *Структурно-семиотический метод тартуской школы*. СПб. ,2001:с. 26—36.

[②] А. И. Горшков, *Лекции по русской стилистике*. М. ,2000:с. 81.

[③] 谈到篇章内容平面的术语表示,加利佩林严格区分了内容(содержание)、意思(смысл)和意义(значение)几个概念的使用场合:作为篇章语法的术语,"内容"不同于意思和意义,指的是篇章整体中的信息;"意思"是指句子或超句统一体中的思想和消息,为表达确定判断并具有情景指向性的完整的言语片段所有;"意义"则是属于形位、词、词组、句法结构的概念。(И. Р. Гальперин, *Текст как объект лингвистического исследования*. М. ,1981:с. 20) И. Р. 加利佩林认为词以其意义反映现实的"一小块"(кусочек действительности),意思则是内容的"一小块";意思在句子和超句统一体中是通过单位本身特有的述谓形式表现出来的,内容则具有不同于句子和超句统一体的述谓形式;意思虽然由词和结构的意义推导出来,但不是它们的机械叠加,与此类似,内容由句子和超句统一体的意思推导出来,但不是意思的总和;意思就其本质而言不是交际性的,或者说只具有潜在的交际性,而内容就其使命而言是交际性的,因为它具有完整性特征。我们赞同这种区分。

能指和所指都是某种实体性的东西,如声音和思想(或观念)。叶尔姆斯列夫认为,无形的质料在不同语言中的形式是不一样的,每一种语言在无形的思想质料中都划定自己的边界,以不同的方式对其进行配置,并分离出不同的因素,将重心置于不同的位置并给予不同的强调;这样可以说,一种语言中的聚合体与另一语言中对应的聚合体覆盖着同一种质料区域,如果撇开这些语言,那么抽象出来的质料是不可分的无形的连续体,语言因为其成型作用而在其中划定界限。① 在叶尔姆斯列夫看来,"关系"概念优先于"实体"概念,"符号函数"优先于"符号"本身。"符号函数"将"形式"投影在"表达"和"内容"这两个面的质料②上,并让经"形式"切割下来的"实体"浮现于此(内容的形式独立于质料,体现了诸单位在系统中的区分性位置和相对关系,与质料处于任意性关系中,并使之成为内容的实体)。至此,叶尔姆斯列夫用"形式"、"质料(义质)"、"实体(实质)"三个层次③来诠释索绪尔的能指和所指符号双面观,较之更为精确和形式化,事实上形成了关于符号的两面三层观。如下图所示:④

---

① Ю. М. Лотман, *О разграничении лингвистического и литературоведческого понятия структуры.* //ВЯ, 1963, № 3; с. 52.

② 汉语也译作义质,英译为 purport,法译为 matière,与这两者对应的俄译分别为 суппорт 和 материя, 索绪尔称之为"没有定形的、模糊不清的浑然之物","借助语言的形式,该'浑然之物'(туманность)被分解成内容平面或语言单位(形位、词汇、句子等)的意义所依归的表象、形象、概念、判断。"(Б. А. Плотников, *О форме и содержании в языке.* Минск, 1989; с. 16)

③ 形式、质料和内容的三元关系是哲学认识论中三个相关的重要范畴,在叶尔姆斯列夫的语符学理论中,这三者分别对应的是形式、实体和质料(指义质),它对应于哲学认识论中的"内容"概念,而不是"质料"概念。为说明划分出的形式、实体和质料(义质)这三个层面的关系,叶尔姆斯列夫运用了一个形象的比喻:"……就像一张张开的网把自己的影子投向浑然一体的水面。"这里区分出三个对象:A——水面、B——张开的网、C——网在水面的投影。从内容平面来讲,A 是质料,B 是形式,C 是实体,A 作为质料,是事先存在的"浑然之物",实体 C 是 B 对 A 进行切分的结果,而 B 是对 A 进行切分的形式。关于形式和实体的关系,叶尔姆斯列夫解释道:"形式表现于一实体中,实体在两个平面上可被看成一物理现象(表达面上的声音或字符,内容面上的事物),或被看做一种心理现象(说话主体的声音和事物的概念)。形式依存于实体,其意为它可表现于不同的实体中而又保持着同一形式,而且形式的成分是按相互关系定义的"。(李幼蒸:《理论符号学导论》,社会科学文献出版社 1999 年版,第 139 页)关于质料和实体的关系,就语符的表达面来讲,表达的实体是语音场,质料是能够发音的发音器官(包括其能够发出的音),每一种语言都强加给说话人某种音位系统,即表达的形式,但同时,操该语言的每一个个体原则上也能习得该语言中没有的音位,因而,实体总是需要质料,但它能以不同的形式出现,如一个词可以说出来,也可以写出来。至于形式和质料的关系,这一问题反映叶尔姆斯列夫的基本认识论立场,即处理任何现象时都要面对形式和质料的关系问题,这同时也是传统哲学的一个基本问题,在他看来,形式和质料两者都是知觉客体的存在性组成成分,从存在论上看,二者是不可分离的,即质料必然会有一定的形式,而形式也不能脱离质料而单独存在,二者结合的方式决定了客体的特性,叶尔姆斯列夫曾举过的"沙土"和"沙土被撒作的特定形状"之间的关系就是一种质料和形式的关系。

④ 王德福:"论叶尔姆斯列夫语符学的四个理论模型",《锦州师范学院学报》,2003 年第 5 期。

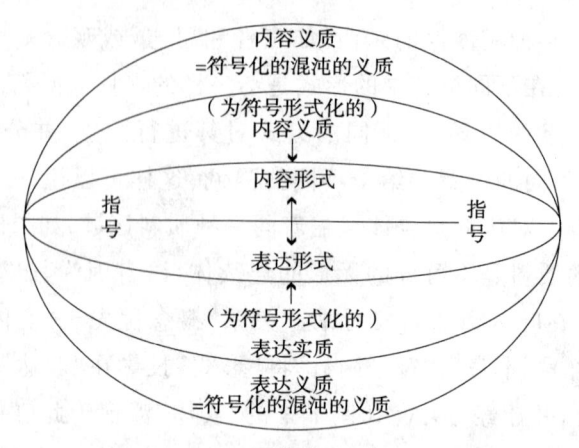

内容义质
=符号化的混沌的义质
（为符号形式化的）
内容义质
内容形式
指号　　　　　　　　　　　　　　指号
表达形式
（为符号形式化的）
表达实质
表达义质
=符号化的混沌的义质

图表 20

索绪尔的符号能指相当于"表达实体"，即具有形式的表达面上的质料；符号所指相当于"内容实体"即具有形式的内容面上的质料。按照叶尔姆斯列夫的双面三层记号观，"语言的这两个关系系统（指组合和聚合两个关系系统——本书作者注）中都有形式、质料和实体的分层问题，记号的双面三层结构自然表现在语言结构的两大轴向上"①。但由于质料是语言外的事物，是声音或思想在确定的语言系统中定型前的"浑然之物"，叶尔姆斯列夫认为它们属于前符号阶段的东西，因而不是语言学的研究对象，而应由物理学、人类学等学科去研究；同时，质料被定型和切分之后，它则隐现于实体的背后，因此，表达面和内容面的分层实质上涉及的只是形式和实体两个层面。这样，如果排除与实体的联系，语言结构便成为了一种纯形式，或诸高级关系之系统。在纯语言结构内，符号可以说是由内容形式和表达形式所组成的单位；符号函数的两个函子即内容形式和表达形式。这样，叶尔姆斯列夫的宏观语符理论可用下面的结构图表来表示：

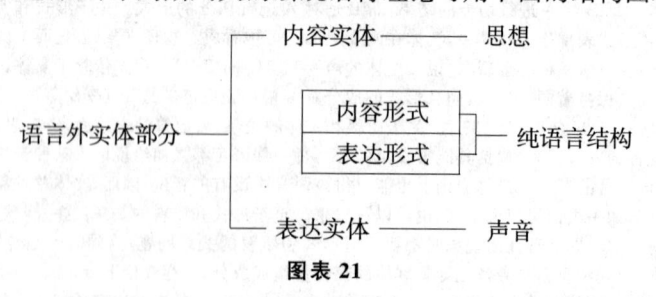

　　　　　　　　　　　　内容实体 ——— 思想
语言外实体部分 ——|　内容形式 |——纯语言结构
　　　　　　　　　　|　表达形式 |
　　　　　　　　　　　　表达实体 ——— 声音

图表 21

---

① 李幼蒸：《理论符号学导论》，社会科学文献出版社1999年版，第143页。

在该模型中，内容形式可以理解为与语言系统发生关系的意义抽象结构，以概念体系的形态出现，表达形式则是语言系统内部的音系结构；同意义结构发生关系的是外部意义世界——内容实体，同音系结构发生关系的则是具体的声音——表达实体。可见，叶尔姆斯列夫的语言形式观的形成是以充分拓展索绪尔的语言价值学说、语言关系学说为基础的。对于具体语言符号（词符）而言，其内部的结构关系相应地如图表22所示：

	实体 （субстанция）	形式 （Форма）
表达 （выражение）	语音场域 （звуковое поле）	语音符号 （звуковые сигналы）
内容 （содержание）	语义场域 （семантическое поле）	概念 （понятие）

图表 22

这里内容的实体是符号所指向的外部世界（包括人脑的理念世界和意义世界），内容形式则是以关系为特征的概念范畴；表达的实体是语音场域，即具有物理属性的语音实体、音素，表达的形式则是语音场域所体现出的关系，即音位系统。对于叶尔姆斯列夫关于表达（能指）和内容（所指）两平面分层的观点，俄罗斯学者普洛特尼科夫深表赞同："形式同内容①一样，也是一个复杂的多层级的实质（сущность），其表层构成实体（субстанция）、语言现象的外部轮廓，底层则与内容的表层合为一体，形式以自身的结构穿过该层而到达内容的底层，反过来，内容也可以通过本身的成分到达形式的表层、实体。"② 至此，索绪尔的符号双面双维理论（即能指和所指两个平面、组合和聚合两个维度）事实上已变为叶尔姆斯列夫的双面双维双层理论。

上升到篇章层次后，如本维尼斯特所言，我们就置身于符号的世界。因此我们认为，篇章的表达和内容两个平面同样显示出形式和实体的区别。对此，

---

① 这里所用的术语"形式"和"内容"实质上相当于叶尔姆斯列夫的"表达"和"内容"。关于两者之间的关系，Б. А. 普洛特尼科夫认为："形式和内容的相互关系问题只有在这种情况下才有意义，即如果将形式理解为不仅仅是内容的结构，还包括除掉事物的直接内容外剩余的所有东西，换言之，形式概念包括事物的物质性特征和只有在某些场景下、对该事物进行科学分析的过程中才能揭示出来的隐含形式，以及事物的物质组织方式、内容的结构及其他一些特征。"（Б. А. Плотников, *О форме и содержании в языке*. Минск, 1989: с. 15）

② Б. А. Плотников, *О форме и содержании в языке*. Минск, 1989: с. 16。

叶尔姆斯列夫曾经总结道:"表达与内容的区别及其在记号函数内的相互功能,对于任何语言的结构来说都是基本的。任何记号……其本身都包含着一个表达形式和一个内容形式。篇章分析的第一阶段因而必须是对这两个实体加以区分。"①显然,这里叶尔姆斯列夫已经注意到了区分表达与内容、形式与实体对于篇章研究的必要性了。事实上,比利时著名的 μ 修辞学小组②在20世纪70年代就将叶尔姆斯列夫的语符理论延伸到叙述层(повествование),并提出了叙述的符号学结构:

	实体	形式
表达平面	小说、电影、连环画	叙述话语 (повествовательный дискурс)
内容平面	现实的或想象的世界, 现实的或臆想的历史	叙述本身 (собственное повествование)

(Группа μ,1998:301)

图表 23

韦谢洛娃③在此基础上,区分出了口头讲述(устные рассказы)两个平面的两个层次:内容的实体(材料)是叙述者的生活经验,这是概念化的第一层次;内容的形式(对材料的认知)表现在选择事件并将其按照生活的、时间的序次联系起来的过程中,即托马舍夫斯基(Б. В. Томашевский)所谓的题材(фабула④),这是概念化的第二层次;表达的形式(叙述用的材料)是所选择的

---

① 李幼蒸:《理论符号学导论》,社会科学文献出版社1999年版,第143—144页。
② 20世纪60年代末比利时法语区列日大学诗学研究中心的青年研究人员以索绪尔和叶尔姆斯列夫结构主义语言学为基础,在格雷马斯结构主义语义学的直接影响下,提出了一门结构主义的新修辞学。这个研究小组称为 μ 小组或列日小组,他们提出的一般修辞学理论相应地称为 μ 小组理论或列日小组修辞学。与企图使古典修辞学现代化的社会学方向和心理学方向不同,μ 小组一方面以叶尔姆斯列夫表达面与内容面二分法为基本框架,另一方面着眼于各种修辞学运作的形式特性,从结构语义学模型中获得操作性概念和方法,研究单元从传统的词级下降到意素级。(李幼蒸:《理论符号学导论》,社会科学文献出版社1999年版,第329页)他们提出的修辞学分类模型将一切修辞格纳入表达面的词级与句级两个层次以及内容面的语义和逻辑两个层次内,并在这四个层次的框架内划分出四类修辞学基本运作方式:减损法(detraction/сокращение)、增添法(adjection/добавление)、改变法(immutation/сокращение с добавлением)、转换法(transmutation/перестановка)。(Группа μ. Общая риторика. Благовещенск,1998:с.90—91)
③ И. С. Веселова, Событие жизни—событие текста. http://www.ruthenia.ru/folklore/veselova5.htm.
④ 托马舍夫斯基将生活中的事件在时间先后顺序上的联系称为题材(фабула),而将事件在篇章中的表征和联系称为情节(сюжет)。与此类似,戈尔什科夫将题材理解为作品中所述事件的总体,而情节则是作品叙述所呈现出的具有一定联系、处于一定秩序中的事件序列。(А. И. Горшков, Лекции по русской стилистике. М.,2000:с.111)

讲述这些事件的方式,即托马舍夫斯基所谓的情节(сюжет),包括以主人公为中心的情节和材料的其他情节化方式(如解释、简讯等),这是概念化的第三层次;表达的实体则是篇章具体的形态,即为各种诗学手法装饰过的事件的主要线索(如奇事、背叛、诽谤等),这是概念化的第四层次。显然,这里韦谢洛娃对口头讲述篇章表达形式层(情节)的理解着眼于篇章事件(событие текста),即事件在篇章中的体现,反映了篇章主体对事件的把握和处理方式;对内容形式层(题材)的理解则着眼于生活事件(событие жизни),即事件在生活中的体现,反映的是事件本来的存在方式。表达实体层和内容实体层分别是篇章的物质媒介类型和篇章所反映的对象世界。

可以看到,上述对篇章的层次划分局限于作为整体的叙述和口头讲述类篇章,但已足以反映出篇章的符号学分层特点。我们认为,上升到一般篇章的层次,并将表达和内容两个平面及其各自的两个层面分别置于聚合和组合两个轴向,即同时兼顾篇章的聚合—整体性特征和组合—连贯性特征在表达实体、表达形式、内容实体和内容形式四个层次上的表现,篇章的符号学分析才能完整地体现出应有的逻辑性和系统性。

第 二 章

篇章的聚合分析

　　从篇章的整体性(即聚合维度)来看,篇章是以第一模式系统——语言为基础,并辅以相关的其他符号系统构建而成的第二模式系统。此时,语言体系整个作为篇章的底层材料,与其他符号介质和篇章的载体一起构成篇章生成过程的备选材料库,与篇章生成中的选择过程相关,是形成篇章整体的系统性和意指性特征必不可少的实体材料。同时,这些材料在篇章内部的布局和构造显示出篇章的整体框架,突出了框架元素(或强位要素)的类型化特征,因而与篇章的类型属性相关。选择过程和类型属性体现的是篇章在聚合维度上的特性,这样,我们就把握住了篇章整体表达平面在聚合维度上的表现。与符号表达平面的实体层和形式层分别指向语音场域(即具有物理属性的语音实体、音素)和语音场域所体现出的关系(即抽象的音系结构)相对应,对于作为符号的系统构成物的篇章整体而言,表达的实体就是构成篇章的外部物质材料,以语言代码为中心,同时辅以相关的载体和符号介质,是可以直接感知到的物质实在;表达的形式则是外部材料所体现出来的结构关系和特征,表现为材料在篇章内部的置放原则和相互位置关系,我们称为内部构造。篇章整体的内容平面,聚合维度体现为内容成分的类聚作用,即在主题思想的影响下,篇章内容成分获得了某种内聚力,形成统一的聚合结构,这种聚合结构一方面在篇章与篇章外部世界间建立意指和呼应关系,体现为篇章中反映的关于篇章外部世界(现实世界或虚拟世界)的实指信息,另一方面在篇章内部形成纵深的语义层次结构和内容总体结构。与符号的内容实体指向符号外部的世界,内容形式指向以关系为特征的概念世界相应,上述的两个方面分属于篇章内容的实体和形式层次。内容平面实体层和形式层的区分实际上反映出人文科学认识论—方法论有关事实性和意义性这一总的对立观点。这样,我们认为,以篇章的类型属性为导向,关注篇章在表达和内容两个平面上的整体构成的分析属于聚合分析的范畴。

第一节　篇章整体的相关研究

20世纪60—70年代的篇章语言学囿于狭隘的语法和句法态度,往往将篇章视作一种线性单位,将篇章结构理解为篇章各个部分及其相互关系的总和,因而仅仅满足于将篇章这条"线状物"分解成各个部分,进而研究这些部分间的联系。正是看到了这种观点的局限性及篇章结构的多维性和篇章范畴不同于语言系统范畴的特殊性,奥金措夫给出了一个示意图表来揭示篇章结构的复杂性:[①]

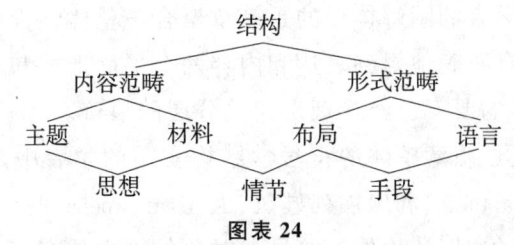

图表 24

B. B. 奥金措夫认为,篇章结构最基本的范畴是内容和形式范畴。内容范畴包括两个概念:主题和纯粹的内容材料。其中,内容材料是指主题具体的展开过程,是用于揭示主题的现实材料,是在言语中被加工的事实和现象;非文学篇章中主题通常是需要扩展的论题,同一个主题可以通过不同的材料来揭示。形式范畴也由两个基本概念——布局(композиция)和语言组成。这四个概念相互作用、相互联系,从而催生了一系列相关的概念:主题和内容材料两个概念相互作用,形成了篇章的思想(идея);内容材料和布局两概念相互联系,形成的是情节(сюжет);布局和语言相互联系,产生的是手段(прием)。显然,奥金措夫眼中的篇章结构并不如传统理解的那样仅仅是篇章的纯形式指示,而是篇章基于整体性、多面性和多维性的一种综合体现。

戈尔什科夫认为奥金措夫的篇章结构图式没有区分材料范畴是现实材料还是语言材料,并且没有将语列(словесный ряд)、构造(архитектоника)和作者形象(образ автора)等重要的篇章范畴纳入进来,因而对后者的图式做了一

---

① В. В. Одинцов, *Стилистика текста*. М. ,1980:с. 43.

定修改和补充，将篇章表达和内容两个平面的要素图解如下：①

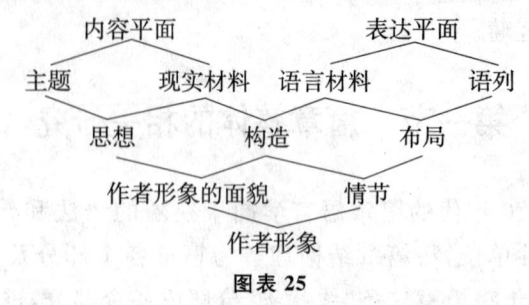

```
         内容平面              表达平面
      主题    现实材料    语言材料    语列
           思想    构造    布局
         作者形象的面貌    情节
                  作者形象
```

图表 25

上述两位篇章理论家已经开始区别和关注篇章的表达平面和内容平面，虽然他们只是轮廓性地展示了复杂的篇章结构，但这足以突出篇章符号学理论重要的两个范畴——篇章的表达平面和内容平面。结合上一章的分析，我们可以看到，两位学者的图解体现的是篇章聚合—整体性方面的一些特点，同时，虽然他们并没有明确地提到表达和内容两个平面形式和实体的分层，但其列举的这两个平面的要素已经显现出相关分层的痕迹。

在更进一步接近篇章整体的符号学结构实质的学者中，应该特别提到贡恰连科（В. В. Гончаренко）和申加列娃（Е. А. Шингарева）两位学者。他们在谈到篇章的符号学结构时，认为作为符号学对象的篇章具有四个方面的特点：物质方面、语用方面（语用学）、内容方面（语义学）和表达方面（语形学）。篇章的一级符号化过程关涉到其中的三个方面：物质方面、内容方面和表达方面。三个方面的关系可图示如下：②

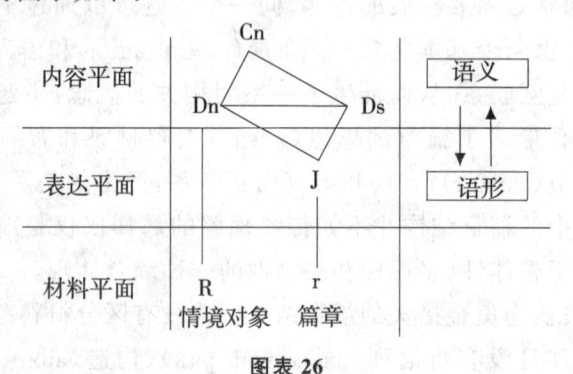

```
              Cn
   内容平面   Dn      Ds         语义
                                  ↓↑
   表达平面         J             语形

   材料平面    R       r
            情境对象   篇章
```

图表 26

---

① А. И. Горшков, *Лекции по русской стилистике*. М., 2000: с. 182.
② В. В. Гончаренко, Е. А. Шингарева, *Фреймы для распознавания смысла текста*. Кишенев, 1984: с. 66.

如图所示,篇章的内容方面,即语义方面包括三个层次:Dn—类指(денотат),是实指的抽象的思维形象,它没有分解为特征,反映的是关于实指的抽象概念,这是内容平面之一;Ds—涵指(десигнат),即以一组积分性和微分性特征的形式体现出来的类指,这是内容方面之二;Cn—伴指(коннотат)是实指的情感—评价特征,这是内容方面之三。表达平面体现为J—名称(имя),即语形方面,是保存在语言集体大脑中的篇章物质外壳(词、句子)的形态—句法形象。物质方面分为两个部分,一部分为R,即对象实指(предметный референт),指纳入具体情境的现实世界的物质对象,另一部分为r,即信号实指(сигнальный референт),指表现为词、词组和句子的线性序列的篇章的物质外壳。可以看到,这两位学者在对篇章的一级符号化过程进行分析时独立出了物质平面,并将表达方面和内容方面分别与语形方面和语义方面对应起来,从而建构起在一级符号化过程中形成的篇章的符号学结构。很显然,两位学者对篇章一级符号化过程的分析已经比较明显地反映出篇章的符号学分层特点:这里物质方面包括的信号实指和对象实指分别体现的是表达平面和内容平面的实体层,而这里的表达方面(语形)和内容方面(语义)则相当于篇章符号学结构中表达平面和内容平面的形式层。

至于语用方面,两位学者认为,语用方面(P)出现在将符号学对象纳入二级符号化过程时,这时才真正实现着作者向读者传递信息的过程。此时,语用学因素渗透到一级符号化过程中的所有成分中,可图示如下:

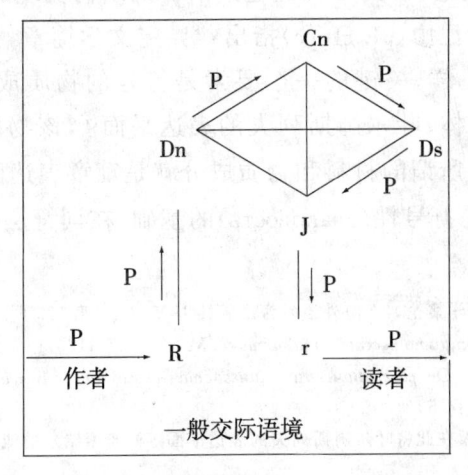

图表 27

应该说,这里提到的几位学者的研究针对的都是篇章整体,这些研究表明,对篇章整体的符号学分析应该着眼于表达和内容两个平面及形式和实体两个层面,而且相关研究已经开始显示出这种方法的适用效力,这为我们对篇章进行聚合分析提供了强有力的理论支撑。

第二节 篇章整体表达平面的实体层——外部材料

对于建造任何一种东西(木房或砖瓦房)而言,材料的价值都是不言而喻的,与此类似,材料对于篇章的意义也是毋庸置疑的。在篇章的认知学研究所勾画出的与语言使用(即篇章的生成——本书作者注)有关的知识结构的构成(结构部分、策略及规则操作部分、材料部分)中,也特别强调材料部分的重要性,认为三者的关系为:结构部分好比造房屋时所搭的框架,材料部分好比建筑材料,而策略及规则部分就像建造房屋时搭建房屋和使用建筑材料的种种具体方针和步骤。[1] 维诺格拉多夫在 20 世纪 20 年代的著作中特别强调作为构成材料的篇章的语言结构对于文学作品的重要意义。日尔蒙斯基在《诗学的任务》(1919—1923 年)一书中也十分强调材料对于作品的重要性,他写道:"在诗学中我们与之打交道的不是一般意义上的情节和结构,而是特别的主题和布局事实——表现在词中的情节和词汇材料的结构构成;音乐和绘画的结构不能脱离开特别的艺术材料而进行单独的研究,诗学结构也一样。"[2]洛特曼指出,在语言艺术中内容的结构是通过语言的结构实现的,并构成统一复杂整体。[3] 匈牙利学者尼廖(Л. Нирё)指出:"界定文学篇章,如同界定包含信息的其他任何构成物一样,关键的一个要素是符号的物质成分,即索绪尔的能指、皮尔斯的符号载体、叶尔姆斯列夫的表达平面[4],该物质成分是符号存在的必要条件。"[5]这里所谓的材料和物质成分就是篇章表达面的实体层。

符号的物质性是符号性(знаковость)的基础,在词符层体现为书写单位或

---

[1] 熊学亮:《认知语用学概论》,上海外语教育出版社 1999 年版,第 126 页。

[2] А. И. Горшков, Лекции по русской стилистике. М. ,2000;с. 113.

[3] Ю. М. Лотман, О разграничении лингвистического и литературоведческого понятия структуры. //ВЯ,1963,No3;с. 52.

[4] 值得强调的是,尼廖在此将叶尔姆斯列夫的表达平面等同于索绪尔的能指,严格说来,他这里指的仅仅是表达实体。

[5] Л. Нирё,О значении и композиции произведения. //Семиотика и художественное творчество. Отв. ред. Ю. Я. Барабаш. М. ,1977;с. 138.

发声单位的形态,这是显而易见的。上升到篇章层次后,巴赫金认为,话语是最能表现符号的特性的,话语不仅是一种独特的意识形态现象,而且"是最纯粹和最巧妙的社会交际手段",它是人的内部生活即意识的符号材料。① 但对于篇章层次来说,什么是符号的载体这一问题,回答起来就并不是那么容易了。我们认为,作为篇章表达平面的实体层(即符号性的物质层面),篇章的外部材料关涉到语言代码、载体属性和其他符号介质等方面。将其置于篇章的聚合维度,是因为这里的外部材料一方面反映的是篇章整体的物质表现和构成,另一方面突出的是整个材料库在篇章生成过程中的备选地位。应该强调的是,篇章表达面的实体层作为篇章符号性的体现,具有客观性和物质性价值,同时,与内容平面的要素,包括语用要素具有密切的联系。对此,切巴诺夫(С. В. Чебанов)和马尔特年科(Г. Я. Мартыненко)指出,表达平面的物质性同语用情境之间是有机的不可分割的关系,说话人的发音特点、印刷装帧的特色、电脑形形色色的表现手段都能反映有关篇章作者的一些信息;此外,文字和超音质标记还是分离描写类篇章意义单元的有效手段。② 可见,这里体现出了上面讲到过的贡恰连科和 E. A. 申加列娃两位学者提出的有关篇章二次符号化过程中语用因素能够渗透到物质、表达、内容所有方面的成分当中的观点。

1. 语言代码

篇章不管多么复杂,篇章这样的"上层建筑"和宏观单位总是建构在语言材料这一基础之上的,即产生于语言事实,并最终归结为语音、词汇和语法表现,归结为语言材料的客观现实性。巴赫金在《文学作品的内容、材料与形式问题》(Проблема содержания, материала и формы в словесном художественном творчестве)一书中指出:"语言之于诗歌,就像语言之于认识和伦理行为一样,就像语言在法律、国家等领域的客观化一样,只是一种技术因素。正是在这一点上可以判定,语言对诗的意义,与自然科学的自然(物理数学的空间、物质,声学中的声音等等)作为材料(而不是内容)对造型艺术的意义,两者是完全一样的。"③语言事实的符号载体具有最为直观的物理现实性,如书写单位和发声单位,以此为基础,篇章的表达实体即是语言代码。

---

① 巴赫金:《巴赫金全集》(第一卷),河北教育出版社 1998 年版,第 29 页。
② С. В. Чебанов, Г. Я. Мартыненко, Семиотика описательных текстов. СПб. ,1999:с. 57.
③ 巴赫金:《巴赫金全集》(第一卷),河北教育出版社 1998 年版,第 345—346 页。

作为篇章表达实体最直观的方面，篇章整体上的语音概貌和超音质特征对于篇章具有重要的符号学研究价值。语言系统中的语音单位从低一级到高一级依次为音素（звук）、音节（слог）、语音词（фонетическое слово）、语音段（синтагма）、语音句（фраза），在篇章整体的表达实体中，这些语音单位连同韵律、节奏、停顿、重音、语调等超音质特征甚至音高、音强、音长等物理声学性质构成了篇章的语音结构，对篇章的内容方面有重要的影响。应该强调的是，篇章的语音面貌是以书面文字符号的形式记录下来的，这里关系到篇章表达实体的视觉形态和听觉形态的对应关系。声音实体的一些副语言特征在书面形式的篇章中是以语词解释、简短的定义、标点符号、语词描述等方式体现出来的。关于篇章中声音成分的作用，洛特曼曾指出："在通常的语言联系不够充分或缺乏理据的地方，音位联系表现得尤其集中。反之亦然，篇章中形态句法秩序清楚的地方，音位上的秩序性就被削弱了。"① 不管是何种声音处理技巧，终归是要在篇章整体性特征的整合下，表现为篇章表达实体层中音素或音组的复现，从而形成篇章的主导音型，表达一定的情感意义。现代俄语篇章中，语音的情感意义集中表现在诗歌、演说、广告等篇章类型中。

在语音之外，一般认为语言代码主要包括词汇和语法两个部分。就我们上面提到过的俄罗斯科学院斯拉夫学研究所类型学和比较语言学研究室的研究而言，词汇，包括具有事物意义的实词和只表示关联意义的转换词（如代词、语气词、冠词、感叹词、连接词等具有交际指向意义的虚词）成为了学者们考察篇章中的语言单位时关注的中心问题，而语法部分，包括词法和句法范畴系统在他们研究中的地位则远远不及词汇，而只是在与其他系统或与非语法层次的对比过程中其应有的研究价值才得到学者们的重视。原因在于，该方向的研究者认为："隐藏于语法范畴系统后的'世界模式'的完整图景、任何一种语法体现的精神内核（менталитет）还没有被揭示出来；因而，严格说来，我们经常并不知道选择这样或那样的语法形式意味着什么（而正是选择创造着篇章的结构：篇章同人一样，它只是在没有严格规定性的实现规则的地方才能展现自我）。"② 应该看到，研究者对语法的漠视与他们所关注的多是更接近古老传

---

① Ю. М. Лотман, *Анализ поэтического текста：структура стиха*. Л.，1972：с.64.
② Т. М. Николаева, *От звука к тексту*. М.，2000：с.435.

统、更贴近篇章的原初形态的民俗类或诗歌类篇章有关,相比较而言,这些篇章的语法化程度远不如现代的篇章高,语法的显著性和规定性也不如现代的篇章强。这样,篇章表达实体层上可见的语法性甚至可以成为篇章类型的一个标记,尼科拉耶娃就曾指出:"被看做一个整体的篇章使建立在接触基础上的意思的并置成为可能;不管看起来是多么荒谬,文学篇章更接近于表述的古老形式。此时模式化的关系及其语法性的'铸型'还没有出现。更准确地说,篇章的维度越多,其本身的句法基础就越显得无关紧要;形式化和模式化的篇章,如公文类篇章,实际上已经被句法化了。"[①]

毋庸置疑的是,任何篇章的构筑都离不开作为建筑材料的词汇和作为建筑骨架的语法,但篇章程式化程度的高低仍然可视为篇章对语法或词汇依赖性程度高低的一个指标。从历史发展过程中篇章对语法和词汇这两种语言代码的取向态度和依赖程度的演变过程来看,具有职业性特征的篇章(包括公文事务类、科学类、报刊政论类等各种类型的篇章)更像是原始篇章发展的结果,是篇章发展新阶段的产物,篇章整体对于语法的依赖程度要更高一些,因而对其内容的把握往往更多地依靠对体现为语法关系的逻辑联系的分析;而文学篇章则是向着原始篇章的一种回归,如其中的很多意义成分和核心内容完全由词汇所承载,常常可归结为原初形态的二项对立——свой/чужой（自己的/别人的）、внешний/внутренний（外部的/内部的）、жизнь/смерть（生/死）、прошлое/будущее（过去/将来）、человек/природа（人/自然）、свет/тьма（光明/黑暗）、веселье/туга（快乐/悲伤）等等,从而更易从词汇分析的角度来把握篇章的整体内容。

2. 篇章载体属性

篇章的存在必然以一定的媒介形式为依托,后者构成了篇章的载体属性。如科技类篇章可能出现在期刊、论文集、磁盘、互联网等媒体平台上,媒体的属性在一定程度上会影响到篇章的实体表现。我们以自发性的书面篇章(естественный письменный текст)为例。

自发性的书面篇章,指体现为书面形式的、自发性的、在非职业性的言语活动过程中形成的篇章。这类篇章有很多,如通知、明信片、书信、便条、电脑

[①] Т. М. Николаева,*От звука к тексту*. М. ,2000:с. 436—437.

聊天、当代粗刻(如墙上、教室、入口处、电梯间、厕所里、岩石上);相册和杂志上的手写寄语、各类贺词(如相册、贺卡、礼物或照片上的赠语和字句等)、回忆录、日记、生平笔记、手写家谱、纪念册;履历、声明、说明;黑板上的笔记、发言稿、各类提纲、测验卷、作文、书面转(复)述、草稿;岗位日志、值班日志、意见和建议簿;记录本、带有记录的台历、周志;家庭支出笔记、计划、菜谱、咒语、祈祷文等等。这些类型的书面篇章一般不会被当作语言学的研究对象,因而很少有人研究。然而,对于这类篇章而言,篇章的物质性实体显得尤为重要,符号表达方面的物质性和事物性是这类篇章交际符号学模式①的两个最为重要的特征之一,另一特征是模式中所有成分的交际性。②

篇章中符号载体的物质性本质使之区别于自然性的口头言语(естественная звучащая речь,是通常意义上的体裁研究的对象)和人为的书面言语③(искусственная письменная речь,指职业性的书面言语活动,其产物为通常所研究的文学篇章、报刊政论篇章、公文篇章、科技篇章等),因为对后两者而言,符号的载体特性远远不及前者重要。如明信片上的寄语一般写在专门的格式纸上,这就规定了信息的分布位置、信息的容量、篇章的开放性、规约性的主题、风格和结构等。与此类似,符号载体的物质实体(如纸片、墙壁、书桌、岩石、树干、栅栏、门框、台阶、窗户等)一方面制约着交际的发展空间,这往往有悖于作者的本意,如作者本来可能想在明信片上要写更多的祝语,但囿于空间所限,他不得不放弃原先的计划;另一方面,它作为这类篇章的一个固有属性也为交际者所认知,因而作者在写作过程中会注意到这一

---

① 列别杰娃(Н. Б. Лебедева,2001:52—55)认为这类篇章的交际符号学模式由以下 12 个参数组成:作者(Кто);目的(Зачем);接受者(Кому);符号(Что,包括内容和形式两方面);符号的线条——空间特征(Как);符号的书写工具和材料(Чем);符号的物质载体,即实体(На чем);实体的载体,即载体的储藏所(В чем,На чем);交际的环境——空间、自然和社会环境;交际的时间,指篇章创建和接收间的时间间隔(Когда);交际的进程;社会评价。

② Н. Б. Лебедева, *Жанровая модель естественной письменной речи* (*коммуникативносемиотический аспект*). //Интерпретация коммуникационного процесса:межпредметный подход. Отв. ред. А. А. Стриженко. Барнаул,2001:с. 48.

③ 什梅列夫(Д. Н. Шмелев)曾将语言的使用领域归纳为三种:不与专门的选题相关的直接交际、在严格限定的选题框架内的语言运用、美学性的语言运用。相应地,所用的语言分别为口头语言(разговорный язык)、专门语言(специальный язык)、文学作品的语言(язык художественной литературы)。其中的专门语言与科学语体、公文事务语体、政论语体和报刊报道语体相联系。(А. И. Горшков,*Лекции по русской стилистике*. М.,2000:с. 95)

特点。

　　同时，篇章作为一种客观存在物，必然会占据一定的媒介空间，具有一定的边界，这也是洛特曼多次强调过的。因此，边界的标示物构成篇章整体在表达实体层上的一个重要方面。对此，卡缅斯卡亚曾引入一个概念——界标（демаркаторы）来加以说明，所谓界标，是指"用来指示自身所处位置就是某种边界的书面性的或超音质性的（口头言语中）符号，该边界符号使篇章的一部分区别于另一部分或者使一个篇章区别于另一篇章"。[①] 界标可分为篇内界标和边界界标。

　　从历史形成的角度来说，边界界标要先于篇内界标，因为前者在古时石板和黏土制牌匾上书写篇章的时代就以边框的形式出现，在羊皮制手稿卷中则以首尾形式出现。现阶段，用作篇章的边界界标的则是封面、扉页等物质实体及特别的词汇和表达法等书写语言实体。篇章的开头一般是用特别的字体类型、放大的字间距和行间距、下划线、排松等手段进行区别的标题。日记体篇章开头会有日期，私人或公务信件开头会有称谓语，科学论文会以特别的方法对篇章的开头进行标示，如 Глава I（第一章）、Часть I（第一部分）等。篇章的末尾也经常采用特别的符号手段来表示，如线条、一个或三个星号等，或者采用特别的书写语言实体，大致可分为以下几类：直指篇章已经结束，如使用"конец"（结束）一词；标明作者，这在报刊文章中比较常见；指明篇章写作的时间和地点；指明篇章的来源，如译文注明来源语种信息等。而篇内界标的出现和推广则是由外部世界的连续性和认知过程的离散性之间的矛盾性所决定的，也是为了适应提高篇章理解和处理速度的要求。其早期的书面形式包括另起行，新段落首字母或第一个单词使用特别的外形或字体以及星号、线条等特别的符号。现在则广泛使用首行缩进、组合性的分项、分节、分章符号等进行篇内分界。像篇内界标这类篇章内部的各种书面处理手法[②]，包括书面格式和格局，作为篇章表达实体的组成部分，在体裁区分和构建过程中也起着重要的作用。"如果在植物分类描述篇章中没有段落缩进，部目的名称不用缩小

[①] О. Л. Каменская, *Текст и коммуникация*. М., 1990: с. 84.
[②] 包括段落缩进、行距拉开或缩减、单词排松、字体选择（黑体、斜体）、加下划线、分项列举、分栏等各种篇章处理和排版手段。

的铅字加以标示,篇章开头和结尾处的行距不拉开的话,那么在将这样的篇章归入植物分类描述篇章时就很可能会引起疑问。"①

总的说来,表现为篇章置放的载体媒介类型及篇章在该媒介中的空间存在格局(由两种界标标示符表示)的篇章载体属性体现的是篇章表达实体的一个重要方面,它关涉到篇章的存在场所和所占据的空间范围,与篇章的整体性相关。

3. 其他符号介质

书面篇章中各种符号介质的共存也是一个显而易见的事实。如科学篇章的一个重要特点就是包含着各种符号系统,即除语言代码外还有各种专业符号、图文材料、表格、各种公式等符号元素存在。各种符号成分在表达本质相同的概念和语义时,也进入到不同的关系之中,包括聚合关系、组合关系、整体化关系等,这保证了表述的内部完整性和其形象认知方面的充分性。各种符号和象征在科学篇章中的存在体现了篇章的多功能性。一般而言,科学篇章的前言部分较少使用到非言语符号系统,而正文部分的论证过程往往会伴随有大量各种各样的符号系统:形式化的符号系统、言语符号系统、图符系统等。在信息化和互联网时代,多种符号介质(如声音、图像、文字等)在电子篇章中的共存已经成为一种日益普遍的现象。

俄罗斯符号学界将有各种符号介质并存的篇章称为混合型篇章(крео-лизованный текст),这类篇章中除了包含有传达信息所必需的言语表达手段外,还借助各种象似符,如图画(包括照片和图案)、线条画、示意图、表格、轮廓图、公式等非言语手段。根据言语成分和象似成分的相对关系、自主程度、比例分配及其在篇章中的功用,可将混合型篇章分为部分混合型篇章(тексты с частичной креолизацией)和完全混合型篇章(тексты с полной креолиза-цией)。②

部分混合型篇章的特点是言语成分(вербальные компоненты)具有语义上的相对自足性,象似成分(иконические компоненты)则是可选的。这类篇章在报刊、科普和文学作品中较为常见。相对于言语成分而言,最为独立的莫过于

---

① С. В. Чебанов,Г. Я. Мартыненко,*Семиотика описательных текстов*. СПб. ,1999:с. 61.
② Е. Е. Анисимова,*О целостности и связности креолизованного текста* (к постановке проблемы). //ФН,1996,№5:с. 75.

文学篇章中的文学形象插图。提供插图的艺术家虽然在创作目标上同作品的作者是一致的，也遵循作品的情节结构，但作为一个创作主体，他在插图中不可避免地会表现出自己对所绘对象的理解和认识。作为对言语成分和文学形象的诠释，这样的插图往往获得了较为独立的地位，甚至隐蔽言语手段所刻画的形象，从而深刻地影响着读者对文学作品的理解。如别努阿(А. Н. Бенуа)为普希金(А. С. Пушкин)的《青铜骑士》，弗鲁别利(М. А. Врубель)为托尔斯泰(Л. Толстой)的《安娜·卡列尼娜》和莱蒙托夫(М. Ю. Лермонтов)的《恶魔》，冈察洛夫(А. Д. Гончаров)为陀思妥耶夫斯基的作品，瓦斯涅措夫(Ю. А. Васнецов)为儿童书籍《拉杜什卡》和《虹—弧》等文字作品所做的插图。[①] 这些插图本身已经独立于文学作品之外，成为了经典的艺术作品。

而完全混合型篇章中，象似成分与言语成分之间是语义共存关系，二者之间的联系更为紧密，言语成分完全依赖于图画等符号元素，后者构成篇章的必要成分。这种情况在广告(реклама)、漫画(карикатура)、招贴(плакат)、通告(объявление)以及科学类特别是科技类篇章中尤为常见。如在科学类篇章，特别是科学技术类篇章中，象似成分与言语成分起着同样的认知作用(与言语成分相比较而言，这类象似成分常常具有明显的优越性)，对于理解篇章来说是不可舍弃的认知实体，主要包括公式、象征示图、线条画、表格、技术示图、几何轮廓及其他一些形象成分，这些均构成篇章重要的布局成分，与篇章内容紧密相关。更有甚者，在很多情况下，文字表述在有些科学技术类篇章(如数学演算类篇章)中只是起一种衔接和框架作用。

第三节　篇章整体表达平面的形式层——内部构造

1. 关于内部构造

按照叶尔姆斯列夫的语言结构层次说，无论表达层还是内容层，其形式即结构之意。具体而言，这就是对立的、相关的和否定地规定的诸元素之间的关系。[②] 巴赫金认为："形式应从两个方面去理解、去研究：(1)从纯审美客体内

[①] Н. С. Валгина, *Теория текста : учебное пособие*. М., 2003: с. 194.
[②] 李幼蒸:《理论符号学导论》，社会科学文献出版社1999年版，第141页。

部，这时它是建构形式，它的价值在于表现内容（可能事件），并从属于内容；（2）从作品的整个材料布局内部：这是对形式的技术方面的研究。"①很显然，这里巴赫金与叶尔姆斯列夫一样，认为应将形式问题置于表达和内容两个平面上予以考察。在表达平面，篇章的形式表现为符号成分在篇章表层的连接系统和形式布局（формальная композиция）。由于它体现的是外部材料在篇章整体内部的组织框架，我们将其称为内部构造（внутренняя архитектоника②）。值得一提的是，早在20世纪20年代，维诺格拉多夫就曾强调过篇章在构造上的整体性和统一性，并将该观念扩展至具体的篇章和不同的言语形式、言语类型和言语语体，认为篇章的类型首先是某种构造上的体系。因此，一些篇章类型可以描述成带有确定的框架和封闭性结构、具有完全确定性的和程式化的构造类型的篇章，公文篇章、科学论文、一些体裁类别（如童话）的文学篇章等均属其中。我们这里谈的构造反映的大致相当于莫斯卡利斯卡亚提出的三种整体性③中的结构整体性，我们又可称之为形式完整性（цельнооформленность）。

对于篇章整体上的内部构造，荷兰语言学家迪克提出了超结构（super-structure/суперструктура）的概念来加以解释，并以此做出篇章类型划分的标志，也有学者用语篇程式④（textual schema）来表示类似的概念。所谓超结构，是指标志某一文本类型的总体性结构，它独立于篇章的内容，反映篇章构成形式方面的总体特征，由一系列抽象出来的范畴和规则构成。迪克指出："一个超结构即一种文本形式（textform），其对象——主题，即作为文本内容的大结构。因此必须独立于通信情景来报导种种'文本形式'中的同一结果。……一种超结构反映在文本结构上。因此超结构是一种与文本相符合的图式。它作为生产性图式意味着：'我现在将讲一个故事'，而作为解释图式它意味着，读者不仅知道文本与何有关，而且首先知道它是一个故事文本。这是文本生产

---

① 巴赫金：《巴赫金全集》（第一卷），河北教育出版社1998年版，第356页。
② архитектоника 一词源于希腊语 architektonikē，原意指建筑艺术。
③ 另外两种整体性是意思整体性和交际整体性。
④ 篇章的认知研究表明，语篇程式是心理图式的一部分，是知识结构中的语篇形式部分；语篇程式是鉴别语体的主要依据，叙事语体、论证语体、说明语体、新闻语体、会话语体等都各有自己的程式特点。美国耶鲁大学人工智能研究中心的"快速理解和记忆"（FRUMP）研究小组的研究还表明，大约50%的新闻故事是程式化的，而纯新闻语体的程式化程度，几乎达到了80%。（熊学亮：《认知语用学概论》，上海外语教育出版社1999年版，第126页）

中的超结构的认知方面……一个超结构即一种抽象图式,它确定了一文本的整个秩序,它由一系列范畴组成,后者的可能组合基于约定的规则。"① 在迪克看来,超结构是文本类型的标记,超结构的类型学就是篇章的类型学。他借用生成语法的分析方法和树形图模式依次对三种篇章的超结构类型做了研究:叙事结构、论证结构和科研报告结构。如他将论证结构的篇章图示如下:②

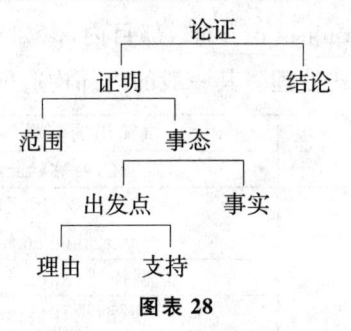

```
              论证
         ┌─────┴─────┐
        证明          结论
    ┌────┴────┐
   范围       事态
         ┌────┴────┐
        出发点     事实
     ┌───┴───┐
    理由    支持
```

图表 28

迪克的超结构从概念和定义上来讲与我们理解的篇章的内部构造是基本等价的,但他在运用超结构概念来对篇章进行类型描述时,实际上是结合语义、修辞和风格结构来进行考察的,这种考察源于两千多年前古希腊哲学家和修辞学家从诗学和修辞学角度对诗歌、戏曲、法律、政治等语体的研究。迪克针对论证篇章所做的结构示意图已经脱离了我们理解的内部构造的实质,而进入到了内容平面,以篇章的逻辑语义线索为主导来建构所谓的篇章的超结构图。

贡恰连科和申加列娃曾提出用语言学框架(лингвистический фрейм)的概念来解释科技篇章意思的认知和记录过程。不同于指向具体情景的情景框架(ситуативные фреймы),语言学框架反映出对于一定的语言集体而言描述情景的典型方式。每一个职业性的语言集体都掌握着描述外部世界的规范,后者构成语言学框架的基础。换言之,语言学框架规定了在一定的职业群体中为描述外部世界的某个板块(情景和参与其中的对象)而通常采用的类型篇章(如专利篇章、论文、摘要等)的规范脚本。③ 可以认为,篇章的内部构造是篇章语言学框架的重要组成部分,它从总体上规定了篇章的形式类型。我们以

---

① 李幼蒸:《理论符号学导论》,社会科学文献出版社 1999 年版,第 378 页。
② 同上,第 381 页。
③ В. В. Гончаренко, Е. А. Шингарева, Фреймы для распознавания смысла текста. Кишинев, 1984: c. 14.

俄罗斯专利描述类篇章(текст патентного описания)为例。作为一种特殊的体裁,专利篇章在语言表达方面较少受到严格的限制,限制主要集中在名录—构造方面,即内部构造必须表现为法律所规定的强制性的程式结构,必需的主题部目(тематические разделы)清单要完整并且按照规定的顺序排列。专利法规定了专利篇章的超句划分和篇章各个部分在纸面上的分布标准,各个部目的区分要借助段落缩进(абзацный отступ),部目内部(如对发明的描述)的条目则采用分项(рубрикация)方式处理。其一般的内部构造可列图表如下:①

图书分类部分 (библиографическая часть)	供输出的资料(выходные данные)
	发明的名称(название изобретения)
引言部分 (вводная часть)	运用的领域 (указание области применения)
	原型描述(характеристика прототипа)
	原型批评(критика прототипа)
	发明的目的(цель изобретения)
基本部分 (основная часть)	发明的实质(сущность изобретения)
	对完成样本的描述 (описание вариантов выполнения)
	技术—经济效益 (технико-экономическая эффективность)
	对发明的描述 (формула изобретения)

图表 29

专利篇章的这种构造一方面是由法律的强制性规定所要求的,另一方面也有其逻辑—语义方面的原因:先说发明的目的,再谈达到该目的的手段;先描述原型,然后才能对其进行批评;先描述结构,然后才能讲其技术—经济效益。专利篇章的这些特点使之与最为古老的篇章类型——童话故事在内部构造上具有一定的可比性,各个部目的排列及其相互关系与童话中功能的排列及其相互关系具有某种对应性,两种类型的篇章不仅以典范形式存在,还可以有各种变体,篇章成分具有足够自由的位移空间,等等。

2. 内部构造的类型属性和强位要素

篇章的内部构造体现出很强的类型属性,属于一定类型的篇章其构造往

---

① С. В. Чебанов, Г. Я. Мартыненко, *Семиотика описательных текстов*. СПб., 1999; с. 241.

往具有整齐划一,甚至是模式化的特点,公文信函、科研报告、信息查询词库等公文或科技类篇章,十四行诗、戏剧等体裁类型的文学篇章就具有很强的程式化构造特点。我们很难想象,没有进行分项列举的篇章会成为产品的说明书,没有称谓和结束语的篇章会被视为书信类篇章。

言语情景的类型决定着具体的交际模式,即在每一个言语情景类型的框架下形成了标准的言语实现形式,言语行为的陈规性和篇章的类型属性都反映在篇章的内部构造中。如植物的分类描述篇章(тексты таксонических описаний)有名称(название)、图例索引(ссылка на изображение)、同义名称(синонимика)、类型(тип)、描述(характеристика)、生长地(местообитание)、普及性状况(распространение)、所在地(местонахождение)、材料(материал)、比较(сравнение)、备注(примечание)等部目。这样看来,确定体裁间区别的基本因素是篇章结构的规定性程度,对于科技语体类篇章来说,这种规定性程度在从结构构造和语言手段选择上都严格典范化的专利描述体裁到不受语言运用上的严格规定性局限的科普体裁的范围内浮动。①

从这个意义上来讲,体裁就是某类篇章的固定构架(каркас),规约性或陈规化的篇章体裁,其内部构造在其诞生之初直接参与了篇章意义的创建过程,但一旦固化为主导性的惯例之后,就失去了表意功能,或者更准确地说,失去了个别意义,而体现为一种类型意义。这种类型意义尤其体现在篇章的强位(сильная позиция)要素,即篇章的框架成分②中,标志篇章内部构造完整性的强位要素主要有篇章的标题、开头和结尾③等。

作为篇章的强位要素,标题是篇章内部构造的重要组成部分。加利佩林

---

① С. В. Чебанов, Г. Я. Мартыненко, *Семиотика описательных текстов*. СПб., 1999:с. 19.

② 在文学作品中,框架和框架成分一方面是作者将诗学现实与日常世界区别开来的标志,另一方面是表达作品整体内容最重要的手段。(И. А. Каргашин, *Начало и конец лирического текста.* //Логический анализ языка:семантика начала и конца. Отв. ред. Н. Д. Арутюнова. М., 2002:с. 426)

③ 值得一提的是,我国文章学向来也强调篇章开头和结尾的重要性。刘勰认为:"启行之辞,逆萌中篇之意;绝笔之言,追媵前句之旨。"(《文心雕龙》章句第三十四)白居易认为:"首句标其目,卒章显其志。"(《新乐府序》)陶宗仪讲道:"乔梦符博学多能,以乐府称,尝云:'作乐府亦有法,曰凤头、猪肚、豹尾六字是也'。大概起要美丽,中要浩荡,结要响亮。"(《南村辍耕录》)谢榛说道:"凡起句当如爆竹,骤响易彻;结句当如撞钟,清音有余。"(《四溟诗话》)宋朝李涂也讲道:"文字起句发意最好,李斯上秦始皇逐客书起句,至矣、尽矣,不可以加矣。"(《文章精义》)清朝李渔道:"开卷之初,当以奇句夺目,使之一见而惊,不敢弃去。"(《闲情偶寄》)林纾道:"为人重晚节,行文看结穴。……大家之文,于文之去路,不惟能发异光,且长留余味。"(《春觉斋论文》)洪迈讲道:"一篇之妙,在乎落句。"(《容斋续笔》)

为解释篇章的完整性(завершенность)范畴而寻找篇章的共有特征时,他首先想到的就是篇章的标题。他认为:"各种样式、各种体裁、各种类型的篇章,绝大多数都有标题,这些标题或明显、具体,或隐蔽、隐含地表达篇章创建者的基本意图、观念、主观概念(концепт)。例外的只是个人书信类、回忆录等类型的篇章。即使在这些类别的篇章中,也隐含地存在着一个一般性的标题,可以暂时用语言表达为——Вот что произошло за истекший период времени (со мной, с нами, с обществом)(这就是在过去的一段时间〈我、我们、社会〉所发生的事情)。可以毫不夸张地说,标题存在于每一个提笔创作的人的意识当中。标题是压缩过的、没有展开的篇章内容。"① 关于标题的重要作用,一些经典作家纷纷谈到自己的看法,如契诃夫(Чехов)认为"整个实质都在书的标题中"、Л.托尔斯泰要求"标题应源自小说的内容"。心理语言学家维戈茨基(Выготский)认为:"标题被赋予小说,这当然不是毫无意义的,它揭示出最重要的主题,标示出决定小说整个布局的主线。这个由基督耶稣纳入美学领域的概念是很富有使用效力的,没有它则绝对无法分析任何事物。"②

总体上来说,标题实质上包含着两种功能,即外在的称名功能和内在的述谓功能,加利佩林曾将其比做一个"旋紧的弹簧",在篇章的扩展过程中释放自身的潜能。这样,标题使该篇章与其他篇章相分隔和区别,主题性、浓缩性地显示篇章的主体内容,赋予篇章以完整性特征,并能代表篇章本身,标题这种鲜明的组篇功能③使得它在一定程度上能显示出篇章的类型属性。如自述体诗歌④(стихотворный сказ)的标题常常带有的 песня(歌曲)一词往往就能显示出这类篇章的体裁类型,如格林卡(Ф. Глинка)的 Солдатская песнь(《士兵之歌》)、布留索夫(В. Брюсов)的 Песни первобытных племен(《原始部落之歌》)。一般而言,科技类篇章的标题或者即时地揭示篇章的本质,或者指出思

---

① И. Р. Гальперин, Текст как объект лингвистического исследования. М.,1981:c. 133.
② 同上,c. 133.
③ 此外,标题的主要功能还有信息—称名功能、情感—评价功能和广告功能。加利佩林按包含于其中的内容—概念信息或内容—事实信息的形式将标题区分为象征性标题、论题性标题、引语式标题、通告性标题、暗示型标题、叙述型标题等六种。(И. Р. Гальперин, Текст как объект лингвистического исследования. М.,1981:c. 134)
④ 自述体诗歌是指以谈话式的独白形式表现他人(而非作者本人)意识的诗歌,其最重要的特点是表现为模仿讲述人的谈话式独白。

考的对象，以反映出篇章的基本内容，标题相对较长，如 *Эгоцентрические координаты научной речи*（《科技言语的自我中心主义特征》）、*Оценка возможности использования ветроэнергетики в Тамбовской области*（《坦波夫州风能运用可能性评价》）。文学篇章的标题常常同主观概念内容相联系，标题比较短小，但意义深远，如 *Воскресенье*（《复活》）、*Накануне*（《前夜》）、*Как закалялась сталь*（《钢铁是怎样炼成的》）等等。

开头和结尾①是篇章必然具有的内部构造成分，同时也是篇章构造中的强位要素。这是因为，"任何一个序列的开始和结尾两个位置从心理学上讲较之中间部分更有意义，这也能解释所有这些作品的开端和结局部分所具有的形式上的突出性。"② 篇章的独特性就表现在任何篇章中都存在这样或那样标示出来的边界——开头和结尾。"③在穆尔津和什捷尔恩看来，篇章的形式完整性（即我们所说的内部构造）即个体性（отдельность），后者被斯柳萨列娃（Н. А. Слюсарева）和特罗希娜（Н. Н. Трошина）与整体性和连贯性一起并称为篇章的首要特征。而所谓个体性，指的是篇章中存在着使之能以完整的形式个体性地发挥作用的开头和结尾要素。④ 巴特也曾强调："对于任何写作来说内部的封闭性都是典型的，这不同于口头言语。"⑤谈到篇章的边界性和结构性时，洛特曼认为："一个文本均有开端、结尾和确定的内部组织。按定义，每一文本内均有其固有的内部结构。"⑥洛特曼将这种固有的内部结构称为框

---

① 开头和结尾问题对于文化系统，即表现对世界的认识的一般符号学系统（或更确切地说，社会经验和个人经验的符号学关系系统）的形成具有重要的意义。这样，存在着开头特别鲜明的文化系统（神话系统）、结尾特别鲜明的文化系统（世界末日论）以及循环式的文化系统。(Б. А. Успенский, *Семиотика искусства*. М., 1995:с.174—175)将世界视为符号世界，必须首先标上边界，因此在各种符号系统中都存在着框架问题，如戏剧中的框架以舞台前沿（просцениум）、脚灯（рампа）、帷幕（занавес）等形式体现出来；在绘画艺术中，框架更是直接以画框、格局等边界形式赋予图画以符号学特征，切斯捷尔通（Г. К. Честертон）指出："没有框架的风景画事实上没有任何意义，但只要安置上某种边框（边框、窗户、弓形门等）则足以使之成为图画"。与此类似，开头（зачин）和结尾（концовка）构成文学，尤其是民间文学的框架要素，如壮士歌的开头常常要确认有某种奇迹存在，而结尾则常常突然引入完全没有参与所述行为和事件的叙述者——第一人称"Я"。

② Н. Б. Лебедева,*Жанровая модель естественной письменной речи*（коммуникативно-семиотический аспект）.//Интерпретация коммуникационного процесса: межпредметный подход. Отв. ред. А. А. Стриженко. Барнаул,2001:с.441.

③ О. Л. Каменская,*Текст и коммуникация*. М., 1990:с.42.

④ Л. Н. Мурзин, А. С. Штерн,*Текст и его восприятие*. Свердловск,1991:с.115—116.

⑤ Р. Барт,*Нулевая степень письма*.//Семиотика. М., 1983:с.314.

⑥ Ю. М. Лотман,*Избранные статьи*. Таллин, 1992:с.85.

架(рамка),并进一步强调指出:"文学作品的框架由两个成分,即开头和结尾构成。"①洛特曼认为由开头和结尾所构成的框架概念可以扩展到所有的文学篇章,甚至所有的艺术作品。而且,边界性特征成为洛特曼将表现为封闭结构的文学篇章(有所准备、编辑过的篇章,作为例外现象洛特曼只举出了编年体和讽刺歌两类文学篇章)和表现为开放结构的言语篇章(主要是对话等自发性的言语作品)对立起来的依据。相对而言,开头和结尾之间的中间部分对于篇章整体的内部构造来说就不是那么必需的了,有时甚至可以省略掉,笑话篇章(текст анекдота)就是这样。一般来说,笑话篇章的内部构造只包括两个部分,即较长的开头和短而突然的结尾,这样的结尾能迫使读者重新理解篇章的开头部分;笑话篇章没有中间部分(середина),笑话的精髓就在于开头和结尾不相符,喜剧效果的产生源于读者的错误期待。②

　　作为篇章的框架成分和强位要素,结尾和开头常常具有一种结构呼应关系。这种呼应现象不仅存在于篇章领域,甚至还存在于任何具有符号特征的人类行为中。可以看到,结尾和开头的呼应关系为篇章的完整性和框架式构造增添了更为明确的标记。尽管这种呼应常常是审美上的和意思上的呼应,实现呼应的手段也多种多样,如完全重复、部分重复、词语的语义照应(语义证同、语义对立)等,但其形式化的趋向已渐渐使之变为篇章整体在内部构造上的特征。如文学散文类篇章的开场白和结束语之间、科学类篇章的前言和结论之间均存在类似的结构呼应关系,其结果是赋予篇章更为清晰的完整性。

第四节　篇章整体内容平面的实体层——实指信息

1. 篇章实指信息的特点

　　雅各布森的语言六面六功能模式中,实指功能(референтная функция)占据着重要的地位,我们认为这里的实指功能至少应包含三个方面的意思:词位

---

① Ю. М. Лотман,*Структура художественного текста*.//Ю. М. Лотман,Об искусстве. СПб. ,1998;с. 207.

② Е. Я. Шмелева,*Начало и конец анекдота*.//Логический анализ языка:семантика начала и конца. Отв. ред. Н. Д. Арутюнова. М. ,2002;с. 525.

和称名词组的实指,此时实指与具体的事物或特征相联系,语法上可用形素、词或词组来表示;述谓性实指,由各种述谓结构来表达,此时实指与某种情景相联系;篇章实指,同确定的世界的片段相联系,通过段落、篇章的部分(如章节)和整个篇章来表达。

具体来说,所谓篇章实指,是指篇章主体内省的直接对象,可以是实际存在或者臆想出来的事物、现象、事件、情景等。作为一种待认知的对象,篇章实指构成篇章内容的现实材料,能够被直接感知,与指向外部世界的符号的内容实体相对应,属于篇章内容的实体层次,在篇章内容中以实指信息的形态存在。一般而言,事物的对象化要经历四个阶段:事物存在本身(вещь),即事物无关于人的存在;对象物(объект),指当事物成为人类关注和感兴趣的对象后,进而成为与主体相对的客体;对象物的表象(представление объекта),此时对象物被看做事物的形象,能够借助不同的本体图景由具有不同职业背景和价值取向的主体进行不同的描述;对象(предмет),主体的立场和分离方法确立之后,对象物的某一方面便成为了关注的对象。① 这里的四个阶段指的都是实指的本体方面,虽然其中也有认识主体因素的介入,但这只是划归本体的需要,这种介入相当于叶尔姆斯列夫所谓的对质料进行的切分操作,其结果是使"实体"浮现出来。而一旦实指对象成为人的意识结构化和秩序化的对象之后,实指则从实体层跨越到了形式层,这一点将在下一节讨论。同样是作为篇章主体内省对象的事物、现象、事件、情景等,也经历着类似的对象化进程。因此,对象化过程中这四个阶段所体现的信息内容,统归于篇章的实体层次,包含在篇章的实指信息当中。

篇章实指功能的存在使我们有理由相信,篇章是三种系统相互作用的结果:语言系统,即作为篇章构成手段的语言;本体系统,即篇章中所描述的客观现实的某个子系统;心理系统,即篇章作者的观念系统和存在于作者意识中的世界及所述部分现象的模式系统。② 篇章的意指性特征也表明,篇章本身所处的符号世界之外还存在对象世界和观念世界,前者涉及的是篇章的指称语义,后者指的是篇章的观念语义,按照我们对于篇章内容分层的

---

① С. В. Чебанов, Г. Я. Мартыненко, *Семиотика описательных текстов*. СПб., 1999; с. 50.
② В. И. Перебейнос, *Закономерности структурной организации научно-реферативного текста*. Киев, 1982; с. 4.

理解,两者分属篇章的实体层和形式层。篇章外的对象世界似乎已超出语言符号学关注的对象域之外了,但对象世界的特点不可避免地进入到篇章的内容平面这一事实说明,分析篇章的内容不能脱离对实指信息的观照,篇章整体内容的确定要求走出篇章自身的框架,走向关于对象世界的经验性知识,后者在思维中似乎形成了某种"内部篇章"(внутренний текст)。① 因此,雅各布森强调,"关于话语和话语表示的世界之间的关系的所有可能问题均属于语言学的研究范畴"。② 这样看来,文学篇章研究者的任务在于对文学家的世界图景、价值体系及从篇章本身衍生出的语言外现实进行模式化。③ 正是基于此,才有普洛普运用功能和角色两个概念对俄罗斯魔幻童话中的所指类情景进行的模式化形态学分析,此时,篇章内容的整体性直接对应于某种虚幻现实,其中事件的秩序性④达到了只有在高度理想化的情况下才有可能出现的极限。⑤ 这直接导致以偏于事件方向(而非语法方向)的篇章分析为特色的叙事语法的产生,后者曾经是叙述符号学的主流,尤其是在法国。

拿文学篇章的实指关系来说,受文学模式化过程中反映性或创造性意向的制约,同时也受文学篇章双重感情性(амбивалентность)、多重解释性等一系列本质特征的制约,文学篇章中体现的实指具有自身的特点。从文学篇章中体现的实指类型来看,现实的指称主要体现在历史题材和回忆性的文学篇章中,文学事件与现实事件和其他篇章中类似的文学事件具有指称相关性。而在童话、科学幻想作品、浪漫主义作品等类型的文学篇章中,实

---

① А. И. Новиков, Г. Д. Чистякова, *К вопросу о теме и денотате текста*. // Известия АН СССР. Серия литературы и языка, 1981, №1: с. 55.

② Е. В. Падучева, *Высказывание и его соотнесенность с действительностью*. М., 1985: с. 7.

③ Л. О. Чернейко, *Гипертекст как лингвистическая модель художественного текста*. // Структура и семантика художественного текста. Доклады VII-й Международной конференции. Отв. ред. Е. А. Диброва. М., 1999: с. 445.

④ 对于某个语言集体来说,童话是一种样板式的篇章类型,人们在构建新的篇章时必然要参照这种样板。同时,童话中总是有着能导致某种具体结果的一系列积极行为的存在,因此童话里描述的是某种确定的游戏情景,而游戏情景总是某些复杂情景的独特模式。

⑤ И. И. Ревзин, *К общесемиотическому истолкованию трех постулатов Проппа (анализ сказки и теория связности текста)*. // Типологические исследования по фольклору. М., 1975: с. 91.

指多数指向虚幻的非现实世界。因此,篇章的实指反映出篇章内容在现实归属性上的特点,即体现为现实性客观情态意义和非现实性客观情态意义的分野。文学作品的现实性或非现实性是由作品的体裁特点和个人风格特色所决定的,根据现实性或非现实性情态意义哪一个占优势,可以对文学篇章进行类型划分:启蒙小说、现实主义小说、心理和哲理散文等类型的篇章中,现实性因素压倒非现实性因素;而英雄史诗、哥特式小说、勇士小说、惊险小说、幻想作品、神话等类型的篇章中,非现实性因素则压倒现实性因素。[1]

而非文学篇章主要反映客观世界的情况,如通讯报道反映的是事实上已经发生的现实事件,合同篇章体现的是现实中确实存在的商业关系,专利篇章描述的是已经发明出的客观存在的专利物或技术。但与此同时,政论篇章、科学篇章乃至公文事务性篇章等非文学篇章也可能会反映即使不是臆想的,但至少也是假设的现实。如政论篇章和科学篇章中常见的"предположим, что…"、"если допустить… , то…"等表达,公文事务性篇章中假定性的、面向未来的篇章(包括一些意向书、计划书等)都能体现这一特点。

因此,篇章关涉的外部世界不仅仅指我们所处的现实世界,还包括语言表达所针对的"理想世界和应该世界(должный мир)、心理世界和对象世界、神话世界和经验世界、超现实世界和现实世界、能见世界和好像世界(кажущийся мир)"。[2] 这样看来,与真正存在着的现实一起构成篇章的一般实体背景的还有许多专门创建出来的不同的"现实"(包括思想现实、观念现实、虚拟现实等),而任何已经创造出来并可以被认识的篇章,其实指信息正是对这些世界或现实的片段的反映。所有这些不同的世界或现实构成了广义上的篇章实指信息的范围。应该强调的是,篇章实指信息中客观现实性因素和非客观现实性因素体现了篇章内容的客观情态性特点,因而反映篇章内容现实归属性特点的客观情态语义是篇章实指信息的自然伴生物。

2. 篇章实指信息的呈现方式

一般而言,实指信息在篇章中有 3 种呈现方式:描写(описание)、叙述

---

[1] З. Я. Тураева,*Лингвистика текста и категория модальности.*//ВЯ,1994,№3:c.110.

[2] Н. Д. Арутюнова,*От редактора.*//Логический анализ языка: противоречивость и аномальность текста. М. ,1990:c.8.

(повествование)和论证(рассуждение)。其中,描写是对共存实指及其特征的列举,包括泛时描写(панхроничное описание)和共时描写(синхроничное описание):前者指这些实指和特征恒常性地、在一定的时间间隔内或在可现的某个时间共同存在,后者指它们在某个时刻共同存在;叙述包含着关于在时间上顺次发展的事件的信息,因而是历时性的;论证建构在实指的逻辑联系基础之上,是无所谓时间的(ахроническое)。① 简言之,描写、叙述和论证中实指的反映原则分别是空间原则、时间顺序原则和原因—结果关系,三者不同的逻辑内容决定了其中的语言组织,尤其是单位间的联系类型分别是空间的并置关系、时间的顺次关系和原因—结果中的制约关系。② 俄罗斯篇章理论中表示篇章实指信息的呈现方式的术语有很多,包括:陈说方式(类别)(способы/виды изложения)、言语的功能—意思类型(функционально-смысловые типы речи)、陈说的功能—言语类型(функционально-речевые типы изложения)、言语布局形式(композиционно-речевые формы)、言语(篇章)类型(типы речи/текстов)、言语—风格统一体(словесно-стилевые единства),等等。由于实指信息的呈现方式实质上体现的是篇章实指内容材料的置放和陈说方式,而不是其类型特征,因此我们倾向于采用"陈说方式"(способы изложения)这一术语。

由于陈说方式的传统划分主要针对的是文学篇章,因而具有一定的局限性。奥金措夫在此基础上,面向所有篇章,在逻辑统一体(логические единства)的概念下将上述三种陈说方式类别归为两种序次类型:证明式的(аргументативные последовательности)和表现式的(представляющие последовательности),前一类以定义、解释、证明、论证和推理的形式表现实指信息,通过指出原因—结果和条件—时间关系并运用各种逻辑操作来反映思维的运动,可分为定义—解释(определение-объяснение)和推理—论证(умо-заключение-рассуждение);后一类揭示特征、特点、对象物的性质、实验的进程、阶段过渡中的特征,反映事件动态和过程,分为描述—描写(характеристика-описание)和通告—叙述(сообщение-повествование)。列图表如下:③

---

① С. В. Чебанов, Г. Я. Мартыненко, *Семиотика описательных текстов*. СПб., 1999:с. 12.
② С. В. Гринев, *Введение в лингвистику текста: учебное пособие*. М., 2000:с. 26—27.
③ В. В. Одинцов, *Стилистика текста*. М., 1980:с. 93.

определение （定义）	умозаключение （推理）	характеристика （描述）	сообщение （通告）
объяснение （解释）	рассуждение （论证）	описание （描写）	повествование （叙述）

图表 30

表中显示，逻辑统一体的结构由定义（определение）按纵向和横向两个方向复杂化，上一行所示的几种陈说方式以逻辑性占主导，因而更为明确、更为严格，功能相对比较单一，使用范围相对较窄，而下一行所示的陈说方式则是上一行的转换形式，更为复杂，有更多的非逻辑性信息，功能比较多样。因而，相比较而言，下一行中的解释、论证、描写和叙述四种陈说方式对于篇章而言更具有普遍性意义。

瓦尔吉娜认为不同的交际意图决定着篇章（或篇章的部分）中哪一种陈说方式占据主导地位。在这个意义上来说，篇章实指信息的呈现方式同思维和交际范畴密切相关，因而他引入了奥金措夫没有涉及的另外一种陈说方式——规定（инструктирование），表示建议、命令、指导等指示性的实指信息，与之相关的典型篇章有说明书、推荐书、指南、医学处方、烹饪菜谱等。[1]

综合几位学者的观点，我们可以看到，篇章中实指信息的呈现方式（陈说方式）除了与篇章实指本身的特点有关外，还取决于主体的立场、思维规律和交际意图等多种因素的影响和作用，因而具有多样化的特点。但总体来说，实指信息的呈现方式表现为解释、论证、描写、叙述、规定五种基本类型，其他陈说方式都可归入其中。百科全书中词条类篇章、科学论文、植物分类描写篇章、个人履历、说明书分别典型地体现了这五种基本陈说方式的特点。

第五节　篇章整体内容平面的形式层——内容结构

按照叶尔姆斯列夫的理论，无论表达平面还是内容平面，其形式都是结构之意，即对立的、相关的和否定地规定的诸元素之间的关系。但内容形式层较之表达形式层显然更为复杂，对此，艾柯指出："在表达科学分析其系统的能力和内容科学分析其系统的能力之间有很大差距。有限量的音位可使音位学建

---

[1] Н. С. Валгина, *Теория текста: учебное пособие*. М., 2003: с. 77.

立起充分可证实的表达形式模型。某些副语言学方法已使原来不可分的连续物分解为较小单元。句法结构研究已使表达世界不断形式化了。而内容形式仍如此不精确,因所处理的是客体、心理事件、社会行为。"①内容平面实体层和形式层的区分实际上反映出人文科学认识论——方法论有关事实性和意义性这一总的对立观点。对于篇章整体的内容来说,当作为内容实体的篇章实指成为意识结构化和秩序化的对象之后,内容形式上的特点就开始显现,进而表现为内容结构与符号的内容形式所指向的概念世界相对应。从形式层来看,篇章整体的内容平面主要表现为篇章语义层次结构和内容总体结构,前者至少体现在命题语义内容、主观情态语义内容、伴随语义内容三个方面,后者可以在一般符号学高度用引言—正文—结论这一表征序列进行描写,也可以借助以关键词聚合体为代表的篇章聚合体系列进行描写。

1. 篇章内容的语义层次结构

以普洛普为代表的叙事语法学家认为篇章的线性扩展类似于句子的扩展,篇章的意思结构是线性的、二维的,而不是 n 维的,篇章的意思是离散性的,能被分解为一些单位,这些单位的搭配类似于词和句子的搭配。但格雷马斯坚决反对将自然语言视为所指系统,将篇章内容视为篇章和言语中意思成分线性和单面性的串联的观念,在此基础上他从物理学和化学领域引入了一个语义上联系词符的"同位"②(изотопия)概念,认为描述任何篇章最重要的任务应该是探寻使阅读成为可能的"同位"得以建立的客观条件,并提出了言语的多同位结构(многоизотопная структура речи)的概念来反映篇章内容的层次结构。格雷马斯认为多同位结构主要表现为所指和伴指两个系统,并强调伴指系统相对于所指系统的第二性特点。值得强调的是,格雷马斯是从语言

---

① 李幼蒸:《理论符号学导论》,社会科学文献出版社 1999 年版,第 268 页。
② 这一概念在格雷马斯的著作中得到了广泛的应用。关于"同位",格雷马斯在 1966 年、1967 年和 1970 年的著作中先后给出了三个定义:"我们理解的同位是冗余的语义范畴的集合体,它使得完整的阅读叙述成为可能,而这种完整的阅读是对话语进行个别性和局部性阅读的结果,也是在寻找统一的阅读途径的过程中释解它们之间的含糊性的结果";同位概念指的是"冗余的义素范畴束";"同位通常被理解为构成所析言语底层的冗余的语义范畴束"。(Н. Ф. Ржевская,*О семиотических исследованиях в современном французском литературоведении*. //Семиотика и художественное творчество. М.,1977:84—85)艾柯对此解释道:"同位素是一个最高的范畴词,它涉及各种符号学对象,可将其定义为在种种本文水平上的前后一贯性。"(李幼蒸:《理论符号学导论》,社会科学文献出版社 1999 年版,第 439 页)

的形式分析角度解释篇章的语义统一现象的,他提出"同位"这一概念是应描述篇章意义整体性的需要,在他看来,篇章意义的整体性原则是言语多义性原则和伴随意义原则的反面,两者间的平衡构成了所析言语单位的组织基础,意义的层级集合体构成了同位表述的基础。

莫斯卡利斯卡亚指出:"意思的结构即形式,其中充满着处于一定编码阶段的思想,而表层的形式——语法结构则只是形式的形式。"[①]篇章内容平面的形式表现是相对于内容实体,即相对于篇章实指而言的,内容形式层的一个突出表现就是篇章语义呈现出层级性架构特点。我们已经提到过贡恰连科和申加列娃两位学者将篇章内容平面划分出类指、涵指和伴指三个层次。这种层次划分在一定程度上体现了篇章内容的层级架构,但并不全面。我们认为,随着篇章实指进入交际者的认知视野,也随着认知主体主观介入程度的不断增加,篇章内容的语义层次结构至少包含以下几个方面的语义内容。

1.1 命题语义内容

篇章实指成为认知和内省的对象之后,经历了类指层(денотат)和涵指层(сигнификат)上的语义化过程,最终形成了篇章的命题语义内容。篇章实指是篇章整体内容的实体对应物,它处于现实世界或虚拟世界本身的层次,而作为具体反映篇章实指的类指属性和涵指特征的命题语义内容则是认知的产物,它已上升到思维形式(表象层和概念层)的高度。

语言单位的类指[②]是指能用该语言单位命名的现实客体的集合体,它的出现以实指成为人们内省的对象为前提,与传统逻辑中概念的外延(объем понятия 或 экстенсионал)相对应,可以视为某个情景脚本中扮演角色的实指。称名结构(主要指词)的类指是指以类的形式出现的实指,述谓结构(主要指句子)的类指是指可用该述谓结构进行描述的情景的集合体,体现为情景脚本,

---

① Ю. В. Попов, Т. П. Трегубович, *Текст: структура и семантика*. Минск, 1984: с. 109.
② денотат 这一术语有 4 种用法:1)指具体言语片段的所指,与实指(референт)同义;2)语言单位的类指,是指能用该语言单位命名的现实对象物(事物、特征、关系、情景、状态、过程、行为等)的集合体;3)能用该语言单位命名的对象物集合体中的任意一个成员,而不管具体言语片段同其中的哪一个相联系;4)用来指作为概念核心的所指意义,即意思中称名的、情景外的、认知的、表征的、事实的、陈说的、事物相关性的成分,与修辞的、语用的、情态的、情感的、主观性的、交际的色彩相区别。(В. Н. Ярцева, *Языкознание. Большой энциклопедический словарь*. М., 1998: с. 128—129)我们采用的是第二种意义,译为类指,以强调它作为种类或概念外延的特点。

而篇章的类指是脚本的展开（сценарная развертка），包括篇章实指在所处环境中的角色、功能、类别等。

涵指①是实指的形象，它的出现也是以实指成为人们内省的对象为前提的。换言之，有传统意义上的经验性实指的地方，就有涵指存在。而一旦涵指成为内省的对象，它的存在就不再依赖于实指。涵指与传统逻辑中概念的内涵（содержание понятия 或 интенсионал）相对应，同时也同表象的逻辑结构化相联系。与称名结构的涵指相关的是概念（понятие），与述谓结构的涵指相关的是判断（суждение），与篇章的涵指相关的则是推理（рассуждение）。词、句子和篇章的涵指分别是概念、命题和具有相应的命题连接规则的命题集。可以认为，篇章的涵指在一定程度上已经表现出了篇章的逻辑语义结构。

篇章的命题语义内容是由类指单位集合体和涵指单位集合体的语义结合而成的。同属篇章命题语义内容的组成部分，类指和涵指的现实性样态相同，均属于实指的衍生物。从认知的层次来讲，作为内省的对象，两者的外显性程度不同，类指属于表象层（представление），而涵指属于概念层（понятие）。从逻辑学角度来看，类指意义的承载者是主辞（субъект），而涵指意义的承载者是谓辞（предикат），相应的符号学过程分别是称名（номинация）和述谓（предикация）。如：Он молодой преподаватель（他是名年轻的教员）中作为述谓成分的 преподаватель（教员），其词义得到强调的是涵指部分，因而 молодой преподаватель（年轻的教员）指的完全有可能是一个刚刚调换工作开始执教的中年教员，而 Молодой преподаватель читает книгу（年轻的教员正在看书）中作为称名成分的 преподаватель（教员），其词义得到强调的则是类指部分，因而 молодой преподаватель（年轻的教员）指的是绝对年龄特征。上升到篇章层次，从篇章命题内容的具体获取过程来说，与篇章类指和篇章涵指相关的分别是篇章的称名结构和述谓结构。

---

① сигнификат 这一概念源于中世纪的经验哲学，20 世纪由莫里斯重新引入符号学，近似于传统逻辑中的概念内涵（содержание понятия）、弗雷格的意思（смысл）、卡尔纳普的内涵（интенсионал）、奎因（W. van O. Quine）的意义（значение）、切尔奇（A. Church）的概念（концепт）、索绪尔的所指（означаемое）等术语。（В. Н. Ярцева, Языкознание. Большой энциклопедический словарь. М. ,1998:с. 444）如果说类指指向客体事物性的一面，则涵指指向客体所具有的概念性特征，因而类指上等同的语言表达可能具有不同的涵指特征，不同的涵指针对的是类指的不同方面。

篇章的称名结构,是指由具有功能等价性的事物名称构成的若干称名序列,这些事物名称间的关系表现为等同关系(отношения тождества)、包含关系(отношения включения)和交叉关系(отношения пересечения)。从每一个称名序列中提取、抽象出一个能代表该序列的语义主体①,所有称名序列的语义主体的集合则构成了篇章类指层面的语义内容,体现为篇章的类指结构(структура денотатов)。该类指结构反映了篇章作者思维中形成的与一定交际意图和交际条件相符的语义综合体,由反映次主题(подтемы)和分主题(субподтемы)层级的类指总体构成;在思维中它是一个统一的整体性构成物,因为建立在对象的关系系统基础之上。②"篇章类指结构的划分程序对于所有类型的篇章(科学类、文学类、公文类等)都是一样的,其结果是从篇章中获得无关于该类篇章的修辞特点的所指结构。"③

对篇章类指单位的概括只是描写篇章整体命题语义内容的步骤之一。通过概括指称序列中的事物称名而得来的语义主体在篇章中完成两种基本功能:一方面,作为篇章成分最为重要的联系手段,将篇章联结、固着成一个统一的整体;另一方面,作为说明它们的述谓的"存储器",将相关述谓集合在一起。别尔宗(В. Е. Берзон)认为:"当某个对象在连贯性篇章中反复被提到时,那就要求读者在记忆中保存上文中描述该对象的全体述谓。通过消除限制性定义而对概念进行的这种概括过程事实上在有对象重复的所有场合都在发生着。"④这里涉及篇章中述谓成分的重要性,而与涵指相关的正是篇章的述谓结构。说明同一个称名或类指序列的述谓成分可以纳入一个或几个述谓簇(предикатные гнезда),操作的依据就是这些述谓成分在功能上应属于共同的涵指域,即具有功能涵指等价性(функционально-сигнификативная эквивалентность)。这样,属于不同概念域的成分只要具有相同的交际—意思指向性便可纳入同一个述谓簇。与功能等价性称名在同一称名序列中具有可替换性特征不同,功能等价性述谓则是在不跳出该涵指域框架的条件下说明

---

① Ю. В. Поповф 和 Т. П. 特列古博维奇称之为篇章指称符(текстуальный референтор)。

② А. И. Новиков, Г. Д. Чистякова, *К вопросу о теме и денотате текста.* //Известия АН СССР. Серия литературы и языка,1981,№1:с. 54.

③ Г. Г. Молчанова,*Семантика художественного текста.* Ташкент,1988:с. 111.

④ Ю. В. Попов,Т. П. Трегубович,*Текст:структура и семантика.* Минск,1984:с. 126.

篇章类指的不同特征。根据功能等价性述谓之间的关系可以抽象、概括出能代表该述谓簇的上位述谓符(предикат-гипероним),具体表现为以下几种抽象过程:提取述谓簇中的主导性述谓单位;将表下位(或种概念)的述谓单位概括为表上位(或属概念)的述谓单位;将个别具体的行为、特征归结为统一的结果、原因、目标。操作的结果是形成了篇章的主导性涵指结构。

对于篇章整体而言,篇章的命题语义内容体现为篇章类指结构和涵指结构的综合,是篇章交际主体客观介入的产物,体现为篇章的主题内容。因此,要获取篇章整体的命题语义结构,上述两种操作都是必要的,不可偏颇,就相当于"名词决定属性"和"动词指派题元"两种题元研究方法必须有机地统一起来才能更好地揭示题元的本质特征一样。从程序上来讲,先确定篇章的类指结构,而后才能把握其涵指结构,将两者分别涉及的命题整合到一起就形成了篇章整体的命题语义结构。

1.2 主观情态语义内容

法国修辞学家巴利(C. Bally)认为,任何语句中都体现出事实性内容(陈说/диктум)与对所述事实的个人评价(态式/модус)之间的对立[1];认为"态式是句子的主要部分,无之则不称其为句子",进而将其定义为"对情态性的表达,与说话主体对陈说中的表象所进行的能动思想操作相关"。[2] 陈说部分构成语句的命题内容,态式则是语句的情态内容。这里体现出对语句内容传统的二分式理解,即"命题+情态"。事物性意义和情态意义的相互作用是语句形成的基本机制,由语句构成的篇章,其内容自然少不了相应的情态意义成分。

从总体上来讲,与语句情态有客观情态和主观情态[3]之分相应,篇章的情

---

[1] В. Н. Ярцева, *Языкознание. Большой энциклопедический словарь*. М., 1998:с. 303.

[2] Г. Я. Солганик, *К проблеме модальности текста*. // Русский язык. Функционирование грамматических категорий. Текст и контекст. Отв. ред. Н. Ю. Шведова. М., 1984:с. 177.

[3] 对语句情态本身的理解经历了主、客观情态意义的二分法到六分法的转变,六分法的提出者是功能语法学者邦达尔科(А. В. Бондарко),他将说话人的评价概括为6个方面:1)说话人从现实性与非现实性的角度对语句内容进行的评价;2)从可能性、必然性或期望性的角度对语句中所反映情景的评价;3)说话人对话语可靠程度的评价;4)根据说话人的目标意向或语句的交际功能对语句内容的评价;5)肯定或否定意义;6)对语句内容情感上和性质上的评价。(И. С. Бедрина, *Функциональная семантико-стилистическая категория гипотетичности в сопоставлении с функционально-семантической категории модальности*. // Разновидности текста в функционально-стилевом аспекте. Пермь,1994:с. 164)可以看到,这里的六分法只是二分法的细化,细化的程度和完整性还有待商榷。我们仍然沿用传统的二分法模式,将篇章的情态语义划分为客观情态语义和主观情态语义。

态语义也表现为客观情态语义和主观情态语义,分别体现篇章与篇外现实和主体情感的关系,但应该注意的是,反映篇章内容现实归属性特点的客观情态语义体现的是内容实体层面的特点,是篇章实指的自然伴生物,而进入形式层并起着突出甚至统辖篇章整体,强化篇章聚合—整体性特征的是主观情态语义。因此,我们这里涉及的主要是篇章的主观情态语义。所谓篇章的主观情态语义,指的是篇章作者对于所述内容的主观评价态度,是作者意欲传达给读者的他本人的观念、观点、立场、价值取向的体现。① 关于篇章的主观情态性,索尔加尼克认为,主观情态性是言语篇章及其单位最重要的语言学品质,这使得言语在"语言—言语"的辩证统一体中成为相对独立的对象;主观情态性在篇章的组成中扮演着积极的角色,构成其重要的方面;主观情态意义的一致性是篇章构成的规律和重要条件,主观情态性的变化标示和形成了统一叙述线索中的中断和转换。② 在我们看来,篇章的主观情态性充分体现了作者的交际目的和意图及其与读者的互动关系,烘托并强化了篇章的主题内容,与一定的交际领域密切相关,是篇章交际过程中各种交际因素综合作用下的结果。

  篇章主观情态语义的表达手段是多种多样的,任何一种语言手段在篇章情感主线的影响下均可能获得主观情态意义,但要突出篇章整体上的情感语义,作者往往会多次重复使用一种或几种手段,如修饰语(эпитет)的多次重复常常能体现作者对所述内容的主观态度。英国作家狄更斯(C. Dickens)描写主人公时基本上只运用黑白两种颜色,布洛克(А. А. Блок)笔下的彼得堡大多是雪白色、黑色、各种色调的蓝直至瓦灰色,契诃夫《装在套子里的人》中多次重复主人公别里科夫"как бы чего не вышло"(千万别出什么乱子)的担心,Л. 托尔斯泰在描写拿破仑时反复运用一些讽刺、否定性的言语成分,语言手段和修辞手段的这种重复运用体现了篇章整体上的主观情态性特点。正如加利佩林指出的那样:"篇章的主观评价情态性不是表现在对某个手段的一次性运用中。修饰语(эпитеты)、明喻(сравнения)、定义(определения)、细节描写(детали)集聚成群,形成磁场吸引读者的注意,在其中,这些细节倚重篇章的力量而获得了同义性。"③

---

 ① Н. С. Валгина, *Теория текста : учебное пособие*. М. , 2003: с. 96—97.
 ② Г. Я. Солганик, *К проблеме модальности текста*. // Русский язык. Функционирование грамматических категорий. Текст и контекст. Отв. ред. Н. Ю. Шведова. М. , 1984: с. 185—186.
 ③ И. Р. Гальперин, *Текст как объект лингвистического исследования*. М. , 1981: с. 119.

主观情态语义是任何类型篇章内容结构的必然成分,这是因为,从心理层面来看,篇章的情感特征是生成和理解篇章的主体意识的必然附属物,"体现了个体言语活动的情感—动机过程,后者支配意思的形成过程和意义结构在语言中的表征过程"[1];"作为智力活动的一个类别,任何评价在认知过程中都占据着重要的位置,因为思维是建立在由对周围世界的认识和态度构成的统一体的基础之上的。"[2]金采利甚至将篇章的情感性(эмоциональность)与整体性和连贯性一起视作篇章最为本质的特征:"篇章的情感性决定着篇章的整体性和连贯性特征,决定并调整着篇章的意思整体性和语言连贯性特征。"[3]从这个意义上来说,主观情态语义与篇章的主题有着密切联系,构成了篇章整体语义的一个方面,它以统一的评价性将篇章联成一个整体,体现着篇章主体和篇章内容的互动关系,赋予篇章统一的情态概貌。

作为篇章的一般性特征,篇章的主观情态语义在不同类型的篇章中有着不同程度和不同方式的体现。在文学作品中,篇章的主观情态语义体现得更为充分,甚至成为篇章内容平面的主导成分。皮夏利尼科娃(В. А. Пищальникова)认为:"如果注意到,文学篇章的意思被有意地结构化是为了表达个人性的主导意思的话,那么设想文学篇章中存在着进入其中的主导性的情感意思就显得完全合乎逻辑。"[4]在诗学篇章(如抒情诗)中,主观情态语义似乎渗透进了篇章的每一个成分中,如普希金的经典抒情诗篇《К Чаадаеву》(致恰达耶夫)、《Если жизнь тебя обманет...》(假如生活欺骗了你)、《К А. П. Керн》(致凯恩)等无不通篇洋溢着由作者独特的主观感受所构成的言语格调,反映出作者强烈的主观情感态度。报刊中的政论性文章则更是以直接表达作者或作者群体对于某一事件和现象的观点、态度和评价为最主要的任务,其主观情态语义表现得也极为明显。

科学篇章一般被认为不具有主观情态语义,如加利佩林就认为:"无情感

---

[1] А. В. Кинцель, *Психолингвистическое исследование эмоционально-смысловой доминанты как текстообразующего фактора*. Барнаул, 2000: с. 137.

[2] А. Стоянович, *Авторская самооценка в аспекте стереотипизации*. // Текст: стереотип и творчество. Пермь, 1998: с. 76.

[3] А. В. Кинцель, *Психолингвистическое исследование эмоционально-смысловой доминанты как текстообразующего фактора*. Барнаул, 2000: с. 138.

[4] 同上, с. 13.

性、逻辑性、可论证性是科学篇章的典型特征,通常并不给主观评价情态性(субъективно-оценочная модальность)留有余地。因此,这样的篇章可以认为是零情态性的。"①但事实上,随着人们对语言现象中人本因素的发掘和重视,包括科学篇章、公文类篇章在内的所有篇章均被视作是具有一定的交际动机和目的、情感状态、价值取向等特点的主体所进行的言语活动的产物,因而篇章的主观情感语义是篇章生成和理解过程中不可或缺的内容成分。达尼列夫斯卡亚(Н. В. Данилевская)指出:"在已知的科学背景下阐述新的知识,没有理性或情感性的评价是不可能实现的。换言之,表现继承性的篇章活动和表现评价性的篇章活动互为前提,两者均源于科学篇章的基本功用——向社会讲述和解释展现在研究者面前的客观真理。"②科学篇章由于特殊交际领域的限制和影响,其内容平面的主观情态语义的强度相对要弱一些,但作者对所研究内容的态度,包括对他人观点的批评或赞赏、对某一种研究方法或成果的主观倾向性、对他人研究的怀疑或肯定、对研究的自我评价等等,仍然是篇章内容的重要组成部分,因为人的行为客观上总是体现着某些态度,包括对对象世界、对周围人群、对社会、对自身的态度。拿科学篇章中常见的自我评价(самооценка)现象来说,学者们在言语活动(科学创造)中表现出一定的自我评价意识,这已成为一种规律性的现象,这是由知识的高度继承性及获取新知识时科学思想和科学言语的统一性所决定的。但有趣的是,科学篇章中常常可以见到作者过分夸大自己研究的价值,同时贬低他人研究的倾向,这往往通过以下一些手段来实现:过多地引用自己已经发表过或未发表过的文章、故意避而不谈或不充分地涉及前人的相关研究、武断或片面地淡化他人研究的价值、运用一些标新立异的术语和表达、运用一些极富主观性特色的词汇和句法手段,等等。即使在高度程式化,甚至法条化的公文事务类篇章中,我们也能看到篇章所折射出的主观情态语义。如法律条文能体现法律制定者(包括其所代表的阶层、集团和群体)对于人与人之间、人与自然、人与社会之间关系的基本态度,反映出具有民族文化特色和时代标记特征的道德观、审美观和价值观,相比较而言,西方国家的法律表现出更重私权的倾向性特点,而东方国家

---

① И. Р. Гальперин, *Текст как объект лингвистического исследования*. М. ,1981:с. 115.
② Н. В. Данилевская, *В поисках механизма развертывания целого научного текста（функционально-стилистический аспект）*.//Языковая деятельность:переходность и синкретизм. Москва-Ставрополь,2001:с. 278.

的法律则更重公权。

1.3 伴随语义内容

命题语义内容和主观情态语义内容规定着篇章的主题内容,体现了作者通过篇章想要直接表达的东西,因而构成了篇章的基础语义层,是篇章内容的主体部分。除此之外,作为一个言语成品的篇章带给读者的还有另外一种语义内容——伴随语义内容,即伴随篇章基础语义层的语义内容,包括风格伴随语义、文化伴随语义、篇际伴随语义。这3种语义内容分别体现出篇章与作者、篇章与文化、篇章与篇章间的宏观关系特点。

1.3.1 风格伴随语义

李幼蒸认为:"风格性意义是文本意义构成中的组成部分,因此文本科学是从文本意义整体关系中和在言语行为的语境和情景中去研究风格意义的,故其风格研究也有自己的特点。"[1]所谓篇章的风格伴随语义,是指篇章体现出来的与一定的作者形象、一定的交际语境相适应的语义特征。同主观情态语义一样,篇章的风格语义不是由个别词、句、段落体现出来的,而是渗透在篇章的整体内容之中,弥散在篇章的各个角落。篇章的风格语义类似于迪克提出的涉及文本整体的修辞学结构概念,"后者不只与句或句列范围内的特殊结构有关,而且与文本整体结构有关,并因此为其提供一定的文本类型的区分规则和范畴"。[2] 与具体的、即时表现的主观情态内容不同,篇章的风格内容更多的是与作者的个人言语、职业特点和宏观上的情绪和情感倾向相关,前者是作者有意流露出来的并试图以此影响和感染读者的他对于篇章所述内容的主观态度,因而比较具体,后者是篇章作者在思维习惯、职业素养、言语规约、生活经历、性格特征等诸多因素影响下,而使篇章表现出来的一种独特的整体上的风貌和特点,并不一定是刻意追求的结果,因而更为抽象。篇章的风格内容与篇章的语用学特征密切相关,其核心成分是作者形象[3](образ автора),即篇章中体现出来的具有一定的职业标记、社会性特征、情感取向、价值观念、心智

---

[1] 李幼蒸:《理论符号学导论》,社会科学文献出版社1999年版,第337页。
[2] 同上,第339页。
[3] 作者形象不同于具体的现实的篇章作者(автор текста),篇章作者指创作篇章的具体的某个人或某几个人,也不同于叙述主体(субъект повествования),叙述主体指篇章的叙述人、篇章的叙述形式,如科学论文常常以мы作为叙述主体。因此可以认为,作者形象与这两个概念组成一个抽象程度逐渐加强的序列:篇章作者—叙述主体—作者形象。图拉耶娃将作者形象视作篇章的基本范畴之一,认为它与作为自然语言3种基本功能之一的定位功能相对应。

特点、审美态度的作者给读者的整体印象。

　　作者形象这一概念最早是由维诺格拉多夫在20世纪30年代的文学修辞学研究中提出来的,他认为文学篇章意思结构的整合成分是作者形象(образ автора)。他认为作者形象构成文学艺术作品所有修辞手法在其中得以融合、联结和整合的中心和焦点;作者形象不是言语主体,而是作品本质的集中体现①;作者形象范畴的实质在于"它体现了意思意图和言语风格,构成了篇章所有部分(独白和对话等)的连接基础"。② 作者形象往往构成篇章风格伴随语义内容的主导成分,作品的每一个词、每一句话后面似乎都有一个认知着的、感受着的、思考着的作者,从而使篇章体现出鲜明的风格特点。如谢德林(М. Е. Салтыков-Щедрин)作品后面显示出平实而强劲的作者形象、丘特切夫(Ф. И. Тютчев)作品后面是以关注人与宇宙的相互关系为重点的诗人哲学家形象、涅克拉索夫(Н. А. Некрасов)作品展示的是平民诗人形象、马雅可夫斯基(В. В. Маяковский)的作品背后则是诗人宣传家形象、费特(А. А. Фет)作品中隐现着一个诗人观察者形象、布宁(И. А. Бунин)冷静内敛的笔触后面是一个诗人思想家的形象。不同的作者形象充分体现出能使文学篇章类型化和典型化的风格意义。

　　作者形象不是文学作品中的专有现象,它是所有篇章整体性内容的重要成分。科学篇章中广泛存在着类型化的作者个性形象,如科学论文背后有着创新型科学家、事实收集人、理论科学家、论战型科学家等多种作者形象,公文事务类篇章也体现出作者所属的职业类别、法系属性、学派渊源等作者形象信息。对于非文学类篇章而言,作者形象的典型化与一定的体裁类型是相对应的,进而使篇章表现出一定的风格语义特征。对此,索尔加尼克认为:"(在报刊政论语体中——本书作者注)每一种体裁都是确定的言语组织方式、确定的言语形式,其中扮演重要角色的就是作者形象。政论中的作者形象是新闻记者作为作者的'我'的形象,是他对于现实的态度(以直接描述、评价、报道等形式体现)。"③我们就以政论篇章中的体裁分野为例。一般认为,报刊政论语体

---

① Н. С. Валгина, *Теория текста : учебное пособие*. М. ,2003:с. 103.

② А. В. Кинцель, *Психолингвистическое исследование эмоционально-смысловой доминанты как текстообразующего фактора*. Барнаул,2000:с. 26.

③ Г. Я. Солганик,*Стилистика текста*. Изд. 3-е. М. ,2001:с. 207.

的体裁分为五类：新闻简讯（информационные заметки）、现场报道（репортаж）、社论（передовая статья）、讽刺作品或小品文（сатира или фельетон）、随笔或特写（очерк）。简讯以客观呈现事件原始面貌为特征，作者形象完完全全表现为一个中立的报道者，其主观性最弱。现场报道的特点在于提供直接、即时的现场性消息，作为报道的作者，亲历现场的记者、当事人、目击者在讲述和解释现场所见所闻时会运用各种手段突出现场感，表达强烈的主观感情，这使得现场报道的作者形象具有感同身受的特点，有很强的感染力。社论往往反映某个组织、某个团体、某个部门对某个事件的看法，以报刊编辑部的名义刊出，因此作者形象表现为具有某种共同利益、信仰和观点的群体形象。小品文通过夸张、修辞对比、双关谐语等修辞手段揭露、批评、讽刺社会的不公现象和不正之风，篇章背后隐现的是辛辣的批判者形象。在特写中，作者再现事件和事实的目的在于由此引起人们深层次的总结和思考，提出问题，进而解决问题，因此，特写是最具主观性和个人性的政论文体裁，此时的作者形象表现为极富社会责任感的思考者形象，篇章的主要风格特征都是由该作者形象所决定的。

1.3.2 文化伴随语义

语言是文化的载体，作为语言的直接现实，篇章交际必然受一定文化因素的影响和制约，同时也是跨文化交际的工具，因此，文化伴随语义是篇章内容的固有组成部分。篇章中的语言文化信息单位（лингвокультурема）是文化伴随意义最直接的载体，这在语言国情学中已得到广泛而细致的研究。对于篇章的文化伴随语义，我们强调的并不是作为篇章构成成分的词或句子所体现的民族文化内容，而是篇章整体折射出的时代和民族方面的文化语义特征。一方面，篇章的实指信息本身体现的就是一定文化背景下的事物、事件，因而具有一定的民族文化内涵。如歌颂民族英雄的史诗、描写城市历史和时代风貌的散文、叙述作家个人生平的简历、论述民族文化中特有事物的论文、介绍国家的概况等等，都因为篇章中的实指信息直接关涉文化事物本身，因而篇章内容具有强烈的文化伴随语义。此时的文化伴随语义与篇章实指本身所能引起的民族文化联想是一致的。这样就不难理解，篇章的语言文化学研究会将篇章本身视作人类文化现象，冠以篇章现实（текст-реалия）的名称进行研究，旨在揭示民族的心智特性（менталитет）。另一方面，从篇章整体来看，文化伴随语义还体现在体裁类型、宏观布局、行文方式等多个方面。

体裁类型作为篇章的聚合类别,具有典型的时代性和民族性特点,因而,隶属于一定体裁类型的具体篇章往往具有鲜明的文化伴随语义。法国符号学家托多罗夫指出:"一个社会选择和表达那些最符合其意识形态的言语行为;这就是为什么一些体裁在一个社会里的存在和它们在另一个社会里的不存在表明一种主要的意识形态,并使我们能够相当肯定地确定这种意识形态。史诗能够存在于一个时代,而小说存在于另一个时代(后者中的个体英雄与前者中的集体英雄形成对照),这并不是偶然的;每一种这样的选择都取决于它所处的意识形态结构。"①这表明,体裁的存无或兴衰与一个社会的意识形态和民族文化特点有直接的联系,这在对比各种体裁在不同历史阶段和不同语言及民族中的状况时表现得尤为明显。

篇章的宏观布局和结构也能显示出一定的民族文化特点,从而体现一定的文化伴随语义特征。潘科(C. Pankow)在对比分析德国和苏联等国电视新闻报道的篇章特征时发现,植根于一定文化土壤的思维方式与特定言语、文化环境中的语言运用之间存在着必然联系,这种联系不仅影响着语义生成而且影响着语篇结构。② 如同样是民间故事这种体裁,俄罗斯童话的开篇常常是:"В некотором царстве...(在某个王国);За тридевять земель...(在很远很远的地方);В тридесятом государстве...(在极遥远的国家)"等。而汉民族民间童话故事的开头则常常是:"在很久很久以前……;古时候……;很早很早以前……"。篇章结构布局上的不同清楚地显示出俄汉两个民族在时空观上的差异,即俄罗斯文化的时空观以空间为先导,许多研究者认为这是与俄罗斯民族世世代代赖以生存的俄罗斯辽阔的土地分不开的,而汉民族的时空观则以时间为先导,反映了汉民族注重宏观时间的观念。

在行文方式上,篇章作者往往有意无意地遵循着一个民族或一个时代的固有规范和传统,从而使篇章带上一定的文化伴随语义特征。不同民族具有不同的思维方式,如西方人传情达意一般比较直接,东方人比较含蓄委婉,而俄罗斯人则介于西方和东方之间,美国语言学家卡普兰(Robert Kaplan)的研究表明,思维方式的差异常常会直接体现在篇章的行文方式上:英语篇章基本上是沿直线发展,俄语篇章则是迂回前进,而汉语和日语篇章经常是螺旋式上

---

① 辛斌:"体裁互文性的社会语用学分析",《外语学刊》,2002年第2期。
② 刘礼进:"英汉篇章结构模式对比研究",《现代外语》,1999年第4期。

升。他总结了英语、闪语、东方诸语言、罗曼语和俄语等语言中的篇章组织模式,并图示如下:①

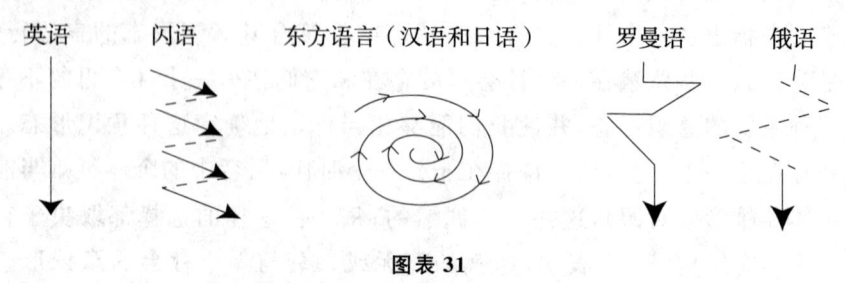

英语　　闪语　　东方语言(汉语和日语)　　罗曼语　　俄语

图表 31

1.3.3 篇际伴随语义

篇际伴随语义指的是篇章间的篇际联系赋予篇章的伴随语义。所谓篇际联系,是指"包含在具体篇章中并借助确定的言语手法表现出来的与一个或几个其他具体篇章的呼应关系"。② 篇际联系构成了篇章存在的外部环境和篇际背景,对于具体的篇章而言,篇际联系是以背景伴随的意义形态进入篇章整体内容的。戈尔什科夫区分了两种篇际联系类型:指定性篇际联系(заданные межтекстовые связи),指事先由体裁、引述标题、题词、直接引言、直接指明作者等形式指定和确定了的篇际联系,这种篇际联系即使没有事先指定,也会在作者当时或之后对该篇章的解释中得到说明,因此,指定性篇际联系可视作篇章整体内容之间的联系;自由性篇际联系(свободные межтекстовые связи),指的是用来完成篇章中具体文学任务的篇际联系,理论上任何文学手法都可成为篇际联系的手段,自由性篇际联系的作用范围局限在篇章的局部,由行文过程中随机运用的手段来体现。③ 显然,立足于篇章的整体内容,作为篇际伴随意义之载体的篇际联系主要涉及的是指定性的篇际联系。

对于一般篇章而言,体现着指定性篇际联系④的篇章主要包括:在原始篇章基础上改写、转写、缩写、续写、仿写而成的篇章,受某个篇章(或其中的片段、句子甚至词)的激发而写成的另一篇章,题词或标题来源于其他篇章并对

---

① 林大津:"国外英汉对比修辞研究及其启示",《外语教学与研究》,1994 年第 3 期。
② А. И. Горшков,Лекции по русской стилистике. М.,2000:c. 54.
③ 同上,c. 65.
④ 而对于作为篇际间自由联系手段的其他形式,如一般引用、成语、警句、用典、形象再现等,由于它们无关篇章全局,因而不是我们这里要讨论的话题。

篇章的基本内容和情节具有提示作用的篇章。此时，新成篇章与原始篇章间的篇际联系作用于该篇章整体，原始篇章的内容是理解新成篇章整体内容时不可或缺的篇际对照背景，构成后者篇章整体内容不可分割的部分，两者在主题、布局、情节等全局要素上相呼应。如普希金的作品《从莫斯科到彼得堡旅行记》（*Путешествие из Москвы в Петербург*）无论在构造上还是在内容上都与拉季谢夫（А. Н. Радищев）的小说《从彼得堡到莫斯科旅行记》（*Путешествие из Петербурга в Москву*）密切相关，后者的意义内容构成前者的篇章伴随语义。篇际伴随语义不仅仅见于文学篇章中，也是其他类型篇章整体内容的构成部分。如公文文件中常有增补条款或对法条的解释，科学论文常常以同意、反驳、补充、修正其他论文的观点作为立论的基础，政论性篇章中有对某项法案、某个文件的评论等等，在这些情况下，篇际联系均构成理解篇章整体内容所要特别关注的重要方面。

2. 篇章内容的总体结构

2.1 篇章内容总体结构的特点

篇章内容面的总体结构与篇章表达面的内部构造是紧密相关的，只有抓住了篇章组成要素在表达和内容两个平面的分布特点和整体联系，我们才能真正把握篇章内容面的总体结构特点。内容面的总体结构不能简单地归结为主题的推导和概括，而应体现为贯穿篇章内容的脉络，上述各种分析方法无论是侧重于逻辑内容或功能语义，还是侧重于所指结构或语义宏观结构，都以从微观面出发探求篇章的宏观主题为目标，忽视了篇章内容本身固有的系统结构，因此，回到传统对于篇章内容布局的理解有助于揭示篇章内容总体结构的实质。

关于典型篇章中内容成分的结构配置问题，除了普洛普及其影响下的法国叙事符号学针对典型叙事类篇章所指内容进行的研究外，英美国家的学者也做了卓有成效的研究。英国系统功能语言学家哈桑利用语境配置的概念来揭示篇章的语义宏观结构，以建立语篇体裁结构潜势图。语境配置是语域概念所包含的语场、语旨、语式三个变量共同作用和不同组合的产物，如"授课"（语场）、"教师—学生"之间的关系（语旨）、教师口头讲授（语式）构成了教师给学生讲课这样一个语境配置。哈桑认为，语境配置是确定语篇结构的决定性因素，它可以预测语篇结构中必须出现的成分和可以出现的成分，以及各种成分的位置、序列和出现频率等。简言之，篇章的语义宏观结构是由语境配置所决定的。将这样形成的宏观结构在一种语篇体裁中的各种变体形式综合起来,以反映该体裁类语篇的所有可能的语义结构,就构成了语篇体裁结构潜势[1]。哈桑由此得出了童话的语篇体裁结构潜势图为:[(〈布局〉^)始发事件^]相继事件^结束事件[^(结局)·寓意][2]。于晖博士运用哈桑的语篇体裁理论,在35篇语言学论文摘要的基础上勾勒出英语学术论文摘要的语篇体裁结构程式:[(研究背景)^(以往研究的不足)]·研究目的^(研究的侧重点*)^(〈理论框架〉*)^研究设计^(作者的研究发现)^(总结)[3]。[4] 篇章的体裁属性在一定程度上决定了篇章内容成分的总体布局,这里,篇章体裁通过两种方式来体现:一种是纲要式结构,指有阶段、有步骤的结构,如"名称—简介—原料、配料—烹饪方法"的纲要式结构提示这是食谱类篇章;一种是"体现样式",通常由特定的语言结构来体现,如童话的典型开头。[5]

从一般符号学的角度来看,我们认为,篇章的内容结构普遍包含三个部分:引言(введение)、正文(основная часть)、结论(заключение)。这三个部分对于篇章而言具有典型的符号学意味,因为这是人类符号化思维的一般表现,与行为的三种状态[6]——初始态、行为过程本身、行为结果——密不可分。与作为认知单位的事件结构本身所包含着的前事件(пресобытие)、内事件(эндособытие)和后事件(постсобытие)三个部分相关。其中,内事件是指所述事件本身,在其时间界限内具有自身的内部结构;前事件先于内事件,与之相

---

[1] 正确的语篇体裁结构潜势应该符合以下条件:必须标示出所有结构上的必要成分;同时,还要列举出所有可选性成分;必须标示出所有成分的必需和可能的顺序,包括可重复的成分。(于晖:"语篇体裁结构潜势及其应用",《解放军外国语学院学报》,2001年第1期,第8页)

[2] 这里,"( )"内表示的是可选性成分,其他为必要成分,"〈 〉"表示其中的成分可以包含在其他成分中间,"^"表示该符号两端的成分的次序是一定的,不可更改,"·"表示其两端的成分的位置可以互相调换,并不一定按照图中的顺序出现,"[ ]"表示结构成分在该范围内可变换次序。

[3] 这里"*"表示该成分在所分析的语料中并没有一个相对固定的位置。

[4] 于晖:"语篇体裁结构潜势及其应用",《解放军外国语学院学报》,2001年第1期。

[5] 黄国文:《语篇分析的理论与实践——广告语篇研究》,上海外语教育出版社2001年版,第127—128页。

[6] 与此相应,法国当代结构派叙事分析者布雷蒙认为初级叙事序列也包含三个要素:初始态(如一欠缺)、行为过程(意在消除此欠缺)、终结态(行为失败或成功)。这就是说故事必须包含一可报道的成分,即故事应实现一相对于一般规范和预期的异常性质的最小条件。这类预期事件的可报道性则是文化上规定的。(李幼蒸:《理论符号学导论》,社会科学文献出版社1999年版,第395页)

联系;后事件则晚于内事件,也与之相联系。① 即使仅仅描述内事件本身,后者也体现为潜在(потенциал)—实现(реализация)—结果(результат)这一序列。这样看来,任何篇章都具有以"前设(экспозиция)—主部(тело)—后置(постпозиция)"形式出现的一般结构(общая схема),该结构反映了对象构成上的共同特征。在让受试转述原始篇章,并对重构的篇章进行量化分析的基础上,穆尔津和什捷尔恩最终认定三分结构性(трехчастная структурированность)是决定篇章理解的重要因素,认为定型化的三位一体模式"开头—中间—结尾"是任何篇章的普适性特征。什韦伊采尔(А. Д. Швейцер)也强调了文学篇章三分结构(трехчастное построение)的必要性,诺任(Е. А. Ножин)针对演讲类篇章指出,"三分构造模式经受住了时间的考验,以再好不过的方式赋予叙述以整体性,最准确不过地贴近事物的本质。"② 而不同类型的篇章结构是该三分结构的进一步衍化,同时也表现出一定的同构性。如文学作品的内容总体结构可细分为交代(экспозиция)、开端(завязка)、发展(развитие действий)、高潮(кульминация)和收场(развязка),而在科技论文中也有对应的文献综述(обзор литературы)、提出问题(постановка задачи)、研究过程(ход исследования)、研究结果(результат исследования)、结论(вывод)五个部分。此外,其他类型的篇章也表现出类似的内容结构特征,如德国学者佩奇(R. Petch)早在19世纪末就对谜语做过古典式的研究,认为谜语一般有以下五个构成要素:引子结构要素、称呼中心要素、叙述中心要素、阻止要素、结尾结构要素。美国社会语言学家拉波夫(W. Labov)等人通过实验的方法来寻找篇章的结构要素,该项实验的实验对象是只有高中以下学历的人,做法是让他们说出自己曾经感到有生命危险的一件事,结果发现,受访者的讲述结构一般也由五个部分构成:引子(orietntation)——"在公园遇上了坏蛋"、展开(complication)——"这坏蛋打了我"、评价(evaluation)——"好疼"、结局(resolution)——"我也还击"、回应(coda)——"就这些"。③ 拉波夫将这一结果扩展至完整的叙事结构,认为它应该包括以下六个组成部分:点题(abstract),叙事者在叙述故事之前对所发生的事件做简要的概括;指向(orientation),确定事

---

① В. Я. Шабес, *Событие и текст*. М. ,1989:с. 56—57.
② Л. Н. Мурзин, А. С. Штерн, *Текст и его восприятие*. Свердловск,1991:с. 117.
③ 池上嘉彦著,林璋译:《诗学与文化符号学》,译林出版社1998年版,第68页。

件发生的时间、地点、人物、活动和当时的情景；进展(complicating action)，指故事中事件实际的发生、事态的进展；评议(evaluation)，对故事发生的原因、故事的要点、动作、事物以及故事发生等方面的评论；结局(resolution)，故事中发生的事件的结束情况，如后果、结果；回应(coda)，表示故事已经结束，把受话者带回到现实世界。[1]

具体来说，篇章内容总体结构图式中引言部分的功用主要是使读者熟悉篇章所涉及的对象，因而往往包括关于对象的初始信息，如所述主题和对象、所描写现象和事件的状况和条件。科学论文的引言常常包括主题的引入(包括关于所涉对象的一些必要信息)、研究目标和任务的提出、该问题研究的简史、研究的材料和方法等这样一些交际语用块（коммуникативно-прагматические блоки）[2]，描写和论证两种表述方式结合使用。正文部分是对引言部分主要内容的发展，包括解决引言中提出的问题，全面阐述主题内容，完整把握所述对象的特点。在科学论文中，正文部分应该包括陈述问题、描写实验过程、提出假设、描述研究的理论模型等内容。在论战性的论文中，正文部分还要引入对方的论据，证明其站不住脚，描述已往的研究时要交代其研究的具体方法及所获得的结果，并对之进行分析和解释等等。结论部分则交代所述现象或状态、事件或事实的结果、影响及反思，或者关于所述对象的结论。科学论文的结论部分一般包括总结所述内容、形成结论、指出所获结论的实现途径、展望和预测相关研究的发展、提出新的任务和问题等，总结功能占据主导地位。如下面这篇童话"母鸡里亚巴"(Курочка Ряба)：

Жили-были дед да баба. Была у них Курочка Ряба. Снесла Курочка яичко—не простое, а золотое. Дед бил-бил, не разбил, баба била-била, не разбила. Мышка бежала, хвостиком махнула, яичко упало и разбилось. Дед плачет, баба плачет, а Курочка кудкудахчет: "Не плач, дед, не плач, баба. Я

---

[1] 黄国文：《语篇分析的理论与实践——广告语篇研究》，上海外语教育出版社2001年版，第195页。
[2] 俄罗斯学者克里扎诺夫斯卡亚(Е. М. Крижановская)所用术语，指的是篇章的一种结构语义单位，它们是对一个或几个交际认知行为进行语言物质化后的结果，作为内容的结构成分起作用，表达对于作者而言具有现实意义的科学知识。特征如下：1)在篇章平面具有特别的表达手段（所谓的元篇章标记）；2)必然在上下文确定的部分出现；3)边界具有不确定性、模糊性。基本功能则是：1)参与整个篇章的扩展；2)形成意思内容的结构；3)表现对作者而言最为重要的言语思维操作；4)达到作者所期望的语用效果。(Е. М. Крижановская, *О стереотипности компонентов коммуникативно-прагматической структуры научного текста*. //Текст: стереотип и творчество. Пермь, 1998: с. 137—138)

снесу вам яичко другое: не золотое, а простое."

（从前生活着一个老头儿和一个老太太。他们有一只母鸡叫里亚巴。母鸡下了一个蛋，不是普通的蛋，而是金蛋。老头儿敲啊敲，就是敲不碎，老太太敲啊敲，也敲不碎。一只老鼠跑过，挥动的尾巴扫到鸡蛋，鸡蛋掉了下去碎了。老头儿哭，老太太也哭，而母鸡咯咯嗒咯咯嗒地叫着安慰他们说："不要哭，老爷爷，不要哭，老奶奶。我再给你们下个蛋：不下金蛋，而下个普通的蛋。"）

内容总体结构可图示如下：

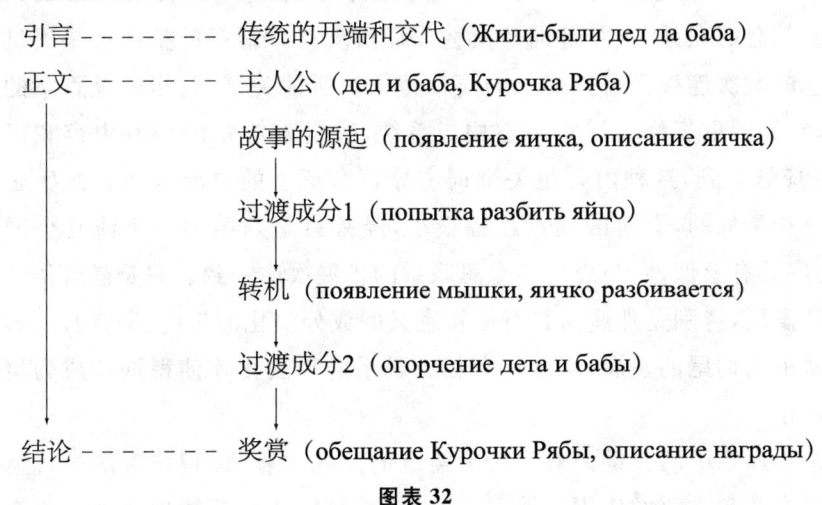

引言------ 传统的开端和交代（Жили-были дед да баба）

正文------ 主人公（дед и баба, Курочка Ряба）

　　　　　故事的源起（появление яичка, описание яичка）

　　　　　过渡成分1（попытка разбить яйцо）

　　　　　转机（появление мышки, яичко разбивается）

　　　　　过渡成分2（огорчение дета и бабы）

结论------ 奖赏（обещание Курочки Рябы, описание награды）

图表 32

2.2 关键词聚合体

从篇章整体来说，单个词符的作用范围并不显著，它往往局限于直接的语言外围环境，不会超出该框架，其价值在于产生新的局部意义。与此相区别，还存在着一些意义单位，它们的作用范围超出了其所处的直接的语言外围环境，而成为了整个篇章的决定性因素和作品的主干。这样的单位即是作者所强调的关键词[1]、关键主题和关键符号。尼科拉耶娃指出："关键词正急速地涌入语言学，特别是在语音感知和信息学领域：这样，依据关键词可以在噪音环境中识别表述的意思，以关键词为基础能够实现自动化信息服务和自动文摘。"[2]

---

[1] 与关键词相关的术语有语义主干（семантические стержни）、意思界标（смысловые вехи）、基本点（основные пункты）、意思标定点（смысловые ориентиры）、意思支点（смысловые опоры）、语列（словесный ряд）等。

[2] Т. М. Николаева, *Единицы языка и теория текста.* // Исследования по структуре текста. Отв. ред. Т. В. Цивьян. М., 1987: с. 46.

俄罗斯科学院斯拉夫学研究所类型学和比较语言学研究室的研究认为,篇章的意思维系在一些基本点上,因而它与篇章的线性铺展是不同构的。正是在这一认识的指导下,该方向的研究抓住篇章关键性的词汇单位、意义成分、语法范畴等要素,以此揭示篇章的深层意义结构。伊万诺夫认为,从篇章中解码出来的基本意思是通过有意义的意思量子(смысловые кванты)表达出来的,这与线性的接触和语法层次的形式无关,篇章是由这些意思呼应(смысловые переклички)串缀起来的。① 瓦尔吉娜指出:"篇章的整体性是篇章成分在内容层面的总的联系,由关键词及其替代词所支持。篇章的整体性是通过表述中概念的顺次连接而得以揭示的篇章特征。所谓关键词,指的是篇章的概念纽结,它们同重复称名词汇一道构成系统,决定着篇章的所有内容和概念认知。"② 应该看到,这种由几组关键词主导篇章意思的情况与语言诞生之初的情况是相类似的,那时的篇章篇幅很小,经常只是归结为一个或几个词或语句,词序具有象似性,与思想和意思联系的扩展次序一致。只是随着语法化的进一步发展,特别是那些由具有原初意义的成分演化而来的、通常具有转换—回指特征的词尾的发展,以及是有相关联系的句法化才使得词符成为清晰的离散单位。

　　文学篇章中的关键词对于展示篇章的主题内容、体现作者的主观情感和态度具有非常重要的作用。把握一些关键词群,往往就能理解文学篇章的核心要义。诗人布洛克认为:"任何一首诗,都是平铺在几个词'尖'上的覆盖物。这些词如同星星一样闪闪发光。正是因为有它们,诗才会存在。"③ 特尼亚诺夫提出了"诗列的挤压作用"(теснота стихового ряда)这一概念,并认为,"诗列和诗的统一体内部的词处于较一般言语更强、更近的关系和联系之中,这种联系的力量对于语义的特点而言不是没有用处的"。④ 也就是说,一个词与诗行中的其他词可能并没有韵律和句法上的直接联系,但在"诗列挤压"的作用下,其中一些摇摆不定的特征开始相互作用;这些特征的不断强化便破坏了词

---

① Т. М. Николаева, *От звука к тексту*. М. ,2000:с. 436.
② Н. С. Валгина, *Теория текста :учебное пособие*. М. ,2003:с. 251.
③ Т. М. Николаева, *От звука к тексту*. М. ,2000:с. 425.
④ Т. М. Николаева, *Единицы языка и теория текста*. //Исследования по структуре текста. Отв. ред. Т. В. Цивьян. М. ,1987:с. 45.

语惯常的语义环境，在句子成分联系之外构造了某种集中的群组意思，由此产生了词汇格调统一体，决定着诗篇的整体内容。诗学篇章和古代篇章中个别词后面的语义上被压缩的神话成分(мифологема)或词源成分也可能构成篇章中的核心语义要素，影响并决定着篇章的整体语义取向。科雷特纳亚(М. Л. Корытная)通过实验验证了其关于"标题—次标题—关键词"对文学作品的读者投射(читательская проекция)的形成过程发挥着特别影响的假设，并构造出一个涡旋模型(вихревая модель)来模拟篇章理解的形象模式。该模型的"静态杆标"就是由关键词来体现，关键词成为一种常项性的东西，围绕着该"杆标"的是由与每一个关键词相关联的相互交织、相互作用着的个体知识和情感评价形成"涡旋"结构。按照她的说法，关键词在改变标题给读者带来的篇章的初始投射的同时，实现着并在每一个词周围联系起上下文所涉及的各种导出知识(выводные знания)。①

关键词作为基本词，与其他词一道形成统一的语义场，赋予篇章内容上的整体性。安年斯基(И. Анненский)的系列作品《柏木箱子》(Кипарисовый ларец)中，世界的虚幻性、人间同上天及现实同冥间的界限的模糊性等主题正是通过一些关键词群得以展示出来的：призрачный(幻象的，模糊的)，如 трилистник призрачный(模糊的三叶草)、призрачность жизни(生活的幻象)；тень(影子)，如 тоскующие тени(忧伤的影子)、тень немая(无声的影子)、томные тени，тень недуга(疲惫的影子)；луна(月亮)、дым(烟)，如 в сердце ходит удушливый дым(心中弥漫的是令人窒息的烟尘)、дымное таяние(烟一般的消融)；туман(雾)，如 дождит туман(下着雾)等关键词构成了一个统一的语义场，同另外一些类似的词，如 тьма(黑暗)、сумрак(昏暗)、мгла(黑暗)等一起形成了该系列的基本主题内容，即欺骗性、模糊性、慌乱性、非现实性、荒凉性等。

在短篇小说《装在套子里的人》中，对于篇章至关重要的关键词 футляр(套)及与其相关的关系词构成了篇章的关键词聚合体，如 футляр(9次，套)、калоши(9次，套鞋)、зонтик(7次，伞)、чехол(3次，罩)、черные очки(3次，黑色的眼镜)、ставни(护窗板)、колпак(圆形罩)、ящик(盒子)、гроб(棺材)、

---

① А. А. Залевская, *Введение в психолингвистику*. М., 2000: с. 255—256.

могила(坟墓)、уши закладывать ватой(用棉花把耳朵塞住)等。"как бы чего не вышло"(可别出什么乱子)与 бояться(害怕)的组合作为篇章的叠句重复了 7 次，与 страх(恐惧)、страшно(害怕)、ужасно(可怕地)、прятаться(藏)、осторожность(小心，谨慎)、тревожные сны(让人不安的梦)、запрещать(禁止)、сажать под арест(逮捕)、доложить(报告)、ограничение(限制)、угнетал нас своей осторожностью(以自己的小心谨慎让我们感到压抑)、из второго класса исключить Петрова(从二班开除彼得罗夫)、он давил нас всех(他压制我们所有人)、раз это не разрешено циркулярно(既然这不能通过通令的方式解决)等构成另一聚合体。这样的两组关键词足以展现该小说的所有意义内容。

关键词不仅存在于一个具体篇章中，它还可能复现于作家的众多作品中，成为作家笔下典型的词汇形象，如布宁的《安东诺夫卡苹果》(Антоновские яблоки)中的 свежесть(新鲜)一词同秋天这一成熟、收获的季节相联系，свежесть осени(秋天的清新)因而具有了新的象征意思，表达对成熟的、富于收获的健康生活的一种感悟。свежесть 这一词及所代表的形象在布宁的其他作品中也屡见不鲜，如短篇小说《松树》(Сосны)中有：Чувствую холод и свежий запах январской метели, сильной, как запах разрезанного арбуза(我感受到了一月份强暴风雪的寒冷和清新气味，就像切开的西瓜的香味一样)；诗歌《野花》(Полевые цветы)中的 Бурные грозы и свежесть ночей(猛烈的雷声和夜晚的清新)，《看不见鸟儿》(Не видно птиц)中的 День холодный угрюм и свеж—и целый день скитаюсь я в степи свободной(冷天是那么阴沉和清新——我整个一天都在自由的草原上游逛)，《田野的气息》(Полями пахнет)中的 Полями пахнет,—свежих трав, лугов прохладное дыханье! От сенокосов и дубрав я в нем ловлю благоуханье(散发出田野的芳香——鲜草、草地凉爽的呼吸！因为割草场和阔叶林，我捕捉到了其中的芬芳)等等。[①] 更有极端的作家，排除了任何语法上的联系和行文规范，仅靠若干关键词的罗列来进行写作，如索罗金的作品《标准》(Норма, 1994)整整用 23 页的篇幅，通过形容词 нормальный 与众多名词构成的词组清单来描写从确定的社会准则而言正常人从出生到死亡整个一生的历程，以此强调社会环境的典型性、人生道

---

① Н. С. Валгина, Теория текста: учебное пособие. М., 2003: с. 252.

路不可避免的阶段性、个人生活条件及其行为举止的定型化。不仅如此，关键词群甚至还能走出作家或作品的局限，成为体裁的典型特征。如以茹科夫斯基（В. Жуковский）和巴秋什科夫（К. Батюшков）为代表的俄罗斯哀诗派（русская элегическая школа）的作品中常常出现 томиться（痛苦）、бледнеть（变得苍白）、младость（青春年华）、радость（喜悦）、луна（月亮）、роза（玫瑰）、слёзы（眼泪）、кипарис（柏树）等关键词，这些关键词的出现能帮助读者直观地判断出作品的哀诗体裁。这里词汇使用上的法规化如同科学术语的大量使用是科学篇章的典型特征一样，成为了体裁的构成特征。

完全不同于文学篇章的科技类篇章，其内容的整体性架构也往往依赖于起关键作用的术语（термины）和主题词。巴尔多娃（В. А. Балдова）通过实验证实了包括标题、关键词和简短摘要在内的篇章前置要素对于阅读科技期刊文章时形成"读者投射"的作用。按照她的说法，"关键词扮演着'意思界标'（смысловые вехи）的角色，代表着解读上下文所必需的专门知识得以实现的整个意思系列，因此，关键词是篇章与个体已有知识系统的结合点"。① 切尔努希娜（И. Я. Чернухина）则从篇章修辞学的角度对别赫捷列娃（Н. П. Бехтерева）、洛姆捷夫（Т. П. Ломтев）、什梅列夫等语言学家提出的主题词群（тематическая группа слов）问题进行过综述，她指出："篇章，或者科技语体作品片段的题旨首先是通过相应的主题词群揭示出来的，而名词能较准确地体现篇章的主题。"② 以诺维科夫曾经分析过的一篇题为 *Осевой компрессор*（轴向式压缩机）的简短文章③为例，该篇章的内容结构即是由 компрессор（压缩机）、рабочие лопатки（工作叶片）、воздух（空气）、осевой компрессор（轴向式压缩机）、центральный компрессор（中央压缩机）、вход в компрессор（压缩机进口）、корпус（机体）等几个关键词及其相互间的关系建立起来的。关键词聚合体对于科学论文的重要作用还突出地表现在对科学论文进行二次加工——撰写主题描述（предметное описание）、搜索述评（поисковая аннотация）、简介（аннотация）、摘要④（реферат）、评论（рецензия）等二级篇章（вторичный текст）

---

① А. А. Залевская, *Введение в психолингвистику*. М., 2000：с. 256.
② 邓军：《篇章的逻辑语义分析》，黑龙江教育出版社 1997 年版，第 74 页。
③ А. И. Новиков, *Семантика текста и её формализация*. М., 1983：с. 133.
④ 俄罗斯自 1966 年起，按照规范的要求，发表自然科学或技术科学论文时要配以作者自己提供的摘要。

的过程中。为保证在信息处理过程中不使原始篇章(исходный базовый текст)的核心内容有所缺失,这些二级篇章的形成过程往往要借助于对原始篇章中关键词的准确把握。如关键词群的核心词汇均会出现在以摘要为代表的二级篇章中,搜索述评更是直接由5—15个对篇章内容总体结构而言最为重要的关键词组成,国际学术期刊一般要求作者在提供论文摘要的同时,还要直接将篇章的关键词单列出来。

第 三 章

篇章的组合分析

如果说聚合分析旨在通过通揽全篇来展现篇章表达和内容平面所体现出来的整体性特征,那么组合分析则是通过对篇章局部的观照来揭示表达和内容平面的连贯性表现。前者突出篇章交际的"宏观战略(策略)"布局,后者则侧重于篇章交际的"微观战术(技巧)"安排。篇章的组合分析关注篇章的连贯性(组合—连贯性)问题,即语句在篇章局部组合上的关联性,反映篇章生成和理解的动态过程,基本概念工具是语境。

第一节 语境与连贯性

语境(контекст)概念自20世纪20年代由波兰人类语言学家马林诺夫斯基引入语言学后,经弗斯(J. Firth)、韩礼德、菲什曼(J. A. Fishman)、海姆斯(F. D. Hymes)等语言学家和社会学家的发展,已经成为现代语言符号学研究不能忽略的问题,进入到了不同学科、不同学派和不同学者的研究视野,但不同的研究者对它的理解各不相同,这使得语境成为了语言符号学界使用最为广泛,但又最缺乏确切定义的概念之一。我们认为,对语境这一概念的理解应与一定的研究对象和研究目的结合起来。就篇章的组合分析而言,对语境的理解应与连贯性的实现方式联系起来,因为篇章必然产生在一定的语境中,篇章的连贯性与语境具有不可割裂的联系;连贯性的实现是受语境条件制约的,从连贯性的实现形式我们可以反观语境的类型特征。事实上,由于 контекст 一词源自拉丁语 contextus,意即"连接、联系",其词源意义已经显示出与连贯性的内在联系。

而关于连贯性的实现问题,科任(А. Н. Кожин)认为:"连贯性是篇章成分的相互依赖性,显现在篇章成分与语言系统相关联的不同层级中,即可以说篇章的语音连贯、形态连贯、句法连贯、语义连贯、修辞连贯。"①А. И. 诺维科夫也认为:"篇章的连贯性是在不同的组织层次上实现的:词、句子、单独的某个段块等。"②科热夫尼科娃(Кв. Кожевникова)认为篇章是"趋向于意思封闭性和完整性的最高交际单位",其恒常特征是连贯性,表现在不同的层级和不同的参数上。③ 我国学者胡壮麟教授在吸收西方学者,特别是系统功能语法学者观点的基础上提出了篇章连贯的多层次说,篇章连贯性的层级从上至下依次表现为社会符号层、语义层、结构层、词汇层、音系层。④ 布赫宾杰尔和罗赞诺夫(Е. Д. Розанов)则指出了与篇章连贯性相关的这样一些因素:反映现实中现象相互联系的陈述逻辑;语言手段的特别组织(外显连贯性);交际指向性,即与动机、目标和条件的相关性;篇章的布局结构、篇章内容本身、篇章的意思。⑤ 可以看到,篇章的连贯性并不只是两个语句间简单的一维线性联系,而体现出多面多层的特点:一方面,篇章的连贯性要依赖于语言提供的各个层级⑥的系统资源,另一方面篇章的连贯性与篇章外部环境具有密切的联系。与此同时,任何篇章中语句的联系至少要被确认两次:一是由作者在篇章生成过程中加以确认;二是由读者在篇章领受过程中加以重建。⑦ 所有这些相关论述表明,连贯性问题并不只是篇章内部的问题,它涉及篇内系统和篇外系统的方方面面。从符号学角度来看,篇章连贯性就其表现而言,可以统归到表达和内容两个符号学平面,而在每个平面,连贯性都有其外部实体和内部形式上的表现。连贯性表现的外部实体一方面指向篇章内部的语言材料本身,另一

---

① А. Н. Кожин, *Структура и функционирование поэтического текста. Очерки лингвистической поэтики*. М.,1985:с. 115.

② А. И. Новиков,*Семантика текста и ее формализация*. М.,1983:с. 26.

③ А. В. Кинцель, *Психолингвистическое исследование эмоционально-смысловой доминанты как текстообразующего фактора*. Барнаул,2000:с. 23.

④ 胡壮麟:《语篇的衔接与连贯》,上海外语教育出版社 1994 年版,第 225 页。

⑤ В. А. Бухбиндер, Е. Д. Розанов, *О целостности и структуре текста*. //ВЯ,1975,№6:с. 75.

⑥ 但不能将篇章的连贯性归结为语言系统各个层次的连贯性。事实上,"尽管在篇章中可以将其切分为句子,将句子切分为词,将词切分为词素,但对最简单的篇章进行的成分分析显示,用来描写词素连成词、词连成句的方法在篇章层次事实上是不发挥作用的。"(О. Л. Каменская, *Текст и коммуникация*. М.,1990:с. 54)

⑦ О. Л. Каменская,*Текст и коммуникация*. М.,1990:с. 57.

方面指向篇章外部的现实材料,分别对应的是篇章的表达实体和内容实体,表现为语形连贯和语用连贯。而连贯性表现的内部形式一方面根植于思维的逻辑形式,另一方面则依托于主体的认知形式,分别对应的是篇章的表达形式和内容形式,分别表现为逻辑连贯和认知连贯。

与连贯性实现的层级特点相应,作为篇章连贯性的制约因素,语境表现为篇内语境、逻辑语境、篇外语境和认知语境,分别从表达的实体层、表达的形式层、内容的实体层和内容的形式层四个方面保障着篇章语形连贯、逻辑连贯、语用连贯和认知连贯的实现。具体说来,篇内语境是指篇章中与语句的连贯性理解直接相关的语言环境,篇外语境则是篇章所处的外部交际环境(包括情景语境和背景语境),两者从篇章交际的不同外部区域保障着连贯性的顺利实现;逻辑语境和认知语境则进入到了主体的思维和认知层次,逻辑语境是指思维的线性形式,体现为语句间的逻辑联系,认知语境是指知识的组织形式,体现为语句间的认知义联系,两者从主体思维的不同内部区域保障着连贯性的建立。这样看来,俄罗斯当代心理语言学家克拉斯内赫(В. В. Красных)在总结了大量相关的篇章研究之后,强调指出篇章研究需要兼顾四个方面:语言外方面,篇章是对情景的反应(реакция),语言外现实本身是情景的一个成分,语言外现实可以刺激篇章的生成并在篇章中得到反映(отражение),该过程不是直接发生的,而要通过情景的表象进入预设;认知方面,正是存在着广泛的预设才预先保证着交际的成功进行,即篇章生成时合适手段的选择及篇章的正确理解;语义方面,上下文同预设一起影响着语言手段的选择和篇章的构成;语言方面,指构成篇章的语言手段,此时的篇章被视作言语产物。[①] 我们认为,这四个方面体现的正是篇章的符号学组合分析所需要关注的四个层面上的语境和连贯性的关系问题,分别对应篇外语境和语用连贯、认知语境和认知连贯、逻辑语境和逻辑连贯、篇内语境和语形连贯。另外,我国学者李战子谈到接受理论时,将读者在接受过程中需要做出的推断依据归结为:逻辑推理、词在篇章语境中的意思、言语行为所带有的言外之力、内容和形式图式[②],这样的推断实则分别合乎我们对于逻辑语境、篇内语境、篇外语境和认知语境

---

① В. В. Красных, *Основы психолингвистики и теории коммуникации: Курс лекций*. М., 2001: с. 209—210.

② 李战子:"论篇章连贯率",《外语教学》,1994 年第 4 期。

的理解。

第二节　篇内语境与语形连贯

　　所谓篇内语境，是从篇章中摘取的一部分，具有对于确定进入其中的个别词或句子的意思来说足够的篇幅。① 科尔尚斯基（Г. В. Колшанский）指出："在活生生的交际中研究语言，篇章单位将扮演更为重要的角色，而其中，最主要的位置毫无疑问当由上下文概念来占据。……任何一段有边界的篇章的意义与上下文的关系如此密切，以至于原则上可以将上下文和篇章说成是一个现象的两个方面。"② 从篇幅上来看，篇内语境可能是句组、超句统一体、段落等微观单位，即微观上下文（микроконтекст），也可能是章节，甚至是整个篇章，即宏观上下文（макроконтекст）。从相对位置来看，篇内语境分为上文语境（левый/предшествующий контекст）和下文语境（правый/последующий контекст），分别指所析单位或现象之前和之后的语言语境。根据功能，篇内语境可以分为鉴别语境（разрешающий контекст），指消除语言单位歧义的语境；支持语境（поддерживающий контекст），指保障某个单位的意义在篇章中能够复现的语境；注销语境（погашающий контекст），指使单位产生不同于其在语言系统中的典型意义之意义的语境；补偿语境（компенсирующий контекст），指有助于在某成分没有外部表现的条件下正确地理解意思的语境；强化语境（интенсифицирующий контекст），指在篇章理解过程中能促进意思增长的语境，即使已经使用过的单位增加新的意义。③ 列宁格勒国立大学英语语文学教研室的阿莫索娃（Н. Н. Амосова）教授专门组织了语境学讲习班（контекстологический семинар），她将言语情景从语境中排除出去，认为语境是纯粹的语言意义因素，是词语运用的直接语言环境，即仅仅包括对于确定待估词语的意义所必要的和足够的最少成分，并依据语境的语言学本质将篇内语境分为三种基本类型：词汇语境、句法语境和混合语境。④ 在应用语言学领

---

① А. И. Горшков, *Лекции по русской стилистике*. М. ,2000：с. 119.
② Г. В. Колшанский, *Контекстная семантика*. М. ,1980：с. 63.
③ В. Н. Ярцева, *Языкознание. Большой энциклопедический словарь*. М. ,1998：с. 238.
④ М. А. Кащеева, *Предисловие.* //Вопросы английской контекстологии. Отв. ред. М. А. Кащеева. Л. ,1974：с. 3.

域，普遍认为应该将语境同情景区别开来，应该澄清语境这一术语的语言学内容，如科尔尚斯基指出，制定翻译的形式规则应该以分析作为待定(译)篇章成分的直接词语环境的语境为基础，因而无法形式化的情景语境应该从语境分析中排除出去。[①] 显然，这里的语境就是我们所理解的篇内语境。

对于我们要分析的篇章的连贯性现象来说，语句所处的篇内语境是篇章连贯性得以实现的必要依托，是连贯性表达平面的实体环境，富含各种衔接手段。在某种程度上甚至可以说，缺少对于篇内语境的依赖性决定着篇章中的某些成分不参与篇章中句子的连接过程，如第一、二人称代词及相应的物主代词由于直接关涉交际的参与者，缺少相应的被替代成分，从而表现出代词的另外一个重要功能——不依赖篇内语境而能够语义自主性地称谓交际行为中的个人，因此一般认为它们不能像其他代词一样被用做指示和替代手段。换言之，作为一种关系现象的连贯性，其表达实体必然存在并依存于篇内语境，后者以语言系统丰富的手段作为潜在资源，因而连贯性的表达实体层面呈现出语言代码的系统分层特点。从语言代码的基本体系特点出发，我们将篇内语境分为语音语境、语法语境和词汇语境，它们分别对应的是语音连贯、语法连贯和词汇连贯等语形连贯类型，对应的实体手段则分别是语音衔接手段、语法衔接手段和词汇衔接手段。这些手段，如科热夫尼科娃所说："本身并没有创造连贯性，而只是连贯性在表达平面最醒目的标志"[②]，是篇章组合面上的实体保障。

1. 语音语境

英国著名文论家亚历山大·波普(Alexander Pope)在《论批评》中认为：声音应该是意义的回应。重音、语调、声调、音高、音长、停顿、语速、节奏、韵律等语音要素均可能成为语句的意义区别性手段，因而在口头交际中，这些语音要素构成重要的话语衔接手段。而对于书面篇章来说，这些都隐身于书写符号背后，只有部分要素在典型的篇章类型中才能显示出明显的衔接力，特别是

[①] Л. А. Никольская, *О терминологическом уточнении основной категории контекстуального анализа. (от «контекста ситуации» к «единице контекста»). //*Вопросы английской контекстологии. Отв. ред. М. А. Кащеева. Л., 1974; с. 6.

[②] И. О. Дымарская-Бабалян, *О связности текста: семантический и грамматический аспект.* Ереван, 1988; с. 42.

诗歌类篇章。洛特曼认为:"诗歌形式源于将意义各不相同的词置于最大程度的等价地位这样一种追求。运用所有的等价类型——韵律的、音位的、语法的、句法的,诗歌的结构让人将篇章理解为按照各个部分相互等价的规律建构起来的结构,哪怕这一点在现有结构中没有清晰地显现出来。"①洛特曼强调,诗歌结构的基础就是重复,包括超音质单位间隔性的重复(节律)、韵律单位末尾共鸣音的重复(诗韵)、某种音素在篇章中的重复(谐音)等。因此,我们主要以诗歌为例来说明语音衔接问题。格律和音韵作为诗篇整体性特征在表达实体层面上的体现,我们在上一章已有涉及。对于诗篇局部的连贯性问题而言,音素和语调的复现可视为最为显著的实体手段。

音素的重复能"使无组织的文学篇章中异质的词汇单位相互接近并能归入对比组,安放在同义词或反义词两个纵栏之中"②,从而起到重要的衔接作用。音素重复的这种衔接作用源于某种音素反复出现所带来的意义效果,即某种音素的复现能表达一定的语音意义。对此,俄罗斯语言之父罗蒙诺索夫(М. В. Ломоносов)认为:"在俄语中,似乎经常重复字母 а 可以造成富丽堂皇、空旷、深远、高大的以及骤然恐惧的效果;增加字母 е、и、ь、ю 的使用次数可以有一种温柔爱抚之感,有一种凄怆、微小的实物感;通过字母 я 能显示出喜悦、欢乐、柔和与爱好;通过字母 о、у、ы 表现出的是能引起仇恨、嫉妒、惧怕和忧伤感觉的东西。"③丹麦语言学家叶斯柏森用对比的方法也得出了类似的结论:[i]是比较轻快、细小、美丽、友善;[u]则是比较稠厚、空洞、黑沉、忧郁、顿挫、苦涩。茹拉夫列夫(А. П. Журавлев)的统计显示,[o]象征美好、积极、美丽、崇高等;[p]既可以象征贬义的粗鲁、寒冷、生硬,也可以象征褒义的大男子气概、勇猛、强大;[и]和[е]具有美好、温柔、圆润的象征意义;[л']象征娇小、温柔、女性化、善良;[н']象征温柔、女性化、好看、祥和、善良等。④ 朱光潜先生在《诗论》一书中也谈道:"音律的技巧就在选择富于暗示性或象征性的调质。比如形容跑时宜多用铿锵急促的字音,形容水流,宜多用圆滑轻快的字音,表

---

① Ю. М. Лотман, *Структура художественного текста.* // Ю. М. Лотман, Об искусстве. СПб., 1998: с. 166.
② 同上, с. 159.
③ 王铭玉:"符号学·语言·语言文化的肖像性",《外语研究》,1994 年第 4 期。
④ 周小成:"篇章语音整和",《中国俄语教学》,2003 年第 4 期。

示哀愁时宜多用阴暗低沉的字音，表示乐感时宜用响亮清脆的字音。"①如南唐后主李煜在《玉楼春》中的一句"待踏马蹄清月夜"中"待"、"踏"、"蹄"三字的声母都是舌尖音，把马蹄踏在洒满月光的路上的"嘚嘚"声都融入诗句，令读者在吟诵时如入画境。

　　语调作为诗歌固有的特征，在俄语诗歌中也能起到重要的衔接作用。最早注意到这个问题的是埃亨巴乌姆（Б. М. Эйхенбаум）和日尔蒙斯基，只是他们把重点放在句法辞格的语调特点上，而没有结合诗歌的旋律和节奏来进行研究。季莫费耶夫（Л. И. Тимофеев）则将语调视作诗歌结构的决定性成分之一，在旋律中发现了使诗歌区别于散文的情感表情基础。诗人有时为了达到语音上的协调，甚至不惜以牺牲语法为代价，可见语音效果对篇章衔接和连贯性的重要作用，其实，语音衔接手段不仅在诗歌中而且在其他类型的篇章（如广告，口号篇章，抒情散文，刻画人物言语特点、情绪、性格特征的描写片段等）中也很重要，有时甚至还是不可或缺的。如一则广告中有这样的语句：К нам легче дозвониться. К нам проще проехать.（给我们打电话易于打通，到我们这里来方便之极。）显然，这里句式平行结构所烘托出的对等语调强化着这两个语句间的连贯性。

　　此外，由标点符号标示的分割和停顿也是重要的语音衔接手段。在这个意义上，篇章的连贯性与篇章中语句的切分是互为前提的。没有篇章语流的合理切分，就谈不上语句的存在，篇内语境框架下的篇章连贯就失去了其本体基础。俄语中分解结构（парцелляция）和称名句组结构中语句间的连贯性特点之一就在于语句之间的特殊停顿（由句号标出，有时会有各种连接词、情态词或语气词），以及由此而生的明快的节奏感。如：

　　Концертный зал. С акустикой. Звучит симфония в до-мажоре. Тутти. Меццо воччи. Форте. Пиано. Крещендо и все эти дела. Строгий ритм. Бурный темп. Чарующе выступают скрипки.②（音乐厅。收音效果好。正演奏着C大调交响乐。合奏。半声唱法。强奏。弱奏。渐强，诸如此类。严整的节拍。迅疾的速度。小提琴的演奏让人着迷。）

---

① 胡壮麟：《语篇的衔接与连贯》，上海外语教育出版社1994年版，第171页。
② 王福祥：《俄语话语结构分析》，外语教学与研究出版社1981年版，第173页。

2. 语法语境

科尔尚斯基指出:"连贯的语法手段具有第二性的、派生性的特点,在句间联系领域中不是直接地,而是间接地通过组合句子的语法匹配性表现出来。因此篇章语言学认为篇章中缺少语法标记性,即'语言的语法应以句子为界'的说法是完全合理的。"[1]这种说法是片面的。事实上,由语法手段构造的语法语境是篇章组合必要的物质条件,是篇章连贯性的重要载体。这也是在篇章成为语言符号学界的关注焦点之后,组篇的语言学规则,特别是篇章的语法方面首先成为篇章研究的重点研究课题并在相当长的时间内占据着篇章研究主导地位的原因之所在。雅各布森认为,研究语法范畴的文学功能在一些方面来讲,与研究空间艺术中几何结构的功用具有相同的意义。[2] 作为语言材料组织的规则,语法面貌对于篇章连贯性的实现起着纽带作用,同一语法范畴内部或不同语法范畴间的内在关联性构成了篇章连贯的底层基础。

各种词类的语法范畴在篇章实现的过程中都可能成为篇章的衔接手段,这是由语言的三大元功能[3]之一,即篇章功能所决定的。换言之,语言作为一种潜势系统,篇章的组合是从这种潜势中衍生出来的。我们以动词的范畴系统,尤其是时体范畴为例来探讨词法范畴的组篇功能。图拉耶娃指出:"时体形式的运动保障着篇章的连贯性和叙述逻辑。"[4]佐洛托娃(Г. А. Золотова)为说明时体因素对于篇章连贯性的作用,曾做过一个实验,即在保留词和句子的次序、连接词、语气词、格、前置词等要素不变的前提下,只是改变动词的时体形式,将 Л. 托尔斯泰中篇小说《高加索的俘虏》(*Кавказский пленник*)中的一段话:"И побежал Жилин назад, влево в гору, в лес. Костылин всё отстает и охает. Жилин шикнет-шикнет на него, а сам всё идет..."(任林往回跑起来,向

---

[1] А. В. Кинцель, *Психолингвистическое исследование эмоционально-смысловой доминанты как текстообразующего фактора*. Барнаул, 2000: с. 24.

[2] Ю. М. Лотман, *Структура художественного текста*. // Ю. М. Лотман, Об искусстве. СПб. , 1998: с. 159.

[3] 韩礼德等系统功能语言学者认为,语言完成的各种各样的功能可归纳为三种抽象的功能,即"纯理功能"或"元功能":概念功能,指语言是对存在于主客观世界的过程和事物的反映,是一种经验功能;人际功能,指语言作为社会人的有意义的活动,必然要反映人与人之间的关系;篇章功能,指语言在实际使用过程中的组篇功能。

[4] З. Я. Тураева, *Лингвистика текста*. М. , 1986; с. 89.

左拐进山里,进了树林。科斯特宁总是落在后面,哎哟哎哟地叫唤。任林朝他发出嘘嘘声,而自己仍然继续前行)"变换为"И побежит Жилин назад, влево в гору, в лес. Костылин всё отставал и охнет. Жилин будет шикать-шикать на него, а сам все шёл...". ① 这样,原先连贯的篇章不再连贯。

篇章的时间结构表现为将表达时间关系、具有功能和语义共同性的语言成分联系起来的一种关系网络。科学篇章因为模式化的对象主要是抽象的情景,因而其中实现的是概念时间。概念时间是指现实时间在概念(концепт)层次上的反映,是现实存在的模式化表现,不依交际主体的主观认知而改变,是人所共知的。文学篇章中实现的是文学时间,文学时间不是现实时间的直接反映,而是现实的形象模式,是客观世界反映和主观臆想的结合,是现实时间、统觉时间和个人时间特征交织作用下的产物。相比较而言,概念时间的时体表达形式相对简单一些,如更常用一些未完成体现在时形式表示恒常关系情景意义,用完成体形式来概述研究历史、描述实验的进展、引述他人观点和结论等;而文学时间的时体表达形式要复杂许多,开头(交代)部分常用未完成体来引出主人公、交代故事发生的背景,正文部分主要用完成体动词形式来铺陈和展开情节,中间穿插着运用未完成体动词形式的描写和论证,结尾部分或者用未完成体形式与开头相呼应,或者用完成体形式交代故事的结局和后果。

作为组篇手段,动词的时体范畴不可分割,即"时"和"体"的语法范畴意义是联合起来表示篇章片段中语句在时间上的连贯性的。语句中连续使用完成体过去时形式表示非重复具体动作情景,如:

(1) *Прибежали* радульские мальчики, *оттеснили* московских, *взяли* у них лопаты, *начали* копать. Потом *прибежали* радульские девочки и скромно *встали* кучкой в сторонке. Одна за одной, торопливо семеня, *появились* старушки, за ними женщины помоложе с малышами за ручку, иные с грудными младенцами. *Явилась* и Настасья Петровна с Машунькой. *Пришёл* Илья Михайлович.②(拉杜利的男孩们跑过来了,他们挤开莫斯科人,从他们手中拿起锹,开始挖掘起来。随后跑来的是拉杜利的姑娘们,她们谦虚地、一

---

① Г. А. Золотова, *Говорящее лицо и структура текста*. //Язык—система. Язык—текст. Язык—способность. М. ,1995;с. 120—121.

② Н. Д. Зарубина,*Текст:лингвистический и методический аспекты*. М. ,1981;с. 37.

群一群地站在一旁。老太太们一个接一个迈着急匆匆的碎步来了,她们后面是手里牵着孩子、稍年轻一些的妇女,有些还带着吃奶的婴儿。纳斯塔霞·彼得罗夫娜和玛顺卡也来了。伊利亚·米哈伊洛维奇也来了。)

连续使用未完成体动词现在时表示重复动作情景。如:

(2) И вся моя молодость прошла с ним. И то он рождал во мне те или иные чувства, то я неизменно сопровождал рождавшиеся во мне чувства его стихами... *Вот я радостно просыпаюсь в морозный день*, и как же мне не повторить его стихов, когда в них как раз то, что я вижу: «Мороз и солнце, день чудесный...» *Вот я собираюсь на охоту — и встречаю слугу*... вопросами «Утихла ли метель?»... *Вот я в постели*, и горит «близ ложа моего печальная свеча»... (布宁) (我整个的青春都是同他一起度过的。或者是他在我身上催生了某些情感,或者是我始终如一地用他的诗歌来陪伴在我身上产生的情感……我在寒冷的日子高兴地醒来,当诗歌中正好是如我所见的句子"严寒和太阳,美好的一天……",我如何能不重复他的诗句。我准备去打猎,碰到了仆人……自然会问道"暴风雪停了吗?"……我在床上,燃着的是"我床铺旁忧伤的蜡烛"。)

连续使用未完成体动词现在时形式表示恒常关系情景。如:

(3) Согласно материалистической теории отражения, объективная действительность *составляет* реальную основу искусства, представляющего собой вторичное производное образование. Отражая жизнь, искусство *является* одной из форм и средств познания мира.[①] (根据唯物主义的反映论,客观现实构成艺术的现实基础,艺术是第二性的派生构成物。在反映生活的同时,艺术是认识世界的一种形式和手段。)

句法方面,篇内语境与连贯性的相关性主要表现在时空关联成分、句法同构现象、语句的类型特征等几个方面中。

A. 时空关联成分

时间和空间范畴是与事物存在形式必然相关的普遍性范畴。对于篇章的连贯性而言,具有典型衔接作用的时空范畴,除了由上述的动词的时体形式体

---

① Г. Г. Молчанова, *Семантика художественного текста*. Ташкент, 1988: с. 5.

现外,还体现为语句中的时间性和空间性全句限定语①(детерминант)。由于这种限定成分往往位于语句的首位②,因而对于语句间的关联和衔接来说具有位置上的优越性,直接起着承上启下的作用。如:

(4) Было морозное декабрьское утро. *На полу*, *на занавесках*, *на диване* — везде солнечный нежный свет… *На столе* мирно сиял бок электрического чайника. И *в комнате* пахло дымком… (邦达列夫)(寒冷的十二月早晨。地板上,帷幔上,沙发上——到处洒满了温和的太阳光……桌子上电水壶的一侧静静地闪着亮光。房间里散发着轻烟的味道……)

很明显,这里的时间限定语和空间限定语显现出语句在时空上的内在关联,从而起到衔接篇章的作用。除了由实词成分构成的限定语外,更为常见的是由一些意义虚化的副词构成的限定语,如 потом(后来)、затем(然后)、сейчас(现在)、теперь(目前)、тогда(那时)、раньше(以前)、давно(很久以前)、вскоре(不久)、скоро(很快)等;或代词化的副词限定语,如 здесь(在这里)、там(在那里)、туда(往那里)、тут(在这里)等。如:

(5) Всю ночь одиноко бухали пушки, рвалась шрапнель под Ново-Дмитриевкой. *Туда* потянулись обозы добровольцев, ночевавшие в станице. (А. 托尔斯泰)(大炮砰砰砰孤独地响了一个晚上,一颗榴霰弹在新德米特里耶夫卡近郊爆炸。在哥萨克村镇过夜的志愿者的辎重车队缓缓地向那里进发。)

Б. 句法同构

篇内语境中语句在句法结构上的同构性也起着衔接的作用。如:

(6) *Ветер налетал* порывами и злобно выл. В лесу и в овраге *скрипели невидимые деревья*. *Дождь хлестал* по лицу, слепил глаза. Внизу под горой

---

① 指句中与全句发生联系而不是与其个别或部分成分相联系的扩展成分,由静词格的形式、副词、副动词等表示,或者由上述词及其从属词形一起表示,此外,还可以由连接词 как、словно 及其他比较连接词引出的词语表示。(信德麟、张会森、华劭:《俄语语法》,外语教学与研究出版社 1990 年版,第 545 页)

② 值得一提的是,德国学者米斯特里克(J. Mistrik)曾对语句首位的连接功能做过有趣的研究:在研究他称为 глютинация(篇章中连接句子的力量)的现象时,他依据什么样的句子成分或什么样的词类占据句子的首位,提出了一种按照 0—5 的尺度定量衡量篇章连贯性的方法。0:首位是主语——主题;1:补语在首位;2:状语在首位;3:动词谓语在首位;4:并列连接词在首位;5:感叹词或肯定词/否定词在对话篇章的首位。在此基础上,确定了首位成分与篇章类型的关系:首位主要是主语时,这是描写—信息类篇章和论证类篇章的特点;动词谓语前置是小说篇章的特点;感叹词、肯定词或否定词在首位则是对话性言语的特点。

шумели волны в реке.(风一阵阵地骤然刮起,凶恶地咆哮着。树林和峡谷里看不见的树木在吱吱作响。雨点拍打在脸上,使眼睛看不清楚。山下河里的波浪喧闹着。)

可以看到,同等结构的并置关系构成了语句间联系的结构基础:语句间的同构性表现为交叉同构(хиазм)的形式,ветер(风)—налетал(骤然刮起)对应 дождь(雨)—хлестал(拍打),скрипели невидимые деревья(看不见的树木在吱吱作响)对应 шумели волны(波浪喧闹着)。

B. 语句类型特征

一定句法类型的语句在篇章中能发挥不同的衔接作用。如不带任何扩展成分的双部句往往体现的是针对某种事件或现象的反映,从而起到承上启下的作用。如:

(7)—Хорошо! Клянусь, ты будешь владеть конем; только за него ты должен отдать мне сестру Бэлу: Карагез будет её калымом. Надеюсь, что торг для тебя выгоден.

Азамат молчал.

—Не хочешь? Ну, как хочешь! Я думал, что ты мужчина, а ты ещё ребёнок: рано тебе ездить верхом…(莱蒙托夫)("太好了!我发誓你能驾驭好马,只是为了它你要把妹妹贝拉许给我:卡拉格兹将是她的彩礼。希望这个买卖对你有利。"阿扎马特沉默了。"不愿意?那随便你!我以为你是个男人,而你还是个孩子,你想高飞还早着呢……")

称名句和存在句作为篇章的启句出现时,其内在的后指性特征使之成为前后文衔接的句法标志。如:

(8)*Старая землянка.* В этом оставшемся после войны убежище волчица и облюбовала себе жилье.(佩斯科夫)(老窑洞。在这个战后留存下来的防空洞里,母狼选中了自己的栖身之所。)

(9)*Был ясный июньский день*, с безоблачного неба на землю лился зной. Улица была пустынна.(高尔基)(那是六月晴朗的一天,酷暑从无云的天空直落地面。街上空无一人。)

篇章中还存在着一种嵌入篇章的特殊的词组或句子,常常借助于数词和一些定位成分直接指向与所述部分相关的篇章的其他部分(фрагмент текста),从而在这两个部分间建立起一种坐标式的联系（координатные связи），具有超篇章的性质。这类句法结构所指向的篇章部分可能是单个句子、句组、章节、脚注、尾注、公式、图像、表格、线条画、草图等。这类句法结构常常是 см. главу 1(见第一章)、см. с. 28(见第 28 页)、ср. следующую главу(试比较下一章)、см. рис. 4(见图 4)、как видно из данных, приведенных в таблице 3(如表 3 提供的数据所示)等等，可分为两种情况：起一般性连接和定位的作用，表现出弱坐标式联系，如 см. главу 2(见第二章)、выше(上述)、ниже(下述)、в дальнейшем(下面,以下)等；起精确连接和定位的作用，表现出强坐标式联系，如 см. с. 39(见第 39 页)、см. табл. 7(见表 7)、ср. следующий абзац(试比较下一段)等。这种在篇章内部跳转性的指示性句法结构使篇章各个部分之间建立起间隔性的连贯性联系，利于篇章的理解，在科学类篇章中尤为常用。

3. 词汇语境

词汇语境是篇内语境的重要组成部分，指的是篇内语境的词汇构成。对于篇章的连贯性而言，词汇的重复使用是篇内语境中语句间最直接，也是最有效的实体衔接手段。"同一个词位从一个句子转换到另一个句子，除了能赋予篇章组织一定的广延性、体现修辞交际功能以外，同时还起着连接篇章成分的作用，使单个的述谓单位联合成一个篇章片段——超句统一体。……它不是以前后结构中词汇语义特征的证同性或实指的指示性证同为基础，而是建立在富有表情力的、冗余性的词汇同一的基础之上，此时，重复的词位形式将句子连接成统一的句链。……词汇重复此时成为了句法连接器、篇章连接物，在篇章组织中扮演着结构成分的角色，同时也具有特别的表情修辞功能。"[1]卡缅斯卡亚将词汇重复联系称为"递归联系"(рекуррентные связи)，这种联系作为一种实体性的衔接手段，甚至能够为不懂该语言的接受者所识别，因为只需要在两个或多个语句中找到形式重合的词汇即可。[2] 对于篇章的连贯性来说，具有典型衔接功能的词汇重复主要是实词的重复，大多为静词(主要为名词)或静词词组。如：

---

[1] И. О. Дымарская-Бабалян, *О связности текста: семантический и грамматический аспект*. Ереван, 1988: с. 104.

[2] О. Л. Каменская, *Текст и коммуникация*. М., 1990: с. 64.

(1) Ещё один *год* ушел в историю. Это был большой *год*, принесший нам победу под Курском, на Днепре, на Украине. Начинался еще один новый военный *год*. (Н. Новиков) (又是一年成为了历史。这是很长的一年,它在库尔斯克城下、第聂伯河上以及在乌克兰带给了我们胜利。又一个新的战斗的一年开始了。)

(2) Отгремела Курская *битва*... Это была одна из величайших *битв* второй мировой войны. (Н. Новиков) (库尔斯克战役结束了……这是第二次世界大战中最伟大的战役之一。)

也包括一些动词的重复。如：

(3) Не сердись, Настена, не надо. Я знаю, ты *поймёшь*. *Поймёшь* все как есть. (拉斯普京) (不要生气,纳斯焦娜,没必要。我知道你会理解的,会真正理解一切的。)

(4) Как горный обвал загремело «Ура». Этот крик подхватил художника и понёс вперёд. Он *забыл* всё. *Забыл*, кто он. *Забыл*, зачем пришел. *Забыл* о деталях и красках. Пафос атаки захватил его. (卡尔波夫) (响起了山崩一样的"乌拉"声。这个叫声将画家托起来裹挟着他向前。他忘了一切,忘了他是谁,忘了他为了什么而来,忘了细节和颜料。进攻的激情控制住了他。)

显然,这里动词的重复除了证同述谓成分,为语句间的连贯联系提供实体上的支撑外,还有着加强语气,表达情感的作用。

词汇重复还包括一种特殊情况,即重复的是词的词根部分,词的其他词缀部分(不包括词本身的语法形态部分)有所变化,表现为同根词(词类不一定相同)的重复。这种现象被卡缅斯卡亚称为"部分递归"(частичная рекурренция)现象。如：

(5) И вот она *понеслась*, понеслась, понеслась! — Не так ли и ты, Русь, что бойкая, необгонимая тройка, *несёшься*? (果戈理) (看,它疾驰起来了,疾驰起来了,疾驰起来了! 罗斯,你也是这样疾驰的吗,像勇敢的、无法超越的三套马车?)

(6) Петух собрал вокруг себя *наседок* и принялся разучивать с ними песни. Культурно-массовая работа была в полном разгаре. Правда, куры с трудом выкраивали минутку, чтобы *посидеть* на яйце.① (公鸡将抱窝母鸡召

---

① О. Л. Каменская, *Текст и коммуникация*. М., 1990: с. 65.

集在自己周围并同它们一起练习歌曲。这种群众文化工作处在最紧张的状态。是的，母鸡们很难挤出一分钟来孵蛋。)

从类型上来看，文学类、政论类篇章趋向于使名称多样化，而科学类和公文类篇章更倾向于词汇重复，因为在科学领域术语和概念的科学性、单义性和明确性需要得到严格的保证。

第三节　逻辑语境与逻辑连贯

就表达的形式来讲，篇章的连贯性体现的是语句间的一种结构关系，这种关系以思维的逻辑形式[①]为基础。在这个意义上，篇章的连贯性是"一种功能—语义范畴，通过运用语言各个层级的单位系统和这些单位（作为表达该范畴的手段）的表达方式来表达话语的信息—逻辑秩序"。[②] 对于篇章连贯性在结构形式上表现出来的类型，不同学者做出了不同的划分：王福祥教授将俄语中连贯话语间的结构关系划分为并列关系、对应关系、分解关系、重叠关系、分指关系、重复关系六种类型[③]；索尔加尼克基于相邻语句间判断主项和谓项的关系，划分出了链式结构、平行结构、接续结构三种基本的句际联系类型；图尔马切娃（Н. А. Турмачева）则按照超句统一体成分间的结构联系，划分出了五种基本的语法联系类型：链式联系、平行联系、放射性联系、接续联系、情景联系[④]；穆尔津和什捷尔恩两位学者则区分了链式结构（цепочечная структура）、灌木结构（кустовая структура）、角锥形结构（шатровая структура）、插入结构（вставочная структура）等类型。可见，学者们对于语句间结构关系的认识具有很大的不同，分类显得缺乏系统性，原因之一就在于没有将连贯性同语境实质性地联系起来，尤其是没有考虑人类思维的一般形式规律对连贯性的影响，而仅仅停留在语句结构本身。

---

　① 逻辑范畴是人的认识活动的基础，叶斯柏森将其视为概念范畴和语言外共相（внеязыковые универсалии）。逻辑形式体现的是逻辑范畴间的关系。

　② А. В. Кинцель, *Психолингвистическое исследование эмоционально-смысловой доминанты как текстообразующего фактора*. Барнаул, 2000: с. 29.

　③ 王福祥：《俄语话语结构分析》，外语教学与研究出版社 1981 年版。

　④ И. Р. Гальперин, *Текст как объект лингвистического исследования*. М., 1981: с. 71.

我们将通过逻辑连接手段明示、再现出来的思维的逻辑形式和逻辑规律称为逻辑语境，它以抽象的形式内在地服务于篇章连贯性的需要。体现为逻辑关系的逻辑语境甚至可以成为科技信息来源的分类基础，篇章片段的类型划分因而可以同主导性的逻辑功能对应起来：以述谓（предикация）、鉴定（атрибуция）、蕴涵（импликация）、合取（конъюнкция）、析取（дизъюнкция）等基本的逻辑形式为基础构成了篇章片段复杂的表述方式（即言语的功能—意思类型），如论证（рассуждение）、证明（доказательство）、推论（вывод）、定义（определение）等。奥金措夫就是在逻辑统一体的框架内对篇章片段的这种类型特征进行分类描述的。对于篇章的连贯性而言，逻辑语境在语言实体上以逻辑连接手段作为触发点和外部表征，以逻辑语境为基础形成的连贯，我们称为逻辑连贯。

如果说，篇内语境以各个语言层次的衔接手段为篇章的连贯性提供了实体方面的保证，形成了语形连贯现象，那么就语句所体现的逻辑联系形式类型及其所依托的逻辑语境来说，逻辑连贯主要表现为"逻辑接续/复指称名"这样一组对立。所谓逻辑接续（логическая последовательность），是指意义的线性逻辑顺延，形成意思的链接现象（смысловое зацепление），而复指称名则是指意义成分的证同性存在，形成意思的覆盖现象（смысловое перекрытие）。两者的逻辑导向不同，前者表现为线与线的对接和延续，后者表现为点对点的复指和证同。

1. 逻辑接续

任金指出："对于构成每一单个的句子而言，语言就足够了，而对于篇章的发展来说逻辑是必需的。这两种语言的相互作用组成了篇章的形成机制。"[①] 阿赫马诺夫（А. С. Ахманов）在谈到思维的基本形式时强调了问题、判断、推理、概念、促请行为、请求、命令等几种形式的重要性。[②] 其中，问题、判断、推理在论述类篇章，概念、判断在描述类篇章，判断在叙述类篇章中均有典型体现，而促请行为、请求和命令则是对话交际中指向听话人的思维形式成分。这些形式间的关系构成了篇章连贯的逻辑基础。具体说来，作为连贯性表达平

---

① Ю. В. Попов, Т. П. Трегубович, *Текст：структура и семантика*. Минск, 1984：с. 109.
② Н. Д. Зарубина, *Текст：лингвистический и методический аспекты*. М. , 1981：с. 44.

面的形式体现,逻辑接续主要依靠以下几种手段。

1.1 逻辑连词和逻辑语气词

外部世界的对象和现象之间最为普遍的关系是加性关系(аддитивность)、可选性关系(альтернативность)、对立关系(противопоставление)和依存关系(зависимость/подчинение),这些关系在语言中由连接词(юнктивы)来表现,相应的连接关系(юнкция)表现为合取关系(конъюнкция)、析取关系(дизъюнкция)、矛盾关系(контраюнкция)和从属关系(субординация)。在俄语中表示这四种关系的典型连接词分别是:и(和);или(或)、либо(或者);но(但是)、а(可是);так как(因为)、тогда(那时,那么)、в то время(那时)、как(怎么样)、когда(什么时候)、теперь(目前)、итак(这样一来,那么)等。这 4 种基本的逻辑关系构成了语句间逻辑接续关系的基础,在具体运用中可能表现为列举、增补、转折或对比、解释或说明、等同、结果、推论、总结、转题、原因、让步等多种次逻辑关系,由逻辑连词和逻辑语气词等外部手段来表示。

连词的基本功能是实现语言单位间的联系,上升到篇章,连词则成为了语句间本来已有的逻辑联系的指示器,并在一定程度上加强了语句间的这种固有联系。因此,苏联科学院 1980 年出版的《俄语语法》中写道:"大多数连词和关联词与其说是标示出联系,还不如说是使之具体化了"。[①] 表面上看,连词只是补充和加强了语句间的联系,似乎可以省略而不影响连贯性,但事实上,作者使用连词是有其用意的,那就是使事件的联系为所有的读者所认识,并赋予这种联系唯一可能的解释。如将"Он пояснил, что, по представлениям индусов, дом его отца—священный. Поэтому каждый день вне зависимости от погоды местный пандит совершает ритуальный обход.(西多罗夫)(他解释道,按照印度教教徒的观念,他父亲的房子是神圣的。因此,每天不管天气如何,婆罗门博学者都会举行仪式。)"中的 поэтому 去掉之后,对一部分不太了解 пандит(婆罗门博学者)之义的读者来说,两个语句间的逻辑连贯性将大打折扣。

在为语句间的联系起到外观装帧作用的同时,连词还不同程度地指示出语句间的具体联系类型,并以自身的附加意义强化这种联系。值得说明的是,连词作为连贯性手段在篇章中具有双重功效:一方面它指出语句间的相互衔

[①] 参见苏联科学院 1980 年出版的《俄语语法》(Русская грамматика. М., 1980),第 713 页。

接和关联性,是语句非自主语义(синсемантия)的指示标志;另一方面由于它用在前一语句的句号之后,因此它又决定着语句联系的断续性和离散性。①与此同时,连词的语义非自主性和多义性特点决定着它不同于单义的形式逻辑中的连接词,在具体上下文中可能起着不同的衔接作用。这样的逻辑连词有很多,如 и、да、да и、либо、а、но、да、однако же、зато、а не то、а то、тоже、также、и то、то есть、поэтому、наряду с、в то же время、раньше、еще раз、еще、затем、позже、следовательно、итак、значит、впрочем、наоборот、иначе говоря 等。我们以 и 为例,逻辑连词 и 能表达列举、并列、因果关系、结果关系、对比对别关系(或让步关系)等多种语句间的逻辑关系类型,分别示例如下:

(1)*И* вот они снова трясутся в кузове грузовика. *И* свистит ветер в ушах. *И* где-то краем неба проходят вражеские бомбардировщики. *И* тревожно шутят попутчики…(邦达列夫)(他们再次在卡车车厢里颠簸。风在耳旁呼啸。天边的某个地方有敌军的轰炸机飞过。同路的人慌乱地喧哗着……)——列举关系

(2)Было жаркое августовское утро. Небо ясно, море ласково и пустынно. *И* на прибрежный песок одна за другой с грустным плеском вбегали зеленоватые волны.(高尔基)(那是八月炎热的早晨。天空晴朗,海面平静而空旷。微带绿色的波浪伴随着忧郁的水波激荡声,一个接一个地冲上岸边的沙滩。)——并列关系

(3)Лучше всего положиться на случай. *И* он всё ходил по улице и около забора и поджидал этого случая.(契诃夫)(最好靠运气。因而他总是在街上、在围墙边游逛,期待着这样的机会。)——因果关系

(4)Вскоре пули начали свистеть около наших ушей. *И* несколько пуль вонзились в частокол.(尼林)(不久,子弹开始在我们耳旁呼啸。结果有几颗子弹射入了密桩栅栏。)——结果关系

(5)Он сидел в концлагере вместе со мной. А мы ничего не можем забыть. *И* всё забыли. Всё!(邦达列夫)(他和我一起待在集中营里,而我们什么也不

---

① И. О. Дымарская-Бабалян, *О связности текста: семантический и грамматический аспект.* Ереван,1988: с. 46.

应该忘记。但一切都忘了,一切!)——让步关系

尼科拉耶娃指出:"有语气词的语句可以看做拥有连接器(коннектор),它指出该情景和更广泛周边事件的联系。"[1]逻辑语气词是另外一种重要的语句连接手段。даже(甚至)、только(仅仅,只有)、тоже(也)、же(可是,而,到底)、ведь(要知道)等逻辑语气词通过自身隐含的意义潜势将语句间的表层衔接结构同预设意义统一起来,从而建立起篇章的连贯性。关于逻辑语气词在篇章中具有的预设意义,尼科拉耶娃用"影子句"(фразы-тени)来加以描述,所谓影子句,是指运用逻辑语气词时所隐含的一些判断,表现为存在预设(пресуппозиция существования)和期待预设(пресуппозиция ожидания)。[2]逻辑语气词能代替表现为预设的这些过渡性判断,这使得语气词加强和强调的作用本身弱于这些语气词背后的预设对于篇章连贯性的影响。如:

(6) Ну, везде что-то живое, подвижное, требующее жизни и отзывающееся на неё... А там ничего этого нет... *Даже* нет апатии, скуки, чтоб можно было бы сказать:была жизнь и убита—ничего!(冈察洛夫)(瞧,到处都是活着的、动着的东西,它们需要生命同时也向生命回应着……而那里这一切什么都没有……甚至没有冷漠,没有苦闷,哪怕能够说"有过生命,被杀了——一切都不存在了"也好!)

逻辑语气词 даже(甚至)在这里隐含着两种预设,正是这两种预设意义的存在使得篇章前后连贯起来:没有冷漠,没有苦闷,更何况生命;期待着有生命。только(仅仅,只有)、тоже(也)、же(可是,而,到底)、ведь(要知道)等逻辑语气词也有类似的用法。

1.2 主位推进结构和述位共相结构

传统逻辑学对于作为逻辑的三种思维形式之一的判断的研究侧重于静态描写。判断的主项和谓项的关系问题局限于判断内部,判断被视作认识的结果,与具体言语的存在形态没有多大联系。而随着现代逻辑学对言语中的判断——句子的动态连接问题、主项和谓项的辩证关系问题逐渐开始重视起来,并确立了动态性地研究判断形式的原则,语言学对于连贯篇章的研究才开始

---

[1] 华劭:《语言经纬》,商务印书馆 2003 年版,第 287 页。

[2] Т. М. Николаева, *Контекстуально-конситуативная обусловленность высказывания и его семантическая цельность.* //Русский язык. Текст как целое и компоненты текста. М. ,1982:с. 47.

能从逻辑学中获取新的营养。波波夫在《判断和句子》一文中指出："我想，逻辑学唯一可以接受的……就是把主项和谓项解释为思想和言语的两个活的、灵活的中心。传统的、不灵活的逻辑主项和谓项早该送进博物馆去了：它们已僵干，盖满着灰尘。"[①]这样，将判断置于言语环境中便凸显出判断之间的紧密联系，判断的主项和谓项与语句中已知信息（主位）和新知信息（述位）的对应关系显示出判断的动态构成特点，语句间的逻辑联系因而与判断间的逻辑联系（表现为主谓项结构之间的关系）之间具有一定的对应性。对于语句间的连贯性来说，主位和述位无疑是解释逻辑接续的两个重要的参考变元。

主位对于逻辑接续的作用在于它确定了语句的出发点，而该出发点在篇章中不是凭空而生的，与前面语句和后面语句应该具有一定的关联性。这样，语句的主位间表现出的各种复杂联系构成了篇章的主位推进结构。关于主位推进模式，索尔加尼克区分了篇章中的三种句间联系类别：链式联系，与判断的链式联系相对应，体现思想的线性链式发展，表现为主项和谓项的渐次更替；平行联系，与判断的平行联系相对应，体现思想的平行发展和对比性质，表现为主项或谓项的多角度透视；接续联系，体现思维的自我补足性特点，即可以通过后面的语句来补充和加强前面语句未竟的意思。捷克语言学家丹尼斯提出了五种主位推进模式：延续型，即第一小句的述位做第二小句的主位；连续型，一组小句的主位相同，而述位各异；派生型，第一小句的主位派生出若干次主位分别充当后面小句的主位；框架型，一个较高层次的小句述位的分项成为以下几个小句的主位；跳跃型，主位推进程序中省略了一节或多节主位链，省去的主位链在上下文或情景中得到补充。[②] 我国学者黄衍在丹尼斯的五种模式基础上，增加了两种模式：交叉型，上一小句的主位成为下一小句的述位，同时主位发生变化；并列型，两种主位交替出现，同时述位发生变化。华劭教授在语句的交际接应的框架下，结合俄罗斯语言学界的一些观点和说法，将丹尼斯提出的这五种主位推进程序分别称为单线链条式主位推进程序、连贯平行式主位推进程序、分支平行式主位推进程序、分支链条式主位推进程序、跳跃（中断）链条式主位推进程序，并在此基础上，增加了第六种主位推进类

---

① 索尔加尼克著，顾霞君译：《俄语句法修辞学（复杂句法整体）》，上海外语教育出版社1989年版，第24页。

② 张德禄、刘洪民："主位结构与语篇连贯"，《外语研究》，1994年第3期。

型——整体包含式主位推进程序,指前一小句的主位和述位一起整体上作为第二小句的主位。① 很显然,华劭教授将索尔加尼克与丹尼斯的观点融合在了一起。我们认为,上述这六种主位推进程序可以归并为链式联系、平行联系和整体包含联系三种表现,这种处理与华劭教授谈到语句间语义接应在内容上的具体表现时概括出来的三种关系相统一:逻辑上相互制约的关系;逻辑上平行、对等的关系;逻辑包容关系。这样看来,可将这三种逻辑层次上的联系类型视为上述所有联系类型在更高层次上的抽象,全面体现了语句间的逻辑接续类型。至于这三种基本逻辑联系的下属变体(如黄衍所说的并列型无非就是平行联系的变体,即两对平行联系的语句在位置上互相穿插形成的产物),事实上也不是上述五种、六种或七种模式所能完全包括的。因此,主位的推进过程体现的仍然是语句间的逻辑制约(或逻辑上的推演)关系、逻辑平行(或对等)关系以及逻辑包容关系,分别表现为:后一语句的主位是对前一语句述位的线性发展或逻辑推演,手段是(整体或部分)重复或分拆两种操作;后一语句的主位是对前一语句主位的对等并举或平行发展,手段也是(整体或部分)重复或分拆两种操作;后一语句的主位是前一语句主位和述位的综合,手段是合取操作。各举一例如下:

（1）(Он) Смотрел вслед чудовищной *машине*, где гроб... *Машина* поднялась на взвоз и уехала в улицу, скрылась. (舒克申)(他紧跟着这个奇怪的汽车看,那里棺材……汽车爬上坡,进了街道,消失了。)

（2）*Анна* всё утро провела с Долли и с детьми. *Она* только послала записочку к брату, чтоб он непременно обедал дома. (Л. 托尔斯泰)(安娜整个早晨同多利和孩子们在一起度过。她只是送交了一张便条给弟弟,要他一定在家吃午饭。)

（3）*Я* восхищаюсь вашей независимостью в одежде и поведении, но к сожалению, не нахожу в себе сил вам следовать. *Такой комплимент* от действительно умного человека перекрывает тысячи обид от пошляков。(格拉宁)(我钦佩您着装和举止的独立性,但很遗憾,我在自己身上找不到效仿您的勇气。源自真正聪明人的这种恭维话要盖过源自庸俗人的数以千计的委屈。)

---

① 华劭:《语言经纬》,商务印书馆 2003 年版,第 294—296 页。

就某种具体的篇章类型而言,一定的主位推进结构可能会占据主导地位。沃尔科娃(Л. Б. Волкова)对篇章材料的分析显示,科学篇章语句内部较为复杂,但语句间的联系结构比较简单,多数为链式结构,情节性篇章语句内部较为简单,但语句间的联系结构较为复杂,描述性篇章则居于两者之间。① 而帕特鲁舍夫(В. А. Патрушев)的研究表明,同样是政论性篇章,采访类篇章、政治人物或记者有准备的讲演稿、电视台的播音稿和报刊上的消息报道,其主位推进结构的复杂性程度依次呈递增趋势。从使用上的统计学规律来看,语句间的逻辑制约关系常见于以论证或描写为主的篇章中,在公文事务类、科学类、政论类篇章中占据主导地位,在文学类篇章中也较为常用,但表现更为复杂。平行或对等关系常见于以描写或叙述为主的篇章,表现为语句的对等或平行铺展。逻辑包容关系是分析和综合两种思维方法的体现,因而在所有的篇章类型中都广泛存在。

述位则是以语句述位所体现出的语义共相来影响篇章的连贯性的,我们将在一个篇章片段中由述位的共同语义特征构成的结构称为述位共相结构。系统功能语言学从"过程"这一概念出发探讨了述位共相结构对于篇章连贯性的意义。韩礼德认为,人们思想中要反映的主客观世界不外乎是六个过程:物质过程,表示做某件事的过程;表示"感觉"、"反应"和"认知"等心理活动的过程;关系过程,指各实体之间相互关系的过程;行为过程,指生理活动过程,如笑、哭、做梦等等;言语过程,指通过讲话等言语活动交流信息的过程;存在过程,表示关系的存在,只有一个参与者(存在物)。② 一个篇章总会包括多种及物性过程,就使用的概率而言,物质过程无疑占据着第一位,因为物质世界是第一性的,改造物质世界的活动是人类存在的根本保证。某种过程在篇章中的相对增多是构成篇章特征的重要因素,如心理过程在小说中使用较多,关系过程在描写人或事物的篇章中使用最广,行为过程难以单独构成篇章,言语过程在新闻报道类篇章中或在小说从叙述描写转入人物对话描写时使用较多,存在过程常常出现在景物描写中,等等。"过程"所包含的统一的宏观语义导向在一定程度上决定着篇章的连贯性语义,可以视为篇章连贯性的反映,进而

---

① Л. Н. Мурзин, А. С. Штерн, *Текст и его восприятие*. Свердловск,1991:с. 120—121.
② 胡壮麟:《语篇的衔接与连贯》,上海外语教育出版社 1994 年版,第 28—43 页。

体现一定的篇章类型特征。

在俄罗斯,佐洛托娃提出的优控述位理论对于我们理解述位共相结构对篇章连贯性的作用具有较高的参考价值,她认为:"述位有双重功能上的着力方向:在句子内部它与主位对立,把原有的和新有的,即交际上重要的信息联结在交际行为之中;在句子外部,一个句子的述位和邻近句子的述位形成意义关系,构成篇章段落的优控述位(рематическая доминанта),它提示该篇章段落有语义共性,并有助于篇章的切分。"① 在此基础上,佐洛托娃区别出了六种优控述位类型:描写某一处所、地方的实物特征类述位;对人物、事物进行评述的描写评述类优控述位;表行为动态的动态类优控述位;表自然景物、环境及人物状态的静态类优控述位;表由静态过渡到行为动作的静动结合类优控述位;表对事实情况的主观评价的印象类优控述位。② 因述位的整体聚焦作用而形成的主导语义对于确定篇章片段的类型和语义核心具有明显的提示作用,从而统辖和整合语句间的逻辑语义联系。如:

(4) Это было чистое, синее *озеро* с необыкновенным выражением воды. Посередине отражалось полностью большое *облако*. На той стороне, на холме, густо облепленном древесной зеленью (которая тем поэтичнее, чем темнее), высилась прямо старинная черная *башня*. (纳博科夫)(这是一个清澈、蓝色的湖泊,水面特别。中间完全映照出很大的一片云彩。在那一面的山冈上,密集地长满了绿色的树木〈越暗越富有诗意〉,矗立着一个黑色的老塔楼。)

该描述性片段的述位部分主要由表客体的名词充当:озеро、облако、башня,除了一些方位状语成分起着衔接作用外,语句间连贯性的实现与静词述位形成的主导语义——"描写某一处所的实物特征"之间具有内在的联系,同时,述位所示静物间的空间并置关系清楚地提示出这是一段景物描写。再如:

(5) Духота *пахла* сеном и пылью. Нежный запах сена *мешался* с шершавым, грубым запахом пыли, потревоженной, взнесенной в воздух земли. Гроза удалялась, не принеся облегчения. Вверху в просветах между облаками *посверкивали* невыразительные звезды. Завтра, видно, опять *будет жара*... (格列科

---

① Г. А. Золотова, *Коммуникативные аспекты русского синтаксиса*. М., 1982: с. 317—318.
② 邓军:《篇章的逻辑语义分析》,黑龙江教育出版社 1997 年版,第 105 页。

娃)(闷热的空气夹杂着干草和灰尘的气味。干草的清香与灰尘及受惊扰而扬到空中的尘土粗糙的气味混杂在一起。雷声正在远去,但也并没有带来轻松。呆板的星星在上空云彩之间的空隙微微闪亮。明天可能又将是炎热的天气……)

这里 пахла、мешался、посверкивали、будет жара 等述位成分形成了"表自然环境的静态类优控述位",明显的语义共性增强了语句间的连贯性联系。

(6) Старшина метнулся в дом. Натянул сапоги, накинул гимнастёрку второпях, как при пожаре.(瓦西里耶夫)(司务长冲进屋子。费劲地穿上靴子,匆忙地披上军便服,就像发生了火灾一样。)

这里的 метнулся(乱窜,向……冲去)、натянул(费劲地穿上)、накинул(匆忙穿上)构成了"表行为动态的动态类优控述位",述位的语义共性使语句间的联系更为紧凑,描述的是上尉 Васков(瓦斯科夫)在听到下属 Рита(里塔)报告有敌情后一连串的迅捷反应。

1.3 元篇章——插入结构

通常以插入结构形式出现的元篇章成分也是逻辑接续的重要手段。关于元篇章(метатекст[①]),可以有两种理解:其一是指关于篇章的篇章(текст о тексте),即用来描写、诠释其他篇章的篇章(如对某部文学作品的评论性文章),文学翻译理论将译文视作与原篇章(прототекст)对应的元篇章;其二是指篇章中本身存在着的异质成分,指作者对篇章做注释的所有情况,包括表现说话人和听话人言语策略的各种手段,即篇章生成过程中的信息组织手段和篇章理解过程中的信息加工手段,主要体现为各种元篇章成分。巴特所否定的元篇章概念[②]就是这里的第一种理解,因为他认为:"关于篇章的话本身应当仅仅是篇章,……是篇章活动,因为篇章是这样的社会域……在那里,无论哪一个说话的主体都不是处于裁判、主人和分析家的角色。"[③]巴特的意思是,个人关于任何一个文学篇章的篇章无论如何也不应当受话语的约束,即不受文

---

① 俄语前缀 meta-源于希腊语 meta,意为"之后、在后面",这样, метатекст 的词源意义是 текст после текста。

② 严格的组织规范是作为"篇章的篇章"(текст о тексте)的元篇章的本质属性,巴特认为,如果抛开这一认识,并认为元篇章能够自由地生成科学意识的话,那么"元篇章"这一术语则是完全正确的。

③ Л. О. Чернейко, Гипертекст как лингвистическая модель художественного текста. //Структура и семантика художественного текста. Доклады VII-й Международной конференции. Отв. ред. Е. А. Диброва. М., 1999:с. 445.

学和语言学话语规定的符号(术语、词)选择及其组合规则所约束,这一点适用于所有学科的语言。而韦日比茨卡(А. Вежбицка)和尼科拉耶娃所理解的元篇章概念相当于这里的第二种理解。韦日比茨卡认为:"元篇章线索可以完成最不相同的功能。它们解释基本篇章的'语义纹路',联结、加强、固定基本篇章的不同成分。有时可以删去这些元篇章成分而不损害其他,有时则不能。"①尼科拉耶娃则认为:"元篇章成分功能上一方面可以同'他人话语'、对'他人话语'的态度、情态性等篇章范畴相联系,另一方面又与名称的近似性和不确定性范畴②相联系,并通过后者与存在性和导入性相关。"③我们这里采用的是第二种理解,侧重于篇章中的元篇章成分,认为元篇章成分最重要的功能在于将篇章结合为更为紧密的整体,以达到高度连贯性的程度,元篇章成分是篇章重要的构筑成分。也是在这个意义上,里亚布采娃(Н. К. Рябцева)认为元篇章"实现着对篇章言语空间及其命题结构的指称,创建了第二性的指称环境,该环境的意思借助于引述得以体现并意味着与前面或后面的语境有联系"。④

元篇章成分表达作者思维的逻辑转向,因此又称为向导词(слова-гиды)、联结词(скрепы)、元篇章操作词(метатекстовые операторы)、篇章的元组织成分(метаорганизаторы текста)、篇章中的元结构(метаконструкция в тексте)等,是"一种特别的连接手段,本身并没有信息内容,通过指明篇章的布局和逻辑发展特点、作者对信息的态度和作者分析问题的方法而实现篇章的交际指向性"。⑤ 这里包括各种辅助词或词组,表达各种逻辑接续意义;开始陈说新的观点;转向新的言说对象;陈说观点时进行列举和补充;标示观点陈说的完

---

① А. Вежбицка, *Метатекст в тексте*. //Новое в зарубежной лингвистике. Вып. VIII. Лингвистика текста. Составление, общая редакция и вступительная статья Т. М. Николаевой. М. ,1978:с. 421.

② 尼科拉耶娃在这里的意思是,имя(名称)、слово(词语)、выражение(表达)等名词术语(即带有相应解释的元语言成分)也属于元篇章成分,而相应的解释是通过 а именно(正是)、то есть(也就是)、называемый(所谓的)等代码词引入的,也可以通过вроде бы(好像,仿佛)、якобы(仿佛,似乎)、подобно(仿佛,类似)等表示近似意义的词引入,此时,元篇章成分就与非确切称名较为接近了。

③ Т. М. Николаева, *Метатекст и его функции в тексте (на материале Мариинского евангелия)*. // Исследования по структуре текста. Отв. ред. Т. В. Цивьян. М. ,1987:с. 133.

④ А. Н. Ростова, *Метатекст как форма экспликации метаязыкового сознания (на материале русских говоров Сибири)*. Томск,2000:с. 53.

⑤ А. И. Голубева, *Скрепы как особый вид связочных средств и их функционирование в научном тексте*. //Научная литература: язык, стиль, жанры. М. ,1985:с. 275.

结;通过补充以加强证明力;总结所述内容;解释所述内容;通过换说进行进一步的说明;转向所述内容的对立面等等。元篇章成分作为篇章的异质成分,表面上似乎妨碍了篇章的线性铺陈,割断了连贯叙述的线索,但其明显的逻辑语义提示功能事实上有助于篇章的前后贯通,加强了篇章的逻辑连贯性。概括起来说,元篇章成分的篇章连贯功能表现在以下几个方面:揭示篇章的布局结构,如 перейдем к вопросу(转到问题)、рассмотрим(我们来分析)、во-первых(第一)、во-вторых(第二)、далее(以下)、наконец(最后)、остановимся на главном(着重探讨主要问题)、кроме того(此外)、должен оговориться(应该附带说明)、подытожим сказанное выше(总结以上所述)、сначала(开始)、затем(然后)、наконец(最后)、наоборот(相反)等;揭示篇章的逻辑发展特点,如 по этой причине(因为这个原因)、тем не менее(然而)、поскольку(因为)、поэтому(因此)、таким образом(这样一来)、подобным образом(如此这般)、соответственно(相应地)、аналогично(类似地)、из этого следует(从这里可得出)、отсюда следует(由此可得出)、сказанное позволяет сделать вывод(根据所说的可以做出结论)、в целом(整体上)、в итоге(结果)、однако(可是,但是)、отсюда видно(由此可见)、следовательно(因此,所以);指明思维发展和话题转换的进程,如 кстати(顺便)、кстати говоря(顺便说说)、между прочим(顺便提一句)、к слову(顺便说)、следует сделать одну оговорку(需要提出一个保留条件)、попутно замечу(顺便指出)、итак(这样一来,于是)、впрочем(不过,可是)、Что касается…(至于……)、Если речь идет о…(如果说到……)、Насчет…(关于……)、добавим(补充一下);指出作者对篇章信息真实性的评价态度以及作者的主观情感态度或立场,如 на наш взгляд(按我们的观点)、естественно(自然,当然)、якобы(仿佛,似乎)、кажется(好像)、вполне понятно(显而易见)、действительно(确实,真正)、вероятно(可能)、в самом деле(实际上,事实上)、как всегда(同往常一样)、скорее всего(很可能)、разумеется(自然,当然)、безусловно(毫无疑问)、конечно(当然)、несомненно(无疑,显然)、к сожалению(遗憾的是)、к счастью(幸运的是)、интересно(有趣的是);指出作者分析问题的方式,如 в сущности(确实,说实在的)、в частности(尤其是,其中包括)、в целом(整体上)、в этом смысле(就这个方面来说)、иначе(否则)、иными словами(换言之)、короче говоря(简言之)、к тому же(并且,况且)、одним словом(一句话,总而言之)、говоря проще(简言之)、по правде говоря(老实说,

说实话)、откровенно говоря(老实说)、то есть(也就是说)、например(例如)、вкачестве примера приведем(举……为例)、приведем пример(举例)、или(或者)、а именно(也就是);强调重点以引起读者注意,如 прежде всего(首先)、существенно(本质上)、подчеркнем(强调一下)、самое главное(最主要的是)、в первую очередь(首先)、следует отметить(应当指出)、начну с того(从那开始讲);元篇章赘语,如 Говорю(我说)、Повторяю(我重复一下)、Напоминаю(我提醒一下)、Подчеркиваю(我强调一下)、Обращаю внимание на то, что…(请注意……)、Добавляю(我补充一下)、Сообщаю(我宣布一下)、Уведомляю(我通知一下)、Объясняю(我解释一下)、Резюмирую(我总结一下)、Отвечаю(我回答一下)、Предупреждаю(我预先提醒一下)、Соглашаюсь(我同意)、Обещаю(我承诺)、Протестую(我反对)、Подтверждаю(我证实)等。

总的说来,元篇章成分体现了作者生成篇章时所采取的策略,反映了连贯性逻辑思维的特点,其使用频率与一定的篇章类型和篇章的结构复杂性程度相关。结构组织更为复杂的篇章需要元篇章注释手段来加强篇章的结构化程度,元篇章成分因而在科学类和教材类篇章中更为常见。一般而言,在论战性、说教性、证明性的篇章中元篇章成分的数量大大超过了叙事性篇章。仅举两例:

(1) В этом определении интересна попытка формализовать средства когезии,представить их как некие сущности, не связанные непосредственно с содержанием. *Попутно замечу*, что в этой работе все же многое дано в плане чисто грамматическом, т. е. относящемся к структуре предложения, а не текста. [1](在该定义中,有意思的是它试图将衔接手段形式化,将其视为不与内容直接联系的某些实体。顺便提一下,这部著作中很多内容仍然是在纯语法层面呈现的,即在句子层面而不是篇章层面。)

(2) Тексты же художественные, публицистические обнаруживают стремление разнообразить наименования в потоке речи, обновлять словесный инвентарь. *Однако* возможность замен и здесь имеет определенные текстуальные ограничения. *Кроме того*, отсутствие замен (при лексическом повторе) может повысить семантико-стилистическую напряженность текста и, следовательно,

---

[1] И. Р. Гальперин, *Текст как объект лингвистического исследования*. М. , 1981:с. 85.

усилить его выразительность.①（文学和政论篇章表现出使言语流中的称名多样化、不断更新词汇材料的倾向。然而，替换的可能性在此也具有一定的篇章局限性。此外，替换词的缺乏〈词汇重复时〉可能会强化篇章的语义修辞张力，并进而加强其表现力。）

　　文学篇章常常将元篇章作为一种文学手法来使用，其前提是作者倾向于反映深层的心理状态并将其言语化，试图体现言语思维的分析性风格，承担对于读者的责任，追求美学上的适宜性和可信性；其基本功能则在于创建作者形象，反映作者的世界观。② 此时，元篇章成分往往体现为插入的情态词（вводно-модальные слова），直接反映作者对篇章信息可信度的认识，间接反映作者的观念和看法，分为两类：一类表示绝对可信的情态意义，如 конечно（当然）、бесспорно（毫无争议）、действительно（确实）、в самом деле（实际上，事实上）等；另一类则表示可信度未确定的情态意义，如 возможно（可能）、видимо（大概，想必）、похоже（看样子，好像）、вообще（一般来说）等。这样的元篇章成分常常用在文学篇章叙述者的语句中，此时情态插入语的作用在于标示作者和人物的身份差异；将叙述者纳入事件参与者之列，赋予其直接观察者的地位；展现叙述者与读者的内在对话；在阐明作者立场的基础上反映叙述者同人物的复杂关系等等。③ 我们认为，这些元篇章成分发挥其审美功能的根本机制仍然在于其逻辑衔接作用，因为插入情态词引出的作者的看法源于当前所述事件或现象的刺激作用，此时，作者的解释、确认、赞同、反对、感慨等反应与上文构成了刺激—反应、原因—结果、具体—抽象等相对联系，而这种联系就是靠插入情态词等言语标志来体现的。如：

　　(3)《И вот моя жизнь!》—подумала Лизавета Ивановна.

　　В самом деле, Лизавета Ивановна была пренесчастное создание. Горек чужой хлеб, говорит Данте, и тяжелы ступени чужого крыльца, а кому и

---

　　① Н. С. Валгина, *Теория текста : учебное пособие*. М.，2003：с. 53.

　　② А. Н. Ростова, *Метатекст как форма экспликации метаязыкового сознания* （на материале русских говоров Сибири）. Томск，2000：с. 69.

　　③ М. В. Пляскина, *Модальные слова в пространстве художественного текста*. // Проблемы интерпретационной лингвистики. Отв. ред. Т. А. Трипольская. Новосибирск，2000：с. 134.

знать горечь зависимости, как не бедной воспитаннице знатной старухи? (普希金)("这就是我的生活!"伊丽莎白·伊万诺夫娜想到。实际上,伊丽莎白·伊万诺夫娜是个最不幸的人。但丁说过,吃别人家的面包多么辛酸,登别人的楼梯多么艰难,而除了贵老太可怜的养女之外,还有谁知道寄人篱下的苦痛呢?)

(4) Тогда шедший впереди откровенно вынул из-под пальто черный маузер, а другой, рядом с ним, — отмычки. *Вообще* шедшие в квартиру были снаряжены как следует. У двух из них в карманах были тонкие, легко разворачивающиеся шелковые сети. Еще у одного—аркан, еще у одного—марлевые маски и ампулы с хлороформом. В одну секунду была открыта парадная дверь в квартиру №50, и все шедшие оказались в передней. (布尔加科夫)(那时,走在前面的人公开从大衣里面掏出一把黑色的毛瑟枪,而他旁边的另一个人则拿出万能钥匙。一般来说,进入住宅的人都武装得非常充分。他们中的两人口袋里还放着很容易展开的细丝网。还有一个人带着套马索,一个人带着纱布面罩和装有三氯甲烷的细颈玻璃瓶。只有一秒钟的时间,50号住宅的正门已经被打开,所有来者都已经进入前厅。)

如果省略 в самом деле(实际上)和 вообще(一般来说),尽管语句中的其他成分能够在一定程度上提示两个例子中第一语句和第二语句间的语义关系,但两者之间的逻辑联系事实上已被弱化,甚至被破坏了。

报刊—政论类篇章因为指向具有一定社会标记性的受众,作者为自己的话承担着高度的责任,因此作者会追求最大限度的可证实性,尽可能清楚地解释自己的立场,这为元篇章手段的运用提供了广泛的可能性。图巴洛娃(И. В. Тубалова)的研究表明,报刊—政论语体中各种体裁篇章使用元篇章成分的数量和频率并不相同,其中特写和报道比采访更多地使用元篇章成分,而社论和新闻简讯则基本不太使用元篇章成分。政论篇章中的元篇章成分有着组篇功能、篇章注释功能、美学功能、代码调整功能、定位功能、接触功能等多种功能,其中,组篇功能是首要功能。作为引入主题或展开主题的手段,"元篇章……形成了侧面的述谓线索,突出了篇章的大容量性和多维性,与此同时,并不破坏篇章的线性和连贯性特点。"[①]如:

[①] А. Н. Ростова, *Метатекст как форма экспликации метаязыкового сознания (на материале русских говоров Сибири)*. Томск, 2000: с. 70.

（5）Вобла… *Не ошибемся*, если ставшую знаменитой рыбку назовем плотвою. А плотву кто же не знает—самая распространенная из всех пресноводных рыб: водится повсеместно в Европе и Азии. (《Комсомольская правда》,1997.05.08)（黑海拟鲤……如果我们称已经成名的鱼为拟鲤,那是不会错的。而拟鲤谁人不知——所有淡水鱼中最常见的一种：生长在欧洲和亚洲的各个地方。）

（6）*К сожалению*, лучшие времена этого турнира остались в конце 70-х—начале 80-х годов. Ведь в то время количество участвующих в нем команд переваливало за отметку 400. *Тем не менее* он не прекращался ни на один год, и, например, в сезоне—2002/03 в борьбе за заветный хоккейный трофей на лед вышли 163 команды, а в этом их число возросло уже до 182. (《Красная звезда》,2004.03.04)（很遗憾,该项赛事最好的时间是在 70 年代末 80 年代初。要知道,那时参赛队伍的数量超过了 400 支。但它没有哪一年停办过,比如,2002—2003 赛季,为争夺珍贵的冰球胜利纪念物,有 163 支队伍出场,今年参赛队伍数量已增加到 182 支。）

2. 复指称名

一致关系是组合的基础,篇章中的逻辑一致关系主要通过复指称名的形式得以维系。所谓复指称名（повторная номинация）,是指在共指的基础上通过变换名称来指称同一主体或客体。从某种意义上来说,篇章的连贯性正是建构在称名和复指称名手段相互交替的基础之上的。加克从称名符号行为的角度出发,认为复指称名的手段和类型可以从称名主体、称名符号同其他符号的关系、称名符号同称名客体的关系几个方面来确定。图示如下：[①]

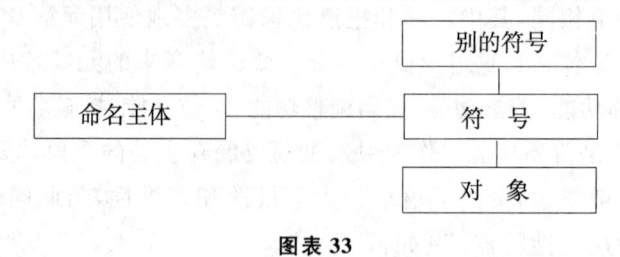

图表 33

[①] О. Л. Островский, *К вопросу о кореференции как одном из способов структурной организации текста.* //Лингвистические исследования. Отв. ред. И. Б. Ворожцова. Дубна, 2001: с. 122.

从语义关系上来讲,称名和复指称名间表现为同义或近义、上下义(种属关系)、整体—部分等关系。从相对位置来讲,可以区分出间隔性复指称名和邻近性复指称名,前指性复指称名和后指性复指称名,称名的语义类型在一定意义上同其在语境和名称链中的位置相关,最为一般的组合顺序为:抽象(或关系)名称—专有(具体)名称—代词,如 один мальчик(一个男孩)—сын этой женщины(这个妇女的儿子)—Петя(别佳)—он(他)。而从功能上来看,复指称名可能是中性的,也可能具有一定的情感表现力。如果借用德国语言学家哈韦格关于弱交际句(коммуникативно-слабое предложение)和强交际句(коммуникативно-сильное предложение)的划分办法,可以将含复指称名成分的语句和含先行词的语句分别归入弱交际语句和强交际语句:前者包含有非自主性标记,而后者缺少非自主性标记。复指称名最终是以词汇替代(лексические замены)的形式出现的,而所谓词汇替代,是指在共指的基础上,为避免词汇的一味重复而使用的一种替代手段。替代词比被替代词的语义自主性要弱一些,其具体内容往往取决于同其他成分间的联系,对语句外语义源头的追溯使得替代词不仅起着替代作用,还承担着篇章的联系和连贯功能。

从保证篇章连贯性的逻辑形式角度来看,复指称名间主要表现为逻辑等同关系(отношения тождества)、包含关系(отношения включения)和交叉关系(отношения пересечения)三种逻辑关系。而对于具体的复指称名来讲,这三种逻辑关系总体上都可归结为证同关系(отношения идентификации)。具体表现可归纳为:

2.1 同义词替代

同义词替代是文学篇章和报刊篇章中最为常见的词汇替代手法。指人时,常常会用表示职务、职业、身份、职称、学位、亲属关系、人际亲疏关系、年龄、性别、绰号、称号等特征的词作为专名的复指称名,如布尔加科夫在《大师与玛格丽特》(Мастер и Маргарита)中用 гражданин(公民)、клетчатый(带方格图案的)、субъект(主体)、регент(合唱指挥者)、переводчик(翻译家)、длинный клетчатый(长长的带方格图案的)、неизвестный(无人知道的)、клетчатый гаер(带方格图案的小丑)、гад-переводчик(恶棍翻译家)、Коровьев(科罗维耶夫)等表达法来表示同一个人。人的专名本身就有各种各样的替代形式,如"姓"同"名+父称"、"名"同"小名"、"姓"同"名"、"姓"同"名+父称"、

"名+父称"同"名"之间均有可能构成替代关系。指称其他事物时,被替代成分与替代成分常常具有换喻式的相关联想关系,如 США(美国)—Белый дом(白宫)—Администрация США(美国行政当局)—Правительство США(美国政府)等。处于同义词替代关系中的同义词序列并不局限于语言系统内部已经确立的意义相同或相近的词汇,在一定语境下表示事物同一(предметная тождественность)、逻辑结果(логическое следствие)、象征表达(символическое выражение)、礼节性换说(этикетное иносказание)或形象表达(образная репрезентация)等关系的词都能以语境同义词的身份相互替代。如:

(1) *Старик* не снес своего несчастия, он тут же слег в ту же самую постель, где накануне лежал молодой обманщик. Теперь *смотритель*, соображая все обстоятельства, догадывался, что болезнь была притворная. *Бедняк* занемог сильной горячкою... (普希金)(老头经不住这不幸的打击,他立刻倒在那个年轻骗子昨夜躺过的床上。现在驿站长回想起种种情况,猜到病是假装的。可怜的老人患了极其厉害的热病……)

(2) Мне с группой разведчиков приказали захватить *телефонный узел*. Нам удалось пробраться на телефонку и нарушить связь как внутри города, так и между городами. Мы пленили там добрый десяток связистов и заставили их перерезать все кабели, выходящие из здания *телефонной станции*. (Н. 诺维科夫)(我和侦察员分队被命令去占领一个电话中心。我们成功地潜入电话中心并破坏了市内和城市间的联系。我们俘虏了足足 10 个通信员,强迫他们剪断了从电话站大楼接出来的所有电缆。)

(3) Не знаю, кому пришла в голову *мысль* организовать физкультурный праздник. Это была смелая и оправдавшая себя *идея*. (季霍诺夫)(我不知道是谁想到要组织体育节日活动。这是一个大胆的正确的主意。)

(4) В юности я пережил *увлечение экзотикой*. Желание необыкновенного преследовало меня много лет. (帕乌斯托夫斯基)(年轻时我曾经迷恋于异国情调。对特别事物的向往伴随了我很多年。)

(5) Пятьдесят *дней и ночей* продолжалась она. Пятьдесят *суток* почти беспрерывных сражений. (Н. 诺维科夫)(它持续了 50 个日日夜夜。50 个昼夜战斗几乎不停歇。)

应该说明的是,处于同义关系的词符间具有证同性语义特征和区别性语义特征,而作为实现篇章连贯性的一种替代手段,起作用的主要是证同性语义特征,区别性语义特征则被中性化,不再是交际者的注意焦点和关键点。此时,与对立相比,"证同扮演着毫不逊色的角色"。[1] 如在逻辑上应严格区分的表种属关系、整体和部分关系的上下义词,在篇章中可能会失去原有的区别性特征,而用来表示对象证同关系,对于具体篇章交际中的所指对象来说,上下义词是一种特殊的语境同义词。如:

(6) Немецкий снаряд разорвался совсем близко от нашего *танка*. *Машина* остановилась, вернее говоря, поворачивалась только влево. (Н. 诺维科夫)(德国的炮弹在离我们坦克很近的地方爆炸了。坦克停了下来,准确地说,只是拐向了左边。)

(7) Из голубого окна на втором этаже доносится *музыка*. Я очень люблю *джаз*…(Ю. 卡扎科夫)(从二楼天蓝色的窗户传来音乐声。我非常喜欢爵士乐……)

2.2 代词替代

具体运用中的词符可以是称名符(номинативные знаки),也可以是指示符(дейктические знаки),前者起着称名事物、反映事物特征的作用,而后者则是通过与对象称谓的关系来指示事物。显然,代词属于第二类词符。作为实义单位的代替物,代词本身并没有意义,而只是指明言语所述的对象,根据雅各布森的说法,代词作为"完全语法性的、纯粹相关性的、失去了本身的词汇和物质意义的"词类与其他可变换的词类处于对立的地位。与生俱来的语义非自足性(синсемантичность)和关联性的语义特征(релятивные характеристики)以及相应的替代和指示功能使代词成为最为常见,同时也是最为有效、最有表现力的篇章复指手段之一。按照哈韦格的观点,代词是连接篇章的万能手段,甚至可以将是否存在着代词替代作为判定篇章的一个标准。[2] 格沃兹杰夫(А. Н. Гвоздев)认为"它们(代词——本书作者注)在言语中行使

---

[1] Ю. М. Лотман, *Лекции по структуральной поэтике*. // Ю. М. Лотман и тартуско-московская семиотическая школа. Отв. ред. А. Д. Кошелев. М., 1994: с. 213.

[2] З. Я. Тураева, *Лингвистика текста*. М., 1986: с. 39.

着非常重要的功能,因而使用非常频繁:代词的使用频率在单个词类的词中占据第一位"。① 这里起作用的代词有独立使用或与其他成分并行使用的代名词,包括第三人称代词②、疑问代词(кто〈谁〉、некто〈某人〉、что〈什么〉)、独立使用的指示代词 тот(那个);代形容词,包括表示第三人称属性的物主代词、指示代词(такой〈这样的〉、тот〈那个〉);代副词(так〈如此〉)等。其所代替的先行或后行成分不仅仅局限于单个的词,还可能是词的组合、句子、句组。代词替代的作用过程可图示如下:

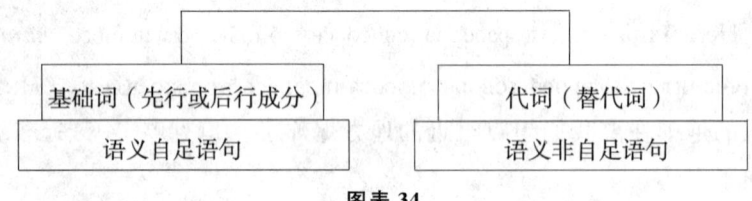

```
        ┌─────────────────────┬─────────────────────┐
        │                     │                     │
  基础词(先行或后行成分)              代词(替代词)
        语义自足语句                     语义非自足语句
```

图表 34

举例如下:

(1)Я был сильно влюблен в одну необыкновенно красивую обаятельную *девушку. Она* была сестрой моего соседа.(契诃夫)(我强烈地爱上了一个不同寻常、迷人的漂亮姑娘。她是我邻居的姐姐。)

(2)Чаще других покупали книги студенты, иногда приходили *старики. Эти* долго рылись в книгах и жестоко спорили о цене.(高尔基)(大学生买书比其他人更频繁,有时也有老人过来。这些人长时间地在书堆中翻寻,并非常激烈地争论价格问题。)

(3)Часто люди говорят, что *они* работают по 14—15 часов. Может быть, *такие* люди существуют, но мне не удавалось столько проработать.(格拉宁)(人们常说,他们一工作就是 14—15 个小时。也许,这样的人是存在的,但我没法工作这么长时间。)

(4)Самое характерное в его лице было *отсутствие усов. Это* было свежевыбритое голое место, которое постепенно переходило в жирные, дрожащие

---

① И. О. Дымарская-Бабалян, *О связности текста:семантический и грамматический аспект*. Ереван,1988:с. 78.

② 由于第一人称和第二人称代词直指篇章的交际双方,具有语义自足性(指不依赖于上下文的语义自足性,但与情景相关),因而一般认为它们在语句间的联系中不能发挥核心的衔接作用,对篇章连贯性没有实质性的贡献。第一人称和第二人称物主代词情况与此类似。

как желе щеки.（契诃夫）（他脸上最典型的特征是没有胡子。这是刚刚剃过的光秃秃的地方,它慢慢变成了肥胖的、像肉冻一样抖动的面颊。）

（5）Я бы запретил все машины, кроме разве, *пароходных да железнодорожных*. *Те*—ничего,пыхтит себе,везет… Но все другие—сволочь.（高尔基）（我本想禁止除了轮船和火车外的所有车。那些车噗噗地自顾自喷气,运输着……但所有其他的都是混蛋。）

除此之外,还有两类替代与代词替代类似:其一是由代词化了的抽象名词 штука、вещь（可称为"伪代词"）来代替前面的实义名词,其二是由代词化了的动词 делать（可称为"代动词"）来代替前面的述谓成分。

2.3 零形替代

零形替代（或称零形回指）现象,是指前文先行词或相关词在后文中脱落,后文的解释又离不开该先行词或相关词的现象。先行词的缺失使得语句的意思不完整,空位的填补过程就是连贯性的建立过程,前文与后文的联系因此变得更为紧密。缺省的成分主要包括:语句主要成分（主语或谓语）;带一致限定语的被限定成分;强支配动词后的被支配成分。各举一例如下:

A. 主语的零形替代

（1）Профессор отошел к окну. Закурил. Хотел додумать эту мысль о древних профессорах…（舒克申）（教授走到窗户跟前抽起烟来。他想把有关这些老迈教授的主意考虑好。）

Б. 谓语的零形替代

（2）Истины не ходят тьмами. Только обманы.（茨维塔耶娃）（真理不会源自黑暗,而只会源自欺骗。）

В. 主谓语的零形替代

（3）Историю пугачевского бунта он писал для других. *Капитанскую дочку*—для себя.（茨维塔耶娃）（普加乔夫暴动的历史他是为其他人写的。《上尉的女儿》则是为自己写的。）

Г. 被限定成分的零形替代

（4）Дорогой дружище,три,четыре дня тому назад я послал вам письмо по адресу Госиздата,заказным. Сейчас получил ваше.[①]（亲爱的朋友,三四天

[①] 阿基申娜编,汪意祥译:《俄文书信大全》,湖南科学技术出版社 1992 年版,第 294 页。

前我按照国家出版社的地址给您寄了封挂号信。现在收到了您的回信。)

Д. 动词被支配成分的零形替代

(5) Она даже могла шепнуть ему на ухо:«Не забудь поблагодарить маму!»Он благодарил. (特里丰诺夫)(她甚至能够对他耳语:"不要忘了感谢妈妈!"他对妈妈表达了感激。)

第四节 篇外语境与语用连贯

  心理语言学家普遍认为篇章的语法不能决定篇章构成的特点,篇章首先是意思构成物,因此走出篇内语境的语言学因素,探寻篇外语境对于连贯性的制约作用成为了一种必然趋势。正因如此,布赫宾杰尔和罗赞诺夫在指出语言手段的特别组织(即外显的连贯性)、篇章的布局结构及篇章本身的内容和意思等影响篇章连贯性的因素之外,特意强调了反映现实现象相互联系的叙述逻辑和交际指向性(即与动机、目标和条件的相符性)对于篇章连贯的重要作用。[①] 事实上,在对篇章进行客观分析、揭示篇章中存在的各种篇际联系及来源的过程中,读者的预备知识、资料信息、篇章交际所处的场域和文化域等因素均具有重要的意义。它们构成了知识总量[②],包括伴随篇章交际的所有因素:交际的文化和社会条件、交际情景、该篇章的语境网络(包括时代背景、文学风格、体裁、作者的个人系统等)等。这些伴随篇章交际的因素从内容的实体层次为篇章交际的进行提供了保障,形成了篇章连贯性得以实现的篇外语境。说篇外语境构成篇章连贯性的实体方面,是因为篇外语境是以反映篇章生成时的现实世界环境的经验语境为基础的。因为,"我们对他人言语的感

---

  ① А. В. Кинцель, *Психолингвистическое исследование эмоционально-смысловой доминанты как текстообразующего фактора*. Барнаул, 2000:с. 24.

  ② 这种对语境的理解与下列概念遥相呼应:阿赫马诺娃(О. С. Ахманова)的纵向语境(вертикальный контекст)、梅尔金(В. Я. Мыркин)的交际语境(коммуникативный контекст)、科尔尚斯基的语境网络(сетка контекстов)、斯拉马-卡扎库(Т. Слама-Казаку)的宏观语境(глобальный контекст)、久别涅特(И. В. Гюббенет)的背景知识(фоновое знание)、图拉耶娃的预设(пресуппозиция)或二级所知范围(компетенция второго уровня)、加利佩林的总词库(тезаурус)以及国外研究者的文化素质(культурная грамотность)或文化知晓度(культурная осведомленность)等。(Е. В. Михайлова, *О межтекстовых связях, интертекстуальной ситуации и текстовом симбиозе.* //Языковая личность: социолингвистические и эмотивные аспекты. Отв. ред. В. И. Карасик. Волгоград-Саратов,1998:с. 221)

知和理解,同任何其他感知一样,是统觉性的:它不仅是由外部的言语刺激所决定的,而且是由我们整个的内部和外部经验,并最终是由感知者在感知时刻的心理内容所决定的"。①

由于我们结合篇外语境来分析连贯,因此,连贯性问题便成了一个语用层面上的问题。具体而言,篇外语境从与具体篇章交际相关的情景语境（ситуативный контекст)和背景语境(фоновый контекст)两个方面来构筑篇章的连贯性,此时的连贯表现为语用连贯。

1. 情景语境与语用连贯

多利宁(К. А. Долинин)曾提出任何理想的言语应受制于以下四条原则:意思原则,每个语句或语句的序列具有一定的称名性内容;目的指向性原则或动机原则,每个语句或语句的序列应当有某种目的;情景性原则,指每个语句或语句的序列同交际情景相联系;连贯性原则,指进入语句序列的语句之间应具有内容上的关联性,连贯性原则是情景性原则在语句之间的具体体现。②这里,连贯与情景的密切联系被提到了体现与被体现关系的高度。因此,篇章组合—连贯性研究的交际方向应建立在分析作为最重要的意思构成成分的情景语境(或交际情景)的基础之上。

关于情景(ситуация),加克认为情景是"反映在语言中的现实(即运动着的物质)的片段和部分。人的意识从客观现实中首先分离出固定的成分——物质性的客体——实体。……情景的形成是物质对象及其状态相互协调的结果。这种协调存在着两种一般的形式:空间和时间"③。加克认为情景是语句的实指,是说话时刻存在于说话人意识中的客观现实成分的集合,后者在一定程度上制约着篇章生成时语言成分的选择;情景成分的多样性和必然性是与语言的 6 种功能(所指功能、元语言功能、情感功能、意动功能、联络功能和诗学功能)相适应的。④ 西利尼茨基(Г. Г. Сильницкий)也认为情景是"说话人从客观现象的连续统中分割出来的现实片段"。⑤ 显然,这里几位学者强调的是情景的客观现实性特点。

---

① Л. П. Якубинский, *Избранные работы. Язык и его функционирование*. М. ,1986;с. 38.
② К. А. Долинин, *Имплицитное содержание высказывания*. //ВЯ,1983,№6;с. 39.
③ В. Я. Шабес, *Событие и текст*. М. ,1989;с. 15.
④ В. Г. Гак, *Высказывание и ситуация*. //Проблемы структурной лингвистики. М. ,1972;с. 358.
⑤ Г. Г. Сильницкий, *Семантические типы ситуаций и семантические классы глаголов*. //Проблемы структурной лингвистики. М. ,1973;с. 374.

从动态交际来看，情景语境所包括的内容不仅仅局限于某种客观的现实片段，它是一系列主客观因素共同作用的综合性产物。关于交际情景所包含的一些因素，多利宁给出了这样一个等式：В=f(Ан, Ат, РС, ДС, ПСФ, КСв)。[1] 这里 В、Ан、Ат、РС、ДС、ПСФ、КСв 分别是：语句(высказывание)；发出者(адресант)；接收者(адресат)；实指情景(референтная ситуация)，语句关涉的客观现实片段；活动情景(деятельностная ситуация)，指言语交际进行的情景、扩展过程中的情节；对象情景背景(предметно-ситуативный фон)，包括交际的时间和地点、周围发生的事，社会、政治和历史文化情景以及交际过程的参与者；联系通道(канал связи)，包括声音或文字手段、交际双方有没有直接接触或视觉上的联系、信息传达的手段等方面。系统功能语言学将情景视为语言的第三个平面[2]，按贝里(M. Berry)的理解，它应该包括主题所指、直接情景和广泛情景三个组成部分：主题所指表示语题所涉及的客体和概念；直接情景表示说话者所处的时间、地点及说话的目的；广泛情景指说话者和听话者的语言背景、过去的经历与话语生成和理解间的关系。卡拉西克(В. И. Карасик)参照不同的语用学和社会语言学理论，划分出了以下一些语境范畴：交际参与者(地位和角色、情景交际特征)、交际的条件(预设、交际场合、交际环境)、交际的组织(动机、目的和策略、扩展和切分、交际调控和交际手段变体)、交际方式(渠道和机制、格调、交际的语体和体裁)。[3] 可以看到，这四种范畴与系统功能语言学早期语域理论[4]的语势(tenor)、语场(field)、作用(role)、语式(mode)分别相对应：语旨是指交际者的角色关系、亲疏程度、相对身份等；语场指的是说话者谈话的主题内容；作用指语句在交际中承担的社会功能；语式指交际中信息的传递方式，包

---

[1] К. А. Долинин, *Имплицитное содержание высказывания*. // ВЯ, 1983, No 6: с. 41.

[2] 系统功能语言学认为语言可以分为实体、形式和情景三个基本平面。其中，实体是语言原始材料，说话的声音、书写的符号都属于这种原始材料；形式是实体的排列，决定实体的意义，可以分为词汇和语法两部分；情景是指语言外的环境。除了三个基本平面外，语言还有两个中间平面：处于实体和形式之间的是音系层和形系层，分别描写语法模式与语音实体和书写符号间的关系；处于形式和情景之间的是上下文。(俞如珍、金顺德：《当代西方语法理论》，上海外语教育出版社 1994 年版，第 149—152 页)

[3] В. И. Карасик, *О категориях дискурса*. // Языковая личность: социолингвистические и эмотивные аспекты. Отв. ред. В. И. Карасик. Волгоград-Саратов, 1998: с. 187.

[4] 系统功能语言学后来将早期语域理论中四个方面的要素缩减为三个方面，即语场、语势和语式，其中语场的内容有所扩展，不仅包括主题内容，还包括人物和事物所指、活动的性质、情景、涉及人物、事物、事件的性质等，语势被分为人物语势和功能语势，分别相当于早期语域理论的语势和作用，语式的范围没有变化。

括交际渠道和修饰方式。可见,对于一般的言语交际而言,情景语境的范围是非常广泛的,包括众多与具体交际相关的难以穷尽列举的语言外因素。

篇章交际不是即时交际,篇章的生成者和接收者并不是同时性地处于面对面的交际位置和交际状态,因此篇章交际的情景语境并不像日常言语交际那么直观和确切。可以说,交际情景进入不同的言语形式的程度是不同的,但任何言语形式都以存在着现实的或潜在的交际对方为前提,如讲义面向学生、小说面向读者、日记面向作者本人等。因此,交际主体双方(包括发出者和接收者)的存在是任何交际形式的固有情景要素。对于以书面形式出现的篇章交际而言,篇章的生成和理解过程之间有或短或长的时间跨度,篇章交际的所有情景要素都内化为交际主体(包括作者和读者)对类型化的角色关系和交际意图(目的)的认识。

亚库宾斯基认为:"人的行为(语言只是它的一个类别)是心理事实,即作为人的机体的一种表现,同时也是社会事实(即该机体与其他机体在相互影响的条件下的共同生活)的一种表现。"[1]相应地,在作为人类行为的一个基本类别——篇章交际中,交际个体不仅仅具有心理决定性特征,还具有社会决定性特征。在这个意义上,交际主体就是一定社会团体(социум)的代表,具有一定的角色特征,如领导、下属、顾客、病人、乘客、学生、教民、牧师等,这种角色特征体现了交际双方的社会距离和社会设制系统(система общественных институтов социума)。同交际主体间的角色关系相应,篇章体现出不同的类型特征,表现为政治类、行政类、法律类、宗教类、体育类、医学类、教育类、军事类、公文事务类、广告类、科学类、大众传媒类等多种体裁类型。这样看来,篇章体裁与社会群体的划分或社会设制系统密切相关,某一群体或阶层对某种体裁具有垄断性的使用权,如医生之于处方、学者之于学术论文、总统之于新年贺词、议会之于法律条文等等。篇章的体裁由此便获得了自身的语义潜势,包括具体的语义范畴、适当的主体地位、修辞方式和使用规则等;作者或读者在创作或阅读任何篇章时都会自觉或不自觉地依赖这种语义潜势并从中做出选择。[2] 可以看到,篇章主体的角色关系决定着篇章的体裁特征,并通过篇章

---

[1] Л. П. Якубинский, Избранные работы. Язык и его функционирование. М., 1986:с. 17.
[2] 辛斌:"语篇互文性的语用分析",《外语研究》,2000 年第 3 期。

体裁的语义潜势体现篇章本身的语用目标,影响篇章的具体实现。

而作为篇章主体意识的反映,交际意图先于篇章而生,篇章的生成过程受交际意图的全程控制。卡缅斯卡亚指出:"作为交际活动的一种类型,生成篇章的行为与事物——实践活动和认知活动不同,其特点首先在于,该行为(相应地,其结果是篇章)在绝大多数情况下不是目标本身(самоцель)。交际行为中交际者的活动一般是为了达到其他的非交际活动领域(即对象——实践活动或者是认知活动)中的目标。"[①]这样看来,篇章生成行为的最初动机和目的不仅仅是篇章交际活动的语言外因素,还是交际外因素,它跨入到了交际活动之外的对象——实践活动和认知活动领域。因此,交际意图是一种复杂的心理—动机范畴,与交际主体的对象——实践活动、认知活动和交际活动相关,而在具体的篇章交际中,交际意图构成作者具体的语用目标,影响篇章生成过程中作者对语言手段的选择。

角色关系(决定篇章语用目标)和交际意图(决定作者语用目标)的联合作用强化了篇章内容在语用取向上的总体特点,决定着篇章的情态语义内容,这直接影响着篇章的组织和连贯性手段的选择。应该强调的一点是,对于篇章的具体组织而言,分别基于角色关系和交际意图的篇章语用目标和作者语用目标发挥作用的方式是不同的。篇章的语用目标取决于类型化的角色关系的确立,源于篇章本身的用途、类型、体裁,如作者在写某项申请报告时,事先应该知道篇章的篇幅、需要讲清的问题、篇章的基本结构、申请报告的体裁特性和语言材料的组织方法等等。而作者的语用目标则取决于作者个性化的交际意图,这使得作者在遵循该类型篇章一般组织规范的前提下,会进行个性化处理。从理论上讲,在角色关系和交际意图主导的情景语境的作用下,众多语形连贯手段(如语音重复、句法同构、词汇重复等手段)和逻辑连贯手段(如主观情态词插入结构、复指称名手段等)都可能使语句获得语气、情态上的一致性和关联性特征,从而赋予其语用连贯性。如:

(1) Но как умолчать о том, что является нашей уникальной бедой, как примириться с тем, что мы оказались заложниками алкоголизма собственного населения? Где еще найти такую страну, финансовый оборот которой

[①] О. Л. Каменская, *Текст и коммуникация*. М., 1990; с. 113.

напрямую зависел бы от степени пьянства народа? Попробовали воздержаться и, как говорится, сами были не рады. Все пошло наперекосяк. Разве это не трагично, разве это не признак глубокой деградации？（Из выступления Айтматова, Правда, 1990, №190）(但是，怎么能够避而不谈已成为我们独一无二灾难的现象呢，怎么能够容忍我们变成我们自己民众酒癖的人质呢？在哪里还能找到这样的国家，其财政流转额直接取决于人民醉酒的水平？试着去克制，但正如常言所说，自己却不舒服。一切都偏离了正轨。难道这不够悲惨吗，难道这不是完全退化的表现吗？)

这是一个演说类篇章，作者和读者之间是演讲人和受众之间的关系，前者作为知名作家，具有广泛的社会影响力，他正是想依托这种强势地位对受众施加积极的正面影响。对于酗酒成风的社会现象，作者非常担忧，因而强烈呼吁人们要正视这个问题，否则会给国家和民族带来灾难性的后果。语句间的语用连贯性是通过一连串的反问语调体现出来的。

集信息报道功能、宣导鼓动、情感感染功能为一身的广告篇章常常在行文中不停变换叙述者形象，突出不同的语气和情态色彩，使篇章表现出异彩纷呈的语用连贯性特点。如：

（2）Креветки к пиву. Общепризнанно, что к пиву лучшая закуска—раки. Но общеизвестно и другое: раки—закуска по сезону, а зимой... Никто до сих пор не знает, «Где раки зимуют». Но вот небольшие морские рачки-креветки! Право же, они как закуска к пиву ничуть не уступают ракам: их мясо столь же вкусно, пряно, нежно и обладает теми же свойствами. К тому же креветки не нужно искать: они продаются в течение всего года. Где? Во всех фирменных магазинах «Мосрыбторга».①(小虾就啤酒。人们公认啤酒最好的下酒菜是虾。但另外众所周知的是：虾是季节性的下酒菜，而冬天……至今也没有人知道"虾在哪过冬"。但瞧这些个头不大的小虾！说实话，它们作为下酒菜一点也不逊色于虾：它们的肉非常美味、浓烈、鲜嫩，而且具有相同的特性。况且，小虾无须去寻找：它们一整年都有售。在哪？在莫斯科鱼品贸易局的所有公司商店均有售。)

---

① 赫立民："俄语广告语言的特点"，《中国俄语教学》，1994年第3期。

这是一则广告,作者和读者之间是广告发布者(рекламодатель)和消费者间的关系:广告发布者首先用四个语句来陈述人所共知的事实及存在的问题,语气客观、舒缓,作者俨然是一个安静的叙述者形象;紧接着话锋一转,用感叹语句提出了一个解决问题的办法,并用由具有强烈实证意味和感情色彩的情态插入结构 право же(说实话)和 к тому же(况且)所引导的两个陈述语句来确证该办法是可行的并且具有自己的优势特点,语气真切、强烈,作者变成了一个劝导者;最后,广告者以一对"问—答"型语句将受众纳入面对面的交际,语气重归平静,作者成了一个信息发布者。这里除了固有的实体衔接手段之外,三种不同的语气构成了该篇章不同部分语句间语用连贯性的不同表现。

2. 背景语境与语用连贯

人类在使用篇章反映客观现实或表达主观感受时,无论采用口头形式还是书面形式,都不可能一览无余地把所要讲的信息全部表达出来。由于篇幅或时间的限制,也是为了增加可读性(或可听性),作者(说话人)会在表达过程中隐去许多缺损环节。这样,"意义连续体"在篇章生成和理解过程中常常伴随着"语义空位[①]"(смысловые скважины,任金所用术语)或语义空白[②](семантическая лакуна),这种"空位"或"空白"的合理存在和正确补足依赖的也是篇外语境因素。为了更好地理解篇章,最终建立篇章的连贯性,篇章接受者势必要动用许多由篇章内某些成分唤起的世界知识以及语言运用经验,也就是说,读者(听者)要经过激活、检索、提取等一系列的心理运作活动之后方能建立前言与后语、上句与下句的联系。[③] 这里凸显的就是背景语境对于篇章交际的重要性。所谓背景语境,是指交际个体进行成功的篇章交际所应具备的相关背景知识。一般而论,背景知识表现为操某种语言的人具有的文化、历史、地理、语用等方面的知识信息,没有一定的背景知识作为支撑,篇章交际将不可能进行。从作者和读者共同的言语思维活动立场及篇章与背景知识的依存关系来看,篇章可被视为通过特殊的语言学方式得以表征的知识:"篇章

[①] 托波罗夫所用术语是"意思缺口"(смысловые знания),范·迪克所用术语是"缺省环节"(missing links)。

[②] 空白是指"文本中悬置的联系性能"(沃·伊瑟尔著,金惠敏等译:《阅读行为》,湖南文艺出版社1991年版,第254页),它表示篇章连贯性的中断。

[③] 严世清,董宏乐:"语篇连贯的新视角",《山东外语教学》,1999年第3期。

可被视为对象化了的知识,或者更确切地说,是言语编码过的知识板块,是关于世界的整个知识系统的有机组成部分;而与编码过的知识板块有直接相互作用的关系但没有在篇章中显现出来的成分属于背景知识。"[1]值得一提的是,特罗希娜也十分重视作为交际语境一个方面的知识视野或交际参与者的背景知识,并在语用修辞语境(прагмастилистический контекст)的框架内,划分出与心理和情景因素并行的文化、历史和价值因素。[2]

对于篇章的连贯性而言,背景语境起着填补篇章中知识性空缺的作用,这涉及作者和读者两个方面。从作者的角度来说,"处于确定的具体环境的交际者,他的知识和经验不仅是言语活动(对语言规范的掌握,对交际目标、动机和最终效果的认识)本身的基础,同时也预先决定着言语行为的特征,即借助语言表达的信息补充、但通常并不重复交际者已经具有的关于相应事物和现象的信息"[3]。作者通过蕴涵(импликация)的方式将他预期的读者所知道的背景信息略而不谈或隐而不发,期待着读者能填补这样带来的语义空位。此时,背景信息以蕴涵知识的形式为作者所掌握,成为作者对于读者理解的预先期待。在这个意义上,"篇章依赖于言语表述发出者和接收者共同的背景知识,是认知主题[4](когнитивная тема)独特的内容述题,因此,从理论上讲,篇章不应该,或者更准确地说,几乎不应该将交际双方共知的任何信息言语化"。[5]作者有意或无意蕴涵的背景知识在一定程度上造成了篇章的语义中断,给读者恢复篇章的连贯性造成了一定的理解困难。

而从篇章读者的角度来看,"在篇章的解码过程中,保障正确理解篇章的预备知识发挥着重要的作用,它构成成功交际的条件"。[6] 这里的预备知识就是指背景知识的总和,图拉耶娃称之为预设[7]。具体而言,篇章的语义空位能激活读者的推理努力,他必须从自己的背景知识库中调取相关信息来填补空

---

[1] В. Я. Шабес,*Событие и текст*. М. ,1989;с. 141.

[2] Н. Н. Трошина,*Прагмастилистический контекст и восприятие текста*. //Прагматика и семантика. М. ,1991;с. 83.

[3] Г. В. Колшанский,*Контекстная семантика*. М. ,1980;с. 74.

[4] 这里,抽象的事件结构是任何篇章语义—述题的认知主题。

[5] В. Я. Шабес,*Событие и текст*. М. ,1989;с. 41.

[6] З. Я. Тураева,*Лингвистика текста*. М. ,1986;с. 85.

[7] 所谓预设,是对篇章进行语义分析的一种方式,目的在于揭示以对词、词组、语句、超句单位的语义预测为基础的各种联系。

位。这种填补空位的信息构成了理解过程中导出知识的内容。所谓导出知识（выводное знание），是指读者在理解篇章的过程中，从个人的经验和知识库中调取、选用的知识内容，它是在篇章理解过程中被激活的、包含社会文化规约性成分在内的个人知识。导出知识之所以称为导出知识，是因为对导出事实个人性的阐释总是伴随着个人的情感—评价态度，而这一点正是引导个体注意力的强有力的因素，并经常迫使个体用与期待相左的过渡变项来填充篇章显现成分间的空缺，从而做出与期待不同的结论。[1]"在一些情况下，导出知识对于连接篇章中的事件来说是必不可少的（在其他情况下也可以引入导出知识，但不是必需的），在语言学中，这一般被称为过渡性推论（bridging inference），即导出知识扮演着桥梁的角色，连接着篇章中的不同语句，保证它的连贯性。"[2]显然，这里的导出知识是背景知识在具体的篇章理解过程中的体现，是为填补相应的语义空缺从背景知识库中调取出来的相关知识和信息。

这样看来，背景语境对于篇章交际的作用是双向的，关系到篇章生成和理解两个过程。因此，从交际动态观来看，在一定意义上甚至可以说，篇章连贯并不是篇章本身所固有的特征，它与作者和读者的互动作用有着密切的联系。与情景语境一样，背景语境的所涉范围也是非常广泛的，它包括社会、历史、文化、地理、宗教等所有方面的信息。但对于具体的篇章交际而言，背景语境并不是指交际主体的所有知识，而体现为在篇章理解过程中需要被调用的知识和信息，调用的过程源于某种因素的激发作用，该因素即是联系篇章内容与相应背景知识的背景关联成分。面对篇章中的背景关联成分，如果读者缺乏相关的背景知识，将导致篇章理解过程的中断和语义空缺的产生，进而影响读者对于篇章连贯性的建立。如：

(1)С ума что ль сошла? Сошла, в *Белых Столбах* сидела бы.（疯了吗？疯了，那最好就到"白柱"精神病院待待。）

(2)Виктору вспомнился *сорок первый год*. Бои под Москвой.（维克多想起1941年。莫斯科城下的战斗。）

第一个例子中的两个语句尽管有动词сошла的重复使用，但如果不了解

---

[1] А. А. Залевская, *Введение в психолингвистику*. М., 2000; с. 268.
[2] В. В. Красных, *Основы психолингвистики и теории коммуникации: Курс лекций*. М., 2001; с. 133.

Белые столбы 这一背景关联成分指的是位于莫斯科附近的一座全国闻名的精神病院,语句间的联系则没法确立,就谈不上篇章的连贯性。对于第二个例子,如果不知道1941年德国入侵苏联这样的史实,则很难看到两个语句之间的连贯联系。再如:

（3）Лекарств нет! Предлагаем видеокассеты с записью *Кашпировского*!（药没了! 我们提供带有卡什皮罗夫斯基签名的录像带。）

（4）Это абсолютно недопустимо, особенно учитывая потери времени, связанные с известными вам обстоятельствами. *Картошка*—дело государственное, а расхлябанность преподавателей—отнюдь нет.（格列科娃）（这是绝对不允许的,特别是考虑到与你们所熟知的状况相关的时间损失。收土豆是国家的事情,而教员的涣散行为绝对不是。）

前一个例子是药店前所贴的一则告示,如果不清楚卡什皮罗夫斯基（Кашпировский）这一背景关联成分的具体所指,尽管有药店这一明确的交际场合的提示,仍然无法建立两句话间的关联性。原来,卡什皮罗夫斯基是苏联家喻户晓的功夫师,他曾经通过电视屏幕发功治病,但对他治病的能力众说纷纭;药店因为缺药而开始贩卖备受争议的功夫师的录像带,也反衬出苏联当时的经济窘况。后一个例子是中篇小说《教研室》(*Кафедра*)中的一段话。苏联时期大学生每年都要有一个月左右的社会实践活动(到农庄或工厂劳动),这里 картошка(土豆)显然指的就是大学生到集体农庄收土豆这件事,而这是国家规定的,因而才有前文所说的"потери времени, связанные с известными вам обстоятельствами"(与你们所熟知的状况相关的时间损失)及下文所说的"дело государственное"(国家的事情)。不了解这些国情知识,自然就无法理解前后两句间有何联系,篇章的连贯性也就无从谈起。

第五节　认知语境与认知连贯

篇章在交际过程中的连贯有赖于篇章生成时交际双方的知识状况是否能够在大脑中形成一个"意义连续体"。这里,"知识"可以理解为"语境",包括"知识层面的语境"和"认知层面的语境"两个相互依赖、相互区别的范畴。[1]

---

[1] 刘森林,李佐文:"论语篇语用连贯的再现",《天津外国语学院学报》,2000年第2期。

沙别斯(В. Я. Шабес)也指出,作为科学分析的对象物,篇章可同时从交际和认知立场来进行分析。知识系统的完整性保证了言语思维交际成分和认知成分的统一。[①] 可以看到,这里的"知识层面的语境"和"交际成分"指的就是我们所说的篇外语境(交际语境),而"认知层面的语境"和"认知成分"就是我们要说的认知语境。前者作为篇章交际的外部环境,从实体层面(内容的表层)保证了篇章内容的连贯性,反映出来的是语用连贯,我们在上一节已做了分析。对于后者,我们认为,认知语境从形式层面(内容的深层)服务于篇章连贯的需要,说它与篇章片段内容的形式层面相对应,是因为认知语境是以结构化的形态存在于人的大脑中,并不一定需要外显的实体手段作为表达基础。相应地,在认知语境作用下而表现出来的篇章连贯则为认知连贯。在完整的符号学框架内,篇章不仅仅是语言结构性和功能性实体,它还是一种认知实体,一方面,篇章反映了人们认知活动的特点;另一方面,篇章本身的生成和理解需要交际主体认知活动的积极参与。在篇章活动中,最高的符号学工具是表现为篇章生成和理解脚本的,以策略、规约、计划、图式等相关因素的形式存在着的认知语境。

1. 关于认知语境

心理学的研究大概可分为三大领域:一是意愿,二是情感,三是认知,但是从一开始,研究智能的认知心理学就脱颖而出。[②] 认知是心理活动的一部分,是与感情动机、意志等心理活动相对应的理智思维过程,是大脑对客观事件及其关系进行信息处理从而能动地认识世界的过程。关于认知,美国心理学家休斯敦(T. P. Houston)总结出了五种定义:认知是信息加工;认知是心理上的符号运算;认知是解决问题;认知是思维;认知是一组相关的活动如知觉、记忆、思维、判断、推理、解决问题、学习、想象、语言使用等。[③] 认知既可以对客观事物进行感知,形成表象(presentation),也可以对事物进行分析、判断和推理,形成意象(image)。认知语言学认为认知是通过心智活动,将有关客观世界的经验进行组织,形成概念化和结构化的过程。同时,认知语言学将具体的语言使用视作认知活动,进而从认知的角度来考察语言。而对于作为语言使

[①] В. Я. Шабес, *Событие и текст*. М. ,1989:c. 141.
[②] 桂诗春:《新编心理语言学》,上海外语教育出版社2000年版,第7页。
[③] 赵艳芳:《认知语言学概论》,上海外语教育出版社2001年版,第2页。

用之具体表现的篇章交际来说,篇章的生成和理解过程是与认知语境密切相关的。

所谓认知语境,是指"人对语言使用的有关知识,是与语言使用有关的、已经概念化或图式化了的知识结构状态"。[①] 斯珀伯(D. Sperber)和威尔森(D. Wilson)的关联理论认为,在语言交际过程中,交际者对世界的假设以概念表征的形式储存在人们的头脑中,进而构成了个人的"认知环境"。一个人的认知环境由一系列可以再现的事实或假设构成,认知环境所包含的各种信息构成了言语交际中的潜在认知语境。因而,言语交际的成功有赖于交际双方"共享认知语境"的形成,即在交际双方之间形成重叠的认知语境。[②] 对于篇章交际而言,认知语境最核心的内容就是知识的结构化模式,该模式以内隐的形式作用于篇章的生成和理解过程,一方面能使作者无须事无巨细、浪费笔墨,使行文更为紧凑;另一方面能调动读者的认知努力,帮助读者填补相应的语义空缺,建立篇章连贯。

认知语境的基本内容是常规关系,即固定在人的意识之中的事物、事件、现象之间体现出来的常态关系,是长期的、相对稳定的可以随时调用的知识形态。语言学家常用原型情景(протоситуации)、脚本(скрипты)或草案(сценарии)、框架(фреймы)、图式(схемы)、社会表征(социальные репрезентации)等术语来说明常规关系在认知语境中的存在方式。其中,原型情景指现实事件片段和情景中事物间的典型关系和状态,以原型、模板的形态存在于人的认知结构中;知识草案理论由尚克(R. Schank)和艾贝尔森(R. Abelson)提出,知识草案是真实世界的状态、事件或行为的典型结构概念化或经验化的结果,草案概念是辨认事件中所期待的行为序列的一种方式;框架理论由明斯基(M. Minsky)提出,他认为我们的知识以数据结构形式储存在记忆中,称为"框架",它代表典型的情景。图式这一概念最早是由巴特莱特(M. Bartlett)在其1932 年的早期著作中讲到故事回述时提出来的,而现代图式论则是由人工智能专家鲁姆哈特(D. Rumelhart)首先提出来的。图式是指存在于长时记忆中的一组相互作用的知识结构,是人们通过各种渠道所积累的知识和经验。图

[①] 熊学亮:《认知语用学概论》,上海外语教育出版社 1999 年版,第 115 页。
[②] 刘森林,李佐文:"论语篇语用连贯的再现",《天津外国语学院学报》,2000 年第 2 期。

式的每个组成部分构成一个空当,当这些空当被具体信息填充,图式便被具体实现了。[①] 社会表征是社会团体集体意识在知识结构中的存在方式,其表征的是社会文化团体"办事、思维或信仰的方法",反映了个人的语言行为对于社会环境的适应性。尽管这些概念内容不尽一致,但都是关于知识在大脑中的存在和调用方式,这对于篇章连贯研究的意义在于:强调常规关系知识在人脑中的结构化或图式化形态,为篇章连贯的建立和阐释提供了认知模型;表明篇章的理解离不开体现为常规关系的认知语境信息的选择、整合和交际者在此基础上的推理过程,突出了读者的认知努力对于篇章交际的重要意义。总的来说,认知语境是一系列常规关系知识在人脑中概念化和结构化的产物,认知语境因素在交际中被激活,相互作用,形成意义连续体,在篇章理解过程中成为建立认知连贯的基础。

常规关系在认知语境中的结构性(图式化)存在对于篇章在铺张性(амплификация)和紧缩性(компрессия)的矛盾中保持合理的张力具有重要意义。从篇章整体上来讲,交际主体掌握着某种篇章类型(言语体裁)的抽象脚本,同时也掌握着相关对象域的知识草案。以原型言语体裁为参照,具体言语行为过分的扩展程度标示该行为可能具有附加交际目的,而过度紧缩则标示某种特定的状态或者是言语行为性质的转变。如一则广告写成几页纸的篇幅,这将被看做一种古怪的方式,因为它远离人们对这一篇章类型的一般认知和预期。而篇章的过度浓缩也会使其偏离正常的体裁特点,好则能引起一种意想不到的效果,否则会使得篇章晦涩难懂,让人不知所云。从篇章局部来看,交际主体对双方认知语境的适度期待和依托将会使篇章行文紧凑,富有表现力。过度地依靠读者所能建构的认知语境将会使阅读行为变成一种沉重的负担,使篇章失去应有的信息价值和审美功能;而过度地忽视读者的认知能力,在篇章生成过程中过于突出各种明示手段的作用,则会使篇章索然寡味。

2. 认知语境与认知连贯

篇章作者将交际双方所共享的认知语境隐在篇章之外,期望读者能根据认知语境因素推导出符合作者本意的完整的语义综合体;而读者在理解

[①] 武姜生:"语篇连贯的图式论分析",《西安外国语学院学报》,1999年第1期。

篇章的过程中需要借助认知语境不断地诉诸没有直接体现在篇章表层的常规关系知识,以恢复篇章中空缺的认知联系,建立篇章的认知连贯。因此,从篇章的组合动态观来看,篇章的认知连贯不仅仅是篇章的固有属性,还是作者和读者相互作用的产物,它离不开作者对读者认知能力的期待和读者认知能力的实际发挥。为强调连贯性与读者认知努力之间的关系,布朗和尤尔等学者甚至认为,篇章的连贯性是听话者或读者在篇章的理解过程中强加给篇章的结果,斯塔布斯(M. Stubbs)也认为是听话者的理解创造了篇章的连贯性。

作为篇章交际中主体知识的体现,以知识结构形式存在的认知语境体现的是人类深层的思维方式和认知模型,主要以内隐的方式影响篇章的连贯性,此时的连贯即为认知连贯。因此,认知连贯体现的是不同篇章单位间内在的认知语义关系,是一种隐性连贯(имплицитная связность),本身并不需要借助实体手段。应该强调的是,用认知语境信息来恢复和解释篇章中的语义空位有一个先验的前提,即我们事先承认篇章是连贯的。具体说来,在不同常规关系的支持下,认知连贯主要表现为以下几种类型:

2.1 及物式

这里的及物性范畴不同于传统语法中及物动词和不及物动词的概念,指的是动词所指的"过程"[①]包含的深层语义格或题元,即"过程"发生涉及的一定的参与者、时间、空间和方式等环境因子。及物性范畴实质上体现的是关于过程情景的典型的常规预设关系:某一动词(包括动名词)出现时,关于其参与者,即格角色的信息已经从静态的知识储备进入到交际者的语境假设(工作记忆)中,从而不难通过这种及物性建立篇章连贯,达到篇章理解。如动词купить(购买)在篇章中的出现会使读者产生对于商品类型、商品的价格、购物时间、购物地点等相关信息的期待,后文出现有关这些方面的任意成分都将推动篇章连贯的建立。如:

[①] 韩礼德认为,人们思想中要反映的主客观世界不外乎是六个过程:物质过程,表示做某件事的过程;表示"感觉"、"反应"和"认知"等心理活动的过程;关系过程,指各实体之间相互关系的过程;行为过程,指生理活动过程,如笑、哭、做梦等等;言语过程,指通过讲话等言语活动交流信息的过程;存在过程,表示关系的存在,只有一个参与者(存在物)。(胡壮麟:《语篇的衔接与连贯》,上海外语教育出版社1994年版,第28—43页。)

(1) *Подул* крепкий жаркий ветер. *Лес* зашумел. (帕乌斯托夫斯基)(刮起了热的劲风。树林开始喧嚣起来。)

　　(2) Рита была первой из класса, кто *вышла замуж*. Не за кого-нибудь, а за *красного командира*, да еще *пограничника*. (瓦西里耶夫)(里塔是班上第一个嫁人的。不是嫁给了别人，而是嫁给了红军军官，而且还是个边防军人。)

　　动词 подуть(刮起)的及物性特征已经暗含着自然界中的事物(如河水、森林、树叶、灰尘等)将受到风的影响而产生相应的反应，后文 лес(树林)的出现强化了这种联系。第二例中，前一语句中动词词组 вышла замуж(出嫁)的及物性特征已经包含着"嫁人的对象"，后一语句中该题元的出现使这两个语句自然地建立了连贯性。再如：

　　(3) *Путешествие* от Пречистенки до Новой Басманной по мерзлым лужам, конечно было длинно, но ведь не длинней же пути от Тифлиса до Москвы. И все-таки оно было длиннее. Сашка сидел на *козлах* с надменным видом, как статуя. В этом полагал он высшую степень воспитания. (特尼亚诺娃)(沿着上冻的水洼从普列奇斯坚卡到新巴斯曼纳娅的旅行当然很长，但要知道并不长于从第比利斯到莫斯科的路途。但它毕竟还是要远一些。萨什卡坐在赶车人的座位上，像雕塑一样一副傲慢的样子。他认为最好的教育层次就体现在此。）

　　这里，第二句同第三句之间缺乏明示的连接手段，它们之间的连贯性源于第三句中的 козлы(赶车人的座位)同第二句的 путешествие(旅行)(由代词 оно〈它〉替代)之间的及物性联系。与上述两例不同的是，这里的及物性联系是间接的，путешествие(旅行)本身暗示着关于其运动方式的潜在格角色，如 пешком(步行)、на карете(坐四轮马车)等等，因而后文中 козлы(赶车人的座位)的出现激活的是 на карете(坐四轮马车)这一运动方式。事实上，常规关系中 путешествие(旅行)—способ передвижения(交通方式)—карета(四轮马车)—козлы(赶车人的座位)这样的链式结构性联想关系的存在为恢复 путешествие(旅行)和 козлы(赶车人的座位)之间以及第二语句和第三语句之间缺失的联系，建立该篇章的认知连贯起着关键作用。俄语中很多动词本身就暗含和预设着有关的工具信息，如 вилять（хвостом）(摇〈尾巴〉)、грести（веслом）(摇〈橹〉)、стегаться（веником）(〈用笤帚〉拍打)、шить（иглой）(〈用针〉缝)、чесать (гребнем)(〈用梳子〉梳)等等;或预设着有关的材料信息,如белить (стену)(〈把墙〉刷白)预设"известью"(石灰),окрасить (涂)预设"краской"(油漆),等等。这样,当动词语义所暗含和预设着的这些非必需题元在上文中没有出现而在后文中出现时,自然就容易建立语句间的联系。此时,常规关系表现为认知语境中有关动词的词语信息[①]。

2.2 共生式

所谓共生式,是指语句所涉及的事物、状态、行为、现象常常是相伴而生的,语句间的连贯性通过相应语词的共现而获得。这些常常共现的语词之间可能表现出各种各样的关系:结果关系、因果关系、限定关系、条件关系、反衬关系、概括关系等。语词意义所显示的概念间内在的常规联系决定了语句间的连贯性。如:

(1) Она не могла говорить, так как *плакала*. Отвернулась от него и прижала *платок* к глазам. (契诃夫) (她没法说,因为正哭着。她背向他扭过身去,用手巾按住了眼睛。)

(2) Сколько же времени занимали эти *отчеты*? И этот *расход* оказывается был учтен. (格拉宁) (这些总结报告占用了多少时间啊?这种消耗结果被注意到了。)

(3) Прошла неделя, и между ними завелась *переписка*. *Почтовая контора* учреждена была в дупле своего старого дуба. (普希金) (过了一周,他们之间开始了书信往来。邮电所就设在自家老橡树的树洞里。)

上述例子中,"哭"与"(掏)手帕"体现的是一种行为上的因果序列关系,"报销"与"花费"、"书信往来"与"邮局"间存在着内在的语义共现关系——条件关系,这些词对中后者的出现是对前者所引起的"期待"的一种确认和回应。再如:

(4) Был *мороз*. *Трубы* лопнули. (天气严寒。管道爆裂了。)

这里,要建立语句间的认知连贯,须要知道以下事实:这里讲的是暖气管道;暖气管道里面是水;气温为零下时水会变成冰;在冰冻过程中水会膨胀;水膨胀的结果是使得管道破裂。与上述三例相比,这里 мороз(严寒)和 трубы

[①] 在斯珀伯和威尔森看来,认知语境包括三方面的内容:逻辑信息、百科信息和词语信息。

（管道）两个概念之间不是直接的、简单的共现关系，而是与一系列中间过渡概念和现象(жидкость〈液体〉、вода〈水〉、замерзание〈结冰〉、расширение〈膨胀〉、разрыв〈炸裂〉)一起在认知语境中构成完整的内部共现关系(情景原型)，由于中间概念在篇章中皆数省略，因而两个语句间的因果联系需要借助一系列的认知操作才能得以完全建立。

2.3 索引式

索引式是指尽管并没有相应的指示词出现，但语句间所述事物明显呈现出领属和指示上的联系，即后面语句中的某一事物与前面语句中所提事物具有天然的领属关系，恢复该领属关系就是建立认知连贯的过程。如：

Он (Бессонов) говорил негромко, глуховатым голосом. На злом блед-ном лице его розовели два пятна. Мягкий воротник был помят, и сюртук засыпан пеплом.（А. 托尔斯泰）(他〈别索诺夫〉用低沉的嗓音说着话，声音不大。他凶恶而苍白的脸上有两个浅红色的斑点。柔软的衣领被揉得皱巴巴的，常礼服则布满了灰尘。)

从文字上看，这里 воротник（衣领）、сюртук（常礼服）并没有指明所属关系，也没有明显的衔接手段与前一语句相连接，但这并不会给读者带来理解上的困难，因为根据常规关系，人的外貌涉及的是一组特征，包括头部、颈部、躯干、四肢等各个部分的固有和着装特征，作者对 Бессонов（别索诺夫）脸部特征的描写会让读者从认知语境中提取相关的信息，并期待后文对其他方面的特征进行描写，因此，读者将 воротник、сюртук 与 Бессонов 建立联系就是最自然不过的了。在这里，Бессонов 是篇章的明示焦点[①]，而 воротник 和 сюртук 处于隐含焦点的位置，要正确理解篇章，必须在明示焦点与隐含焦点之间建立联系。

2.4 逻辑式

逻辑式指的是语句间虽然缺少逻辑连接手段，但常规逻辑知识能够帮助读者建立两者之间缺省的逻辑关系。这是非常典型、非常普遍的一种认知连贯形式。如：

[①] 关于这一点，桑福德(A. Sandford)和加罗德(S. Garrod)在说明篇章的记忆表征时将焦点分为明示焦点和隐含焦点，前者指那些在上面篇章中明白地说出来，而且处于当前的前景的项目，后者指那些可以通过明示焦点来推论的项目。(参见桂诗春：《新编心理语言学》，上海外语教育出版社 2000 年版，第 420 页)

（1）Горели костры, дымилась походная кухня, бурчали над кострами котлы. Ржали кони. Суетились рабочие.（盖达尔）（燃着篝火,行军灶冒着烟,锅在篝火上咕嘟咕嘟地响个不停。马在嘶鸣,工人们忙碌着。）

（2）С Петькой за последнее время дружба порвалась. Петька стал какой-то не такой, дикий.（盖达尔）（最近与佩季卡的友谊中断了,他变成了一个有一点不一样的人,离奇古怪。）

（3）Нельзя терять чувство призвания. Его не изменить ни трезвым расчетом, ни литературным опытом.（帕乌斯托夫斯基）（不要丢掉使命感。它不管是用清醒的计算还是用写作经验都无法改变。）

（4）Петька поднял голову. По дороге из Алешкина шел дядя Серафим и вел на поводу лошадь.（盖达尔）（佩季卡抬起头。谢拉费姆叔叔牵着马,正走在从阿廖什金出来的路上。）

（5）Больше всего я писал стихов о море. В ту пору я его почти не знал.（帕乌斯托夫斯基）（我写得最多的是关于大海的诗。在那个时候我还几乎不了解大海。）

（6）Тут явилась новая беда. Испуганная ночною грозою, сорвалась с привязи и пропала старая кляча.（盖达尔）（这儿出现了新的不幸。受夜晚雷声的惊吓,劣马挣脱了绳索不见了。）

上述各例中的语句间缺少逻辑连接手段,分别隐含着列举、结果、解释、原因、让步、加确等逻辑关系,语句连贯的建立要依托体现为常规关系的固有逻辑知识。

2.5　分指式

常规关系体现为概念或命题间的逻辑包容关系,语句间的连贯性依靠认知语境中有关概念间或命题间的整体和部分的常规关系得以建立。如：

От скуки я пошел побродить по местечку. На *главной улице* были открыты лавчонки. Из *них* несло селедкой и стиральным мылом. В дверях *парикмахерской* с висевшей на одном костыле вывеской стоял веснушчатый парикмахер и грыз семечки.（帕乌斯托夫斯基）（由于无聊,我出去找个地方逛逛。主街上开着一些小铺,散发出鲱鱼和洗衣肥皂的气味。在一个理发店门口招牌挂在大钩头钉上,一个长着雀斑的理发师站在那里嗑瓜子。）

该例中,后两个语句间缺少明示的关联成分,它们之间的连贯性依靠 парикмахерская(理发店)与上一句中的 они(лавчонки)(它们〈小铺〉)同属 главная улица(主街)的下位概念这一认知关系而得以确立。

2.6 跳跃式

指的是篇章语句的连接体现出思维上的跳跃式发展,此时的语义空缺在常规关系的支持下可以得到恢复,不影响篇章的理解。如:

(1) Щедрин вернулся домой. Ни Марты, ни Петера не было. Только кот бродил из комнаты в комнату, жеманно изгибаясь около дверных косяков. (帕乌斯托夫斯基)(谢德林回到家。马尔塔和佩捷尔都不在。只有公猫在门框边上装模作样地弓着身子,从一个房间跑到另一个房间。)

这里缺少任何实体衔接手段,语句间的联系是跳跃式的,存在着语义空位,但却并不影响理解。此时的常规关系告诉我们:谢德林回到家,当然能看到家里有没有人,也会发现猫在怎么活动。如果补足缺省环节,应该是: Щедрин вернулся домой. (Дома он обнаружил, что) Ни Марты, ни Петера не было. (Был кот.) Только кот бродил из комнаты в комнату, жеманно изгибаясь около дверных косяков. (谢德林回到家。〈在家他发现〉马尔塔和佩捷尔都不在。〈公猫在家。〉只有公猫在门框边上装模作样地弓着身子,从一个房间跑到另一个房间。)再如:

(2) Однажды играли в карты у конногвардейца Нарумова. Долгая зимняя ночь прошла незаметно. Сели ужинать в пятом часу. (普希金)(有一次在御林骑兵团军官纳鲁莫夫那里玩牌。漫长的冬夜悄悄地过去了。到四点多坐下吃晚饭。)

实体衔接手段的缺失使得读者不得不诉诸常规关系,在后者的提示下,读者不难进行如下建立认知连贯认知操作: Однажды играли в карты у конногвардейца Нарумова. (Игра затянулась. Была уже ночь.) Долгая зимняя ночь прошла незаметно. Сели ужинать в пятом часу. (有一次在御林骑兵团军官纳鲁莫夫那里玩牌。〈玩牌拖了很长时间。已经是深夜了。〉漫长的冬夜悄悄地过去了。到四点多才坐下吃晚饭。)

2.7 整合式

常规关系在认知语境中的结构性存在形态决定着人们倾向于对某一情景

做整体把握。面对由于篇章表达平面衔接手段的缺失而造成的语义中断现象，读者常常会调动相应的认知模型来统领相应的语句群，建立连贯。这典型地体现在由称名句构成的篇章片段中，此时称名句间的关系表现为事物在空间上的共时性并置关系或事件（动作）在时间上的历时性序次关系。分别示例如下：

（1）Ночь. Улица. Фонарь. Аптека.（布洛克）（夜晚。街道。灯笼。药店。）

（2）Да，молодое，славное，смелое дело. Смерть，жизнь，борьба，падение，торжество，любовь，свобода，родина...（屠格涅夫）（是的，年轻的、光荣的、勇敢的事业。死亡，生命，斗争，颓废，欢腾，爱情，自由，祖国……）

认知语境中关于空间并置关系和时间序列关系的知识可以帮助读者整体上理解这些称名句所描述的情景，从而实现篇章的认知连贯。

2.8 情景提示式

常规关系中关于某一情景的知识能够帮助恢复篇章中缺失的意义联系，建立认知连贯。如高压电线塔架上的警示语篇章：

Не влезай. Убьет.（不要攀爬。会弄死人的。）

在高压电线塔架旁这一具体场所，人们对高压电的常规认识能够帮助恢复"Убьет."（会弄死人的。）独词句中缺省的语义结构，以及两个语句间的关联性：Не влезай. А то ток высокого напряжения тебя убьет.（不要攀爬。否则高压电流会电死你的。）

2.9 时空转换式

常规关系知识包括人们对时间和空间之间关系的认识：即任何事物、事件、行为等都同时处于一定的时间和空间中，时间和空间对于"存在"而言是缺一不可的。这样，时间描写向空间描写或空间描写向时间描写的过渡造成的语义突兀现象可以由常规关系来弥补。如：

Прошла неделя после знакомства. Был праздничный день. В комнатах было душно, а на улицах вихрем носилась пыль, срывало шляпы.（契诃夫）（相识后过了一周时间。那是一个节庆的日子。房间里很闷，而街上灰尘旋起，帽子也被吹掉了。）

这里先是交代时间，而后转而描写空间，之间不需要任何衔接手段，这种直接过渡的合理性正源于人们对时间和空间相互依存关系的常规认识。

2.10 背景和前景对照式

认知语境常常表现为背景和前景的二元对照结构,这也是认知语义学物像(фигура)/背景(фон)理论[①]诞生的认知基础。篇章片段中往往存在着一些独立性的"异质成分",从而使连贯性阅读受阻。这些异质成分常常表现为叙述人视角的转换,以时体使用上或言语主体的突然变化为标志。此时,常规关系的作用在于帮助读者分清背景和前景语句,将语句间的关系与认知结构的背景和前景成分进行比照,认知结构中背景和前景的一体性映射出语句群的连贯性。如:

Любовь не приходит ему на ум,—а уж видеть графиню каждый день было для него необходимо. Он повсюду искал её встречи, и встреча с нею казалась ему каждый раз неожиданной милостью неба. Графиня, прежде чем он сам, угадала его чувства. *Что ни говори, а любовь без надежд и требований трогает сердце женское вернее всех расчётов обольщения.* В присутствии Ибрагима графиня следовала за всеми его движениями, вслушиваясь во все его речи…(普希金)(爱情不是他想象出来的——每天看到伯爵小姐对他来讲已经是必不可少的了。他到处寻找着与她会面的机会,而与她的见面对他来说每次都似乎是上天突然的恩赐。伯爵小姐比他本人更先猜到了他的感情。*不管怎么说,没有期望和要求的爱情比任何安排的诱惑都要更能感动女人的心。*伊卜拉金姆在的时候,伯爵小姐注视着他的一举一动,倾听着他的所有话语……)

这里斜体部分的语句与前后语句之间缺乏实体性的联系,似乎存在着断层现象。在未完成体过去时构成的叙述背景下,现在时的突然使用将该语句推入前景域,使之成为真理性、观念性的表述和认知焦点,引入相应的常规关系知识可以消除叙述的突然转换带来的短暂停顿,在认知层次上使前景融入背景,建立连贯性。

---

① 认知心理学认为,认知活动需要两个原则的结合:结构稳定性和灵活的适应性。换言之,认知活动的有效性一方面要求保留范畴系统稳定的组织方式,另一方面则要求系统应该有足够的灵活性来获得适应变化的能力。正因如此,语言概念是按照核心—边缘这一平衡原则组织起来的。物像/背景理论反映的就是语言现象的这一不对称特征:在任一情景中,说话人总是区分运动(或潜在运动)的客体和不动的客体,即物像和背景,物像在背景中运动,物像在时间和空间上是动态的,它们有空间或时间上的边界(物体以空间为背景,事实以过程为背景),而且趋于确定性。(陈勇:"语言研究中的标记理论",《外语研究》,2002年第5期)

本 编 小 结

  与语言学发展的内部运动轨迹相符,语言符号学的研究对象物经历了从研究单个符号到研究整个符号的序列——篇章,特别是整体能够作为一个符号系统起作用的篇章这样一个过程。篇章问题虽然并不总是语言符号学关注的中心问题,但源起于索绪尔传统的语言符号学一直没有忽视篇章的存在;但与此同时,对篇章问题的系统研究往往偏离了纯粹的语言符号学的轨道,而滑入了文学符号学和文化符号学的广阔领域;真正集中于语言符号学领域的研究往往限于在宏观上确定语言的本质和基本语言观,真正与语言学结合,以语言现象为对象的符号学研究一般只局限在结构主义音位学、语法(包括词法和句法)象似性、语言单位标记性等少数几个领域,分析的对象往往以词符为主,纯粹的语言符号学分析很少能涉及语言的具体存在形式——篇章。因此,我们将篇章作为研究的对象,将符号学的理论和方法运用于一般篇章的分析,这是语言符号学框架下一次有益的尝试性研究。具体说来,我们将符号的双面双层理论延伸至篇章,并将篇章置于聚合和组合两个维度上分别予以考察,以期揭示出篇章在聚合和组合两个维度上的符号学特征及其符号学表现。

  整体性和连贯性是篇章最为本质的符号学特征,是篇章范畴系统中最为重要的一对范畴,在学者们总结过的众多篇章特征中居于核心地位。篇章的整体性和连贯性在系统和过程、替换和分布、整体和部分等方面处于对立的态势,分别体现了篇章在聚合维度和组合维度上的特点,分别构成篇章聚合分析和组合分析的观照对象,因此,我们分别称之为聚合—整体性和组合—连贯性。

  在篇章整体性(聚合—整体性)的作用下,篇章成分的类聚作用表现在多个方面,因而聚合分析的领域是十分广泛的。比如可以涉及音位、词符、句类、调型、超句群等各种单位构成的聚合体以及意思整体性、交际整体性、结构整体性等范畴统辖下的聚合体等等。我们认为,聚合分析的目的应该是揭示篇章整体性的符号学表现,因此,它必须立足于整个篇章,从中发现能体现篇章整体性特点和作者意图的非线性联结的篇章成分聚合体,这可以从表达平面和内容平面及相应的实体层和形式层角度来进行分析。表达平面,篇章整体的实体层体现为语言体系所提供的代码系统、篇章的载体属性及其所包含的其他符号介质类型,我们称为外部材料;篇章整体的形式层是指篇章实体成分的联结方式,我们称为篇章的内部构造,它由篇章的框架元素划定边界,具有相应的强位要素,其中标题、开头和结尾3种强位要素最为典型,它们具有各自的布局功能,体现出篇章一定的类型属性。内容平面,篇章整体的实体层表现为篇章反映的外部世界,主要体现为实指信息,实指信息具有广泛的涵盖范围,包括各种现实的或虚拟的、物质的或精神的世界,关涉到事物对象化的四个阶段——事物存在本身、对象物、表象和对象,具有五种基本呈现方式——解释、论证、描写、叙述、规定。当篇章所反映的实指信息从现实世界进入人的思维世界,篇章整体的内容则从实体层进入到了形式层。篇章整体的内容形式体现为篇章语义内容的宏观安排,一方面表现为内容的语义层次结构,包括命题语义内容、主观情态语义内容和伴随语义内容;另一方面表现为篇章的总体内容结构,该结构可以在一般符号学高度用引言—正文—结论这一表征序列进行描写,也可以借助以关键词聚合体为代表的篇章聚合体系列进行描写。

　　篇章连贯性(组合—连贯性)的实质是篇章单位的匹配和并置,表现为篇章局部语句间的关联和联系。在这一点上,篇章的连贯性与语言系统各个层级单位在构成上一级单位时所依循的一致性规律(如词汇搭配的语法一致性和语义一致性等)是相辅相成的。作为与篇章系统相对应的过程方面的特征,篇章的连贯性与语境因素密不可分,语境因而成为组合分析的基本概念工具。从符号学角度来看,篇章连贯性就其表现而言,可以统归到表达和内容两个符号学平面,而在每个平面,连贯性都有其外部实体和内部形式上的表现。连贯性表现的外部实体一方面指向篇章内部的语言材料本身,由篇内语境提供支持;另一方面指向篇章外部的现实材料,由篇外语境提供保障,分别对应的是篇章表达面的实体层和内容面的实体层,分别表现为语形连贯和语用连贯。

而连贯性表现的内部形式一方面以思维的逻辑形式(逻辑语境)为基础,另一方面则依托于主体的认知形式(认知语境),分别对应的是篇章表达面的形式层和内容面的形式层,分别表现为逻辑连贯和认知连贯。因此,作为篇章连贯性的制约因素,语境以篇内语境、逻辑语境、篇外语境和认知语境的形态分别从表达的实体层、表达的形式层、内容的实体层和内容的形式层四个方面保障篇章语形连贯、逻辑连贯、语用连贯和认知连贯的实现。具体说来,篇内语境是指篇章中与语句的连贯性理解直接相关的语言环境,体现为语音语境、语法语境和词汇语境,三者从不同的层次服务于语形连贯的需要。篇外语境则是篇章所处的外部交际环境,从情景语境和背景语境两个方面借助一定的实体手段或语境关联成分保障篇章连贯性的建立,此时的连贯为语用连贯。其中,情景语境主要通过类型化的角色关系和交际意图两种要素服务于语用连贯的实现,背景语境主要通过填补篇章中由背景关联成分所标示的语义空缺而使篇章达到语用连贯。逻辑语境和认知语境则进入到了主体的思维和认知层次,两者从主体意识的不同内部区域保障着连贯性的建立。逻辑语境是指主体思维的线性形式,对于篇章连贯性而言,体现为语句间借助一定的实体衔接手段构成的逻辑联系,与之相应的逻辑连贯主要依靠逻辑接续和复指称名两种形式和手段;认知语境是主体关于外部世界的知识,以结构化的常规关系为主要内容,对于篇章连贯性而言,认知语境具体体现为语句间无须实体衔接手段而存在的认知联系,与之相应的认知连贯主要表现为及物式、共生式、索引式、逻辑式、分指式、跳跃式、整合式、情景提示式、时空转换式、背景和前景对照式等类型。

  在语言符号学的框架内运用符号学的理论和方法来分析具体的篇章材料是一个具有广泛前景的研究领域。我们着眼于篇章的聚合和组合两个维度、表达和内容两个平面及实体和形式两个层次,将符号学的分析方法同具体的篇章材料实实在在地结合起来,这对于系统揭示篇章的符号学特征和表现,构建篇章符号学的基本理论和方法论框架,具有一定的启发意义。应该说明的是,我们这里对聚合—整体性和组合—连贯性的符号学表现所做的层次划分依据的是理想的符号学双面双层原则,为了突出聚合—整体性和组合—连贯性在各个层面的特点,我们在具体分析每一个层面的过程中尽量排除了其他层面因素的干扰或者将这种干扰控制在了较低的水平。

第四编

句层符号学研究

第 一 章

句子的符号学研究

第一节 关于语言符号的层次

我们所生活的世界是个结构复杂、关系纷繁、千变万化的结构体,它虽然不断地变化,但这种变化却是遵循一定规律,有一定秩序的。而有序客观世界的一个突出特征就是层级性。层级性不仅仅是客观世界的重要属性特征,也是人们认识事物、分析事物的基本工具和手段。人类很早就有关于"层次"的认识,但是,我们应该知道,认识到事物的"层次"是和人类认知能力的发展,尤其是语言能力的发展分不开的。索绪尔曾说过:"在语言出现之前,一切都是模糊不清的","思想本身好像一团星云","飘浮不定"。[①] 也就是说,在语言产生之前一切都是混沌的。那么,我们也许可以从索绪尔的话引申开来,即人类认识事物,首先是一个概略的整体,随着认知能力的发展和语言功能的提升,人们逐渐发现,事物不是混沌,而是可以切分的,于是层次概念的萌芽由此产生。

一般认为,层次的概念是由美国描写语言学家引入语言学的,例如格里森(H. A. Gleason)在《描写语言学导论》一书中,就提到结构的层次、分析的层次和言语的层次。而美国描写语言学的一个重要分支法位学(tagmemics, тагмемика)也把层次描写法作为其重要的理论核心之一。法位学理论的中心人物派克(K. L. Pike)认为,一个句子可以分为许多层次:语素层次、词汇层

[①] 索绪尔著,高明凯译:《普通语言学教程》,商务印书馆1996年版,第157页。

次、短语层次、分句层次、句子层次。句子的生成过程就是从语素层次开始,经过词汇层次、短语层次、分句层次,最后达到句子层次。上一层次包括下一层次。例如,词汇层次包括语素层次,而短语层次又包括词汇层次。包括成分叫法素(syntagmeme,синтагмема),被包括的成分叫法位(tagmeme,тагмема)。因此,任何特定的成分既是法素,又是法位,对上一层次而言,它是法位,对下一层次来说,它是法素。可见,法位学力图把语言成分放到层次和系统中来研究,放在部分对整体的关系中来研究。此外,派克还认为,任何语言都具有三种等级体系:音位等级体系(фонологическая иерархия)、语法等级体系(грамматическая иерархия)、所指等级体系(референтная иерархия)。

语言符号的层次问题是语言符号系统学说重要的组成部分。乔姆斯基曾说过:"语言理论的中心概念就是'语言层次'的概念。"苏联语言学家斯柳萨列娃曾强调:"语言系统的层次问题,看来是现代语言学中头等重要的问题。"瓦西里耶夫(Л. М. Васильев)也认为:"只有在现代的语言层次理论中,语言系统才能获得深刻的理论性解释。"兹韦金采夫(В. А. Звегинцев)亦指出:"层次位置的确定取决于其对言语行为中所表述思想的关系,语言单位越接近思想,它所在的层次就越高,反之亦然。"我们可以根据各种语言单位的不同性质和功能以及它们之间不同程度的关系,把整个语言符号系统划分成若干不同的分支系统或子系统,这些分支系统或子系统就是语言符号的层次。层次的概念既与对语言本身的认识有关,又跟研究和描写语言符号系统的方法有关。出发点和研究宗旨不同,得到的语言符号层次结构也会有所不同。

"层次"这一术语的相关俄文有"ярус"、"уровень"、"слой"、"стратум"、"иерархия"、"ранг"等。层次是用于语言分析的一个术语,指把语言单位(如句子、子句、单词)按某一顺序排列或排列成等级量表(ранговая шкала),其中,高一级的单位包括若干低一级的单位。在现实的研究中,有人沿用层级的观点,但在层级内部再划分层次;也有人取消"层级"的概念,只用"层次",但对"层次"也有不同的理解,还有人混用"层级"和"层次",不加区别。在本编中,如果不特别注释,基本都采用"层次"这一术语。很多语言学家都对层次问题进行过研究,在当代语言学中,语言是多层次的系统还是单层次的系统是两个主要的思潮。比如韩礼德系统功能语法多层次研究就比较特殊,他认为:

1)语言是有层次的,至少包括语义层、词汇语法层和音系层。这得益于叶尔姆斯列夫的观点,后者在解释索绪尔关于语言是一个包括能指和所指两方面的符号系统时,提出了这实际上包括内容、表达和实体三个层次,因而语言不完全是索绪尔所说的单个符号系统,而是在各个层次间具有相互关系的系统。

2)各个层次之间存在体现(реализация)关系,即对"意义"的选择(语义层)体现于对"形式"(词汇语法层)的选择;对"形式"的选择又体现于对"实体"(音系层)的选择。可见,体现的观点不同于结构主义的单层次的组合观点,即认为语言是由小单位依次组成大单位的观点。这里韩礼德对叶尔姆斯列夫的层次体现的方向性做了修正。叶尔姆斯列夫认为上一层次是对下一层次的体现,如内容是表达的体现,表达是实质的体现;而韩礼德认为下一层次的单位是对上一层次的体现,因而从功能上看,语义层应该靠上。

采用层次的概念可以使我们对语言本质的了解扩展到语言的外部。因为语义层实际上是语言系统对语境,即韩礼德所谓的社会符号层的体现。正是在这个意义上,可以把语义层看做一个接面,连接词汇语法学和更高层面的符号学。所以,对语言符号的层级性进行研究具有积极的理论意义和实践价值。语言符号的层级性(иерархичность)与系统性(системность)是密不可分的。系统是有序的层次组成的系统,层次是相对稳定的系统内部的层次。在现代语言学理论中,索绪尔较早提出了语言系统的概念,他以二分法区分了内部语言学和外部语言学、共时语言学和历时语言学、语言和言语、组合关系和联想关系等。索绪尔这里所说的"语言"实际是指抽象的语言系统。由此,很多语言学家把语言看做是"系统的系统",是语言单位按照一定层次、并在层次与层次之间有关联的排列。系统存在于所有的语言层次,诸如语义层、语法层和音系层,都有各自的系统表示本层次的语义潜势(семантический потенциал)。

本编主要研究句子的意义层次,因为句子是最基本的交际单位。当代语言学的一个重要转向就是形成了以人文主义为本的语言学传统,这和过去以哲学为本的语言学传统形成鲜明反差。人文主义思潮更加关注语言中"人"的因素,更加关注由人参与、以语言符号为基本工具的交际现象。这也是对人本位的一种必然回归也要求我们重新审视语言。

句子是根据需要由词组成的符号串,它不是和外界孤立事物相对应,而是和整个情景相对应。因此,也有人把句子看成情景符号(ситуативный знак)。符号的层次从广义上来说可以分为次符号、符号和超符号层次。在超符号层次中,符号的组合及符号运用和传递信息都必须有人来参与,因而有人认为该层次中的相应单位是言语中的语句,而不是句子,并把作为情景符号的句子与作为事物符号的词和词组都看做语言单位归入符号层次,但这里所说的句子和词组都是一种模式,是所谓的物质单位,而不是通过填入词汇复现该模式所产生的具体语句和词组。具体对于本项研究,我们认为句子和语句之间不是矛盾的关系,而是相辅相成、相互体现的关系。可以把语句看做抽象的句子模式的具体体现,要研究句子就不能不涉及语句。同理,要想更清晰、更规范地研究复杂的语句,也要抽象出句子模式。所以,既不能把两者混为一谈,也不能孤立、片面地割裂两者之间的联系,两者都是交际的单位,其相互关系类似于语言和言语。在此基础上,本编主要以句子为研究对象,把句子看成一个多平面的整体,建立起具有一定说服力的句子整合分析的符号模型,以对句义的静态表征及动态生成进行系统的研究。当然,这个任务是非常艰巨的,其原因不在于毫无经验可借鉴,而在于关于句子平面的理论学说已有专家阐述,且各种观点既有不同,又有交叉,想要整理出一个比较清晰的头绪,是一个十分困难的问题。

  本编的研究方法主要是静态描写与动态分析相结合。其理论支柱是索绪尔语言符号二分法和皮尔斯的符号三元观、语言符号意义层级理论。符号学对句子意义层面问题的关注度是很高的,作为皮尔斯思想继承者的莫里斯最初提出著名的符号学三分法时,就已经给我们规划出了一个基本的蓝图,即符号学主要可以有三个分支:语构学(研究符号间关系的学科)、语义学(研究符号与客观世界间关系的学科)、语用学(研究符号与符号使用者间关系的学科)。句子也可以划分出这三个意义层次:句法意义(即符号串之间的语法关系)、语义意义(符号串所表达的与客观世界相关的意义)、语用意义(即隐藏在句义背后的需要意会的意义)。举一个很简单的例子:"Дождь идёт."(正在下雨。)这个句子的句法就是主语"дождь"(雨)和谓语"идёт"(下)构成了一个语法上一致的述谓整体;句子意义就是"正在下雨";而语用意义则根据不同的情景符号(如交际双方、现实情景、认知语境、文化背景等不同因素)有不同的解释。

第二节　句子的符号学定义

　　索绪尔曾经在《普通语言学教程》里说过："词是代表我们智慧的一个单位，它是整个语言机制的中心。"①这句话的意味不言自明，即任何语言研究的最终落脚点都是词语。他的这一观点对现代语言学的研究产生了极其深远的影响，导致了传统语言学研究中的词语中心论原则。相应地，索绪尔忽视了对句子的研究，他认为句子的产生是个人的行为，属于言语，因而没有把句子看成是语言单位。索绪尔似乎把句子的组成看成是言语，而不是语言，看做是个人意志的自由创造，而不是系统性的规则。在他的系统中，日常使用的语言没有规则支配下的创造性。他没有意识到懂得某种语言的人不仅能够判断他从来没有见过的句子是否符合该语言的规则，而且还能够运用有限的规则创造出无限的句子。所以，尽管索绪尔在语言和言语上所做的区分对现代语言学产生了重要的影响，但是认为语言学唯一的、真正的对象就是语言和为语言而研究的语言，只把内部语言学作为语言学的唯一对象当然不可避免地造成了索绪尔在该理论上的缺陷。

　　随着 20 世纪哲学研究中的"语言转向"，人们也重新开始反思对语言的认识。学者们逐渐认识到，研究语言就必须关照语言研究中人的因素，要把语言符号放到具体的情景中研究，这样才可以更透彻地研究符号的意义。交际情景的最小单位就是句子，这样，句子自然就成为语言符号学研究的"新宠"，研究句子的意义层次结构可以帮助我们更好地理解句子的意义，掌握句子的运用。我们知道，索绪尔认为符号是一个由能指（音响形象）和所指（概念）构成的两面心理实体，并多次强调听觉形象和概念的心理性特征，这无疑揭示出了语言符号的实质。他认为："语言符号建立在两种非常不同的事物通过心智形成的联系基础之上，但这两种东西都是心理的，在主体中，某一听觉形象和某一概念是联系着的，听觉形象（不是物质的声音）是声音的心理印迹。"②但是，索绪尔只是在听觉与概念相关的词汇层次确定了语言符号的心理性特征。随

---

① Ф. Соссюр, Труды по языкознанию. М. ,1977:с. 696.
② 张绍杰,王克非:"索绪尔两个教程的比较与诠释",《外语与外语教学》,1997 年第 4 期。

着对符号学研究的深入,人们对语言符号属性的阐释范围也越来越扩大,它不仅扩展到形态和词汇层次,而且扩展到句子乃至篇章层次。有些学者甚至还认为,只有句子可以被当作完全合格的符号来看待,而属于较低层次的单位(词素、词等)则应被看做亚符号,即句子符号的建筑材料。在谈到指称问题时,阿鲁久诺娃[1]就认为,完全的语言符号不是词和词素,而是语句(句子),即与现实有关的包含所指内容的符号生成的完整产物。加克也把句子当作情景符号来研究。伊奥尼采(М. П. Ионицэ)和波塔波娃(М. Д. Потапова)指出:"句子被看成是这样一种复杂的符号,它一方面同现实复杂的对象相联系,另一方面则同意识对这一现实加工的结果相联系。"[2]以上这些观点足以说明,句子是语言的一种心理符号,它以特定的方式与人的内部心理现实和外部客观现实紧密相连。

　　句子作为句型是一个静态的结构单位,而具体的句子却是一个言语单位,一个动态的单位。如果只在语言体系内部对其作静态的语法分析,是不可能真正揭示出一个有"生命"的动态句子的结构规律的。随着语言学的发展和研究的深入,人们对语言和言语之间关系的认识也愈加深刻,语言学者们总结出了语言和言语之间在各个方面所存在的二元对立关系。在语言单位和言语单位这个辩证的对立统一体中,句子单位表现为语言层次上抽象的句子和言语层次上具体的语句。在俄语语言学术语中,有学者用 предложение(句子)和высказывание(话语、语句、表述)这两个词语来区分句子在语言和言语两个层面的不同概念。抽象的句子在不破坏结构意义的情况下,可以在言语中自由复现用以构造话语及其变体。在他们看来,话语是抽象的句子模型添入具体的词汇内容而构成的。抽象的句子与具体的语句能够体现语言和言语的对立统一关系,因为句子是最小的、可直接用于交际的单位,其他较低层次的单位进入交际,都是通过句子—语句实现的。句子—语句是句法、语义和语义各要素的交汇之处,语言和言语的相互转换在句子—语句这一层次中得以实现。语言和言语的关系是不可分割的,两者可以相互转换,可以说,句子是语句的语言抽象符号(языковой знак-абстракция),而语句则是句子的言语实现符号

---

[1]　Н. Д. Арутюнова, *Предложение и его смысл*. М. ,1976:с. 63.

[2]　М. П. Ионицэ, М. Д. Потапова, *Проблемы логико-синтаксической организации предложения*. Кишинев,1982:с. 53.

(речевой знак-реализатор)。因而,我们认为,对句子符号生成及其结构、语义的研究必须放在语言和言语这个对立统一的符号系统里进行,同时从语言方面和言语方面来对其意义及生成进行描述。

在对句子符号进行描写时,我们首先接受的是索绪尔的语言符号的双面性思想,即符号是能指加所指的两面心理实体。同时我们采纳了伊萨琴克①(А. В. Исаченко)的符号双面性理论—符号由所指物(десигнатор)即符号载体(знаконоситель)和所指(десигнат)即符号意义组成。作为语言内部的实质,符号所指物和所指意义一起以所指物(денотатор)的形式对非语言本体的实质进行表示。所指物(денотатор)和所指实质(денотат)之间的关系被称做所指作用(денотация)。

作为符号系统的一级单位,句子符号和词符有什么区别呢?著名学者吉奥姆(Г. Гийом)用概念(представление)和表达(выражение)这两个术语来描述词汇符号和句子符号上的差别。表达是在概念基础上,也就是潜能单位(词)的基础上进行的。被表达的内容就是言语,它是由表达行为构成的。句子是两次连续的心智截获的产物:词汇截获的结果是构成概念单位,它保障了词的产生;句子截获的结果是构成表达单位,保障了句子的产生。② 此外,俄罗斯学者瑟罗瓦特金(С. Н. Сыроваткин)从符号生成的角度出发,把句子视作其理论体系的中心单位。他把符号生成和和符号化过程理解为"从各种原型系统转换为语言符号这一形式的系列运算的产生和叠加"。在这些过程中,只有句子被认为是唯一在语言中具有现实存在地位的符号,句子当中的组成部分都被认为是亚符号。③ 瑟罗瓦特金理论中的中心部分就是符号行为概念,从实质上讲,就是句子符号构成行为概念。瑟罗瓦特金认为句子符号具有两种存在态式:符号态式(семиотический модус)和现实态式(актуальный модус)。从符号学的角度看,句子符号是语言符号系统的成分,从现实角度看,句子符号是任何一次都不能被重复和复制的,发生在不可逆转的一段时间

---

① А. В. Исаченко,*О грамматическом значении*. //Вопросы языкознания. 1961,№1. с. 28—43.

② Г. Гийом, *Принципы теоретической лингвистики*. //Общ. ред. , послесл. и комментарии Л. М. Скрелиной. М. :Прогресс,1992:с. 91.

③ С. Н. Сыроваткин,*Теория перевода в аспекте функциональной лингвосемиотики*. Калинин:Изд-во Калининского гос. ун-та,1978:с. 24.

里的符号行为。① 作为符号系统的一部分符号,不完全等同于作为符号行为(话语)的符号。在符号行为当中,符号在保留了稳定的、静态的系统性质的同时,还获得了新的、由具体的言语行为所决定的偶然性质。显然,在这种情况下,符号及其变体和变异的惯用语言意义中就会增加偶然含义。这种对于符号意义的两种论述使得瑟罗瓦特金将语言符号学分为相应的两个学科:语言的语言符号学和言语的语言符号学。②

基于以上对句子的符号特性的观察和论述,我们从符号学的角度对句子作如下定义:句子是表达相对完整意义、具有一定组织结构的心理符号序列,是兼有意指及交际两项符号功能的最小符号单位,是语言符号系统的中心单位,具有交际自足性(коммуникативная самодостаточность);句子符号(сентенциональный знак)是由句子和语句构成的对立统一体,在语言系统中表现为抽象的结构模式符号,在交际行为中表现为具体的言语实现符号;句子符号具有自身的结构、语义和语用特征。

第三节　句子意义的符号性:词汇语义学证据

作为表达相对完整意义的符号序列,句子符号具有空间和时间的延展性。句子符号和词符具有相似性,即两者都具有指称功能,不同之处在于前者指称事件或事态(положение дел),后者指称事物。所以,对于句子意义的符号性问题,我们还可以利用一些词符意义理论来阐释。下面我们将采用意义的符号三角形理论和两级称谓理论对句子意义做一些符号学论述。

1. 句子符号的两级称谓

我们都知道,词语的指称可以分为一级称谓和二级称谓,这一理论就来源于本维尼斯特的观点,他认为,存在两种称谓手段:符号称谓和意义称谓(семиотическое и семантическое означивание)。符号称谓是语言符号特有的称谓手段,它赋予了语言符号作为完整性单位的地位,"符号只有满足下列条

---

① С. Н. Сыроваткин, *Теория перевода в аспекте функциональной лингвосемиотики*. Калинин: Изд-во Калининского гос. ун-та, 1978: с. 42.

② 同上, с. 25.

件时才能存在：即它作为能指被所有语言集体的成员所认知，且总体上，每个成员都对该符号产生相同的联想和表象"①；意义称谓是一种特殊的称谓方式，由言语所生成。而这两种称谓手段的功能不同，符号称谓主要执行指称功能，意义称谓执行述谓功能，即"符号称谓（符号）应该被认得，意义称谓（言语）应该被懂得"②。此后，大多数学者都把上述两种称谓理解为一级称谓和二级称谓。布雷吉娜（Т. В. Булыгина）、加克、乌菲姆采娃（А. А. Уфимцева）等人认为，一级称谓是使用词汇和词组手段来进行指称，而二级称谓则通过句子来完成。虽然学者们对二级称谓的理解基本一致，但具体到分类，则使用了不同的术语，比如布雷吉娜把实施二级称谓的手段（词/词组和句子）分别称做称名符号/述谓符号或命名符号/言说符号，加克和乌菲姆采娃则称之为部分符号和完整符号；其中，乌菲姆采娃有时还将二级称谓看成两种符号意义，即意义/意思，或符号的称名价值/组合价值等等。

由此可见，语言符号同时对词语和句子进行称谓，这使它不但可以解释其他符号系统，还可以对其本身进行解释。可以说，语言符号系统中存在两类相互区别又紧密联系的称谓领域：1) 一级称谓，即形成对客观现实和主观经验中多次复现的表象进行称谓的词语符号的符号学方法；2) 二级称谓，即生成句子（语句）这样的完整符号。③ 乌菲姆采娃还指出，作为一级称谓单位的词和词组是称名符号，主要执行分类称名和表征功能，它们不但可以指称单个物体和事实，还可以对一类物体进行赋名，因为称名符号表达的正是客观世界的抽象表象和概念；作为二级称谓单位的句子是述谓符号，执行交际功能，因此述谓符号的所指核心是交际任务、语句情态或某种新的东西。④ 由此可见，二级称谓理论的单位实际上包括语言系统的词语和言语单位的句子。加克认为，在这点上，一级称谓和二级称谓可以被理解成基本称谓/变体称谓，或深层称谓/表层称谓，如以下图表⑤：

---

① Э. Бенвенист, *Общая лингвистика*. М., 1974: c. 88—89.
② 同上。
③ А. А. Уфимцева, *Лексическое значение. Принцип семиологического описания лексики*. М., 1986: c. 41—42.
④ 同上。
⑤ В. Г. Гак, *О двух типах знаков в языке*. // Материалы конференции "Язык как знаковая система особого рода". М., 1967.; В. Г. Гак, *Транспозиция*. // Энциклопедический лингвистический словарь. М., 1990.

语言	言语
一次称谓 基本称谓 深层称谓 ↓ 词、词组	二次称谓 变体称谓 表层称谓 ↓ 句子

图表 35

我们认为，从述谓指称的角度来看，我们可以借用二级称谓理论对句子符号进行描写。句子可以区分出语言层面的句子和言语层面的句子。语言层面的句子是抽象的，主要对一类事态进行概况称名。比如，孤立地看待"*Идёт дождь.*"（正在下雨）这个句子，可以把它看成语言层面的句子，是对"下雨"这一事态的概括称名，是该句子的一级称谓。而当这个句子进入具体的交际语境当中后，它就成了言语句，有了具体、确定的指称，执行二级称谓的功能。比如，A 问 B："*Почему ты остался дома?*"（你为啥待在家？）B 回答"*Идёт дождь.*"（下雨呢）。此时，事态和情景都是具体的、双方都知道的。由此可见，词汇的二级称谓理论同样适用于句子符号，而且，句子的这两层指称可以相互转换，是一个由具体到抽象、由抽象再到具体的可逆过程。

2. 句子的符号三角形

语言符号的意义从来都是哲学家、符号学家和语言学家们的研究重点，从"意义"这一术语诞生之日开始，"意义之意义"这个问题就一直是学者们的研究热点，关于"意义"的定义也是众说纷纭，莫衷一是。一般来说，符号学家们都从本体论出发来研究意义，因为本体论不追求一种理想的框架，也不刻意去遵循某种逻辑思维模式，而是根据符号的自身构成及其意义要素之间的关系来对意义进行自然释读，从而最终揭示符号意义的本质。我们都知道，作为一门元语言科学，符号学在语义学作为独立学科发展的过程当中扮演了十分重要的角色。正是在符号学的背景下，共时语义研究的基本目的、任务和理论框架才得以明确。[1] 索绪尔认为，符号所表达的不是事物本身，而是我们关于某事物的一种观念，即"语言符号联结的不是事物的名称，而是概念和音响形象"[2]。从此出发，他认为语言符号是一个双面心理实体（двусторонняя психо-

---

[1] М. А. Кронгауз,*Семантика.* М. ,2001:с. 23.
[2] 索绪尔著，高明凯译：《普通语言学教程》，商务印书馆1996年版，第101页。

логическая сущность），他采用能指和所指来表示音响形象和概念，而用符号表示这个整体，也就是说符号就是能指和所指的结合体。词义不是物质实体，而是关系结构，词义就产生于这种关系结构当中。与索绪尔把语言符号看做二元结构不同，皮尔斯则把符号看做一个三元结构，即媒介、对象、解释物，它们共同决定了符号的意义，构成符号的意义本质。

在语言符号意义的三元结构学说当中，最著名的无疑就是奥格登和理查兹于20世纪20年代提出的"符号学三角形"(The Theory of the Semantic Triangle)：

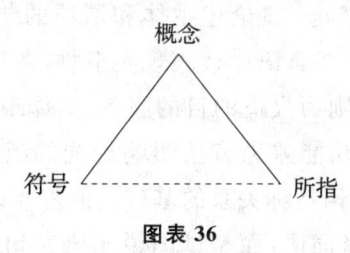

```
        概念
        /\
       /  \
      /    \
   符号-----所指
```

图表 36

可以看出，在概念和所指之间是实线，就是说，两者的联系是直接的联系；在概念和符号之间也是实线，说明两者之间的关系也是直接的；但在符号和所指之间是虚线，说明两者之间的联系是间接的，换言之，这种联系是任意的、约定俗成的。符号三角形理论对语言学的意义学说产生了极其深远的影响，直到今天还被广为引用，但学者们也发现了该理论的缺陷，三角形的顶角所指比较模糊，有时候可以指概念，有时候可以指意义或意思，从而造成概念与意义的混淆。① 鉴于此，德国学者黑哥尔和苏联学者梅利尼科夫提出了语言符号的梯形模式和矩形模式：

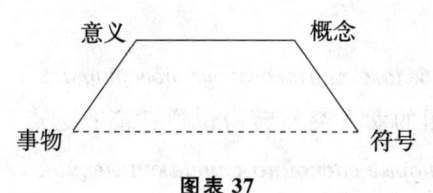

```
   意义 ———— 概念
   /            \
  事物 -------- 符号
```

图表 37

矩形模式与梯形模式并无太大的区别。它们的共同之处就是在三角形理论之上增加了第4个角——意义，但无论是梯形模式和矩形模式的影响力都不及符号学三角形。我们一般都用符号学三角形或梯形来阐释词语的意义问

---

① Л. А. Новиков, *Семантика русского языка*. М., 1982: с. 91.

题，但笔者认为，句子符号的意义也可以用三角形模式来解释。

　　哲学家维特根斯坦曾指出，"一个词的意义就是它在语言中的使用"①。而在语言符号系统中，句子（话语）层次无疑就是词符使用并进入交际层面的主要载体。对句子语义的研究是现代语义学的一个重要内容。根据逻辑语义关系，在句子中也能分出实指（денотат/референт）和意指（сигнификат/смысл），前者表示现实事物，后者表示意义②。денотат 和 сигнификат 与整个句子相关。在句子中主语（或主体）通常是指称事物的，而谓语（或谓项）通常是指称概念的。阿鲁久诺娃③在论述主体和谓项的句法功能时指出：主体和表示具体意义的其他词项在言语中代表现实事物，在句子中体现其指称功能，所指事物是确定的；谓项则为报道的目的服务，只体现其语义的（概念的、抽象的）内容。主体与谓项的功能差异直接影响着词的组合差别。这种观点可以看做是作者分析句子中词语指称关系的基础。但需要说明的是，阿鲁久诺娃没有用指称理论来专门解释词语，而是试图说明研究句子语义的重要性。她认为，指称问题，即名词性词语与客观事物的关系，很久以前就引起了哲学家、逻辑学家和语言学家的关注。既然如此，那么句子符号的意义从指称的角度就可以得到全新的阐释。一般来讲，指称可分为具体指称和概念指称。具体指称是使名词等同于具体的所指事物。既然语言系统中专有名词符号用来指称具体事物，是同具体事物联系在一起，则普通名词也想当然可以与具体事物相联系，如：

　　（1）*Мужчина около окна встал и подошел к двери.*（窗边的男人站起来向门这边走来。）

　　（2）*Учебный корпус был построен в апреле сего года.*（教学楼是今年四月建好的。）

　　（3）*Женщина в белом платье вдруг повернулась и сказала："Уйти от меня!"*（穿白色连衣裙的女人突然转身说道："离我远点！"）

　　（4）*Молодые, которые спокойно слушают лекцию, мои студенты.*（那些

---

　　① Л. Витгенштейн, Философские исследования. // Л. Витгенштейн, Философские работы. М., 1994. с. 11.

　　② 著名学者华劭把 денотат 翻译成射指，认为射指是意义的外延，而 сигнификат 则翻译成蕴义，认为蕴义是指意义的内涵。比如公鸡的蕴义包含家禽、雄性、红冠、彩羽、报晓、足距、好斗等特征，这就是词义的内涵或蕴义；而一切或任何具有上述特征的鸟，包括纸上画的、梦里见的都属于意义的外延或射指范围。

　　③ Н. Д. Арутюнова, *Предложение и его смысл*, М., 1976; с. 10—11.

在安静听讲座的年轻人是我的学生。)

从四个例句中我们可以发现,普通名词与具体事物相联系的手段是多种多样的,其目的就是为了使该物体有别于其他事物的特征。与具体指称相对立的是概念指称,它与具体事物的特征无关,而关注的是该事物的概念,是对语言外现实的概括。根据逻辑语义关系,对句子的理解,同样可以建立在语义三角形基础上。例如 Моя мама—врач(我的妈妈是医生)。

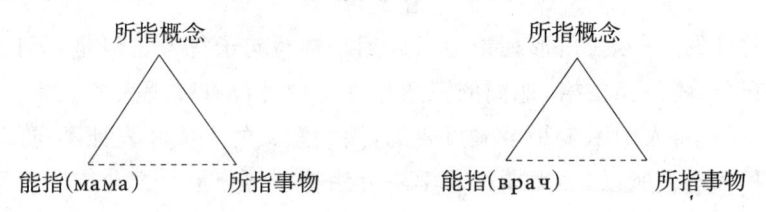

```
        所指概念                    所指概念
          /\                          /\
         /  \                        /  \
        /    \                      /    \
   能指(мама)  所指事物         能指(врач)  所指事物
```

图表 38

此外,德国哲学家、逻辑学家和逻辑语义学的奠基人弗雷格也提出了一个意义三角形模型:

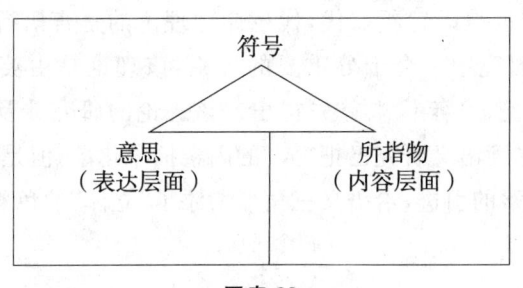

```
         符号
         /\
        /  \
   意思      所指物
（表达层面）（内容层面）
```

图表 39

弗雷格认为,最简单的语言符号就是词,所以,"房子"这个词的意思就是"房子"这个概念本身,而所指物就是某个抽象的房子,但在"这个房子"的词组中,所指就是一个具体的房子。正如维特根斯坦所说的那样,"表达某种思想的符号,我称之为符号句。符号句(знак-предложение)处于对世界的一种投射关系中。"[①]所以,句子也是符号。弗雷格指出,句子的意思是其所表达的判断,而句子的所指只能是"真"和"假",即句子所表达的判断与现实世界的事态是否相符。比如下面这两个符号句:1)弗雷格是德国哲学家;2)弗雷格是法国诗人。根据常识可知,1)的判断为真,2)的判断为假。这两个符号句可用下面

---

① Л. Витгенштейн, Философские исследования. // Витгенштейн Л. Философские работы. М., 1994:с. 11.

的符号学三角形来表示：

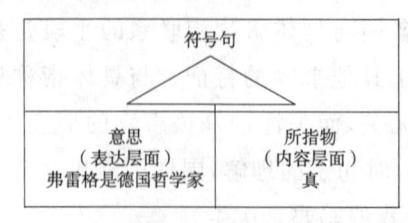

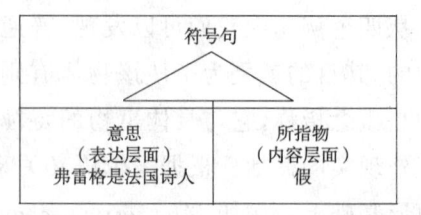

图表 40

由此可见，符号三角形理论也可以用来描写句子符号。但是，无论是奥格登和理查兹，还是弗雷格，他们的三角形理论中都没有体现人的因素。而在句子理解过程中，人的因素是至关重要的，因为意义的生成和表征不可能离开人的思维和言语。所以，莫里斯符号学三分法特别划分了一个分支——语用学，来研究符号与符号使用者之间的关系。而如今，学者们也从对句子内容与现实的关系的关注，逐渐过渡到重视研究句子符号同言语主体的关系。正如阿鲁久诺娃①所言，就像当年句子（命题）把词从逻辑语义的统治位置赶下来一样，现在句子本身也被语句所取代，代替命题理论的是言语行为理论。言语行为理论是语用学研究中一个十分重要的理论，该理论是由英国哲学家奥斯汀（Austin）在 20 世纪 50 年代末首先提出。该理论的研究涉及符号使用者——"人"这一因素。尽管语义研究已把"人"的因素抽象化了，但是，意义是由"人"来操纵的，"人"的因素的引进，给语义三角形增添了"立体"的色彩。如图所示：

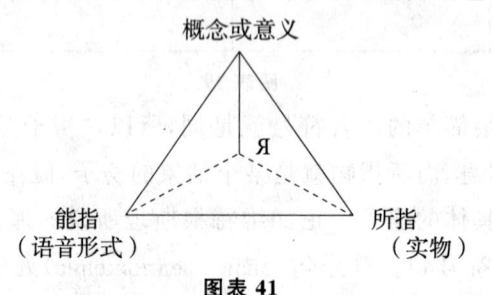

图表 41

法国语言学家本维尼斯特曾指出，语言符号系统的各个层次都渗透着主观性（субъективность），并存在一个语用轴心（прагматическая ось）：я—сейчас—здесь（我—现在—在这里）。② 这充分反映出实际言语交际中的"я"的作

---

① Н. Д. Арутюнова，*Предложение и его смысл*. М. ，1976：с. 43.
② Э. Бенвенист，*Общая лингвистика*. М. ，1974：с. 292—300.

用:对于说话人来说,я 只能有一个,здесь 也只能是某一处地方,сейчас 就只能是说话的那一时刻。基于此,我们可以对上图进行如下解释:用到 я 的言语行为并不构成同一种指称类型,每一个 я 都有其独自的指称,я 每一次只与唯一的个体发生联系。重视言语行为的实施者在语言交际中所起的作用,强调言语行为实施者的主体作用,我们认为,这便是言语行为理论、语用交际的根本所在。

总之,语言是一种多层次符号体系,从上面关于符号关系语义三角形模式及其变体的论述中,我们可以看出,奥格登和理查兹语义三角图的经典之处在于:用符号关系解释词义、句子语义,可以使符号关系理论更为具体、明确。符号语义结构的三元对立,即引入"所指事物"一项,是在传统的索绪尔语言符号理论基础上的发展。笔者认为,从言语行为理论视角出发,把语用主体——"人"的因素引入语义三角图形中来阐述复杂的语言现象,使符号学理论与哲学思想相结合,有其合理性和科学性。

第四节　句子的语言符号学地位

长期以来,语言学家一直把研究的重心放在词符及其形式上。的确,词和其所反映的客观现实之间存在着十分紧密的联系,通过词,我们可以研究语言的认知功能、载蓄功能等等。但如果语言研究只停留在词的层次,我们就无法深入地探讨语言的另外一个重要的功能——交际功能。维特根斯坦在《逻辑哲学论》中开门见山地指出:"世界就是所发生的一切事物。"[1]阿鲁久诺娃也指出:"世界并不是货架上摆着分门别类事物与特征的储藏室。"[2]这就是说,世界是事实的集合。通过人的认识和人的语言,呈现在人们面前的世界是动态性的、过程性的,并反映着事物及其特征之间的关系。按照上述观点,表示事物与特征的词就会失去其在语言系统中的中心地位;而发生着的、过程性的、作为与事物结合的事实,自然就和既包含时间范畴、情态范畴,又反映事物间关系结构的句子联系起来。这样,随着哲学所发生的"语言学转向",随着对语言认识的日渐深入,语言学家们开始重视词以外的其他层次单位,尤其是句

---

[1] Л. Витгенштейн, *Философские исследования*. // Л. Витгенштейн, *Философские работы*. М., 1994: с. 22.

[2] Н. Д. Арутюнова, *Предложение и его смысл*. М., 1976: с. 23.

法层次的研究,由词形构成的线性序列的句子及其语义自然就成为逻辑学和语言学关注的焦点。①

在俄国早期的语言学著作中,如在罗蒙诺索夫的《俄罗斯语法》(*Русская грамматика*)和沃斯托科夫(А. Х. Востоков)的《俄语语法》(*Грамматика русского языка*)中,句法作为语法的重要组成部分被看成是关于词组合成连贯性整体的规律和规则的学说。因此,当时大部分注意力都集中在词语组合的描写上,词组作为独特的句法单位,在句法研究中占据着十分特殊的地位。而作为语言交际单位的句子符号在当时则被看做是句法研究以外的问题。这一时期的句法研究是典型的词汇中心论(словоцентризм)研究。莫斯科学派创始人福尔图诺夫(Ф. Ф. Фортунов)就是其中的代表人物。他把词组看做是"意义上的整体,这一整体是由一个完整的词与另一个完整的词组合而成,或者表示一个完整的思想,或者表示其中的一部分"②。在他看来,句子只是词组的另外一种形式,即更完整的词组。在福尔图诺夫之后,沙赫马托夫(А. А. Шахматов)则把词组定义为"是构成语法统一体的那种词的组合。在这个统一体中,一部分词对另一部分词有依赖关系"③。在沙赫马托夫看来,由两个或几个词构成的句子仍然属于词组的范畴,是相对于某一完整的思维体系的词组。与福尔图诺夫相比,沙赫马托夫的观点又有了一定的进步和发展,因为他认为句子不仅是词组的一种变体,而且是一种特殊的、可以由一个词形表示的句法单位。

随着俄语语言学中逻辑学派和之后心理学派理论的兴起与发展,对句法研究的对象和任务的理解也发生了巨大的变化。句子作为逻辑思维和心理思维的表达单位,被推到首要的位置,成为句法研究的主要对象。这样一来,"词的组合"的描写就被排挤出了句法范畴,有关句子的学说和理论成了 19 世纪句法学的基础。在 19 世纪中期以后的重要句法研究中,如布斯拉耶夫(Ф. И. Буслаев)的《俄语历史语法》(*Историческая грамматика русского языка*)、波铁布尼亚的《俄语语法札记》(*Из записок по русской грамматике*)等都没有关

---

① 华劭:《语言经纬》,商务印书馆 2003 年版,第 181 页。
② 杜桂枝:《20 世纪后期的俄语学研究及发展趋势(1975—1995)》,首都师范大学出版社 2000 年版,第 105 页。
③ 同上。

于词组学说的章节。①

在他们之后,俄罗斯著名的语言学家维诺格拉多夫也认为:"句子是交际单位,而词组则不同,词组是一个复杂的称名单位,它具有和词一样的称名功能,与词一样都是句子的'构建材料'。"②这一观点简洁而深刻地解释了词与句子之间的关系,也指明了句子的基本功能——交际功能。别洛沙普科娃(В. А. Белошапкова)在谈到句法单位的时候也说,只有句子才是句法单位,才是句法研究的中心。她认为,句法单位和句法对象是不同的,词和词的形式作为句法结构的建筑材料,本身是句法学研究的对象,但不是句法单位,而只有句子才是句法单位。

由此可见,句子中心论一步一步地代替了词语中心论,这也是语言学发展的必然趋势。俄罗斯著名符号学家斯捷潘诺夫指出:"在把语言理解为'符号系统'时,语义和句法依然是主要的、普遍的、永恒的对象,而句子则是作为基础的、本源的现象,因为正是在句子中首先体现出语言的语义。"③斯捷潘诺夫以符号学原则为基础,提出了所谓的符号学语法(семиологическая грамматика)。符号学语法的理论基础是动态静态结合、系统和功能结合,认为句子是语言的基本单位,语义和句法在任何一种语言中都高度发达。名词、谓词和句子是符号学语法的主要研究对象,在符号学语法中,首先就要确定句子的类型系统,即句法分类,然后根据词汇对句子的语义依存关系来对词汇进行分类。斯捷潘诺夫的符号学描写原则重视语言、思维和现实三者之间的关系,重视语言的交际层面,这些都超越了结构主义符号学对文学文本进行结构分析时的静态操作,从而使符号学不再局限于形式描写,将语境、交际者、媒介等符号要素都考虑进来。

阿普列相(Ю. Д. Апресян)在谈到现代语义学和经典语义学的区别时指出:"现代语义学和经典语义学的区别首先在于它所关注的与其说是个别词的意义,不如说是整个句子的意义。不仅如此,现代语义学的对象是谓词表达式,它由谓词名称及由事物变量符号所填充的位(место)构成。如 A имеет B,

---

① 杜桂枝:《20 世纪后期的俄语学研究及发展趋势(1975—1995)》,首都师范大学出版社 2000 年版,第 106 页。

② 同上。

③ Ю. С. Степанов, Имена, предикаты, предложения(семиологическая грамматика). М. ,1981:с. 4.

A берёт B у C(A 有 B,A 从 C 那里拿 B)等等。"①这样,从语义角度出发,研究中心也转移到了句子。

国内著名学者华劭先生也基本同意上述观点,他认为句子—语句是现代语言学的研究中心。句子在语言符号系统中属于超符号层次,但语言符号系统中的句子只是结构模式的总和,因此,它们只是半物质的单位,不能直接进入交际来传递信息。只有在言语中的语句(высказывание)才可以用来分析实义切分、说话人交际意向、语句与现实的关系、词语的实指等问题。而且,语言和言语在相互转换时,首先就是在句子—语句这一层面实现的,因为句子是最小的、可直接用于交际的单位。其他较低层次单位进入交际,都是通过句子—语句来实现的。可以说,句子—语句是句法、语义和语用等要素的汇合之处,也是由语言研究到言语研究的重要转折之处。②篇章虽然是大于句子的结构单位,但篇章也是由句子—语句组成的,有的篇章甚至和句子的长度等同,因此,句子作为语言符号学研究中心的地位是不可动摇的。

在所有的语言单位中,只有句子能够作为交际行为工具,只有句子具有能够对某一现实事物进行判断并能够评价其真伪的能力。对于句子来说,词好比是搭建它所用的建筑材料。除了句子以外,词是不能表达判断的,是不可能对命题真伪进行评价的,也是不能表达说话人的意图的。除了句子以外,人类的思想不能用语言中其他更小的形式来表达,实际上,理解语言就意味着理解句子。人们只有通过理解句子,才能对他人、对自己做出相应的反应。语言学研究的最终目标是把语言作为交际工具进行研究,难怪兹韦金采夫曾意味深长地说:"语言事实上始于句子。"③

第五节　句子符号研究的基本范式

句子自从被定位为语言学的研究中心之后,就引起了学者们的极大兴趣。句子研究领域也是观点林立、流派纷呈,每个流派都有自己的理论立足点和范式框架,句子—语句的研究呈现出了生机勃勃、百花齐放的态势。

---

①　Ю. Д. Апресян,*Экспериментальное исследование семантики русского глагола*. М. ,1967:с. 8.
②　华劭:《语言经纬》,商务印书馆 2003 年版,第 182 页。
③　И. М. Кобозева,*Лингвистическая семантика*. М. ,2001:с. 198.

著名学者华劭[①]在谈到句子研究的时候指出,句子的研究有两条基本的线索:从意义到形式和从形式到意义。传统的语法对句子的描写都是遵循从语符形式到语符意义这条原则。因为传统语言学认为意义是无法直观把握的,很难对它作明确的界定和分类,因此,意义不可能是研究的出发点;另一方面,意义总要通过某种形式来表现。这种分析方法的优点是比较客观,从形式分析入手,可以最大限度地降低研究者主观因素对研究的影响;从形式入手分析所得到的句子的模式结构也具有很大的概括性,可操作性很强,人们可以根据形式的变化来把握意义的变化。俄罗斯科学院1980年出版的《俄语语法》应该代表了形式到意义研究的一个顶峰,它认为从形式出发的描写是主要的研究方式,而从意义出发只是前者的补充。虽然从语符形式出发有很大的优势,但还是不可避免地产生一些"副作用"。首先,句子组成部分之间的意义关系是十分复杂的,如果用太抽象的模式去概括,就会使一些意义成分流失,从而减弱了语言的表现力,也损害了意义的丰富性。其次,不同的形式结构可以表达相同的意义。比如,*У мамы есть деньги* 和 *Мама имеет деньги* 这两个句子虽然抽象模式不同,但表达的意思基本相同(都是"妈妈有钱")。再次,虽然从形式入手显得更客观,但还是会掺杂许多主观因素。所以,从语言符号的形式入手,更多的是解决句子的语法结构问题,可以为学习者提供方便掌握的模式。

与从符号的形式入手相对的是从符号的意义入手。从符号的意义入手,对语言学习者十分重要。因为根据意义来选择符号表达要素正是人使用语言的规律所在。而且,从意义出发对于研究机器翻译、意义生成都具有重大的启迪意义,因为它可以弥补从符形到符义的不足。以著名学者邦达尔科为代表的俄罗斯功能语法学派就是这方面的代表,以他们主张从功能入手来描写语言,提出了功能语义场(функционально-семантическое поле)的理论,把语法中的各种基本语义范畴作为研究的出发点,把表示语义范畴的所有手段都放到功能语义场内进行比较,从而找出各种手段在执行同一功能时的异同。莫斯科语义学派代表人物梅利丘克(А. Мельчук)和阿普列相也是从符号意义到符号形式研究的捍卫者。其中,梅利丘克的"意义⟨=⟩文本"("смысл⟨=⟩текст")模式提出了语言表达的层次:意义、句法(又分为深浅两层)、形态(也分为深浅两层)和语音、

[①] 华劭:《语言经纬》,商务印书馆2003年版,第183页。

文字。这样一来,文本的生成就是一个多层级的翻译过程,就是把语义表征的体现方式从一个层次转到另外一个层次,直到得到相应的意思。[①]

从符号意义入手虽然可以解决很多从符号形式入手解决不了的问题,但由于意义的多样性、主观性、复杂性等因素,这一方法实施起来也有相当大的困难。因此,笔者认为,究竟是从符号形式入手还是从符号意义入手,这要看具体的研究个案。但无论从什么入手,都要把形式和意义结合起来,这样才能窥探意义的全貌。

在形式到意义和意义到形式这两条主线统揽下,在句子研究历史上出现了许多研究范式(парадигма)[②]。苏联语言学家巴尔胡达罗夫(Л. С. Бархударов)把句子的研究理论分出三个阶段:传统句法阶段、结构语言学阶段和生成语言学阶段。[③] 俄罗斯学者胡佳科夫(А. А. Худяков)以巴尔胡达罗夫的划分为基础,认为句子的研究可以分为六个阶段:前结构主义时期、结构主义语言学时期、转换生成语法时期、20世纪下半叶的俄罗斯句子研究、法位学及韩礼德的理论、语义句法的句子理论。[④] 前结构主义时期主要分为英语语法(16世纪到20世纪)及俄罗斯语法(18世纪到20世纪)的句子研究。

英语语法的研究发端于1585年,当时的学者乌伊利亚姆·布洛卡尔(Уильям Буллокар)写了一本《简明英语语法》,用拉丁语法的传统来研究英语。英语的传统语法是在古希腊语语法、拉丁语语法、梵语语法的基础上建立起来的。由于古代印欧语形态研究相对比较发达,这使得传统语法十分重视对形态问题的研究。尽管英语传统语法分为词法和句法两个部分,但是它不

---

① 华劭:《语言经纬》,商务印书馆2003年版,第191页。
② 范式(paradigm)的概念和理论是美国著名科学哲学家托马斯·库恩提出并在《科学革命的结构》(1962)中系统阐述的。范式可概括为三种类型:一是作为形而上学思辨,它是哲学范式或元范式;二是作为一种科学学习惯、一种学术传统,它是社会学范式;三是作为一种依靠本身成功示范的工具、一个解疑难的方法,它是人工范式或构造范式。库恩的创见和独到之处在于特别强调科学的具体性,库恩把具体性作为自己哲学思想的核心,在实际的"图像"、"模型"和"哲学"之间划了一条界线,使自己的思想与其他科学哲学区别开来。库恩的构造范式就是这种实际的"图像"和"模型",在应用模型和形而上学之间建立起一种新的相互关系,解决了从一般哲学理论转向实际科学理论的途径问题。在库恩看来,"科学革命"的实质,一言以蔽之,就是范式转换。
③ Л. С. Бархударов, *Проблема предложения в трактовке различных грамматических направлений.* // Вопросы языкознания. 1976. №3. с. 89—100.
④ А. А. Худяков, *Семиозис простого предложения.* Архангельск, 2000: с. 6.

重视句法的研究,更不重视对句子结构的研究。由于受逻辑学的影响,这一时期的英语语法往往从意义和逻辑的命题结构上来界定句子,认为句子是表达一个完整意思的语言单位,结构上至少有一个主语和谓语,主语和谓语的确定标准是按照逻辑关系确定的。当然,这种从概念角度给句子下的定义并不能解决句子的结构问题。结构主义产生之前西方语言学界对句子的研究,其本质的缺陷在于对语言本体认识的不足以及先天的方法论上的缺陷。在此背景之下,20 世纪初,索绪尔创立了结构主义理论,它为研究语言提供了一个全新的方法论,提出了观察客观对象的新视角,对克服传统语言学中所遇到的方法论困难做出了尝试。

这个时期的俄罗斯学者们也开始研究句子。维诺格拉多夫曾指出:"18 世纪和 19 世纪初的俄语句法中,句子概念不在语言系统描写的范围之内。"[①] 在分析罗蒙诺索夫和巴尔索夫(А. А. Барсов)的理论时,维诺格拉多夫强调:"罗蒙诺索夫的句子逻辑观已经带有结构语法的特点。……罗蒙诺索夫把句子看成是判断(суждение)的词语表达。"[②]"而巴尔索夫句子研究的逻辑观及结构语法观的结合与区分都比罗蒙诺索夫要清晰","这样,同一个语法学家在研究句子时逻辑观、句法语义观和形态观相互重叠。作为俄语句法一部分的句子理论的发展具有系统性,且在很大程度上带有非语法性。"[③] 到了 19 世纪,以布斯拉耶夫为代表的学者把句子看成是用词语表达的判断,并由主语和谓语组成。[④] 他同时强调句子当中必须有谓语,包括无人称在内的所有句子都是双部句,句子的中心是由动词所填充的谓语。他的这种逻辑主义观点被后来的格列齐(Н. И. Греч)、阿克萨科夫(К. С. Аксаков)、达维多夫(И. И. Давыдов)和沃斯托科夫等人继承和发展。真正摆脱逻辑主义束缚的是波铁布尼亚,他认为:"语法句和逻辑判断不等同,也不平行","语言的个体差异是逻辑语法无法明白的,因为它所赋予给语言的逻辑范畴不具有民族差异"。[⑤]

[①] В. В. Виноградов, *Из истории изучения русского синтаксиса (от Ломоносова до Потебни и Фортунатова)*. М., 1958:с. 116.

[②] 同上。

[③] 同上。

[④] Ф. И. Буслаев, *Историческая грамматика русского языка*. М., 1959:с. 269.

[⑤] А. А. Потебня, *Из записок по русской грамматике*. М., 1958:с. 69.

但波铁布尼亚认为,完全否定句子研究的逻辑观也会导致走向另一个极端,即把句子看成纯心理的。到 19 世纪末期,福尔图诺夫和沙赫马托夫都对句法研究做出了巨大贡献,前者的主要的贡献在词组领域,而后者则第一次明确把句子作为交际的中心范畴提出。沙赫马托夫指出,词组研究只是句子的研究即句法的一部分。"句子是言语单位,是说话人和听话人都理解的语法整体,是思维的言语表达单位","主体、谓项、客体等是心理学概念,而主语、谓语、补语是语法概念"①。总之,在前结构时期,学者们试图区分逻辑判断和句子,并从纯语言学角度对句子进行全面而系统的研究。但由于当时语言学、逻辑学和心理学等相关学科的关系尚未厘清,因此对句子结构组成规律的研究依然凸显出很多不足。

鉴于以上困境,结构主义语言学的横空出世无异于雪中送炭。结构主义首次把语言学分析的中心单位确定为句子,它从纯形式角度研究句子,所采用的分析程序就是各种各样的形式转换。结构主义几乎不研究句子的生成,而只研究句子的结构特征。有趣的是,虽然都冠以"结构主义"之名,但其主要流派即美国学派、哥本哈根学派和布拉格学派的理论观点却不尽相同。比如美国学派中的代表人物兰姆(Lamb),他在批判布龙菲尔德并吸收丹麦语符学派的思想基础上创立了"层次语法",承认语言层次的独立性。兰姆及其追随者吸收了索绪尔语言是价值体系的观点,认为每个成分的价值都要根据它与其他成分的相互关系来确定。美国描写结构主义的一个典型论说,就是把句子看成是独立的语言学形式,它不能通过任何一种语法结构来进入更高一级的语法形式。② 而布拉格功能结构学派对句子的阐释是建立在索绪尔"语言—言语"二分法基础上的。在布拉格学派眼里,句子一方面是一个句法形式,表征着语言系统中某个形式语法单位;而另一方面,句子又是具体的话语,是句子模式在交际行为中的体现。与抽象的句子模型不同,话语和现实片段相关,是语篇的组成部分。但是,如果认为话语及句子的语法结构仅带有个人性、或然性特征的话,那就大错特错了。所以,捷克学者达涅什(Ф. Данеш)认为,话

---

① А. А. Шахматов,*Синтаксис русского языка*. Л. ,1941:с. 49.
② А. А. Худяков,*Семиозис простого предложения*. Архангельск,2000:с. 18.

语和语句具有某种社会的,即非个人的、非偶然的特征。①言语既要遵循语言学规律,也要遵循非语言学规范。总体来说,布拉格学派是对19世纪青年语法学派原子主义的反叛,关注语言系统不同层次单位的语义—语用功能,认为单独某一层次内部的基本单位是作为复杂整体的一部分,并在其结构中占有一定的位置,语言所执行的功能也是变化的,语言使用的目的变了,研究语言的角度也要随之变化。

1957年,乔姆斯基的《句法结构》问世,宣告了生成语法学派的兴起。与结构主义理论一样,该学派也把句子看做是语言研究的中心。他们认为,语言的现实句子是表层结构,是深层结构通过一定的转换规则生成的。乔姆斯基的理论是一个动态的描写模型,与以往描写主义静态的操作方法有很大区别,他的理论基石是笛卡尔的理性主义世界观,并以其为基础最后发展成为自己的心智主义(ментализм)。而同时期的俄罗斯学界似乎并没有受到生成主义(генератизм)的太大影响,句子研究仍然是在俄罗斯语言学研究传统的框架内进行,理论也不断丰富。维诺格拉多夫在1955年曾给句子下过一个定义:"句子是根据该语言规律而形成的在语法上完整的言语单位,是思想形成、表达和交际的主要手段。"②这个定义没有一点描写主义和结构主义的色彩,显示俄罗斯语言学家坚持自己传统的坚定信念。当然,这一时期在俄罗斯,句子研究的逻辑主义也有回潮,如菲多鲁克(Е. М. Галкина-Федорук)认为句子和逻辑判断关系十分紧密,句子的特征由判断来决定。③

虽然这个时期生成主义盛行,但在西方仍有一些学者坚持自己的研究理念,如派克及其法位学。派克认为,一个句子可以分出语素层次、词汇层次、短语层次、分句层次、句子层次。句子的生成由语素层次开始,经历各个层次最终到达句子层次。上一层次包括下一层次,包括成分叫法素,被包括的成分叫法位。任何特定的成分对上一层来说,它是法位,对于下一层次来说是法素。可见,法位学力图把语言成分放在层次和系统中研究,放在部分对整体的关系

---

① 捷克学者达涅什发展了布拉格学派的理论,从语篇的视角,研究连贯语篇中句子与句子之间主位与述位的衔接、照应、过渡以及逻辑连贯的规律,提出了主位推进的概念,建立了主位—述位推进的体系。

② В. В. Виноградов, Избранные труды исследования по русской грамматике. М., 1975: с. 254.

③ А. А. Худяков, Семиозис простого предложения. Архангельск, 2000: с. 29.

中来研究。① 此外,功能主义的代表人物韩礼德的句子理论则与神经语言学中的语言机理研究颇为契合。他描写语言现象时使用的"系统网络"这一术语,就源自于神经语言学的"神经网络"。他认为句子是语法描写的最大单位,要把句子放在语境中描写。当然,在描写语境元素的时候,韩礼德并不排斥结构主义的方法。正因为他的理论中融合了形式结构与功能内容的分析方法,所以该学派才被称作系统功能语法(системно-функциональная грамматика)。②

随着乔姆斯基生成语法的解释力越来越受到诟病,20世纪70年代,西方又刮起了语义句法(семантический синтаксис)的旋风,其代表人物有菲尔墨(C. J. Fillmore)、切夫(Chafe)等。语义句法把句子看成是题元或论元组成的命题结构,一部分命题的谓项是命题意义结构的核心,而题元则是语义配价的表征;句子的结构关系通常都由动词来表示,因为动词往往对名词起决定作用。语义句法的一些流派注重功能的研究,认为句法结构是命题和说话人意图相互作用的结果,是社会语境和语言语境相互制约的结果。俄罗斯语言学家科布里娜(Н. А. Кобрина)认为语义句法理论存在两个致命缺陷:1)语义句法忽视概念基础,使命题的题元网络的形成问题无法解决;2)其动词中心论(вербоцентризм)的观点无法完全解决句子的意义问题。③

综观上述观点我们可以看出,句子意义研究的理论演变大致表现出从规定性、描写性到解释性的更迭。传统语法基本上是服从于语言教学的需要,因此其基本特征是以规范化为主的"规定性",规定某一形式是正确的,而另一形式是错误的,对句子主、谓、宾、定、状、补几大成分对句子的分析基本符合人的直观认识。但传统的成分分析法并不注重句子的结构层次。结构主义理论的特点是"描写性"的,注重结构的层次,特别是分布分析法,在音位分析上取得了突出的成就。但结构主义对句子的分析往往不重视意义,对语义采取排斥态度。形式主义和功能主义语言学对句子分析的特点是"解释性"。形式主义在本质上属于后结构主义,它的成功之处是高度的形式化,但它对语言的解释是在语言系统内部完成的,很大程度上是一种规定或假设;功能主义对语言的

---

① 冯志伟:《现代语言学流派》,陕西人民出版社1987年版,第125页。
② А. А. Худяков, Семиозис простого предложения. Архангельск, 2000; с. 32.
③ 同上, с. 36.

解释则主要借助语言系统外因素，如认知、交际、社会、心理等。功能主义分析法比较贴近人的主观感觉，但操作性方面则相对要弱一些。① 可见，虽然各家研究角度不同，但都有一个共同认识：即句子是承载交际信息的基本单位，是交际—语用研究的中心单位。

第六节　句子符号的意义研究

　　早在 19 世纪 70—80 年代，俄罗斯语言学家就开始研究句子的语义组织，并提出自己的观点。但这一时期的研究由于种种原因缺少系统性，因而对后世的影响不大。比如德米特里耶夫斯基（А. Дмитриевский）认为句子是"思想的戏剧（драма мыслей）"，其中谓语是句子的中心成分，代表着一幕戏剧，其他的名词性成分就好像是戏剧中的出场人物，而状语则描绘戏剧的场景。德米特里耶夫斯基的理论比捷尼叶尔（Л. Теньер）的配价语法要早几十年，前者的理论核心就是动词中心论，但其理论影响力却远远不如后者。与德米特里耶夫斯基同时代的另一位学者斯兰斯基（В. Сланский）则指出，句子可以划分出形式成分和内容成分，要对这些成分间的关系进行研究，通过句子的转换来对比句子的意思，从而建立句子之间的同义关系。② 直到 20 世纪上半叶，俄罗斯语言学界的句子研究还只是以形式组织和语法结构为主，句子符号的意义研究并没有获得独立的地位，只是语法研究的补充。随着句法研究的深入，诸如主体、述体、客体等一些基本的语义范畴开始进入学者们的研究视野，使得句子符号的表达层面与内容层面之间的关系问题研究逐渐得到凸显。

　　从 20 世纪 60 年代开始，俄罗斯学者开始着重关注句子的语义研究，把句子的语义组织和结构模式理论相结合，使得句子语义研究得到了长足的发展。这一时期的句子意义研究呈现出综合性的特点，即从以前孤立研究意义的某一方面过渡到把与符号单位意义相关的各个方面综合起来进行研究。比如，阿鲁久诺娃就把词汇语义和句子语义结合起来进行研究，提出了句子的称名理论，认为句子也具有称名功能，它是对外部世界的事件或情景进行称名。相

---

　① 金立鑫：《语法的多视角研究》，上海外语教育出版社 2000 年版，第 17—19 页。
　② 李勤，钱琴：《俄语句法语义学》，上海外语教育出版社 2006 年版，第 2 页。

对于词语来说,句子就是更复杂的符号。句子的称名理论使句子意义的研究产生了本质性的变化。另外,梅利丘克的"意义〈=〉文本"理论也比较有特色,该理论研究意义与句子之间的双重转换机制,涉及句子的同义现象、同形异义现象和交际组织等问题。但梅利丘克对句子意义的理解比较狭隘,他只关注理性意义,不考虑意义的主观因素。

除了上述学者,沙图诺夫斯基(И. Б. Шатуновкий)、帕杜切娃、捷利亚(В. Н. Телия)、伊奥尼采和波塔波娃等学者都对句子语义的研究做出了卓越贡献。帕杜切娃研究涉猎广泛,重视对语言功能的说明,这与她"语义语用相结合"的研究视角密切相关。但是,她对言语运用的词汇、语法等特征的揭示多是静态的、抽象的描写。她的研究既有纯语义研究,又有话语与现实情景关系的研究,这说明对语言形式的意义研究不能脱离语言形式的具体运用。捷利亚则主要是从意义入手来研究修辞和成语,她提出了"语义模块"学说,即"语言符号的全部语义结构可以切分为几个区域或模块,……这些模块的数量至少有六个,即语法成分、指称成分(或纯描述成分)、评价成分、理据成分、情感成分和修辞成分。此外,从本体论角度看,这些模块并不是线性序列,而是多维度的立体结构"①。伊奥尼采和波塔波娃在句子语义领域的研究也很值得我们借鉴,他们把句子划分为四个层次:句法模式层次、词汇填充模式层次、语义抽象层次和逻辑层次。伊奥尼采和波塔波娃的主要观点如下:1)用"句子"一词总括地表示作为语言单位的句子和作为言语单位的语句,这一观点与本编对句子所作的符号学定义基本一致;2)认为句子语义研究既要继承传统语义学理论,也要借鉴语义三角形理论;3)从语言语义学角度对句子真值问题进行研究。

斯捷潘诺夫在符号语法学范围内,从含义入手对句子符号的意义进行了研究。他认为,在符号语法学中以结构模式或命题函数形式出现的句子是含义理论所附加的研究对象。也就是说,在这种情况下,句子被看做是静态的、与名词有着同样符号属性的语言符号。句子当中划分出两个语义范围:一个是外延,表示现实事实的所指或实指;另一个是内涵或含义。在对句子语义进行描写时,斯捷潘诺夫从一开始就使用了内涵(интенсионал)和外延(эк-

---

① 杨喜昌:《俄语句子语义整合描写》,黑龙江人民出版社2005年版,第11页。

стенсионал)这两个逻辑术语,提出并解决了句子的纯逻辑学问题——语句的真假值问题,这是斯捷潘诺夫研究的一大特点。他指出:"句子的内涵和含义,这是比起'真'或'假'更为概括的、某种可能与'真'或'假'相符合的东西。我们可以用以下两个复合连接句的例子在某种程度上对内涵的实质进行阐释。Верно,что(в Арктике живут белые медведи.)——(北极有白熊)是对的;Неверно,что(в Арктике живут белые медведи.)——(北极有白熊)是错的。以上这两个句子括号中的部分在某种程度上是纯粹的内涵或含义,那么整个语句就必然一个是真的,另一个是假的。这样,句子含义就处于内涵范围,同时'真'或'假'处于外延范围。换句话说,'真'或'假'的问题不是含义的问题,而是句子的意义问题。"[1]需要注意的是,斯捷潘诺夫阐释含义理论时最主要的问题在于他对语言符号含义的解释脱离了产生这些语言符号的语言承载者,脱离了总是要在一定的语言和非语言情境(上下文)中才能实现的交际过程。我们认为,句子的真值语义问题不是含义问题,而且也不仅仅是句子意义问题,而是带有普遍性特征的语言问题。国内俄语学者也对句子意义进行了研究,如李锡胤、华劭、郭聿楷、李勤、杨喜昌等。李锡胤先生以"事格"(событийный падеж)为基础,认为句子是比词汇高一级的语言单位,表达了现实世界或可能世界的事实;处于人的认知状态中的事实叫事件,事件是句子的所指。事格理论对单个句子内部的语义复杂性和句子间的意义关系具有很强的解释力,但对句义关系的解释力却相对有限。华劭先生把句义划分为五个模块:命题内容、实义切分产生的意思、语句中的情态、指称意思和潜在意思。郭聿楷先生则把句子意义分为抽象意义和交际意义,前者包括命题、结构意义、能指意义和抽象交际意图,后者包括命题、结构意义、所指意义和具体交际意图。而李勤的专著《俄语句法语义学》是国内首部研究俄语句法语义学的专著,该书从情景类型和命题类型角度对句子语义进行了系统和全面的研究,并对句子的非基础性语义成分进行了综合和梳理。

---

[1] Ю. С. Степанов, Имена, предикаты, предложения (семиологическая грамматика). М., 1981: с. 12.

第 二 章
语言符号研究的层次观

　　自然语言是最特殊、最复杂的一个符号系统,其符号性的体现也最为明显。符号性(знаковость)是语言的一个根本属性。关于语言的符号性问题,其实很早就有人谈到。亚里士多德曾经说过:"语言表达是心灵印象的符号,而文字则是语言的符号。但是,这些符号产生之初所反映的心灵印象却对所有人都是相同的;这如同事物对所有人也都是相同的,至于人们对事物的印象则是对事物反映的结果。"[①]作为当时的大学者,亚里士多德的思想对后人关于语言符号性质的描述产生了巨大的影响,尤其是索绪尔认为语言符号是两面心理实体的观点,应该就是来自于先哲的理论。此外,洪堡特也曾指出:"人们之所以能够相互了解,并不是因为他们掌握了事物的符号,也不是他们把这些符号约定理解为同一概念,而是因为这些符号在人们一连串的感性知觉和形成概念的内部结构中本来是相同的环节;称呼这些符号时,触及到的是相同的心弦,其结果是每个人心中产生了相应的、但不是完全一致的概念。"直到索绪尔,语言被明确的定义为符号。他把语言和社会生活中的其他符号系统相提并论,因此,语言研究可以采用符号学的方法来进行研究。他关于语言符号体系的封闭性、共时性和历时性、语言符号体系的静态性等特征的理论也都与此相关。语言符号还有许多其他特性,其中层级性就是一个非常重要的特征。

[①] 兹维金采夫著,伍铁平等译:《普通语言学纲要》,商务印书馆1981年版,第28页。

第一节 层级性:语言符号性的体现

1. 语言符号的层级性

我们所生活的世界的一个主要特征就是其层级性。层级性不仅仅是客观世界的一个重要属性特征,也是人们认识事物、分析事物的基本工具和手段。随着人类对结构认识的深入,人们对层次的认识也在不断地深入,但随之而来的另一种情况却是对层次这一概念在使用上的随意与混乱。层次这一概念的具体含义到底是什么呢?层次或层级一般指具有逐级构成性关系的结构形式。在自然界、人类社会和思维中,广泛存在着一类"若干个下一级通过相干性关系构成具有新的性质的上一级的逐级构成性关系的等级结构"。对于这类结构形式的特征,恩格斯曾经指出:"作为物质的能独立存在的最小部分的分子,是一个完全合理的范畴,如黑格尔所说的,是在分割的无穷系列中的一个'关节点',它并不结束这个系列,而是规定质的差别。从前被描写成可分性的极限的原子,现在只不过是一种关系……。"①我们可以将这类结构形式的特点归纳为:上一级由若干个下一级通过相干性关系所构成;上一级与下一级存在着质的差别,这种性质差异由下一级的耦合或上一级的解构所造成;上一级的性质不能还原为下一级的性质甚至下一级的性质的加和。②

此外,学者们对于使用"层次"、"层次结构"或"层级性"等词语来表达上述概念也有一定的共识。这可以通过下列几个关于"层次"或"层次结构"的定义来证明:关士续教授等编写的《自然辩证法概论》1989年1月第一版对层次结构的界定是:"层次结构指的是若干由要素经相干性关系构成的系统,再通过新的相干性关系而构成新系统的逐级构成的结构关系。"

《中国大百科全书·哲学卷》对"层次"概念的界定是:"表征系统内部结构不同等级的范畴。任何系统内部都具有不同结构水平的部分,如物体可分为分子、原子、原子核、'基本粒子'等若干层次;高级生命体可分为系统、器官、组织、细胞、生物大分子等若干层次。层次从属于结构,依赖结构而存在。系统

---

① 《马克思恩格斯全集》,人民出版社1972年6月第一版,第31卷,第309页。
② 奉公:"'层次'概念的混乱与对策",《科学技术与辩证法》,1999年第4期。

内部处于同一结构水平上的诸要素,互相联结成一个层次,而不同的层次则代表不同的结构等级。层次依赖于结构,结构不能脱离层次,没有也不可能有无层次的结构。系统内部的层次是客观存在的,而同一系统内部各层次之间界限又是相对的。每一层次都有自身质和量的规定,不同层次有不同的质,它们相互之间不可归约、不可还原、不可替代。另一方面,高一级的层次对于次一级层次又具有依赖性,并在一定意义上具有包含关系。层次作为对结构整体的'解剖',表现着结构的有序性及结构整体所包含的差别性和多样性;而这种差别和多样性又处在统一的有规律的联系之中。"① 还有学者认为:"一种关系的系统是结构,所有关系的系统则是层次。层次表征系统内部结构的不同等级或水平。……天然自然的层级性是就有序关系而言的,即自反的、不对称的和传递的关系。"② "自然界的物质系统都包含着一定的子系统,子系统组成母系统,子系统是低一层次的母系统,母系统又是高一层次的子系统。"③

虽然人们对层次所包含的基本概念和意义有了一个相对清楚的共识,但在使用过程中仍然不可避免的出现模糊现象。一方面,人们有意识地、非常严谨地界定和使用"层次"或"层次结构"词语所表达的概念;另一方面,却又有意识或无意识地在多种完全不同的意义上、甚至与定义完全矛盾的意义上反复使用"层次"概念,有时候在同一本书上也不能一致,前后矛盾,造成了严重混乱,而这种混乱有可能损害学术研究的科学性和逻辑严谨性。导致这种术语使用混乱的根本原因在于"层次"词语同时被用来表达两个存在着种、属关系的概念。在自然语言符号系统中,"层次"词语和概念表示的是属的概念,而在自然辩证法科学领域的严格界定中,用"层次"这一词语所表达的实质上是种的概念。由于种、属均采用同一个词语来表示,不可避免地会导致概念使用的模糊和混乱。

"层次"最早是自然语言符号系统中的词语和概念。中国社会科学院语言研究所词典编辑室编撰的《现代汉语词典》1996 年修订本对"层次"的解释是:1)(说话、作文)内容的次序(如"层次清楚");2)相互隶属的各级机构(如"减少

---

① 奉公:"'层次'概念的混乱与对策",《科学技术与辩证法》,1999 年第 4 期。
② 同上。
③ 陈文林:《自然辩证法概论》,中国农业出版社 1997 年版。

层次,精简人员");3)同一事物由于大小、高低等不同而形成的区别(如"年龄层次不同,爱好也不同"等)。

可以看出,在自然语言符号系统中,"层次"概念实质上是"属"的概念。作为"属"的概念时,"层次"的内涵是事物在时空上表现出的分层、分部分、分方面、先后或分层与先后同时具有的现象,无论对象与其要素之间有无逐级上升的构成性关系都通通包括在内。而作为"种"的概念时,"层次"的内涵是特指"若干个下一级通过相干性关系构成具有新的性质的上一级的逐级构成性关系的等级结构"。需要指出的是,"层次"+"结构",构成了"层次结构"这个词组后,由于"层次"和"结构"是一种并列关系,因此并没有使"层次"的外延和内涵发生质的变化,"层次"+"性"构成"层级性"结果也是一样。鉴于"层次"这一词语在使用上有混乱之嫌,有的学者建议使用"质级"这一概念来代替"层次",原因是因为不同层次之间的关系往往是一种质的区别。但笔者认为此举大可不必。首先,虽然人们在使用"层次"一词时往往相对随意,但不可否认的是,在同一理论体系内"层次"的内涵和外延的所指相对一致和稳定,并不会造成太大的混乱;其次,"质级"这一概念虽然强调了层次间存在质的差别,但"层次"这一概念本身就暗含了各个层面之间存在质和量的差别,否则,也就不必区分层次了。因此,从某种程度上看,"质级"这一概念倒像是"层次"这一概念的下级概念。所以,笔者还是建议使用"层次"。

巴黎符号学派的代表人物格雷马斯在谈到有关意指理论的时候指出,符号学就是意指系统的一种等级分析学说。他把一个意指整体分为深层结构、表层结构和表现结构,对这些不同层次的确立和相互关系的研究,一直是巴黎符号学学派的工作内容和成绩所在。深层结构就是意指整体的形态结构,形态是由义子组成的内在世界,而其"句法"即其组织形式则是意指活动的基本结构。在深层句法的研究方面,格雷马斯等人的成功之处在于引进了"符号学矩阵"(семиотический квадрат)的概念。这种矩阵被认为是位于深层,并且具有逻辑—语义特征的意指结构的组织形式,它的基本表述是:如果意指 S 在其最初被理解的平面上就像是一个语义轴,那么它就与—S 相对立,—S 在此被看成是 S 项的矛盾项。如果我们同意语义轴 S(内容的实体)在内容的形式平面上分解为两个相反的义子:S1←→S2,那么,这两个分别考虑的义子就会有它们的矛盾项的存在:—S1←→—S2。于是,意指的基本结构就可以表现为一个矩阵,其中,S1 与 S2、—S1 与—S2 是两组对立关系,而 S1 与—S1、S2 与—S2 是两组蕴涵关系(如下图表)。

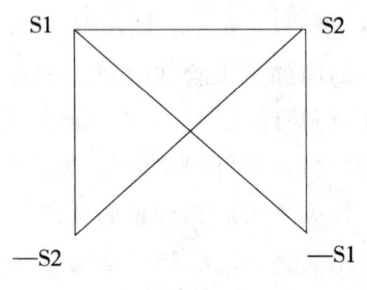

```
        S1 ─────────── S2
          \         /
           \       /
            \     /
             \   /
              \ /
               X
              / \
             /   \
            /     \
           /       \
          /         \
       —S2 ─────────── —S1
```

图表 42

符号学矩阵的确立使得分析对象的语义聚合关系得到了描述。正是在这一层次上,符号学以语言学的语义研究为基础,但又增加了与社会和文化相联系的内容和分析方法。表层结构,指的是在义素层上的行动模式。行动模式是格雷马斯在总结了俄国形式主义文论家普洛普为俄国民间故事总结出的 31 种"功能"的基础上,概括出的叙事文本行动者之间的关系模式。它包括 6 个行动者:发送者、接受者、主体、对象、助手、对手,它们之间的各种结合方式便构成了"叙述"句法。在这当中,行为者行动模式的引入也是非常重要的。格雷马斯首先把行动模式划分为"想要"、"能够"和"懂得"三个方面,进而根据符号学矩阵的原理确定了"实际状态的模态",从而建立了叙述图式。这样一来,巴黎符号学学派的符号学理论就不仅可以适用于文学的叙事文,而且也可以用于许多其他的意指整体。正是在这一层次上,符号学包容了传播学,并具有了更广阔的研究范围。但是,在巴黎符号学学派看来,由能指组成的表现平面即语言符号层次不是他们的研究内容,而是语言学在语义研究之外的语音和语法研究内容。此外,格雷马斯在探讨语言的等级层次时指出,可以借助现代逻辑学来建立一种语言等级理论。不过,在格雷马斯看来,等级概念其实是一种逻辑预设关系,如:

我知道　(Я знаю)

我说了　(что я сказал)

天气很冷　(погода очень холодная)

他认为,上述三个不同等级的表意切分手段之间就是预设关系。承认了表意集合内部有层次的存在,也就承认了语言的层次。格雷马斯首先划分出了目的语(язык-объект)层次,即研究对象,和元语言层次,即研究工具。但是光有研究对象和研究工具还不够,还要有一定的认识论作为指导,即在元语言层次之上还有认识论层次,由此,格雷马斯认为,对语符意义的描写其实就是概念等级系统的应用,只有它们在为分析一种目的语而同时考虑到所有层次语言时才有可能实现对语言的描写,而这些层次语言还具有不同的逻辑要求层次:描写语言、方法论语言和认识论语言。

2. 语言符号层次的认知观

层级性(иерархичность)特征是人类语言符号与大部分动物交际语言之间的本质区别。这种层级性说明语言符号可以按照层次逐级分解,成为可以理解的东西,并且使人类可以用有限的语言材料来表达无限的内容。相比之下,动物的交际无论是根据声音还是根据其他介质,只能传达大致的意义,也只能是一种混沌的、不可分的信号。简单说来,层级性就是一种分节性(артикуляция),即离散性。动物的所谓语言往往无法区分出单位,更谈不上单位之间的组合。而按照交际需要、根据语言规则组合出来的句子,可以分解成一些离散的单位,所以说,人类的语言是一个离散的符号系统。例如,在说 "*Саша любит Люду*"(萨沙喜欢柳达)时候,懂俄语的人都会区分出这个句子的三个成分:Саша——行为主体,любит——行为,Люда——行为客体,这通常叫第一次分节。此外,还可对划分出的成分进行再分解,乃至到更小的单位,例如上述单位还可以分解成更小的语音或音位单位。

从信息论角度来看,语言的发生就是一个编码解码的过程,而语言的层级性在这个过程中也有体现,比如,从意义的角度来看,语符意义可以分为表层意义和深层意义、明喻和换喻意义等等。许多著名的符号学家,如巴特、叶尔姆斯列夫等人都曾指出语言表达在意义上相互交错的多层次现象。一个具有一定含义的言语表达式可以指称另一个表示某种含义的言语表达式,或者又可能指向第三个言语表达式,或者反过来指向最初的言语表达式。这样,就形成了一个相互交错、相互关联的言语表达系统。为了避免由此而造成的混乱,语言符号学家们区分了含义的能指和所指。含义的能指指称含义的所指,二者又可以结合成一个新的整体作为新的能指去指称新的所指,由此不仅可以形成一级指称、二级指称,还有可能形成多级指称,从而使语言符号意义系统具有层级性。而从结构的角度来看,在一句完整的表述中,整个表述是一个大的完整的结构，而这个结构又可以划分出小句结构。也就是说，语言结构的层级性可以被解释为具有两极性（двухполярность/двухполюсность）特点——语言符号结构一层包括另一层。

综上所述，我们可以看出，多层级性是语言符号系统非常重要的特点，它使我们可以用有限的语言材料来表达无限的内容，这也符合人类的一个重要的认知原则——"节约原则"。语言符号系统就是一个经济、有效、富有弹性的多层级装置。语言符号系统的层级性还和人类认知能力的层级性相照应。钱冠连曾指出，语言各个结构和层次[①]上都具有一定的审美选择[②]，都有一些科学美学的基本法则和规律。符合审美规律，也就是符合人类追求完善的认知规律。同时，某种意义上来说，语言符号系统也是一个"耗散结构"（диссипативная структура）[③]。所谓耗散结构，是指结构或系统之所以保持稳定有序的状态，一方面是因为它不断地从外界吸取能量，另一方面是自身吐故纳新，这样就完成了与外界的能量交换过程，从而保持了一种动态的平衡。语言符号系统也是如此，一方面，它不断吸收新的元素和成分；另一方面，也会淘汰陈旧的东西，保持一个开放性的、动态的平衡状态。

钱冠连先生认为，从认知角度来看，语言符号系统是处于内外全息[④]状态（внутреннее и внешнее голограммное положение）的。外全息状态指语言符号

[①] 这些结构和层次是：符号—交际渠道—语言变体—语体—交际类型—言语行为—语音—词—句子—语篇。

[②] 所谓审美选择有两方面的含义：1)在一切言语活动、言语行为中，人总要选择能迎合自己生命动态平衡的需要并引起美感的话语形式。这里指的是言语；2)语言的一切结构和层次是人按照美的规律和意图建造而成的，这里谈到的是作为体系的语言。

[③] 耗散结构理论是由比利时化学家普利高津(Prigogine, I. R.)1968年提出的。他指出：一个开放体系在达到远离平衡态的非线性区域时，当某一个参量达到一定阈值后，通过涨落就可以使体系发生突变，从无序走向有序，产生化学振荡一类的自组织现象。这实质上提出了产生有序结构的四个必要条件：开放体系、远离平衡态、非线性作用、涨落作用。

[④] 生物全息律揭示了生物体结构和功能的局部与整体、局部与局部的全息对应规律。任何具有一定结构和功能、相对独立的系统，称为全息系统。例如，我们可以将人体和国家看成是两个不同的全息系统。在一个全息系统中，具有相对独立的结构和功能的单位，称为全息单位。例如，我们可以将人体的面部、耳、足等看成是不同的全息单位，我们也可以将国家的省或州看成是不同的全息单位。构成全息系统或全息单位的具有特定结构、功能和信息的成分，称为全息元素。在全息系统与全息系统之间、全息系统与全息单位之间、全息单位与全息单位之间，不同的事物发展过程中相互对应的事件，称为全息事件。

系统与外部世界现实的全息关系,即语言符号的结构与客观现实同构或象似。内全息状态指语言符号各个层次(词素—词—词组—子句—句子—语篇)中,部分与整体全息,部分与部分包含相同信息,语言体系中的一个全息元(子系统)都分别在整体上和其他全息元有对应的部分,即体系的每一个全息元在不同程度上成为整体的缩影。与认知有关的概念可以分为7个层次,这7个层次又可以归纳为4个层面,分层的基本标准是上层概念可以由其相邻的下层概念加以解释。①

层次序列	与认知有关的概念	
1	生物物理、生物化学	物理层
2	神经元、兴奋、抑制、感觉	生理层
3	神经元网络、模式、联想	
4	神经网络群落、分类、预测	
5	感知、意识、情感、感受	心理层
6	语言、符号、技能、行为	语言层
7	逻辑、科学、宗教、艺术	文化层

图表 43

可以看出,第6层语言层和第5层心理层及第7层文化层的关系非常密切,它是心理层与文化层之间的接口,这也体现了一种全息的认知关系。而语言层又是贯穿于所有其他认知层次当中的,认知是语言和符号的基础,认知与语言是全息关系。而在语言层内部各个全息元素之间的关系也很密切,比如,从语言出发,语言学包括在符号学内,语言也是一种技能,而研究语言就要研究人类的行为,这说明语言、符号、技能、行为四项是相互包含的。由此可见,语言的层级性是认知的层级性在语言系统内的投射。

袁毓林先生曾把语言符号的层级系统与生物的层级体系做了一个粗略的比较。他认为,词相当于细胞,词类相当于组织,词组或短语相当于器官,句型相当于系统。② 很显然,语言的层级系统思想来自语言系统与个体生命层级系统的比较,语言的层级性就是语言结构中一层包含另一层的关系。此外,认知和语言的联系至少表现为两个方面。其一,用语言去认知客观世界和可

---

① 详见赵南元:《认知科学与广义进化论》,清华大学出版社1994年版。
② 袁毓林:"语言信息的编码和生物信息的编码之比较",《当代语言学》,1998年第2期;钱冠连:《语言全息论》,商务印书馆2002年版,第165—168页。

能世界,即语言是认知的工具。李锡胤先生曾指出,句子在具体交际活动中表现的是事实,而人只有在认知事实后才能表达它,即必须通过认知。其二,把语言当做认知的对象,即对语言本身进行认知,这样得到的就是语言学性质的东西,可以区分出语法、句法、词汇学、语义学、语音学等学科。总之,语言符号系统的层次区分与人认知活动的层次区分是密不可分的,语符的层次是认知活动层次的具体体现。

第二节 语言符号的结构层次与意义层次

语言符号是一个多层次的、有效的、富有弹性的装置。语言符号的层次研究是语言学中的一个十分重要的问题。我们都知道,语言学中有实体理论和程序理论之分,前者主要从语言的交际功能出发来解决语言结构的问题,它把词汇—语法类别的研究放在首位,而后者在解决语言结构问题时,把语言的结构功能和语言单位的层次等级放在第一位。语言大师索绪尔很早就提出了语言符号的系统性(системность)和线性(линейность)原则,并指出了系统内部存在着组合关系和聚合关系两个层面。组合关系实质上就是线性原则的体现,而聚合关系又是系统性的体现。其实,语言符号的层级性也和这两个基本原则相暗合。因为,系统内部的成分必定不是单一的,而是多元的,它们根据自己的形式和功能构成不同的层次,相互影响相互作用,才保持了系统的稳定性。

语言符号的线性原则和层级性的关系也很密切。语言符号的线性是指语言符号在时间轴列上只能一个接一个地依次出现。人们在进行交际时,要传递出自己所要表达的信息需要很多的语言符号,但这些语言符号只能依次出现,而不能同时出现。语言符号的线性在书面语中表现得尤为明显。例如,在句子"Она очень любит поп-музыку"(她非常喜欢流行音乐)中,四个符号的线性排列表达出了"她很喜欢流行音乐"的意思。而层级性要求语言符号在认知空间上是有层级性的,语符的各个单位在传递信息时不都是在同一层面上的。我们在理解话语所表达的意思时,就需要分清楚语言符号的层级性。语言中普遍存在的歧义现象有时就是由于对语言符号层级性的不同理解而产生的。例如,"两个师范大学的学生"这个短语就可有多种理解,即可以理解为"这两个学生是师范大学的",也可以理解为"这些学生分别来自两所师范大学"。线条性强调语言符号在时间线条上的线性排列,语言符号单位都是在一个平面上,层级性强调语言符号在认识空间中的层级性,语言符号单位往往有若干层次,二者是相对的。线性着眼于同一层面各个单位之间的相互关系,而层级性着眼于不同层次的单位之间的相互关系,它们互相补充,共同构成语言这个复杂的系统,因此二者又是统一的。

1. 语言符号的广义与狭义层次观

语言符号是个多层级的系统,对语言符号层次的理解通常有广义和狭义两种。广义上的符号系统是包括三个层级的装置,这三个层次都在语言符号系统中有相对应的层级。

1)次符号层次(субзнаковый ярус)。该层次也叫符号载体层次。处于这一层级中的是信息的物质载体,如旗语中的挥旗动作、电报密码中时间长短不同的电流脉冲、乐曲中音符的形体与位置、拉丁文字母、汉字的笔画(钩、点、横、撇、捺、折、竖等)。而在语言符号系统中,这一层也可以叫做语言的准符号层次。处于这一层次的单位具有两重功能:首先,感知功能。因为作为符号的物质载体,它必须能被感知,否则意义的传达就无法实现。其次,区分功能。因为如果物质载体之间不存在差异,就不能区别其所表达的意义,因此索绪尔甚至说语言符号系统就是差异的系统。具备这两个功能的最典型的单位就是音位(фонема),如 бар 与 пар,"б"和"п"不仅与"ар"结合分别构成表示"酒吧"和"蒸汽"的语音物质,而且彼此区别。又如,снят—снять,роль—лоль,нов—новь 中软硬辅音的区别是通过有无中舌部向硬腭抬高的附加动作形成的。因此音位其实主要是区分性特征(дифференциальные признаки),是不可分的单位,并具有构成语音物质的建构功能(строевая функция)和意义区分功能(смыслоразличительная функция)。此外,重音和音节在某些时候也具有辨义的作用。

2)符号层次(знаковый ярус)。处于这一层的是离散的符号,它们是物质载体和信息意义的统一体。例如,表示一定意义的单一旗语动作或若干动作的结合,电码中用来表示意义的不同电流脉冲的组合,表示一定性质(音响、音高、音长)的音符、音(或书写笔画)与意义的结合体,如汉语的字词等。而在语言符号系统中,这一层也可以叫做语言的表象符号层次。处于这一层次的典型单位是词(слово),它是音义结合体,可独立运用,指向客观现实的外部世界,即词具有指称功能(денотативная функция)和建构功能(词可构成词组)。其次,词素(морфема)也是音义结合体,但不能独立运用,也无法独立和外界事物相对应,没有所谓的指称功能,因此有人也称之为半符号(полузнак),词素具有意义功能(семасиологическая функция)和建构功能(可构成词)。此外,还有虚词,它们只表示词语之间的关系,而不能指称语言以外的现象,主要作用在于组织词语,使词语成为更复杂的单位。功能与词相同的还有成语,虽然它们由一个以上的词组成,但它们不需要每次临时组合,而是作为一个整体独立运用。至于词组,则有些争议,一方面,词组和词的某些指称功能相同,可以说词组和词都是指称符号;而另一方面,词组毕竟是词的组合,比较接近超符号层级。

3)超符号层次(сверхзнаковый ярус)。这个层次也可以称为符号系列层次。在这个层次上,用组合好的连续的符号来表达意义,传递连贯的信息,从而达到交流思想的目的。如一套旗语、一个完整的报文、一部乐章、一篇文章等都属于超符号层次。在语言符号系统中,这一层次也叫做语言的情景符号层次,通常来说,该层次的中心单位是句子(предложение),把句子看成是相当于乐曲、电码报道内容的一种超符号层级单位,句子通常由词语组成,它不是和外界的孤立事物相对应,而是和整个情景相关联。句子是最小的交际符号单位,它和词语的区别在于所表达意义的复杂程度不同,执行的功能也不同。由于句子和一定的情景相对应,因而有人主张句子是情景符号(ситуативный знак)。但是,在超符号层次当中,符号的相互组合、动态使用和传递信息都必须有人来参与,必须考虑到人的因素,所以还有人认为超符号层次的中心单位是语句(высказывание)而不是句子。笔者认为,这个问题可以这样理解:句子和语句都是超符号层次的基本单位,不同之处在于,句子是模式,而语句则是模式的体现;两者的关系就像语言与言语的关系一样密不可分。任何的句子(语句)都具有述谓性(предикативность),即表达一定的客体,并赋予客体一定的特征。此外,复句、超句统一体、语篇等单位也处于该层次当中。由于该层次的单位和具体情景相对应,并可以表达完整的交际信息,因而具有交际功能和信息功能。上述内容可见以下图表：

广义符号层次	语言符号系统中的对应层次	语言符号系统中对应的层次单位	层次单位的功能
超符号层次	语言的情景符号层次	句子、语句、复句、超句统一体、语篇	建构功能、指称功能、交际功能、信息功能
符号层次	语言的表象符号层次	词组、成语	建构功能、指称功能、意义功能
次符号层次	语言的准符号层次	音位、音节	建构功能、意义区分功能

图表 44

在对语言符号广义层次观有一个大致的了解之后，下面我们来探讨一下语言符号的狭义层次观。既然语言符号系统是一个多层级的弹性装置，那我们就可以根据各种语言单位的不同性质和功能以及它们之间不同的联系，把整个语言符号系统划分为若干不同的结构层次。层次的划分不但与对语言本身的认知有关，还和研究及描写语言符号系统的方法有关，从不同角度来研究语言，能划分出不同的语言符号层次。戚雨村先生指出："同一层次的语言单位必须是相对纯一的（homogeneous），彼此之间的联系比较紧密，其性质和功能基本上是一致的。语言系统中有多少个层次，相应地就有多少类语言单位。"[1]"语言单位具有两个特征:1)它是音义结合的。2)它是现成的，也就是说，它不是自由组合的。"[2]根据这些标准，他划分出了六个语言层次及其相应的层次单位：

语言符号层次	对应的单位
句子结构模式层次	句子结构模式或句型
词组结构模式层次	词组结构模式
词的结构模式层次	词的结构模式
熟语层次	熟语
词的层次	词
语素层次	语素

图表 45

---

[1] 戚雨村，谢天蔚："从语言系统的研究到语言使用的研究"，《外国语文教学》，1983 年第 2 期。
[2] 王铭玉：《语言符号学》，高等教育出版社 2004 年版，第 188—189 页。

此外,加拿大著名学者麦基(Mackey,W.F.)在其《语言教学分析》一书中,列举了七位语言学家对语言符号层次划分的情况①:

布龙达尔	弗斯	韩礼德		派克	乔姆斯基	乌尔堡	哈里斯
语音形象	语音学	语音实体和文字实体	语境				
语音及语音系统							
音节和辅音	音位学	音位学		音位学	语索音位	音位学	音位学
语音功能			形				
语音句法学							
词形	词汇学搭配	词汇学和语法学	式	形态学		词汇学和句法学	形态学
构词法					转换		
曲折				语法学			
一致关系							
词类					短语结构		
词序							
句子及句子成分							
语体		上下文					
语义学		超语言情景					

图表 46

此外本维尼斯特还把语言分为五个层次,每个层次都有相对应的单位:1)区别性特征层次——区别特征;2)音位层次——音位;3)语素层次——语素;4)词位层次——词位;5)述谓层次——句子。由此可见,研究的出发点及研究的目的和方法不同,划分的层次也不同,以上各种层次分类都有自己的道理,但也不免有凌乱之感。国内学者王铭玉以思维科学为基础,综合各家之言,从三个大的角度来剖析语言层次,提出了一套自己的分类标准。我们下面做一简要论述。② 王铭玉教授从本体论层次、方法论层次、认识论层次三个角度来分析语言的层次。

本体论层次(онтологический уровень)。从本体论来划分层次,就是抓住

---

① 戚雨村,谢天蔚:"从语言系统的研究到语言使用的研究",《外国语文教学》,1983年第2期;王铭玉:《语言符号学》,高等教育出版社2004年版,第187—188页。

② 王铭玉:《语言符号学》,高等教育出版社2004年版,第189—196页。

了语言符号的自然构成特质，从本质上来研究语言。本体论认为，语言层次是语言中同名单位所构成的局部分系统（或子系统），具体可有以下层次划分：

可见事实层次（наблюдаемый аспект）	抽象概括层次（абстрактный аспект）
句素（высказывание）	句位（предложение）
词素（словоформа）	词位（слово）
形素（морф）	形位（морфема）
音素（аллофон）	音位（фонема）

图表 47

左列是可见的现实的链条。整个链条中，下一层单位进入上一层单位，这是一个积分（интеграция）的过程，而上一层单位又以下一层单位为基础，这是一个微分（дифференциация）的过程。右列是左列链条的抽象反映。无论是左列还是右列，如果自上而下看，其实体现了正是一种切分（сегментация）关系，而从左列到右列横向而看，则体现了分布（дистрибуция）关系，即同层次单位的不同分布（一个出现在具体的话语中，另一个在人脑的类抽象当中）。左列的单位属于言语层次，在话语中真实存在，具有线性特质；右列单位属于语言层次，具有概括性特质。左列和右列之间是一种表征和体现的关系。从逻辑角度看，从左列到右列需要遵循归纳原则，即从特殊到一般，而从右列到左列则遵循演绎原则，即从一般到特殊。左列是"非位的"（этический）层次，忽视区别，注重体现；右列是"位的"（эмический）层次，注重一般性区别特征的提取。

方法论层次（методологический уровень）。语言学家们往往都是根据研究语言的方法对语言进行层次划分，这样划分出来的层次也许并不存在，主要是为了研究的便利。从方法论角度出发，可以把语言划分为四个基本层次：音位层次、形态层次、句法层次、词汇语义层次。音位层次以音位（фонема）为中心，通常还包括音素、音节和调位（интонема）。音位可以组成和区别词形声音形象，在形态上是不可分的；音素是语流中最小的、不表意的单位，而音位则具有一定的意义区分功能；音节是用一次呼气冲动发出的一个或几个音素，分为开音节和闭音节；调位以语段为中心，由一个或几个语音词构成，它是不可分的有意义的言语片段，调位又称做语音句。形态层次包括词素（морфема）和词的形式（форма слова）。词素是具有相同意义，且形式上相近的形素的总合。词形是对词的初步切分，把词划分为固定部分（词干）和曲折变化部分（词尾），词干表示词汇意义和语法意义，词尾表示局部的语法意义。句法层次的基本单位则是词组和句子。词汇—语义层次的单位则是词位（лексема）和词汇—语义变体（лексико-семантические варианты）。词位是同一个词在其所有用法中所表现出来的形式和意义，词汇—语义变体是词位在言语中的体现，且总表现在言语中，受语境限制。

认识论层次（эпистемологический уровень）。认识论的中心问题是人类知识的可能性和普遍有效性问题，而形式与内容的划分在认识论中占有重要的位置。从认识论出发，可以把语言符号系统分为表达层次和内容层次（уровни выражения и содержания）。语言符号在表达层次主要体现为音位层次，包括区分性特征、音位、音节、语音词或重音组（фонологическое слово или акцентная группа）、句调（фразовая интонация）。语言符号在内容层次主要体现为语义层（семантический уровень），包括以下几个单位：义子（сема）、义素（семема）、名素（ономатема）及句义（означаемое предложения）。义子是内容层面的极限单位，反映某个区分性的意义特征，如"男人"这个词可以划分出如下义子：雄性、人类、成年；义素是意义的最小单位，由几个区分性特征构成，是语义成分分析的操作单位，如"男人"的义素＝雄性＋人类＋成年。名素指一般意义上的词义，包括词汇名素（лексема）和语法名素（граммема）。词汇名素是词的义素的概括，如"走"、"爬"、"飞"等词中都有一个共同的义素——产生空间位移，只是由于移动方式的区分，才使这些词汇在具体用法上表现不同；语法名素表示各种语法关系，如 любовь 和 любить 都是"热爱"的意思，但由于前者表示"事物性"范畴意义，后者表示"过程性"范畴意义，所以它们归属于不同的词类。句义既指具体语句的意义，也指一系列句子具有的抽象意义，即句子的语义结构。如"*Отец волнуется*"和"*Мама восхищается*"的具体意义分别是"爸爸很紧张"和"妈妈很高兴"，同时它们还具有共同的语义结构——主体与其感情状态的关系。王铭玉教授的层次划分法从哲学高处着眼，以本体论、方法论和认识论为切入点，区分出来的层次比较明晰，易于辨识，有助于厘清语言本体研究、方法论和认知操作之间的层次关系。

2. 语言符号的层级间关系

通过研究语言符号系统的层次划分，我们发现，虽然划分的出发点不同，划分的层次不同，但从本体论角度划分的层次更加清晰，也更易于被接受，即语言符号有四个基本层次：音位—形位—词位—句位。与这四个基本层次相对应存在着语言的四个基本单位，即音位、词素、词和句子。这些单位都是执行某种功能的最小单位,分别占据着物质载体、表义、称名、交际四个范畴的最小极限位置,基本上囊括了语言的主要功能。相比之下,其他单位都在某种程度上体现了量的差异,少有质的区别。而且,利用这四个基本单位就可以分析任一个话语。语言符号的各个基本层级之间相互联系,存在着密切的层级间关系(межъярусные отношения)。这种层次之间的关系可以依据符号学理论从语构(синтактика)、语义(семантика)和语用(прагматика)三个方面进行研究。

    符号学中语构、语义、语用的三分野来自于美国符号学家莫里斯,他认为,语构研究符号之间的关系,语义研究符号和所指物之间的关系,语用研究符号与人之间的关系。[1] 但这三个部分所包含的内容随着各个具体部门符号学的出现而不断得到丰富,当时莫里斯做出这样的划分主要是就抽象符号学(абстрактная семиотика)而言的。俄罗斯著名符号学家斯捷潘诺夫也把符号学的规律划分为三个部分,即符号系统结构的客观规律(相当于语构学)、意义规律(相当于语义学)、与观察者立场相关的规律(相当于语用学)。而王铭玉教授则对这三个层次做了如下理解:语构关系指语言符号体系内部符号与符号间的关系,而对语言符号层次来说,语构关系则可以理解为层次与层次之间的结构关系;语义关系则指语言符号每一层次内部的符号与符号所表示的客观事物之间的关系;语用关系是指符号与符号使用主体之间的关系,对语言层次来说,这种关系可以理解为人类对语言层次的合理把握及正确使用的问题。

    从语构关系来讲,可以把语言的层次由上而下切分,也可以自下而上进行积分。也就是说,高一层的单位都是由低一层的单位构成的,每个低一层的单位都执行建构功能(строевая функция)。低一层单位层层递进,不断地构成高层单位,而高层的单位又可以逐级分解成低一层的单位,低层单位组建成高层单位的目的就是要达到交际的目的。当低层单位进入高层单位之后,就会获得新的特点,因此就要重新对它进行考量。比如,词素在句子中就变成了结构成分,形素在词素中则表现为词根、词缀等。同时,低层单位在高层单位中也变得不再自由,所受的限制也在增加,比如,词素在进入句素后在词义、结合能力和语法形态等方面均受到限制。而且,虽然高层单位由几个低层单位组成,但又不是简单地叠加,一般来说,整体结构的信息都要大于部分信息量的组

---

[1] Ю. С. Степанов,*Семиотика*. М. ,1971:с. 42.

合。这是因为,各个成分之间不是无序的排列组合,而是有一定的规律可遵循,低层次的单位通过一定的规则组成了新的有序的结构序列,来传达新的信息和意义。另外,从音位层到句位层,单位的数量在不断地增多,而彼此之间的关系却有离散的趋势,表达张力增大了,但成分间的聚合力却在降低。如,在音位层,虽然单位数量有限,但彼此之间的联系很紧密,一个音位发生变化,通常都会产生质的差别,例如"бар"(酒吧)中的浊辅音"б"变成清辅音"п",则"酒吧"一词变成了"пар"(蒸汽)。形位也是如此,比如 любовь(爱)随着不同格的变化,就会产生不同的语法意义。而在词位层次,词和词之间的联系就相对松散了,比如 мамин стул 和 стул мамы 表达的意思基本相同(即:妈妈的椅子)。

从语义关系来讲,层次越低,意义越抽象,越是高层次的单位,意义越具体,越有针对性。① 我们可以拿一个句子为例:Город Лоян в истории неоднократно становился столицей всей Поднебесной Китая(洛阳在历史上曾多次作为中国的首都)。在音位层,主要是语音的区分性特征,基本没有什么意义表示,而到了形位层,已经出现意义的成分,但它还只是一种抽象的概念,或说是映指意义(сигнификативное значение),并没有真正的称名功能,句中"истор-"(история)表示和"历史"有关的概念,并不能作为单独的单位来指称"历史";到了词位层,意义的抽象程度减弱,而具体性增强。因为词同时具有概念功能和称名功能,虽然它所具有的类指意义(денотативное значение)还不是特别具体,但也指出了一类事物的特征,比如 город(城市)、столица(首都)。进入句位层,由于涉及了情景符号,句位层的各个单位都必须有一个具体的实指意义(референтное значение)。如例句中,"город"一词有确指,是"洛阳",后面的"столица"也回指"洛阳"。

如果从语用角度来研究层次间的关系,我们可以发现这主要是一个对语言层次诸单位的合理使用问题。我们认为,这里应该有几个主要的原则需要遵守。首先是省力原则②。作为语言符号的使用者,我们一般都倾向于用有限的符号去表达无限的意义,在表达过程中越省力越好。所以,那些便于记忆、方便发音而又具有一定审美意义的语音组合通常是我们的首选。人们在

---

① 华劭:《语言经纬》,商务印书馆 2003 年版,第 55 页。
② 省力原则是美国哈佛大学教授齐夫(G. K. Zipf)在 1949 年出版的专著《人类行为与最小省力原则——人类生态学引论》中提出的。

表达时,还经常利用语言系统中已有的资源,通过派生、转义、多义等手段来指称新的事物。其次,要遵守过滤原则(Принцип фильтрования)。虽然我们可以使用有限的单位来表达很多意义,但最终却只有有限的单位可以进入表达层面,也就是那些无用的、错误的结构体被过滤掉,这就保证了表达的正确性。比如 я、читать、книга 这三个词符可组成 Я читаю книгу(我读书)和 Книга читает меня(书读我),而后者显然不符合逻辑,故被过滤掉。无论是省力原则还是过滤原则,都保证了人最终能以合理数量的单位来表达和传递信息,表达层面的单位数目绝不是无限的,而是有限的。

　　虽然我们划分了基本的语言符号层次,但由于层次间并非总是泾渭分明,层次之间也相互影响,从而又产生一些过渡层次(промежуточные уровни)。我们知道,从认识论出发,语言符号可以划分出表达层次和内容层次。表达层次的单位主要是语音符号和书写符号(即文字),而内容层次的单位主要是词语的意义和语法意义。在表达层面,作为具体可见层次的语音的基本单位是言语流中的语音,而作为抽象层面的音位层次的基本单位是音位,而语音类型(звукотипы)则是过渡层次,构成了具体可见层面的上限。而在内容层面,具体可见层次的单位是语境中的词义变体(варианты значения),抽象层次的单位是意义常体(инварианты значения)(或称结构意义),词语的主要意义或自由意义构成了过渡层次。词的主要意义可以通过最少的语境信息来表达,甚至可以不通过语境表达。不论是所谓的自由意义,还是语境意义(即意义变体)都可以被记录在词典中,并标以一定的序号;而结构意义(意义常体)则是语言学描写的主要对象(如成分分析、义素分析等)。

　　表达层次和内容层次之间没有严格的界限,其间的过渡层次就是语法。语法是内容层面的一部分,内容层面的一些意义成分是要通过语法来传达的,比如,стол(桌子)这个词只有在获得一定的语法范畴意义(如性、数、格)之后才具有类指意义;而对于表达层面来说,语法就是音位构成形位所要遵循的原则和规律。既然语言符号系统的基本层次之间没有绝对的界限,那语言符号在共时状态和历时变化上也没有绝对的界限。构成基本层次之间过渡层次的单位同时也构成了历时和共时之间的过渡阶段,即所谓的非离散原则(принцип недискретности)。首先举一个表达层面的例子,例如,音位 г/ж 在动词变位中的形态交替(морфологические чередования)"могу(我能)—можешь(你能)"反映了从古俄语系统到现代俄语体系的过渡。在古俄语中,所有的音位"г"在诸如"э"之类的元音之前都要变成"ж",这称之为限定性交替或语音交替;而在现代俄语当中,这种音位"г"在元音前变成音位"ж"的现象已经不存在。再举一个内容范畴的例子,性别范畴作为俄语语法范畴的一部分,主要通过特殊的词尾和后缀体现,如:лось(驼鹿)—лосиха(母驼鹿)、студент(大学生)—студент-ка(女大学生),但在性别表达上,史前时期和当代也存在过渡层次。在前历史时期,性别区分主要通过不同的词语来表示,也就是说,性别范畴是词汇范畴,如:бык(公牛)—корова(母牛)、петух(公鸡)—курица(母鸡)、баран(公绵羊)—овца(母绵羊)。而在当代,性别也逐渐有模糊处理的趋势,如下面几个句子:Секретарш-а сказал-а(女秘书说了);Секретарь сказал-а(女秘书说了);Секретарь(она)сказал(秘书说了)。

此外,构词层次、成语层次和词组(短语)层次也属于过渡层次。构词层次位于形位层和词位层之间。该层次主要研究词的结构及其构成规则,也就是说,它主要从共时角度来描写构词模式系统。语言构词模式的总和以及构词词组的总和构成了语言的构词系统。构词法主要有词汇—语义构词,即同音异义法,如 мир(世界)—мир(和平);融合法,指由整个词构成派生词,如 быстрорастворимый(速溶的);形态法,即在词干和词缀上进行变化,得到新词,如 сверхестественный(超自然的)、однозначный(单一的)、взрыв(爆炸)、мопед(助力车);词类转化法,例如 наличные(现金)、учащийся(学习者、学生)。

成语层次位于词位和句位之间。形式上类似于词组,功能上类比于词,起称名作用。成语是现成的、固定的,可以在言语表述中直接运用,成语总是以一个整体来表示意义,其成分不可随意替换,所以,从某种程度上来说,成语也可以被看做词的等价物。短语层次也位于词位和句位之间。由于短语一般都由几个词构成,所以它的层次比词高,但同时又比句位的层次低,因为通常句位的组成单位要比短语的组成单位多。短语又分为形容词短语、副词短语、名词短语、介词短语、动词短语、不定式短语和分词短语等。

3. 语言符号的层次与意义

语言符号系统是个复杂的多层级装置,这一理论观点大家都早有共识,但是,如果不解决不同层次单位在内容层面上的相互关系问题,不研究语义现象的层次分类问题,那么"语言是层级装置"这一观点就不完整。通过对许多符号层次结构的理论模型分析我们发现,这些模型虽然涉及不同单位的语义特征,但对符号语义讨论得都不够深入。我们可以通过几个例子来分析一下。

苏联语言学家列福尔马特斯基(А. А. Реформатский)提出了一个四层模型,即音位层、形态层、词汇层、句法层。在这四个层次中,每一个层次都是一个单位系统,即音位、形位、词位和句位的系统。① 低一级的层次是相邻的高一级层次的潜在组成部分,而每一个高一级的层次都至少由一个低一级的层次组成。音位作为最底层的层次单位被看做是语音区别符号(знаки-диакритики),具有感知功能和意义区分功能。形位具有意义功能,即表达概念,词位具有称名功能,句位具有交际功能。但是,对诸如形位的内容是否是词位内容的最小组成部分,词位内容又是否是句位内容的最小组成部分这类不同层次的单位所执行的功能之间的关系问题,列福尔马特斯基并没有详细论述。

法国著名语言学家本维尼斯特也提出了自己的模型。他从文本出发,利用分割与置换(сегментация и субституция)②等手段,划分出了音位层和特征层③(фонематический и меризматический уровни)作为最底层的层次。音位层的中心单位是音位,它是最小的分割单位,区分特征层的基本单位是区分性特征,它已经不可分割,但可以被置换。音位层之上是符号层(уровень знаков),符号层的单位是词的自由形式和制约形式(связанные формы)。符号层之上是范畴层(категорематический уровень),其单位是句子。④ 任何一个单位的形式要通过它和低层单位的关系来确定,而任何一个单位的意义则要通过它和高层级单位的关系来判定。单位的分割只会产生形式成分元素,它们作为某一层次单位的地位要通过这些元素的整合功能(интегративная функция)来确定。只有通过整合,才可以产生有意义的语言单位。本维尼斯特认为,意义(значение)就是语言单位构成高层级单位的组成部分的能力,而形式(форма)就是语言单位分割成低一级层次成分元素的能力。根据这些定义,特征(меризмы)和音位都应该被看成意义单位。这样一来,特征只具有意义,而没

---

① А. А. Реформатский,*Введение в языковедение*. М. ,1976:с. 29—30.

② 本维尼斯特更多地是将置换(substitution /субституция)与分割(segmentation /сегментация)一起作为语言学研究方法的第一个层次(niveau),即音位(phoneme)的研究。对于句子单位,他考虑的往往是横组合轴(axe syntagmatique)、纵聚合轴(axe paradigmatique)与隐喻(metaphore)之间的关系。实际上,置换本身也是整个语言结构的一个现象,虽然它作为概念是属于反思层面的。

③ 本维尼斯特把音位和音位内部的区分性特征分别称作 фонема 和 меризма。

④ Э. Бенвенист,*Общая лингвистика*. М. ,1974:с. 129—140.

有形式，而音位既有意义，也有形式。由此，本维尼斯特认为，句子只有形式，没有意义（значение）。因为句子不具有整合成高一级单位的能力①。句子形成了一个上限，它既是语言单位，也是言语和话语的单位。

但是，本维尼斯特却又谈到了句子的意思问题，他认为，意思是句子特有的，且具有普遍性。述谓性是句子基本的、普遍的特征，而句子（语句）的指称则与相应的情景密切相关。述谓性或者谓项的载体是句子的述谓成分。本维尼斯特区分出了句子的意思（或意思信息）和指称（референция）。此外，他还从整体上划分出了以下几种意义：语符单位的整合功能意义、语言系统及其组成部分的意义、隐含意义、客体世界的关系意义。本维尼斯特把句子和其他语言符号单位完全分离开，似乎在说明句子的意义也和其他单位的意义有质的差别。但是，句子的意义到底和其他单位的意义有什么不同，他却似乎又没有详细说明，而且，他把意义看成是一种整合功能也欠妥当。

美国语言学家兰姆②提出了一个层次模型来阐释编码系统的层级相互转换过程中语音符号（或书写单位符号）和意义的相互关系，即层次语法（страти-фикационная грамматика）。他首先区分出了意义、语法和音位（семологический, грамматический и фонологический стратумы）三个层次，然后在这三个层次之下又划分了以下层次：超义位层次（гиперсемемный стратум）、义位层次（семемный стратум）、词位层次（лексемный стратум）、形位层次（морфемный стратум）、音位层次（фонемный стратум）、次音位层次（гипофонемный стратум）。③ 句法被看成是词汇和词位的结构规律，与形素和形位的结构规律不同。词是低于词位的层次。可以看出，所有词位、形位、音位和次音位层次的单位都属

---

① 句子并不是层次的上限，它还可以作为更高一层的语篇层次的构成成分。
② 20世纪60年代出现的层次语法学派，是在美国描写语言学和哥本哈根派的语符学的基础上发展起来的一个语言学派别，其代表人物是美国语言学家兰姆。层次语法赞成索绪尔和叶姆斯列夫的观点，认为语言是一套关系体系，语法的任务就是把语音符号（或文字符号）同意义联系起来。由于语音符号的线性特点和意义的多维性，二者之间很少有一对一的对应关系，所以二者的联系不可能一步完成，必须通过好几个层次系统才能达到目的。由于每一层次系统都有自己独特的组合规则，所以语言分析必须分层次进行。兰姆认为层次划分的主要原则是看其是否具有独立的组合规则，因此不同的语言可能会有不同数目的层次。每一层次都有一个层次系统，层次系统由交替模式、联结模式、符号模式和配列规则模式组成。层次中语言单位的排列组合方式由配列规则模式决定，而层次之间的相互联系和体现则由交替模式、联结模式和符号模式来完成。
③ С. Лэм, Очерк стратификациооной грамматики. Минск: Вышэйшая школа, 1977.

于表达层面，而所有超义位和义位层次的单位都属于内容层面。但是，表达层面单位和内容层面单位之间是如何转换的，兰姆并没有给出解答。他认为，词位层和义位层之间的转换（即编码过程）基本和形位与词位、音位与形位、次音位与音位之间的转换相同，只是构造法不同而已。义位和部分词位的组合次序通常是非线性的，而形位的组合则是线性的。音位模型遵循言语的时间原则。意义系统是非线性的，而是一个多维结构。兰姆没有进一步阐述不同层次内容单位之间的关系，这也在某种程度上大大削弱了层次语法的解释力。

此外，苏联语言学家布雷吉娜和克里莫夫（Г. А. Климов）也划分出了语言符号系统的层次。他们认为，在语言符号系统内存在两种单位：单层面单位和双层面单位，单层面单位是非符号的，双层面单位是符号的。① 单层面单位又包括表达层面（音位层）和内容层面（语义层）。表达层面（音位层）的单位包括区分性特征、音位、音节、重音组（或语音词）、语音句，这些单位构成了一个序列，层次越高，单位的结构成分就越复杂，最底层的单位是音位；内容层面（语义层）的单位包括语义成分（区分性语义特征）、义素②、名素（ономатема）和句义，最底层的单位是义素。

从结构上来说，下列成对单位的结构是类似的，或是同构的，即：音位区分性特征和语义区分性特征、音位和义素、音节和名素、重音组和句义。语音句在语义序列没有对应的单位。但这种同构现象并不意味着它们之间是能指和所指的关系，比如，名素与音节同构，但名素不是音节的所指，它的所指对象是词或成语。音节有中心成分（元音）和边缘成分（辅音），而名素则是词素和语法素的结合体。双层面单位包括形位、词和句子。具体的句子可以切分成有一定次序的词形和语调，词形可以切分成具体的词素。抽象的句子可以切分成博杜恩·德·库尔特内（Бодуэн де Куртенэ）所说的"语段"（синтагмы），"语段"则可以继续切分成语段形位（синтагмоморфемы）③。

---

① Т. В. Булыгина, Г. А. Климов, *Уровни языковой структуры*. // Общее языкознание: Внутренняя структура языка. М., 1972: с. 92—119.

② 义素具有两种表现形式：1) 语法素（граммема）——即语法意义；2) 词素（лексема）——即单个词或固定词组的所指。

③ 根据洛姆捷夫的说法，语段就是词的形式，是从句法意义的具体参数中出来的抽象形式；而语段形位则是句法意义的抽象参数。

综观以上论述，我们是否可以就此认为具体句子的意义就是词形意义的总和，就是语调参数的意义呢？名素是语调的所指吗？是否要考虑到词序及词序所表达的意义？换言之，这样通过词符和固定词组的所指来描写具体句子的意义是否合理呢？答案当然是否定的。具体单位即事件单位（единицы-события）和抽象单位即类型单位（единицы-типы）之间的层级关系的结构是不同的。通过对事件单位进行线性切分可以得出相应的结构关系。例如，一个具体的语篇可以很容易切分成具体的句子序列，具体的句子通过线性切分可以得到具体的词语即事件词（слова-события）的序列，具体的词语又可以分割成形素（词素），而后者最后可以分解为语音片段（响度单位）。在对每一个层次进行切分时，都会有些照顾不到的单位，它们往往具有超音质特征（просодический характер），而且从内容角度来看具有特殊的意义，是可切分单位的"语义根号"（семантический радикал），但这些超音质非线性单位在形式和内容上都不是一一对应的。

例如，语篇中往往渗透了作者的意图，它表现为一定的交际语用功能即意向功能（иллокутивная функция）和主题述题核心（темо-рематическое ядро），在这个核心中，语篇内容的能指所指潜势得以表现。交际语用功能决定了语篇的意向类型和感情基调，如描写、肯定、要求、责怪、批评、命令等等。当然，这些感情状态分布在语篇的各个环节，通过语篇的各个部分和丰富的表达手段来传达。组成语篇的句子的意向特征可以是同质的，即有统一的指向，其交际语用功能也和语篇保持整体性和一致性。例如：

В районный центр Чохатаури (Грузия) съехались семейные музыкальные коллективы. В районе сейчас их более тридцати. Из поколения в поколение словно эстафету передают они жемчужины народной музыкальной культуры. Семейные ансамбли пропагандируют также современную песню, посвященную труду, подвигу, любви. Самый большой успех на своеобразном фестивале выпал на долю ансамбля из села Дабла-Цихе, которым руководит Н. Осепаишвили. Это она восьми своим сыновьям и дочерям сызмальства привила любовь к музыке. Хорошо проявили себя также семейные ансамбли И. Тедорадзе, Р. Цхоидзе, Д. Имедашвили и другие. (ПРАВДА, 25.05.1982)

格鲁吉亚的乔哈陶利区中心来了一些家庭音乐团体。目前区内有三十多个此类团体。他们代代口头传承着民族音乐文化的瑰宝。这些家庭团体也宣传一些与劳动、功勋和爱有关的当代音乐。在特色音乐节上取得最大成功的是由奥谢帕伊什维利率领的来自达布拉-齐赫村的团体。她从小就培养八个儿女对音乐的兴趣。表现不俗的还有特多拉泽、茨霍伊泽、伊美达什维利等团体。(《真理报》,1982年5月25日)

上面例子中的七个句子,虽然在结构上或简单或复杂,但都执行了一个相同的功能即表征功能(репрезентативная функция),这也与语篇的整体基调相符合。但是,还有一种情况会经常遇见:就是语篇中的句子的意向指向功能各不相同,那到底是哪个句子来承载语篇的交际语用中心呢?我们看下面这段文章,其中心意思是"对纵容富农成分的现象进行指责"。

Мы с тебя лишнего не спрашиваем, а столь, сколь положено. В Сычевке ты кулаков нашел? Нашел. В Крутогорье? Нашел. А в Тетеревке не можешь? Это что же получается? Выходит, Тетеревка есть такой рай, где уже бесклассовое общество? Разуй глаза… Ты уже добрый месяц там торчишь и, разложился от местной обстановки. (Е. Евтушенко. Ягодные места)

我不想再多问你什么了,就问一些应该问的。在西切夫卡你找到富农了吗?找到了。在克鲁托高里耶呢?找到了。那在捷捷列夫卡就找不到吗?这是怎么回事?难道捷捷列夫卡现在是一个消灭了阶级社会的天堂吗?你睁大眼睛看看吧……你在这里已经待了整整一个月了,当地的形势就让你变得腐化了。

(叶·叶肯图申科:《浆果地》)

我们可以看出,上面这个语篇中有肯定句、疑问句、命令句,但没有一个句子可以完全符合中心思想,即"我对你纵容富农成分进行指责"。这里,指责和批评功能是通过语篇整体来实现的,它属于超音质内容成分,无法通过线性切分得到。当然,我们上面举的例子都是比较极端的现象。通常在一个语篇内,都是某一类交际意向的句子占主导地位。比如下面的例子中,Настасья的话语中有肯定句、命令句、疑问句,但整体上属于肯定、确认的基调,而其他语气的话语原则上都没有破坏语篇的指向性:

— Но я всегда думаю о смерти, — перебила Настасья, вроде бы уже знала, что я скажу далее. Я подумал, она смеется надо мною, всмотрелся подозрительно, но вид ее был грустным и искренним. — Вы не бойтесь,

Тимофей Ильич, я жизнелюбива, в омут не брошусь и в петлю не полезу. Но я всегда думаю о смерти, и это мне не мешает жить. Я пробовала однажды отвязаться от таких мыслей, они действительно странны… Вы не находите, Тимофей Ильич, их некоторую странность? Да, я пробовала однажды забыть их, но знаете ли, это трудно и скучно, словно бы во мне что-то сразу нарушилось… Вот как будто половинка меня осталась. Бывало ли с вами, Тимофей Ильич, вот вы лежите в постели, но будто не весь лежите, а только половина вас. Ну вроде этого. Занятно… И так становится тошно и неловко, что всего себя не чувствуете, а хочется сразу всего себя вернуть.
(В. Личугин. Крылатая Серафима)

——但我总是想着关于死亡的事儿。——娜斯塔西娅打断我的话,好像已经知道了我之后要说什么。我想了想,她是在嘲笑我,我疑惑地仔细看了看她,但她的表情显得忧伤又真诚。——您别害怕,吉玛费伊·伊里伊奇,我是个热爱生活的人,不会跳河也不会上吊。但我总是想着关于死亡的事儿,这也不影响我的生活。有一次我曾经试图摆脱这些想法,它们确实太奇怪了……吉玛费伊·伊里伊奇,您没发现这些想法有点奇怪吗?是的,有一次我尝试忘掉它们,但您知道吗,这很难也很没意思,好像我身体里的某些东西遭到了破坏……好像我只剩下了一半儿似的。吉玛费伊·伊里伊奇,您有没有过这种情形,躺在床上,但不是整个自己都躺着,而是只有一半儿在躺着。就是类似这种情况。很有意思……但这样我觉得恶心和不得劲儿,感觉不到自己,想立刻找回我自己。(弗·利求金:《长翅膀的谢拉菲玛》)

由此,我们可以看到,无论是语篇还是句子,其意义并不总等于其结构成分的意义总和,而且,有时多变的意义也不是词汇手段可以表达的。句子意义的构成是以述谓层面和关系层面为基础的,但主观述谓特征是无法通过线性切分得到的。主体和谓项的意义也不是通过个别的名素(ономатемы)来体现的。著名符号学家斯捷潘诺夫曾举例说明这个问题。他说,在句子 Гости(客人)—в саду(在花园里)中,主语是"гости(客人)",谓项是"в саду(在花园里)",但在句子 В саду—гости 中,似乎把"в саду"看做主语更合适,而谓项则是"гости"。话语成分的意义,即行动元意义或行动元的语义角色并不总是严格地体现为词汇单位的所指。句子意义可以组成语篇的意义或内容,词的意义可以进入具体的句子意义,但无论是句子还是语篇,它们的意义都不是其结构成分的意义总和所能表现的。每个语言单位的语义和语用层面都有自己的特点，相邻层次单位之间的结构关系并不能揭示它们之间的意义关系。

4. 语言符号的意义层次

高层级单位的意义并不等于低层级单位意义的叠加，那从宏观上来看，语言符号单位的意义层次到底是什么呢？列维-斯特劳斯在《神话与意义》一书中这样写道："在语义学里，有一件非常奇怪的事，那就是在整个语言里，对意义这个词，你要找出意义这个词的意义恐怕是最难的了。"①意义界定很难，意义层次的划分同样困难重重，因为符号意义本身具有多样性。比如，可以区分出内涵意义和外延意义、理性意义与情感意义、真实意义与虚拟意义等等。关于意义的层次也曾出现过二层、三层、四层及多层说。

意义的分层研究发端于早期释义学（Hermeneutics/герменевтика）②对《圣经》的注释解说，并由此形成了符号意义的二层次说。该理论首先假定被解释的圣典有多层意义。这多层意义可以分为两大层次：语言（或历史）的意义和精神的意义。前者指文字的表面意义，因为语言随着历史而变化，所以也称为语言的历史意义；后者指神圣的精神境界，它又可以进一步分为象征性意义、道德性意义和神圣崇高意义③。意义的二层说是从神学释义学的角度提出的，它假定上帝是《圣经》的作者，所以对《圣经》的解释就必须符合上帝的意图。因此，当解释学超出神学的限制，发展成人文科学后，解释依然继承着神学解释学的趋向。这使得传统解释学的道路越来越窄，最终导致了解释的危机。符号意义的三层说最经典的应该是美国学者莫里斯，他区分出了语构、语义和语用三个学科，由此相应地衍生出了意义的三层说。其实，这种三分法早在中世纪就已经出现。在古罗马晚期就曾提倡学习"七艺"④，而这"七艺"又分为"三艺"和"四艺"（тривиум и квадривий），其中的"三艺"是语法、修辞与逻

---

① 列维-斯特劳斯：《神话与意义》，多伦多大学出版社1978年版，第12页。
② 释义学是指建立一套正确的释义规则和方法，用以揭示经典的"原意"，尤其是指通过可理解的语言的释义，使《圣经》中的"神意"得以昭示，因此释义学是关于如何才能正确理解、释义的技术性理论，与修辞学、文字学、文献学、训诂学之间并无明确的界限。最早的释义学是神学释义学。文艺复兴运动兴起后，古典释义学代替了神学释义学，其主题是：充分发挥释义主体的创造性，排除释义错误，获得符合"客观"、"原意"的释义。而当代释义学的主流是哲学释义学。
③ 陈宗明、黄华新：《符号学导论》，河南人民出版社2004年版，第158—164页。
④ 七艺主要指算术、几何、天文、乐理、语法、修辞、逻辑。

辑,分别研究符号与符号的关系、符号与意义及意思的关系、符号与人的关系,这与莫里斯后来的语构、语义和语用三分野十分契合。

国内也有许多学者对意义层次进行了研究。比如周礼全的符号意义四层说就比较具有特色。他把语言符号分为四类:抽象语句、语句、话语和交际语境中的话语,然后分别找出这四大类语言形式的意义。[①] 抽象语句的意义是命题,命题是语言使用者的思想,而命题所描述的事态是客观存在。如果把抽象语句记为"A",它所表达的命题就是 A;语句的意义则是命题态度,因为一个语句除了包含抽象语句,还包括抽象语句的节律,节律则表达了说话人对命题的态度。如果把 F 记做命题态度,则 FA 就是语句"FA"的命题态度;话语的意义是意谓,因为一个话语"U(FA)"除了包含命题态度 FA 外,还有附加在命题态度之上的思想感情 U,即意谓。话语"U(FA)"的意谓就是 U(FA);交际中话语的意义是意思,即 CR(U〈FA〉),是说话者的思想感情和说话者相对于交际语境的思想感情的总合。

由此可见,意义四层观的基础是话语构式的分析,四层意义中后者比前者具体,其中,意思是具体的、完全的和真实的意义,其他则是抽象的和部分的意义,都只是意思的构成因素。至于符号意义的多层观,我们认为巴特的观点影响较大。他认为,神话符号系统由两个部分组成:一级符号系统(符号能指+符号所指)和二级符号系统(一级符号系统中能指所指的结合体作为新能指+新所指)。其中,一级符号系统的意义是所指意义,二级符号系统的意义是意指意义。虽然巴特只划分出两级系统,但我们认为,从理论上讲,符号意义的这种能指所指的不断叠加是个持续的过程,完全可以产生三级、四级符号系统,直至 N 级。

上面谈了几种典型的意义层级观,出发点不同,划分的层次也不同。鉴于意义层次是个比较复杂的问题,我们觉得从符号学角度对意义层次进行划分应该考虑以下几个原则:首先,要考虑整合性原则(интегративный принцип)。整合应该包括两部分内容:内部整合和外部整合。内部整合要对符号学的理论进行梳理和调整,使其具有内部和谐性和外部解释力;外部整合是要消化吸收包括语言学在内的其他学科的知识,它们是符号学范式发展的基础。

[①] 周礼全:《逻辑——正确思维和有效交际的理论》,人民出版社 1994 年版,第 16 页。

其次，要考虑建构性原则（конструктивный принцип）。建构主义（конструктивизм）是从行为主义（бихевиоризм）到认知主义（когнитивизм）一路发展而来的，它强调意义不是独立于我们之外而存在的，对事物的理解要取决于学习者内部的建构。建构论有助于我们更好地把握符号意义解释过程中的个体差异问题和意义生成变化中的社会规约问题，因为社会建构论认为社会规约就是意义生成的过程。最后，要考虑系统性原则（системный принцип）。就是要把研究对象即符号意义层次看成一个整体，综合地探索系统中符号与符号、符号与系统、系统与环境、系统与系统的相互关系，把符号放在特定的系统中去把握各种关联关系，以此来研究符号的意义。要考虑上述原则，同时要使层次明晰、容易理解，这的确是一个十分难以解决的问题。斯捷潘诺夫曾经把符号的结构层次、意义层次及其与其他学科的关系浓缩成一个图式①。

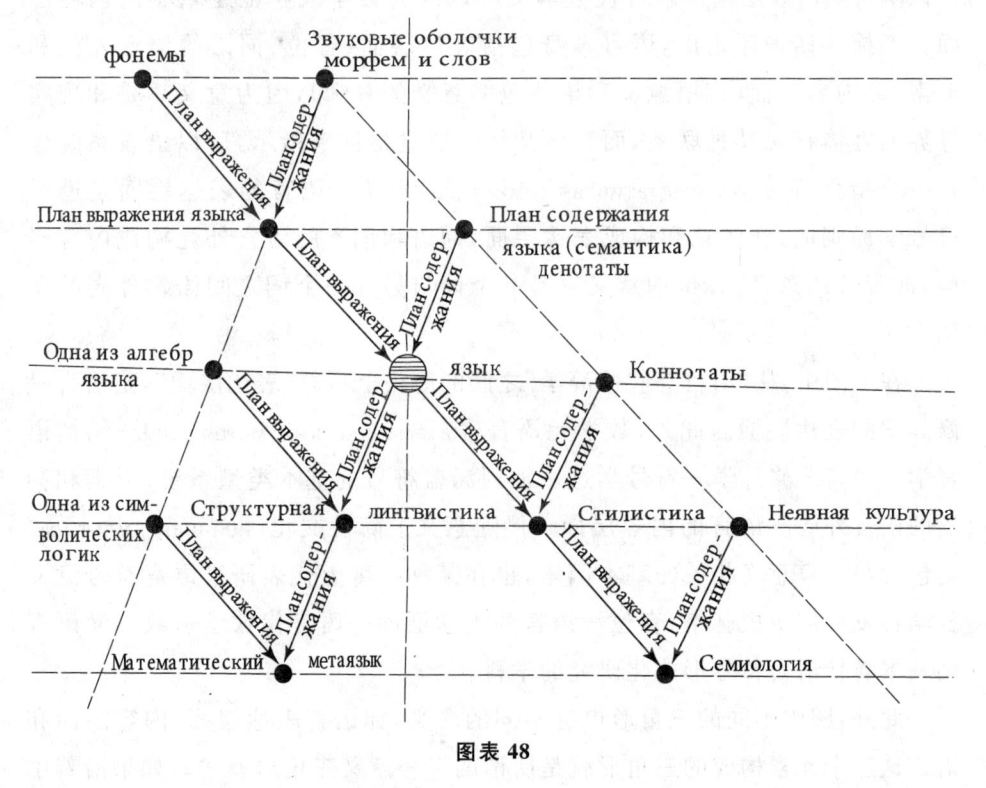

图表 48

---

① Ю. С. Степанов, *Семиотика*. М. ,1971；с. 54.

不难看出,斯捷潘诺夫十分关注语言符号结构的表达层面和内容层面。他认为,图中左半部分是属于严格意义上的符号学范畴,因为任何一个符号学部类都会非常注重表达层面,也就是使表达手段变成一种形式算法;右半部分是非严格意义上的符号学,他认为,符号学也关注内容层面,并最终会成为人类内心价值观的阐释系统。他还认为,语言修辞学是更广泛意义上的符号系统的表达层面,其内容层面是隐性的,涵盖个人、集体和民族的心理与文化因素。语言总体上来说是更广泛意义的符号学,即修辞学的表达层面,而修辞学是更高层次即外部修辞学的表达层面。如果从纯形式的角度来研究语言符号的关系,那就是图中的语言代数学(алгебра языка)或者是结构语言学的某个分支。这样,表达层面就是作为结构语言学形式的符码系统,语言符号也就成为该学科的内容层面。语言代数学又可以成为数学或象征逻辑学的内容层面。斯捷潘诺夫还指出,语言本身包括表达层面(音位、词语的语音外壳和形素)和内容层面(词语意义和语法范畴意义的总和),因为意义总是和现实世界的客体存在某种联系,而客体又往往通过指称来指示,所以语言系统也是一个指称符号学(денотативная семиотика)系统。语言的表达层面是遵循符号学原则的,音位总和构成表达层面,词语和词素的语言外壳构成内容层面,即音位的意义;音位的意义就是一个词与另外一个词之间语音外壳的区别。

在上图中,从"语言"到"修辞学"之间的箭头上写着"表达层面",指语言是修辞学的表达层面。此外,数学元语言(математический метаязык)—结构语言学—语言—修辞学—符号学这一轴列涵盖符号的基本类型系统;形素和词语的语音外壳—语言的内容层面—伴随意义—隐性文化(неявная культура)则包含与语言意义相关的基本因素,也在某种程度上代表研究语言符号意义各学科发展的历史脉络;音位—语言的表达层面—语言代数学—数学元语言则基本囊括语言符号形式化研究的学科。

此外,图中不同的三角形也有不同的含义,如语言表达层面、内容层面和语言这三个元素构成的三角形就是所谓的符号意义三角形模式。如果沿着中心对称轴把上图对折,就可以看到,右侧的不同类型意义都可以在左侧找到相应的形式化描写方法。我们还可以以图中任一层次(标以数字1、2……)为起始点和参照点,来研究该层次和其他层次的关系,即采用所谓的递归法(ре-курсивное правило)。数学中把描写另外一种语言的语言叫元语言,我们可以借用一下这个概念。如上图,如果说语言本身就是一种符号学,那图中结构语言学就是严格意义上的元符号学(метасемиотика),数学元语言就是严格的元符号学(мета-метасемиотика),修辞就是非严格的元符号学,而семиология就是非严格的元符号学。任何一个层次的符号元素都可以作为高一级层次的组成单位,而在描写符号层次也有一种自扩展性原则(самораспиряемость описания),即对某一层次的描写方法也基本同样适用于其他的层次。虽然斯捷潘诺夫的符号学层次图式涵盖范围比较广,但略显烦琐,而且其中对意义的层级分析也没有得到足够的重视。因此从某种意义上说,他的层次图式具有一种泛符号学意义。

我们都知道,在语言学领域大家都广泛接受语言和言语的符号二分法。但实际上,在语言符号之下还有物质符号,它是一种模糊的音响形象,与外界事物的概括性特征相关。所以更精确的分类法应该是物质符号、语言符号和言语符号。① 依据这个分类,王铭玉提出了一个语言符号意义层级模型(иерархическая модель значения ——ИМЗ)。在这三类符号系统中,能指都是以语音作为媒介,其他媒介基本都是语音的替代。在物质符号层次中,语音外壳能使人们对客观事物产生某种联想,这样,客观事物就在大脑中形成一个对应的印象。当人们想要表达这个印象事物的时候,就不可避免地要使用语言系统中的符号手段。而在语言符号层次,能指就是物质符号的能指与所指的结合体,即语音词。语音词的主要功能是称谓功能,它的所指往往不是个别的事物,而是某一类事物,即类指意义。而到言语符号层次,它的能指就是语音词和类别事物的结合体,而所指就是实际事物。在这个过程中,语言符号层次指称类别、意义抽象的词获得了具体的意义,和一定的情景相契合,去表达情景意义。所以,符号的生成,即符号化是一个能指加所指的不断递进的过程。我们可以把上述内容以下图表来表示:②

---

① 王铭玉:《语言符号学》,高等教育出版社2004年版,第222页。
② 同上。

语言符号的 ИМЗ 模型

层次	符号	符号化过程(семиозис) 能指+所指		概念	意义	称谓
深层	物质符号	语音外壳	所指映象	映指	感知意义	联想称谓
浅层	语言符号	语音词	类别事物	类指	认知意义	抽象称谓
表层	言语符号	语音体	实际事物	实指	情景意义	具体称谓

图表 49

我们认为,这个图表似乎更能表达语言符号的层次意义及其生成过程。我们可以举一个简单的例子:Этот лев съел мужчину в белой шапке.(这个狮子吃了一个戴白帽子的男人。)该句子的表达要经过以下几个过程:1)深层:说话人看到狮子吃了一个人这样一个事件,那他肯定抓住了物质符号"狮子"和"戴白帽的男人",这是这两个客观事物在人脑中的自然反映。2)浅层:为了表达所需的意义,就要利用语言系统中已有的语言符号,而"狮子"和"男人"都表示一类事物,是人对客观世界认知的概括和抽象。3)表层:为了表达确切的情景意义,即使话语和特定的情景契合,利用语音词和其所指即类别事物的结合体做能指,现实情景中的实际事物为所指。当然,这还必须借助其他的一些语言符号手段,如指示代词、限定语等等。可见,一个具体的交际语句的生成就是这样一个动态的符号层级过程。

第三节 句子意义的层级性

句子是语言符号交际—语用意义的研究中心,而不论是在抽象的语言符号系统中,还是在现实的言语交际中,意义问题尤其是句子的意义问题都是一个十分复杂的问题。但有一点可以肯定,那就是意义是具有层级性的。因为,语言符号本身具有层级性,那么符号单位所表达的意义就自然具有层级性。由于句子是情景符号,是具体交际情景的语义载体,而交际又不可避免要掺杂着个人的、语用的、社会的、文化的、道德的、认知等因素,所以,相对于词语符号的意义来说,句子意义的层级性更复杂。

上文,我们已经从整体和局部对语言符号的各个层次都进行了分析。句子作为情景符号处于语言符号系统的表层,属于超符号层次。由于具有语言符号单位和言语符号单位的双重身份,这就决定了句子本身就是一个多层次的结构,这一特点在它作为语言表达的内容层面时也有表现。张亚非指出:"理解一个句子——这个概念将通过语言层次的概念部分得到解释。为了理解句子,首先需要在每一个层次上重建对它的分析。"[①]这句话也为我们分析包括句子在内的语言符号层次的目的做了一个很好的注解。

句子意义的层次现在在苏联科学院1970年出版的《俄语语法》和1980年出版的《俄语语法》里都有体现,尤其是1980年出版的《俄语语法》对句子符号的意义层次分析得十分透彻。在1980年出版的《俄语语法》里,简单句的意义是有层级性的,不同层次的意义就是不同程度的抽象的结果。按照意义抽象度的高低,句义可以分出五个层次:语法意义、结构模式、结构模式的语义结构、交际意义、主观情态意义。[②] 语法意义即述谓性意义,这是句子最抽象的意义,所有的句子都具有语法意义;结构模式意义是一类句子具有的意义;而结构模式在被词汇填充时,由于各个成分之间语法关系的变化,因而会表现出更具体的意义,即结构模式的语义结构;按照结构模式建立起来的句子在交际中又可以利用诸如词序、语调的变化来表达更丰富的交际意义;以上的四个层次意义是每一个现实语句所必需的,而主观情态意义则是备选的。当然,1980年出版的《俄语语法》对语法意义和主观情态意义、主观及客观情态意义区分的模糊处理,也是其缺憾之一。[③]

而国内学者也有对句子意义做多层次分析的。比如杨喜昌把句子意义分为13种,即:述谓意义、模式意义、结构意义、命题意义、指称意义、预设意义、蕴涵意义、断言意义、联想意义、主观情态意义、命题态度、会话意义、焦点意义等。[④] 从这些分类我们看出,这些意义几乎囊括了所有的意义层次,而不同类别的意义的表达手段不同,既可以通过语法手段,如词序、语调、虚词等,也可以通

[①] 张亚非:"逻辑式的语义解释作用及其局限性",《解放军外国语学院学报》,1992年第5期。
[②] *Русская грамматика*. М.:Наука,1980:c.10—11。
[③] 李勤,钱琴:《俄语句法语义学》,上海外语教育出版社2006年版,第33页。
[④] 王铭玉:《语言符号学》,高等教育出版社2004年版,第212—216页。

过非语法手段,如上下文、语境等。而这些意义又分布在五个基本的层面上,即模式意义层面、结构意义层面、命题意义层面、命题态度层面、言语实现层面。

从本体论来讲,句子是语境中的具体意义在句子各个层次上不断解释的综合体现。句子的意义是一个多层次的构造,在言语交际中,我们不断地在抽象的模式上逐渐增加新的成分,直到它满足交际需求。句子意义的层级性还可以从言语接受的理论来得到佐证。著名学者朗格(Langer)早在1893年就提出言语接受的层次模型。他认为,言语接受本身就是一个层级性的过程,是从抽象的不被区分层次逐渐过渡到可区分的层次;接受过程有层级性,因此任何刺激被我们感受的过程都不是一下子就完成,而是有渐进性,而且层级性也不是分类的功能;生理发生层次与我们的概念层次相吻合。而句子意义的多层性也决定了对其进行分析的非线性。从最具体的特征和表现到最抽象的特征和表现——这是理论认识的必要阶段和条件。①

1. 句义研究的双层观

我们都知道,语言符号并非是形式与内容的简单结合,而是一个活跃的有机体,这是现代语言学的一个基本共识。在符号系统这个有机体的内部,各个环节都以纵向和横向的方式彼此联系。而这一个特点通过对语符层次的分析是完全可以得到阐释的。只要涉及系统、结构这样的学说,就必然涉及层次,因此层级性是结构系统的普遍性特点。关于语言的层次理论及语言的系统性分析,一般认为是发端于索绪尔符号的能指、所指二分法,其后,叶尔姆斯列夫又提出了语言的表达层面和内容层面学说。而20世纪西方的生成语法更是对层次,尤其是句子层次进行了实证主义分析。从索绪尔、叶尔姆斯列夫一直到乔姆斯基②,结构主义语言学对符号本体及意义层次的二分法研究,都对句子的研究有很大裨益。二元对立是结构主义符号学最常使用的一套逻辑分析原则。索绪尔率先把二项对立的分析方法引进到结构主义语言学中来。他主要做出了以下几个二元划分:语言和言语、共时和历时、组合和聚合、能指和所指。它们构成了符号学研究的基本概念工具,开创了将二元对立作为普遍的

---

① 杨喜昌:《俄语句子语义整合描写》,黑龙江人民出版社 2005 年版,第 143 页。
② 乔姆斯基虽然承认他的语言理论与索绪尔的语言理论有一定联系,即索绪尔是区别语言与言语的关系,而他是区别语言能力与语言运用的关系,但他不承认他的语言学是结构主义语言学。而许多学者认为他与结构主义还是有联系的,这主要表现在他与索绪尔语言学方法的关系。无论他如何反对索绪尔的语言学方法,他继承了索绪尔以后的结构主义方法还是一个事实。

逻辑分析原则的结构主义时代。从句子研究的角度来看，索绪尔的这些基本原则都适用于句子意义层面的分析。

首先，有学者认为，从语言和言语的区分可以划分出句子和语句。卡勒（Culler）认为，索绪尔区分语言和言语，是符号的任意性和语言的同一性所引起的必然结果。简单地说，如果符号是任意的，那么符号就是纯关系的实体。要确定符号及其同一性，就要依靠关系的系统以及符号之间的差别。因此，必须把表现符号的各种物质和构成符号的实际形式区分开来。这样，分离出来的就是实际言语活动中潜在的形式系统，这就是"语言"。语言，从一方面讲，是生成和理解言语的结构；从另一方面来讲，是规则系统和从言语事实中抽象出来的单位集合。而言语首先是生成表述的过程，其次是语言结构在实际运用中的结果。这两个概念相互联系、相互依存。而句子实际上既是语言单位又是言语单位。把语言单位和言语单位看做一个辩证的对立统一体，而句子在两个层面的属性恰恰体现了语言和言语的对立统一关系。也就是说，具体到句子单位在这个辩证统一体中的表现，一个为语言层次上抽象的句子，即存在于说话人大脑中还没有实现交际任务的潜在的句子；另一个为言语层次上具体的句子，即存在于交际环境中担负一定交际任务的，以动态面貌出现的句子。在俄语语言学界，有学者用句子（предложение）和语句（话语或表述）（высказывание）来区分句子在言语和语言两个层面的不同概念。它们与语言和言语一样，二者的关系也是不可分割的。正像伊奥尼采和波塔波娃[1]指出的那样："把句子—语句这个统一的整体区分为两个单位，作为一种方法论手段，以便于为了各自的目的来进行清楚的划分，区别和限制研究对象，这还是合理的。"博尔德列夫（Н. Н. Болдырев）在斯捷潘诺夫的影响下提出了功能—符号学原则，将语言和言语合二为一，视语言为统一的整体。他坚持语言研究中静态和动态、系统和功能相对应的理论原则，将句子视作语言的基本单位，认为语句意思是其所有成分在语句的具体语法结构中相互作用的结果，其意思的形成具有整合性的特点。句子如同结构模式、命题一样是语句单位。在篇章和话语中划分出来的句子—语句是独立的功能层面的语言单位，同属语言和言语。[2]

---

[1] М. П. Ионицэ, М. Д. Потапова, *Проблемы логико-синтаксической организации предложения*. Кишинев Штиинца. 1982: с. 11.

[2] Н. Н. Болдырев, *О функционально-семиотическом подходе к анализу языковых единиц*. Отв. ред. Н. Н. Болдырева. Тамбов, 1998: с. 391—392.

其次，从共时历时的角度出发也可以研究句子。句子作为符号本体，其历史作用、结构发展、模式变化等方面的研究可以归为历时研究，而单独就句子在某一时期的综合研究，包括与其他语言句子研究相对比，则属于共时研究。此外，以线性原则研究句子各个成分之间的搭配和由此产生的结构、语义、语用意义是组合层面上的研究，而研究同一抽象句子模式的不同变体、句子各个成分之间的可选、可替代关系，则属于聚合层面的研究。而作为情景符号，句子本身也具有符号的基本特征，即是能指所指的双面实体。比如，*Я читаю книгу*（我读书）这个句子中三个成分的能指相结合，共同组成了句子的能指，而三个成分的意义共同体则构成了句子在符号层面上的所指意义。

索绪尔之后，叶尔姆斯列夫的语符学（глоссематика）理论在表达和内容第一层对立的基础上，又区分出形式和实体这第二层对立。他认为，语言符号的表达和内容都可以区分出实体与形式，表达实体是语音场，表达形式是语音符号；内容实体是语义场，内容形式是概念。在这里，索绪尔的能指所指、组合聚合的区分已经变成了叶尔姆斯列夫双面双层理论。那这一理论对我们研究句子又有什么指导意义呢？我们可以根据叶氏的理论把一个句子区分出表达层面和内容层面。还是上面的句子 *Я читаю книгу*（我读书），其表达层面就是符号"я"、"читать"和"книга"的语音形式或书写形式，而内容层面就是词语意义、语法意义以及由此而产生的句子的意义。可以说，表达和内容的二层区分为我们研究句子提供了一个十分简单但又有效的工具。

自20世纪中叶开始，西方语言学界被乔姆斯基的转换生成语法所统治。客观地讲，乔姆斯基的理论也是来源于结构主义的一些思想。索绪尔区别语言与言语的关系，而乔姆斯基区别语言能力与语言运用的关系。乔姆斯基认为必须否定索绪尔的下述观点：语言是意义和声音的网络。他认为语言能力是一种创造过程，特别强调语言的创造性。此外，乔氏关于句子深层结构与表层结构[①]的二分观点也与一般结构主义有许多类似之处，如深层是神话结构，表层是神话；深层是亲属结构，表层是婚姻和家庭关系以及亲属关系。这些说法的重点是深层结构的先验性。乔姆斯基的语言学方法既有结构主义的因

---

① 乔姆斯基句子深层结构与表层结构的划分源自德国学者洪堡特，后者区分出了句子的内部和外部形式。

素,又有唯理论哲学的因素,是二者的有机结合。唯理哲学观点主要来源于笛卡尔以及莱布尼茨等哲学家的思想,即"天赋观念"是一种"思维能力"、"天然能力"、"潜在性"、"倾向"、"习性"等等。关于生成语法,胡佳科夫曾指出,生成语法是用深层结构和表层结构的术语对句子的形式和语义之间辨证的矛盾关系描述所进行的第一次认真的尝试。兹韦金采夫也曾经指出,乔姆斯基理论的优点在于,它围绕的不是具体语言的个别单位、现象或事实,而是围绕着像句子这样能够进行思维初级表达的普遍范畴而形成的。同时,他也指出,如果要建立起一种理论,其目的是针对语言学范围内说话人—听话人而言的一种理想化的模型,并且是语言共性理想化模型,那么仅从这一前提条件来看,这一理论本身就存在弱点,它不可能完成自己的任务。乔姆斯基的理论从心智及认知的深层次原因为我们研究句子意义的生成提供了可操作性很强的理论手段。

在乔姆斯基看来,任何一个句子都具有深层结构和表层结构,后者是前者根据一套可操作的转换规则生成的。所谓的表层结构分析,就是把句子切分成特定的单位,标出单位的范畴,然后再把这些成分切分成更小的范畴单位,切分的结果可以用树形图来表示。深层结构和表层结构有时是非对称的,对于一些歧义句,表层结构只有一个,而深层结构却有几个;而对于某一类模式的句子,表层结构有很多,而深层结构只有一个。所以,深层结构分析绝不仅仅是对句子进行形式分析。深层结构不等于表层结构,表层结构无法表示出具有语义价值的语法关系,起不到深层结构的作用。我们认为,也正因为表层和深层结构有如此大的差异,所以才要更深入研究句子符号的深层结构与表层结构的关系,揭示句子意义的本质。可以看出,结构主义者对语言符号的二元划分为句子研究提供了十分有力的操作范式,他们的理论观点无论是对句子的静态语义结构描写,还是对句义生成的动态描写都有非常强的借鉴意义。

2. 句义研究的三层观

句子符号意义的二层观是句子研究的理论基础,在此基础上,学者们又提出了句子意义研究的三层观。句子研究领域的三元观来源于中世纪的"三艺"划分。"三艺"主要包括语法、逻辑和修辞。语法研究符号间关系,逻辑关注的是符号与意义的关系,而修辞则探寻的是符号与符号使用者的关系。这种三元观直接影响了皮尔斯和莫里斯。

皮尔斯在普遍范畴思想的指导下提出了符号化过程中的三种要素：媒介关联物(符号本身就是一种存在)、对象关联物(符号要表现其他某种东西)、解释关联物(这种表现关系要通过第三者进行解释)。与三要素相对应的是三种符号区分法：一元法(从符号本体出发)，区分出了性态、型例和原型三种符号；二元法(从符号对象出发)，划分出象似、索引和象征三种符号；三元法(从符号解释项出发)，划分出意元、命题和论证符号。皮尔斯的三分法对现代符号学研究产生了极其深远的影响。弗雷格的符号学三角形、奥格登和理查兹的语义三角形、黑哥尔的语义梯形和苏联学者梅利尼科夫的语义四方形等意义模式都或多或少受到皮尔斯的影响。而受皮尔斯影响最大的则是莫里斯，他的著名理论，即符号学三分法(语构、语义、语用)从符号组合的限制、简单和复杂符号的指称、语言对解释者行为的影响方式三个方面，构成了对语言进行完全说明所应该包含的内容和要件。

无论是现代语言学还是现代符号学，其发展脉络基本都经历了从语构经语义到语用的变化过程。而符号学这三个层面也构成了语言研究的三个维度，各个维度的侧重点不同，但对一个维度的描写必须要以其他维度为基础，这也是当代语言学越来越走向综合、整合的必然趋势所要求的。符号学三分法理论被应用于句法层面的研究一般认为是始于捷克语言学家达涅什，他认为，动词的意义是句子的语义核心，句子的语义结构就是动词意义结构模式的句法体现，因此，描写动词意义应该优先于语句意义的描写。达涅什区分出三类动词，这三类动词分别表示静态情景、过程和事件。静态情景动词主要表示定位、所属、分布等其他类似的关系；事件动词的意义主要是指从初始情景到终极情景的过渡(如 *Карл исчез из Праги*——卡尔从布拉格消失了)；过程动词的意义是指动态的动词意义，与情景范畴无关，过程意义又分为积极意义、消极意义和非结构性意义三类。在 20 世纪 60 年代，达涅什又在他的《句子三个平面的句法研究》(A three-level approach to Syntax)一文中提出了"从三个层次的不同角度研究句子"的思想，即从语义、句法、交际三个平面研究句法，从而开创了语言学对句子进行多层面研究的先河。这一思想被俄罗斯语言学家洛姆捷夫、基布里克(А. Е. Кибрик)、别洛沙普科娃等继承并发扬，别洛沙普科娃依据达涅什的思想提出了句子研究的"三项式"理论。

所谓的"三项式"理论指句法研究的三个机制，即结构机制、语义机制和交际机制。① 这三个层次相互补充和支撑，构成了整个句法学的研究系统，而且每个句法单位都具有三种内容：形式内容、语义内容和交际内容，这些内容是话语实现交际意图的最重要的因素。别洛沙普科娃的理论改变了传统句法研究单层次、单维度的研究视野，使句法研究转向了多角度、多层面的整合研究，即同时兼顾句子的形式、意义和交际特征。在"三项式"理论的形成初期，别洛沙普科娃更多是关注形式、语义及交际这三个层面的差异，并试图证明三个层面的相对独立性。但之后，她的研究重心就转向了对三个层次的相互关系的研究，这也是句法研究越来越趋向于整合趋势的体现。

而在国内汉语学界，语法分析的三个平面思想首见于胡裕树主编的《现代汉语》。在该书中，作者结合汉语语序的研究指出要区分三种不同的语序，即语义的、语用的、语法的。之后，胡裕树和范晓又在《试论语法研究的三个平面》一文中勾勒出三个平面的基本范畴和三者之间的关系。汉语学界也普遍认为，这一思想对于汉语语法研究具有重大意义，并预言它将成为汉语语法学的研究方向之一。从上述我们可以看出，莫里斯的符号学三分野为语言符号研究，尤其是句法层面的研究提供了行之有效的操作手段，这种句子研究中的语构、语义和语用三分法也确实得到了广泛的应用和长足的发展。

这里需要指出的是，综观学者们的研究理论，虽然很多人都在使用三分法理论，但各有侧重不同。我们认为，三个平面学说首先是一种学术实践，它是在总结之前学者的思想得失基础上创立的。比如，描写语法只重视对句法结构作静态的形式描写，忽视了语言单位的动态分析和意义分析；转换生成语法虽然也研究句子的变化（转换和生成），但这种变化只不过是在句法范围内的；格语法只分析动词及动词和名词之间的意义关系，试图以语义为纲来统揽、说明句法。这几种学术流派不区分三个平面，把原本多维度、立体的语言现象放在一个层面上研究，必然造成混乱。其次，三平面理论对语法研究具有很强的指导意义。因为，对句子进行研究，任何一个平面的单一分析都是不完备、不自足的，只有进行三位一体的整合分析，才能对句子进行相对完整的解释，这也是句法研究的核心目的。再次，三分法作为一种理论形态来源于现代符号学理论，但又不完全等同于符号学中的内容。因为，符号学中的划分是从宏观

---

① В. А. Белошапкова, *Современный русский язык. Синтаксис.* М., 1977.

的符号学现象整体来立论的,而对于特定的符号现象,语构、语义、语用三个部分的具体研究内容和三者的关系又随着研究对象的特点而表现出不同程度的差异。因此,我们认为有必要区分两种既相互联系又互有差异的三个平面。即符号学三平面和语言学三平面。

符号学三平面(три плана в семиотическом смысле слова)以整个符号学现象为研究对象,不仅包括语言符号,还包括其他符号系统。这个层次的研究具有一般性,目的是揭示人类符号现象的共性。因此,符号学中的语义学通常是指真值语义学,即以指称意义为内容的语义学;语构学既研究语法形式,也研究语法意义;语用学主要指以上下文为依据的意义阐释学说。

语言学三平面(три плана в лингвистическом смысле слова)是以语言符号为研究对象。其中,语义既包括以指称意义为主的真值语义学,也包括各种相关的语义研究;语构既研究符号形式,也研究符号意义;语用包含的内容比较广泛,如会话原则、言语行为理论等等。对于句子来说,传统的研究则大多数是语法研究,即以语句的结构规则为研究重点,以句法分析为核心内容。在这个层次,语构研究制约句子以及语句(包括短语)的形式规则;语义研究与结构和形式有关的意义;语用则研究实义切分、话题焦点等。由此可见,语言符号学中的句子研究不是把符号学三平面都照搬进来,而是只分析那些对句子组成起制约因素的句法、语义、语用的因素,它同时也不是句法学、语义学和语用学三者内容的叠加,而是上述三门学科中反映在句子中的部分。上述三个层次的平面可以如下表示:

平面	层次	研究对象
符号学平面	语构	符号的语法形式、语法意义
	语义	真值语义学
	语用	意义阐释学说
语言学平面	语构	语言符号的形式和意义
	语义	真值语义学及其他意义研究
	语用	会话原则、言语行为理论等

图表50

当然,理论上讲,三个平面并不意味着在具体句子分析中就要进行三个不同角度的分析,而是说要采用三个视角(句法、语义、语用)对句子进行多层面分析,并在具体操作中一次性完成这种分析操作。那么,在具体的句子分析中,三个平面的相互关系又是什么呢? 我们认为,由于采用三个平面理论对句子进行分析,所涉及的是句法层面——句子符号的结构和意义问题,因此,应该以句法为中心,同时保持形式和意义相对应、动态分析和静态描写相对应,语义和句法结合,语用和句法结合,语义和语用结合。概括起来就是"一个中心,两个对应,三个结合"。只有真正对句子意义进行全方位、多角度的整合分析,才能揭示句子意义生成及表征的根本机制。

3. 句义研究的四层观

符号学的三分法对语言学研究的影响是深刻的、革命性的。但随着研究的不断深入,许多新的观点也在不断涌现。有些学者开始思考,除了语构、语义、语用三个角度研究语言符号之外,是否还有其他的路径可以探寻呢?

在这方面,俄罗斯著名学者弗谢沃洛多娃(М. В. Всеволодова)的句子研究四面模型比较有特色,这一理论是在功能交际应用语言模型框架内提出的。她对句子的研究完全是从功能交际的角度出发的,其研究对象是带有作者观点在内的具体的话语句(предложение-высказывание),即抽象模型的具体言语体现,是交际单位,而不只是结构单位。① 我们知道,句子的意义并非是句子链条上词汇和语法意义的简单叠加,如果是那样,那么句子 *Маша читает бегло* 和另外一些句子,如 *У Маши беглое чтение*、*Чтению Маши присуща беглость*、*Чтение Маши отличается беглостью*、*Маша—это беглость чтения* 的意义就都一样了(都是"玛莎朗读得很快"的意思),唯一不同的是句子的结构模式不同。而这些结构模式又会与不同的篇章类型对应。这样,如果学生不考虑句子内容,而只是对篇章类型和相应句子模型进行机械记忆,就会大大加重学生的记忆负担。但是,如果句子中首先看到的是其内容常体(содержательный инвариант),而且这个内容是可以用不同的句子形式结构表达的,那么上面列举的关于 Маша 的句子就是拥有相同所指内容的句子,也就是说这些句子在内容平面上是相同的,但在其他平面(交际、语义和形式平面)却是不同的,它们之间的差别也正体现在这里。应用语言模型框架研究的对象是话语句,即抽象模型的具体言语体现。话语句与抽象模型的区别在于前者具备述谓关系(предикация)。与列坎(П. А. Лекан)一样,弗谢沃洛多娃也

---

① М. В. Всеволодова, *Теория функционально-коммуникативного синтаксиса*. М. ,2000:с. 195.

区分述谓性（句子的情态、时间、人称语法意义）和述谓化（构成话语平面）两个概念。

述谓性的标志是有或没有动词，述谓化的标志是语调，句子是述谓语段的词的组合。① 句子就其称名功能本身来讲只有述谓性，而没有述谓化，故不是话语句。也就是说，述谓化只出现在具有述谓语调的句子里。此外，基布里克的"自然模型论"（естественная модель）（即相应的语言模型应该能解释语言事实是如何建构的）和"语义先决论"（无论是句法内容还是形式特点在很大程度上都是由语义内容预先决定的）促使弗谢沃洛多娃看到话语句是一个多平面的单位，而且其每一个平面都有自己特有的结构。

弗谢沃洛多娃提出，句子不是达涅什主张的那样只有三个平面（即语义、句法和交际），而是有四个平面：1）所指平面（денотативный уровень），这是基础平面，体现在所指结构中；2）交际平面（коммуникативный уровень），体现在语符的交际结构中，即实义切分；3）语义平面（семантический уровень），体现在语义结构中；4）句法平面（синтаксический уровень），即形式结构的实现界面。② 所指平面反映的是语言外事实——即类型情景（типовая ситуация）。类型情景由谓项及论元（аргументы）构成。论元可能是题元（актанты），也可能是状态元（сирконстанты）。比如句子 В лесу живёт медведь（森林里有头熊）中，处所状态元（сирконстант-локатив）"в лесу"（森林里）就是存在谓项的论元。谓项是连接题元和状态元的行为、状态、关系、存在和特征（质量和数量）。题元是事件的参加者，它包括：

1）主事（протагонист）——所指平面上主体类角色，是构成情景的唯一或首要题元参加者。③ 它与存在谓项连用时是存在主体（экзисциенс），如 В лесу водятся волки（森林里有狼）；与动态谓项连用时可能是生命主事，即施事（агенс），如 Рабочие строят дом（工人们在建房子）；也可能是非生命主事，即某种力量（сила），如 Течением унесло лодку（水流冲走了小舟）；或者是机能（функтив），如 Самолет приземлился（飞机着陆了）；与状态谓项连用时是状

---

① А. А. Реформатский, *Введение в языковедение*. М., 1976: с. 332; Д. Н. Шмелев, *Синтаксическая членимость высказывания в современном русском языке*. М., 1976: с. 41—42, 79.
② 弗谢沃洛多娃，2000: с. 199—201。
③ Т. В. Шмелева, *Семантический синтаксис. Тексты лекций*. Красноярск, 1994: с. 42.

态主体（экспериенцер），如 *Старик страдает астмой*（老人家患有哮喘）；与特征谓项连用时是被描述者（дескриптив），如 *Это пальто новое*（这件大衣是新的）；与关系谓项连用时是关系对象（релянт），如 *Петя—брат Миши*（别佳——是米沙的弟弟）；*Оле и Наде смерть*（奥莉雅和娜嘉死定了）。

2）受事（пациент）——情景的第二所指参加者，是主事行为的涉及对象：*Я купил книгу*（我买了本书）。

3）与事（адресат）——主事和受事之后的第三情景参加者，它不受主事的直接影响：*Он подарил отцу часы*（他送给爸爸一只手表）。

4）工具（инструмент）——帮助情景实现的物体。如 *Я мою руки мылом*（我用肥皂洗手）；*Мама кормит сына кашей с ложкой*（妈妈用勺子喂儿子喝粥）。

5）情景元（ситуант）——使情景变复杂或具体的参加者。它要么使基本命题复杂化，比如句子 *Я сидел с книжкой в руке*（我手里拿本书坐着）中的 книжка（书）没有改变基本命题，而只是使命题复杂化了的参加者，叫共事（комитатив）；要么使题元或状态元复杂化，如上句中的 рука 是主事的一部分，叫分事（партитив）；而 *на обложке журнала*（在杂志封面上）中的 обложка（封面）是处所伴事。

所指结构反映的是类型情景的具体体现，亦即具体事实、现实生活原型事件的结构，故进入该结构的还可能有补充角色，即不是该谓项的论元，但却是话语句的必要角色，因为这些角色反映了该事实的结构。弗谢沃洛多娃将其称之为"助元"（партиципанты）。比如话语句 *В России живет много национальностей*（俄罗斯生活着很多民族）中的谓项 жить（生活）的论元有：主事——具体表现为存在主事 национальности（民族），处所词 Россия（俄罗斯）和助元——数量词（квантитатив）много（很多），这个数量格是该话语句所必需的。就像句子 *Маша читает бегло*（玛莎朗读得很快）中的 бегло（很快）一样，其述题位置已经证实了它的必要性。但需要指出的是，*Маша читает бегло* 和 *В России живёт много национальностей* 中，说话者的主观色彩几乎不存在，即缺少交际前景（коммуникативная перспектива）。

交际平面反映的是情景发话者的认知平面，是受情景制约的。它确定思维的对象——主题（тема），亦即被述谓化成素（предицируемый компонент），以及思维对象的特征——述题(рема),亦即述谓化成素(предицирующий компонент),也就是指包括带主要句重音词在内的词群。① 依此确定语义结构的谓项框架。关于 Маша 读书的句子可有以下几种实义切分形式(下文三小点中的例句意思都是:玛莎朗读得很快):

1)主题是施事名词,述题是谓项及特征,可有以下言语体现:*Маша//читает бегло*;*У Маши//беглое чтение*;*Маша//отличается беглым чтением*;*Маше//свойственна беглость в чтениие* 等等。

2)主题是行为名称,述题是特征,而施事名词在切分符号前,可有以下话语句:*Читает Маша//бегло*;*Чтение у Маши//беглое*;*Машинному чтению//свойственна беглость*;*Чтение Маши/Машино чтение//отличается беглостью*;*Чтение Маши—это сама беглость*.

3)主题是特征,述题是施事或施事和行为的结合,如:*Бегло читает//Маша*;*Беглость чтения//у Маши*;*Беглостью отличается//Машино чтение*;*Беглостью в чтении//отличается Маша*.

正是这个建构话语句的平面决定话语句成素的基本词序。即使像阿鲁久诺娃曾指出的那样,有一些形式结构直接依赖于词形次序,但交际平面不总能决定句子的形式结构。交际平面紧跟所指平面之后的原因是它对位于其后的语义平面结构和形式平面结构都有直接的影响。语义平面反映的是向受话人传达事实时说话人的主观认识。语义结构有几个界面,每个界面都与其他各个平面连接着,可以说,语义平面是连接其他各平面的句子核心。

1) 语义结构的第一个界面与所指平面连接。正是在这个基础上形成情景参加者的数量成分和特征成分,比如下面的例子中可以省略谓项"*жить*"(生活),试比较:*В России—много национальностей*(俄罗斯有很多民族);*Россия многонациональна*(俄罗斯是多民族的国家)等等。但句中可加入某些结构词,如 *количество*(数量)一词:*В России (живёт) большое количество национальностей*(俄罗斯生活着大量的民族)。此外,引入句子结构的信源意义使所指结构变复杂,因为它们在句子结构内部建立了补充事件命题,而态式意义则只留存在语义结构中,也可能出现在形式结构中。正是在这个语义结

---

① Е. В. Падучева,*Высказывание и его соотнесенность с действительностью*. М. ,1985:с. 112.

构界面框架里，可以引入作者的主观信源说明补充（авторизационные добавки）：*В России, как известно, много национальностей*（众所周知，在俄罗斯有很多民族）；*Маша, по-моему, читает бегло*（我认为，玛莎朗读得很快）；也可以引入作者的主观情态补充（модусные добавки）：*Именно Маша читает бегло*（只有玛莎朗读得快）；*Не только в России живёт много национальностей*（不仅是在俄罗斯生活着很多民族）。

2) 语义结构的第二个界面与实义切分相关联，因为主题总是主体思维的对象，正是实义切分建立了述谓化关系。

3) 语义结构的第三个界面反映的是所表述的事实结构的缩影，它与形式结构直接相关，正是在这里才可以提及由主体—谓项构成的纯语义结构。为了与所指结构相区别，纯语义结构应该被称为命题。确实，话语句(1)*Олег хорошо учится*（奥列格学习好）和(2)*Олег хороший ученик*（奥列格是个好学生）的所指结构相同，区别就在于命题不同。例(1)是事件命题，例(2)却是逻辑命题。这个类型情景的所指结构跟有关 Маша 的句子一样，都是由动态谓项、施事和行为的性质特征构成的。然而，在例(2)中我们从外部看到的却是另外的情景，即一个由描述主事（протагонист-дескриптив）（即性质或数量的承载者）及其性质特征构成的情景，试比较：*Олег относится к числу хороших учеников*（奥列格属于好学生）。正是主体—谓项关系构成了句子模型的类型意义。[1] 类型意义在形式结构中也有所体现，一定的形式结构决定着一定的类型意义。

正如佐洛托娃指出的那样，由"名词—格形式＋动词陈述形式"和"名词—格形式＋形容词"构成的模型都具有"主体及其动态特征（行为）"的类型意义。例如：

名词—格形式＋动词陈述形式：*Маша читает*（玛莎在读）；*Отец копает грядки*（父亲在挖畦）；*Подъехала машина*（开过来一辆车）。

名词—格形式＋形容词构成的模型，根据形容词的词汇意义具体可以有以下几种意义类型：

1) 主体及其性质特征：*Маша красивая*（玛莎很漂亮）；*Дом высокий*（房子

---

[1] Г. А. Золотова, *Коммуникативные аспекты русского синтаксиса*. М., 1982: с. 98—99.

很高)；*Вода в речке прозрачная*（河水很清澈）。

2) 主体及其状态：*Вера больна*（薇拉病了）；*Он был зол*（他很凶恶）。

3) 主体及其与其他人或物的关系：*Маша дружна с Олей*（玛莎和奥莉雅关系很好）。

如果语义结构和所指结构相同，那么内容常体和模型的类型意义就是同构的。我们在带中性词序及词序有变化但形式结构不变的句子（语句）中看到的正是这种情况。然而，语义结构可能与所指结构不同，比如句子 *Олег—хороший ученик*（奥列格是个好学生），由带类型意义"主体及其所修饰行为的特征"的动态模型句变成了带类型意义"主体及其性质—区分特征"的句法变体。句法平面主要体现在句子形式结构中，而形式结构是由句子成分构成的。在句子的结构模式体现了说话人的说话策略，即实现交际任务的最佳算法。句子模式由所有句法要素的结构功能构成。词语的句法结构形式根据意义的搭配规则建立了述谓联系来表达意义，构成句子模型。

通过以上论述，我们发现，如果将话语句看成一个多平面的整体，则能够建立起具有极大说服力的句子语言模型，能够构建解决一定交际任务的句子转换规则。弗谢沃洛多娃从句子的四个平面角度来研究句子模型似乎显得有些过于复杂，然而正是这种复杂的描写反映了语言复杂的实质。

第 三 章

句子意义层级的语言符号学模型

　　从19世纪到20世纪前半叶的传统句法学对句子意义的描写和分析并不是很重视,当时的学者只研究与句子形式有关的句法结构。阿鲁久诺娃曾指出:"句法作为语法的一个分支,它努力不超越语法自身的范围界限。"① 随着维诺格拉多夫把述位性引入句法理论领域,人们才改变了对句子的认识。在当代语言学中,句子被看做是一个多维度的符号单位。有学者认为,句子符号(сентенциональный знак)具有独立和非独立的双面特点。独立的句子符号主要体现为其形式结构,可以从语言符号系统内部理解;非独立的句子符号主要是交际中的句子,即作为情景符号的句子,则必须从更多的语言外因素来加以分析。

　　俄罗斯科学院1980年出版的《俄语语法》的出台标志着句子研究进入了一个新的时期。什韦多娃的"形式〈=〉意义"的研究范式对学界影响颇深。此外,梅利丘克的"意义〈=〉文本"模式则详细地研究了句子的非形式化意义。这一模式中的句法包括三个层次:语义、深层结构、表层结构。此外,别洛沙普科娃又提出了句子研究的三项式理论,而阿鲁久诺娃则从逻辑语义的角度来分析句子。近年来,随着人文中心论在语言学中的发展和渗透,语符所包含的人文价值越来越受到重视。德国哲学家卡西尔曾深刻地指出:人是符号的动物,符号是人的本性之提示。② 的确,符号活动是人与动物的根本属性区别之所在,符号活动是人类最基本的智力与心灵活动。卡西尔的弟子朗格进一步指出,"符号化需要"(the need of symbolization)是人类一直进行着的一种基本需要。③

---

① Н. Д. Арутюнова,*Предложение и его смысл*. М.,1976.
② 恩斯特·卡西尔著,甘阳译:《人论》,上海译文出版社2004年版。
③ 吴风:《艺术符号美学》,北京广播学院出版社2003年版。

而近年来,在俄罗斯语言学界很多人也开始重视句子符号意义中的"人"的因素,如帕杜切娃、尼科拉耶娃、萨尼科夫(В. З. Санников)、布雷吉娜等。

换言之,句符研究逐渐开始了人文转向,体现出一种整合化描写(интегральное описание)趋势。阿普列相认为:"整合性描写是一种描写方法,在这样的描写中词典和语法(广义上的语法,即任何类型的共性规律)根据其包含的语言学信息和信息记载方式而相互配合一致。"[①]从整合性原则出发,我们认为,对语言符号,尤其是句子的符号意义要进行多层面描写。索绪尔、叶尔姆斯列夫、乔姆斯基的语言符号双层观、莫里斯的经典符号学三分法、达涅什和别洛沙普科娃的三项式原理、弗谢沃洛多娃的句子描写四层观都体现了语言符号描写的整合化趋势。句子作为情景符号,体现了语言的三个根本性质[②],即符号性(знаковость)、指谓性(денотативность)和交际性(коммуникативность)。这三个方面的内在联系不仅是符号学理论的基础,也是语言学中相应的三个分支的关注的内容。比如,传统句法学理论把句子分为陈述句、疑问句和祈使句,这和语义学的命题、问题和命令三个语义范畴相对应,而它们又和语用学的声言、提问和指示三个语旨相吻合。[③] 句子意义无论就其表征(репрезентация)还是生成(генерирование)都不可避免地要和语义、句法、语用发生联系,这三个基本层面是句子研究的基础。在本章,我们以语言符号意义的层级观为根本,结合上述句子意义层次研究的各家学说,力争提出一个相对合理的句子意义层级分析模型,同时,结合称谓理论来论述句子意义符号化层级模型。

第一节　句子符号意义层级的分析模型(ИМЗП)

语言符号是内容平面和表达平面的统一体,而语义、句法、语用又是这个统一体内的三个相互联系、互为条件的基本层面。符号的意义不是孤立的语言学现象,对意义的阐释和解读要联系语用的因素,即不能离开具体的语境来研究句子意义。而对于符号本体,即句子本身来说,其表达平面和内容平面是统一

[①]　杜桂枝:《20世纪后期的俄语学研究及发展趋势 1975—1995》,首都师范大学出版社 2000 年版。
[②]　杨喜昌:《俄语句子语义整合描写》,黑龙江人民出版社 2005 年版。
[③]　同上。

的,没有对句子句法结构的精细描写,就无法完成对句子意义结构的整合研究,而句子的意义研究也有助于把句法研究从逻辑主义和形式主义的矛盾中解放出来。句法和语用的关系也是很密切的,因为,交际意图的实现一方面有赖于句法结构的延伸,另一方面,交际意图的实现也会影响句法结构的组合和建构。

1. 概述

1.1 再论意义层级模型(ИМЗ)

根据语言符号的意义层级模型(ИМЗ),可以把符号划分为语言符号、言语符号和物质符号。其中,言语符号处在语言符号系统的表层,语言符号处在符号系统的浅层,而物质符号则是在深层。可以看出,如果遵循言语符号、语言符号、物质符号这一轴列顺序,随着所处层级的不断深入,其符号抽象度也就越高;如果反向来看,所表达的意义也从抽象的感知意义,经认知意义过渡到具体的情景意义,同时,传达意义的称谓手段也完成了从联想称谓、抽象称谓到具体称谓的转换。由于我们对句子的符号意义的分析是以该模型为基础,因此有必要对该层次模式进行详细的论述。作为语言符号系统的三个层级,语言符号、言语符号和物质符号基本都是能指与所指的结合体,而该结合体又可以作为新的能指进入上一级符号的结构。三级符号的能指均是符号的语音外壳(语音或书写形式),因为语音或符号的书写形式是符号运作的物质基础。并且,符号意义的四要素即符号、事物、概念和意义在我们的语言符号意义层级理论中得到了充分的体现。

在物质符号的深层,纯物质的语音外壳或书写形式可以引起人们对客观世界某一事物的联想,可称之为映像事物。语音外壳与映像事物的联系依靠的是人们对客观世界的认知,尤其是人们在语言习得过程中所获得的知识起着重要的作用。当面对语音外壳或符号书写形式时,人脑就会从自己的知识库中提取和该映像事物相关的特征。由于个体差异,也许这些知识特征会在数量和质量上有所不同,但由于社会集体意识的影响,人们对映像事物的认知大体上还是一致的。比如,当看到或听到"shizi"(狮子)这个词时,我们就会联想到一系列的特征:动物、比较凶猛、食肉、有尾巴等。虽然这样的联想不是特别的科学,但已经可以把"shizi"(狮子)这个词和客观世界的狮子联系在一起。在这个层次,符号的四要素是这样体现的:符号的物质载体由语音外壳或其书写形式担任,并与客观世界建立联系,使所指物初步物质化,成为意义联想的物质载体;符号的所指事物则是映像事物,是语音外壳所反映的对象,由于映像事物的形成具有一定的不确定性,所以符号对事物的称谓还是一种模糊的称谓,处于准称谓阶段。物质符号表达的概念是映指概念,物质符号所表达的意义是一种感知意义,是大脑中储存的对事物的集体认知。由于打上了社会规约的烙印,感知意义通常作为一种潜在的常体意义作用于符号化过程。

在语言符号的浅层,符号的能指由物质符号的能指和所指构成。在浅层中,语音词主要用于称谓,由于深层物质符号音义的结合,语音词已经不仅仅是形式的载体,而是具有一定联系内涵的能指。但这时所称谓的事物不是现实世界的某个具体事物,而是从现实世界中概括、抽象而来的类别事物。此时语言符号表现的是科学意义或纯理性意义,比如词语的词典释义。换言之,当出现"狮子"这个词时,人们所联想的不再是零碎的、非科学的事物特征,而是具有科学性的特征表述,如《辞海》中对"狮子"的表述:"哺乳纲,猫科。头大脸阔……栖息树林稀少的沙地平原。通常夜间活动……。"在语言符号层次,符号的四要素是这样体现的:符号的物质载体由语音词承担,它与客观世界建立了固定联系,使所指物抽象化,使符号意义理性化。此时,符号的所指事物是类别事物,由于所指事物不是具体的,而是类别概括的,所以该层次的符号对事物的称谓为抽象称谓,体现的是类指概念。该层次的符号所表达的是一种最基本的理性认知意义,不和客观世界中的事物和现象发生直接关联,只是对它们进行抽象概括。对这类意义的理解一般不会因人而异,所以它往往是一种外显的常体意义。

在言语符号的表层,符号的能指是语言符号的能指和所指的统一体,此时,符号主要是指称言语中的具体事物,在这个阶段,抽象的概念是人们理解符号的基础,去帮助人们完成对个体事物的识别。比如"狮子"这个词进入具体的言语时,就一定是交际情境中的具体事物。由于受语境、语用、认知、文化等因素的影响,言语符号往往可以超越其外延意义,成为其他具体事物的表达符号,如"狮子"还可以用来表示"凶猛强悍的人"等。在言语符号层次,符号的四要素是这样体现的:言语符号主要由语言符号的能指与所指来体现,它与客观世界建立了现实的联系,使所指物具体化,使符号所承载的意义语用化。此时,符号的所指物是具体的事物,所以对事物的称谓是具体称谓,表达的是实指概念。由于进入了具体的语境,所以符号的意义就是一种情景意义。这种意义反映的不是符号与事物之间的抽象关系,而是具体场合下符号与事物的关系。换言之,言语符号体现的是语境意义。由于情景意义受到各种不确定因素的制约,所以它往往作为一种外显的变体意义作用于符号化过程。最典型的就是说话人经常把自己的主观思想通过言语符号传递,由此产生了一些增生意义,如伴随意义等。

通过上述论述,我们不难看出,语言符号的 ИМЗ 主要是以词语符号为研究对象的。词语符号在不同符号层次的实现形式不同,所表达的意义也不同。我们认为,这一理论也基本可以用来分析句子的意义。但这里,需要明确以下几点:

首先,ИМЗ 可以适用于句子语义的层次分析。应该看到的是,句子符号和词语符号是有区别的。句子通常都是由一个以上的词语符号构成的符号序列,但不能就此认为句子符号意义就是词符意义的简单叠加。单个词语符号的意义是不确定的,只有进入句子—语句层面,才能表达出确定的语法、词汇和交际意义。所以,在用基于词语符号的 ИМЗ 分析句子时,要适当地作一些修正,不能生搬硬套,要适用于句子表意的需要。

其次,分析句子意义层级要有统一的标准。我们都知道,句子的结构语义分析可以从很多方面切入,如修辞色彩、情感表现力、表达目的、实义切分、述谓特征等。我们认为,句子作为语言符号,其最重要的功能就是称谓功能。词语符号是对事物进行称谓,而句子则是对现实情景、事件进行称谓,并借助其他手段来完成交际任务。所以,在分析句子意义层次时,我们的立足点是句子的情景称谓功能(ситуативно-номинативная функция)。

再次,为保持术语的前后一致和相互照应,我们在对句子意义进行层级分析时,仍旧使用 ИМЗ 中关于符号层级划分的术语,即深层、浅层和表层。由此我们认为,句子符号的意义层级模型(иерархическая модель значения предложения—ИМЗП)包括三个层次:深层符号意义(глубинное знаковое значение—ГЗЗ)、浅层符号意义(субповерхностное знаковое значение—СЗЗ)和表层符号意义(поверхностное знаковое значение—ПЗЗ)。

从深层过渡到表层,句子符号的组织结构和意义结构经历了一个从抽象到具体、从简单到丰富、从单一到多变的过程。这里,关于我们所使用的"深层"、"浅层"和"表层"等术语,需要强调几点:1)从句子符号的形式结构来看,从表层到深层可以理解为切分的过程,反之则是一个积分的过程。换言之,句子符号的表层、浅层和深层结构之间的关系是包含与被包含的关系,也就是法位学代表人物派克所说的法位和法素的关系;2)从句子符号意义结构来看,表层、浅层和深层三者之间并非严格的包含与被包含的关系,即并非总是"高"与"低"、"大"与"小"的关系。因为,意义具有多变性、不确定性、主观性等特征,句子符号序列中某一个符号的变动往往都会对意义产生影响。而且,词语符号的意义叠加并不等于句子符号链条所表示的意义,句子的意义相对于构成其结构的词语意义之和来说,是一个质的飞跃。

1.2 关于几个术语

那么,句子符号的深层、浅层和表层符号意义到底指什么呢?按照前文所述,语言符号在深层、浅层和表层分别表示感知意义(перцептивное значение—ПЗ)、认知意义(когнитивное значение—КЗ)和情景意义(ситуативное значение—СЗ)。我们觉得有必要再次明确一下这三个术语的内涵。

1)关于感知(перцепция)、认知(когниция)和情景(ситуация)。作为大于词的符号单位,句子符号在这三个层次应该也具有这样的意义。但是,由于词语符号和句子符号并不相同,使得这三种意义也有所变化。吉奥姆用概念(представление)和表达(выражение)这两个术语来描述词汇符号和句子符号上的差别。表达是在概念基础上,也就是潜能单位(词)的基础上进行的。被表达的内容就是言语,它由表达行为构成。句子是表达行为,是概念单位的线性序列。而我们对世界的认知,不是零散的概念单位,而是建立在概念单位的组合与聚合上的格式塔(гештальт)认知行为。所以,相对于词符,句子符号更接近于客观世界,也更能完整地表达符号主体对外部现实的认知。而感知和认知是人类认识活动的非常重要的两个方面。

皮亚杰关于儿童智力发展的研究工作表明:儿童智力的发展似乎基于这样两种能力:一是在主、客体的操作与运动以及相关的感觉变化中,认清什么是不变的东西;二是借助适当的心理影像、概念、言辞表达与数学符号等思想要素来掌握这些相对不变的关系(它们隐含一种相似于实际所遇对象的结构)。以上两种能力是相辅相成不可分割的。这是由思想的本质决定的,因为思想是以往思考的产物,凡感知到的东西就会转化为脑意识中的硬件,成为思想库中的要素,自动为而后的认知(思考)所用。在直接感觉层面上主—客体间交流中寻找不变性的过程与能力称为感知,而在心理层面上借助于各种抽象的概念、思想结构来把握各种不变性之间关系的过程与能力称为认知。由此可见,感知是认知的基础与低级形式,认知是感知的上层构建与高级形式。它们的共同本质都是揭示变换中的不变性①。情景则是句子符号所指称的语言外现实。句子的情景称谓功能是句子最基本、最重要的一种功能。只要句子和语言外现实建立了关系,不管这种关系是直接还是间接,是模糊还是清晰,是理性还是感性,我们都说它完成了称谓功能。

2)关于意义(значение)。关于意义的定义有很多,在这里我们不想纠缠于单纯的定义上,只是想谈谈"意义"在本编中的理解。关于意义一直以来有三种研究方法:假设—演绎法(дедуктивно-гипотетический подход)、分析归纳法(индуктивно-аналитический подход)、词典释义法(словарно-комментаторский подход)。② 逻辑哲学家们受到皮尔斯逻辑符号学的影响,多采用第一种方法。他们把意义问题提升为某个具体或抽象的本体存在,提出了关于意义本质的假设,并实际去检验假设的解释力。语言学家多采用第二种方法,比哲学家更关注语言的具体运用,因此常常采取分类和列举的方法剖析"意义",但他们往往只对词语的意义作类型化研究,而忽视句子的意义。辞书编纂学家多采取第三种方法,即"直义+转义"来确定意义。在本编中,由于以句子符号为研究对象,所以,我们队句子意义的理解比较宽泛,即句义就是与句子相关的信息。

句子指称外部现实,是人与世界的桥梁。因而,句子意义也是一种指称(референция),而且,它还不仅仅是指称,还是一种指称潜势(референциальный потенциал),即与句子符号相关的情景集合(множество ситуаций)。指称潜势越丰富,句子的意义也就越丰富,所呈现的外部现实的内容也就越丰富。所以,我们理解的句子意义不仅仅是一种潜在的称谓能力,还是该能力的具体表现③。

3)关于感知意义、认知意义和情景意义。感知和认知是人类认识活动的

---

① 详见容青艳,郑小娟,洪定国:"论感知与认知的相容与对立"。(http://philosophy.zsu.edu.cn/kxzx/info_Show.asp? ArticleID=389)
② 杨喜昌:《俄语句子语义整合描写》,黑龙江人民出版社 2005 年版,第 4 页。
③ Г. И. Богин,*Методологическое пособие по интерпретации художественного текста*(для занимающихся иностранной филологией).(http://www.auditorium.ru/books/113/bogin_glava3.htm)

两个重要阶段,感知是基础,认知是对感知的再认识,两者的共同点就是寻找现实世界中不变的结构。不过,感知结构相对具体,认知结构则更抽象。所以,感知意义和认知意义就是句子在充当认知世界的工具时所表现出来的意义。无论是感知意义还是认知意义,其立足点都是以"人",都是以人的能动行为和主观感觉为主,因为人是认知世界的主体。认知意义的抽象度要大于感知意义。情景意义是句子对语言外现实的折射和反应,并不一定同语言外情景在结构和组成成素方面完全吻合。[1]

结合句子的称谓功能来看,当句子是深层物质符号的形态时,由于物质符号所反映的映像事物具有一定的不确定性,所以符号对事物的称谓还是一种模糊的称谓,处于准称谓阶段(квази-номинация),只是对外部现实一种最普遍的感知,表现出来的深层符号意义实际就是感知意义,而且它是所有句子都具有的潜在的常体意义。而当句子符号处于浅层时,把具体的情景表象抽象为类型情景(типовая ситуация),从这些抽象的情景结构模式可以生成很多的具体句子,这些抽象的结构模式具有很强的认知价值,所以句子的浅层符号意义其实就是认知意义,是对外部世界事件模型的概况。最后,在言语实现层面,当句子在交际中表现为语句时,受到语境等因素的影响,句子用来称谓具体的、受语境关系制约的情景,并借助其他手段来完成交际功能,由于有交际者的主观因素存在,句子的意义具有多变性和丰富性。由此可见,句子的意义层次与句子的称谓层次相对应。深层句子符号执行的是准称谓功能,而在浅层和表层,句子符号分别表现为语言句和言语句,结合乌菲姆采娃词语符号称谓理论的术语,句子在这两个层次的称谓可以分别叫做一级称谓(первичная номинация)和二级称谓(вторичная номинация)。准称谓、一级称谓和二级称谓分别和句子的深层、浅层和表层符号意义相对应。

综上所述,正是由于句子在不同的符号层级执行的称谓功能不同,才使得句子的意义也呈现出层级性特征。苏联语言学家兹维金采夫曾指出,层次位置的确定取决于其与言语行为中所表述思想的关系,语言单位越接近思想,它所在的层次就越高。对于句子符号的深层、浅层和表层来说,表层符号意义更多的是体现在言语实现的内容层面,其意义中"人"的因素有更多的介入,因此

---

[1] 李勤,钱琴:《俄语句法语义学》,上海外语教育出版社 2006 年版,第 235 页。

表层符号意义应该更接近符号使用者的思想。而浅层、深层符号意义受符号使用主体的影响则要小很多，它更多的是对抽象的句子结构、模式和命题进行考量。表层符号意义是具体的、多变的、丰富的，浅层和深层符号意义相对是抽象的、固定的、单一的；表层符号意义在一定情况下是特定的、独有的，浅层和深层符号意义则是某类或者所有语句共有的。

明确了 ПЗ、КЗ、СЗ 的定义，下面我们研究下三类意义的具体分类。句子的意义类型很多，也有很多分类标准。这里，我们认为杨喜昌的句义清单比较完整，基本涵盖了主要的意义类型。他以句义的表现手段和实现阶段为标准，把句子意义划分出 1)述谓意义；2)模式意义；3)结构意义；4)命题意义；5)指称意义；6)预设意义；7)蕴涵意义；8)断言意义；9)联想意义（包括文化联想和修辞联想意义）；10)主观情态意义；11)命题态度；12)会话意义；13)焦点意义共 13 种①。这里的表现手段是语法手段（句法结构和模式、词序、语调）和非语法手段（上下文、语境）；而这些意义类型又分别在句子符号的结构模式、结构意义、命题意义、命题态度、言语实现五个层级得到实现。其中，结构模式层级实现了 1 和 2，结构意义层级实现了 1、2、3，命题意义层级实现了 1—9，命题态度层级实现了 1—11，言语实现层级包括了 1—13 全部意义类型。对于意义的类型清单，我们接受杨喜昌的观点。但是，由于切入点和分析模型的差异，我们对于诸多意义的所属层次与杨喜昌的观点有所不同。

深层的感知意义是句子符号最普遍的一种潜在常体意义，它内化于人的大脑，作为符号化的潜在资源，很像乔姆斯基所说的语言能力。鉴于我们把意义理解为一种指称能力，所以感知意义是句子具有的一种潜在的指称能力（准称谓），是所有句子都具有的。当表达感知意义时，句子表达的内容与客观世界产生了初步的联系。在上述 13 种意义中，只有述谓意义是所有句子共有的。述谓意义是述谓性的体现，作为言语单位的句子，其述谓性不仅指说话内容与现实中情景的关系，而且还指说话者对说话内容与现实中情景的关系所持的态度。我们认为，述谓性"是指表示事物情状特征的句法意义能力。在词类和句法两套系统里，都有一个述谓性能力的有无和程度高低的问题"。②

---

① 这 13 种意义的具体理解可以参见杨喜昌《俄语句子语义整合描写》，第 59—136 页。
② 王晓娜："符号序列空间共存性与时间相继性的兼容——关于名词性并列句叙述性实现机制之探讨"，《江苏社会科学》，2004 年第 6 期。

浅层的认知意义也是句子符号的一种常体意义,但这种意义更加抽象,它的产生主要是对客观世界概念化、类型化的结果。抽象出来的类型结构具有生成能力和认知价值。上述13种意义中,2—5的主要功能就是把现实情景的结构进行抽象,以生成各种模式、结构、命题等。此时句子执行的一级称谓功能,也建立起来了与情景的联系,但还不是直接联系,还需要进入具体的语境。这其中比较特殊的是指称意义,它在语言句和言语句中都有所体现,即:句子在一次称谓时指称的是现实情景在人脑中的抽象模式(表现为语言句),在二次称谓时指称的是具体的客观事态(表现为言语句)。此外,句子的浅层符号意义也具有层级性特征,即意义抽象度依次减弱。这些意义都是一类或几类句子所共有的意义类型,其共同之处就是对客观现实的情景结构进行类的抽象和概括。这些意义类型构成了句子符号的交际潜势,使句子符号具有完成现实交际任务的潜在能力。

表层的情景意义是当句子执行二级称谓时产生的与语境相关的意义。情景意义由于有了交际者的主观因素存在,再加上复杂的民族、文化、修辞、认知等方面的因素,往往具有很强的情境性,也比较难以捕捉,必须结合诸多知识(包括深层和浅层意义)才能把握。上述13种意义中6—13的意义多是表现在具体的情景中,在本编中,我们并不一一叙述,而是将其总称为交际—语用意义。由此,句子符号的深层感知意义为述谓意义(предикативное значение);浅层认知意义包括模式意义(схемное значение)、结构意义(структурное значение)、命题意义(пропозициальное значение)和指称意义(денотативное значение);表层情景意义为交际语用意义(коммуникативно-прагматическое значение)。

2. 句子的深层符号意义(ГЗ3)

述谓意义是我们通过句子符号认知客观世界时最容易感知到的一种意义,也是一种十分普遍的意义,所有的句子都具有述谓意义。述谓意义是述谓性的表现,也正是因为句子的述谓性,才使句子符号有可能与外部世界建立起联系。述谓性是指说话内容与现实中的情景发生的关系,一个句子不论表达什么具体思想,它的内容总和客观现实的某个情景或事件发生关系。[①]

---

① 宁琦:"现代俄语简单句模型的特征",《中国俄语教学》,1999年第4期。

述谓意义是句子最基本的意义范畴之一。句子与其他语言符号的不同之处就在于它反映了语言外现实的事件和事态。最早对述谓意义即述谓性进行研究的是俄罗斯学者维诺格拉多夫,他认为"述谓性与表述语调是句子主要的语法特征。述谓性是指说话内容与现实的关系"。不同的学者从不同的角度对述谓意义进行了研究。维诺格拉多夫的定义明显是从语法的角度对述谓性进行定义的。而采伊特林(С. Н. Цейтлин)则从指称角度研究,认为述谓性主要体现为指称性。卡尔采夫斯基(Карцевский)从功能角度出发,认为"述谓意义是说话人的功能,而客观现实中不存在任何述谓"[1]。弗谢沃洛多娃[2]则认为述谓性就是实义切分,即使语言转变成言语的一种功能手段。科列斯尼科夫(В. В. Колесников)则把述谓性分为四个层级:范畴述谓性(动词性)、功能述谓性(谓语性)、整合述谓性(实义切分)、话语述谓性(句子的每个成分都被赋予不同的内容)。

国内学者杨喜昌从整合的角度对述谓性进行了分析,他认为句子的述谓意义分别体现在模式语义、语义结构、命题意义、命题态度和实义切分五个层次。在模式层级,句子的述谓意义就有所体现。抽象的句子模式本身就有一定的意义指示作用,比如"N1—N1"指示主体与谓项特征之间的关系。模式层级的述谓意义是最概括的初始实现。而在语义结构层级[3]的述谓意义虽然仍然是高度抽象的反映,但由于词汇意义的加入,内涵要比模式意义层级的述谓意义更丰富些。命题层次的述谓意义与前两个层级的述谓意义本质相同,表现为对语言外现实的反映,但此时由于各词项具体义项的参与,句子反映的事态已经是可感知的事态。同时,通过句法结构和词汇意义的相互作用,句子的现实背景、非现实背景、时间背景等都得到清晰的体现。到了命题态度层次,由于述谓意义之外还有说话人的主观想法与态度,因此述谓意义也发生了质的变化。到了实义切分层次,由于受具体的情景制约,句子的述谓成分可能是句子中的任意成分,即使是模式、结构和命题都相同的句子,也会有不同的交际前景。[4] 我们认为,杨喜昌博士对述谓意义的整合分析比较全面,考虑到了

---

[1] М. П. Ионицэ, М. Д. Потапова, *Проблемы логико-синтаксической организации предложения*. Кишинев,1982:с. 78.

[2] М. В. Всеволодова, *Теория функционально-коммуникативного синтаксиса*. М. ,2000:с. 323.

[3] 句子的语义结构指句子结构模式的意义与填充该模式的词的词汇意义相互作用而形成的语言意义。

[4] 杨喜昌:《俄语句子语义整合描写》,黑龙江人民出版社 2005 年版,第 67—70 页。

句子意义实现的几个基本层次,全面展示了述谓意义的分布情况。我们可以用一个简单的句子来进行佐证,例如:*Женя работает*(热尼亚在工作)。

在模式层级,该句子的模式"N1—V1"表示主体及主体的特征或状态,是客观事态的反映,这个层次的述谓意义还比较抽象和概括。到了语义结构层次,"*Женя работает*"(热尼亚在工作)虽然和句子"*Музыка восхищает*"(音乐让人快乐)模式相同,但却表达了不同的语义结构,后者表示主体与其引起的某人的感情态度的关系;命题层次上,虽然述谓意义没有改变,但"*Женя работает*"这个命题却表现出了句子的现实与非现实的关系,即该命题是现实式。命题态度层次中,上例中述谓关系承载的是客观的主体态度,但如果加上一个表达情态的词汇,如"*Женя работает, правда?*"(热尼亚在工作,是吗?)虽然命题意义和述谓意义都一样,但却表达了说话人的质疑。到了实义切分层次,受情景制约,述谓成分(рема)可以是句子的任何一个成分,这就需要通过线性语调结构(линейно-интонационная структура—ЛИС)来体现。一言以蔽之,述谓意义是所有句子共有的意义,是对外界客观世界的现实片段的反映。

3. 句子的浅层符号意义(C33)

句子的浅层符号意义是当句子符号执行一级称谓功能时所体现出来的意义形式。此时,句子符号是对某一类情景进行称谓,即表现的是情景的类型意义(типовое значение—ТЗ)。在这一点上,我们所说的句子的浅层符号意义和弗谢沃洛多娃句子四层模型中的所指层面比较相似,后者反映的是语言外现实,即类型情景。这里的类型情景并非现实交际中的情景,而是现实情景在语言系统中的抽象映射,具体表现为抽象的句子语义结构。虽然此时句子符号获得了独立的称谓功能,但是由于浅层语言符号的类指特性,句子所称谓的是抽象的类对象。

3.1 模式意义

任何一个句子不论其表达的意义多么丰富,都必须具有一定的模式,句子模式是句子意义的根本。句子模式是通过分析、归纳从大量形形色色的句子中抽象出来的。虽然句子的模式数目不多,但却代表了一种语言的语法和语义特征。吴贻翼教授曾指出,任何语言如果能建立一套科学的句子模型目录,则造句规则就可大大简化,人们就可从为数不多的抽象句子模型生成数量无限的现实句子进行交际。这是一个从数量无限到数量有限,再从有限到无限的过程,一个从具体到抽象、再从抽象到具体的过程。① 我们都知道,句子是情景符号,但句子的抽象模式则是符号的符号。句子模式是句子的形式符号,而句子的语义结构是句子的内容符号,无论句子模式还是句子内容,它们都指向情景。因此三者还可以构成一个语义符号三角:

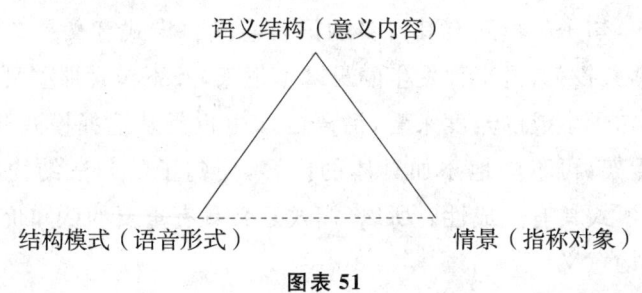

语义结构(意义内容)

结构模式(语音形式)　　　　情景(指称对象)

图表 51

句子模式与指称的情景之间是虚线连接,是因为两者之间的关系是间接的,必须通过语义结构来实现。关于句子模式有两种基本的观点,一种以什韦多娃为代表的科学院语法学派,认为句子模式是最低限度的述谓单位:"简单句的述谓核心(即结构模式)是具有自己形态组织和语言意义的句法样板,按照它可以构成独立的非扩展句。""每个作为语法单位的简单句都具有述谓核心,也就是按照某一抽象的样板构成。"② 可见,1980 年的《俄语语法》把模式和述谓核心等同起来了。另一种观点认为句子模式是最低限度的称名单位,其代表人物是阿鲁久诺娃,它把语义独立性和实现称名功能作为划分最简句的标准。阿鲁久诺娃认为句子是实现称名功能(即事件称名)的单位,作为称名单位的句子结构是由句子的语义核心(谓项)和与谓项发生关系的事物意义名词化成素(事物名词)组成的。这两种观点的根本区别是:前者研究句子述谓核心的形态结构,后者关注表达功能所必须成素的形态结构和语义组织。前者以述谓核心为模式的标准,界限清晰,模式数量有限,操作简练,但这种方法不能区分形态相同但语义不同的主动结构和被动结构,如 *Мужчины строят дом*(男人们在建房子)和 *Дом строится мужчинами*(房子是由男人们建造)都被归到同一模式"N1—Vf"中。而后者将信息传达所必需的扩展成

---

① 吴贻翼,宁琦:《现代俄语模型句法学》,北京大学出版社 2001 年版。
② *Русская грамматика*. М.:Наука,1980:с. 84—85.

分都纳入到模式当中,扩大了模式的数量,因此很难制定出关于句子模式的完整清单。而别洛沙普科娃则将上述两种观点融合在一起,即先划分出最低限度述谓单位的句子类型,然后根据句子的称名功能来确定最低限度述谓单位句子模式在最低限度称名单位意义上的体现。所以严格地说,别洛沙普科娃并没有从根本上提出关于句子模式意义的新观点。

我们认为,句子的模式有其自身的语言意义。模式意义是客观世界所发生的事件的抽象投射,是事件发生的最基本框架,并不包含那些具体的语境因素。而且,从句子生成的角度来看,话语的产生也是从选择模式开始的,即以模式为基础骨架,再不断地添加具体的内容,使句子的句法结构不断得到丰富。换言之,模式具有生成性。所以,模式意义具有重要的认知价值。

3.2 结构意义

句子结构模式的意义是更为确定的意义,此时句子由于有占据该句中主要成分位置的词语的参与,其意义更容易被感知。用1980年的《俄语语法》的术语来说,就是句子的语义结构,它指的是"由句子结构模式的意义与填充该模式的词的词汇意义相互作用而形成的语言意义"。[①] 杨喜昌博士将其称之为结构意义,因为这个术语从汉语的角度更能表现出它作为句义成分的句法—语义性的一面。[②] 结构意义是句子的一种抽象意义,但比模式意义要具体些。它不是作为言语单位的个别句子所固有的,而是同一类句子所共有的意义模式。关于句子的结构意义,学者们一般都认为:1)语义结构是一个与句子信息的、词汇的或称名的内容有关的概念;2)语义结构是对句子语义方面的概括;3)语义结构与句子的形态结构相关联。

关于句子语义结构大致有三种观点,即结构观、所指观、逻辑观。[③] 结构观通过语法意义来确定每个结构模式的共同语义,即把句子的语义作为句子结构本身的范畴来研究,代表人物是什韦多娃。她认为:"句子的语义结构是句子抽象的语言意义,是由句子成分的词汇、语法意义相互作用而形成的句子的语义要素之间的语法关系。"[④]什韦多娃认为语义结构应该包括句子结构模

[①] *Русская грамматика*. М.:Наука,1980;c.87.
[②] 杨喜昌:《俄语句子语义整合描写》,黑龙江人民出版社2005年版,第79页.
[③] 吴贻翼,宁琦:《现代俄语模型句法学》,北京大学出版社2001年版,第41—54页.
[④] *Русская грамматика*. М.:Наука,1980;c.124.

式本身的意义、填充句子结构模式所需词汇的语义、句子模式扩展成分的语义。所指观认为句子的语义结构是反映同一现实片段的句法结构,认为只有特定的现实情景才是句子的所指,其代表人物是博格丹诺夫(В. В. Богданов)、加克等。他们认为,句子的语义结构与现实情景是同构的,因此可以根据情景结构来确定语义结构中的谓项、情景参与者等语义元素。在这些语义元素中,谓项是核心,是句子情景的潜在载体,它决定着主体的行为状态等特征,也决定了情景参与者[①](即论元)之间的作用分配。可见,谓项中心论(предикато-центризм)是所指论者们的理论基础。逻辑观注重语义结构各部分之间的逻辑关系,特别是主体、谓项和客体之间的关系,认为这三者之间的逻辑关系决定了句子的语义类型,其代表人物是阿鲁久诺娃。她根据语义结构元素间的关系区分出四种逻辑关系:存在、等同、称名、评价,但只描写了前两种关系。

上述三种观点的侧重点各有不同。所指观与逻辑观观照的是语言与现实情景的关系,但忽略了语言本身的作用,忽视了句子结构模式的语法意义和填充模式的词汇意义;结构观注意到了句子结构本身的研究,但又忽略了语言与现实、语言与思维的关系。所以我们认为,在分析句子的结构意义时三者都不可偏废,要结合起来才能窥探语义结构的全貌。句子的结构意义与模式意义的不同之处就在于它有了词汇意义的具体参与,所以表达的意义抽象度虽不及模式意义,但意义却更确定。这里需要强调的是,词汇意义主要是一类词共有的范畴词汇意义,而非具体词的具体意义。因为结构意义主要包括述谓、主体和客体三个基本成分,因而它只能是抽象的语言意义。当然,句子结构意义的建构并非只依靠主要成分,其他成分也可以参与。模式相同的句子有时因为具体填充的词汇意义不同而具有不同的结构意义。比如 *Девочка работает*(小女孩在工作)和 *Полифония трогает*(复调音乐很感人),两者的模式

[①] 加克列举出七种情景参与者,即论元:主体、客体、受话人、促进或阻碍过程实施的实体、空间词语、时间词语、主体或客体所属的或组成其部分的实体。而与这些情景参与者相对应的句法参与者则是主语、直接补语、间接补语、工具补语或原因状语、地点状语、时间状语、名词的补语。现实参与者和句法参与者的相互对应构成了直接称名(深层结构)。如果句子成分形成的不是它所固有的参与者,如主语表示的不是行为的现实主体,而是行为的现实地点,即转义用法,那组成可解释为直接称名的语义和结构转换的表层结构。(Д. Н. Шмелев, *Синтаксическая членимость высказывания в современном русском языке*, Изд. 2. М., 2006)

相同,都是"N1—Vf",但意义却不同,前者表示主体与具体动作的关系,后者表示主体与其引起的某人的感情态度的关系。又如,*Девочка танцует вальс*(小女孩在跳华尔兹)和 *Город окуппирован захватчиками*(城市被侵略者占领)中,除了句子的主要成分外,扩展成分 *вальс*(华尔兹)和 *захватчиками*(侵略者)也参与了句子结构意义的建构,分别表示述谓特征的客体和主体,从而使句子意义更具体,更利于感知。

3.3 命题意义

命题(пропозиция)最初在逻辑学里指判断的表达式。"命题"一词源自逻辑学,后来被借用到语言学里面,语言学家对其进行了改造,并赋予其不同于逻辑学的含义。命题作为一种思想,具有对事物有所肯定或否定以及要么是真的要么是假的两个特征,不具备这两个特征的思想不是命题。命题反映现实情景,抽象于情景的各种具体语言表达形式,是判断中关于变项类别和谓词类别之间关系的概括模式。我们都知道,语言符号有一个重要的功能,就是对语言外现实进行模式化,对此功能不同的学者也有不同的称呼,如认知功能、指称功能、实指功能(雅各布森)、描写功能(莱昂斯)、表征或意念功能(韩礼德)。而命题无疑就是实现这一功能的重要手段。句子符号虽然是交际单位,但首先是称名单位。作为称名单位,句子反映现实情景,事情或事态,客观情景是句子的所指。我们来看几个简单的例子:

1) *Аня уезжает.*(阿尼娅要走了。)

2) *Аня уезжает?*(阿尼娅要走了吗?)

3) *Уезжай, Аня.*(阿尼娅,走吧。)

4) *Если бы Аня уехала!*(如果阿尼娅走了的话!)

5) *Разве Аня уезжает?*(难道阿尼娅要走了吗?)

6) *А Аня-то уезжает.*(而阿尼娅是要走的。)

这些句子表达的意义各有不同,但它们都指向同一对象 *Аня*,并赋予该对象不同的特征。也就是说,这些句子都描写了同一个事态情景,即"阿尼娅离开"。句子描写的这部分内容可以叫做句子的客观内容,而句子内容的客观成分往往就是命题成分和命题内容,或者简称之为命题。在逻辑学里,对命题的认识也经历了不同的发展阶段。最初命题被认为和判断等同,即对客观现实的存在进行是与否的认同。后来,命题被看成思维的具体内容。任何一个句子,除了诸如"啊!"、"哦!"这样的感叹词之外,都具有命题意义。具体的命题意义是特定现实片段的体现,命题的结构,即述谓—论元结构(предикатно-аргументная организация)与现实的结构是同构的,而现实情景的成分是多元的,所以命题也有两个基本的组成部分:名项与谓项。名项对情景的参与者进行描述,而谓项则对参与者的特征及它们之间的相互关系进行描述。其中,谓项是命题意义的主要组成部分,因为情景不是由各个情景元,而是由它们之间的关系来决定的,因此,谓项决定了某一特定情景论元的数量、角色及它们之间的关系。

根据论元的数量,谓项可以分为一价、二价和多价谓项。比如,谓项 спать 是一价的,смотреть 是二价的,давать 是三价的,продавать 是四价的等等。谓项之间除了在论元数量上有区别之外,还有级的区别。对于某些谓项来说,它们的论元不是名,而是另外一些谓项。比如在 Я хотел, чтобы ты ушел(我希望让你离开),在这个复杂的命题中,"уйти"(离开)就是"хотеть"(想)的论元。换言之,如果某类谓项的论元是名词,我们可以称之为 N 级谓项;而如果某类谓项的论元是另外一些谓项,则称之为 N+1 级谓项。此外,谓项在表达情景与时间轴关系时也有区别。因为,每一个情景都是时空连续体,时间是命题意义的必需成分。梅力格(X. P. Мелиг)曾区分谓项所表示的四类时间状态:状态(состояние/states:不随时间改变而变化的静态情景)、活动(деятельности/activities:可延续的、无自然界限的动态情景)、执行(исполнения/accomplishments:可延续的、有自然界限的动态情景,当达到界限后,情景终止)、完成(достижения/achievements:在瞬间从一个事态过渡到另外一个事态的动态情景)。[1]

命题除了具有客观常量之外,还具有主观变量,即命题态度(пропозициональная установка/пропозициональное отношение)。命题态度是个抽象的概念,直接与命题相对,它包括不同的情态性(модальность)和施为性。情态性又分为客观情态性和主观情态性,前者是所有句子都具有的,后者是说话人对句子表述内容的态度,是非必需的,且可以通过不同的词汇手段来实现,如插入语(如 возможно, наверно, к сожалению 等)、情态语气词(якобы, как бы, чего

---

[1] М. А. Кронгауз,*Семантика*. М.,2001:с. 238.

доброго 等)、感叹词(увы, ах 等)。巴利(Ш. Балли)则用事态(диктум)和模态(модус)来描述客观常量和主观变量。巴利认为,事态是句子中构成概念的那部分内容,而模态则和思维主体密切相关,模态由情态性和情态主体两部分组成。[1] 命题作为句义的基本内容,它是语言外现实在人脑中经过认知加工而产生的实体意义。任何一句话都反映某个现实片段,这就是话语的实体或本体意义。在具体的语境中,实体意义和语境元素结合,构成了多元的情景现实。此外,命题意义具有恒常性,不论人们对句子的内容做出何种评价,句子的基本核心内容都是不变的。此外,命题意义具有层级性。命题意义一方面是句子潜在的观念,另一方面又是话语和言语行为的内容。当研究独立于语境的句子时,我们只涉及抽象的语义内容;而当把句子与语境进行关联时,命题意义就具有了多种表现形式。不论从哪个角度讲,命题意义的基本特点都是确定的。[2]

3.4 指称意义

句子是情景符号,它指向语言外现实,表现的是客观世界的事态片段。因此,句子的指称意义就是句子与语言外现实的对应关系。弗谢沃洛多娃认为,句子的指称意义、指称结构的基础是客观事态,或者是人类思维活动的结果。(弗谢沃洛多娃,2000:289)句子中反映的事件包括了特定类型情景所必需的所有元素,尽管有时这些元素并不体现在句子当中。比如 *Его дом похож на музей*(他家像个博物馆)这个句子表示的是"客体之间相互对比"这一类型情景,但却没有列出全部的对比元素,如"博物馆中的画"。我们可以略微还原一下上句话:*Из-за множества картин его дом похож на музей*(他家里有很多画,所以像个博物馆)/*В его доме, как в музее, много картин*(他家就像博物馆一样有很多画)。这样就可以看出,"*Его дом похож на музей*"并没有列出其所指称的情景中的全部元素。

类型情景通常可以由几个命题组成,包括事件命题和逻辑命题。比如:

(1)*Дождь намочил улицу*(雨水淋湿了街道).

(2)*Прошел дождь, и улица стала мокрая*(雨后,街道变湿了).

---

[1] М. А. Кронгауз,*Семантика.* М.,2001:с. 233.
[2] 杨喜昌:《俄语句子语义整合描写》,黑龙江人民出版社 2005 年版,第 87 页。

(3) *От дождя улица была мокрая*（雨让街道湿漉漉的）。

这三个句子的所指意义都是一样的,而构成所指意义的则包括两个事件命题(下雨、街道湿了)和一个逻辑命题(作为人类思维结果的事件间的因果关系)。

句子的指称意义是和指称理论密切相关的。而指称关系是有层级的。从语言和言语的角度,可以区分出一级指称和二级指称(первичное и вторичное означивание)①。当我们用某一个语言符号的语音组合来指称某一类事物时,我们在头脑中就已经形成了关于该类事物的抽象的、概括的特征集合,此时该语言符号所体现的只是该类事物的本质属性,这就是一级指称;而当语言符号进入具体的交际语境时,就获得了具体的意义,成为言语符号,即二级指称。从中可以看出,一级指称是二级指称的基础。就句子来说,在一级指称关系下,指称的对象是现实情景在意识中的抽象投射模式,而在二级指称关系下,则指称具体的情景,与交际情景形成了实指关系。句子的指称意义可以通过具体的指称角色来描写。弗谢沃洛多娃区分出了下列指称角色②:

指称角色	агенс 施事	дств —действие 行为	лок —место 地点
	Экс —экслериенцер 历者	нал —наличие 具有	темп —время 时间
	Экз —экзисциенс 存在	ст —состояние 状态	Квалф —квалификатив 分类
	Дес —дескриптив 描写	отн —отношение 关系	квант —количество 数量
	Рел —релянт 关系人	атр —характеризация 描述	квалт —качество 质量
	Днр —донатор 提供者	обт —объект 对象	стнт —ситуант 情景
	Пол —получатель 受者	днв —донатив 提供	кауз —каузация 原因
	элм —элиминатив 消除	дмнс —димeнсив 维度	Бнф —бенефициенс 受益
	ларт —лартитив 部分	кмлл —комплексив 复数	Псср —посессор 拥有人
谓项	Э-пр —экзистенциальный 存在的	С-пр —статальный 状态的	А-пр —акциональный 行为的
		Р-пр —реляционный 关系的	Атр-пр —характеризационный 描述的

图表 52

利用这些指称角色,可以对句子的指称意义进行形式化的分析操作。例如:

1) *Барсук питается корешками растений*（獾吃植物的根）。

句子	Барсук	питаться	корешки растений
所指角色分析	А	А-пр	элм

---

① 何英玉:《词语的指称研究》,黑龙江人民出版社 2003 年版,第 27—28 页。
② М. В. Всеволодова, *Теория функционально-коммуникативного синтаксиса*. М.,2000：с. 289.

2) *В России живет много национальностей*（俄罗斯有很多民族）.

句子	Россия	жить	много	национальности
所指角色分析	Лок	Э-пр	квант	Экз

3) *Отец принес матери щуку килограммов в пять*（父亲给母亲带来五公斤狗鱼）.

句子	Отец	принести	мать	щука	пять килограммов
所指角色分析	Дон	А-пр	пол	днв	квант

图表 53

总之，指称意义具有相对的独立性，它有指称对象——现实情景。阿鲁久诺娃①认为"话语的指称就是情景"。这说明可以把句子作为具有独立指称的语言符号。因指称关系普遍具有层级性，句子指称意义也可以分出一级指称意义和二级指称意义。前者表征了事件及事物之间的普遍规律，后者是前者的具体化。指称意义是认知主体与客观世界之间的桥梁。

4. 句子的表层符号意义（П33）

句子的表层符号意义是当句子符号执行二级称谓功能时所表现出来的意义形式。此时，句子进入了具体的语境，不再称谓类型情景，而是称谓某一具体情景。在现实交际中，由于受交际者主观因素的影响，类型情景在表现为具体的情景时，句子表层符号意义即情景的实指意义会发生变化，即会增生出其他的意义，即伴随意义。这些意义或凸显修辞意味，或突出情景焦点，或伴有主观情态意义。我们把这些增生的意义统称为交际—语用意义（коммуникативно-прагматическое значение）。

交际中的某一情景一般都是通过句子的命题内容来传达的。现实情景是人类的经验片段，具有非离散性，而命题则是非离散性经验概念化（концептуализация）的结果。通过概念化，经验被赋予了一定量的离散成分，并归入到特定的概念范畴。任何一个具体的情景都可以被解释为某一抽象的类型情景（ситуация-тип）的体现。但具体的交际者会根据不同的因素对交际情景进行不同的阐释。通常来说，说话人都会从情景中选择出一个"焦点"，以此作为阐释的基础。因为句子中每个成分都是信息的载体，但其负载的信息量却各不相同，其中必然有一个或几个成分充当句子的信息核心。切夫②曾举过

---

① Н. Д. Арутюнова,*Предложение и его смысл*. М. ,1976:с. 6.
② И. М. Кобозева,*Лингвистическая семантика*. М. ,2001:с. 249.

一个例子：

(1)*Потом я съел бутерброд*（之后我吃了片奶油面包）.

(2)*Потом я поел*（之后我吃了）.

虽然这两个句子可以用来描写同一个事件，但例1)里有两个情景题元："*я*"(我)和"*бутерброд*"(面包片)，而例(2)里只有一个题元"*я*"，也就是说它们具有不同的命题结构。我们再看下面几组句子：

(3)а.*Иван продал Петру лыжи за 10 рублей*（伊万以10卢布的价格把滑雪板卖给了彼得）.

б.*Петр купил у Ивана лыжи за 10 рублей*（彼得花10卢布从伊凡那里买了滑雪板）.

(4)а.*Он—незаконнорождённый*（他是私生子）.

б.*Его родители не состояли в законном браке*（他父母不是合法婚姻）.

(5)а.*Петя поздравил свою тётю Анну с днём рождением*（别佳祝安娜婶婶生日快乐）.

б.*Племянник Анны Петя поздравил ее с днём рождения*（安娜的侄子别佳祝她生日快乐）.

虽然每一组句子的命题内容相同，但却有不同的关注焦点。就好像说话人刻意地过滤掉了其他的交际成分，而选择了一个自己认为承载信息最多的成分，我们可以称之为焦点突显（*выделение фокуса*）。突出焦点的手段可以是词序、语调、句法结构转换等等。这种现象科博泽娃称之为意义的交际结构（*коммуникативная организация смысла*——КОС）.[①] 她认为КОС虽然和交际密切相关，但并不包括说话人的交际意图和交际目的。我们也同意这个观点，交际意图和交际目的主要体现在语用意义里。那通过强调某一信息成分而表达交际意义的方式主要体现在哪些方面呢？我们认为主要有以下几点：

1)突出某一情景元的地位。如上面句子(3)а和(3)б表达的情景是相同的，即滑雪板从Иван转移到Петр，10卢布从Петр转移到Иван手里。Иван和Петр都是情景参与者，但(3)а强调的是Иван的地位，(3)б强调的是Петр

---

① И. М. Кобозева,*Лингвистическая семантика*. М. ,2001:с. 250.

的地位。这里需要强调的是,突出某一情景元地位的主要手段是选择不同的题元角色结构或动词的语义结构,而不是名词是否处于句子的主语位上。比如 *Лыжи были проданы Иваном Петру*(伊万卖给彼得滑雪板)中,Иван(伊万)和 Петр(彼得)都不在主语位上,但还可以看出突出了情景元 Иван(伊万)的地位。

2) 句子的实义切分,即主题—述题切分。有的学者还把"主题—述题"叫做"逻辑主体—逻辑谓项"、"主题—注释"等等。主题述题的切分主要是通过线性语调结构(линейно-интонационная структура—ЛИС)来实现。帕杜切娃[①]在 ЛИС 和主题述题的切分之间建立了如下关系:

表达层面	内容层面
述题—ЛИС 的成分,带主要句子重音的词语	意义述题(смысловая тема)
起始—非述题成分,由句子的次要重音表示	意义主题(言语对象) 出发点(исходная точка)
述题外成分(внерематические компоненты)	

图表 54

帕杜切娃区分出了主题的两个特征,即"意义主题"和言语"出发点","意义主题"通常是句子的起始部分,是句子的指向对象。如:

(6) a. *Собака* ↗ *укусила меня* ↘ (狗咬了我).

b. *Меня* ↗ *укусила собака* ↘ (我被狗咬了).

也有例外:

(7) [*Искусствоведы и археологи*](艺术学家和考古学者)↗(起始)[*обнаружили новые факты, свидетельствующие о своеобразии*](证明独特性的新事实)↘(述题)[*культурного развития Руси*](罗斯文化发展)(述题外成分).

这里,句子的指向对象不是"*Искусствоведы и археологи*",而是用述题外成分表达的"*культурного развития Руси*"。

3) 句子的旧知和新知。旧知(данное)是符号传达的旧信息,是说话人认为在交际发生时听话人意识里已经存在的信息。换言之,旧信息是两人都已经知道的信息。新知(новое)是说话人要通过句子传达给听话人的那部分信息。已知信息的存在和语言语境及超语言语境的特定信息有关。比如,在

---

① Е. В. Падучева, *Высказывание и его соотнесенность с действительностью*. М., 1985: с. 109—120.

Мама купила пальто в магазине（妈妈在商店里买了件大衣）中，"пальто"（大衣）已经存在于听话人的意识当中，这可能是因为"пальто"就在交际的当场（超语言语境），也可能是上文已经提到过。一般来讲，旧信息的句子重音要比新信息弱，而且有时还可以通过代词化（прономинализация）的手段来实现。旧信息通常都在句子首位来作为句子表达情景的出发点，而情景的出发点都是语境中已经被激活的事件片段，因而表达交际的顺序自然就是遵循从旧信息到新信息的顺序。而巴拉诺夫则把"旧信息—新信息"的对立解释为一种已知性（данность）范畴，包含三层意义：被激活的旧信息（即在交际情景中主体意识中已经被激活的信息）、潜在的旧信息（即没有被激活，但在主体世界模型和心理词库里存在的信息）和词库中的新信息（主体世界模型中缺失的信息），而且这种已知性特征在语言符号的不同层次都有体现，包括表达层面、内容层面中的类指和映指层次。①

4）句子的已知和未知②信息。已知（известное）和未知（неизвестное）与旧知和新知是不同的。比如在 *Я нашел твою книжку*（我找到了你的书）中，虽然"книжка"（书）的实指可能对信息接受者来说是已知的，但也可能是新的信息，因为如果作为这个句子表达正确性的一个前提，"книжка"就有可能是信息接受者意识中未被激活的新信息。句子中说话人认为听话人已经知道的那部分内容，可以称之为语用预设（прагматическая пресуппозиция）。语用预设和句子的语义预设是相吻合的。③ 语义预设是句子中无论否定还是疑问都会保留下的那部分内容，即它的真实性是不可推翻的。例如：

（8）*Все мы сожалеем о том，что вы заболели тяжёлой болезнью*（我们都为您罹患重病而惋惜）。

在这个例子中，语义预设和语用预设就是吻合的。不具有语义成分的语用预设是不可能存在的。如果对说话人来说，某个信息的真实性和对听话人来说该信息的未知性是一致的话，那该信息的已知性就是其真实性不可分割的一部分。严格来讲，已知信息就是说话人认为存在于世界中的信息，且该信

---

① А. Н. Баранов，И. М. Кобозева，*Вводные слова в семантической структуре предложения*. //Системный анализ значимых единиц русского языка. /Под ред. Т. В. Шмелевой. Красноярск：КГУ，1984.

② 已知和未知通常被用在名词表达的指称理论中来区分"有定"和"无定"的范畴。

③ И. М. Кобозева，*Лингвистическая семантика*. М. ，2001；с. 255.

息是真实的。帕杜切娃曾经举了一个不含语义预设的语用预设的例子：

(9) *Он заболел？ —Нет, но он не говорит* ↘, *что он заболел.*
"他病了吗？""是的,但他没说↘他病了。"

"он заболел"无疑不是第二个句子的语义预设,但它也不是语用预设。因为,虽然交际双方意识中都存在相关信息(即第二个句子中的旧信息),但它还不是听话人的已知信息,因为如果他知道了,就不会再提问。这也从一个侧面说明了旧信息和已知信息的区别。此外交际者还可以通过对照、移情（эмпатия）[①]等手段来表达交际意义。句子的交际语用意义还可以运用言语行为理论来解释。言语行为理论(теория речевых актов—ТРА)的创始人是奥斯汀,之后塞尔(Searle)又对该理论进行了发展和完善。

塞尔认为,一个完整的言语行为可以分为三个层次:命题行为(пропозициональный акт)层次,即行为指明某个情景,也就是以言指事(локутивный акт)。这个层次还可以分为指称行为(说明交际的参与者)和述谓行为(赋予参与者一定的特征)。这里要强调的是,虽然是命题行为,但也带有一定的交际内容。以言行事(иллокутивный акт),即说话人在特定条件下通过特定行为来达到特定目的的过程。在命题行为层次可以划分出命题成分,而在以言行事阶段,命题之外就增加了言外之力。我们认为,"言外之力"只能是具体交际情景中的句子才有,而一个孤立的句子只具有言外潜势(иллокутивный потенциал)。以言成事(перлокутивный акт),即说话人通过"以言行事"来对交际对象施加影响的行为。比如当我们说 *Попробуй только！*（你试试！）时,除了完成"威胁"这一言语行为之外,还可以对交际对象施加其他的影响,如挑衅等。也就是说,句子中除了命题成分外,还有语用成分,后者与句子使用的目的相关。其实早在传统语法里,人们就意识到了句子形式与目的之间的密切联系,并据此来区分句子类型。比如在俄语里区分出陈述句、疑问句和祈使句。陈述句的目的是传达某种信息,疑问句的句子是要从听话人那里得到回答,祈使句则是要让听话人完成某种行为。但传统语法只关心这些句子类型的形式区别,只从形态层面来研究句子。

[①] 移情又被称为移情焦点(фокус эмпатии)、观点(точка зрения),是指说话人从某一交际参与者的观点出发来描写其他参与者。

塞尔认为,一个句子的语用意义包括以下几类:语言行为的目的、说话人的心理状态(意志的、情感的)、交际双方的社会地位关系、句子与说话人兴趣之间的联系、句子与话语其他部分的联系、句子与特定社会语境中活动的联系、实现言语行为的方式。这些语用信息在句子的表层结构里都有反映,都有特定的参数来表现。① 另外,言语行为还可以分为直接和间接两类。一个人直接通过话语构式的字面意义来实现其交际意图,这是直接的言语行为;当我们通过话语构式取得了话语本身之外的效果时,这就称作间接言语行为。简单地讲,间接言语行为就是通过施行一个言语行为间接地施行了另一个言语行为。间接言语行为有时候还需要考虑礼貌因素,因为间接言语行为是指一个说话人意谓他所说的,但同时又意谓更多的东西,因此话语意义不仅包括而且超越了句子意义。如下图表所示:

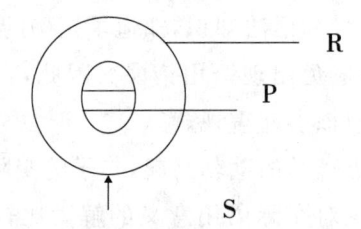

S=说话人,P=句子意义,R=话语意义

图表 55

言语行为理论,特别是间接言语行为理论,解释了人们在交际中为什么和如何大量使用间接言语行为,使得我们不仅了解句子(语句)的字面意义和交际的内容,还了解说话人的目的。这对外语教学及跨文化交际提供了重要的理论指导与启示。然而,正像其他新兴学科一样,言语行为理论也有不足之处。其一,这一理论局限于人际交往的只言片语方面,这些零星的言语在不同程度上孤立于社会文化环境或社会活动之外。如果把这些言语变成话语,我们必须考虑制约言语行为的社会文化等方面。其二,尽管"问候"、"告别"、"邀请"、"恭维"、"赞赏"、"拒绝"等言语行为几乎为各种文化所共有,但由于它们各自毕竟受到文本化的制约,势必因社会文化等因素的不同而表现出不同程度的差异。总之,由于话语发生在一定数量与交往双方相关的个人、社会以及

---

① Дж. Р. Серль,*Что такое речевой акт?* //Новое в зарубежной лингвистике. Вып. XVII. 1986.

文化等因素在内的一定情景中，因此，单一化的理论、一元化的研究是不够的，我们必须借助社会语言学、民族交际学、语用学、跨文化交际学等领域的研究，才能更全面地理解话语含义。

以奥斯汀、塞尔为代表的言语行为理论学家把语言研究从以句子本身的结构为重点转向研究句子表达的意义、意图和社会功能方面，从而突出了言语的社会功能。言语行为理论的提出对应用语言学、社会语言学、语用学以及语言习得研究都产生了重大影响。一方面，它使学者们的有关研究从以语法或语言形式为中心转向以言语功能为中心，从以单句为中心转向以语篇为中心，从以语言本身为中心转向以语言使用者、社团以及语言环境等为中心；另一方面，言语行为理论使诸多研究从以语言知识为中心转向以交际功能为中心，也使外语教学从以语言形式为中心转向以语言功能为中心。这样，使得学习者不光掌握了一定的词汇量和语法知识，知道了正确的句子结构，而且还学会了如何适当地使用语言以避免出现语用错误。因此，言语行为理论是研究语言使用问题的基本理论，应该引起重视。

近年来，随着认知语言学的蓬勃兴起，句子的交际—语用意义也获得了新的阐释。其中，关联理论对交际语用意义的解读比较有特色。句子符号通过交际双方的使用可以传达交际意义和语用意义，但交际的顺利进行除了以信息共享为前提之外，还有赖于双方的知识状况是否能在大脑里形成一个意义连续体，也就是所谓的统觉基础（континуум）[1]。我们认为统觉基础也是一种语境，而语境又分为物质语境和认知语境。语境的研究由来已久，1923年马林诺夫斯基提出语境除了上下文之外，还有情景语境和文化语境，之后，国内外学者都从不同角度对语境进行了分析和研究（弗斯，1950；莱昂斯，1977；海姆斯，1967；韩礼德，1978，1989；陈望道，1932；张弓，1963；何兆雄，1987；王建平，1992；王德春，2001）。但他们多是对马林诺夫斯基的理论进行细化。直到1986年斯珀伯和威尔森从认知角度对语境进行了分析。

---

[1] 所谓"统觉基础"，其渊源可以追溯到古希腊的亚里士多德，他认为有些客体的属性有赖于共同感觉才能认识。所谓的共同感觉，即是统觉思想的萌芽。其后，经中外学者不断使用，它在语言学中的内涵有了较为明确的界定，即指交流双方"过去所有的内外部经验"所组成的一定的"心理内容"。统觉基础能够影响语言理解，交流双方的统觉部分的共同处越大，在谈话时就越容易理解和领会对方不容易理解和充满暗示的话语；反之，交流双方的统觉部分差别越大，他们之间的相互理解也就越困难。

他们认为语境是一个心理构造(psychological construct),是听者对世界的假设。之后昂格雷尔和施密德(Ungerer & Schmid)提出了认知语境这一术语,并鲜明对比了 situation 和 context,认为前者是物质的,后者是认知的。我们认为,物质语境就是客观存在的语言语境、情景语境和文化语境;认知语境是意义传达时所激活的存储于大脑中概念化、范畴化和认知化的知识框架。认知语境从形式层面看服从于句子交际的需要,其最核心的内容就是知识的结构化。例如:

(1)*Ночь. Улица. Фонарь. Аптека.*(夜。街道。灯。药铺。)(布洛克)

(2)*Да, молодое, славное, смелое дело. Смерть, жизнь, борьба, падение, торжество, любовь, свобода, родина...*(屠格涅夫)

(是的,年轻的、光荣的、勇敢的事业。死亡、生命、斗争、倒下、欢庆、爱情、自由、祖国……)

(3)枯藤老树昏鸦,小桥流水人家,古道西风瘦马。夕阳西下,断肠人在天涯。(马致远《秋思》)

在理解上面的句子时,我们可以充分调动认知结构中关于空间和时间序列关系的知识,以此来读懂称名句所描写的情景,理解这些情景背后要传达的意义。认知语境是社会心理性质的,由在具体语言使用过程中所涉及的情景知识(具体场合)、语言上下文知识(工作记忆)和背景知识(知识结构)三个语用范畴所构成,是社会中人所共享的东西。尽管人际的差异肯定存在,但是相似却是主流,否则人际间的交往就难以进行。认知语境又代表着社会团体所共有的集体意识,这种共有的集体意识在个人的知识结构里以"社会表征"(social representation)的方式储存下来,以协调人际间的行为和语言使用,使之适合社会、文化和政治环境。莫里斯把语用学看成是探讨语言符号与符号使用者关系的学科,格赖斯(Grice)、奥斯汀等人认为符号信息和交际意图有关系,是由推理支撑的超符号关系。斯珀伯和威尔森逐渐把语言超符号关系的研究引入了认知的轨道,提出了关联理论(*теория релевантности*)。关联理论包含两个原则:第一个原则(认知原则),即认为人们的认知倾向于同最大关联相吻合;关联理论的第二个原则(交际原则),即认为交际行为都应该设想为它本身具有最佳关联。这两个原则突显了认知语境的重要性。以下面一组对话的理解过程为例:

(4) A: *Пойдёшь в кино?* （你去看电影吗？）

B: *Завтра у меня будет экзамен.* （明天我有考试。）

在交际情况不确定的时候，B 会自觉不自觉地运用逻辑知识、百科知识以及语言知识等进行推导，而这种系统化的知识性推导主要依靠的就是认知语境假设。为了填补"去看电影吗"和"明天要考试"两个话语之间的认知空隙，他至少要激活"看电影"和"考试"两个知识草案。"看电影"草案作为一个知识结构单元，内部包括"去看电影"、"购电影票入场"、"找座位"、"看电影"、"退场"等子成分，这些成分和成分之间有先后、因果、主次等结构关系，这些关系建立在人的经验、自然顺序和自然逻辑之上，是人对世界现象的经验化、知识化、内在化的结果。只要一提到看电影，这些内容就会激活并协助推理。而"考试"知识草案包括"复习"、"准备"、"去考场"、"应考"等子成分，因此就形成了和"看电影"草案内部成分的共同特征都是"花时间"，在该语境里的含义只能是"不去看电影"。

(5) Шурик: *Зачем же так круто? Нет, нет. Я не пью. Я не пью. Иван Васильевич. Спасибо.*

Царь: *Ты меня уважаешь?*

Шурик: *Господи, Иван Васильевич!*

Царь: *Тогда пей!*

(из фильма《*Иван Васильевич меняет профессию*》)

（舒力克："为什么倒这么多？不，不，我不喝酒。我不喝酒。伊万·瓦西里耶维奇，谢谢。"

沙皇："你尊敬我吗？"

舒力克："上帝啊，伊万·瓦西里耶维奇！"

沙皇："那就喝！"）

（选自电影《伊万·瓦西里耶维奇换职业》）

"*Ты меня уважаешь?*"这句话其实是不需要回答的，在 Шурик 的知识结构中此时激活了一个知识，即 Царь 这样问是表达了责怪的。而之后 Шурик 所说的 *Господи, Иван Васильевич!* 也表达了自己没有不尊敬对方的意思，而 Царь 也理解对方的意思。这就有赖于双方关于"喝酒"这一情景的共有知识结构和草案。

(6) —Сейчас мы пожелаем молодым долгой счастливой жизни!

—Горько! (из фильма《Вокзал для двоих》)

("现在我们要祝年轻人们幸福长久!"

"苦啊!")(选自电影《两个人的车站》)

(7) —Вам хорошо, Анатолий Ефремович, у вас дети?

—Да, двое, мальчик и... мальчик. (из фильма《Служебный роман》)

("您挺好,安纳托利·耶夫列莫维奇,您有孩子吗?"

"有,两个,一个男孩和……一个男孩。")(选自电影《办公室的故事》)

例(6)中,如果要理解第二个句子的意思,就必须要有一个常识,即俄罗斯人在新人婚礼上喊"горько"是要让新郎和新娘接吻。例(7)中,当Новосельцев说"мальчик и..."时候,按照我们一般的认知期待,下一个词应该是"девочка"(女孩),但他却说了"мальчик"。非常规的表达方式增强了表达的幽默效果。

斯珀伯和威尔森的关联理论认为,语言符号的运作不是申农和韦弗(Weaver)在1949年提出的"信息编码—信号—传递途径—接收—信息解码"的单一模式。从认知的角度来看,语境不仅包括交际的具体环境和上下文的信息,还包括对未来的期待、科学假设或宗教信仰、长期或短期的记忆,总体文化概念以及受话者对说话人心智状态的判断等,这些都对话语的理解起重要作用。斯珀伯和威尔森认为,在语言交际中,受话者对世界的假设以概念表征(conceptual representation)的形式储存在大脑中,构成用来处理新信息的认知语境。语境不是常项,而是人对世界假设的子集,由语言符号解码产生的假设在这种语境中,通过演绎逻辑规则产生语境含义和认知意义。在任何交际过程里,交际者总可以迅速确立关联的假设,因为他有生物进化而来的迅速捕捉关联语境的能力。这样,说话人的假设和话语关联性作为已知的成分,语境作为变项,就共同决定了交际本身的动态性和可变性。

格赖斯的超符号学,把说话人的话语和语境作为已知成分,把含义当作必须按照会话准则进行推导后才能确定的变元,而斯珀伯和威尔森则把说话人的假设和话语关联作为已知成分,把语境作为变项。无论交际者是否遵守会话准则,交际关联应该是自然倾向,否则交际双方的语句表达就失去了意义。这样一来,语言交际只有关联程度的差别。交际时说话人在说话的时候把意图通过语言编码,或者按照受话者认知状态的假设,通过交际场合中的明示交际,使要传递的信息尽量变得明显,信息接收和理解便是受话人的事情了。

理解交际的基础是共有的认知环境,有利于我们正确审视语言交际的性质,掌握语用演绎逻辑的真谛,便于我们分段处理语用推理,避免绝对的含糊做法;区分显义和隐义,能协调分辨物理语境和认知语境这个语用学的关键概念;承认语境作为变项的观点,就可以更加客观深入的研究语用推理。关联理论把关联看成是话语语境效果和话语信息处理耗费之间的最佳平衡,适度的信息处理可以加强原有假设、消除原有假设,或者与原有假设合并产生新的假设。语境效果就是这三种新、旧语境互动的结果。关联是最佳关联,即收支平衡后所获得的足够语境效果,或者说消耗等量信息处理努力去获得较多信息的效果。人们认知话语信息的过程随着语境信息的增加而一步步由语言的意义过渡到言语意义以及言语动机,正是语境信息的增加使话语的意义不断从抽象到具体,由语言层面过渡到言语层面,最终进入言语主体的心理层次,并且消除了话语的歧义。

第二节 句子意义的符号化模型

上文我们已经讨论了句子的表层符号意义(П33)、浅层符号意义(C33)和深层符号意义(Г33),将句子意义做这样的层次划分是有我们的考量的。表层符号意义是具体而丰富的,其阐释也更多地依靠语境因素,而浅层与深层符号意义则基本是抽象的、概括的,它们虽然少了语境因素的参与,但却也具有交际潜势或交际前景。

对句子符号意义进行层级划分,首先符合语言符号具有层级性这一本体现实。我们都知道语言符号具有双面性、双层性这一基本特征。符号的深层是不表意义的音位,通常音位的数量是有限的;而表层则是表意的各种单位,包括句子。音位结合成语素,后者是语言中表示一定意义的最小符号单位,但还不能直接来构成表达思想的句子。其次,符合语言符号意义生成具有层级性这一认知现实。虽然意义的获得有赖于符号与指示物之间的联系,但是在信息传播过程中,语言符号所表示的真正的"意义",则要通过二次称谓(вторичная номинация)才能实现,是对第一次称谓后获得的意义的再一次延伸。

一次称谓(первичная номинация)获得的是语言符号的外延意义,二次称谓获得的是内涵意义。内涵意义的获得往往与解码者的文化背景、个人经验、感情色彩等密切相关。再次,区分句子表层、浅层与深层符号意义符合符号主体运用符号进行交际时的心理现实(психологическая реальность)。一个交际得以完成,其必须前提是对语句的正确理解和把握。一般来说,当我们面对交际文本时,肯定是先把握语言符号的最基本意思,然后才会去考虑基本意义之外的交际、语用等因素。也就是从深层符号意义过渡到表层符号意义。当然这一心理过程通常都很短暂,甚至是无意识的或无法察觉的。

对于句子符号来说,从形成抽象的符号模式再到完成具体的交际语用任务,也是经历了多次称谓即符号化的过程。对句子意义符号化进行研究,有利于我们把握语句生成和理解的深层机制,对语言的使用也大有裨益。

1. 意义的符号化

在很长一段时间内,符号(特别是语言符号)是被看做静态实体来研究,符号的动态研究常常被忽视。符号的动态性体现在它进入交际后形成的各个维度及其联系中。以句子为例,它以连贯的概念构成语义层面,作为传递信息的基点;又以语义和语用的相关成分,构成语用层面,作为确定信息含义的参量。最终,通过语义与语用的互动达到信息交流的目的。语义和语用的关系随着语境参数的变化而变化。因此,句子符号从生成、传输、接受到理解,是一个信息交流的动态过程,这就是所谓的符号过程或符号化(семиозис)。当然,如果仅仅有符号的表层意义或者深层意义,符号交际都是无法顺利完成的。只有以人为媒介,交际才能完成。所以,当代符号学已经从符号本体研究转移到了符号与信息的关系以及符号化过程之上。对意义符号化过程的揭示,可以使我们以新的角度来看待句子符号的生成与理解。目前普遍存在的问题,就是对句子研究拘泥于静态语义参数分类,对句子符号化过程缺少足够的关注,忽视了句子符号本身与认知结构之间的互动在符号生成与理解中的作用。对句子进行符号化的动态观察在一定程度上有利于我们克服这种偏差。

符号化来自希腊语 semeiosis,又称符号过程(знаковый процесс)。在符号学里指符号的解释过程或者意义的生成过程。在古希腊时期,医生常用这个术语来进行诊断,当时"符号化"是对症状的解释。古希腊人认为,符号化应该包括三个成分：符号(знак)、符号的指向(десигнат)、符号解释项的影响(воздействие интерпретанта)。现代符号学的奠基人之一，美国哲学家莫里斯用"семиозис"来描写三元符号关系"对象—符号—解释项"。符号化理论是皮尔斯符号学理论的中心概念。皮尔斯认为，符号只有得到解释，才能称之为符号，而解释要通过解释项。所谓的解释就是翻译、阐释，把符号对象关系进行概念化，将之存储在下一序列符号中，比如人对符号的特定反映、借助其他符号解释词符意义等。每个符号都可以生成解释项，而且这个生成过程是无限的。关于这个无限的过程，皮尔斯是这样解释的：如果假设在某一时刻，客体出现了一个最后的、最复杂的、穷尽的、完结的解释项，那该解释项就等同于对象本身，但这种对象与符号之间在物理上完全等同的现象是不可能存在的。因此，解释的过程是无限的、开放的，符号化过程也是无止境的。皮尔斯指出，符号化是符号的动态解释过程，也是符号运作的唯一方式；符号化是符号生成解释项的活动。符号化思想体现了符号与外部世界之间的关系实质，即表征对象是存在的，但它隐藏在符号媒介中，只有通过该对象生成的符号才能完成对它的认知。莫里斯则认为符号化是某物作为符号运作的过程[1]，划分出了符号化的三个维度，即符号学分析三分法：语义学研究符号与对象的关系，语构学研究符号间的关系，语用学研究符号与符号解释者之间的关系。

还有学者认为符号化是某个包含多种成分的情景。在这个情景中，A 传达信息 B 给 Б，A 是信息发送者，Б 是信息接受者。发送者选择环境(或信道) Г 来作为传递信息的媒介，选择编码 Д 作为手段。其中编码 Д 要求能指与所指的一致性，即对符号做出选择。编码的原则要以能完成所需要的交际为前提，意义编码和信道媒介也要相互适合。这样，在收到发送者发出的能指后，接受者根据编码把它们翻译成所指，据此来进行交际。符号化过程最常见的例证就是言语交际(或言语行为)，而此时编码就是自然语言。

扎列夫斯卡亚则从交际与社会心理的角度去阐释意义的符号化过程。她认为所谓的符号化是一个动态过程，是"一个选择策略的过程，这些策略一方

---

[1] Ч. У. Моррис，*Основания теории знаков*. //Семиотика(Ред. и сост. Ю. С. Степанов. М. ,1983); По изданию:Семиотика. Т. 1. Благовещенск,1998:с. 37—89.

面保证把文化符号'翻译'成用来理解和感受事物名称所包含内容的个人'语言',另一方面,要寻找社会公认的称名符号,使交际双方应用到自己的认知影响经验里,达到相互理解"①。使符号能指与相应的符号所指对应,这一过程只是符号化过程的过渡阶段,因为社会公认的符号是指向个人经验的,离开个人经验,符号就不能成为符号。

鉴于以上各家观点,我们认为所谓的符号化就是特定情景中符号意义生成与解释的过程。意义符号化是指由客体信息内化生成的影响外化的过程。意义外化的符号工具,最初可能是肢体语言,接着才陆续出现了语言、文字、电子媒体等等。我们认为,符号化是意义的一个根本性特征。但在常识范围内,这一过程却被人们当成自然而然的过程,就好像走路和呼吸一样自然。朗格把符号活动看做是人能与动物区别的根本属性,把符号活动看做是人类最基本的智力与心灵活动。她指出符号化需要是人类一直进行着的一种基本需要,"这一需要很可能是其他动物所不具有的。它将激发人所具有的明显的、非动物性的特性:他的富有智慧的想象力,他的关于价值的意识,他的完全非实践性的热情,他的那种充满神圣的'来世'意识。这个基本需要——肯定只有人才有的需要——正是'符号化的需要'。如同吃、看、运动,创造符号的活动是人的基本活动之一。这是心灵的最根本的过程,它将一直持续下去"。②

在朗格看来,意义符号化的本质正是人类内部经验的一种转换活动。她把人脑比作一个具有符号转换功能的转换器。"人类的大脑持续不断地进行它所接受到的经验数据的符号转换活动,这一事实或多或少使大脑成为真正的自发观念的源泉。"③的确,没有符号,没有符号的意义转换与生成,人就不能思维,没有思维就没有理性。所以,符号是人的本质,符号与意义的相互作用创造了人的世界。

无独有偶,法国思想家克里斯蒂娃也谈到了意义生成即意义符号化的问题。她说,现代语言学中致力于研究语言外现实的有两种流派,一派是围绕索

---

① А. А. Залевская, *Некоторые особенности естественного семиозиса.* М. ,2000:с.49.
② 吴风:《艺术符号美学》,北京广播学院出版社 2003 年版,第 46 页。
③ 同上。

绪尔的符号能指与所指任意关系展开研究,另一派将符号化的多层性引入语言理论的形式自身,这一派的观点可以追溯到胡塞尔和法国学者本维尼斯特。而这两个流派不过是阐述了同一个意义生成过程的两个不同状态。克里斯蒂娃把前者称作前符号状态(le sémiotique),后者为符号象征状态(le symbolique)。① 在意义的生成过程中,人的因素十分重要,作为符号使用主体,人的思维、感情对符号的使用都产生了十分巨大的影响。克里斯蒂娃还指出,意义的符号化过程是个"无休止的回路",从前符号状态到符号象征状态,又回到前符号状态,如此循环往复。我们认为,抽象的意义符号经过符号化手段就获得了相对具体的符号意义。当符号的意义定型后,人们就会对它产生一种强烈的依赖,用它进行认知和交际。正如皮尔斯说的那样:"我们只用符号进行思维",并且"所有思维都是推论式的符号阐释",②换言之,思维就是意义的符号阐释过程。

1.1 符号情景与符号化

符号意义从抽象到具体、从隐性到显性的符号化过程是语符意义生成的重要手段。符号化的进行也要有一个空间和一个情景。离开具体的符号情景(знаковая ситуация),符号化就失去了意义。早在古希腊和中世纪时期,就有学者开始研究词符与其所表示对象之间的关系。有些思想家认为词语是人们赋予客观对象的名项(имя),其实这已经涉及符号情景的研究,即符号情景由符号(名项)和符号所表示的对象组成。(克拉夫琴科〈Кравченко〉,2001:48—58)到了17—18世纪,哲学家们意识到了符号情景还应包括第三个元素——概念,词语是客观对象的概念符号,由此符号情景由二元结构转变成三元结构:符号——概念——客观对象。皮尔斯以这三个成分为基础构建了自己的符号学理论。此后,符号的这个三元结构在逻辑学、语言学等学科里得到广泛的应用,如奥格登和理查兹的意义符号学三角形、帕尔梅尔(Ф. Палмер)的理论等。

首先把符号情景作为符号学的一个重要范畴进行详细描写的是德国哲学家弗雷格,其主要思想都反映在1892年出版的著作《意义和意思》(*Sinn und*

---

① 西川直子著,王青、陈虎译.:《克里斯多娃——多元逻辑》,河北教育出版社2002年版,第86页。
② Hoopes, James. *Pierce on Signs*. Chapel Hill NC: The University of North Carolina Press. 1991: p. 11.

Bedeutung)中，俄罗斯学者一般将其翻译成 *О смысле и значении*（《关于意思和意义》），因为德语"Bedeutung"的字面意思就是"*значение*"、"*смысл*"。但在俄语语言学著作中，"*значение*"（意义）通常用来表达由词符的语音而联想出来的思维形象（*мысленный образ*）。而弗雷格的"Bedeutung"则是指语言外现实世界中获得称名的对象。在现代符号学中把该对象称作所指（*денотат*）或实指（*референт*）。因此，在阐述弗雷格的思想时，学界对"*значение*"这一术语的使用是十分混乱的。为了以示区别，有的学者，如拉兹洛戈娃（Е. Э. Разлогова）建议用 *Смысл и денотат* 替代 *О смысле и значении*，下文我们也使用 *денотат* 这一术语。

弗雷格认为应该区分名（符号）、所指（名指称的对象）和名的意义（所指的概念），这三个成分构成了语义学三角形。他认为，名的意义反映了对客观事物进行概念化的方法，他还举了一个关于 *утренняя звезда* 和 *вечерняя звезда* 的经典例证：两者所指一样（金星），但意义却不同。换言之，同一个所指可以具有多个意义，而同一个意义也可以由不同的符号来表示。符号（名）总是具有意义的，但不是所有的意义都能用符号来指称。例如，"离地球最远的天体"这句表述具有意义，但却没有所指。[①] 弗雷格还区分出了所指的概念（*представление о денотате*），这个概念是模糊的，有很强的情感性、主观性和个体性。他把意义放在所指和概念之间。因此，实际上他提出来的是四角形，而不是三角形，但这第四角却没有得到人们足够的重视。因此弗雷格的符号情景理论可以表示为：符号（名）—概念—意义—所指（客观对象）。

索绪尔把语言符号看做是由语音形象（能指）和概念（所指）构成的两面心理实体，并提出了语言符号的价值观。价值观认为必须要存在很多符号，因为单个符号只有和其他符号相对照或对比，才能获得自己的价值，符号也因此才能行使自己的功能。换言之，索绪尔向符号情景中引入了"其他符号"。[②] 美国符号学家莫里斯则把符号化活动看做是一个五元结构：V，W，X，Y，Z。其中V 使 W 对特定对象 Y 产生了反映 X，因此，Y 是特定条件 Z 下的刺激。这些符号分别被莫里斯定义为：V——符号，X——解释项，Y——意义（指称、映指），

[①] Г. Фреге, *Смысл и денотат*. //Семиотика и информатика. Вып. 35. М.，1997：с. 351—379.
[②] Ф. Соссюр, *Труды по языкознанию*. М.，1977.

W——解释者，Z——符号语境。可以看出，在符号情景里又出现了"人"及符号与其他符号的关系。因此，普通符号学中的符号情景可以用以下图表表示：

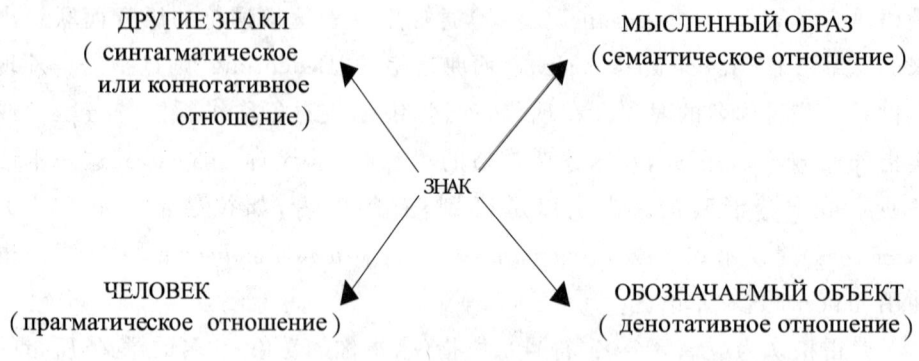

```
     ДРУГИЕ ЗНАКИ              МЫСЛЕННЫЙ ОБРАЗ
  （синтагматическое          （семантическое отношение）
   или коннотативное
      отношение）
                    ↖   ↗
                     ЗНАК
                    ↙   ↘
      ЧЕЛОВЕК              ОБОЗНАЧАЕМЫЙ ОБЪЕКТ
（прагматическое отношение）  （денотативное отношение）
```

图表 56

  事物只有进入符号情景之后才能称之为符号，成为符号——这不是事物的属性，而是一种功能。游离于符号情景之外的符号是不存在的。对于普通符号学来说，上图作为符号情景的结构是可行的，但对于以自然语言符号为研究对象的语言符号学来说，上图则是不完整的。

  德国著名心理学家、语言学家比尤列尔（К. Бюлер）曾对语言符号的符号情景进行详细研究。他采用了柏拉图的观点，认为语言的功能就是使一个人能告诉另外一个人一些事物[1]。在比尤列尔的模型里，语言符号是个被放在圆形当中的三角形，且三角形各角都在圆形之外，三角形三边之外还有一部分圆形。比尤列尔想借此图说明语言现象（圆形）和语言的符号内容（三角形）并非完全契合的。三角形的三边代表着使语言现象成为符号的那些因素，包括：对象和情景——与语言符号之间的关系是象征（символ）关系，信息发出者——使语言现象成为某种征兆（симптом），信息接受者——把语言现象理解成信号（сигнал）。把三角形和符号情景这三个因素连接起来的线段表示复杂语言符号的语义功能。[2] 与语言符号的三种关系相对应，比尤列尔提出语言的三个功能：表征（репрезентация）、表现（экспрессия）、呼吁（апелляция）。比尤列尔的模型如以下图表：

---

[1] Карл. Бюлер, *Теория языка*. М., 1993: с. 30.
[2] 同上, с. 34.

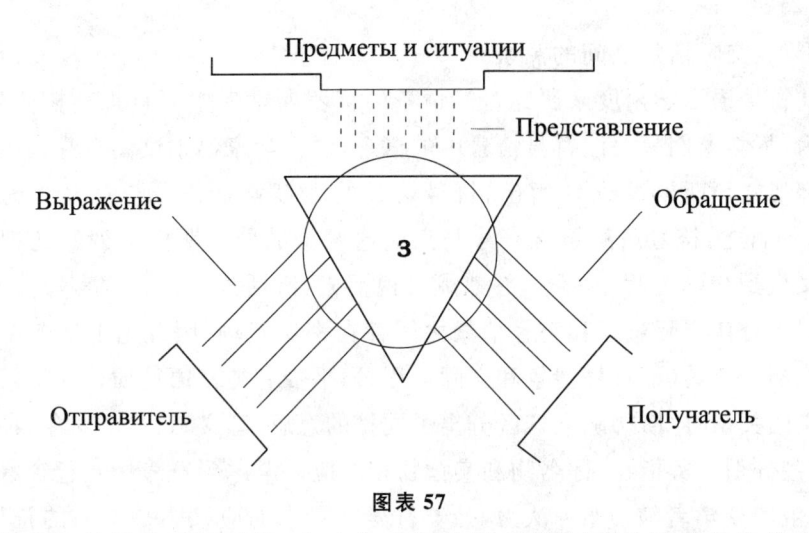

```
                    Предметы и ситуации
                    ┌─────────┴─────────┐
                              │ ─── Представление
        Выражение                        Обращение
                         ╱▔▔▔╲
                        (  3  )
                         ╲___╱

        Отправитель                      Получатель
```

图表 57

  与普通符号学不同的是,在比尤列尔的模型里"人"的因素分为发出者和接受者两个部分。尼基京认为这很重要,因为考察语言的符号性,就必须考虑到信息发出者的存在。语言符号首先是交际手段,它指向信息接受者。考虑到接受者的存在,就可以把语言符号和其他自然符号及非语言符号区分开来,因为它们都不具有交际意向(尼基京,1997:4)。的确,如果不考虑到信息发出者,那任何自然现象、任何征候(脸色、体温等)都是符号,对这些符号来说,由"符号—意义—人"构成的三元符号情景就已经足够。此外,比尤列尔还考虑到了对象与情景的存在,这也是十分合理的,因为语言符号最终是用来进行交际的,必须有情景和交际对象存在。但遗憾的是,K. 比尤列尔的模型里没有对语言符号的系统结构进行阐释。随着语言学和符号学的不断发展,对语言符号做单一理解已经不能满足需要,很多学者都对语符进行了多元阐释。比如比奥特罗夫斯基(Р. Г. Пиотровский)认为语符应该包括下列元素:名项(имя)——能指,所指(денотат)——具体物体的形象,所指物(десигнат)——概念、意义、观念,伴随意义(коннотат)——评价意义、美学意义、文化意义以及语用潜势。他认为 имя 属于表达平面,денотат、десигнат 和 коннотат 属于内容平面,而语用潜势则属于符号的解释层面。[①] 由此可见,要研究语言符号学中的符号情景,就必须考虑语言符号与其他符号的关系,考虑语符与所指、

[①] Р. Г. Пиотровский, *Инженерная лингвистика и теория языка*. М. ,1979:с. 17.

客体形象、交际情景之间的关系。

从符号语言学角度来研究符号情景的俄罗斯学者中当首推斯柳萨列娃。她认为,哲学家们只关注符号情景中的概念,语言学家们则试图解释词语复杂的内部形式。斯柳萨列娃指出,符号情景的内容就是符号与意义之间的关系。① 换言之,符号情景包含符号与意义这两个成分。斯柳萨列娃还把符号与意义放到交际过程中考察,并兼顾了说话人、听话人、对象、语言等因素,由于她并不否认交际过程和符号情景之间存在密切互动,因此把上述各个因素划分成两个范畴(即符号情景和交际过程)似乎带有纯术语性质。在描写符号与意义的关系时,斯柳萨列娃区分出了词符的意思、意义、符号的对象,在她看来,这些分别与所指物、称名物和实指物相对应。考虑到符号情景包含着众多因素,俄罗斯学者波波娃②认为,处于符号情景中的应该不是单一的符号,而是与人类言语思维活动密切相关的整个语言符号系统。她给出了一个我们认为比较全面和系统的符号情景模型,如以下图表:

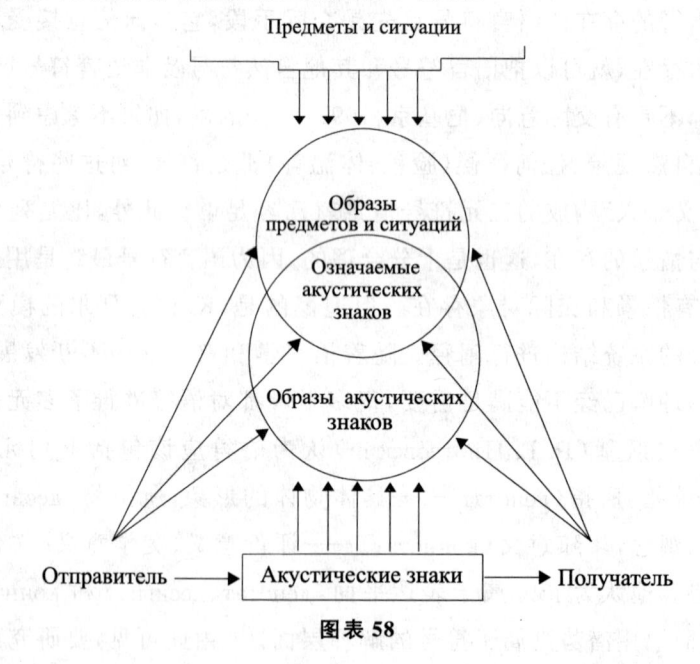

图表 58

---

① Н. А. Слюсарева, *О знаковой ситуации.* //Язык и мышление. М. ,1967:с. 274—283.
② З. Д. Попова, *Знаковая ситуация в лингвосемиотике.* Вестник ВГУ. Серия гуманитарной науки. 2005, No 2, с. 213.

从图中可以看出,语音符号(акустические знаки)的发出者和接受者地位相当;图中的语音符号形象指的是词素(лексема);客体对象及外部情景的形象(观念、意义)通过语言符号得到表达,即所指;语音符号的所指是义位(семема)。根据词的意义理论我们知道,义位由外延和内涵两部分组成,外延包括所指物特征(被表述的观念和意义),内涵则由主体现实的形象来确定,反映了语音符号的特征(词语游戏、拟声、语音象征等)。换言之,义位是外延的体现,并赋予外延以主观色彩。语言符号系统就是通过义位和词位的相互关系而构建的,而且基础是义位。宋采夫(В. М. Солнцев)曾指出,符号系统的内容就是人类活动的结果。符号系统的组织基础就是那些意义的、信息的和思想的因素。① 上图中,客体和情景的形象(образы предметов и ситуаций)构成了人类的观念系统,其中,被语言表达且进入语音符号所指领域并带有内涵意义的观念构成了语言的语义空间。正是由于内涵和外延意义的相互作用,语言的语义空间把语音符号形象(образы акустических знаков)与客体及情景的形象紧密联系在一起。这一点和梅利尼科夫的观点类似,后者认为语言符号系统的各个成分之间存在着这样的关系链条:言语(语音)符号→语言符号→意义→意思。第一个成分是第二个成分的能指,而第二个和第三个成分是第一个成分的所指,同时也是第四个成分的能指,而最后一个成分只是能指。②

我们认为,波波娃的这个模型还是十分合理的。首先,它可以帮助人们厘清什么学科研究什么对象的问题。比如,语音学研究语音符号,音位学研究人脑中产生的语音符号形象。传统语言学研究语言系统及其各个分支(词汇学、构词学、形态学、简单句、复合句等等),认知语言学则研究义位及义位组合与观念领域的相互关系。其次,通过这个模型,人们可以更清楚地了解语言符号的其他特征,以及研究语言符号的不同特征,如语言不同单位(音、音节、音位、形素、词素、结构模式)的符号性程度、语言符号的类型(信号符、征候符、像似符)等等。总之,语言符号意义的符号化过程是十分复杂的,它需要符号情景中多个因素共同参与,对其进行整合描写也要参考语义、语用、句法、认知、心理等方面的因素。人的因素在符号化过程中不能被忽略,有了人,符号才能称

---

① В. М. Солнцев,*Язык как системно-структурное образование*. М.,1971:с. 21.
② Г. П. Мельников,*Типы означаемых языкового знака и детерминанта языка*. М.,1974:с. 27—29.

之为符号,才具有生命力和表现力。

1.2 符号化之对话性

不论意义的表征还是生成,人的因素贯穿始终。近代哲学、社会学科中的人本中心主义转向(anthropocentrism/антропоцентризм)①就是逐渐重视符号主体话语权的表现。意义的符号化过程说到底就是人类思维外化与内省的双重过程。在意义生成的过程中,人与符号都不是在演独角戏,而是不断地进行对话,人与符号、人与符号外现实、符号与符号现实等的对话性(диалогизм)过程使符号化呈现出动态、丰富的态势。

首先,符号化的物质载体——符号本体是对话性的。索绪尔认为符号的意义是由该符号与其他符号之间的关系决定的,也就是说,符号并非是联结概念和外部世界的媒介,而是通过其结构来创造意义的媒介;符号的意义不在概念、对象或词语中,而是来自于封闭的符号系统,它是符号系统中各个成分相互对照的结果。因此,对于索绪尔来说,符号是独白性(монологизм)的,它"成了某种自我运动的精神"(an auto-effective spirit)和"由各种内部关系组成的独立实体"(an autonomous entity of inner dependences)。② 但从符号生成来看,符号不是独白性的,而是对话性的。皮尔斯把符号归纳为三个普遍范畴:一级存在、二级存在和三级存在。一级存在是自我独立的存在;二级存在是个别的时间与空间的经验,涉及符号主体与对象的关系;三级存在属于习惯、记忆等范畴,使具体的时空经验获得新的形态。这三个层次的存在之间是有个由低级到高级、简单到复杂的过程,是一个包含与被包含的关系。符号属于三级存在,因而同时包含着其他两种存在。③ 我们认为,三个范畴理论指出了符

---

① 人本中心主义(anthropocentrism)是希腊文,其思想则起源于圣经,是指:一切坚持人是世界中心和最终目的观点;认为人的价值是世界运转的中心,而世界服从于人的观点。(安杰拉斯〈Angeles〉,1992)因此,人本中心主义是指只将伦理原则应用于人类,而且人类的需求和利益具有最高的(甚至是摒除其他生物的)价值和重要性这样的一种哲学取向。(鲍茨勒和阿姆斯特朗,Botzler & Armstrong,1998)诺顿(Bryan G. Norton)认为西方社会盛行两种人本中心主义,第一种是强势人本中心主义,它认为人类以外的大自然事物,只有在满足人类个体的感觉偏好的时候,才具有价值。(诺顿,1998)第二种是弱势人本中心主义,它认为人类之外的大自然事物,都可以满足人类的"熟虑偏好"而具有价值。所谓的"熟虑偏好"就是经过仔细的考虑,并且采用理性的世界观,和以圆融的形而上学、科学理论、美学价值和道德概念为基础所形成的价值观。(诺顿,1998)
② 丁尔苏:《语言的符号性》,外语教学与研究出版社2000年版,第32—33页。
③ 同上,第52页。

号对话性的本质。从二级存在开始,人类的认知能力就已经介入了。个体对某个具体时空中出现的符号进行感知,形成意象,并对其进行抽象,通过抽象符号表达出来,这样就进入了三级存在。由个体发明的符号如何被大众接受,并"约定俗成"呢?这就需要一个对话过程。只有不断的对话和协商,符号及其意义才能被整个群体认同和接受。

其次,符号化的基础——符号思维是对话性的。皮尔斯[1]认为:"每当我们思维时,都为意识提供某些感情、形象、概念或其他表象,它们都是符号","思维不仅介入符号过程,而且其结构本身就是符号过程,'甚至思想都是符号'。"符号阐释的思维过程并非只是语言符号的独白,而是多种符号共同参与的过程,它们之间相互作用,平等对话。比如对于语言和视觉符号,心理学家佩维奥(A. Paivio)的双重编码(двойные коды)观[2]指出,视觉符号和语言符号分别由感觉和认知系统进行编码、解码。其中,一个系统是视觉(图画)系统,对图像元素进行操作,另一个是语言和命题系统,以线形序列方式运行。两个系统相互独立,又相互作用相互依存,其中视觉概念可以转换为语言标记,反之亦然。由此可见,语言和视觉符号不是独立于符号思维的,它可以促进思维,而思维也可以调节语言符号。符号思维不仅是局限于符号和视觉符号之间的对话,它应该是各种符号共同参与的过程,是具有"复调"性的对话过程。

再次,符号化本身——符号意指过程是对话性的。语言符号是交际手段,交际就是一个对话的过程,是符号发出者与接受者之间的意义传达过程。皮尔斯认为符号的本质就是一种调节关系,由解释、表征和对象组成,"符号或者

---

[1] R. Innis, *Semiotics: An Introductory Anthology*. Bloomington. Indiana University Press. 1985: p. 2—3.

[2] 人的记忆可以采用语义编码,也可以采用形象编码。这就是记忆的双编码说。佩维奥强调在信息的贮存、加工与提取中,语言与非语言的信息加工过程是同样重要的。因为,"人的认知是独特的,它专用于同时对语言与非语言的事物和事件的处理。此外,语言系统是特殊的,它直接以口头与书面的形式处理语言的输入与输出,与此同时,它又保存着与非语词的事物、事件和行为有关的表征功能。任何一种表征理论都必须适合这种双重功能"。双重编码理论假设,存在着两个认知的子系统:其一专用于对非语词事物、事件(即映像)的表征和处理,而另一个则用于语言的处理。佩维奥同时还假定,存在两种不同的表征单元:适用于心理映像的"图像单元"和适用于语言实体的"语言单元"。前者是根据部分与整体的关系组织的,而后者是根据联想与层级组织的。双重编码理论还识别出三种加工类型:1)表征的:直接激活语词的或非语词的表征;2)参照性的:利用非语词系统激活语词系统;3)联想性的:在同一语词或非语词系统的内部激活表征。当然,有时,一个既定的任务也许只需要其中的一种加工过程,但有时则需要所有三种加工过程。双重编码理论可用于许多认知现象,其中有记忆、问题解决、概念学习和语言习得。双重编码理论说明了空间能力的重要性。因为,大量通过视觉获得的映像所涉及的正是空间领域的信息。因此,对于双重编码理论最重要的原则就是:可通过同时用视觉和语言的形式呈现信息来增强信息的回忆与识别。

说代表项,在某种程度上对某人来说代表某一样东西。……也就是说,它在那个人的头脑里激起一个相应的符号,或者一个更加发达的符号。我把这个后产生的符号称为第一个符号的解释项"。① 皮尔斯的符号模型中最为突出的是过程性和语境性两个特征,前者强调符号的意指过程,后者关注时空的联系。任何阐释都可以转向某一个符号,被再次阐释。符号意义也是如此,它的阐释是开放的。

约翰森(J. D. Johansen)对皮尔斯的符号模型进行了完善。他认为符号化过程本身就是对话性的,并提出了一个符号化过程的符号金字塔模型②(семиотическая пирамида),如以下图表:

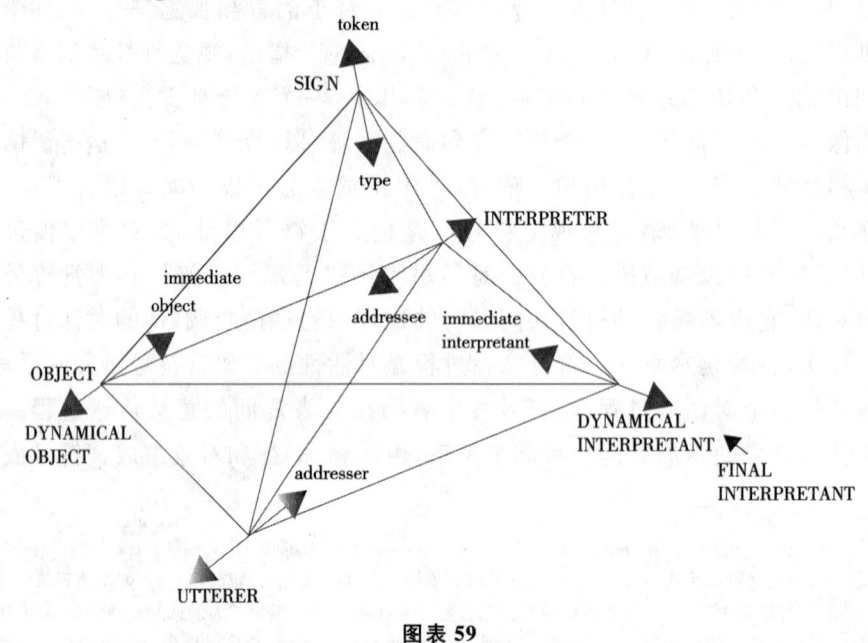

图表 59

约翰森金字塔模型的基础是皮尔斯符号三元观及雅各布森的符号交际观③。

---

① 丁尔苏:《语言的符号性》,外语教学与研究出版社 2000 年版,第 58—59 页。
② 许宁云:"论符号学的对话性",《外语论坛》,2002 年第 4 期。
③ 雅各布森认为符号交际应该包括六个主要方面:语境(контекст)、信息(сообщение)、说话人(говорящий)、受话人(слушающий)、接触(контакт)、代码(код),与之相对应,它们要执行六个功能:指称功能(референтная функция)、诗学功能(поэтическая функция)、情感功能(эмотивная функция)、意动功能(конативная функция)、交际功能(коммуникативная функция)、元语言功能(метаязыковая функция)。(王铭玉,2004:157)

图中的符号(SIGN)动态地表现为一个偶发的记号(token),它可以使用类型(type)的特征,即规则。同样,符号可以指称具有两重性的对象,即动态对象(dynamic object)和直接对象(immediate object)。动态对象是影响符号的各种因素,符号接受者(addressee/interpreter)通常不能直接看见它。但关于动态对象的思想会根据该符号在符号化过程中被调节,这种思想就是直接对象。约翰森把皮尔斯的解释项理解成动态的,因此直接对象和动态对象分别有各自的对应项,即直接解释项(immediate interpretant)和动态解释项(dynamic interpretant)。前者是符号的潜在的作用,后者是符号的实际作用;前者明显表现出符号发出者(addresser/utterer)的意图,后者却受符号接受者意图的支配。而终极解释项(final interpretant)是解释的终结,它包含着约翰森的符号解释过程的核心,即交际阐释(communicational interpretation)或对话行为(dialogic act),符号交际双方通过对话行为进行协商,最终达成共识。约翰森金字塔模型发展了皮尔斯的实用主义符号学及符号化学说。

总之,符号意义的生成不是静态的、独白的,而是动态的、对话的。应该重视具体的、开放的意指过程,以及此过程中符号主体的自我对话、主体与主体之间对话、主体与客体之间的对话,只有这样才能深入解析符号的运作方式。

2. 句子意义的符号化

我们都知道,语言符号从其本体形态上来说可以分为物质符号、语言符号和言语符号。在物质符号阶段,由于其表意功能还没有完全显露,意义的确定性也不够,因此可以说,其符号性并没有得到彻底的体现。而到了语言符号和言语符号阶段,符号意义已经比较明确,其符号指向性也逐渐清晰。从物质符号到言语符号层面的不断过渡当中,符号形态逐渐清晰,符号结构愈发紧凑,符号意义的指向也越来越明确,对语言外现实和语境因素及符号使用者因素依赖也就越强。

句子是具有意指和交流两项功能的符号序列,为了全面研究句子意义与形式之间的关系,应该采用穿梭法[1](челночная процедура),也就是兼顾从形式到意义和从意义到形式两条主线。上文我们分析了句子符号的意义层级,

---

[1] Ю. С. Степанов, Имена, предикаты, предложения (семиологическая грамматика). М.: Наука, 1981:с. 4.

主要是从形式到意义的研究,而本节我们要简要论述句子意义符号化的层级,即从意义到形式的研究。我们都知道,句子是认知活动的产物。言语活动中真正合格的句子是如何生成的,也一直是学者们的研究热点。心理语言学和认知语言学的研究表明,一个语句的生成分为两大阶段:前语言阶段(довербальный этап)和语言编码阶段(этап языкового кодирования)。

在前语言阶段,句子的语言外因素的基础是反映在意识中的客观情景及表达情景的心理述谓化。在对情景进行反映时,大脑就会从情景中切分出一些实体形象(образ субстанции),这些实体都是一些特征载体。然后,再生成该实体的特征形象(образ признака)或实体间的关系形象(образ отношения)。最后,再将客观事物和特征形象结合成心理形象,如果心理形象与言语情景相关联,这个过程就是述谓化,如果不与言语情景发生关联,则被称为分布[①](атрибуция)。也是说,在前语言阶段句子的语言外所指是事物和特征形象的综合体,后者通过述谓行为与言语情景产生关联。

在语言编码阶段,句子符号的所指通过编码行为获得了语言表达形式。这个阶段又可分为两个层次。第一个层次是把前语言阶段中的客观情景(事物形象和特征形象的综合体)和心理述谓编码成抽象的句子模式或结构;第二个层次是把这些结构模式进行再次编码,以进入交际层面,完成交际任务。我们将这两个层次称为一级符号化(первичный семиозис)和二级符号化(вторичный семиозис)。"一级符号化主要是在语言空间和思维空间形成句子模式的过程,二级符号化是指句子进入言语层面满足交际者交际语用需要的过程。"[②]而前语言阶段由于没有形成语言符号表达,我们称之为前符号化(предсемиозис)。所以,句子意义的符号化可分为前符号化、一级符号化、二级符号化三个过程。我们下面要分别加以论述。

2.1　句子意义的前符号化

前符号化主要是对意识所反映的事物形象及特征形象进行整合的过程,来为下一步语言编码做好准备。约翰森-莱尔德[③]认为,句子模型的原型,即

---

① И. Н. Горелов, К. Ф. Седов, *Основы психолингвистики*. М., 1998: с. 19—35.
② А. А. Худяков, *Семиозис простого предложения*. Архангельск, 2000: с. 3.
③ 许宁云:"论符号学的对话性",《外语论坛》,2002年第4期。

语言编码的基础是心智模型(ментальная модель)。这些心智模型被称做前符号(предзнак)。如果对于语言符号来说，其各层面之间的关系已经确定，那么在前符号当中，这种关系仅仅是可能的、潜在的。前符号还不能被认为是已经构建好的符号。它不是结果，而是过程，是用以构建符号的意识活动状态。吉奥姆指出，句子前符号虽然还不具有真正的语言符号特性，但它和语言符号一样，也具有双面性质，即也是能指所指的结合体，Г.吉奥姆将其称为前能指和前所指。前能指是命题矩阵(пропозициональная матрица)，而前所指则是心智模型。① 范·代克认为，每一组新的关于一定情景的信息都可能被用于包括在片段记忆中的模型的扩展和完善。正如约翰森-莱尔德所指出的，我们只有通过模型才能感知现实，我们在凭直觉对现实进行解释时普遍采用的概念和范畴，实际上就是构成我们关于现实模型的概念和范畴②。心智模型是心智的表征，它具有模拟性质，人们可以使用它来得到对世界的进一步推断。

　　心智模型可以对现实或虚构的情景进行多层级的解释。迪克森(P. Dixon)采用行为层级结构模型(иерархическая организация модели действия)这一概念对心智模型的这一本质进行了论述。处于层级顶端的是对所要完成的行为的总体描述，而它的下一层级描述的是构成该行为的基本组成成分。而其余的层级对行为的每个成分进行再次切分。如，把"Иди домой"(回家)这一行为作为原始层级，那么处于第二层级的可能是该行为的以下组成成分："Выйди из офиса"(从办公室出来)，"Подойди к машине"(走向汽车)和"Поезжай домой"(开车回家)。再如，"Выйди из офиса"(从办公室出来)则可能被分解为"Надень пальто"(穿上大衣)，"Выключи свет"(关灯)和"Запери дверь"(锁门)等成分。这样，后面的每一个层级比起前一层级都更加详细和具体。模型可能作为对行为的原型描述虚构出来，模型包含有可变的因素或者位置，在用各种意义来填充这些位置的同时，模型就与具体情景的描述相符合了。③作为句子符号的生成过程，心智模型必须处于句子所指成分形成之前。胡佳

---

　① А. А. Худяков,*Семиозис простого предложения*. Архангельск,2000:с. 105—127.
　② ван. Т. А. Дейк,*Язык. Познание. Коммуникация*:Пер. с англ. /Сост. В. В. Петров；Под. ред. В. И. Герасимова；Вступ. ст. Ю. Н. Караулова и В. В. Петрова. М. :Прогресс,1989:с. 82.
　③ А. А. Худяков,*Семиозис простого предложения*. Архангельск,2000:с. 111.

科夫认为,从过程语义学(процедурная семантика)的角度看,句子符号的语义构成是语句生成过程中心智模型转化的终点和语句接受过程中其理解的起点。他借用约翰森-莱尔德的观点,指出用于构建、检验或保存心智模型的过程就是对语句理解的初始产物。①

命题矩阵是前符号的能指。胡佳科夫认为,命题不是言语生成过程的初始阶段,而是深层思维结构(前符号)向句子符号转变的过渡阶段。由于把命题进行语言编码,心智模型就必须经过命题化(пропозиционализация)才能转变为句子。命题矩阵还不是命题,只有心智模型所反映的情景题元组成网络时,命题矩阵才成为命题。心智模型在一般情况下不是客体模型,而是表达客体之间相互关系的情景模型;命题矩阵通常也不是单个词语的心智形象,而是把心智模型组成成分的语言相关概念的原型联系起来的结构的心智形象。胡佳科夫认为,命题引起句子符号的构建。在命题形成过程中,心智模型和命题矩阵都发挥着自己的作用。交际意向和言语动机使说话人对外部世界的感知投射到其心智空间当中,导致说话人从已有的心智模型资源当中选择出一个在最大程度上符合交际目的的心智模型。它在激活之后,被相应的命题矩阵找到,而这一命题矩阵是从言语主体记忆中已有的相应资源中所获得的。心智模型同与其相关的命题矩阵的结合标志着命题的构成。②通过心智模型和命题矩阵的双重作用,句子符号完成了前符号化过程。接下来,就是要通过语言编码即言语化(вербализация)使前符号获得语言表达形式。

2.2 句子意义的一级符号化

一直以来,在研究句子生成的过程中,一直有个问题在困扰着学者们,那就是句子生成到底有没有一个深层结构？如果有,那它是句法的还是语义的？如果没有,那什么才是句子生成的基础？句子生成过程中到底是否存在转换？转换都经历了哪些阶段等等。弗斯(D.J.Foss)1978年提出了一个模型,把口语生成分为八个阶段:信息表征、信息表征(续)、句法结构、分配句子重音、词汇检索、储存、调整词素、运动控制中枢。赫尔曼(Herman)的模型也把语义作

---

① А. А. Худяков, *Семиозис простого предложения*. Архангельск, 2000: с. 121.
② 同上, с. 127.

为生成基础,他区分出命题基础和语义输入两个概念。前者由被激活的认知和评估材料组成,后者是和言语内容直接联系的语义信息。命题基础经过表征、句法编码、语言现实化等过程完成了生成。此外,美国结构主义语言学家霍凯特(C. Hockett)的有限状态语法和自左向右模型、乔姆斯基的转换生成语法、配价语法等理论都指出,句子生成的基础是语义,辅助以句法及其他手段。我们也认为,句子的生成有一个深层的语义结构,语义结构经过信息编码投射到句法层面,同时兼顾到语用等因素,这样才能生成一个合格的句子。句子是一个思维结构体,是对人类思维内容的体现。人类的思维具有一定的共同性,因此反映到句子上也具有一定的共性,只是由于各语言的表达手段不同,共同的语义基础才会有不同的句法体现。

无论句子符号的意义符号化过程如何,其根源都是语义,基础是句法,语用是限制。这三点是一个合格的句子必不可少的因素。因此,句子符号生成是以语构、语义、语用这三个基本的符号学平面为基础的。句子是客观事件经思维操作在语言层面上的投射,句子由词符组成,其生成基础是语义。菲尔墨把事件通过深层语义格的形式来表达,认为深层语义格是关于人类行为的普遍性概念。[1] 菲尔墨格语法的一个创新就在于认为所指结构中存在一个基本层面,即观念结构,它投射到客观世界和语言符号系统。由此可以看出,词汇单位与客观世界的联系不是直接的,而是间接的。邦达尔科认为存在语言内容和思维内容两个层次,每个层次都具有自己的单位和范畴,其中思维内容层次包括心理、逻辑、系统—范畴及具体意义等方面。[2] 由此可见,句子的生成涉及思维及语言两个层次。思维内容包含在以语言符号系统为存在方式的语言内容当中,是语言符号的思维基础及认知基础。正是这个认知系统把客观现实进行系统化,把句子和现实及人的思维联系在一起,从而形成句子的命题结构。[3] 需要指出的是,在形成命题结构的时候必须考虑到一定的交际范畴,这样才能形成一个合格的命题结构。

---

[1] Ч. Филлмор, *Дело о падеже.* //Зарубежная лингвистика. М., 1999:c. 163.
[2] А. В. Бондарко, *Основы функциональной грамматики.* СПб., 2001.
[3] Л. А. Фурс, *Предложение как мыслительный конструкт.* М., 2003:c. 285.

那句子符号是如何通过一级符号化从而形成抽象的模式或结构呢？维戈特斯基、列昂季耶夫、阿胡吉娜(Т. В. Ахутина)、鲁利亚(А. Р. Лурия)等学者都认为,抽象的模型或结构的生成首要前提是有一个心理动机(мотив)。因为句子是事件符号,因此当事件在大脑内形成一个刺激符号后,人就自然会产生一个动机或者意图,即前符号。此后,经过一系列的操作,来生成句子符号的基本结构。巴尔萨洛乌[①](Л. Барсалоу)认为句子的生成主要有七个阶段:

阶段	层次	过程
1	信息生成	说话人确定需要传达消息的概念表征
2	生成句子的抽象表征	从所要传达的消息中提取语义表征;构建句法模式;赋予语义表征以句法位
3	生成句子标记	在前面形成的抽象表征基础上,说话人建立句子的句段标记;形成主体与谓项组;向句段标记中输入虚词的语义表征
4	生成实词的音位表征	根据2中的语义表征从记忆中提取词语的音位表征;把音位表征输入到3中的句段标记
5	一次音位表征的细化	每个实词的音位表征转变成音位的序列
6	音位表征结束	句子中各个成分的语义表征都具有了音位表征,并形成了音位序列
7	形成语音片段	说话人给5和6中的每个音位选择发音动作

图表 60

从以上图表我们也看出,语义表征是句子生成的动力和源泉。句子的深层符号化过程实际上就是一个在外界刺激下以语义为主体、以句法为辅助的生成过程。其中句法主要是指对抽象的语义表征进行语法编码、语音编码的过程。经过深层符号化,形成了句子的模式、结构、命题等抽象结构,及相应的命题意义、模式意义、结构意义等。

心理语言学的研究已经表明,从思维到句子存在一个转换过程。这个转换过程十分复杂,要经过多次"编译"过程,编译的基础就是根据深层思维而形成的深层语义结构。句子生成的深层语义结构的存在方式不是线性的,而是网络的。在进行思维时,我们首先会形成一个事件的图景,然后根据语言表达

---

① L. W. Barsalou, *Frames, concepts, and conceptual fields*. IIn E. Kittay & A. Lehrer (eds.) *Frames, fields, and contrasts: New essays in semantic and lexical organization*. Hillsdale, NJ: Lawrence Erlbaum Associates. 1992.

需要对图景进行分解,生成命题结构。如果表达的内容比较复杂,那生成的就是一个命题网络。然后,进一步把每个命题分解成语义角色。句子的基础意义是命题意义,命题网络中的各个命题按照特定的语义关系联系在一起,形成了一个网络结构。比如,看到下雨了,这个情景刺激我们形成一个单一命题"*Идёт дождь*"(下雨了),在这个命题中,不同成分之间存在着语义关系。但如果是复杂的命题,如"下雨了,我的鞋湿了",则需要分解为"下雨"、"鞋湿"这两个命题进行,"*Идёт дождь*"(下雨了)和"*Туфли мокрые*"(鞋湿了),然后这两个命题再组合成我们所要表达的意思。深层语义网络经过投射形成了基本的句子模式。前文我们已经说过,句子的模式意义、结构意义和命题意义都是具体的基本范畴意义。从模式意义到命题意义是一个意义抽象度逐渐减弱的过程。同时,正如池上嘉彦指出的那样,越是从"符号"的层次向"句法单位"以至"文本"层次升格,其代码的约束力就越低,而且与此成正比,主体的活动余地就越是扩展。①

总之,句子意义的一级符号化是形成句子抽象结构的过程。在这个过程中,思维的深层语义表征根据外界刺激形成深层语义网络。在思维阶段,无论是抽象思维还是具体思维,都是混沌的,都没有形成一个清晰的符号,即属于前符号阶段。而经由抽象语义表征投射形成的抽象句子结构模式,由于具有了指称意义,即与外部世界产生了关联,具有真实的符号意义,因此这个过程就是形成句子符号本体层面的过程。

2.3 句子意义的二级符号化

一级符号化过程使深层语义表征转换成了抽象而概括的句子结构,但由于句子是交际信息最基本的载体,所以为了完成交际语用目的,还要再进行二级符号化操作。表层符号化就是在各种语用因素的作用下抽象句子结构模式意义逐渐丰满和具体、句法信息越来越清晰、最终进入言语交际层面的过程。这个过程主要发生在句子的言语符号层面。如果要使句子符号满足交际,那就必须对句子进行语用信息的选择,即语用信息赋值(праграматическое предписание)。那语用信息应该包括以下几个方面。

首先应该是反映表达动机的信息。前文我们已经说过,生成句子的前提是在场景刺激下产生了思想,但如果没有表达动机的作用,它就不可能转化为

---

① 池上嘉彦著,张晓云译:《符号学入门》,国际文化出版公司1985年版,第122—123页。

语言表达形式。王德春认为："言语表述动机就是在语言中表达特点内容的需要，它是言语表述的出发点，是言语表述的必要动力，思想本身也是由特定的动机所驱使。它既是言语交际的心理条件，又是言语表述的起点。"①我们认为，表达动机主要是指说话人想通过句子达到一个什么目的的信息，如请求、询问、邀请等。其次是说话人对表述内容的主观判断和加工。如对句子内容的肯定、否定、情感评价等。此外，还应该包括时、体、态等信息等。具体来说，一个成功的句子应该有正确的语体、表达意向、主题、语气、时、体、态等，还有正确的焦点结构、主体谓项结构等。② 语用信息包罗万象，我们这里无法穷尽，只是列举了比较重要的一些。我们以"Именно он выпил эту чашку водки"（就是他喝了这杯酒）为例来说明语用信息是如何进行操作的。这个句子的语用信息③包括如下内容：语体：口语；表达目的：陈述；口气：无标记；语式：肯定；时：过去；体：完成；主题：喝酒；焦点：他。

在经过语用赋值后，句子的各个成分获得了丰富的语用信息，从而进入言语交际领域，完成交际任务，句子意义的二级符号化也就此完成。经过了三次符号化，句子从心智网络转变成抽象的结构模式，并逐渐获得了具体的交际语用意义。需要说明的是，在进行一级符号化时，该过程要受到抽象结构的监控。换言之，无论选择什么样的句法成分，都要符合已经确定的结构或语义模式，此外还要考虑到语言知识和非语言知识。同理，在进行二级符号化时，也要受到深层语义表征的监控。所以，我们认为，句子生成是一个动态的过程，经历了前符号化、一级符号化和二级符号化三个过程。在这一过程中起主要作用的是三个系统：操作系统、监控系统和知识系统。在操作系统中，以语义为基础，提取语用编码、句法编码和语音编码，经过三次符号化过程，从而生产合格的句子。同时，该生成过程必然会受到监控系统的监控，还与知识系统中的语言知识和非语言知识相关。语言知识是指各个编码过程所需的语义知识、语用知识、修辞知识、句法知识、语音知识、词库等；非语言知识主要是指百科知识，它与语言知识相结合，对句子生成的过程进行调控。具体的模型如以下图表：

---

① 王德春：《神经语言学》，上海外语教育出版社1997年版，第73页。
② 刘鑫民：《现代汉语句子生成问题研究》，华东师范大学出版社2004年版。
③ 上面这个句子的焦点还可以是其他成分，这就要看具体的语境和说话人的具体目的。

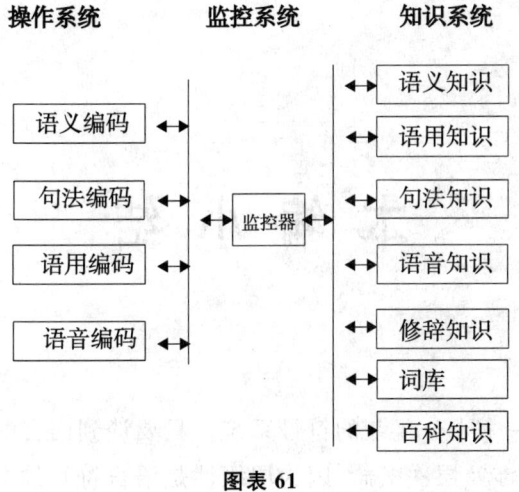

第三章 句子意义层级的语言符号学模型

```
操作系统        监控系统        知识系统

                              ↔ 语义知识
  语义编码  ↔
                              ↔ 语用知识
  句法编码  ↔   监控器
                              ↔ 句法知识
  语用编码  ↔
                              ↔ 语音知识

  语音编码  ↔                 ↔ 修辞知识

                              ↔ 词库

                              ↔ 百科知识
```

图表 61

本 编 小 结

　　自然语言是一个十分复杂的符号系统。只要谈到语言的系统和结构这样的问题，就必然要涉及层次概念，因为层级性是语言符号的根本属性之一。多层级性是语言符号系统非常重要的特点，它使我们可以用有限的语言材料来表达无限的内容，这也符合人类的一个重要的认知原则——"节约原则"。语言符号系统就是一个经济、有效、富有弹性的多层级装置。语言符号系统的层次区分与人认知活动的层次区分是密不可分的，语符的层次是认知活动层次的具体体现。

　　语言符号的层次问题是语言符号系统学说重要的组成部分。乔姆斯基曾说过："语言理论的中心概念就是'语言层次'的概念"；苏联语言学家斯柳萨列娃曾强调："语言系统的层次问题，看来是现代语言学中头等重要的问题"；瓦西里耶夫也说："只有在现代的语言层次理论中，语言系统才能获得深刻的理论性解释"；兹韦金采夫亦指出："层次位置的确定取决于其对言语行为中所表述思想的关系，语言单位越接近思想，它所在的层次就越高，反之亦然。"我们可以根据各种语言单位的不同性质和功能以及它们之间不同的关系，把整个语言符号系统划分成若干不同的分支系统或子系统，这些分支系统或子系统就是语言符号的层次。层次的概念，既和对语言本身的认识有关，又跟研究和描写语言符号系统的方法有关。出发点和研究宗旨不同，得到的语言符号层次结构也会有所不同。

　　本编以语言符号学的"层级性"思想为基础，系统地研究了语言符号的层次及其体现，并以句子为例探讨了作为符号单位的句子的意义的静态表征层次和动态生成层次。主要的结论如下：从结构来说，语言符号可以区分出广义和狭义的层次观。广义的层次观包括语言的准符号层次(以音位为中心)、语言的符号层次(以词为中心)、语言的超符号层次(以句子为中心),而这些都是从本体论的角度出发对语言进行的切分,是依据体系特征来理解和划分语言的层次。狭义的层次观又可以区分出音位、音节、词素、词、词组、句子等单位。国内学者有从本体论、认识论和方法论三个层次来划分语言符号的层次。我们认为,从本体论出发划分符号层次更合理,也更易于接受。从本体论出发可以区分出符号的可见事实层次(音素、形素、词素、句素)和抽象概括层次(音位、形位、词位、句位)。各个层次间的关系十分紧密。从语构角度来讲,低层次单位可以聚合成高层次单位,高层次单位可以切分成低层次单位;从语义角度来讲,层次越低,意义越概括和抽象,层次越高,意义越具体和丰富;从语用角度来讲,要尽可能用最少的单位表达出该符号层次所能表达的最丰富的意义。语言符号的意义也具有层级性。我们认为,语言符号从静态的角度来讲可以划分出物质符号、语言符号和言语符号,它们分别具有感知、认知和情景意义,分别处于符号的深层、浅层和表层。而从符号的动态生成角度来看,三种符号相对应的分别是前符号层次、符号本体层次和符号指向层次。层次越高,意义就越具体丰富;层次越低,意义就越抽象模糊。高层次单位的意义不是低层次单位意义的简单叠加。意义的生成也是一个由深层到表层的过程。

  作为交际信息的基本承载单位,句子一直是语言符号学研究的中心。因此,对句子的意义层次及意义生成层次的分析无疑具有很强的理论及实践价值。在句子研究历史上也出现过多种研究范式。由于具有语言符号单位和言语符号单位的双重身份,这就决定了句子本身就是一个多层次的结构。在句子层次研究中有二层观、三层观、四层观等不同观点。但无论是哪种观点,都不应该孤立地看待句子,应该结合句子的句法、语义、语用来研究句子的意义。我们认为,符号学的语构、语义、语用三分法是句子意义研究的基石。意义是语言表达的中心,句法是表现意义的手段,语用则是把握语义句法组合所传递信息的外在因素。句法是语义的载体,语义是句法结构的深层根源,语用是句子运作的调整机构,在语用的调整下,才能生成合格的句子,使句子更符合交际场景的要求。可以说,从符号学三方法出发来研究句子的意义是当代语言学的重要趋势,三者相互结合,突破了结构主义的桎梏,符合当代语言学发展的脉络,更符合社会科学中提倡人本中心主义的诉求。意义作为心理现象,它不是静物,而是过程;它不是物的系统或者总和,而是有层次的动态过程。句子的意义因其构成成分的抽象性、认知作用及表现手段的差异,因而也体现出层级性。有了层次,就有了各层次之间的互动。只有认识到层次间的相互作用,才能揭示句法现象系统化的特点。

语言符号是具有层次的,句子作为语言符号的单位,其意义也具有层级性。从静态来看,句子具有表层符号意义、浅层符号意义和深层符号意义三个层次。深层符号意义即感知意义主要是指句子在执行准称谓功能时的述谓意义;浅层符号意义即认知意义主要是句子在执行一级称谓时所表现出来的情景类指意义,是对现实情景的抽象和概括,按抽象度依次减弱主要表现为模式意义、结构意义、命题意义、指称意义;表层符号意义即情景意义主要指句子在执行二级称谓时体现的交际语用意义。深层和浅层符号意义是抽象的、概括的,表层符号意义是具体的、丰富的。句子意义的符号化也表现为前符号化、一级符号化和二级符号化三个过程。前符号化中,心智模型和命题矩阵相互作用构成了句子符号语言编码的基础;在一级符号化中,通过深层语义表征在句法层面的投射,形成了抽象的句子模式结构;在二级符号化中,形成的抽象句子结构在被赋予语用信息后,进入到了言语交际层面,从而完成交际任务。通过三次符号化,句子生成的过程得以完成。在句子的生成过程中起作用的主要是三个系统,即操作系统、监控系统和知识系统。操作系统主要完成语义编码、语用编码、语音编码和句法编码;知识系统主要是提供各个编码过程所需要的知识(包括语言知识和百科知识);监控系统主要对句子生成的各个过程进行监控和调整,使得生成的句子更加符合规范。

第五编

隐喻符号学研究

第 一 章

隐喻研究的多重向度与困境

第一节　隐喻研究的多重向度

　　两千多年来隐喻现象一直处在众多的哲学家、语言哲学家、文学家、修辞学家、符号学家以及语言学家的共同关注之下。现代西方哲学的两大流派——以科学主义为中心的英美分析哲学和以人本主义为中心的欧洲大陆哲学，在 20 世纪出现的语言学转向过程中，出现了某种程度的合流，那就是语言学成为他们共同关注的焦点。隐喻问题自从出现便与哲学休戚相关，这与语言学的学科地位和历史发展轨迹有内在的关联，一定意义上可以说，语言学是从哲学体系中脱离出来才成为独立学科的。20 世纪 70 年代，认知科学成为研究隐喻现象的前沿理论，为隐喻研究的进一步深入做出了突出的贡献。隐喻也借此成为了一个跨领域、多学科、多维度的研究对象，在国际学术界兴起了一股隐喻研究的热潮。隐喻的多维研究，更说明了语言系统是一个开放的系统，语言学的发展需要吸收其他各学科的内容，语言问题的阐释也需要借助诸多学科的理论。因此，我们需要从语言学、哲学、符号学、认知语言学等学科的不同角度进行隐喻问题的考察，那样我们才能无限趋近隐喻现象的本质。"隐喻是一种可用于逼近和交流复杂科学概念的方便语言工具，其使用对于科学理论的构造和发展具有相当重要性。隐喻分析所具有的启迪性、创造性，也正是其他分析方法所不能取代的，它正在逐渐引起普遍关注"[1]，这也许侧面

---

[1] 郭贵春：《隐喻、修辞与科学解释》，科学出版社 2007 年版，第 4 页。

道出了隐喻研究热的原因。我们的思路是在回顾隐喻理论研究的历史，谈及现代隐喻研究的现状和发展趋势之后，提出一种隐喻研究分析的新角度，即在符号学视角下解析隐喻的生成和理解机制，我们相信，这一视角之下的隐喻研究具有自己独特的理论意义和实践价值。在所有语言现象中，隐喻是最让人费解的意义之谜。时至今日隐喻已不再仅仅是一种语言现象，是用来交际和说理的特殊修辞手段，而且也是一种根本的大脑能力和思维手段。人用这种能力理解自身和世界，方法是通过把一个领域的知识在概念上映现到另一个领域上。隐喻在语言、思想、科学、法律、艺术、神话、文化中无所不在，隐喻成为人类生活不可分割的一部分。关于隐喻的研究范式，前人有不同的论说，按时间顺序来讲大体有以下几种：替代论、比较论、语义互动论、语用论、功能论、合成论等等。在此，我们按照学科的划分把隐喻研究分为隐喻的修辞学研究、隐喻的语言学研究、隐喻的哲学研究和隐喻的认知语言学研究，从不同的角度触及隐喻问题的学科本质。隐喻是语言发挥功用的中心环节，仅用抽象的定义是很难加以界说的，从亚里士多德开始，经过古罗马、中世纪、文艺复兴、18世纪、浪漫主义时代，直至现代语言学家和人类学家的探索，为我们展示出隐喻的发生、发展之历史进程。

1. 隐喻的修辞学研究

提起隐喻，我们会想到修辞学，因为隐喻研究主要是始于修辞学的，并且通常认为，隐喻只是修辞格的一种，其作用是对语言进行修饰以达到生动、形象之效果。隐喻的确是作为修辞学上的一个术语而得以正式命名的，metaphor 源于希腊语 metapherein，其意为"从一个地方拿到另一个地方"，强调隐喻特征的动态性，即转义，意义发生了转移，"隐喻通过形象的而不是从字面上使用一个词或一些词语，承担着两个事物之间的一种关系；也就是说，隐喻是在一种特殊的意义上使用词，这一意义不同于字典里所注出的意义"[①]。在隐喻的研究中，如果把隐喻视为对本义的一种偏离，那么首要的一个中心问题就是如何确立本义标准，以便可以根据此标准来解释隐喻是如何偏离本义的。另外就是确定一个程度标准，那就是在什么程度上可以认为隐喻已经褪色，从而固化为词汇的标准意义。把隐喻作为一种修辞格即语言形象化表达的手段

[①] 霍克斯：《论隐喻》，昆仑出版社1992年版，第103页。

时,隐喻化的过程是一种转换的过程,即把一事物或现象的若干特征转移到另一事物或现象之上,以建立两者之间的某种关系,其目的在于言此及彼,其结果则是获得意义的扩展,隐喻从而也就构成了认识过程的一个部分。转换的过程是人类追寻世界表面区别之下普遍联系的过程,这种转换的观点属于亚里士多德创立的古典主义隐喻观,即"隐喻从某方面来看与语言是可分的;它是可以添加在语言之上的一种手段,它配合语言实现某种任务或功能"①。

  隐喻与修辞学的渊源要从亚里士多德谈起,他在自己的《修辞学》和《诗学》中都谈到了隐喻,一般认为这是对隐喻问题给予的最早论述,他的隐喻理论是后世隐喻研究的基础。亚里士多德把隐喻看做一种两个事物间以相似性为基础的隐喻对比论,他是这样来引出隐喻的概念和分类的,"字分普通字、借用字、隐喻字、装饰字、新创字、衍体字、缩体字、变体字。隐喻字是属于别的事物的字,借来作隐喻,或借'属'作'种',或借'种'作'属',或借'种'作'种',或借用类同字。借'属'作'种':例如'我们船停此','泊'是'停'的一种方式。借'种'作'属':例如'俄底修斯曾做万件勇敢的事','万'是'多'的一种,现在借来代表'多'。借'种'作'种':例如'用铜刀吸出血来'和'用坚硬的铜火罐割取血液',诗人借'吸'作'割',借'割'作'吸',二者都是'取'的方式。类同字的借用:当第二字与第一字的关系,有如第四字与第三字的关系时,可用第四字代替第二字,或用第二字代替第四字。有时候诗人把与被代替的字有关系的字加进去,以形容隐喻字。"②

  对于亚氏给出的众多的字的分类与隐喻字在意义上对应的就是普通字亦即本义字,隐喻义只是与本义区别的基础上的另一种意义。本义字指普通字中的本义字,不是指奇字中的本义字,本义字和隐喻字相对。"夕阳无限好"中的"夕阳"是本义字,"生命的夕阳"中的"夕阳"则是隐喻字,隐喻字指作为隐喻使用的普通字。对于隐喻的分类,亚氏从范畴论的角度即种—属角度的转换提出了三类隐喻现象得以产生的方式,而另一种隐喻却是源于类比。处于种—属关系之间的事物有某种语义联系,或是并列或是包含,"隐喻应当从有关

---

① 霍克斯:《论隐喻》,昆仑出版社1992年版,第48页。
② 同上,第87—88页。

系的事物中取来,可是关系又不能太显著;正如在哲学里一样,一个人要有敏锐的眼光才能从相差很远的事物中看出它们的相似之点"①。隐喻的使用正是基于两个事物之间存在的相似性联系,隐喻的使用使得文风变得清晰、雅致,风格中携带有异乡情调。隐喻的这种类属功能的区分在现实的应用上有很大的作用,举例来说,采用同类现象来表达某种意境,而不是直白坦言,往往会达到更好的效果。对于虔诚的祈祷上帝赐福的人,我们可以说"他在乞讨上帝的恩赐","祈祷"和"乞讨"的置换会给人一种别样的感觉,但是后者更具象化,而且它们都属于功能上类似的形式——恳求的形式,构成了类比隐喻的相似性基础。人们把打麻将说成"垒长城",垒长城听起来比打麻将更生动、长城更接近事物的外观,能引起人视觉上的联想。此处涉及的是动作特征的隐喻表达,区别于事物的隐喻表达即称名性隐喻。隐喻的功能是使事物活现在眼前,其效果是使得话语变得巧妙,出乎听者预先所料,从而听者从中能有所感悟。隐喻中使用另一个事物的名称来命名该事物,这是以其间的相似点为依据的,不然如果相似点不明显,隐喻理解起来便困难,意义模糊不清,听起来牵强附会,语言则失去生动性;如果相似点过于明显,则语言就会显得肤浅。伯里克利(Pericl-es)说,城邦丧失了青年——他们是死于战争的——有如一年中缺少了春天。这个隐喻被亚氏所推崇,因为作为一个城邦的未来和新鲜血液,青年战死于沙场,那么这一年中最好的时间——春天也就逝去了,类似于我们常说的"儿童是祖国的花朵"、"青年是八九点钟的太阳"等,这是基于事物间的作用和功能的相似性来讲的。

对隐喻和明喻的关系亚里士多德也有所顾及,"明喻也是隐喻,二者的差别是很小的。诗人说阿喀琉斯像一头狮子猛冲上去,这个说法是明喻;要是诗人说,'他这狮子猛冲上去',这个说法就是隐喻,由于二者都很勇敢,诗人因此把意思对调,称阿喀琉斯为狮子。明喻在散文里也有用处,但是应当少用一些,因为他们带有诗意。使用明喻应当和使用隐喻一样,因为他们也是隐喻,二者的差别有如上述。……所有受欢迎的隐喻,显然都可以作为明喻使用;明喻去掉说明,就成了隐喻。但是类比式隐喻应当双方互相借用,即同类事物的任何一方都可以借用,例如称杯为狄俄尼索斯之盾,则盾宜于称为阿瑞斯之杯"②。

---

① 亚里士多德:《修辞学》,上海人民出版社2006年版,第198页。
② 同上,第173—174页。

狄俄尼索斯(Dionysus)是酒神,阿瑞斯(Ares)是宙斯和赫拉的儿子,为战神。类比式隐喻的公式为乙:甲＝丁:丙。所谓互相借用即用丁代替乙,用乙代替丁,例如杯(乙)之于狄俄尼索斯(甲),有如盾(丁)之于阿瑞斯(丙),可以用盾(丁)代替杯(乙),用杯(乙)代替盾(丁),即称杯为狄俄尼索斯之盾,称盾为阿瑞斯之杯。明喻虽然属于隐喻,但是明喻的修辞效果却不及隐喻,因为明喻直接把两个事物的关系予以说明,从而并不需要人们自己去加以联想,失去了那种思想追逐的快乐。明喻只说这个像那个,而为什么像,往往是很明显的,所以听者并不对这个比喻加以思索。

关于这种类比性隐喻关系,在"国不可一日无君,君不可一日无茶"中可以清晰地看出两对相关事物之间的类比关系,即"君—国"和"茶—君",他们之间并不是外部物理特征和属性间的相似性,而是一种内在关系的相似性,君王对于一个国家的重要性是显而易见的,但是拿喝茶和国君类比,可见说话人对喝茶的极度喜好。比较论是亚里士多德开创的对隐喻产生机制的解释理论,亚氏有关隐喻的这一主张在西方学术界统治了相当长的一段时间。在《诗学》和《修辞学》两部著作中零散分布着亚里士多德的隐喻观,虽然亚氏把隐喻定位在语言的一种附加物,是"佳肴中的调料",隐喻的功能和作用仅限于一种对语言表述之上的某种装饰品。亚氏的观点被称为以相似性为核心的隐喻比较论,因为在用一事物理解另一事物的过程中,涉及两个事物的关系,理解的过程显然是一个动态的思维创造过程,因为两个事物之间的这种相似性不是一目了然的,而是需要人通过积极的思维活动进行发掘的。我们发现,这种事物间的相似是一种表层范畴间的错置、深层概念上的相似,是隐喻意义对字面意义的一种偏离。隐喻的出现与人的思维、人的社会活动以及人对自身和客观世界新的认识和理解紧密联系的,隐喻在言语生成和理解中的作用是毋庸置疑的。亚里士多德对类比性隐喻有较多的论述,认为类比隐喻出于事物之间关系的相似性。从亚氏的观点我们隐约可以看到他已经把隐喻与人的认知和思维活动联系在一起,这种隐喻的个人创造性能力是不能教授的,而且创造一种好的隐喻意味着一种本能地从相异的事物中发现相似性的能力,隐喻对于人们认识和理解新鲜事物都有帮助。而浪漫主义隐喻观则认为隐喻与语言是不可分割的,隐喻是语言本身的一种特性,赫尔德(Herder)在《论语言的起源》中把言语本身的起源与隐喻联系在一起。

比较论是从人对世界认知思维模式的深度考虑的,人认识世界首先是进行范畴化,把一新事物纳入自己对世界的体系划分之下,然后通过比较和联想,与不在场的潜在的记忆进行对接和比较,从而找到联系,最终认识新的事物。这是一种范畴化—逻辑推理—积极联想的认知过程,中间是人类的心理活动。从人类认知思维的角度看,隐喻的实质是人们借助于一事物去理解和认识另一事物,这种理解的过程就是隐喻化的过程。隐喻的产生以相似性为基础,而这种本体和喻体间属性上的相似性是有程度上的差别的。而且相似性概念的本身就是一个模糊概念,在相似性的创造、识别标准上可能有较大的差异,因为隐喻的产生与说话人的心理因素有直接关系,受话人根据自己的语境因素和文化因素进行心理联想,最终的隐喻大体上可以分为两类:显性的和隐性的。所谓显性的隐喻,是指本体和喻体之间的相似性是直观上的物理特征或事物结构间的相似,隐性的隐喻则需要受话人在对话语解码的过程中挖掘本体和喻体背后隐藏的某种联系,而这种隐藏的关系涉及言语交际六要素,更广的意义上涉及人们的文化因素,人们总是从对客观世界的不同认识角度和心理经验出发的。

总的来说,亚里士多德把隐喻定位在修辞学领域,只是强调了隐喻在言语修辞方面的情感认识和形象表达功能,对隐喻形成机制和理解机制的语境因素、文化因素没有涉及,对隐喻和其他辞格间的联系和区别也没有进行深入的区分。即便如此,亚氏的隐喻理论对当时以及后世的影响都是深刻的,其隐喻观独成一定的体系,基本上划定了之后西方隐喻研究的领域和内容。

古罗马修辞学家昆提良(M. F. Quintilian)是对亚里士多德以来隐喻研究的继承者,他指出了隐喻的四个转义特征:有生命的转义为无生命的;无生命的转义为有生命的;有生命的转义为另一有生命的;无生命的转义为另一无生命的。[①] 昆提良认为隐喻的实质是转义,是范畴间的一种置换,他把世界的语义范畴分为了有生命和无生命两大范畴,而隐喻的这种置换可以涉及两个不同的范畴,如有生命—无生命的对立范畴,也可以是在同一范畴框架之内的转换。对于隐喻的功能性,昆提良一脉继承了亚里士多德的隐喻功能观,即隐喻是语言风格的一种装饰品,隐喻的最高价值也就是体现在他的装饰性上。隐

---

① 谢之君:《隐喻认知功能探索》,复旦大学出版社2007年版,第2页。

喻具有提炼语言力量的功能,隐喻的使用弥补了日常语言表达思想和情感上的不充分性,昆提良是历史上对隐喻和语言关系较系统的阐释者,他的著作被誉为"对古典的一次系统的重述"[①]。

隐喻是最重要的一种修辞格,有关话题被一种用于非字面意义描述的语词或句子来指称,相关特征的结合成为字面上不合逻辑和荒谬的,但理解并不因此而失效。在字面上表示一事物的词或短语被用来表示另一事物,因此隐含的对这两个事物做出了某种比较。[②] 从亚里士多德开始的隐喻的系统性研究,隐喻在修辞学所有辞格中扮演的是领衔主演的角色,其地位的重要性得到了许多权威人士的认同,亚里士多德本人对隐喻恩宠有佳,把隐喻视为一切辞格的代名词。意大利符号学家艾柯认为,"谈到隐喻就是谈到了修辞活动中的一切复杂性"[③],艾柯更多关注的是隐喻的语义创生性功能,而不是仅限于隐喻对语言的修辞和情感表达。

2. 隐喻的哲学研究

柏拉图在《理想国》中把人描绘为洞穴中可怜的囚徒,人们只看得见火焰投射到他们面前的洞穴墙壁上的影子,看不见自己或别人的任何其他东西,因为他们把面前的影像当作了真实的世界,而实际上他们只是影子,这是对人类初民在有限时空中认知困境的生动描述。人类通过自己的感知器官看到的一切从某种意义上说并不是独立于人而存在的世界本身,人受到自身感官的限制,而使得人类突破这种局限的智慧之光就是逻各斯,这个有意义的结构体,这个符号系统。人类只有借助这个符号系统才能把握虚无缥缈的意义的脉搏,找到本真的实在世界,从而带领自己走出那只有光和影的洞穴。语言是掌管人类命运的女神,是揭示所有自然奥秘的钥匙,古老的文明中有许多关于语言文字的神话,或者认为语言就是神,或者认为是神创造和发明了语言和文字。我国古有仓颉造字的神话,文字这一有宗教神秘色彩的符号是人类聆听更高存在意志、倾听自然万物话语的独特智慧。语言使得人类最本质的区别于动物,语言是人类能够采取的最有力的行为。神话是人类智慧与运思的母体,是人类符号化活动的动力之源。

[①] 霍克斯:《隐喻》,北岳文艺出版社1990年版,第17—18页。
[②] S. Blackburn, *Oxford Dictionary of Philosophy*. Oxford, 1996: p. 240.
[③] 李幼蒸:《理论符号学导论》,社会科学文献出版社1999年版,第366页。

人类最初对自然的认识是通过自身来体认世界的，构成了一种"人体式大地"的原始隐喻系统，这是人对宇宙的献祭、对自然的顶礼膜拜，"这个隐喻确认了人与自然之间的同构性，人与万物的同质同源这一基本真理"，①这是"太初有道"，"天人合一"思想的象征体系。原始社会的图腾制度和图腾崇拜即是人与自然之间相似性为基础的一种隐喻关系，一定程度上可以说正是隐喻思维创生了原始的神话和图腾。"通过人与自然之间的隐喻关系或事物间的'相似性'而对其施加魔力的方式被称之为'感应巫术'或'交感巫术'。显而易见的是使感应巫术得以建立的'相似性'正是隐喻的本质。"②原始神话以及存在于原始社会中的各种祭祀仪式的符号性和隐喻性，并不是原始人智力低下的表征，而是原始人对人与自然相似性的一种构建，是关于自然与人类之间关系的体认，是人对普遍相似性和人与自然统一的良好愿望。符号使人得以深入到意义之中，人对事物的符号化理解才成为了文化的形式。

黑格尔在论述语言与隐喻的关系时指出："每种语言本身就已包含无数的隐喻。它们的本义是涉及感性事物的，后来引申到精神事物上去。……但是这种字用久了，就逐渐失去隐喻的性质，用成习惯，引申义就变成了本义，意义与意象在娴熟运用之中就不再划分开来，意象就不再使人想起一个具体的感性关照对象，而直接想到它的抽象意义。"③隐喻是人类思维加工后的产品，渗透着人为的痕迹，隐喻背后映现出人类通过类推这一工具对世界的建构和认知。隐喻之所以会发挥如此巨大的作用，是因为人有自身认知的局限性，而且无法突破这种局限。威廉·詹姆斯（W. James）认为："我们创造不了任何概念，概念源于事实本身，哲学家们只是依照个别事实通过类推的方式来构想整个世界罢了。"④哲学家对认识对象本质的深刻挖掘过程中，隐喻充当着挖掘机的角色。汉伯里·布朗认为，我们能够把"我们物理世界的整个图像想象为一个隐喻，该隐喻描绘了我们观察到的复杂的、也许我们能够把握和使用的术语所无法理解的实在。这个图像不仅受到我们认识的限制，而且也受到我们

---

① 耿占春：《隐喻》，东方出版社1993年版，第76页。
② 同上，第116页。
③ 黑格尔：《美学》，商务印书馆1979年版，第31—32页。
④ W. James, *The Pluralistic Universe*. London, 1909; p. 8.

观察工具的限制,以致它总是不完善的、总是未显露的、总是暂时性的。它从来也不能自称是绝对真理,但是在任何给定时刻,它是我们所具有的最好图像"①。在隐喻思维的帮助之下,人把经验的认识提高到理性的认识,实现了从个别到一般的转化。隐喻思维并不是直接揭示事物的本质,而是提供了从各种不同的角度对事物的认识方式,这正是隐喻的方法论价值的体现形式。隐喻与哲学的共性在于对思维与语言的共同关注,哲学研究中为大多数人所知的是逻各斯的概念,而在哲学中与这一概念对立而存的隐喻思维概念却遭到冷落。哲学之路是理性化之路,是对逻各斯(语词)思维国度的恒久探索。

以人与自然的相似性为隐喻基础的语言遵循着"近取诸身,远取诸物"的运作原则,在人与自然之间建立了原初的关联,隐喻是人与自然统一和谐的背后机制,是把人与自然统一起来的原始力量。原始初民的宗教、巫术、各种仪式都是基于隐喻思维而得以形成和继承的,在人类用自己的符号化行为缔造文化的过程中,隐喻彰显着人类的本质特性,隐喻以牺牲所指的确定性和具体性而超出了自身,从而指向他者,隐喻思维因此具有了超越性,他超越的是存在,指向的是不能亲眼所见、亲耳所闻的无法触摸的从而是抽象的意义。隐喻思维的所指是没有完结的无限层级衍生的过程,总是诱导人从甲事物进入到乙事物,而当我们需要了解乙事物的时候,我们把它作为能指,然后需要求助于丙事物……。

卡西尔曾指出:"语言就其本性和本质而言,是隐喻式的;它不能直接描述事物,而是求助于间接的描述方式,求助于含混而多歧义的语词。"②卡西尔认为在人类文化的初期,隐喻是语言的主要性质,隐喻思维是一种神话思维。意大利的哲学家维柯与卡西尔持类似的观点,他认为原始人类在还没有具有抽象思维能力之前,不能把自身从物理的客观世界中分化出来,他们的智慧体现在神话和诗性语言当中,以自身为参照去理解周围的自然,这种原始的神话实际上是人对世界的一种隐喻性思维和符号化解读,因此,隐喻自从人类语言诞生之日起便融化在我们的语言之中。由于人不能合理地解释自然现象,总是出于一种对生与死的恐惧,我们的祖先都不约而同地选择了一种图腾式的崇

---

① 汉伯里·布朗:《科学的智慧》,辽宁教育出版社1998年版,第144—145页。
② 卡西尔:《人论》,上海译文出版社1985年版,第140页。

拜，把他们奉为自己部落的保护神。用现代符号学的视角来看，这是一种对符号的选择，并赋予了符号除了他自身之外的某种意义，体现出人类之初的一种思维和生活方式。人类正是从对事物隐喻性的形象认知逐渐发展到抽象的思维层次。

哲学形而上的思考超出了语言学上的符号指称，哲学作为一种独特存在的语言形式，其特点就是无所指性，隐喻是哲学的内在结构，依靠隐喻思维的力量，发掘事物之间被遮蔽的深层联系，从而使哲学之思更加深刻。隐喻将所指之意从一物转到另一物，构建两种事物之间的关系，凭借这种联系把未曾言说的无形晦蔽的东西展示出来。把一种经验或特征通过与另一经验或特征的互动，激活了它们之间内在的结构性联系，隐喻作为人体认世界的方式以不同存在之间的相似性为基础，构成了人类思维的基本特性。隐喻的突出特点是把我们从已知带到未知、从个别到共相、从部分到整体。隐喻在构建相似性的过程中体现着人的真正思考，因为他的目标是发现尚未言说的意义，揭示事物或现象间的内在普遍联系。隐喻是运思发生之源，这是关于人和自然原始统一的问题。人类文化的不断发展和科技的进步必然导向探索人与自然、人与世界的本质关系问题，"人与自然的本质关联，不仅是人的返回自然，而且意味着使自然返回人的体内。这也就是意味着诸神栖居于人之内，或'道成了肉身'"[①]。

3. 隐喻的语言学研究

自然语言不是分类命名集，而是语言集团中的人进行言说和交流得以顺利进行的一种规范系统，语言规则来源于言语，"语言不仅是对于具体事物的命名，而主要是对于事物间的关系包括人与事物间的关系的命名和确认，是赋予意义的方式，它使事物的世界进入意义的世界"[②]。语言的暴政是隐蔽的，他以为人类表达思想的工具或媒介的身份被大家认同，而实质却是一个无形的后台独裁者，因为人不能超出他规定的界限而自由的表述。在语言的帮助下，宇宙万物成为了可以言说的内容，生命和世界因此变得丰富多彩。与其说人掌握了语言这一具有神奇力量的传情达意的工具在言说，不如说人是被语

[①] 耿占春：《隐喻》，东方出版社1993年版，第328页。
[②] 同上，第130页。

言所言说着、描述着。"语言是一个使隐秘之物呈现的场所,语言是把人之为人的却对人遮蔽的存在摆在人的面前"①,由此,人如同语言一样成为了言说的工具。

英国诗人和评论家柯勒律治(S. T. Coleridge)提出了第一性想象和第二性想象,并把隐喻解释为两个想象的过程。第一性想象是日常语言范围内语词的运用;而第二性想象是对自然世界的反作用,通过语词把自己的形式加诸世界形式之上。在此基础之上区分了幻想的隐喻和想象的隐喻,指出幻想的隐喻更加抽象,在作者与读者之间设立了鸿沟,不能引导读者参与其中。想象的隐喻来自于具体经验的一部分,通过吸引读者从而要求他们投入其中,隐喻最终由读者的解读而完成。柯勒律治说,"语言被构筑出来不只是要承载对象本身,而且同样要承载正在表现那一对象的人的形象、情绪和意愿"②。隐喻语义上的双面性不能满足句子成分——主语和谓语的主要交际任务,面对隐喻时,我们要做的也不仅仅是就隐喻而理解隐喻的意义,而更要在此基础之上透过隐喻来思考使用隐喻者的用意。隐喻对言语客体的证同性来讲有些过于主观,对谓语来讲是非单义的。在诗性言语和艺术言语中隐喻承担着语言的美学(而不只是信息)功能,这体现在隐喻没有标准的问题。在诗歌中不遵循表现性原则,隐喻用于表现第二位的称名功能,将限定和评价意义带进称名功能。

隐喻可以用于给事物命名,这是阿鲁久诺娃指出的隐喻两大功能之一即称名性隐喻,белок глаза(眼白),ножка стола(桌腿),称名性隐喻常会产生同音异义词。表特征的词汇隐喻化能够把客体以及相关客体的类特征区分出来,这些特征同时属于另一类事物,如 тупой нож(不锋利的刀),тупая боль(隐隐作痛),тупое шило(不锋利的锥子),тупой ученик(迟钝的学生)。这类隐喻具有启发性和认知性的价值,是多义词的源泉。形象化隐喻把同义词带进语言,但这种多是从具体到抽象的过程,如"胆小的"和"兔子"。而与之相反的特征意义从抽象到具体词汇的范畴的转移对隐喻来讲并不是典型的。虽然自然语言中的隐喻采用的是非字面意义,表达的是一种并不确定的特征,这种用法也是不能经过证同验证的,但是"概念隐喻可以作为科学理论建构的核心

---

① 耿占春:《隐喻》,东方出版社1993年版,第3页。
② 霍克斯:《论隐喻》,昆仑出版社1992年版,第77页。

概念,可以是科学假想或推理的隐喻思维活动,隐喻与科学语言之间存在紧密的关联。尽管科学隐喻只是非字面意义、非逻辑的,从而不可能在逻辑实证主义的意义上得到确证,但他却对科学概念及范畴的重构、新理论术语的引入乃至整套科学理论的构建和发展,发挥着重要的、不可替代的作用。科学隐喻的使用,成功地弥补了纯粹由形式逻辑词汇构造的科学理论语言僵硬、封闭的缺陷,极大拓展了科学理论陈述所提供的意义空间"[1]。隐喻思维确实有一种前逻辑的性质,是人类最原始、最基本的思维方式,语言的逻辑思维功能和抽象概念是在隐喻思维和具体概念的基础上形成发展起来的。[2]

　　语言不仅作为描述世界的媒介和工具,语言赋予世界以文化的秩序、结构和意义,语言本身即是一种文化,这体现着语言的本体论意义。语言的结构决定着人对世界认识的结构和意义,语言决定着人的思维方式,不同的语言基础之上有着相应不同的世界图景。与其说语言是自然事物的语义范畴的划分体系,不如说语言是人的观念体系,但是这种最初的观念中包括了一种双重影像,那就是语言在指向客观世界中的具象事物的同时,还指向了一种更高的存在精神,那就是神话意识。随着人类逻辑思维的发展,语言遵循着矛盾律、因果律的要求,人神同形的神话意义在语词意义中遭到了驱逐,随后是被我们今日所看到的所指了,符号的意义不在物中,而在于关系之中。逻辑思考存在某种难以自我克服的弊端,限制了人类理智的发展,从而局限和束缚了思考的深度和广度。逻辑使语词之意义变得冷漠,我们今天所见到的词的本义只是最初语词的双重影像失去隐喻意义后的一种外壳,而成为丢失掉隐喻之根的概念,语词最初的意义是隐喻。

　　认知语言学的研究已经给了语词隐喻以证据,如"山脚"、"桌腿"、"毒辣"、"蛇蝎心肠"、"甜蜜的爱情"、"冷漠的眼神"、"肤浅的思想"、"光年"等等。这些词,以及更多未列举的语词,其中有名词、动词、形容词、拟声词等等,我们不能找到客观世界中具象的对应物,而是基于某种隐喻的类比产生的。有具体所指的词是经验的领域,而那些让人产生思考的是超出经验的抽象词,"自然"、"物质"、"存在"诸如这些共相名词没有具体所指,当人们追问它们的内涵时我

---

[1] 郭贵春:《隐喻、修辞与科学解释》,科学出版社 2007 年版,第 12—13 页。
[2] 同上,第 11 页。

第一章　隐喻研究的多重向度与困境　451

们会进入超验的领域,意义的思考大多是属于形而上的。隐喻问题就是关于两个经验的领域,最终指向是人与存在、人与自然的同源统一。索绪尔给了我们现代语言学中符号的概念,"语言符号联结的不是事物和名称,而是概念和音响形象"①,两者构成符号的两面,但最终归于一种心理实体,能指与所指统一于符号。但是我们发现能指与所指不是固定的不变的一对一的关系,它们之间存在着张力,会产生意义的层级即符号的整体会在新的环境中转化自己的角色而变为新的能指,并由此出现新的对应的所指,至此双重影像得以出现,语词在不同的层级上出现了双重意义。符号系统正是因为能指的无限可能性才具有如此的力量,符号不断地为自己寻找新的能指,从而产生新的意义领域,隐喻性是双重影像的基础。

理查兹与奥格登的合著《意义的意义》(The Meaning of Meaning)和《修辞哲学》(The Philosophy of Rhetoric)标志着修辞学研究进入了语义学阶段。他提出了"隐喻无所不在的原则",对语义学问题的研究坚持语义与话语是互相联系的原则,注重研究实际应用中的语言。他认为隐喻是在特定的语境上下文中生成的,因此,隐喻的理解必须在话语的层面上才能得到正确的解释。理查兹对隐喻的定位已经超出了修辞学的范围,而更应该视为是一种修辞的哲学观,认为隐喻是语言发挥作用的途径,而不能看做是对语言既有规则的一种违背,"隐喻的唯一判别标准是一个词同时代表两种思想"②。隐喻互动论认为,本体和喻体包含的语义内容之间通过句子和句子中的隐喻词汇发生冲突和相互作用,隐喻语词是焦点,语词所在的整个句子是框架,句子框架下通过述谓达到了语义特征的转移。本体在焦点语词的称名功能作用下更新了自己的特征,与喻体建立了某种程度的关联。喻体在隐喻化的过程中,在句子层面上通过述谓作用扩大了涵盖的范围。理查兹认为,隐喻的主要用法是扩展语言,并进而拓宽现实,既然语言是现实,通过把那两个因素——它们的互相作用为双方都带来了一个新的维度——合并,我们理所当然地可以说,隐喻创造了新的现实,并把这一现实保存在语言之内,使讲这一语言的人可以达到它③。

《模式与隐喻》(Models and Metaphor)是布莱克(M. Black)关于隐喻问

---

① 索绪尔著,高名凯译:《普通语言学教程》,商务印书馆1980年版,第101页。
② 谢之君:《隐喻认知功能探索》,复旦大学出版社2007年版,第19页。
③ 霍克斯:《论隐喻》,昆仑出版社1992年版,第91页。

题的重要宣言,是他对隐喻进行形式化阐释所做的一次尝试。布莱克承袭了理查兹隐喻互动理论,但他是从结构主义语言学的理论框架下在语义结构层面对隐喻做出的分析。语言是一个符号系统,在系统的内部,各个语言要素不是像原子一样各自为政的独立堆积,要素之所以存在意义和发挥作用的依托是与其他要素间的关系。语言同时是一个关系系统,因为"在语言状态中,一切都是以关系为基础的"[1],在系统中的这种关系的理念深深影响了布莱克的隐喻观,他把这种关系发展为一种映射,是喻体向本体的投射。主体的存在推动听话人从喻体的意义聚合中进行选择,"新的语境将扩张语义投射到焦点上面,使焦点获得新的意义"[2],这样隐喻的考察就扩展到句子的层面,突破了传统隐喻只是停留在语词层面的界限。布莱克的隐喻互动论把隐喻研究推向了认知领域,因为这种互动是在人的认知思维过程中发生的。隐喻的语义学研究超出了把隐喻定位在语言的附属物和装饰品,而成了人们认知新事物和表达新思想的一种工具,隐喻意义的产生是言语交际过程各要素互动的结果,隐喻得以理解是本体和喻体互动过程中语义矛盾的消解。

利科(P. Ricoeur)是法国隐喻研究的重要人物,《隐喻的规则:语言意义创造的多学科研究》(*The Rule of Metaphor: Multidisciplinary Studies of Creative Meaning of Language*)和《活的隐喻》(*Live metaphor*)是他隐喻研究的代表作。利科认为隐喻存在于语言的使用中,隐喻是对语言常规使用的一种创新和突破,是对词典意义以外的研究。隐喻把不同的事物通过语义创新建立起以相似性为基础的联系,这本身就是一个创造性的认知思维过程。真正的隐喻不是传统的"隐喻替代论",而是创新的表达,"在陈述中,隐喻通过句子范畴之间(字面解释与隐喻解释之间)的张力,创造出真正有价值的东西"[3]。"人的痛苦就是因为处于一种无语言、无名状的痛苦包围之中,自己所以不能抵制、把握这种痛苦,就是因为没有言辞来描写它"[4],隐喻的作用正是弥补逻辑的缺憾,隐喻在非同质的事物之间构建一种相似性,从而把不可见之物显现出来,这是一种结构性的关系,而不是词与词之间线性的逻辑或语法关

---

[1] 索绪尔著,高名凯译:《普通语言学教程》,商务印书馆1980年版,第170页。
[2] 谢之君:《隐喻认知功能探索》,复旦大学出版社2007年版,第21页。
[3] 同上,第27页。
[4] 耿占春:《隐喻》,东方出版社1993年版,第150页。

系。隐喻在不同概念之间构建相似性的过程,实际上是把聚合的联想、背后的话语之外的同类概念转移到了前台,从而缓解人类无以言说的痛苦。

4. 隐喻的认知语言学研究

语言学的历史告诉我们,语言学的发展经历了从规范语法到描写语法然后走向解释语法的过程,这是人类知识深化的必然,语言学的发展阶段特点受到同时代相应哲学观的深刻影响。从认知语言学的角度研究隐喻的肇始者是莱考夫(G. Lakoff)和约翰逊(M. Johnson),他们以《我们赖以生存的隐喻》掀开了隐喻认知研究的历史。

4.1 体验哲学——隐喻认知研究的哲学基础

1999年莱考夫和约翰逊出版了《体验哲学——基于身体的心智及对西方思想的挑战》,认知语言学找到了自己的哲学根基,并区别于以往单纯的客观主义和主观主义哲学,并认为体验哲学是将主、客观结合的经验主义哲学。这是一种崭新的经验主义,因为在强调客观现实的同时,坚持思维与认识并不是绝对被动和抽象的符号逻辑运算,而是与自然环境和社会文化环境互动的基础上的一种认知建构。认知语言学作为一种解释语言学,"是以人们对世界的经验和人们对世界的感知、概念化和认知方式为基础来研究语言的"[1]。认知语言学把人的认知与体验放在首要位置,甚至认为语言的产生都是以体验和认知为基础和前提的,语言产生于体验之后,其遵循的原则是"现实—认知—语言"。认知语言学是在反对结构主义内指论和转换生成语言学的心智内指论的哲学基础上,提出了人的心智和经验结合,主观与客观结合的体验哲学观。"纯内指论"可以解释为将语言与外部世界的联系割断,仅从内部研究语言。体验哲学突破了只从内部研究语言的禁锢,建立了语言与外部世界的关联,意义与形式便成为有内在联系的双面体。王寅在批判索绪尔符号任意说的时候,多次把索绪尔理论与"二元论"、"自主论"和"纯内指论"联系在一起,甚至认为任意性与"纯内指论"是一对孪生儿。语言的体验性势必会引导我们得出语言的象似性结论,因为语言的体验性在某种意义上说就是语言与人类经验的某种程度上的映照,语言是以人类经验与客观世界的结构为参照物的产物,"象似性主要不是指语言形式直接像镜子一样反映客观外界的事物,而

---

[1] 赵艳芳:《认知语言学概论》,上海外语教育出版社2001年版,第14页。

强调语言形式反映人们对世界的体验和认知方式,也就是说,语言符号相对于人们的体验方式、经验结构、概念框架、语义系统来说是有理可据的,是有其动因的,不是任意的"①。

认知语言学究其本质是在人与世界互动的哲学理解之上,把人本主义关怀提高到与客观世界同等重要的位置,并以人作为主体的主客观需要、人对客观的体验、人内心理智的加工为切入点,深入到对语言的生成与理解的研究中。这也是认知语言学的哲学基础——体验哲学的出发点,即反对历史上哲学的单向观:或者是绝对的客观决定主观,人的认识只是对客观本质或现象的一种机械的、镜像反映;或者是绝对的理性主义,先验或超验才是真理,否定和贬低一切个人的、经验的认识。体验哲学根本上将是主观与客观的综合与互动,是"将传统的单向运思模式扩展成双向运思模式,强调人在认识自然世界过程中可发挥主观能动性作用"②。体验哲学的三条基本原则鲜明的体现出了其特征:心智体验性、认知的无意识性、思维的隐喻性。这也是在提醒世人,不要轻易相信自己的眼睛,因为看到的未必是真实的,也许那只是自己一相情愿的自我感觉,我们需要用心去看。据有关理论称,我们人类生活的世界是一个四维世界③,而人只能看到其中的三维立体影像,到了人类使用的自然语言就递减为单向的线性表达,所以其效果必定是失真的,自然也就会有只可意会不可言传的无奈。因此,从该意义上说,我们必然要求改变语言结构封闭性和语言意义内指性的观念,把现实因素加入语言的思维与表达过程,从而增强语言的表达力,最大限度的实现语言与世界的关联度,这也许就是维特根斯坦语言与现实同构的初衷吧。

4.2　概念隐喻理论(CMT,conceptual metaphor theory)

认知语言学把隐喻的构成要素分为源域(source domain)和目标域(target domain),对应于修辞学中的喻体和本体。认知语言学认为隐喻已经是一

---

①　王寅:"象似性原则的语用分析",《现代外语》,2003年第1期。
②　王寅:"从后现代哲学的人本观看语言象似性",《外语学刊》,2009年第6期。
③　四维空间是一个时空的概念。简单来说,任何具有四维的空间都可以被称为"四维空间"。不过,日常生活所提及的"四维空间",大多数都是指爱因斯坦在他的《广义相对论》和《狭义相对论》中提及的"四维时空"概念。根据爱因斯坦的概念,我们的宇宙是由时间和空间构成。时空的关系,是在空间的架构上比普通三维空间的长、宽、高三条轴外又加了一条时间轴,而这条时间的轴是一条虚数值的轴。

个角色多样的概念,除了是修辞学上的一种辞格,还是人类思维的一种方式,我们的思想和行为中充斥着隐喻,它无所不在,这是一条原则。强调隐喻的认知方式也就是指出,隐喻的过程是源域的特征、结构、关系等映射到目标域中,从而建立两者之间的新的类比,其目的是为了通过源域来理解或体验目标域。隐喻映射不是随意的主观想象的产物,映射源自人们的生活经验,包括物理的和身体的经验,"这种映射发生在概念层次,且是系统性的,两个域的结构之间存在固定的配对"①。隐喻作为人的一种思维方式、认知工具正是体现在能够使我们借助源域的知识来理解目标域。理查兹指出,"传统隐喻理论最大的缺陷就是忽视了隐喻从根本上讲是一种思想之间的交流,是语境之间的互相作用,人的思维是隐喻性的,并且其过程是比较性的,而语言中的隐喻就来源于此"②。认知语言学认为在理解某个概念的时候需要借助其他概念,那么这个概念就是隐喻性的。莱考夫等人认为隐喻较多情况下是从一个施喻者比较熟悉和易于理解的始源域映射到一个不太熟悉较难理解的目标域,其心理基础是抽象的意象图式,在这里相似性似乎不是占首要地位,理想化认知模式在源域与目标域之间的有关特征传递过程中起着十分重要的作用。

世界是客观存在的,同时也是丰富多彩的,那么相应地,我们对世界的认识就应该是从不同的角度出发,才能更全面、更深入,隐喻的认知作用正是由此而产生,因为,隐喻本质上就是扩展不同事物间的各种联系,给人们认识和解释世界提供不同的角度。认知(cognition),简单来说,就是人通过自然语言对世界的认识过程。在认知视角下,隐喻中充满着想象力和创造力,常把人们熟悉和陌生的事物或概念并置以引起人们的对比,启发人的思绪,隐喻不仅是语言发展变化的原因,而且已经成为了人们认识和理解世界的重要手段之一。隐喻的力量在于赋予符号能够表达人从未发现的事物,随着世界的变化,同时将人的认识拓展深入,这一过程的媒介就是语言,语言是"人们感知世界的一个手段,而且是最重要的手段;它也是人们积累知识的手段,而且是最重要的手段"③。人们在自己的生活经历中把对世界的认识存储在记忆当中,在遇到新事物的时候,人们总是从当前事物中搜寻与以往经验的某种联系,发现它们

---

① 蓝纯:《认知语言学与隐喻研究》,外语教学与研究出版社2005年版,第116页。
② 程媛:"隐喻象似性及其在语篇中的作用",《新西部》,2007年第2期。
③ 胡壮麟:《认知隐喻学》,北京大学出版社2004年版,第12页。

之间的内在结构或外在特征的相似性关联,本体和喻体是被它们之间的客观或主观的相似性联结起来的。新的联系、新的观念与新的语言表达因为隐喻而出现。

　　莱考夫和约翰逊从研究日常语言中的隐喻现象出发,认为隐喻是语言的常态,在语言运用中充斥着隐喻性的表达,尽管人们并未意识到,但隐喻思维是确实存在的,这是人在长期使用语言的过程中,隐喻表达逐渐规约化而形成了固定的常规表达,成为了日常语言概念体系的一部分。大量的隐喻表达方式的固化最终导致了人的隐喻化的思维方式和概念体系,"隐喻概念在一定的社会文化中又成为一个系统的、一致的整体,即隐喻概念体系,在人们认识客观世界中起着主要的和决定性的作用"[①]。概念在日常语言的使用中可以构成概念隐喻,"Love is a journey"这个命题是由"love"这一概念,构成了"Love is a journey"的概念隐喻。"爱情是旅程"的这一理解是隐喻化的,因为"爱情"和"旅程"之间存在着人们对两者关系的不同理解。"爱情"作为一种人类精神的抽象化情感,通过源域"旅程"的较具体感觉提供对"爱情"的判断。当然,举例最多的就是"Argument is war"这一概念隐喻,"war"和"argument"之间存在着可以共用的许多修饰语,如"取胜"、"攻击"等。我们会发现我们的日常语言中有许多类似的表达,如"知识就是力量"、"婚姻是爱情的坟墓"、"世界是一个大舞台"等等。我们的思维和概念系统基本上是隐喻的,隐喻是人类认识和表达世界的一种方式,隐喻是认知的本质。隐喻是人类认知中的核心部分,隐喻的前台是语言,而隐喻的后台则是人的思维。

4.3　概念合成理论的隐喻观

　　概念合成理论(conceptual integration theory or conceptual blending theory)是认知语言学领域中的又一重要理论,是在另一深度上对隐喻的认知研究。美国学者福柯尼耶(Fauconnier)在1985年出版了《心理空间》一书提出了心理空间理论,这是以莱考夫和约翰逊语言概念隐喻理论为基础的,认为语言思维与交际过程中,心理空间处于被建构的动态过程,关于心理空间的理论是以后概念合成理论的基础。1997年出版《思维与语言中的映射》,福柯尼耶和特纳(Turner)在2002年合作出版了《我们的思维方式》,这两部书是概念合

[①]　陈家旭:《英汉隐喻认知对比研究》,学林出版社2007年版,第21页。

成理论的重要著作,标志着概念合成理论的最终形成和成熟,概念合成理论是关于意义的建构与解读的理论,"用来解释隐喻、转喻、虚拟句、指示代词、语法结构、语用预设等语言现象"①。该理论认为,人类在进行交谈或思考时,为了达到局部理解和行动的目的,往往进行概念合成的心理运作,而概念合成就是指心理空间的合成②。概念合成理论在理查兹和布莱克隐喻互动论的基础上深化了对隐喻现象的阐释,即不满足于互动论将隐喻解释为主项(primary subject)与次项(subsidiary subject)之间词语的彼此激活(interanimation of words)和互动的结果。

概念合成理论以四空间认知模型为依托,提出了以类指空间(Generic space)、输入空间1(Input 1)、输入空间2(Input 2)、合成空间(Blend)为参与人类理解的要素,是以上四种要素的相互映射和相互作用,实现着人类交流和行动的局部理解。类指空间对每一个输入空间进行映射,根据输入空间中共有的抽象结构而决定跨域映射的内容。就一部名为《蜗居》的连续剧为例,很明显,这是一个隐喻性表达。在蜗居这一概念形成之前,首先存在着两个输入空间:输入空间1,即源域,动物领域的蜗牛的壳;输入空间2,即目标域,人类居住的房子。现在我们根据概念合成理论主要思想来解释这一概念形成与理解的始终。两输入空间之间共享着某些因素,这也就是部分映射和选择性映射的因素:源域中的蜗牛的生活状况具有生存环境狭小(只是居于一壳之下)、艰难、不稳定、随时搬家、无家产、无时无刻不在游走、背负着重担等等;目标域则是对应于社会中的底层大众,他们住在狭小的陋室之中,整日为了养家糊口而披星戴月地奔波劳苦,有可能随时失业,并没有三险五金的生活保障,大多背负着家庭的重担,更有甚者是住在租赁的房屋之中,随着工作而迁徙,就像游牧民族一样游走在寻找温饱和安宁的途中等特点。从以上简单分析不难看出,两输入空间(始源域和目标域)之间存在着某种相似结构或特征:蜗牛与人的居住环境同样狭小,甚至人还不如蜗牛,因为,蜗牛天生就是继承着"住房"来到世界的,蜗牛与人的生活一样都是在不断的奔波途中,没有稳定的生存空间与保障。两输入空间的这些相似点被投射到合成空间,然后这些特征在合

---

① 王文斌:《隐喻的认知构建与解读》,上海外语教育出版社2007年版,第13页。
② 同上,第2页。

成空间中被组合起来,将两个原本并无多大联系的概念经过部分的有选择的相似性特征的映射而建立起联系:人就像蜗牛一样蜗居着。随着这一词汇的流行,很快被大家认可,并出现了诸如巢居的说法,即人就像蜜蜂一样生活在拥挤狭小的诸如蜂巢一样的环境当中。

就概念合成理论的解释切入点来看,"概念合成网络(CIN)由两个输入空间、类空间和合成空间组成,它们彼此联系、相互作用产生层创结构;输入空间的对应联系由跨空间映射完成,其结构被选择性地投射到合成空间。合成空间通过组合、完善和扩展而不断发展,并可能逆向投射到推理与其他结构的输入"[1]。可以看出,概念合成理论的宗旨并不只是在于解释隐喻意义的建构与理解,而是在于发掘人类交流进程得以顺利进行的思维过程的普遍规律,其解释力似乎适用于任何自然语言、任何说话人以及阅读者。概念合成理论认为意义并不是由语词来表达的,语词只是意义构建过程中的因素,意义不是先在的,而是一种动态的生成过程。人在思考和交流时不断的建构心理空间,各心理空间之间出现交叉映射,此映射只是部分的有选择的相关映射,映射的结果是生成了新的心理空间,这种新的心理空间的合成结果就是意义的产生。"概念合成是人们进行思维和活动,特别是进行创造性思维和活动时的一种认知过程"[2],就隐喻来讲,合成理论把始源域与目标域共同作为输入空间而同时发挥作用,并不只是从始源域到目标域的单向映射。心理空间(mental space)是人们在语言交际过程中建立起来的临时性的动态概念,是人们在思考或谈论过去、现在或将来情境时构建起来的部分的、暂时性的表征结构。心理空间的建立依赖于更广泛、更固定的知识框架[3]。概念合成理论本质上是一种心理空间建构,涉及各种语义要素、角色、策略和关系而不断形成的空间域,是一种彼此之间具有互相联系的心理空间,是概念集的总和。福柯尼耶提出,各空间域之间的映射是人类所独具的生产意义、迁移意义和处理意义这些认知能力的核心,而语言的结构和使用为潜在的空间域之间的相互映射提供了依据,语言只是隐性意义构建这座认知冰山露出水面的一角;意义的构建随着我们的思维和交谈而向前推进,属于高层次而复杂的心理运作过程,既发生于各空

---

[1] 刘正光:"Fauconnier 的概念合成理论:阐释与质疑",《外语与外语教学》,2002 年第 10 期。
[2] 汪少华:"合成空间理论对隐喻的阐释力",《外国语》,2001 年第 3 期。
[3] 田聪:"概念合成理论评述",《首都师范大学学报》(社会科学版),2006 年增刊。

间域之内,又发生于各空间域之间①。需要指出的是,心理空间并不简单的就是语言和语法,语言只是心理空间关系构成的载体,是联系心理空间各语义要素的纽带,揭示的是自然语言意义的生成与理解过程。

概念合成理论的结构原则是部分的跨空间映射,对合成空间进行部分的、有选择性的投射,最终在合成空间中产生层创结构(emergent structure),这是一种认知上的前景化策略,即人在对事物进行认知的时候,总会特别注意到事物的某一方面,而非全部,这一被赋予特别注意力的方面便被凸显出来,构成了认知的前景,而理解该事物的其他部分则被作为背景而隐匿或淡化。可以看出,概念合成理论研究的重点与核心问题立足于言语交际中各种心理空间的建立、心理空间之间的选择性映射与合成问题,"心理空间可建立起一系列的概念,如时间、信念、愿望、可能性、虚拟、位置、现实等。我们在思考和交谈时不断建立心理空间。心理空间的建立要受到语法语境和文化的制约"②。这区别于形式语言学过于偏重语言形式方面,而对语言意义生成过程的解释则相对较少,概念合成理论是把语言意义视为一种动态的建构过程,是各种心理空间合成的结果,从而主要关注意义的生成与理解问题。

概念合成理论认为概念合成是一种普遍性的认知过程,其落脚点在于研究意义的生成与理解,而隐喻是语言意义生成与理解的一部分,隐喻意义被视为始源域与目标域的心理空间的一种概念合成,合成空间中的凸显结果即是隐喻意义的建构。隐喻产生的基础是始源域与目标域之间某方面的相似性,那么隐喻意义可以理解为从始源域到目标域或从目标域到始源域的心理空间中对相似性进行的有选择的投射,相似性凸显的结果就是隐喻语言形式得以建构的前提。隐喻包含着概念合成的认知过程,是两个输入空间相似性映射到合成空间,当然在这一过程中,主要是施喻者的隐喻意义建构与受喻者的意义推理与理解机制。在以往有关隐喻的理论中大都重视隐喻的解读,而把隐喻的建构过程放在次要位置。根据概念合成理论的相关表述可以看出,心理空间是随着思考和交际的展开而逐渐得以建构的,因此,心理空间并不是先在的域,而是人们随着交谈而联想到过去、现在甚至是对将来的假设,所以,心理空间更

---

① 王文斌:"概念合成理论研究与应用的回顾与思考",《外语研究》,2004年第1期。
② 汪少华:"合成空间理论对隐喻的阐释力",《外国语》,2001年第3期。

显示出动态性、暂时性、实时性的心理特征,更关注于抽象意义的建构过程。

王文斌的专著《隐喻的认知构建与解读》是基于概念合成理论对隐喻及其意义的解读,并对概念合成理论进行了补充和修正,提出了隐喻认知构建与解读过程中的主体自洽原则,指出在隐喻的构建过程中,施喻者必然会受到主体自洽原则的指导和制约;同时,在隐喻的解读过程中,受喻者也受到主体自洽原则的引导和制约,隐喻的概念合成是认知主体自洽的产物。作者探讨了隐喻的始源域的语言实现方式即动词性隐喻、名词性隐喻、形容词性隐喻、副词性隐喻、介词性隐喻,还特别指出了量词性隐喻在英语和汉语中的表现。虽然隐喻在本质上是抽象的,一般是从具体始源域到抽象目标域的映射,这是最典型也是最主要的隐喻化方式,以原来表示具体现象或事物的词语转而表示抽象现象或事物符合人类的思维模式轨迹,易于理解,形象性居首位。

在此,我们认为有必要稍加讨论下"隐喻在本质上是抽象的"和"形象性是隐喻的首要特征"两个看似存在矛盾的关于隐喻特征的表述,如何协调的问题,即"抽象性"与"形象性"如何能在隐喻中融合。也许可以这样来解释,"抽象性"在于强调隐喻化的过程,因为隐喻在本质上是一种转移,由表示可能世界 B 的符号转而表示可能世界 A,将两个世界联系起来,而这一过程需要符号使用者主体的主观积极思维的参与,隐喻化的过程是隐喻思维发挥作用的过程,因此,"隐喻在本质上是抽象的"。而形象性是隐喻的首要特征在于要说明,隐喻表达多出于用易于理解的、熟知的现象去表示不易理解的、陌生的现象,形象性也是隐喻现象之所以一直占据重要地位的原因。此外应该还存在另外三种隐喻:以具体喻具体、以抽象喻具体和以抽象喻抽象,更确切来讲,以具体喻具体是通过隐喻使表示具体现象或事物的语词转而表示另一个具体现象或事物,以抽象喻具体是通过隐喻使表示抽象现象或事物的语词转而表示另一具体现象或事物,以抽象喻抽象指通过隐喻使表示抽象现象或事物的词语转而表示另一抽象现象或事物。《隐喻的认知构建与解读》的核心内容在于对隐喻现象中的主体性因素的深入分析,也就是人的因素,虽然隐喻的基础是相似性的存在和发现,这似乎是大家业已形成的共识,但人这一主体才是隐喻建构和理解的最重要因素,因为即使是再多相似性客观存在着,没有人去组织和建构,隐喻也不会自然出现。主体除了施喻者还有受喻者,"主体性的存在是一个不容忽视的事实,它必然会导致隐喻解读的异隐喻性,由此造成隐喻解读的唯一困难和受喻者与受喻者之间对同一个隐喻解读的差异"①。由此得出,隐喻意义的解读是一个开放性和多元化的过程,因为同一个施喻者对同一个客观对象在不同时期可能会产生不同的隐喻建构,同一个受喻者在不同时期对同一个隐喻也会因为阅历和经验的丰富会有不同的理解和隐喻意义的阐释,此外,不同的受喻者对同一个隐喻更有可能解读出不同的意义。王文斌指出,诱发隐喻解读的主体性和异隐喻性(heterometaphoricity)的直接缘由就是各认知主体存在个体差异,因为每一个认知个体在"世界知识、对社会常规的把握、人生经验和记忆诸方面基础上对客观事物做出独到的洞察和感悟"②,他还引用了伽达默尔在《存在与时间》中的"教化、共通感、判断力、趣味"的概念来阐释主体差异性的形成原因,直接影响着隐喻及其意义的构建与解读。

第二节 隐喻多重向度研究的困境

人类自从诞生以来,为了自己的生存与发展,一直处于与自然的各种斗争之中,人从与动物相仿的状态成长为了地球的主人,与此同时,人类社会从蒙昧走向了文明,经历了原始社会、奴隶社会、封建社会、资本主义社会的不同社会形态。人自身的思想状态也从无意识到有意识,从原始思维发展到了理性思维,人类的先哲们自从拥有了自我意识,便从来没有停止过对自然神秘的探索,也一直在解析着人类自身的奥秘。人类的所有活动都是一种符号化的思维与行动,人在自身符号化行为中建构着文化与知识,建构着符号化的社会。从柏拉图将人定义为理性的动物,到卡西尔那句"人是符号的动物",都在不断的给人以新的定义,标示着人类认识的深化。从哲学研究的本体论到认识论再到语言转向,无不说明着人对意义的执著追求与不懈探求,隐喻作为人类最为复杂同时也最具魅力的意义之谜引起众多学科竞相探讨。历史上的隐喻研究自古希腊绵延至今,已逾两千年之久,我们深信,隐喻研究的任何理论或流派都只是隐喻博大领域中的一片拼图,都不可能涵盖整个版图,也不可能是隐喻研究的终结,因为只要有人类,那么人对意义的追寻就是一个不断的过程,

---

① 王文斌:《隐喻的认知构建与解读》,上海外语教育出版社2007年版,第333页。
② 同上,第105页。

正是人生命的有限性决定了意义问题的重要性。世界是开放的、不断发展的，人的认识也就是开放的、不断深化的，人在不断开拓着新的领域，在不同的角度、不同的深度上揭示着意义的不同侧面。接着我们按照学科的一般划分，梳理了修辞学、语言学、认知语言学对隐喻研究的一些状况，分析不同学科对隐喻研究的贡献与不足，当然，还会存在其他的学科领域，也许还正在形成着新的学科领域都会涉及隐喻问题。我们无力穷尽论述各个学科对隐喻的研究，当然，这也不是我们的主要目标，任何学科都是局部的和渐进式的向前发展的，我们试图给隐喻研究提供一个新的视角，引向隐喻的符号学研究，我们深信这无疑会丰富隐喻研究的内容，或许这将对深化隐喻的研究起到某种启示。

1. 修辞学对隐喻研究的贡献与局限

修辞学最早正式提出了隐喻的概念，亚里士多德在《修辞学》与《诗学》中把隐喻列为一种修辞现象，是对语言的修饰与美化，他的隐喻理论是后世隐喻研究的基础，奠定了西方隐喻研究的理论基调。在亚里士多德看来，隐喻是天才的标志，这是一种无法通过他人学到的天赋，合理正确地使用隐喻就是从不同的事物中发现相似性。亚里士多德给隐喻的定义中也显示出了他关于隐喻与思维关系的洞见，即取用类同字，"类同字的借用：当第二字与第一字的关系，有如第四字与第三字的关系时，可用第四字代替第二字，或用第二字代替第四字。有时候诗人把与被代替的字有关系的字加进去，以形容隐喻字"[①]。亚氏对隐喻的这一种类似乎特别钟爱，只是我们没有看到更加深入和全面的论述。隐喻的使用正是基于两个事物之间存在的联系，大多数情况下是属于同种的事物，因为这样的话很容易发现事物间的相似之处。类同字处于一种相似性关系当中，关涉到两个事物的关系，理解的过程显然是一个动态的思维创造过程，因为两个事物之间的这种相似性是需要人通过积极的思维活动去组织和联结。亚里士多德对类比性隐喻有较多的论述，认为类比隐喻出于事物之间关系的相似性。其实亚氏的隐喻观已经初步显示出他已经洞察到了隐喻对人的思维认知的影响，隐喻的个人创造性能力特征，而且创造一种好的隐喻意味着一种本能地从相异的事物中发现相似性的能力，隐喻对于人们认识和理解新鲜事物都有帮助。

---

① 罗念生:《罗念生全集》(第一卷)，上海人民出版社 2007 年版，第 87—88 页。

亚里士多德之后的西塞罗(Cicero)、贺拉斯、朗吉努斯(Longinus)的著作都在沿着亚氏的隐喻分类进行研究,其观点都是坚持把隐喻视为一种特殊的语言产物,强调相似性在隐喻中发挥的作用。朗吉努斯认为隐喻应该准确和适度,不能随意无节制的使用,隐喻只是言语修辞的一种形式,其作用是增加感染力。一个隐喻是一个形式凝练的明喻,只不过减缩成一个词而已;这个词被放在这样的位置,这个位置似乎属于它,但通常不属于它;并且,如果这个词是可辨认的,它就会带来愉悦,但是如果它不包含相似性,它就不会被接受。[1]

古罗马修辞学家昆提良是对亚里士多德以来隐喻研究的继承者,他指出了隐喻的四个转义特征,与亚里士多德的观点近似,认为隐喻的功能主要表现在修辞学上,隐喻是语言的作料和附属物,隐喻的使用只是赋予话语以色彩、生动性、情感效果等。他提出了隐喻是范畴之间的置换概念,昆提良的隐喻理论被认为是"对古典的一次系统的重述"。《赫瑞尼斯修辞学》认为隐喻问题中最主要的是相称(decorum):隐喻发生在该用在一事物之上的词转而被用到另一事物之上的时候,因为其相似认可了这种转换……他们说,一个隐喻要受到应有的限制,以保证它所包含的一事物向另一事物的转换有充分的理由,并避免不分皂白的、毫无理由的和生拉硬扯的从一事物跳跃到另一不相似的事物[2]。

综而观之,修辞学开辟了隐喻研究的历史,对隐喻与语言的研究奠定了重要的基础,提出了隐喻替代论和比较论,对隐喻的修辞效果有较为充分的阐释。由于时代的局限,修辞学并没有对相似性做较多论述,停留在词汇层次上名称的转移和替代,对于句子层次、语篇层次的问题还未涉及,而且对于隐喻的成因与解读并未涉及,虽然在亚里士多德的《修辞学》与《诗学》中探讨了隐喻的类比类别,这只是概括的提出了隐喻的一种形式,对于在隐喻建构中施喻者和受喻者的各种因素并未做深入的分析。隐喻的纯修辞学研究在考察意义时赋予了语词或命名过多的特权,造成了语词在意义中的霸权地位,隐喻则被归结为语词的转义和意义的偏离,这是以命名为中心的意义理论研究的必然。如果把隐喻解释为语词的转义,那么就会导致信息零度,因为这种转义或替代不会产生任何新的信息,这样隐喻在修辞中就只有修辞的边缘地位。修辞学

---

[1] 霍克斯:《隐喻》,北岳文艺出版社1992年版,第16页。

[2] 同上,第19—20页。

框架下的隐喻研究更多的是专注于静态的分类,语词意义的偏离或置换,这种模式无法对意义的动态生成过程进行解释,这种语义偏离、转移或引申有时被称为反常的命名,只有在语义学中把隐喻放置在句子的层次,从述谓关系的视角来探讨隐喻的意义,才会是修辞学研究隐喻的进步和发展方向。但修辞学把自身研究内容始终限制在辞格的分类和隐喻上,断绝了自己与哲学的联系,修辞学隐喻研究的逐渐衰落似乎是一种冥冥中的必然。

2. 语言学对隐喻研究的贡献与局限

现代语言学对隐喻问题的研究,就狭义上来看,只是对日常语言与诗性语言关系的讨论领域,隐喻似乎生来就是诗歌的工具,是为诗歌措辞的模糊性服务的。维尼弗雷德·诺俄特尼认为:隐喻是一种语言现象,诗人们所使用的语言手段本质上是对每个人所使用的语言的潜在特性的一种开拓和扩展[①]。这是对隐喻形象化表达的文学功能的认可,涉及的问题是自然语言的字面意义与隐喻意义的区别,后者是一种特殊的意义。显然,隐喻的使用涉及想象力与创造力,正是隐喻的这一力量将人们引向了隐喻所设定的某种想象性的形象与意义期待当中,这是一个需要受喻者参与其中并完成最终的解读。除了那些固化在语言中的死隐喻和人们已经熟知的形象化表达之外,人们在新奇隐喻中并没有发现一目了然的简单类比或比较。在诗歌中隐喻更像是那只无形的思维之线,它所连接的一方是现实,另一方是隐喻的意境,而通过隐喻实现这类连接,则需要受喻者创造性的解读参与,相似性便是连接这一桥梁的根基。就像莎士比亚的伟大在于要理解他,就要求作为读者的你成为一个诗人,因为阅读时你参与了积极的创造,隐喻亦是如此,每一个成功的隐喻都吸引着受喻者在日常语言之上解读出不同于日常语言的意义。隐喻并没有脱离开日常语言,正相反,隐喻只有依赖于日常语言才会发挥作用,隐喻是日常语言背后的幽灵。

最为著名的则是雅各布森为隐喻在语言学中地位的辩护。雅各布森对隐喻与换喻的研究源于他在对失语症(aphasia)患者的语言分析中得出的结论,他在《语言的基础》(*Fundamentals of Language*)一书中,从失语症是一种语言学问题、语言的两重性(the twofold character of language)、相似性紊乱、邻近性紊乱、隐喻和换喻两极五个方面对该问题进行了深入的剖析和研究,这被

---

① 霍克斯:《隐喻》,北岳文艺出版社1992年版,第102页。

认为是利用结构主义语言学的理论研究隐喻问题的经典。他认为既然失语症是一种语言错乱,那么要对失语症的各种症状进行描写与分类时,必须要从语言学的角度去考虑是语言的哪些方面受到了损害,因为"言语就是特定语言实体选择和组合成更复杂的语言单位"①。之前关于失语症的研究之所以没有取得应有的成果,是因为忽视了导致交际失败的语言模式和功能问题。雅各布森之前关于语言学研究失语症在语音模式方面与心理学家取得了共识,在声音模式上失语症表现出了时间顺序的规律性。失语症与儿童语言习得是同一个过程的相反面,雅各布森认为失语症的研究不能仅仅限制在语音方面,而更应该研究语法层面。海德(H. Head)在《失语症和言语的同类障碍》(*Aphasia and kindred disorders of speech*)(1926)中关于失语症的分类研究,依据的是对处理和理解语词的最明显的缺陷,雅各布森遵循了这一策略,在戈德斯坦的研究数据基础上,区分出了两种基本类型的失语症:"依据主要缺陷在于选择和替代,但是保留了组合和上下文能力;或相反,在组合和上下文能力上有主要缺陷,保留了正常的选择和替代能力"②。在关于损伤了言语和理解紊乱的患者的观察中发现,失语症表现为相似性紊乱(similarity disorder)和邻近性紊乱(contiguity disorder),分别对应于隐喻和换喻两种基本修辞方法。相似性紊乱的症状表现为患者失去了用同义词或短语去不同的表达同一个事物的能力,比如说用天子、一国之尊、陛下、君王等去称呼皇帝,在我们看来都是同一个意思,而在相似性紊乱的失语症患者来说,他们对于处理这种聚合性的关系时表现得无能为力。该类患者常常表现为不能根据事物的图片给出相应的名称,比如给出指南针的图片,他会说出指南针相应的功能,但是对于指南针的名称却显得遗忘。把笔说成是用来写作的东西。用皮尔斯的话来说,是"失去了从相似符或索引符到语词符号的转换能力"③。在雅各布森看来,这是一种元语言能力的丧失。他是这样解释相似性紊乱的,"当选择能力严重受损的时候,组合的天赋能力至少部分保留下来,这样邻近性决定着患者总的言语行为,我们可以将这种失语症定义为相似性紊乱"④。而在邻近性紊乱的

---

① R. Jakobson & M. Halle, *Fundamentals of language*. Outon&Co. 's-Gravenhage,1956:p. 58.
② 同上,p. 63.
③ 同上,p. 66.
④ 同上,p. 70.

失语症患者那里，表现情况则与相似性紊乱的失语症患者相反，他们在邻近性的替换上出现了缺陷。对邻近性紊乱的失语症患者来说，上下文是必需的和决定性的因素，他们能正常面对一些独立的词和句子，但在发起对话时却会遇到困难，也就是说，把词组织成更高单位的句法能力丧失，这是一种构造缺陷型失语症（contexture-deficient aphasia），其结果表现在把语词堆砌（word-heap）在一起。他们在组织前后有联系的语言材料时，不能掌握句法规范，而只能表现在对语词的大量相似性替换上。他们不能独立完成一个独白性的话语片段，如果对话越是依靠某种上下文，那么邻近性紊乱的患者表现出较好的言语能力。如果没有任何内在的联系或某种现实情境，他们甚至不会说出"天在下雨"这样的句子。某种意义上说，他们的隐喻能力似乎比一般人要强。雅各布森于是得出了下列结论：隐喻能力与相似性紊乱的人无缘，而换喻能力是邻近性紊乱的人所不具备的。

按照索绪尔的语言系统性理论，一切符号都是在组合轴与聚合轴的两个基本维度上运作，这两个维度即是隐喻和换喻的核心，"结合性的过程在接触（一个词被排在另一个词之后）中表现出自己，其模式是借喻性的。选择性的过程在相似（一个概念词像另一个）中表现出自己，其模式是隐喻性的"[1]，用雅各布森的话说，"附加在接触性之上的相似性把它的象征性的、多层的、多义的内涵给予诗"[2]。语言系统区别于其他符号系统的重要特征之一就是语言的区别功能与指示功能是分开的，区别功能由音位来承担，而指示功能由词来完成。邻近性紊乱的患者保留了音位的区别功能，但是却丧失了词的指示功能方面，词对他们来说只有区分功能。

广义上我们把语义学与语用学中对隐喻的相关研究也放在隐喻的语言学研究中，当然按照莫里斯的分类，这也是符号学的分支。理查兹与布莱克的互动理论是语义学研究隐喻的典范与起点，从此开启了不同于修辞研究隐喻的时代，隐喻从而进入了语义研究阶段，隐喻是一种意义的创生。理查兹的《修辞哲学》（The Philosophy of Rhetoric）奠定了他在隐喻研究领域的地位，该书是对传统修辞学领域研究隐喻的一种突破，是在句子层次对隐喻陈述的分析。

---

[1] 霍克斯：《隐喻》，北岳文艺出版社1992年版，第112页。
[2] 同上，第113页。

陈述必定要超出纯粹的语词上升到更高一层的语言单位——句子,句子是命题的载体,表述的是人的思维和情感,反映着人类大脑的运作机制。经过研究,理查兹指出了"隐喻是人类无所不在的原理",隐喻不仅是一种语言现象,更深层次上是人类的一种思维方式。这样理查兹通过对哲学和一般科学用语的分析找到了自己的支撑点,"传统隐喻理论最大的缺陷就是忽视了隐喻从根本上讲是一种思想的交流,是语境之间的互相作用。人的思维是隐喻性的,它通过比较而进行,语言中的隐喻由此而来"[1]。在理查兹看来,隐喻是两个不同思想互相作用的结果,他采用术语 tenor 与 vehicle,即 tenor 与 vehicle 的互动,tenor 与 vehicle 是隐喻存在的必需条件,而它们之间互动的基础就是 ground。Ground 在这里是理查兹强调的语境,在一个句子中如果出现了本体和喻体,那么就是隐喻性的,"词语不具有原意,因为不能说某种意义是属于某个词的,它们本身也不拥有任何意义,因为只有整个话语才具备意义,话语本身也是一个不可分割的整体"[2]。由此可见,理查兹的意义理论是以语境理论作为其基础的。语境概念的引入标志着研究隐喻问题的进一步深入,语境更多的是语用学中的术语,语境在隐喻的识别中扮演着重要的参数作用,即语义与语境之间的冲突是判断隐喻意义存在的一个前提。不可否认的是,理查兹在隐喻研究史上最早指出了隐喻的认知特征,把隐喻从语词简单替换提升到了句子框架下的语词的互动,句子是人思想的表达,句子层次的隐喻也就是关于人的思维的互动表述,这样一来,隐喻便很自然地与人的理解与交流、与言语理论联系起来。理查兹从语义学的角度拓宽了隐喻的本质,把隐喻与思想和人的行为联系起来,上升到了句子的层次。同时考虑了语境因素,这样对隐喻的产生与理解更有说服力和更具客观性。隐喻的地位也因此得到了巨大的提升,隐喻从语言的修饰角色的边缘地位跃居为人类语言无所不在的原理。本体与喻体的互动角度来理解隐喻意义显示出了动态的意义生成观点,隐喻意义再也不是简单的替代。"'互动'是指由于两者之间的差异性,引发了对某一陈述真正意义的'追寻',而在这一实际过程中,我们首先关注的是'喻体'的一系列特征,即所谓'隐含复合体',然后找出本体中'相对应的'部分,再确定哪些可作为适合本体的'可能陈述'。"[3]

---

[1] I. A. Richards, *The Philosophy of Rhetoric*. New York, 1965:p.94.
[2] 束定芳:"理查兹的隐喻理论",《外语研究》,1997年第3期。
[3] 束定芳:"论隐喻的运作机制",《外语教学与研究》,2002年第2期。

但是,理查兹的理论也存在着需要继续完善之处。例如理查兹关于隐喻的判断指出,一个词或短语需要同时具有两种思想,有本体和喻体同时在发生相互作用才是隐喻存在的标志。这种提法未免过于简单化和形式化,因为在现实文本中的隐喻并不都是这样结构完整容易辨认的。有一句广告词提到"孕育梦想、孵化财富","孕育"、"孵化"用于自然界中生物的繁衍。另外,在隐喻中理查兹认为本体与喻体之间的差异作用大于相似性,对相似性的冷落和排斥也影响了对隐喻的全面理解。最后,理查兹虽然提出了在隐喻意义解读中需要介入语境的概念,但是在分析隐喻与现实关系的时候并没有深入其中,对施喻者建构隐喻和受喻者解读隐喻的各种因素并没有做出区分。虽然理查兹提出了"对隐喻的掌握是对我们创造的并生存其中的世界的掌握"[①]的口号,遗憾的是,他没能把对隐喻的阐释融入这个我们生活于其中的鲜活世界当中。意义终究是人参与其中才有意义,只有在生活中意义才会生动、才会有生命。语词的系统化用法保证着语义的同一性和交流的可能性,隐喻则违反着这一规则,隐喻改变这种同一性。

语用学把隐喻意义与字面意义对立起来,在塞尔看来,隐喻意义就是说话人意义。这样,在言语中就出现了两种不同的意义:句子意义和说话人意义,当说话人意义与句子意义分离之后,隐喻意义就得以产生了,但就隐喻意义与句子意义之间的关系,塞尔认为不同的隐喻意义以不同的方式与句子意义发生关系。塞尔指出,隐喻的一般形式是,说话者说出的句子形式是 S is P,但其隐喻意义却是 S is R。因而,塞尔认为,隐喻理论就是要对 S、P、R 三者之间的关系以及说话者和听话者利用的其他信息和原则做出说明,以解释说话者何以能够说 S is P,但却表达 S is R,并且何以能够将后者传达给听话者的。世界是以隐喻的方式存在于语言中的,隐喻在扩展语言的表达力的同时也放大了世界。在语言中世界以新的方式按照说话人的主观体验和经验以及目的被重新组合,其工作模式就是隐喻的。塞尔的这种语用观下的隐喻更多地依靠的是受话人根据语境和自己的百科知识对话语的一种判断,其前提必须是话语字面意义与语境出现不符或冲突。其次,正是因为隐喻意义对语境的这种依赖性导致了隐喻意义的模糊性,不同的认知主体对同一个隐喻也许会出现

---

① I. A. Richards, *The Philosophy of Rhetoric*. New York, 1965: p.135.

不同的理解和解读,即便是同一个受话人在不同的时期,随着经历和认识的发展,也会对同一个隐喻做出不同于以往的认识,这就造成了异隐喻性的存在。

黑格尔认为,因为人们需要利用"感觉"现象来表达"精神"现象,所以产生了隐喻。人类生活在一个四维的空间,但人们所能感觉的却是一个三维的世界。因此我们所能感觉的已经不是现实本身,而是我们的经历在时间和空间中的映射。隐喻意义还存在临时性和不可穷尽性,所以,隐喻之所以作为意义的千古之谜有其内在的深刻原因和复杂性,正是在隐喻意义的某一角度或阶段对其进行的解释可能会存在挂一漏万的缺陷。隐喻作为语言的根本原理,我们就要从隐喻在语言中的运作机制着手,而不是简单地区分出隐喻意义和字面意义,两者在多数情况下并不是截然分开的。如利科所言"哲学话语有意求助于活的隐喻,以便从语义的不适当性中引出新的意义并通过语义更新揭示现实的新的方面"[①]。安德鲁·奥托尼(A. Ortony)认为词和句子本身并不就是隐喻,而是某种特殊的用法使之成为隐喻,所以,隐喻首先应当是一种言语现象而不是语言现象,各种语言中具有固定的隐喻性转义的词、句子等,只不过是言语交际活动中所产生的隐喻在语言系统中的积淀。既然是从言语交际活动的角度来对隐喻进行分析,那势必要联系到隐喻得以产生所依赖的具体交际环境、说话人的交际意图和言语生成过程中的心理活动等诸多因素,简言之,即以动态的观点来考察和分析隐喻,这也正是当今学术界研究隐喻的总趋势。

3. 认知语言学对隐喻研究的贡献与局限

认知语言学认为,隐喻是人类的一种思维方式和行为方式,是人类用一个领域的知识去理解和体验另一个领域的事物。语言本质上说是隐喻的,因为哪里有语言哪里就会有隐喻。隐喻和人类语言与思维的密切关系注定了隐喻问题的复杂性,隐喻的前台是语言,后台是人类的思维。研究隐喻在一定程度上就是要揭示人类语言与人类思维的生成与理解方式。虽然科学技术日新月异的发展给人类认识宇宙与自身带来了翻天覆地的变化,人类可以登月考察,实现了太空旅行,人类可以克隆自身,将一些无法治疗的疾病通过移植手术来延长人的生命,但人类的大脑也许是到目前为止人类科学技术无法征服的头等重要领域。大脑被视为人类神秘的黑匣子,大脑的各种认知和思维过程依

---

① 利科:《活的隐喻》,上海译文出版社 2004 年版,第 405 页。

然是人类无法触及的未知谜团。有关人类思维和语言的理论都只是一种理论上的假设和猜想，所以，在这种意义上来看，所有的理论都是处在一种通向事实的不同路上。

认知语言学以体验哲学为自己的哲学根基，隐喻问题在认知科学下出现了新的一面。体验哲学的核心观点是：人类的范畴、概念、推理和心智是基于身体经验形成的，其最基本形式主要依赖于对身体部位、空间关系、力量运动的感知而逐步形成，归根结底，认知、意义是基于身体经验的。体验哲学的一个基本观点就是思维的隐喻性，隐喻使得大部分抽象思维成为可能。在《现代语言学词典》中认知隐喻（cognitive metaphor）指一种隐喻理论，认为隐喻在人类语言和认知中起着不可或缺的作用，各种形式的语言活动，包括日常会话，都是通过隐喻来体现世界观的。概念隐喻是莱考夫和约翰逊提出的，他们将概念隐喻分为结构隐喻、实体隐喻和方位隐喻三种。结构隐喻（structural metaphor）指的是通过一个概念来建构另一个概念，将谈论一种概念的各方面的词语用于谈论另一概念。方位隐喻（orientational metaphor）是指参照方位而形成的一系列隐喻表达。实体隐喻（ontological metaphor）是指将抽象的和模糊的经验，如事件、行为、感觉、观念、状态等无形的概念视为离散的、有形的实体，以便对之进行推理。隐喻的工作机制是映射论，隐喻是从始源域到目标域映射，映射的原则是一致性原则（invariance principle）和目标优先原则（target domain overrides）。莱考夫等认为喻体的意义在投射前后都不变，改变的只有本体的意义，因而他们否定了隐喻的对称性，同时也否定了相互作用论。

认知语言学把隐喻从语言手段带向了思维领域，从前台的语言走向了幕后的人类思维。隐喻也不再停留在孤独语词之间，而是在概念域之间错综复杂的映射，隐喻意义的解读成了借助一个概念域对另一个概念域的阐释。这符合人类思维的特征，即人类大脑理解和记忆依靠的是众多的神经元，好比网状的节点，一个语词在一个或多个概念域之中，语词不是孤立存在的，对一个语词的理解和把握都需要在整个域甚至多个域之间的联系。隐喻一旦进入了思维领域，也就与人类的思考和生活行为方式拉近了距离，隐喻成了人类生存的基本方式。

经过思考我们发现，概念隐喻是从始源域到目标域有选择的映射。概念隐喻是莱考夫和约翰逊在《我们赖以生存的隐喻》（Metaphors we live by）一书中提出的，他们反对历史上以柏拉图理论为基础的把隐喻视为纯语言现象，而是把隐喻看做思维的本质,我们是靠隐喻来理解世界的。这一单向的认知方式似乎简化了人类思维的过程,人思考的过程中并不是固定的单一向度模式,至少是双向,而更多情况下应该是多向的相互过程。此外,并不是映射结束了,隐喻的概念就会马上形成,映射过程之后还需要人的认知加工。而且,根据概念隐喻理论,我们似乎会得到如下观点:即不同的人只要面对同样的事物,都会形成从始源域到目标域的相同映射,而这在现实中仍然停留在理论上,尤其在隐喻的生成阶段,不同的人会生成不同的隐喻。

韦日比茨卡[1]提出,并非所有的概念都是隐喻的,莱考夫等提出的 LOVE IS A JOURNEY 这一概念隐喻只适合于男女之间的爱,而不适用于父母对子女的爱,她从而否定了概念系统的隐喻性。她不借助于隐喻,对爱下了定义:当 X 爱 Y 时,意味着 X 想起 Y,会对 Y 产生美好的感觉;X 想和 Y 在一起;X 希望一些好的事情发生在 Y 的身上。因此她指出,人们不需要借助有关旅程的经验来理解爱。杰肯道夫(Jackendoff)和亚伦(Aaron)[2]指出莱考夫所列举的来自日常语言的例子并非隐喻表达,真正的隐喻应该是传统所定义的实际意义与字面意义相冲突的表达。莱考夫的概念隐喻理论的应用广度有待进一步证实,并非每个人都会有那样丰富的隐喻表达,人的个性差异决定着创造隐喻的能力差异。

福柯尼耶和特纳提出的概念合成理论构筑了四空间模型:输入空间1、输入空间2、类指空间、合成空间。合成理论研究了人进行交流和思考时候的思维心理运作机制,这一理论突破了概念隐喻理论中的单向的从始源域到目标域的映射,而是发展为两个心理空间的相互映射并最终合成。根据王文斌[3]对概念合成理论的缺点的概括,表现在四个方面:第一,概念合成理论偏重于对受喻者对隐喻意义的在线认知解读,而对施喻者与受喻者之间的主体间性并未过多涉及。隐喻及其意义的生成和解读过程应该是一个主体间性的认知现象,是彼此交流、沟通和互动顺利进行的基本保证,研究隐喻需要同时考虑隐喻的构建机制和解读机制。第二,概念合成理论对相似性看做内在空间合成的要素,与认知主体的主观创造和理解没有有机融合。第三,概念合成理论

---

[1] A. Wierzbicka, *Metaphors linguists live by : Lakoff & Johnson contra Aristotle*. //Papers in Linguistics, 1986.
[2] R. Jackendoff & A. David, *Review of More than cool reason*. //Language, 1991.
[3] 王文斌:《隐喻的认知构建与解读》,上海外语教育出版社2007年版,第3—6页。

对类指空间阐释过于模糊,给人一种似有似无的感觉。第四,概念合成理论只是提出了思想合成的一般模式,由于没有考虑到主体间性的存在,似乎只要经过四个空间的心理操作就会解读出同样的隐喻意义,对异隐喻性的存在缺少应有的研究。异隐喻性的概念是隐喻解读中不可忽视的一个问题,我们认为异隐喻性可以解释为:"一是指不同的施喻者将同一个始源域映射到不同的目标之上,由此造成同一个始源域的不同隐喻映射,或者对同一个目标域不同的隐喻映射;二是指即便同一名施喻者,对同一个目标域,在特定的情况下也可能会构建出不同的始源域,由此造成对同一个目标域不同的隐喻性观照;三是不同的受喻者对同一个隐喻,可能会解读出不同的隐喻意义,由此产生对同一个隐喻的不同认识;四是即便同一名受喻者,在特定的情况下,对同一个隐喻有可能会形成不同的解读,由此产生对同一个隐喻的不同体认。"①

刘正光也指出:"虽然概念合成理论提到了类指空间,可其概念始终是模糊的,似乎可有可无,更多表现出的是一个摆设,如类指空间中的背景知识是怎样参与空间映射的?在选择输入空间信息过程中类指空间起何种作用?在合成空间的理解过程中扮演何种角色?"②束定芳③认为,概念合成理论虽然也承认互动的作用,可目标域在这一过程中所起的作用主要是对映射过程进行限制。再者,概念合成理论中的符合,实质上就是两个事物之间的相似性,而相似性是隐喻发生的基础,可这一理论对隐喻赖以形成的基础——相似性缺乏深度的认识,由此将相似性游离于隐喻的构建者和解读者的认知作用之外,未曾明确地将相似性作为映射的依据加以讨论。

不可否认的是,概念合成理论较之概念隐喻理论有了进步,但是具体的合成过程是怎么发生的,为什么会如此合成并没有给出具体的解释,仍然停留在一种特征的简单结合阶段。每一种隐喻理论似乎都是在前人研究基础之上的一次进步,但是无疑都存在着某些缺憾,描述世界与表达思维的人类语言较之丰富多变的世界更是体现出自己的复杂性。每一次理论的更新都带给我们认识世界与自身的新体验,每一种理论都不是该领域知识的终结,我们只是在无

---

① 王文斌:《隐喻的认知构建与解读》,上海外语教育出版社 2007 年版,第 142 页。
② 刘正光:"Fauconnier 的概念合成理论:阐释与质疑",《外语与外语教学》,2002 年第 10 期。
③ 束定芳:"隐喻研究中的若干问题与研究方向",《语言的认知研究》,上海外语教育出版社 2004 年版,第 432 页。

限趋近真理的途中,这也是我们决心从符号学研究隐喻的出发点。

第三节 走向符号学的隐喻研究

人是符号的动物,人的世界就是一个符号化的世界,宇宙因此就成为了符号的宇宙或宇宙符号,符号化的过程把一切都融入符号自身,符号化的根本是意义,世界因为符号化而从自然世界进入了意义世界,进入了可以被人理解、被人所言说的世界。自然因为具有意义而被人所知、被人所探索,意义是符号的本性所在,人的意义也就通过符号而得到表达。隐喻研究热的到来说明了隐喻对我们影响之大,隐喻起源于西方的古希腊时期,对隐喻问题的再次关注也发生在西方。随着中西文化交流的加强,在俄罗斯、我国国内学术界也逐渐把学术注意力转向了隐喻问题。环顾四周,稍加沉思,我们便会发现,不只在我们的语言中,在绘画、宗教、音乐、建筑、电影等非语言现象中也存在着隐喻,正如莱考夫和约翰逊所言:"隐喻普遍地存在于我们的日常生活中,不但存在于语言中,而且存在于我们的思维和行为中。我们赖以思维和行为的一般概念系统,从本质上讲是隐喻式的。"[1]因此,如果我们不能说隐喻是语言的本质的话,那么至少隐喻体现了思维运作机制的本质,揭示了语言的运用和变化的规律,我们生活在隐喻的世界里。至此,我们会随之想起的一个概念便是符号,著述者们给予符号的重要性地位与隐喻的地位一定程度上是接近的,如皮尔斯言:"如果我们不能说这宇宙由符号构成的话,我们至少可以说,这宇宙是沉浸在符号中。"[2]索绪尔伊始提出符号学,并给语言学以属于符号学"这门一般科学的一部分……语言在全部符号事实中成为一个特殊的系统"的学科定位,"语言的问题主要是符号学的问题,我们的全部论证都从这一重要的事实获得意义"[3]。符号和隐喻都是人类语言的重要特征,我们借助隐喻"从一事物理解另一事物",隐喻性的思维是语言的本质特征,我们找到了隐喻符号学研究的切入点。

而语言本身是一个符号系统,关于符号究竟是什么?不同的符号学家都

---

[1] G. Lakoff & M. Johnson, *Metaphors we live by*. Chicago,1980:p.4.
[2] 华劭:《语言经纬》,商务印书馆 2003 年版,第 19 页。
[3] 索绪尔著,高名凯译:《普通语言学教程》,商务印书馆 1980 年版,第 38—39 页。

做出了自己的界定。奥古斯丁:符号是这样一种东西,它使我们想到在这个东西加诸感觉的印象之外的某种东西;皮尔斯:符号是在某些方面或某种能力上相对于某人而代表某物的东西;莫里斯:一个符号代表它以外的某个事物。①隐喻在传统上被置于边缘化的地位,被视为语言中的特殊现象和附属物。不难发现,隐喻化的过程和符号化的过程有着中间交叉的模糊区域,之间的相似之处都是涉及另外一个事物或东西,符号是代表另一事物,隐喻是对另一事物的理解,隐喻存在于给予某一事物以一个属于其他事物的名称。亚里士多德把隐喻现象看做对语言使用规则的一种语义上的背离,是语言的一种装饰品和附属物。传统观点在隐喻意义的问题上持语义观,即语词或句子字面意义之外的非字面意义,是以字面意义为基础的解读,是那些在后台的意义。如果我们认为一个语词或句子是隐喻的,那么我们从中解读出来的肯定不是字面意义,虽然这些表达可能为我们在日常交际中所熟悉。意义经常以一种整体的姿态凸显出来,"这种意义通常被认为产生于这些语词之间的某种张力或冲突,这释放出一种隐喻意义"②。意大利符号学家艾柯认为隐喻建立在语词之间邻近性联系基础之上,而不是以对象间的相似性为基础,"一个隐喻之所以能够被创造出来,是由于语言在无限的指号过程中组成了一个转喻的多维网络,所有的关联被把握为语义域内部的邻近性"③。黑格尔将死隐喻定义为"语词失去了其曾经表达的那种唤醒理念的力量,以至于原初意义现在凸显出来或者被采纳",这是不难理解的,即原初性的隐喻意义被人们接受和广泛使用之后,其已经由非字面意义转为字面意义,"隐喻概念形成的原因在于字面(propre)与非字面……直觉与言语、思想与语言的对立"④,而在死喻中这种对立不复存在。符号学应该是在社会人文科学范围内的一种跨学科方法论,符号不仅仅是人类传递信息的工具,而且是认知和思维的工具,因此符号理论也应该是研究符号在人类认知、思维和传递信息中的作用的一门科学。以索绪尔符号理论为基础,阐明隐喻的生成实际上就是将一个领域的概念和原理移植于另一个领域的过程。移植过程中,移植前符号的能指和所指合并在一起,

---

① 王铭玉:《语言符号学》,高等教育出版社2004年版,第13页。
② 库珀著,郭贵春,安军译:《隐喻》,上海科技教育出版社2007年版,第59页。
③ 同上,第21页。
④ 同上,第26—27页。

成为一个新的能指,以产生一个新的隐喻意义。关于象似性(iconicity),迄今为止研究的较深入的是句法象似性。对国外研究句法象似性成果的综合评述,见沈家煊"句法的象似性问题"的论述(1993)。语言上的有理据性又称为象似性,象似性与任意性是语言的两极,我们认为象似性更多的指在句子层或语篇层的相似性。

当人和自然从物质的存在性中抽离出来,从而作为一种符号关系存在的时候,也就是语词与其具体可触的所指事物之间的外在联系被中断以后,我们才能看到语言神秘和神圣的一面,发现符号与自然的同源性关联。人以符号的方式感知世界、理解自然,并同样地以符号行为给世界命名,正是以语言的可理解性为基础,人类方能不断的解读出宇宙中遮蔽着的秘密,人的符号化行为就其总体来看是给整个世界赋予意义的过程,当然这也是对人类拓展空间的符号记录。符号并不是独立于人而存在的,当原始初民经过了对"世界是什么"的认识阶段,开始思考"世界为什么是这样"的时候,说明了人并不是把事物仅仅看做一种可看可听可触及的存在,而是把他们与自己的生存关联起来,看做一种对自身有某种未知意义的时候,符号就开始出现了,事物的符号性最早出现正是源于对意义的思考。

事物的符号意义就是与人的关系,意义的出现是人类开始理解世界的开始,"当他把一种事物现象看做是另一事物的迹象、征兆或象征时,他就确认了世界万物间的普遍联系和相似性。而任何符号行为或命名活动都是赋予存在以结构和意义,是发现自然本身和结构起自然与人类生命之间的内在联系"[1]。人类最原始的符号化行为赋予世界以意义标志了人类理智的觉醒,人类古老的符号总是与宗教、巫术以及祭祀活动紧密联系的,这也是符号的神性和魔力的根源,原始思维中通过人与自然万物互渗律的支配之下建构了符号化的宇宙图像。人通过符号从物的世界进入了意义的世界。语义不是孤立的现象,而是一个错综复杂交织的网,正如索绪尔指出的"观念唤起的不是一个形式,而是整个潜在的系统,有了这个系统,人们才能获得构成符号所必需的对立。符号本身没有固定的意义"[2]。

---

[1] 耿占春:《隐喻》,东方出版社1993年版,第50页。
[2] 同上,第180页。

在修辞学的框架下，隐喻执行的是一种范畴对另一个范畴的解释或说明，作为修辞手段，隐喻没有改变被说明范畴的实质性意义。但是立足于语义学，意义本身的复杂性导致了所谓的实质性意义只组成了语词的一部分，这部分就是我们所理解的固化于字典中的词汇性潜在意义，即词典本义。隐喻的语义观把隐喻看做一种述谓现象，是在句子层或话语层级上的现象。把属于另一事物的固有符号用来表达该事物是对该话语中语义空缺的填补。而这种借用是存在理据的，即本体和喻体的语义中包含一种可以借用的理据，在可移位的理据基础上形成了可供说话者进行选择的聚合体，构成这种聚合体的特征是相似性。隐喻是一种关系概念的符号，而不是物体概念的符号关系，隐喻的载体是某一个符号，但是隐喻只有在本体和喻体所代表的两个概念之间发生了某种移位关系或借用关系之后才得以形成。隐喻的动态性正是体现在这种概念移位，是一种从彼到此的运动。

隐喻的研究经历了修辞学、语义学、认知语言学，隐喻这一千古之谜已经被揭示出了如下特征：修辞功能使语言表达更加新奇和生动；语词之间的互动、概念的合成造成新意义的不断生成，隐喻是语言的原理；隐喻根植于人的思维深处，不仅存在于语言之中，而且存在于我们的思维和行动之中，隐喻是人们的思维认知工具。历史上的所有研究都是在努力靠近隐喻的核心，试图使这一吸引无数人的隐喻问题的运作机制大白于天下。隐喻问题就像一个从古至今就与人为邻的"黑洞"，因为复杂和深奥，吸引着不同学科的人，研究的视角便不同；因为隐喻与意义问题紧密联系，人类一直没有停下追逐它的脚步。每一次理论的更新都带给我们欣喜，因为隐喻的真实面目似乎又向我们靠近了，但同时又留给我们希望，翘首盼望着下一次的探索能把我们带向隐喻之谜的更深处。以往的隐喻研究中涉及语言的功能、语词的替代和转移、语词的意义更新、概念域的映射、概念的合成等等，是一种从语词到句子、从语言功能到思维的深化和扩展的过程，隐喻问题在每一次理论更新之后都有了新的发现，给我们新的启示。但是，我们相信任何理论都不能一劳永逸的解决问题，因为世界是发展的，人的认识也会不断发展，理论必然会不断深入和扩展。除了修辞学、语言学、哲学、认知语言学之外，符号学也是研究隐喻的一个重要方向。根据索绪尔的远见卓识，语言学是符号学的一部分，因为语言本身是最典型的符号系统，隐喻表现在语词、句子甚至语篇的层次，隐喻的这种语言学载体注定了隐喻是一种语言符号的使用,所以符号学有研究隐喻的合法性。隐喻作为以语言符号为载体的现象,因此,分析隐喻势必可以从符号的能指与所指的关系、符号与符号的使用者的关系、符号与客观世界的关系几个角度来考察隐喻的构建与解读,探讨符号学视角下隐喻的工作机制。

1. 语言符号学

索绪尔在《普通语言学教程》[①]中指出了语言学与符号学的关系,"语言是一种表达观念的符号系统","语言学不过是这门一般科学(指符号学——作者注)的一部分,将来符号学发现的规律也可以应用于语言学,所以后者将属于全部人文事实中一个非常确定的领域","如果我们能够在各门科学中第一次为语言学指定一个地位,那是因为我们已把它归属于符号学",在符号学还没出现的时候,索绪尔就将两者的关系进行了阐释,后来两者的发展趋势印证了索绪尔的远见卓识。虽然符号学广泛发展,在美国、欧洲、苏联地区都有世界著名符号学流派和众多著作,以及国际性的符号学研讨会和定期出版的期刊,符号学被认为是具有重要意义的方法论分析工具。与此同时的语言学也蓬勃发展,被预言为21世纪的领先学科,经历了结构语言学、生成语言学和功能语言学、认知语言学等。但是符号学与语言学的深度融合却并没有像索绪尔预期的那样顺理成章,反倒出现了诸如语言符号学、文化符号学、历史符号学、社会符号学、建筑符号学、音乐符号学等更加交叉的符号学应用学科。语言作为最典型的符号学模型,语言学的研究无疑推动了对符号学的深入探索,应该说语言符号系统的全面研究是其他所有符号系统研究的根基。一切问题归根结底都是语言的问题,20世纪西方哲学的语言转向正是说明了只有解决了语言这个"瓶颈",才能使各学科的发展步入康庄大道。

语言符号学,顾名思义,其研究对象应该是语言符号,是用符号学的思想和方法来研究语言问题。王铭玉《语言符号学》的问世在这一领域可谓是对现代语言学之父遗志的继承,"本书的主旨就是为语言符号学的创立进行尝试,就该学科的基本概念、理论基础、核心要素以及符号学的发展历程进行分析与阐释,从而尝试构建出一个科学的语言符号学学科框架"[②],书中涵盖了世界符号学三大中心——美国、法国、俄罗斯主要学派的思想,并以索绪尔、皮尔

---

① 索绪尔著,高名凯译:《普通语言学教程》,商务印书馆1980年版,第37—38页。
② 王铭玉:《语言符号学》,高等教育出版社2004年版,第V页。

斯、莫里斯、巴特、艾柯、雅各布森、巴赫金、洛特曼八位主要学者的符号学理论为基础,分别就语言符号学的12个核心要素进行了广泛而深入的探讨,涉及语言符号的二元对立、语言符号的层次、语言符号的意义、语言符号的指称、语言符号的关系、语言符号的时态、语言符号的功能、语言符号的主体观、语言符号的双喻观、语言符号的可逆性、语言符号的象似性和语言符号的标记性,展现了宽阔的学术视野,深邃的理论分析,对语言符号学的发展奠定了实实在在的基础,后来的符号学研究者便有章可循,有本可依。语言符号学实现了语言学与符号学的交叉和融合,这一开创性的研究必然会拓宽符号学的基础,同时为语言学成为真正的领先科学提供理论支持和动力支撑。

1.1 语言—符号—人

语言是人类思维和交际的基本工具,是人区别于动物的最大特征,正是语言使人变得强大。语言是有符号性的,在真正的语言诞生之前符号在人类的生活中占据重要的地位,让-雅克·卢梭指出:"古人最有力的表达方式不是言词,而是符号(sign);他们不是去说,而是去呈现。"[①]符号在原始初民的生活中真的能比语言还更有力吗? 也许下面引用的两个故事会给我们的思考提供佐证。大流士(Darius)[②]进军斯奇提亚(Scythia)时,斯奇提亚国王派人送来一只蛙、一只鸟、一只鼠和五支箭。传令官呈上礼物,未置一词而去。大流士心知这是一篇令人畏惧的檄文,旋即罢兵回国。与之类似的是另一个故事:"以色列有个利未人(Levite of Ephraim)想为亡妻报仇,他并没有写信给各部落,而是把妻子的尸体切成12块,分别送各处的以色列人。目睹了这一恐怖惨相,以色列人立刻操起武器,高呼:'自先祖出埃及迄今,从未有过这样的事,从未见过这样的事!'便雅悯部落(Benjamin)遂被灭绝。"[③]两个存在于初民社会的故事中都涉及运用某物作为符号来表达意义的情况,在此我们的任务不是去考察故事的真实性,而是去分析这些事物怎么就具有了符号的意义? 怎么

[①] 卢梭著,洪涛译:《论语言的起源》,上海人民出版社2003年版,第3页。

[②] 波斯国王大流士(Darius,约前558—485年)在前512年入侵斯奇提亚人(Scythians)的土地。大流士把这些礼物看做是一个信号:斯奇提亚人准备投降了;他的谋士戈布里亚斯(Gobrias)则推测道,这些礼物的含意是:波斯人,除非你们变成鸟并高飞到天上去,或是变成老鼠隐身在泥土当中,或是变成青蛙跳到湖里去,你们都将被这些箭射死,永不会回到家里去。(据王以铸译文。中译注)大流士接受了戈布里亚斯的解释,并正如卢梭所说,旋即拔寨而起,离开斯奇提亚回国。(希罗多德:《历史》第4卷,第131节以下)

[③] 卢梭著,洪涛译:《论语言的起源》,上海人民出版社2003年版,第3页。

通过语言的转述而被人所了解？这一过程中涉及怎样的语言—符号—人的关系？

　　首先谈谈语言与符号的关系。象征符号与语言总会找到某种转换的渠道，即转变为语言的内容，符号的最终解释和被人理解总是通过语言这个媒介关联物来实现的，埃里希·弗罗姆(E. Fromm)曾指出:"象征式语言是一种代表感觉经验的语言,是表现我们内在经验的语言,它告诉了我们自己的行为及物理世界对我们的影响。象征式语言是种由外在世界代表内在世界的象征,是我们的灵魂与心灵象征的语言。"[1]关于事物与符号的关系问题历史上曾有过著名的名实之争,唯名论认为名称与事物之间没有必然的联系,只是一种约定俗成的关系;而实在论者们坚持,名称反应了事物的本质。唯名论者奥卡姆(W. Occam)认为:"存在于人心之外的是个别事物,存在于'心灵和语词中'的是关于这些事物的'符号',不能把它们看做是在个体之外或先于个体事物而独立存在的东西。"[2]这里唯名论对符号与事物的关系问题做出了本体论上的正确解释。哲学家洛克提出了关于符号意义的观念论,在洛克看来语言的问题必然涉及符号的问题。现代语言学作为现代符号学最重要的一个思想来源和基础,决定了语言与符号之间不可分割的密切联系,一定程度上可以说,没有现代语言学的兴起就不会出现现代符号学的建立。符号学研究的各种语义内容也是在语言学的理论指导下进行的,语义研究成为现代符号学研究的主要方向之一。符号学的研究内容可以分为语言符号和非语言符号,但语言符号的研究一直占据核心地位,因为语言符号系统作为母版,其他所有的符号系统都以语言符号系统为意义解释的载体。较为流行的观点认为,符号学研究方向可以分为语言学的、非语言学的和折中的三大类。索绪尔、叶尔姆斯列夫、巴特的研究为第一类,即带有语言学倾向的符号学研究方向;皮尔斯、莫里斯和西比奥克的研究为第二类;艾柯及其他意大利符号学家的研究则为第三类。他们彼此的立场区别主要表现在对语言结构是否应成为非语言文化现象的模型或蓝图问题的认识上。[3] 语言作为社会符号系统,有一系列的特征和表现,如任意性、层级性、线条性、分节性等,正是语言与符号的这种密切联系,

---

[1] 弗罗姆:《被遗忘的语言》,国际文化出版公司2001年版,第4页。
[2] 王铭玉:"从符号学看语言符号学",《解放军外国语学院学报》,2004年第1期。
[3] 王铭玉:"符号学与语言学",《外语研究》,1999年第2期。

学者们从各个角度对语言与符号关系的大量研究,使得语言符号学这门交叉学科得以建立。语言符号学的学科形成不是空想,而是有着深刻的理论渊源和现实意义,语言符号学的建立势必将对符号学和语言学的进一步发展打下坚实的基础。

在人与符号的关系问题上,弗罗姆曾指出:"使我们和动物世界区分开的是我们创造文化的能力,人类发展的高级阶段和低级阶段的区分是文化层次的多样性。文化最基本的元素——语言,是人类任何成就的前提条件。人可以被恰如其分的称作制造符号的动物,因为没有说话能力,我们就很难被称为人。"[①]符号的思想也许与人的历史同样久远,自从人类诞生在这个地球上,周边的一切都是神秘的符号。根据马克思主义的观点,人与动物的最大区别就在于人会制造和使用工具,动物使用的是信号,而人发明的则是符号。信号只是存在于物理世界的一种自然存在物,信号的意义所指的是单一的现象,与信号对应的只是个别的或确定的事物;符号是人使用的表达意义的工具,属于人的思想世界的内容,只有人才能使用符号进行抽象的思维。卡西尔在《人论》中明确指出:"没有符号系统,人的生活就一定会像柏拉图著名比喻中那洞穴中的囚徒,人的生活就会被限定在他的生物需要和实际利益的范围内,就会找不到通向理想世界的道路——这个理想世界是由宗教、艺术、哲学、科学从各个不同的方面为他开放的。"[②]卡西尔给人的定位:人与其说是理性的动物,不如说是符号的动物,亦即能利用符号去创造文化的动物。卡西尔的这一说法成为人与符号关系的最有力和最流行的说法,之所以这么说,是因为人通过自己的符号化思维和符号化行为创造了另一个与自然客观世界平行存在的世界即符号世界。从此,"人不再生活在一个单纯的物理宇宙之中,而是生活在一个符号宇宙之中。语言、神话、艺术和宗教则是这个符号宇宙的各部分,它们是组成符号之网的不同丝线,是人类经验的交织之网"[③]。埃皮克蒂塔曾说过:"使人扰乱和惊骇的,不是物,而是人对物的意见和幻想。"如果我们把物视为一种符号,那么人对物的意见和幻想只不过是符号化的结果,人通过符号编织自己的理性之网,命题语言使得人最终摆脱了动物语言的束缚。

---

① 弗罗姆:《被遗忘的语言》,国际文化出版公司2001年版,第25页。
② 卡西尔著,甘阳译:《人论》,上海译文出版社1985年版,第57页。
③ 同上,第35页。

1.2 语言与原始思维

语言是人类思维的表象,语言与思维之间的关系也因此成为语言学研究的内容之一,一般认为,思维的类型在一定程度上影响甚至会决定着语言结构的类型,洪堡特的语言类型说是这一认识的结果。在我们生存的这个时代,仍然存在着一些被我们称为原始民族的群体,例如澳大利亚土著居民、太平洋菲吉群岛的土著居民、西太平洋安达曼群岛的土著居民等一些民族。我们的人类学家和人种学家这样划分他们的原因是基于他们目前的生产力水平,即他们的文明相当于石器时代的社会制度。那么对于他们这些原始民族的思维又该怎样去认识呢?这种思维和我们的思维即逻辑思维是什么关系?这种思维的特点是什么?这种思维决定之下的语言又会有什么样的特征?法国社会学家列维-布留尔(Lévy-Bruhl)在《原始思维》一书中给予了详尽的描述。

列维-布留尔把原始民族的思维称为原始思维,并且认为这种思维从根本上区别于我们的逻辑思维,逻辑思维是依靠概念的逻辑运算来运作的,这一过程中充满了抽象思维和对概念的一般化分类,范畴是逻辑思维的基础和运算单元。相对于原始思维来讲,前逻辑性和神秘性是显著特征,前逻辑并不是非逻辑或不合逻辑之意,前逻辑这一术语的用意是区别于逻辑思维,因为通过大量的旅行家、人种志学家的观察材料和记录表明,原始民族没有我们逻辑思维的概念、判断和推理的过程。应该不难想象,生活基础和周围环境的巨大差异,使得原始思维在和我们的思维进行对比时发现差异是正常不过的。重点是要发现原始思维的运作规律或者说是原始思维在对待一件事情时候的思维趋向特征,原始思维为什么对矛盾律如此的不关心,这可是我们逻辑思维的根基。此外,原始思维中的因果关系也是荒谬的,他们不重视我们视作客观自然原因的实在因素,而是专门注意神秘原因,可以说在原始思维中处处弥漫着神秘色彩。仅仅把原始思维中对自然现象和事物关系的神秘理解归因于智力的低下是没有太大说服力的,因为原始民族在狩猎和捕鱼行动中的技巧和精确度、原始民族复杂的词汇和语法结构、原始民族成员对复杂地形的惊人准确的记忆力和分辨能力,就是现代人借助高科技的仪器也不容易办到的事。

概念在我们逻辑思维中意义非凡,是一切知识的开始。每一个一般性的概念也不是预先存在的,"概念简言之就是为确定种和类而作的分析和综合的结果,而分析和综合又是按照存在物里发现的性质不断增长的一般性来安排存在物"①。集体表象是社会集体全部成员所共有的一系列特征的总和,这些表象是该集体中世代相传的;集体表象影响每一位成员,在遇到特定的存在物时会引起近似的情感反应。语言虽然只存在于操该语言的个体意识之中,"然而它仍是以集体表象的总和为基础的无可怀疑的社会现实,因为它是把自己强加给这些个体中的每一个;它先于个体,并久于个体而存在",所以对集体表象的研究不能从个体出发,集体表象的规律不同于"以个体主体的分析为基础的心理学规律"②。这是研究以逻辑思维为基础的制度的方法,并不适合研究原始思维,原始民族的智力活动区别于我们的智力活动过程。奥古斯特·孔德(A. Comte)认为,不应当从人出发来给人下定义,相反的,应当从人类出发来给人下定义,人是社会的人,人必定也是社会化了的人,人的社会性决定了人的集体性。孔德提出了人类社会发展的三阶段律,把历史理解成观念发展的结果,从而提出社会发展的三个阶段:神学阶段、形而上学阶段、实证阶段。他把实证阶段与资产阶级科学的统治联结起来,认为资本主义制度似乎是由于科学思维的胜利而产生的最合理的制度。③

原始人的集体表象与我们的表象或者概念是有极深刻差别的,这种差别主要表现在两方面:一,原始思维中的集体表象不具备逻辑的特征;二,严格意义上说,集体表象不是真正的表象,原始人感知客体存在物的时候,除了存在物的自然特征之外,他们还会感到与此存在物有着神秘联系的某种东西,而且每一个存在物、每种自然现象都有某种与之联系着的神秘的东西,这种神秘被原始人认为是一种实在,并是该自然物表象的一个组成部分。神秘的东西在此指不能被触到、不能被看见、不能被感知的力量,一切存在着的客体都具有这样神秘的属性,"集体表象给这一切客体平添上神秘的力量,而普遍流行的大量信仰和风俗又正是与这种力量联系着的"④。原始人的表象区别于我们的表象的地方在于,在任何时刻、有关任何存在物的表象都是一个复合的整体内容,这里面必不可少的要包含神秘的性质,这种神秘和存在物没有截然清晰的界限,在他们看来这就是一个东西,这两者是不可分的。原始人的思维中现

---

① 列维-布留尔著,丁由译:《原始思维》,商务印书馆1981年版,第121页。
② 同上,第5页。
③ A. Comte, *The Positive Philosophy of August Comte*. Kitchener, 2000.
④ 列维-布留尔著,丁由译:《原始思维》,商务印书馆1981年版,第30页。

象与对该现象的解释是浑然一体的,只是在社会进化后的某个时期开始,现象才从这种表象中分化出来,从而被单独的感知,这时的现象已经除去了神秘的外衣或内容,也就是我们现在所说的自然现象,"但是,在没有这种分裂以前,知觉仍保持着不分化的统一"①。

在原始思维中经验是行不通的,被原始人所深信不疑的只有假想的巫术力量,他们的思维早已被神秘特质的集体表象所预先填满了。任何事件的原因只能是神秘的和注定的,在他们看来,事件中的客观事物只是巫术力量的一个现实工具或媒介,而我们逻辑思维中的自然因果关系则是原始思维中的次要因素,"原始民族的思维具有本质上神秘的和前逻辑的性质;它在趋向上不同于我们的思维;这就是说,它的集体表象是受互渗律支配的,因而它们不关心矛盾律,它们是靠一些为我们的理性所难于接受的关联与前关联彼此结合起来的"②。原始民族这种思维特征的背后折射出语言与原始思维的隐喻性,"从语言起源的角度看,原始人类的思维主要表现为一种神话思维的形式。这种形式也就是一种前逻辑的隐喻思维,因而原始人类所使用的语言带有极为强烈的隐喻色彩。如果把意义转换看做隐喻的本质内涵,那么我们大致可以区分出两种层次的隐喻:首先是有形的、出现在口头或书面语言中作为一种言语修辞格的隐喻语言;其次是无形的、作为人类思维的一种基本活动形式的隐喻思想。隐喻思想是隐喻语言的内核,隐喻语言是隐喻思想的体现,二者是一种互为表里的关系"③。原始语言到现代语言的过渡必须经历一个过程,只有消除了语词中所包含的那种神秘因素的时候,语言才成为现代意义上的符号系统,原始思维还没有实现客观实在因素和主观神秘因素的清晰划分,这两者是浑浊在一起构成原始人的知觉表象的,"原始人的意识不是脱离开那些与他们的社会关系联系着的神秘属性来想象存在物和客体的。真正的问题在于弄清这些集体表象是怎样渐渐的削弱和分裂,它们是怎样具有了那些与名字的联系越来越少的信仰的形式,直到像我们在我们社会中见到的那样,名字变成了只不过是区分的记号的时刻"④。

---

① 列维-布留尔著,丁由译:《原始思维》,商务印书馆1981年版,第36页。
② 同上,第452页。
③ 郭贵春:《隐喻、修辞与科学解释》,科学出版社2007年版,第10页。
④ 列维-布留尔著,丁由译:《原始思维》,商务印书馆1981年版,第45页。

2. 隐喻与符号

修辞学上将隐喻定义为一种语词的替代或类比，语言学上把隐喻定义为本体与喻体在以相似性为基础的意义互动的结果，抑或是认知语言学中把隐喻定义为是用一事物来理解和经历另一事物，是概念域之间从始源域到目标域的有选择性的部分特征的映射，还是现在普遍认为的，隐喻不仅是一种语言的修饰手段，隐喻还是思维的形式和工具。况且不论这些理论的实证性是否准确，因为目前并不能证明隐喻与思维是否在最深处融合为一体，退一步讲，即便如此，所有这些理论的最终归宿都需要借助语言符号这一形式化的载体进行表达，隐喻的表达形式才是我们可见的，也是隐喻研究所首先关注的对象，隐喻本身就是一种符号。隐喻产生于一个符号替代另一个符号的过程当中，当隐喻与新事物逐渐联系起来而与旧事物逐渐脱离联系，即越接近死隐喻的时候，隐喻越接近符号。人的隐喻能力正是体现在人能够创造性地使用和理解隐喻化表达。一定程度上我们可以说，把隐喻定义为名称的转换也不是错误的，这是我们识别和分析隐喻的重要途径，隐喻的符号载体是语词。在符号学中，语词是语言层级系统中最基本的符号，根据语言符号系统的层级划分理论，语词、句子、文本是其不同的层级表现形式。隐喻的研究史也证明，隐喻的研究遵循的是从语词层到句子层然后到文本层的路线，语词符号的隐喻更主要的是一种置换，用属于另一事物的符号来替代被描述的对象，而在句子符号层次，涉及的是话语的形象化表达，这其中是隐喻意义的创生，或语义的更新和创造语义适应性来消除语义冲突的问题，在文本层次我们可以说隐喻研究的是一种对现实进行重新描述的策略，利科把这种从句子层向文本层的发展称之为从语义学到诠释学的过渡。

由于语言分为自然语言和人工语言，符号相应的分为语言符号和非语言符号，在这里我们主要关注的是隐喻的语言符号。隐喻的符号化表达体现在具体的自然语言之中，只要稍加注意，我们就会发现，在词汇层次，隐喻的符号化形式一般分为动词性隐喻、名词性隐喻、形容词性隐喻、副词性隐喻、介词性隐喻。以下我们稍加举例做简要分析。

2.1 动词性隐喻

动词性隐喻广泛存在于英、汉、俄语中，其表达的一般是动作过程，隐喻性动词往往会同时激发人的相关想象。

(1) 我看到晕黄的光亮,桌上的灯光柔和地轻抚着每一件看得到的家具。(《读者》)

(2) 传统华人和当代华人所分别遭遇的,是同一个西方势力全球化演变历程中的不同阶段,也即是这种全球化趋势持续撞击中国社会并与其内部不得不发生的社会结构的长期变化交织互动的不同阶段。(钱超英:《诗人之死:一个时代的隐喻》)

(3) Theaetetus *gives birth to an idea*.(泰阿泰德提出了一个观点。)

(4) *Take heart*,for all is not lost.(A. Deignan,*Metaphor*.)

勇敢些,并不是一切都失败了。

heart 即心脏,被视为最深刻的情感之所在,人们用它来谈论感情,如爱、勇气和快乐。take heart 在这里与 lose heart 相对应,用来鼓励人变得勇敢些,继续从事受到挫折的工作,或以乐观的态度对待人生中遇到的各种不顺心和失败。

(5) It's difficult to *swallow* what she's done to this family.(A. Deignan,*Metaphor*.)

她对这个家庭所做的事情是让人难以接受的。

swallow 即吞咽,是一种行为,在这里 swallow 用于让人难以接受某个事实或消息。而在下面的例子中 swallow 则是对某种情绪的掩饰。

The deputies are being asked to *swallow* their national pride and back down.(A. Deignan,*Metaphor*.)

有人正在要求代表们将他们的民族自豪感掩饰起来,并放弃原先的立场。

2.2 名词性隐喻

隐喻在各种语言符号中最典型的表达形式是名词性隐喻,其句法功能多样,可以充当主语、表语等。名词性隐喻还是形成新术语的重要来源,隐喻性术语经过一段时间的使用后便固化在语言中,成为了常规词汇。

(1) Это была настоящая *расправа с поэзией*.(С. Бирюков,*Поэзия русского авангарда*.)

这是对诗歌真正的镇压。

расправа 即镇压、迫害之意。其历史背景是在 20 世纪 30 年代苏联国内的政治斗争中,一大批有才华的文学家、诗人遭到了迫害,大批知识分子被流放国外,从此长时期内他们的作品在苏联国内禁止出版。这是 Сергей Бирюков 对这一现实的描写,"对诗歌的镇压"隐喻着对知识分子的迫害。

(2) 一个城市交通的生与死(《读者》)

(3) 因为灵魂是一个小宇宙,在其中的清楚的观念是上帝的一种表象,而那些混乱的观念是宇宙的一种表象。(人类理智新论(上),第二卷)

(4) 今天,神学界正经历着一场强烈的风暴,这场充满活力的风暴就发生在基督论的中心地带,这是一场关于耶稣基督的宗教意义的讨论。(约翰·希克:《上帝道成肉身的隐喻》)

(5) 苏格拉底是助产士。

2.3 形容词性隐喻

形容词性隐喻,即形容词修饰名词后构成隐喻性名词短语,或是形容词的表语结构。

(1) 软广告植入很常见,300 万元换来特写镜头。(新晚报)

(2) 但是,这些历史因素不久由于对十字架受难的宗教解释而在基督徒的意识中沉默了。(约翰·希克:《上帝道成肉身的隐喻》)

(3) 我还有机会重历一遍那样热情满怀的时刻吗?(列维-斯特劳斯:《忧郁的热带》)

(4) What kind of soft things do you appreciate: soft pillows, *soft colours*, *soft voices*? (M. Rakova, *The extent of the literal metaphor*, *polysemy and theories of concepts*.)

你喜欢什么样的柔软的东西:柔软的枕头,柔和的颜色,温柔的声音?

Soft 作为形容物质或事物的外观质地特征,给人一种舒服、不僵硬的感觉,如柔软的枕头。而在这里以 soft colours 用来表达"柔和的颜色",不刺眼,看起来舒服之意,由形容触觉改为对视觉的形容。soft voices 则是"温柔的声音",由一种形容外观和质地的形容词改为对声音的感受,形容人的语气和蔼,声音悦耳,让人听起来有润物细无声之感。

2.4 介词性隐喻

介词没有词形的变化,束定芳指出,"介词性隐喻往往派生于根隐喻或概念性隐喻,如空间就是时间,或具体就是抽象"[①]。介词性隐喻常见的是表示

---

① 束定芳:《隐喻学研究》,上海外语教育出版社 2000 年版,第 65 页。

空间和时间关系的表达形式。蓝纯采用认知语言学的框架对英汉语中的空间隐喻进行了对比研究,认知角度的隐喻观认为,隐喻思维是认知过程的一个部分,认知过程就是人们对世界进行概念化的过程。通过对英文中 up/down 和汉语中上/下的对比分析,蓝纯得出结论:上/下概念常用于构建四个抽象目标域,即状态、数量、时间、社会等级制度[1]。

(1)表达状态的,上表示好,下表示不好,如:上等货,陷入困境等。

(2)表达数量的,向上是增加,向下是减少,如:房价上涨,奖金下调,成绩下降等。

(3)表达时间的,上表示过去或在前,下表示将来或在后,如:上一代,下半辈子,上午,下午等。

(4)表达等级制度的,如:上流社会,上级部门,向上汇报;下层群众,下级部门,向下传达等。

英语中的介词性隐喻表达也是广泛存在的,如:表示"关于"的 on,a report *on* the situation,表示方式的 on foot,by car,表示准时的 on time,in time,表示从什么时间开始的,love someone from the first sight 等等。在此,我们只是随便找出几例,不做系统论述。除了以上我们举例分析的名词、动词、形容词和介词之外,隐喻的符号载体还会有表示数量关系的,如一丝希望,两行热泪,一堆烂事等。隐喻是语言符号的使用,语言符号是其载体,隐喻的符号形式不仅可以由词、词组、句子来体现,还可以是文本。

3. 隐喻与符号关系

以上我们论述了隐喻作为语言符号使用的基本状况,这是在语词层面上的隐喻观。如果放在句子层次,隐喻则上升为一种符号关系。隐喻的概念是用一个事物的观念来表达另一事物观念的符号结果,这种过程就是隐喻化的过程。从大的关系看来,符号学视角下的隐喻涉及符号与符号的关系——隐喻与符号所指的关系;符号与符号主体的关系——符号使用者对隐喻的构建、符号使用者对隐喻的解读关系;符号与现实的关系——隐喻是对现实的重新描述。

3.1 隐喻与符号所指间的关系

索绪尔把语言符号规定为由能指和所指构成的两面心理实体,能指对应

---

[1] 蓝纯:*A cognitive approach to spatial metaphors in English and Chinese*. Beijing,2008:p. 107—124.

于音响形象,而所指则是符号概念,能指与所指之间处于一种任意性的关系当中。语言符号系统内处于一种关系上的同一,而非物质上的同一,可见,这种同一性是有条件的、相对的,而差异是绝对的,但是要保留符号的这种同一性,存在的差异需要有一定的限度。符号能指与所指的这种任意性关系在言语社团的使用中由于人的因素参与其中会出现一种非对称性的发展,即能指和所指可以发生单方面的变化,隐喻则是在这种变化中产生的。由于索绪尔对心理学的过于偏爱,他给符号的定义中排除了任何关于客观世界的因素,完全封闭在抽象的心理主义当中,断绝了与现实因素的联结。巴特在符号的定义上与索绪尔一致,认为符号由表示成分和被表示成分组成,表示成分对应于索绪尔符号概念中的能指,而被表示成分则对应于所指。隐喻的直接载体是语词,具有隐喻功能的符号所指区别于一般的符号所指,其特点具有开放性、多层级性、模糊性。

  隐喻的所指意义处于符号所指的第二层级以上,根据一般符号的能指与所指理论,所指是符号的概念,指的是固化在日常用法上的一般内涵,可以在词典上查阅。符号"玫瑰"作为能指,其所指是表示一种蔷薇科植物,有多种颜色,红玫瑰、白玫瑰、紫玫瑰等等,花香。而在符号层级衍生的基础上,玫瑰的所指出现了变异或延伸,从第一朵玫瑰花由男性送给女性开始,玫瑰的所指便有了爱情之意。再如钻石,是一种矿物,是在地球深部高压、高温条件下形成的一种由碳元素组成的单质晶体,其成分主要是碳,与煤、铅笔芯、糖成分相同,只是结构不同,质硬,可以用作切割工具。作为这样一种事物,我们最初对它并没有太多的联想。但是现在钻石有了其符号的二级所指,如在广告中常见的"钻石恒久远,一颗永流传",钻石作为爱情的象征与美好愿望,代表着爱情的永恒。这些符号层级性导致符号所指的延伸,是隐喻意义得以产生的原因,隐喻产生于符号能指保持不变,而所指发生语义变化的情况。隐喻是许多新领域术语的出现的内在推动力,术语的隐喻生成机制不是语言的特殊现象,而是人类认识新事物、新现象的概念化结果,"尽管隐喻是非字面意义、非逻辑的,不可能在逻辑实证主义的意义上得到'证实',但它对科学概念及范畴的重构(再概念化)、新理论术语的引入乃至整套科学理论的构建和发展发挥着重要的、不可替代的作用"[①]。由于术语的体现层次更多的是语词,所以以隐喻术

[①] 郭贵春:《隐喻、修辞与科学解释》,科学出版社 2007 年版,第 42 页。

语的产生为例更能有效的解释符号所指的层级衍生与隐喻意义产生的对应性。

术语有着自己的特点,没有术语就没有科学,术语一般表示特定领域中的概念,术语要求明确性、清晰性、避免歧义和语义精确是其本质特征。就术语的语言功能来看,术语是表达人类概念和概念间关系,组织言语的重要成分,术语的发展与更新体现着人类认识的发展,在物理、化学、生物等自然科学中,符号所指层级性与隐喻术语的产生有着密切的联系。化学中的负离子与正离子,物理学中的吸引、排斥,生物学中的适者生存、竞争等都是隐喻语言。在计算机领域术语隐喻大量存在,如第一代计算机,因特网诞生于美国,子文件夹、回收站、网上邻居、计算机病毒、杀毒软件、qq医生等。"对日常概念与科学认知对象之间外部特征或内部性质相似的认同为联想的思维扩展、为赋予联想新的性质提供了可能,依此使概念完成由日常生活向专门科学领域的转移。"[1]科学理论常利用日常语言中的概念的能指形式,发展其所指内容而将其吸收为学科中的术语,从而为科学解释和科学知识的普及创造方便。语词的系统化用法经过以相似性为基础的联想过程,出现了符号层级衍生的结果即隐喻术语。吴哲在《认知语言学视角下术语的隐喻性解析》一文中列举了部分日常语词经过符号所指层级发展为隐喻术语的例子,在这里我们引用其部分例子:

глаз 眼→〈技〉眼,孔;通气口。

плечо 肩→〈技〉臂,力臂。

кулак 拳→〈技〉凸轮;卡爪,(车辆上的)钩舌。

губа 唇→〈技〉钳嘴,钳口。

щека 面颊→〈技〉颚板,颊板,侧板,曲柄。

чело 额→〈技〉熔炉炉口。

челюсть 颌骨→〈技〉导框;颚板。

затылок 后脑勺→〈技〉齿背。

пульпа 牙髓→〈技〉矿浆,泥浆,纸浆,砂浆。

подъем 脚背→〈技〉提升,卷扬。

利霍利斯托夫(П. В. Лихолистов)[2]通过对计算机术语的分析,认为隐喻

---

[1] 吴哲:"认知语言学视角下术语的隐喻性解析",《中国俄语教学》,2009年第1期。
[2] П. В. Лихолистов, *Компьютерный жаргон*. // Русская речь, 1997, No 3.

是形成这些术语表达的一个重要方式,他举例说,Чайник——неопытный программист(茶壶——没有经验的程序设计员).Движок—алгоритм(发动机——算法).ядро компьютерной программы(计算机程序内核)这两个表达是本来用于汽车领域的词汇通过隐喻的方式转而表示关于计算机领域的一些内容。又如:Модная *тачка* с двухсотым мотором(两百马力发动机的汽车).(см.:Как купить компьютер...).двухсотый мотор—Pentium—200(两百马力的发动机——奔腾200处理器),тачка—компьютер(汽车——计算机),тачка 在民俗语言中指的是汽车,在这里的所指转义为计算机。①

3.2 符号使用者与隐喻的建构关系

根据莫里斯的符号学三分法理论,符号学的研究可以分为:符号与符号之间的关系即语构学,符号与符号使用者之间的关系即语用学,符号与对象之间的关系即语义学。莫里斯给符号学的三分天下是对符号学发展的一大贡献,因为这一划分提供了符号学的学科框架,拉近了符号学与语言学的关系,符号学开始了从语言系统到语言使用的研究。莫里斯认为,世界由不同的符号系统组成,任何事物都是符号系统中的一个符号,"他不仅重申了索绪尔的意义即关系的这一著名论断,而且将这种关系具体化为三维关系,即文本与所指之间关系,既有文本内词、句、段和篇的脉络关系,还有文本与读者之间的关系,可以涵盖语言交际中的一切关系"②。

在隐喻的建构过程中,符号使用者作为主体参与其中,对这一问题的阐述涉及隐喻的主体。语言是思维的载体,而语言符号则是这一载体的直接形式,隐喻作为人的思维与认知的工具,势必与符号有着某种必然的联系。以前的隐喻理论研究的内容和范围大都是关于隐喻内部工作机制以及外部相关因素的分析,而其分析的视角多是在隐喻的理解。隐喻只有建构出来才会有下一步的解读,在隐喻创建中人这一使用符号的主体因素至关重要。探讨隐喻主体因素我们又分为建构隐喻的符号使用者和解读隐喻的符号使用者,我们在此简称为施喻者和受喻者。隐喻的构建过程是施喻者在现实的环境中,通过积极的联想作用,在发现相似性或建构相似性的基础上,经过隐喻化思维的加

---

① В.С.Елистратов,*Словарь московского арго*.М.,1994:с.465.
② 廖春红:"试析莫里斯符号学的意义观",《北方论丛》,2006年第4期.

工,最终导致隐喻符号的产生。而隐喻的解读则与建构处于相反的过程。这一隐喻符号构建的理论与认知语言学的意义观一致,认知语言学认为意义不是现存于语词之间的,而是通过建构的过程实现的。我们认为,隐喻的最终形成也是符号主体建构的结果。

首先,我们要分析主体自身的一些因素。人类认识是一个逐渐深化和广化的动态过程,对特定事物的认识不是一次性完成的,不同的认知主体之间存在着差异。这种差异的成因是多方面的,如个人的经历、学识、爱好、社会常识等因素构成了符号使用者的主体特征,主体的个性特征是唯一的,主体之间的这种特征差异是绝对存在的,并且是处于一种动态发展的进程当中。也就是说,同一个符号使用者随着时间的推移和经历的丰富,其主体特征会发生相应的变化,这是一个处于历时发展中的个体。而主体与主体间的差异,也会随着时间发生变化。这种差异性在隐喻的构建过程中会表现出来,即同一个符号使用者在自身发生变化的时候,对同一个对象可能会建构出不同的隐喻;不同的符号使用者,对同一个对象可能会建构出不同的隐喻。因此,隐喻的建构是一种带有符号使用者主体特征的创造性活动。

其次,符号使用者在建构隐喻的过程中,依靠的是积极的主观联想,依据的是本体与喻体间的相似性,这种相似性可以是客观存在的,当然这种客观相似性一般较容易理解和发现,多体现在事物间的物理特征上,另一种情况是主观建构的相似性,一般是抽象特征,或本体与喻体之间关系的相似性。应该指出,隐喻所依靠的相似性并不是绝对的相似,在本质上我们认为隐喻更是一种主体的心理假设,充斥着符号使用者的主观感悟。找到相似性之后,还需要符号使用者的隐喻化思维加工,由于隐喻是对语义的不断更新的活动,隐喻出现的层次由语词到句子再到文本。相似性正是语义更新过程中所发现的,正是语义更新发现本体与喻体间的相似性,而相似性又是语义更新的基础,是隐喻陈述活动中同一性与差异性之间张力关系的重要因素。到此,隐喻的意义超出了话语的形象化表达和语言的修辞,也不再仅仅是消除语义冲突和确立语义和谐,而是在句子层面上作为重新描述现实的一种话语的策略而存在。这一策略发展了语言的陈述功能,同时也呈现了语言依据相似性而建构隐喻的启发和创新能力。

隐喻化思维是隐喻构建的重要步骤,这是符号使用者对本体与喻体间相似性的发现、选择与最终确立的主观性发挥的最大体现。隐喻化思维对相似性的把握依靠的是认知突显(cognitive prominence),显然,本体与喻体间相似性只是部分的某一点上的相似,这种部分相似特征的选择性和优先性就是认知突显。这是人在认知中对情景中某一部分的优先关注,"隐喻相似性的认知突显,是指施喻者或受喻者对隐喻所关涉的始源域和目标域两者之间某一相似面或相似点的心理视点聚焦,使之显目或引人注意,即认知上的前景化、侧面化或强光化"[①]。认知突显的过程是符号使用者对本体和喻体间的差异性当中发现某一点上的外在特征或内在属性上的相似性,并将这种相似性扩大化和前台化。符号使用者把本体与喻体间建构的这种相似性通过语言符号将不同的两个事物联结起来,从而构成了以喻体视角对本体的重新描述,亦即隐喻的最终形成。

3.3 符号使用者与隐喻的解读关系

以上讨论了符号使用者从隐喻构建主体的角度所涉及的一些内容,我们指出,隐喻是一种语言符号的使用,与符号使用者之间是隐喻符号与隐喻建构主体和隐喻解读主体的关系。隐喻解读的过程与建构过程相反,受喻者面对的是一个以语词符号为载体的形式,在受喻者成功解读该隐喻之前,按照语词系统化用法或日常用法的标准,这是存在语义不适当性的。受喻者解读隐喻是隐喻意义得以实现的最后一步,这一过程涉及各种复杂因素,隐喻的解读不是唯一的过程,是开放的。符号使用者,在这里也就是受喻者的主体差异的存在是隐喻意义解读多样性的决定因素。只有受喻者对隐喻意义正确解读之后,才会达到与施喻者要表达思想的共鸣,隐喻效果才能发挥应有的作用。受喻者对隐喻符号的解读同样涉及主体特征、隐喻化思维和语言形式的影响。隐喻以语言符号的形式放置在受喻者面前,受喻者需要做的是如何理解隐喻符号中符号的二级所指,二级所指与一级所指的对立是造成隐喻符号包含的语义冲突的内在原因。

首先,受喻者的主体特征影响。如果受喻者的社会常识、经验等个人因素涉及的领域与施喻者大体相似,那么对解读施喻者要表达的隐喻意义就相对容易。相反,如果受喻者的个人因素涵盖的内容过于狭窄,那么,在理解隐喻

[①] 王文斌:《隐喻的认知构建与解读》,上海外语教育出版社2007年版,第292页。

符号的意义时就会受到限制。

　　其次,隐喻化思维对隐喻解读的影响。受喻者解读隐喻是从隐喻符号经过隐喻化思维,最后成功解读隐喻意义的,隐喻化思维是隐喻解读的中间环节。在施喻者已经把喻体的部分特征转移或映射到本体之上的前提下,受喻者需要重新对这一结果进行与自己已有经验的比对,如果受喻者对本体和喻体涉及的领域缺乏相关经验,那么在解读过程中势必会出现障碍,那么,施喻者表达的隐喻意义就会被搁浅或不能被完全阐释出来。对于没有接触电脑的人,你告诉他,"网络就是延伸的人的眼睛,你可以看到整个世界。"那么,他就不会明白,电脑怎么会看到其他的国家。正如李定坤所言,"隐喻的目的是经验与经验的互相印证"[①],这一说法有一定的道理,只有施喻者和受喻者有着类似的经验,对同一个表达才会产生思想上的共鸣。所以,隐喻的最终成功解读是施喻者和受喻者关于世界经验的互动,是受喻者对隐喻创造的新意义的接受和吸收,是一个扩展自身知识的过程。

　　最后,隐喻作为思维和认知的工具,作为一种语言符号的使用,其隐喻意义的最终实现是受喻者做出了正确的解读,而这种成功解读依靠的是施喻者和受喻者有着共同的语言符号内核。隐喻本质上是抽象的,隐喻意义的解读带有主观的性质。隐喻解读中的文化因素作用于整个言语社团的集体,由语言符号最后传达给社会中的每一个人。根据语词的系统化用法,某些词在一定的语境中会共同出现,这是一种同现性,如谈到一个人是学生的问题时,往往会有学校、成绩、考试、宿舍、专业等等的词汇共现。而隐喻则是违背这种惯常,给人一种新奇,让人有种语义冲突感,解读的任务除了理解和欣赏施喻者对本体和喻体间这种相似性发现与建构外,受喻者自身也以主体的身份参与其中,完成隐喻对现实的重新描述。隐喻符号以其二级所指实现了对现实的重新命名和描述,其方式除了用表示具体事物或现象的符号转而表示另一具体事物或现象之外,还有另外三种形式,即用表示具体事物或现象的符号转而表示抽象事物或现象、用表示抽象事物或现象的符号转而表示另一抽象事物或现象和用表示抽象事物或现象的符号转而表示具体事物或现象。需要指出的是,从具体到抽象是大部分隐喻的运思模式。

[①] 李正坤:《汉语辞格对比与翻译》,华中师范大学出版社1994年版,第20页。

第 二 章

隐喻生成的静态基础——符号间的相似性

第一节 符号间的相似性

1. 符号学研究隐喻的前景

　　隐喻以一种修辞格的身份衍生至今,经历了修辞学、语义学、语用学、哲学、认知科学的众多审视,隐喻是修辞学中"最辉煌、最不可缺少的一种"(维柯),正因为此,它也成为修辞学复兴的重要力量,同时也展示了隐喻自身独特的魅力,隐喻问题成为了语言意义生成与理解的重要课题,因此也成了不同学科进行交叉和深入研究的一个基点。关于隐喻的首要功能有不同的说法:在修辞学和词汇学中,隐喻首先被视为称名的手段,相比之下,隐喻在词汇层面上的研究更为彻底,这就是隐喻对事物和现象的称名功能和表示事物或关系特征的述谓功能。词汇意义越多样,信息越丰富就越容易发生隐喻化。在隐喻化的名词中,较多的是对现实事物的命名,以及构成隐喻转述的表关系的名词,如"баловень судьбы"(命运的宠儿)。在表示特征的词汇中,如"蓝色的忧郁",描写性动词,如"совесть грызёт"(良心的折磨),"мысли текут"(思想的流动)。然而也有人认为表述功能是隐喻的原始功能,隐喻因其复杂性成为多种学科的研究对象。在诗学、修辞学、美学中,隐喻作为比喻的特定种类进行研究,在词汇学中隐喻是词汇新意义的源泉,在语用学中是言语使用的特殊类别,在心理语言学和心理学中隐喻作为联想机制、解释的客体和言语理解机制,在逻辑学、哲学、认知语言学中作为思维工具和对现实认知的手段。

　　我们已经不能满足于把使用隐喻简单的解释为是人难以考证的天赋,隐喻理解的模糊性和规则的不定型性也许正是隐喻的吸引力所在。体验哲学下隐喻是一事物理解另一事物的观点似乎代表了最新的成果，但是人类大脑的复杂结构和人类理解过程的非单一性，使得该陈述显得过于简单。符号学作为一门学科虽然稍显年轻，但是符号思想却由来已久，符号学一经登上历史舞台已经彰显了其方法论威力，符号学与语言学的特殊关系注定了语言学与符号学的联姻，语言符号学这门新学科虽还不够完善，仍在建设之中，但目前学术界的动向已经显示出了其重要性和发展趋势。各学科的问题也许都可以最终归结为语言问题，语言问题究其根本就是意义的问题。符号学因其体系的开放性涉及的是人类文化和思想中一切语义方面，符号学不限于某一学科，因此也不仅仅吸收一个学科的方法。语义研究只有定位于文化的深厚土壤，充分考虑其他相关人文学科的交叉影响，才能最大化地深入到语言的本质中。符号学与众多其他学科的联手已经初显方法论意义：列维-斯特劳斯对符号学的阐释在人类学领域开辟了新天地，巴特的文学理论，麦茨的电影理论，巴赫金的符号学诗学和以洛特曼为核心的莫斯科—塔尔图学派树立了文化符号学的旗帜。索绪尔开辟了现代语言学，并给语言学以符号学的学科定位，语言符号学的构建从该意义上说是索绪尔未竟事业和遗愿，20世纪哲学的语言转向预示着21世纪语言学将成为领先学科，语言符号学必将在新世纪发挥应有的作用。从符号学角度对隐喻这一千古之谜的意义探究也许会对隐喻研究带来新的启示，并由此对语言符号学的建设起到促进作用。我们从符号学的角度挖掘隐喻的工作机制，从静态基础——符号间的相似性，动态机制——符号间相似性的建构以及最终结果——符号意义的层级衍生三个方面阐释隐喻现象。

2. 相似性与隐喻关系的解读

隐喻与相似性有着不可分割的内在联系，让我们首先从隐喻的一些定义性描述中发现相似性这一概念对隐喻的产生和理解有着什么样的作用：

隐喻，名词，言语辞格的一种，用于指示字面上无法表达的内容，其目的是指出某种相似性。[1]

metaphor：1. 一种修辞格，用字面上表达一客体或观念的词或词组来表达

---

[1] http://www.websters-online-dictionary.org/definition/metaphor.

另一事物,并以此来暗示两者之间存在一种相似性或类比性,如 drowning in money,更宽泛的说是一种辞格语言,与明喻(simile)相对。2.一个客体、行为或观念被当作隐喻。①

метафора 由希腊语中的 metaphorá 而来,转移之意,是一种比喻或者言语机制,指称某种事物或现象,用于表述或称名属于另一类的客体,或者是称名与该类客体存在某种相似性的另一类客体。在更广泛的意义上,术语 метафора 用于指词汇的任何形式的间接意义上的使用。②

奥托尼指出,所谓相似性,就是指两个事物具有共同的属性③。我们生活的世界是一个以相似性为纽带而联系起来的无限开放的世界。从人类理性所遵循的因果律来看,任何事物的存在都有其基础,所谓有果必有因。隐喻作为一种语言现象,隐喻的生成必定有其内部基础。亚里士多德最早给隐喻的研究奠定了基点:隐喻是人对相似事物之间的领悟。隐喻体现出一种美感,给人以新奇感。法国修辞学家福柯尼耶认为隐喻发生在两个概念之间,概念之间的替换基础是相似性,替换的结果就是隐喻。雅各布森通过对失语病人的研究,认为隐喻和换喻除了作为基本的修辞格功能,还构成了人类交际的基本方式,隐喻基于相似性,换喻则基于邻近性。现代隐喻理论从认知科学的角度把隐喻视为人类的一种思维方式,隐喻是人类语言无所不在的原理。在隐喻思维方式下,人通过一事物来理解和体验另一事物,在这种思维运思的深层依然是相似性在发挥着作用,"个人思维相似运动的一般规律,则是由每个人根据自己在社会中,通过直接实践经验与间接经验而在大脑中贮存的'相似块',去对所要认识的事物或所要解决的问题进行推理、判断和问题求解的。人总是先从事物的形式相似入手,然后采取认识事物运动的相似、结构的相似、联系的相似,才能认识到事物千变万化中那些相对不变的本质,达到对事物规律的认识的。人思维运动的相似性机理,可能发展进化成为直感(直觉)思维、逻辑思维、灵感思维和社会思维的重要机理"④。因此,关于相似性的定义与特征、相似性的分类,对相似性与隐喻的内在关联性的深入研究就具有了首要意义。

---

① Merriam-Webster's 11-th Collegiate Dictionary-metaphor.
② 《Большой энциклопедический словарь—языкознание》,М.,2000;с.296—297.
③ A. Ortony,*Metaphor and thought*. Cambridge,1993;p.342.
④ 张光鉴,高林生,张菀竹:《科学教育与相似论》,江苏科学技术出版社 2000 年版,第 85 页。

第二章 隐喻生成的静态基础——符号间的相似性

相似性是一个关系参数,涉及两个或两类事物、概念,隐喻总是特定语言中的现象,由于不同文化因素的影响,不同语言中隐喻的相似性基础会出现差异。马克思主义唯物史观告诉我们,世界是普遍联系的,虽然差异有目共睹,但我们也不能忽略差异背后的共同因素。世界的普遍联系、人共同的心理、生理结构等因素又为理解相似性创造了可能。

在谈到相似性之前,我们首先要对相似性这一概念有所把握。相似性(similarity,подобие)乃是人类思维活动和认知活动的一种普遍规律,李善廷在谈到相似性时指出:"相似性由于实现了文化价值所界定的针对经验实在的有效性而被处于同一文化价值观下的人类所普遍理解和接受,这也是隐喻相似性的客观性的表现。……人的神经网络中的信息活动基于以相似性的信息为中介而自我进行的相似激活、相似联系、相似催化、相互匹配的原理而进行工作,这是人的思维按照相似性进行活动的原因所在。"[1]人类运思中的类比、比较、联想的思维模式中都有以相似性为基础的从事物的表象进入到本质的认识。人们在对新事物的认识中总需要以旧有经验为基础,"如果我的知觉要包含某种事件的知识,也就是某物在此现实地发生的知识,那么它就必须是一种经验性的判断,在其中我们想到,这次序是确定的,即它在时间上把另外一个现象作为前提,它必然地,或者说按照一条规则跟随着这个现象"[2]。事物之间虽然有普遍的联系,但世界上没有完全一样的两片树叶,所以以相似性为基础的隐喻也只是将喻体的部分特征用来与本体发生作用,而非全部特征。同样应该指出,隐喻的建构过程也是找出和确定本体与喻体之间相似性的过程,或是表象的相似,或是本质的相似,或是特征相似,或是关系相似。相似性基于客观条件,最终达到主观理解与认识的一致,"人类在认识发展史上对所有问题的研究解决,无不从观察认识事物的相似性和相异性关系两个纬度展开"[3]。

张光鉴等《科学教育与相似论》作者[4]对相似性有着自己的理解,相似,就是客观事物存在的同与异的辩证统一。他们提出了相似论的三大规律:相似运动律,即不论是自然界还是人类的思维,由简单到复杂,由低级到高级的运

---

[1] 李善廷:"论隐喻的相似性",《中国俄语教学》,2008年第1期。
[2] 康德:《纯粹理性批判》,人民出版社2004年版,第184页。
[3] 赵维森:"科学对隐喻的呼求",《延安大学学报》(社会科学版),2007年第4期。
[4] 张光鉴,高林生,张苋竹:《科学教育与相似论》,江苏科学技术出版社2000年版,第73—91页。

动都是在相似与变异中进行;相似联系律,即一切事物都是以相似性为中介而联系的;相似创造律,即一切创造,无论是自然界的创造还是人类的创造,都是基于某种相似性而进行的。相似与相异是共存于本体和喻体之间的,否则如果两者完全相同则没有比较的需要,如果完全相异则无从比较。基于相似性的类比思维是人思考天地异质同构、天人合一的起点,只有这样才有了人认识世界,并进一步改造世界的历史。人对事物间相似性的发现与建构不是一次性完成的,而是一个无限循环深入的过程,构建的相似性会不断的启迪新的相似性的出现,从而不断拓展人对无穷宇宙的认识,延伸人类的智慧之光。

3. 相似性的类型

彻斯特曼(Chesterman)在考察语言中的相似性时提出,人们在谈及相似性时可以说某些事物"具有相似性",也可以说某些事物"被认为具有相似性"[1]。与之相对应,彻斯特曼对相似性进行了两种划分:触发性相似性(similarity as trigger)和归属性相似性(similarity as attribution)。触发性相似性,顾名思义,事物间具有客观属性上的某种相似,在这种物理属性的刺激之下形成人主观认知层面的相似性判断,是一种从物理属性到心理认知的过程。而归属性相似性,是人主观领域运思的结果或产物,是人经过思考之后对事物属性的一种归类和划分,显然这是一种从主观到客观的过程,是认知主体把建构的相似性赋予客观事物的认知思维过程。可以看出,彻斯特曼的相似性划分是一种主观相似性和客观相似性的结合。

根据相似性的类型,隐喻一般分为基于相似性的隐喻(similarity-based metaphor)和创造相似性的隐喻(similarity-creating metaphor),"而不论是何种相似性,它们均是施喻者感知的结果,均是对物质对象的一种抽象,均是认知主体借助感知而对事物之间的某种联系的一种主观认知投射"[2]。基于相似性的隐喻一般是本体和喻体之间较为明显的物理相似性,如山脚、桌腿、世界屋脊、地球的肺等等,或者情感相似性,能唤起人们对同一事物或现象的共同的心理感觉,如情绪低落、冷若冰霜、倔驴等等。创造相似性的隐喻则指隐喻表达内容的新颖性和创新性,即在此之前人们并未认识到本体和喻体之间

---

[1] 王文斌:《隐喻的认知构建与解读》,上海外语教育出版社2007年版,第237页。
[2] 同上,第245页。

存在的这种相似性,这一过程主要依赖于说话人对关系较远的两类事物或现象之间隐藏的相似性的挖掘,一经说出即具有令人费解和新奇之感,给人阅读和识解文本的快感和心灵上的某种共鸣,比基于相似性的隐喻更引人入胜、更具有认知价值。创造相似性的主体就是说话人,这与主体的认知能力和联想能力有关,创造相似性的过程就是说话人把对喻体的若干特征或属性移植到本体上,而这些特征往往主要是本体和喻体之间的共性。科学家贝弗里奇说:"独创性常常在于发现两个或两个以上研究对象或设想之间的联系或相似之点。"[1]创造出的相似性是人类对事物之间普遍联系的进一步深化,不但是人类知识联系的加强,同时也是语言不断适应社会发展的全新动力源泉。正如赵艳芳所言:"人类认知体系是一个隐喻性结构系统。为了深刻认识和理解周围世界,人们本能地要求不同概念间的相似性,从而创造隐喻,发展语言。"[2]隐喻从语言现象发展到认知现象是人的理性思维深化的过程,语言是思维的外衣和表达,思维是决定语言的内在机制。既然隐喻是语言现象,那么要深入到隐喻的本质中去,隐喻与思维之间的关系就是探讨的重点。消化知识,把理解融化到血液中,这些说法都是人对语词隐喻性的使用。知识只有被看做是食物和能量的时候才会被消化和吸收,这个隐喻得以被构建和理解的基础就是知识像食物一样能够给人提供某种能量。食物被消化这是自然生理现象,知识被吸收和融化到血液中只能是隐喻化的结果,因为这一过程并不是牙齿咀嚼的过程,而是人类思维和心智的咀嚼。隐喻建构的过程就是事物或现象之间的相似性被发现和建构的过程,没有隐喻化之前的本体和喻体之间并没有什么内在的联系,或者这种联系并不是某种客观的存在。"由于隐喻不是两个现成事物的现成属性之间的相似,而是未成形的借已成形的结构成形,……我们简直分不清是因为两者相似我们有了隐喻抑或我们有了这个理解因此创造了两者的相似。"[3]人们通过概念去认识和理解事物,新事物的出现必然伴随着新观念的诞生,人只有在已有观念和认识的基础上才能产生对新事物的认识,这个基础就是新旧事物之间的相似性特征。其实无论是主观相似性还

---

[1] 张光鉴,高林生,张菀竹:《科学教育与相似论》,江苏科学技术出版社2000年版,第78页。
[2] 赵艳芳:"语言的隐喻认知结构——《我们赖以生存的隐喻》评价",《外语教学与研究》,1995年第3期。
[3] 陈嘉映:《语言哲学》,北京大学出版社2003年版,第374页。

是客观相似性都需要人的主观思维参与其中,均是人对事物之间相似属性的一种抽象和概括。胡壮麟指出,世界万物是客观存在的,彼此之间有着千丝万缕的联系,这种联系往往是不清晰的,是原始的,是隐喻的;这种隐喻联系只有借助人们的主观意志去发现、去建构,才能成为人类社会共享的财富[1]。

根据皮亚杰的"顺应"和"同化"规律,每有新事物需要进行研究时,人总是先把它划分为已有范畴中的某一类,然后根据那一范畴的知识对该事物进行描述,或删减不符合的部分,或添加新有的属性。这就像新发现一种食物,人在吃它之前总会经历一些类似的步骤:先洗干净;然后,人或者把它切块,或者把它磨成面,或者榨成汁;随后,溜、卤、炸、烩、蒸、炖、焖、炒、烧、煮,或选一种或几种并用;最后,入口后,不管什么样的事物,都需要经过咀嚼、消化和吸收。相似性原则(principle of similarity)告诉我们,人类往往将相同或相似的东西看做一个单位。这一原则在概念和语言的形成中是最为重要的原则,因而相同或相似的事物往往被给予相似的名称等等[2]。束定芳指出:"相似性是一个复杂的概念。相似性可以是客观的相似,也可以是主观的相似。其实并不存在绝对的客观相似。相似性与文化传统有关,与信仰系统有关。因此不同的人可能发现相同事物之间有不同的相似性。而且相似性也有一个程度问题。其实隐喻之所以可能,也正是因为事物之间关系的这种特性,始源域与目标域之间的意义转换只是部分语义特征的转移,如果两个事物完全相同,或者截然没有相似之处,隐喻就不可能成立。"[3]

第二节　符号象似性

以上我们对相似性的概念以及相似性与隐喻的关系进行了初步的解析,相似性在隐喻研究中占据着非常重要的位置,这也许早已成为大家的共识,而我们常常会见到另一个与相似性外形近似的概念——象似性(iconicity),很自然的结果也许我们会产生某些疑惑:相似性与象似性是否为同一概念的不同写法?很显然,回答是否定的。那它们之间的区别又是什么?象似性、相似性

---

[1] 胡壮麟:《认知隐喻学》,北京大学出版社 2004 年版,第 220 页。
[2] 赵艳芳:《认知语言学概论》,上海外语教育出版社 2001 年版,第 97 页。
[3] 束定芳:《隐喻学研究》,上海外语教育出版社 2000 年版,第 58 页。

和隐喻之间又是什么关系？为了尽量排除疑虑，我们认为在此有必要对象似性做一些探究工作，该工作不仅为了只是区分"象似性"与"相似性"两个概念，而更重要的是审视"象似性"、"相似性"与隐喻的内在关系。语言象似性研究的出现源于语言符号与其所指的内容之间存在着不同程度的理据性，语言形式与语言内容之间的这种联系就是我们常常理解的语言象似性。语言符号象似性不仅出现在语词、句法层而且还存在于语篇层次，象似性的话题已经成为了认知科学中的重要概念。然而语言象似性的深入研究，如词汇象似性、句法象似性、语篇象似性的表现形式、表现手段等内容，并不是我们在此论述的重点。我们的初衷是把象似性的概念放在隐喻研究的框架中，发现象似性与隐喻的种种关系。

1. 符号任意性与象似性

提到符号象似性，我们首先会想到的是符号的任意性（arbitrariness），这是关于符号的两大特征。符号象似性的理论虽然由皮尔斯率先明确提出，但是关于符号象似性的思想却由来已久。从索绪尔提出符号的能指和所指之间的任意概念，并把任意性视作支配着整个语言的语言学的头等重要的原则以来，任意性作为理解符号系统的首要特征占据着结构主义语言学大厦的基石。洪堡特认为，语言是民族精神的载体，民族语言与现实之间存在着某种同构关系，"语言结构的规律与自然界的规律相似，语言通过结构激发人的最高级、最合乎人性的力量投入活动，从而帮助人深入认识自然界的形式特征"[①]。维特根斯坦也探讨过语言与世界的关系问题，某种意义上可以说，维特根斯坦也是站在反对符号任意性的队伍中的一员。雅各布森关于象似性的理论由于受到当时占主流的结构主义任意性思潮的影响，并没有引起学界足够的重视。符号象似性理论得到广泛的关注和研究是认知语言学登上历史舞台之后的事了。

符号的象似性问题对应于符号的任意性，象似性与任意性是符号性质的两级，在任意性与象似性之间存在着一个模糊渐进的中间区域，而并非除了象似性就是任意性。在索绪尔看来，任意性是符号音响形象和概念之间的无理据性和不可论证性，是一种集体约定俗成的关系，一经形成就具有了强制性，任何个人无力改变这种联结关系。应该指出，索绪尔最初给任意性的定位只

---

① 洪堡特：《论人类语言结构的差异及其对人类精神发展的影响》，商务印书馆1999年版，第74页。

是在词汇层面,更多的是符号能指与所指间的关系,并没有涉及句子和语篇。我们坚持认为,任意性依然是语言符号系统最重要的原则,象似性是任意性原则的一个补充。象似性最早被索绪尔限定在拟声词和感叹词,并认为象似性是语言符号的相对次要特征,因为这种音义的相近表达出相近的语义内容的现象确实非常有限。

　　索绪尔提出语言符号任意性的原因,根源在于他坚持的哲学观——先验主义的影响。先验最先由康德命名,但与之前的笛卡尔以来的近代欧洲哲学传统有着难以割舍的联系。洛克(Locke)提倡的白板说,即人的认识就像一块白板,知识是经验和感觉印象在人大脑里的写照,这是一种完全被动的接受论。而康德则认为,在人的感性世界里面先天存在着一种成分,它是一种不以经验为前提而预先设定的感性形式结构,康德称之为"先天的直观形式",这种形式是人被动结构知识的基础和起点,如时间和空间概念。康德认为:"一切思维者都具有一种思维结构,这个结构不是哪个人主观的,当然每个人的主观里面都有,但它不是主观的,而是思维本身内部固有的,任何一般可能的思维者都必须服从于这样一种结构。这样的结构他称之为先验的。"①对这种哲学观的继承导致了索绪尔在语言学上的发展:语言是一个系统、语言符号的意义来自于系统内部各要素的相互联系,这是索绪尔语言系统观、意义内指论的必然结果。意义内指论排除一切客观世界的指称,割断了与外在客观物质世界的任何联系,在这种情况和前提之下,语言符号的任意性便顺理成章了。

　　符号的任意性与象似性问题是一个古老的纷争领域,无论国内还是国外都有着两派论争的历史:国内春秋战国时期的名实之争,国外的本质论与约定论的分歧。在这一问题上,我们认为首先要搞清各自概念的定位,否则如果不是同一个概念,或对同一个概念的界定基于不同的内核,那么争论都是没有意义的,更是没有结果的。索绪尔的任意性定位于语言符号的音响形象和概念,而且他指出这里的音响形象不是物质的,只是人的一种心理印迹,完全排除了外界的因素,因此,这是一种比音、义更加心理化和抽象化的概念。我们把索绪尔的任意性解释为语词层面的音义对应已经是一种曲解了。而语言符号的象似性则是语言形式与意义之间的一种关联性,这主要是指句法、语篇层次的

---

① 邓晓芒:《康德哲学讲演录》,广西师范大学出版社 2005 年版,第 9 页。

对应,和索绪尔的任意性的定位并不在同一个层次。所以,我们认为:在词汇的音义层,语言符号更多是任意性的;在句法、语篇层次,由于加入了人的思维与现实的对应,更多地表现出象似性。语言符号的任意性与象似性都是语言的特征,它们处于一种辩证的关系中,缺一不可。

皮尔斯的哲学观是实效主义,因为他认为自己的理论与美国盛行的实用主义有着很大的区别,虽然很多人把他称为美国实用主义哲学的创始者,他把自己标称为实效主义而加以区分。皮尔斯是从自然科学的角度进入符号学研究的,其出发点的不同,哲学观的不同,最终导致了关于符号概念的不同。应该指出,皮尔斯的符号学是一种广义的符号学,是包括语言和非语言在内的一切符号理论。皮尔斯的符号学理论建立在普遍范畴基础之上,他给三项基本范畴的划分以及符号三元划分体现着他在方法论上对三分法的偏爱与执著。皮尔斯是这样划分三个范畴的:第一项是事物本身所呈现出来的一种肯定的存在样式,与其他事物无关。即是种绝对存在,不依赖于任何他物,独立于时间和地点的存在。第二项是依据现实性的存在,是经验的、第二性的存在。第三项是连接第一项和第二项,它是以符号或思维为核心的存在。[①] 与之相对应的是皮尔斯关于符号三位一体的概念,即媒介关联物、对象关联物和解释关联物。对象关联物概念的提出,把客观世界纳入了符号结构之中,实现了内部的媒介关联和解释关联,以及外部的对象关联。

2. 象似性理论

皮尔斯指出:"象似符(icon)是一种符号,它借助描述符和描述对象之间的相似性,描写其对象。任何事物,在它具有可以解释为跟其他某物相似从而代表这一事物的潜能时,都可以成为象似符。"[②]但是皮尔斯同时指出了象似符的存在领域:"每种语言的句法按照约定俗成的规则,都具有合乎逻辑的象似性。"[③]可见,皮尔斯的象似符指向的是自然语言的句法层。皮尔斯把象似符又分三个小类:映像符(image)、拟象符(diagram)、隐喻符(metaphor),这是皮尔斯符号三元分类中被引用最多、影响最大的一组。皮尔斯的符号三分法(trichotomy)理论是语言象似性研究的符号学基础,即映象象似性、拟象象似

[①] 王铭玉:《语言符号学》,高等教育出版社 2004 年版,第 117—118 页。
[②] 林书武:"《隐喻与象似性》简介",《国外语言学》,1995 年第 3 期。
[③] 张喆:"论语言符号象似性类型",《外国语言文学》,2004 年第 4 期。

性和隐喻象似性，映像象似性指"词的音义之间有规律的对应，一定形式对应一定的意义，形式相似，意义相近，也指语言的某形式因受另一形式的影响而显示出理据性"；而拟象象似性则是指"语言单位的结构关系和他们的所指的成分关系间存在某种可论证性"[1]。象似性指的是符号与现实世界之间存在的一种相似性，这样分析我们可以得出以下结论：即象似性是相似性的下位概念，是相似性的一种。相似性不仅是隐喻的基础，同时也是象似性存在的因素。关于象似性，迄今为止研究的较深入和较多的是词汇象似性和句法象似性。此外，"伊拉加（Hiraga）等学者从皮尔斯符号理论的观点出发研究隐喻和象似性，研究词汇（包括词素和语法的辅助成分）的象似性，研究隐喻与类比、与普遍语法的关系，把象似性的研究向前推进了一步"[2]。

国内许多学者对象似性有着不同的理解，并从不同角度给出了象似性的定义。赵艳芳指出："象似性是指语言的能指和所指之间，也即语言的形式和内容之间有一种必然联系，即两者之间的关系是可以论证的，是有理据的（motivated）。"[3]沈家煊认为："语言结构的象似性就是语言结构直接映照人的概念结构，而不仅仅是一般的体现概念结构。"[4]"海曼将句法的象似性分为成分象似和关系象似。成分象似指句法成分与经验结构的成分（大大小小的概念）相对应；关系象似指句法成分之间的关系与经验结构成分之间的关系相对应。"[5]王寅认为语言符号象似性是指"语言符号在音、形或结构上与其所指之间存在映照性相似的现象"[6]。张敏指出：语言的象似性指的是感知到的现实的形式与语言成分及结构之间的相似性。换言之，它是指语言的形式和内容（或者说，语言符号的能指和所指）之间的联系有着非任意性、有理据性、可论证性的一面。[7]严辰松把皮尔斯的iconicity翻译为临摹性，"语言结构从某种程度上反映了人们所经验的世界结构，语言的临摹性是语言形式的外部解释之一"[8]。当前认知语言学所关心的象似性主要不是指语言文字中的拟声词

---

[1] 杜文礼："语言的象似性探微"，《四川外语学院学报》，1996年第1期。
[2] 林书武："《隐喻与象似性》简介"，《国外语言学》，1995年第3期。
[3] 赵艳芳：《认知语言学概论》，上海外语教育出版社2004年版。
[4] 沈家煊："句法的象似性问题"，《外语教学与研究》，1993年第1期。
[5] 同上。
[6] 王寅："论语言符号象似性"，《外语与外语教学》，1999年第5期。
[7] 张敏：《认知语言学与汉语名词短语》，中国社会科学出版社1998年版，第139页。
[8] 严辰松："语言临摹性概说"，《国外语言学》，1997年第3期。

和象形字,也不是指"语音象征",我们要谈的象似性主要是指语言结构,特别是句法结构甚至句法规则是非任意的,有理有据的。①

不仅认知语言学而且功能主义语言学也对语言象似性问题给予了关注,"功能主义者对句法和屈折范畴的研究揭示了词序、语言成分之间的距离、(不)对称结构等语言形式的象似性基础"②。象似性指符号的能指和所指之间的理据性关系,而后发展为语言结构与经验结构和世界结构之间的相似性关系。象似性分为结构象似性和关系象似性,而结构象似性又分为:线性象似性、位置象似性、数量象似性、对称象似性、非对称象似性、范畴象似性。关系象似性指形式相同则意义相同,形式不同则意义不同,即形式与意义具有一一对应性。语言的象似性体现在语音、词汇、句法、语篇层面。随着人类对客观现实认知能力的增强和认识的深入,词汇、句法、语篇层面的象似性现象逐渐得到更多的认识和研究,这是因为人类的新概念系统一方面源于对现实的感知与对应,另一方面是对已有概念系统的参照。

象似性的发展是在突破了索绪尔把能指和所指限定在音响形象和概念的层面上,能指扩展到了语言表达形式,所指相对的是语言表达形式的意义,所以才有了句法层和语篇层的象似性。象似性指的是符号形式与表达客体或内容的象似,存在着某种可以论证的理据性,"理据性是一个普通潜在的动因,它支持着语言的有序性、机制性和可论证性,它们共同成为语言符号的同等重要的,辩证统一的自组织原则"③。语言符号象似性是语言的重要特征之一,由于语言结构、人的概念结构和经验结构各自的复杂性,象似性表现出了多样性、层次性、民族性和历史性的特征。语言符号象似性的研究"对我们进一步了解语言符号的本质,揭示概念与认知之间的关系有着重要的价值"④。

3. 隐喻与象似性

隐喻符在皮尔斯的分类体系中只是象似符的一个子范畴,隐喻符是抽象程度最高、最具象似性的象似符,隐喻象似性有语法隐喻、约定俗成隐喻、诗歌隐喻。约定俗成隐喻即常规隐喻,这种隐喻大量的存在于人的语言之中,是我

---

① 沈家煊:"句法的象似性问题",《外语教学与研究》,1993年第1期。
② 张凤,高航:"语言符号的图表象似性与隐喻象似性",《山东外语教学》,2003年第3期。
③ 王艾录,司富珍:《汉语的语词理据》,商务印书馆2001年版,第58—59页。
④ 张喆:"语言符号象似性的定义及特征",《河南科技大学学报》(社会科学版),2003年第4期。

们形成概念系统和表达思维的重要工具。我们认为,隐喻符的提出,其目的主要在于暗示人们对语言符号与思维对象之间存在的相似性的关注与思考,那么,在这种意义上说,这是隐喻象似性的认知作用的体现,关于隐喻的认知研究我们会在下文进行阐释。

  胡壮麟专文对语法隐喻问题进行了阐释,这是国内较早对该问题的介绍。文中指出,语法隐喻是一个历史久远的概念,语法隐喻与语法形式有着直接的关联。语法隐喻的最早出现是语法术语对概念世界的隐喻,即语法中的术语是对现实世界某种现象的借用和类比。在中世纪语法隐喻现象大量出现在宗教、政治、哲学等领域,表现在用语法术语、语法结构和语法理论对现实世界的隐喻化表达。韩礼德在1978年的《作为社会符号的语言:从社会角度诠释语言与意义》论文集中从语言与客观世界的动态关系中首先提出了语法隐喻这一概念,并认为概念隐喻和人际隐喻是其主要形式。而在1985年的《功能语法导论》中正式创建了他的语法隐喻理论体系,韩礼德提出语言系统由音位层、词汇语法层和语义层构成,"语法隐喻理论试图在解析语言与世界的隐喻性关系的基础上探讨语言词汇语法系统是如何重塑人类经验并成为意义产生的源泉即意义潜势的"[①]。概念、人际、语篇功能是系统功能语法中提出的语言的三大纯理元功能,韩礼德从与三大功能对应的角度提出了概念语法隐喻和人际语法隐喻。

  语法隐喻对应于词汇隐喻,关于词汇隐喻与语法隐喻的关系,韩礼德指出:"语法隐喻产生的根源也在于此,因为如果没有词汇语法这个层面,人类就不得不受制于直接与现象层面相关联的约束,从而也就不会有语法隐喻的存在。"[②]韩礼德认为词汇隐喻是同一层面聚合系统的不同选择导致的现象,词汇语法层次的隐喻化,如名词化隐喻,"名词化是将过程(其词汇语法层的一致形式为动词)和特性(其一致式为形容词)经过隐喻化,不再是小句中的过程或修饰语,而是以名词形式体现的参与者"[③]。而自己的语法隐喻则是语言符号不同层面之间的体现关系,是一种语法形式隐喻为另一种语法形式。韩礼德对语言隐喻是这样看的,"每一门语言的历史大多是一个非隐喻化的历史,即

[①] 朱永生,严世清,苗兴伟:《功能语言学导论》,上海外语教育出版社2004年版,第237页。
[②] 朱永生,严世清:《系统功能语言学多维思考》,上海外语教育出版社2001年版,第128页。
[③] 胡壮麟:"语法隐喻",《外语教学与研究》,1996年第4期。

最初隐喻性的表达形式逐步失去其隐喻特征的历史"①。概念隐喻主要体现在动词和形容词的名词化,即过程和性质以名词的形式表达,而人际隐喻则主要是将副词扩展为小句来表达某种情态和语气意义。在某种程度上可以说,韩礼德坚持的是一种更倾向于建构主义的观点,他认为语言意义并不是预先存在的,而是每一次语言使用过程中互动的结果,符号的意义具有动态性。

---

① 朱永生,严世清,苗兴伟:《功能语言学导论》,上海外语教育出版社2004年版,第230页。

第 三 章

隐喻生成的动态机制——符号间相似性的构建

我们持意义生成和理解的动态观,认为意义不是先在的和既定的,而是符号使用者在主客观基础因素之上的一种动态构建。意义构建的过程不是一次性完成的,是一个类似于科学假设式的不断验证的过程,"意义的构建是一个基于相似性和可能性的假设——组建和不断试探的过程"①。相似性是隐喻生成的静态基础,但是隐喻生成的方式除了已经存在的相似性,还可以经过说话人发现隐藏在事物或概念之间的相似性。符号间相似性的这种建构常常出于说话人思维能力的创新和想象力的发挥,从事物或现象间复杂多样的联系性中建立新颖的相似性关联,建立相似性构成了隐喻的动态过程,同时构成了意义的扩展,"人们在学习和实践活动中积累起来而贮存在大脑中的知识单元,我们称为'相似块',人们对外界的认识常常要依赖它的存在。人们大脑中贮存的'相似块'不是静止的,它一方面和感觉器官输入的信息相互联系、相互作用,又和其他'相似块'相互作用、相互联系"②。因此,隐喻的生成是一个动态的过程,符号间相似性的构建是其主要的内容,我们认为,构建符号之间的相似性就是把抽象的具体化、把具体的抽象化、把具体的具体化、把抽象的抽象化,这就是隐喻生成的四种形式,以新感知、新发现、新解释为特征。既有的经验是人们在两种事物或现象之间寻找相似性关联的基础,不同的文化背景产生了不同的经验,所以对隐喻的构建也就出现了差别。在斯拉夫民族和西方民族中"dragon"的形象往往以长着翅膀的巨大蜥蜴状怪物出现,会喷火,性

---

① T. Thomas, *Meaning in interaction: an introduction to Pragmatics*. London, 1995: p. 203.
② 张光鉴,高林生,张菀竹:《科学教育与相似论》,江苏科学技术出版社 2000 年版,第 74 页。

情暴躁,往往具有超乎寻常的力量。而在中国,"龙"的概念源于黄帝与炎帝之争,黄帝信仰龙,而炎帝信仰牛。龙就成为九五至尊的隐喻,最高统治者是龙的化身,是天子,要龙袍加身,华夏子孙就是龙的后代,龙也就成了中华民族的象征。可见,不同的民族文化背景知识构筑着不同的认识与解释。隐喻生成是施喻者发挥主观能动性,发现始源域与目标域中的客观相似性或建构主观相似性,将始源域与目标域中这一共享相似性特征经过认知凸显,从而将该隐喻建构以前两事物并没有直接或明显的联系转变为以相似性为依托和根据的认知联系,这一过程就是符号间相似性构建的过程。显然,符号间相似性构建涉及诸多因素,首先是施喻者这一主体因素、相似性的表达形式以及主体要建构相似性所需要的主客观条件。

第一节 隐喻建构过程中的主体考察

以往的隐喻理论多是关于隐喻机制的研究,或内在机制,或外在因素,而且偏好于从隐喻解读的角度来审视隐喻,因为,他们研究的前提是已经把隐喻作为一种存在的现象,所以对隐喻如何生成似乎不大关心。不可否认的是,隐喻的建构与生成是隐喻解读的前提,对隐喻建构过程进行考察的重要性不言而喻。我们对现象的解释已经不能满足于知道"这是什么"的阶段,而是要更深入到对"这是为什么"的探索之中。在我们看来,隐喻的解读固然很重要,但是如果忽视了隐喻建构这一前提,那么整个隐喻理论将是不完整的。回顾隐喻研究的历史,修辞学把隐喻视为一种在类比关系基础之上的语词置换,语义学把隐喻视为代表本体与喻体的语词符号之间的互相作用,认知语言学将隐喻看做是从始源域到目标域的映射,但无论哪种隐喻理论,对隐喻建构中的主体考察的分析都略显不足。古希腊德尔菲神庙门楣上的"认识你自己"千百年来一直向一代一代的世人讲述着神谕,在认识世界之前需要首先认识自己。笛卡尔以其"我思故我在"标示了个体理性或"我思主体"的萌芽,成为人类中心说的组成部分,并开始努力从一种虚构的压抑中进行自我解放与自由解放,这是对人类至高无上权利的追求与思索。任何隐喻的出现不是来源于无,不是先在的存在,而都是人这一在世主体的符号化思维和符号化活动所创造的产物。所以,对施喻者这一主体的深入认识有助于我们对隐喻建构这一动态过程的全面把握和理解。

1. 主体—主体性—主体间性

古希腊的著名哲学家苏格拉底当时被认为是希腊最智慧的人,可是他却常说"那是因为我知道自己一无所知",也许这就是苏格拉底对德尔菲神庙门楣上的"认识你自己"这句话的深刻体会与阐释吧。人认识到了自己,才会知道世界的伟大,才能设想自然界知识的无穷无尽,才能不断地以知识充实自己,才能对得起"人是万物的尺度"这一神圣职责。有人把哲学解释为"爱智慧",因为"哲学是一种爱智的智慧,批判的智慧,反思的智慧,创新的智慧,它蕴涵着丰富的内容"①。而我们在这里涉及的三个概念"主体"与"主体性"以及"主体间性"就来自这门爱智的学科,主体与主体性不是同一个概念的两种说法,它们之间有着深刻的不同。

主体对应于客体,而主体性没有对应的概念"客体性",而是存在着一个称为"主体间性"或"主体际"。首先我们看看主体这一概念的界定与涉及的因素。通常来说,人有了自我意识和对象意识之后,人成了创造历史的实践活动和认识活动的主体,把自己与自然对立起来,区分人作为独立于自然的存在那一刻开始,便有了主体与客体的区分。也就是说,人这一主体对应于世界这一客体,人与世界的关系是改造和被改造的关系,也就是"主体"与"客体"的关系。关系只是属于人的特权,"凡是有某种关系存在的地方,这种关系都是为我而存在的;动物不会对什么东西发生'关系',而且根本没有'关系';对于动物说来,它对他物的关系不是作为关系而存在的"②。可见有了人这一主体才有了关系的概念,但人的存在并不是简单的生物学上的"人",而是具有了社会性、历史性和文化性的人。这样的人作为主体存在便具有了区别于动物只是被动适应自然和维持生命的活动,人的活动是一种社会实践,这不是词语的简单替换,人有着内在的需要、欲望、目的以及支撑这一切的世界图景。这样人同世界的关系就是一种主体对客体的实践关系,"它蕴涵着物的尺度和人的尺度的统一,合规律性与合目的性的统一,它内在地包含着认知关系、价值关系和审美关系"③。人存在于社会之中,人是一种社会关系的总和,而不是孤立的存在物,同时,人又是一个历史发展着的主体。

---

① 孙正聿:《哲学修养十五讲》,北京大学出版社 2004 年版,第 7 页。
② 《马克思恩格斯选集第一卷》,人民出版社 1995 年版,第 35 页。
③ 孙正聿:《哲学修养十五讲》,北京大学出版社 2004 年版,第 87 页。

自胡塞尔创立现象学以来，主体性问题就成了西方人本主义哲学家们关注的问题之一，甚至渗入美学、伦理学、心理学等多种人文学科领域之中。主体性思想在马克思的人学理论中占据着重要的地位，在马克思看来，人是实践的主体、认识的主体、全部社会生活的主体、整个人类历史的主体，人创造世界和历史。主体性的出现以主、客体的划分为前提，"主体性是指主客体关系中人作为活动的主体所具有的质的规定性，是人在与客体相互作用中运用自身的本质力量，能动地作用于客体的特征，即人在实践活动中表现出来的主观性、自主性、能动性和创造性"[①]。决定主体性本质内涵的并不是别的，而正是人的社会关系。法国现象学大师梅洛·庞蒂认为，"主体性并不是一种'静态的与自身同一'；对于主体性而言，'从自身出发'(to go forth from itself)以及将自身向他人敞开是极为重要的"[②]，这体现了主体性的开放性，强调了与世界和他主体进行交往的属性。主体性的概念远没有我们在此列举的如此简单，主体性不是主体与特征的加合，"在现代哲学用法中，'主体性'或'思维实体'往往主要是作为理论意识（甚至是先验意识）的一个同义语而出现的，因此人们把它解释为一种认识论的前提"[③]。

主体间性[④]从表面上看来是主体与主体之间的统一性，简单来说，就是作为主体存在的人与人之间的互相交往的关系，但主体间性的概念在历史形成过程中涉及了内涵不同的三个领域，即社会学的主体间性、认识论的主体间性、本体论的主体间性。主体间性的概念最早由伦理学领域提出，指人际关系与价值观念的统一性问题，后来被康德、黑格尔、马克思、哈贝马斯等哲学家扩展到社会学领域。哈贝马斯提出的交往理论指的正是这种主体间性，其目的是通过交往去淡化主体的张力，达到互相理解、社会和谐。现象学家胡塞尔关于主体间性的阐释被称为是认识论的主体间性，因为他在先验主体性现象学框架下考察认识主体之间的关系，并且认为"统觉"、"通感"、"移情"等能力是认识主体之间的知识普遍性的根基。本体论的主体间性把世界视为主体，而不是客体，海德格尔把这种本体论的主体间性解释为人与世界的同一性，涉及

[①] 洪波："马克思的主体性思想：含义、方法与维度"，《中共福建省委党校学报》，2008年第8期。
[②] 扎哈维：《主体性和自身性》，上海译文出版社2008年版，第202页。
[③] 多尔迈：《主体性的黄昏》，上海人民出版社1992年版，第2页。
[④] 参见网页：http://baike.baidu.com/view/900418.htm?fr=ala0_1,2010年3月7日。

自由何以可能、认识何以可能,是对人与世界关系的解读。可见,主体间性的概念在不同的领域有着不同内涵的解释,孙正聿是这样解释主体与主体间性的:"'我'自身就是一种分裂,我既是我,我又是我们!我既是单数的存在,我又是复数的存在。我只有'我们',我才能够构成主体,我不作为'我们',我构不成主体,这就叫'主体际',或者说叫'主体间'。"① 这是对恩格斯两种生产理论,即物质资料再生产与人自身的再生产的引申,社会的发展与继承就是社会关系的再生产,也就是"主体际"②的再生产。

以上我们以最简单的方式回顾了哲学中关于主体、主体性以及主体间性三个概念的论述,尽管尚有意犹未尽之感,但是,也许我们已经在此找到了相对适合的概念。放在隐喻建构这一层面上看,我们需要考察的是符号使用者亦即施喻者,经过对比"主体"、"主体性"、"主体间性"这三个哲学概念,我们更倾向于给施喻者以主体定位。但是自从"主体"这一哲学概念被引入语言学中以后就出现了不同的内涵,"一些学者从逻辑角度出发,把主体看做'逻辑主体',认为它和传统逻辑学中判断的两个基本成素之一密切相关;另一些学者结合传统语法,确认主体所表示的是句子所对应的情景中的某一成分,它是双部句的主要成分之一——主语;还有一些学者把主体概念用于实际切分之中,把它理解成一种'心理实体',认为它是在对表述进行实际切分时,区分出来的、与述位相对的主位,是表述的起始部分;而语言行为论者也有着自己的界定,认为主体就是行为者,是行为的制造者和行为的载体"③。人正是以主体的身份与世界处于一种实践关系之中,在这种过程中人通过概念这一人类思维形式的单元进行对世界的规定和把握。我们认为,隐喻是语言符号的使用,隐喻的载体都是以符号的形式被我们建构、认识和理解的;隐喻是一种符号关系,这种符号关系就是人这一主体在认识和思维的层次上通过建构相似性的活动从而实现的对世界的一种重新描述。所以,对于施喻者这一主体的考察就是我们理解隐喻建构这一复杂过程的重要部分。

由于我们采用的是符号学视角,那么我们有必要在此对符号学中的主体概念进行进一步的说明。按照美国符号学家莫里斯的符号三分野的理论,符

---

① 孙正聿:《哲学修养十五讲》,北京大学出版社2004年版,第92页。
② 哲学中的 intersubjectivity 在翻译为汉语时有不同的说法,即交际主体、主体间、主体际、主体间性。
③ 王铭玉:《语言符号学》,高等教育出版社2004年版,第364页。

号学涉及三个领域:符号与符号间的关系,即语构学;符号与对象的关系,即语义学;符号与使用者的关系,即语用学。根据符号学理论,我们把隐喻生成机制解释为符号使用者建构符号与符号之间相似性,更确切地说是在两个符号所指之间建构相似性。因此,在隐喻生成中的主体指的是符号使用者即施喻者。

2. 隐喻建构中主体的共性和个性因素

概念在人与世界的关系中无疑占有重要位置,因为"作为主体的人既要以概念的方式去把握、描述、解释和反思人与世界及其相互关系,又要以概念的方式去建构关于世界的规律性图景以及对世界的理想性、目的性要求"①。因此,人对世界的认识和理解其实就是人作为认识主体和实践主体对世界概念化的结果,人对世界的占有除了表象上的吃、喝关系,更主要和更内在的是一种以概念方式在思想中对世界的占有和支配形式,在这种占有与支配中体现和表征着人的这一主体位置,构成了与世界客体的对立与统一。人总是以一种物质的外观示人,即从感性层次上来看,人是一种表象的客观存在,但是,从理性的层次上来看,人又是一种概念性的存在,这才是人的本质所在。这样人在对世界的实践活动中便存在着两种形式,首先是人从表象的层面,借助自己的感官,在人的意识中形成了关于世界、关于人与世界关系的感觉经验。其次,人通过理性思维经过抽象和概括去发现和把握世界的本质或规律。具体到人这一主体在重新描述世界时为何使用隐喻,则是感性与理性的结合。那么,符号学中施喻者这一主体在建构隐喻时都受到哪些因素的影响呢?

亚里士多德曾把隐喻视为一种能力,认为能从较远的事物当中发现相似性是一种天才的标志,并指出这种能力更似乎是一种天赋,因为不能从他人之处学到。其实,现在我们看来,既然隐喻是一种能力,而且是一种与语言的运用密切相关的能力,那么,同一语言社团中的人都有使用隐喻的能力。只不过这种能力有大小之别,建构的隐喻自然有形式上、领域上的区别,生动性上的差异以及认识层次的不同,而决定这种区别的是符号使用主体的差异。符号使用者在把隐喻构建出来以后,还需要其他符号使用者的解读,隐喻才能最终实现。而符号解读的顺利进行也是主体的一种认知行为,在这一认知过程中

---

① 孙正聿:《哲学修养十五讲》,北京大学出版社2004年版,第92页。

主体因素发挥核心的作用。我们想说的是,如果施喻者和受喻者有着较多的共同主体因素,那么隐喻的解读就会因为受喻者的积极参与其中而顺利完成,否则,隐喻的解读就不会成功实现。但是,主体因素在不同的人身上会表现出差异,因为不同的人对同一个事物或对象可能会发现符号间不同的相似性,从而建构出不同的隐喻,即使是同一个施喻者,如果在不同的时期,对同一个事物或对象也存在建构不同隐喻的可能性,同一个人对同一个隐喻,在不同时期有解读出不同隐喻意义的可能性。因此,我们拟把隐喻建构中的主体因素分为共性因素和个性因素。

2.1 隐喻建构中主体的共性因素

所谓共性因素,即不同的主体在面对同一个事物或对象的时候,往往会出现相同的或相似的心理和情感冲动,会在两个符号间发现相同的相似点,或选择相同的喻体来对本体进行重新的描述。这种共性因素为隐喻的建构与解读提供了必要的基础,可以顺利达到施喻者使用该隐喻所意欲表达的效果。共性因素是符号使用者之间的共识,这是保障符号解释主体之间的交际行为顺利进行的主要因素之一。语言交往共同体同时也是符号的解释主体,"语言是以符号为中介的人类有效性知识得以成立的条件。……语言符号是任何事物具有意向意义的先决条件,是建构客体知识的重要预设。只有通过语言符号才能使一个主体的意向意义与别人的意向意义达成一致,从而实现意指某物"[1]。共性因素有广义和狭义之分,我们知道,人是作为复杂的主体而存在的,人与人之间的区别难以穷尽,所以这种主体的共性因素只是一个相对的概念。

广义上来看,主体的共性因素,首先表现在使用同一种自然语言,如汉语、俄语、英语、法语等。由于语言是思维的形式,思维是内在的语言,是否使用同一种语言是将人划分为不同主体的重要参数。如汉语中李白的诗句"白发三千丈,缘愁似个长。不知明镜里,何处得秋霜?"(《秋浦歌》)中国人有把白发看做是因为忧愁、悲伤、操劳过多所致,两鬓的白发称作"秋霜",表达诗人对唐朝末年唐玄宗李隆基天宝晚年政治腐败、国家政局不稳的深沉的忧虑,同时是自己理想不能实现,受到压迫排挤的愤慨。俄语中表达白发用 седые волосы,而不用表示白色的形容词 белые,英语中用 grey hair,也不用表示白色意义的形

---

[1] 崔凤娟:"先验符号学中的语用思维",《外语学刊》,2009 年第 2 期。

容词 white。更重要的是白发在外语中并没有我们所理解的忧伤、悲痛的隐喻意义。汉语中"汉奸"、"走狗",翻译为英文是 traitor,俄语是 изменик, предатель。"狗"这个词就背上了"黑锅",因为西方语言中的 dog、собака 都是作为人类的朋友而存在的,其实这已经涉及文化因素。汉语中称人的心胸狭小为"针鼻儿",李白《蜀道难》中"磨牙吮血,杀人如麻",麻在这里隐喻"多得数不胜数"的意思。这种语言上的差异在隐喻表达中随处可见,说明语言和文化是决定主体认知的一个重要因素。

其次,语言与文化有着密切的联系,共同的文化底蕴也是主体共性因素的一个广义方面。语言与文化是不能分开的,文化更多涉及的是一种民族的百科知识,文化是保证语言得体使用的知识。一定程度上可以说,语言是文化的载体,一个民族的文化大部分是以语言来表征的,如社会背景、风俗习惯、信仰、道德、法律、宗教、艺术、文学等等。同一民族中的个人在这些因素中形成了共同的行为方式、思维方式、生活方式。《现代汉语词典》是这样解释"文化"这一词条的:①人类在社会历史发展过程中所创造的物质财富和精神财富的总和,特指精神财富,如文学、艺术、教育、科学等。②考古学用语,指同一个历史时期的不以分布地点为转移的遗迹、遗物的综合体。同样的工具、用具,同样的制造技术等。是同一种文化的特征,如仰韶文化、龙山文化。③指运用文字的能力及一般知识:学习文化/文化水平。中国有万里长城,这是世界的七大奇迹之一,长城的文化意义则表现在一些隐喻性的表达中,如"中国人民解放军是中华民族的钢铁长城"、"众志成城"、"不到长城非好汉"。隐喻爱情的表达,如"红豆生南国,春来发几枝。愿君多采撷,此物最相思。"(王维《相思》)"玲珑骰子安红豆,入骨相思知不知?"(温庭筠《杨柳枝》)"人面不知何处去,桃花依旧笑春风。"(崔护《题都城南庄》)语词有"牛郎与织女"、"鸳鸯"、"比翼鸟"、"连理枝"等等。

这里我们暂且从共同的语言与共同的文化背景的角度来审视在隐喻建构中主体因素的共性方面,但是,我们深知,这只是其中两个比较重要的因素,是主体特征最明显的表现。根据唯物辩证法我们得知,共性与个性总是并存的,共性源于个性,人之间因为差异才得以区分,社会因为个性差异才变得丰富多彩。主体共性因素除了是建构隐喻的重要参数,其重要性更明显的是体现在对隐喻表达的解读中,这种主体的共性因素保证着隐喻解读的顺利进行,是隐喻解读的基础。人的这种主体共性因素构成了人的共通感,即面对同一隐喻时能容易地达到视域的融合。

2.2 隐喻建构中主体的个性因素

主体的个性因素,也就是作为不同的实践主体和认识主体的人,表现出了社会经历、世界知识、生活环境、思维方式、文学修养等的不同,在重新描述一事物或对象时使用的隐喻,即对目标域的解释选择不同的始源域,这就是我们要说的隐喻建构过程中主体的个性因素所导致的差异性。尤其是在用日常语言无法表达的某种独特经历或主观经验时,新颖隐喻的生成更是由这种个体差异造成的。

上面我们谈到了主体的共性因素,其实共性与个性只是一组相对的概念,因为个人的成长是一个复杂的过程,马克思把人定义为社会关系的总和。人生在世就是不断的经历社会,增长世界知识,认识各种环境,从而表现在思维方式、使用语言方式的差异上。胡壮麟指出:"施喻者之所以能创造性地使用隐喻,就是因为在施喻者的长期记忆中已经储存了对世界事物各种特性的把握,因而能从眼前的事物特性联系到以往经验过的事物。"[①]当然,这种对事物特征的把握是人根据自己的兴趣、需要、知识结构等原有基础之上的一种感知。个性因素的存在是创造新奇隐喻的基础,因为个体的独特性决定了思维的特殊性,在对同一个事物进行隐喻性描述的时候选择的始源域与目标域间的相似点或者用来描述目标域的始源域就不同。这也许算是对亚里士多德把隐喻看做不可教授的天赋说法的一个解释吧。

因个体性差异而建构成的新奇隐喻丰富了现实生活,体现着思考的乐趣,施喻者通过隐喻表达着自己的情感、对事物的认识,更多地是在具体环境中对已有事物的一种重新描述。如今公务员热已经像房价上涨一样,众多媒体中有关公务员的报道也是层出不穷,如"报考公务员,多了一道'门槛'","让公务员们先接接'地气',杜绝'三门'干部",这里的"门槛"、"地气"、"三门"都是一种隐喻意义。这里我们再举一些网络上的例子,"加拿大安大略中医规管应立即刹车"[②],"布莱尔宣布不后悔与美国总统布什携手"[③],"一张机票干掉奥巴

[①] 胡壮麟:《认知隐喻学》,北京大学出版社2004年版,第10—11页。
[②] 参见网页:http://world.people.com.cn/GB/11080769.html。
[③] 参见网页:http://world.people.com.cn/GB/57507/10910787.html。

马一员大将"①等。

第二节 符号间相似性的构建形式

我们知道,隐喻是在语言的使用环境中产生的,由于受到主体个性因素以及语境等因素的影响,对于始源域的选择也就有随机性或偶然性。而符号是能指与所指构成的,在这里符号间的相似性,其实更多指向的是符号所指间存在的相似性特征,有物理的相似,有心理的相似,有外在特征的相似,有内在本质或关系的相似,而所有这些相似点都是符号使用者这一主体的心理感知,符号使用者之所以建构隐喻的表达形式,其目的是为了对该事物或对象的一种重新描述。所以,隐喻在本质上应该是处于主体的心理假设,在主体个性因素差异的基础上,他们会选择不同的始源域来描述目标域,也就是,选择不同的喻体,建立喻体与本体间的联系。根据人类思维和认知模式的特点,大部分的隐喻表达都倾向于以具体的始源域来描述抽象的目标域,选择的是符号间物理的相似性,这样的隐喻易于理解,这就是用表示具体事物或现象的符号转而表示抽象事物或现象。但是,由于学科领域的性质差异,还存在着另外三种形式的隐喻,即用表示具体事物或现象的符号转而表示另一具体事物或现象、用表示抽象事物或现象的符号转而表示具体事物或现象、用表示抽象事物或现象的符号转而表示另一抽象事物或现象,这三种形式多是出于概念层次,涉及较多的会是符号所指间心理的相似特征。

1. 用表示具体事物或现象的符号转而表示另一具体事物或现象

人类思维的特点是遵循着一定次序的,人倾向于从熟知或已知到陌生和未知,从表象到抽象的过程,这就是人的认识的两种划分即感性认识和理性认识。感性认识是人容易把握的世界的一些特征,人在实践活动中,通过感觉器官,如眼、耳、鼻等实现着对事物表面特征或物理特征的识别和感知,这是认识的初级形式。人的认识不能仅是停留在感觉的层次,因为在感觉中只是对个体事物、现象的外部特征,如形状、颜色等的把握。感觉通过主体对以往经验

---

① 参见网页:http://world.people.com.cn/GB/11072038.html,一张涉嫌受贿的飞机票,使得奥巴马的股肱大将、有四十年议员经验的政坛老手、民主党众议员查尔斯·兰赫尔退出政坛。

和特征进行加工、综合就进入知觉阶段,知觉只是表象的基础,表象阶段人就有了想象的成分,即人既可以对以往记忆的再现也可以预见或想象未知,因此,表象是具体形象与抽象概括的统一,是对事物的功能和意义的理解。至此,人类的思维还是处于感性认识阶段,也就是我们所说的深层物质符号阶段。只有到了理性认识阶段人才实现了对事物本质特征以及事物间内在关系的把握,有了理性认识人才有了概念,概念是对大量表象的更深层次的概括与抽象,概念中去除了一些有关事物的不稳定的特征。在原始初民的认识阶段,列维-布留尔把这种思维形式称为原始思维,人对事物和对象的把握就处于表象层面。由于对逻辑和理性的缺乏,因果律在他们看来都是神秘的,因此,他们没有看得见的与看不见的世界的划分,世界对他们来说是神秘的统一,一切事件也没有偶然和必然的区分,一切存在着的东西都是具有神秘属性的,在他们眼中都是浑然一体的。原始民族的语言表现出一种共同的倾向,那就是"它们不去描写感知着的主体所获得的印象,而去描写客体在空间中的形状、轮廓、位置、运动、动作方式,一句话,描写那种能够感知和描绘的东西"[1]。即使在高度发达的现代社会,这种表象认识也是存在的。我们在此简单介绍原始思维的特点是意欲说明人的认识的一般特征,人总是首先倾向于对具体表象的把握,在遇到陌生事物的时候,人总是希冀于在已有知识的基础上使它范畴化,然后融入自己的知识体系当中。人的知识的扩展一是对已有事物通过隐喻化表达,把原来没有联系的事物联系起来,二是通过已有事物描述新事物,其描述的基础就是把新事物范畴化之后,找到它们之间存在着的相似性。

(1)Каждый кусок хлеба,падавший на мою долю,ложился **камнем** на душу мне.(我分到的每一块面包都像**石块**一样压在我的心上。)(高尔基)

(2)У него было около миллиона,но все эти деньги **ушли между пальцев**.(他以前有近百万的巨款,但不知不觉很快地**全都花了**。)

(马明-西比利亚克)

(3)时代是**洪流**,我们就是架在其上的一座**桥**。(刘墉:《萤窗小语》)

(4)楼市调控还需下"**加息**"**猛药**[2]。

---

[1] 列维-布留尔著,丁由译:《原始思维》,商务印书馆1981年版,第150页。
[2] 参见网页:http://review.cnfol.com/100911/436,1705,8413619,00.shtml。

(5)幸福的夫妻是一副**单句联**,他们心心相印,简洁明了;坎坷的夫妻是一副**多句联**,他们生活曲折,像多句联那样分为几个阶段、几个层次来欣赏,才能够领悟到其中的原汁原味;闹离婚的夫妻则是一副**序字联**,他们有的柳暗花明,峰回路转,也有的是狗尾续貂,华而不实;复婚的夫妻是一副**回文联**,经过一番折腾之后破镜重圆,味更浓。

(6)泥鳅被誉为**水中人参**。

(7)死是**清凉的夏夜**,可供人无忧地安眠。

(8)他是**打开的水龙头**。

2. 用表示具体事物或现象的符号转而表示抽象事物或现象

通过构建符号能指间的相似性,实现了对目标域的重新描述,人们便可以通过对隐喻的解读更好的理解、把握对象,这是一种特殊的创造性活动,隐喻带给我们的不是单一的情感,而是体现着生命本身过程的一种动态性。隐喻的建构正是人的符号化思维和符号化行为的体现,是人借助着符号思维的力量对世界的创造性解释。人类的语言符号有着两个互相联系但却对立的双重性,那就是不变性和变化性,不变是为了人们实现交流和继承,而变化却是绝对的,任何力量都无法抗拒和改变的。语言的不变性就成了人类文化中最保守的力量,语言符号的稳定性用于抵制时间对语言符号系统的侵蚀。然而"语言并没有超乎时间之外的存在,它并不属于永恒理念的王国。变化——语音变化、同源语的变化、语义的变化——乃是语言的基本要素"[1],任何事物都无法摆脱时间因素的影响,语言当然也不例外。符号的变化是为了适应社会的变化,为了继续完成人类社会赋予他的任务,语言符号系统处于变化与不变的两极张力之中。隐喻正是语言符号变化性的体现,隐喻产生之初就是语义更新的产物,是人为了表达出其他表达式无法展现的细微差别以及感情冲动。亚里士多德把隐喻视为天赋的原因,就在于隐喻不能按照任何法规来学习,创造性与独一无二性才是它的标准。

语言中大多数隐喻都是选择以具体事物来描述抽象事物,这是出于人类认知思维的需要,即花较少的努力便可以理解较为复杂或抽象的事物。

(1)以英语中 recipe(食谱)一词为例:

---

[1] 卡西尔著,甘阳译:《人论》,上海译文出版社 1985 年版,第 165 页。

a. When asked for his *recipe for happiness*, he gave a very short but sensible answer: work and love.

当人们向他讨教幸福的处方时,他的回答简短而合乎情理:工作和爱。

6. It's a stressful job, and if you don't look after yourself, it's a sure *recipe for disaster*.

这是一项压力很大的工作。如果你不照顾好自己,它肯定会引起灾难。

B. The *recipe for success* in such marriages seems to be that the man should have a career which has absolutely nothing to do with his wife's money.

在这类婚姻中,成功的处方似乎是男人应该有事业,而这个事业与他妻子的钱财绝对没有任何关系。

分析:食谱,由一个原料单子和一套有关如何制作某一食物的说明组成。在以上的句子中 recipe 一词都是用于隐喻意义,而且是抽象的领域。隐喻的解读者通过做菜需要的原料这一形象化领域来理解抽象的目标域。

(2)例子:pressure cooker(压力锅)

a. He had recently escaped the emotional *pressure cooker* of the communal flat.

最近他已经逃离了公用公寓这个使人情绪压抑的地方。

6. The lid on the *pressure cooker* of nationalist emotions has now been removed.

现在这个充满民族主义情绪的压力锅的盖子已经掀开。

压力锅是我们日常最熟悉的烹调用具之一,由于在锅内产生很高的压力,用来快速蒸煮食物。在以上这两个句子中,压力锅则意指充满压力的环境,将一种形势描述成 pressure cooker 指人们承受着许多压力,即情绪非常激烈。

(3)例子:root(根)

a. Where do the *roots* of its troubles really lie?

它的麻烦的根源究竟在哪里?

6. Do not be afraid of your African *roots*.

不要担心你的非洲背景。

root,植物的根,长在地下支撑植物并为其提供水和养料。root 用于隐喻意义则是根源、背景、定居等等。汉语中也有"落叶归根（电影名）"、"在……扎根"、"斩草要除根"等说法。

(4) 你可真厉害呀！啊！一包尿片一百多！一罐奶粉一百多！一进一出双向收费，比中国移动还狠呀！（电视连续剧《蜗居》台词）

(5) 困难是弹簧，你弱它就强。

(6) 时间是海绵里的水。

(7) 在一个功利主义甚嚣尘上的繁荣世界里，哲学往往会保持一种傲慢的沉默；而当现实世界进入冥暗的"黄昏"时，哲学这只"密涅瓦的猫头鹰"才开始起飞。（邓晓芒，赵林：《西方哲学史》）

(8) 方言土语常常是卖不出去的土特产，使你很多临时性交际寸步难行。
（宛云心：《感悟》）

3. 用表示抽象事物或现象的符号转而表示具体事物或现象

用于表示抽象事物或现象的符号转而表示具体事物或现象指的是用抽象的事物来描述具体的事物，当然这种区分具有相对性。一般看来，在名词中用于形象隐喻的都是具体名词，抽象名词表示概念无形象可言。用表示抽象事物或概念的符号表示具体事物或现象一般由称名性隐喻来完成。随着人类抽象思维能力的不断发展，抽象的概念便大量出现，已经被人们所使用。为了表达的简练、富有意蕴，带给隐喻解读者更多的思考空间与想象空间，以抽象事物隐喻具体事物表达的隐喻便随之出现。人是通过概念来把握和认知世界的，概念以最高的抽象解释着事物的本质与事物间的关系，而去除了那些偶然的、表面的特征。

(1) 我们这一代人更是成了概念的奴隶，可以说是概念的生物。（《读书》2009年第11期）

(2) 小洋人妙恋——初恋般的感觉

(3) 信息熵/生命熵

熵，表示物质系统状态的一个物理量，它表示该状态可能出现的程度。在热力学中，是用以说明热学过程不可逆性的一个比较抽象的物理量。孤立体系中实际发生的过程必然要使它的熵增加。在信息论中，熵表示的是不确定性的量度。信息论的创始人香农在其著作《通信的数学理论》中提出了建立在概率统计模型上的信息度量。他把信息定义为"用来消除不确定性的东西"。生命体是一个开放的系统,时刻与外界进行着物质、能量、信息的交换,符合"耗散结构",可以用熵来分析一个生命体从生长、衰老、病死的全过程,用"生命熵"来独立定义。

(4)北京,对于外省独立、自由的漂泊艺人来说,既是天堂又是地狱。(北京大学汉语语料库)

(5)汽车模特的表演形式要和汽车文化结合起来,它是一种风情,一种韵律,一种时尚,一种享受。(北京大学汉语语料库)

4. 用表示抽象事物或现象的符号转而表示另一抽象事物或现象

以上我们分析了隐喻建构中的具体事物隐喻抽象事物、以抽象事物隐喻具体事物、以具体事物隐喻具体事物,其实隐喻表达中还存在着以抽象事物来隐喻抽象事物的形式,"隐喻用来传递连续性的经验信息,特别是那些难以表达的信息。人类经验的范围也是连续性的,而词语本质上是离散性的。这意味着从经验中提取的概念和用来描述该经验的语词之间存在距离,而隐喻则企图通过延伸各种语词的意思来填补这个距离"①。当人们无法用具体事物去描述抽象事物的时候,人们会借助抽象的概念,这是抽象概念所特有的一种传达信息的能力。

(1)智慧就是有关某些原理与原因的知识。(亚里士多德:《形而上学》)

(2)美和崇高都是内心的愉快情感,这种情感都会有社会的普遍性,是一种"共通感"。(邓晓芒,赵林:《西方哲学史》)

(3)They are in that condition of eager discomfort which passes for inspiration.(《新概念英语(4)》)

他们处于急切不安的状态,而这被当作是灵感。

(4)A gifted American psychologist has said, worry is a spasm of the emotion; the mind catches hold of something and will not let it go.(《新概念英语(4)》)

一位天才的美国心理学家曾经说过:"烦恼是感情的发作,此时脑子纠缠住了某种东西又不肯松手。"

把"烦恼"重新描述为"感情的发作,是对脑子的纠缠",是人无法释怀的一

---

① 桂诗春:《新编心理语言学》,上海外语教育出版社2000年版,第380页。

种抽象体悟,留给读者想象的空间,使得意义的表达更为含蓄。

(5) 爱情是一种情感依赖,爱的文化进程就是博弈,它的结果是情,爱与情是一个像物又像魂的物势影像。

第三节　隐喻的特征

　　隐喻建构中采取了不同的形式来发现符号所指之间的相似性特征,从而建立了事物或现象之间更广泛的联系,印证着马克思世界上的事物是普遍联系的观点。正因为这种联系的丰富性使得隐喻具有了自己独特的属性。从理查兹把隐喻视为人类语言无所不在的原理以来,认知语言学更是认为,隐喻不仅存在于语言中,还存在于我们的行为和思维之中,隐喻由此从人类的表达工具上升到思维工具。隐喻吸引着众多学科的关注,随着语言学成为 21 世纪的领先学科的实现,那么,隐喻这一最复杂同时也是最有魅力的意义之谜,将会迎来更多的探秘者。随着隐喻研究的深入,隐喻这一现象便体现出了一些共同的特征,在这里我们对这些特征简单以概括,以便能让我们对隐喻有一些可以把握的支点,从而可以透过隐喻的这些众多的外部观察深入到对隐喻本质的认识之中。

1. 形象性

　　形象性是隐喻诸多特征中最重要的一个,使用隐喻的目的在于创造形象化表达,达到一种吸引读者的目的,引起人联想,新奇之余的形象性让人难忘。自修辞学把隐喻作为研究内容开始,形象性就是隐喻的重要特征,众多的学派也都一致承认隐喻的形象性功能。所以,在此,我们认为无须多着笔墨进行理论上的解释,只稍举几例说明隐喻在生活中的形象性作用,活隐喻是我们关注的重点,因为活喻最能体现形象性。

(1) **荷兰将帅炮轰主裁**:普约尔应红牌罚下

　　分析:"炮轰"是用于战争语境中的词汇,在此转而用于表达"对某人的激烈的言辞"。

(2) **房价**:是松动还是"假摔"?

　　房价现在是居民关注的一个重要话题,国内房地产市场房价一路飙升,甚至有几倍,所以讨论房价的话题众多,许多表示其他领域的词也被形象的转移过来。"假摔"本是体育比赛中的一个词汇,而在此用于形容房价表示居民对该问题的怀疑。

(3)**楼市这半年:调控政策出手 套住房价野马**

房价在此更是被称为野马,表达难以控制。表示动物名称的符号野马此处转来用于表示房价,野马"难以驾驭"的特征与房价"难以调控"作为联系二者的相似性基础,野马的特征被转移用来表示楼市价格。

(4)**美国"文凭工厂"蔓延 滋生暴利 5 亿美元**

在美国,由于缺乏法律监管和道德约束,加上社会对高学历的急切需求催生赚取暴利的机会,冒充美国正规高校的文凭工厂在互联网上蔓延。"文凭工厂"已经形成一条规模巨大的"产业链",贩卖假文凭从造假、推广到销售环环相扣,"井然有序"。统计数据显示,目前文凭工厂网站数以百计,学历造假"产业"在过去几年中翻了一番,产值估计达到了 5 亿美元。

(5)**语义问题是自然语言处理的瓶颈**

瓶颈原来表示瓶子最狭小的部分,在自然语言的自动处理中,由于语义问题的复杂性决定着整个研究的成败,瓶颈在此意欲表达语义问题如果不解决,那么自然语言处理就难有作为。

2. 新奇性

隐喻制造新奇性是一个大家都易于接受的观点,隐喻通过建立两个以前不太相关的事物或现象间的联系重新描述世界。新奇性是施喻者独特经验与情感的表达,通过这种新奇的感觉给人留下充分的想象的空间,新奇性也是判断隐喻生动与否的一个标准。

(1)敏捷的思维是锋利的。

(2)我的汽车在喝油啊!

(3)飓风是来自天空的真空吸尘器。

(4)电是一种流体。

(5)心智是一种计算机程序。

(6)霍布斯(Hobbes)[①]认为,国家是一个有机体。他是这样描述的:

通过竭力模仿理性的和最优秀的自然杰作——人类,人工记忆得到了更

[①] 斯坦哈特:《隐喻的逻辑——可能世界中的类比》,浙江大学出版社 2009 年版,第 6 页。

进一步的发展。因为通过人工技艺创造了一种伟大的巨物（LEVIATHAN），它被称为联邦或国家，在拉丁语中它被称为CIVITAS，即人工制造的人类。……其中，统治者是人工灵魂，赋予全身以能量和动力；地方官员，以其他司法和执行官员都是人工关节；奖赏和惩罚（它们与统治者的权力联系在一起，每一个关节和成员都由此被驱使行使其职责），就是在身体内自然行使其职责的神经；所有特定成员的财富和金钱是力量；人民的福利和人民的安全，是其事业；提供所有应该知道的信息的顾问，是记忆；公正和法律是人工的理智和意志；和谐是健康；暴乱是疾病；而内战是死亡。

3. 普遍性

西方出现的隐喻狂热，使得我们似乎看到了重建以往修辞学的可能，但是，学者们的努力方向和志趣并不在此。隐喻现象得到了众多学科的重新审视，如语义学、哲学、心理学、人类学、符号学、认知语言学。莱考夫和约翰逊从体验哲学的角度，提出了隐喻的认知本质，认为隐喻是思维的工具，体现于人的思维和行动之中。通过对大量日常语言中大量隐喻的存在，展示着隐喻无所不在的原理。更有学者以数据统计的方式试图说明隐喻在人类语言中的大量存在，吉布斯（Gibbs）[①]提供了下面这些证据：有一项针对从1675年到1975年这300年间美国散文写作的研究，该研究将这300年分成六个50年的阶段，结果发现每个阶段的散文写作都充满了隐喻的使用。另一项研究收集了大量的心理咨询访谈以及1960年肯尼迪—尼克松总统的竞选论辩。频度的分析表明人们在每分钟的话语中平均使用1.80个新奇隐喻和2.08个旧隐喻。假设每人每天只有两个小时的时间在说话，那么一个人在60年的生涯中就要制造出多达4 700 000个新隐喻和使用大约21 140 000个旧隐喻。最近一项针对电视辩论和新闻评论节目的调查表明作这些节目的人平均每25个词就要使用一个独特的隐喻。

现在我们看到的资料大都是对英语、俄语、汉语中隐喻的研究历史或现状的描述，虽然我们无法得知所有语言中隐喻的使用情况，但是我们仍然坚持这样一种观点：隐喻具有普遍性。

[①] 蓝纯：《认知语言学与隐喻研究》，外语教学与研究出版社2005年版，第112—113页。

4. 动态生成性

我们往往习惯于把隐喻视为一种既成的符号形式，即一般认为的"死隐喻"，然后根据自我的经验、目的、习俗等来解读隐喻，而忽视了隐喻的动态生成性。我们从符号学的角度把隐喻视为符号使用、符号关系、符号间相似性的构建过程，但到此隐喻还没有完结，只有在符号使用者在具体的文化语境、个人经验的基础之上解读之后，隐喻达到了施喻者与受喻者之间的共鸣，隐喻才告一段落。隐喻意义的解读具有开放性和不断生成性，也就是说，无论从隐喻的生成与解读两方面来看，隐喻都不是一种静态的现象，而是一个动态的意义生成过程。在这一动态过程中符号间所指的相似性起着桥梁作用，而符号的使用者（包括施喻者和受喻者）共同参与到这一过程之中。

隐喻话语的建构中出现了目标世界中的符号 A 以及始源世界中的符号 B，符号 A 和符号 B 是来自不同的语义场，且符号 A 与符号 B 之间处于一种类比的关系之中，也就是，通过符号使用主体的积极联想能够发现存在于符号 A 与符号 B 之间的客观相似性或者建构出主观相似性，这种相似性可能是内在结构上的，也可能是功能上的。如：我的车在喝油！我们用 S 表示始源世界，用 T 表示目标世界，用 Lit 表示字面意义，用 Met 表示隐喻意义。那么 $[(车)_T(喝)_S(油)_T]$Met，此时的"喝"、"车"与"油"处于不同的语义场内，表达是隐喻的。如果 X 是动物，且 Y 是液体，那么 X 喝 Y，表示 X 迅速的消耗 Y。当隐喻表达为人们所熟知和认同之后，活隐喻就会走向死亡，固化在语词符号中。那么 $[(车)_T(喝)_T(油)_T]$Lit，这依据的是：如果 X 是车，且 Y 是汽油，那么 X 喝 Y，表示 X 迅速的消耗 Y。

5. 语义模糊性

隐喻的动态性决定着隐喻意义的模糊性。在隐喻生成与解读的动态过程中，符号使用者的主体因素以及对语境的依赖因素都参加到这一过程之中。语言本身就是一个模糊的集合，随着人类思维与认知的深化，事物的特征以及事物间的更多关系将被发现与揭示，整个世界都是普遍联系的。隐喻表达中的施喻者和受喻者之间存在的各种差异注定着对隐喻意义的解读不是一劳永逸的。隐喻就是一种语言符号意义的不断生成，这也正从另一方面说明着符号所指的层级性。隐喻是一种本质上抽象的表达，也许在施喻者建构隐喻时，也只是处于一种模糊的事物间相似性的把握。也许隐喻语义的模糊性正是它的魅力所在,千百年来人们只是徘徊在它之外,审视着这一意义的千古之谜。

6. 民族文化性

隐喻具有民族性,特定民族的文化和语言中有着不同的隐喻表达,这与人的认识角度和民族价值体系有着内在的关联。在对相同事物的认知与理解中,人们总是有着不同的价值取向、认识倾向、目的,"由于隐喻的使用与一个民族的生活、文化甚至潜意识密切相关,研究语义,特别是与隐喻有关的意义,就必须走出语言自我封闭的圈子,必须投入生活"[①],因而,体现在隐喻表达中就有了不同的隐喻意义。这些特征大多以语词符号为载体,这体现着不同民族感知世界的方式,隐喻成了建构一个民族语言世界图景的重要因素。背后是该民族关于各类事物的表象认知、民族文化观念、生活经验,这些因素以复杂网络的形式存储在本国人的头脑中。现在俄罗斯研究的观念分析就是对民族观念中的真理、命运、时空、秩序、道德等的研究,其目的是深入到语言理解中。

---

① 华劭:《华劭集》,黑龙江大学出版社 2007 年版,第 220 页。

第 四 章

隐喻生成的结果与符号学解读

隐喻对语词意义的变化有着不可推卸的责任,转喻和隐喻是词义衍生的两个基本模式,大隐喻观下,转喻也被划归在隐喻大旗之下。一定程度上可以说,正是隐喻意义的不断产生使得语词的意义由单一走向了多元,一词多义现象逐渐蔓延,一词多义是隐喻生成的结果。本章我们会对隐喻与一词多义现象的关系进行分析,指出隐喻在词义变化中的内在作用。这里我们的符号学不是一般的泛符号学,而是语言符号学,隐喻的载体归根结底要以语言符号的形式体现。我们认为,语言符号是一个系统,语言符号系统具有层级衍生性特征,隐喻生成的结果体现在符号所指的层级衍生性,语言的系统性和层级性研究也就成了其中的构成部分。隐喻的解读是一个十分复杂的问题,我们将从符号使用者的主体因素以及符号层级衍生理论分析隐喻解读问题。

第一节 语言符号的系统性与层级性研究

我们在前面的研究中以学科为界限回顾了隐喻问题在修辞学、语言学、哲学、认知语言学中的概况,我们的目标和重点是符号学视角下的隐喻阐释,隐喻是语言符号的使用,最终以语言符号为载体得以体现,其体现形式为语词、句子甚至是语篇。隐喻意义的动态生成本质是符号所指层级衍生的结果,符号的系统性和层级性是隐喻解读的理论支撑。下面,我们就语言的系统性和层级性展开详细研究。

1. 索绪尔的语言系统观研究

索绪尔对语言学的深入思考没有受到青年语法学派原子主义方法的束

缚,"他在演说中首次提出语言学是一门纯粹的科学,语言学的研究对象是作为社会秩序的语言现象,语言学研究要关注语言的普遍原则,探索整体研究的方法"①。索绪尔在对语言学真正研究对象的考察之后提出语言系统概念,语言系统观是索绪尔语言学理论的基础。索绪尔深刻的思想、宏观的视野正是体现在他给语言的系统性定位和在语言系统这一指导性原则下对语言本质以及语言单位间关系的考察,以及由此开启的语言学研究的结构主义时代。

1.1 索绪尔语言系统观的源起

任何思想的产生都有它特定的历史环境和学术背景,为了更好地理解索绪尔的语言系统观思想,在此我们简单回顾历史上相关的语言系统论述。"'系统'这个概念在 19 世纪初,当波普(Bopp)、格里姆(Grim)、拉斯克(Rask)等人努力将语言学独立于哲学、语文学等学科的时候,便开始进入语言学研究领域。吉·冯(G. Von)在他的 1891 年出版的《语言学》(*Sprachwissenschaft*)中多次谈到系统。"②但这里的"系统"和索绪尔的"系统"显然还不是同一个内涵的范畴,在新语法学派眼中,一切都是置于历史之下,各种语言因素联结成的演变序列。"这个学派虽曾有过开辟一块丰饶的新田地的无可争辩的功绩,但还没有做到建成一门真正的语言科学。它从来没有费工夫去探索清楚它的研究对象的性质。"③在索绪尔看来,不是要素堆积起来构成系统,"为了演绎系统,不必始于词语、要素。这会让人设想要素预先具有绝对的价值,设想只得把众要素堆叠起来,以便取得系统。相反,必须始于'系统',始于相互关联的整体;后者分解成一定的要素,尽管如此,绝不像其呈现的那样容易区分"④。这种系统观是结构主义语言学的出发点,也是结构主义的重要特征。索绪尔语言学理论中关于语言的社会本质、语言是一个两面心理实体、语言是一个层级符号系统等精辟论述,和之前的社会学、心理学以及惠特尼和洪堡特等的学术思想有着一定程度的关联。

1.1.1 迪尔凯姆的"社会现象"理论

迪尔凯姆(E. Durkheim)是现代社会学的创始人,他提出了社会现象的概

---

① 申小龙:《普通语言学教程精读》,复旦大学出版社 2005 年版,第 15 页。
② 马壮寰:"索绪尔的语言价值观",《当代语言学》,2004 年第 4 期。
③ 索绪尔著,高名凯译:《普通语言学教程》,商务印书馆 1980 年版,第 21 页。
④ 屠友祥:《索绪尔第三次普通语言学教程》,上海人民出版社 2007 年版,第 154 页。

念,强调社会现象的社会普遍意义和对每个人的外部制约作用。迪尔凯姆强调了社会现象的客观性和社会性,他把社会现象放在整个社会生活的背景上去做综合的考察,去发掘存在和影响它们的各种社会联系,"它们(指社会现象)是存在于人们身体以外的行为方式、思维方式和感觉方式,同时通过一种强制力,施以每个人"[①]。迪尔凯姆区分了社会现象与个人有机体的现象,认为心理现象只存在于个人意识中和通过个人意识表现出来。索绪尔看到了迪尔凯姆"社会现象"的集体性、社会性以及社会现象对个人现象的制约作用,索绪尔区分语言和言语,认为语言具有明显的社会现象的特征,"在任何时候,同表面看来相反,语言都不能离开社会事实而存在,因为它是一种符号现象。它的社会性质就是它的内在的特性之一"[②]。语言存在于集体之中,是集体心智的产物,它独立于个人而发生作用,而且语言一经采用,就具有了连续性,不仅在于它是世代相传的集体行为,而且在于它还有特别的强制力,而我们只能遵从并沿用它。语言这种社会惯例储存在个人的头脑之中,社会集团中的每一个人凭借这种集体心智的共同性达到交际的成功。语言是人和社会联系的纽带,扮演着言语使用规则的角色,这种规则一经形成便具有稳定性。语言系统允许说话人自由的表达思想,但是这种自由是受到系统限制的,这是语言的暴力倾向。

1.1.2 心理学的整体感知理论

索绪尔的语言系统本质上是一种体系观,与格式塔心理学的整体观有内在一致性。格式塔心理学是一种整体感知的理论,"Gestalt 这个德语词表示的就是'形式'、'形状'的意思,或者更确切地说,它表示当我们感知某个对象时,我们体验的是整体效果或结构,不只是分离的感觉对象的相加"[③]。例如我们欣赏一篇音乐的时候,我们感觉到的是一种模糊混沌的整体,并不是界限清晰的单位,音乐的主题或愉悦或悲伤或激昂,只是在进程中的某一时间连续统,有或快或慢的节奏,这体现出的是音乐连续性以及整体和部分。"Gestalt 强调思维活动的整体结构(完形结构),认为心理现象最基本的特征是在意识经验中所显现的结构性和整体性,强调整体不是组成部分的简单相加,心理过

[①] 迪尔凯姆:《社会学方法的规则》,华夏出版社1999年版,第5页。
[②] 索绪尔著,高名凯译:《普通语言学教程》,商务印书馆1980年版,第115页。
[③] 张绍杰:《语言符号任意性研究》,上海外语教育出版社2004年版,第48页。

程本身具有组织作用。"①索绪尔突破了历史比较语言学研究的局限,他指出对个别语言碎片的溯源和比较并没有抓住真正语言研究的核心,"我们必须提防不要把语言的要素看做孤立的单位。语言系统是一个总体,其中一切都是相互联系着的"②。从系统整体出发研究语言,借助系统内的关系区分出语言的单位、语言要素的价值和功能,语言历时研究转向了语言的共时研究。

1.1.3 洪堡特的整体理论

洪堡特的语言学理论综合了历史上的理性主义与经验主义,辩证的审视语言和精神的关系、语言和思维的关系、语言的功能,"洪堡特有关语言是形式,语言是一种活动和语言是功能表征的思想奠定了用系统的观点研究语言的基础"③。索绪尔或许不是提出语言系统思想的第一人,但他却是将系统观正式应用到语言学研究的奠基人。洪堡特理论中闪烁着整体观的光芒,"每一个成分都依赖其他成分而存在,所有成分都依赖于一种通贯整体的力量而存在","语言中没有任何零散的东西,它的每一要素都只是一个整体的组成部分"④。洪堡特强调了成分存在是基于一种通贯整体的力量,每一个语言要素不是孤立的存在,而是与其他要素处于一种互相依赖关系之中,而且这种关系的终极作用只是一个整体的组成部分。

我们感觉到了索绪尔和洪堡特对语言的论述有一种相似性,但是在术语的使用上却显得更加自信和确定,"语言是一个系统,它的任何部分都可以而且应该从它们共时的连带关系方面对其所有组成部分加以考虑"⑤。索绪尔用系统取代了洪堡特的整体,这不是一种词汇的简单替换,语言系统思想是一般系统论的认识基础,是对语言系统的本质属性(包括整体性、关联性、层次性、统一性)的根本认识。在语言单位关系问题上,注意研究语言系统的结构与功能的关系,重视系统的整体功能。洪堡特虽然注意到了语言整体性,但没有做更深入的理论阐释,他研究的重点放在了语言与民族精神的关系之上。

---

① 赵艳芳:《认知语言学概论》,上海外语教育出版社2001年版,第16页。
② 岑麒祥:"瑞士著名语言学家索绪尔和他的名著《普通语言学教程》",《国外语言学》,1980年第1期。
③ Л. Г. Зубкова, Язык как форма. М.: Издательство Российского Университета дружбы народов, 1999:с.5—6。
④ 裴文:《索绪尔:本真状态及其张力》,商务印书馆2006年版,第232—233页。
⑤ 索绪尔著,高名凯译:《普通语言学教程》,商务印书馆1980年版,第127页。

1.1.4 惠特尼的语言制度理论

索绪尔为现代语言学制造的一场"哥白尼式革命"突出表现在他给语言学研究带来的符号学范式。美国语言学家惠特尼的符号观、语言制度观和索绪尔对语言的论述有很大的共性,"为了强调语言地地道道是一种制度,惠特尼正确的坚持符号的任意性,这样他把语言学纳入了正确的轨道"①。索绪尔把惠特尼关于语言的这些理论进行了更深入的研究,他给语言学和符号学关系的定位,语言符号的任意性,语言的共时研究和历时研究的划分等等是对语言学的巨大贡献。惠特尼带给索绪尔的是一种方法论上的启示,但是索绪尔的语言学理论在很多地方都超越了惠特尼。索绪尔虽然高度评价了惠特尼的语言制度观,但索绪尔认为语言不同于一般的社会制度,"我们刚才已经看到,语言是一种社会制度;但是有几个特点使它和政治、法律等其他制度不同"②。因为社会制度,如宗教仪式、法律等等制度是人为制定的,通过集体的约定可以对它们进行更改,甚至取消,但语言只要已经形成并进入使用便具有了不可更改性。

1.2 索绪尔语言系统观的阐释

索绪尔认为语言是一个层级符号系统、多维的关系系统、纯粹的价值系统,索绪尔的语言理论中充满了二元对立:语言与言语、共时与历时、组合与聚合、能指和所指等等,这些对立构成了整个语言理论的框架和体系。索绪尔对语言系统的研究是从语言是一个共时系统开始的。

1.2.1 语言是共时系统

索绪尔在自己历史比较研究实践中用系统的方法研究历时语言现象,但他坚持认为,语言系统只存在于共时之中,"索绪尔区分共时态和历时态,并把共时研究置于优先的地位,这是他对青年语法学派认为只有语言的历史研究才是科学研究这一狭隘历史主义观点做出的反拨"③。在共时语言学前提下,索绪尔把语言定义为是由词汇、语法和语音构成的系统,提出语言研究的第一个分叉点是语言和言语的区分,这体现出了共时与历时对立的时代背景。索绪尔提出了应该从系统的角度建立语言的体系,研究语言系统内部语言单位间的关系,在他看来共时才有系统,历时是对语言系统中要素的演变的考察,

---

① 刘润清:《西方语言学流派》,外语教学与研究出版社1995年版,第62页。
② 索绪尔著,高名凯译:《普通语言学教程》,商务印书馆1980年版,第37页。
③ 戚雨村:"索绪尔符号价值理论",《外语研究》,2001年第2期。

是一个要素取代另一个要素,而这些要素的变化本身不能构成系统,"语言是一个系统,它只知道自己固有的秩序。……一切与系统和规则有关的都是内部的。……一切在任何程度上改变了系统的都是内部的"①。但是索绪尔并没有割裂共时与历时的辩证关系,"共时语言学研究同一个集体意识感觉到的各项同时存在并构成系统的要素间的逻辑关系和心理关系。历时语言学,相反的,研究各项不是同一个集体意识所感觉到的相连续要素间的关系,这些要素一个代替一个,彼此间不构成系统"②。索绪尔的共时系统是语言历史发展中的一个横截面,这是一个相对的概念,因为变化是绝对的,共时的含义是在语言整个系统不发生根本改变的一段或长或短的时间内的语言状态。正是在区分了共时语言学与历时语言学,并且把语言的共时研究放在主要地位的基础上才有了现代语言学的开端。"整体语言中的一切都是历史的,也就是说它们是历史分析的对象,而不是抽象分析的对象,它们由事实而不是由规律构成。整体语言中的所有有机整体的构造其实都完全是偶然(形成)的。"③从这里我们或许会找到索绪尔对语言共时研究倾向的原因。

1.2.2 语言是符号系统

我们熟悉的语言定义有"语言是人们交际的工具","语言是人类最重要的思维工具"等说法,这些定义虽然在最广泛的意义上是正确的,但是缺乏操作性,而且需要进一步的补充和明确。索绪尔将语言定义为:"语言是一种表达观念的符号系统……"④,第一次提出了语言学和符号学的关系,把语言学视为符号学的一部分。为利用符号学的一些方法和规律解释语言学问题增加了可操作性和科学性,在语言符号观下依据区分性特征和价值理论划分了语言的单位,"词被视为最重要的语言符号,它的重要特征是:词不是孤立存在的,它只是存在于系统中,我们称之为语言符号系统,语言符号系统只是众多的其他符号系统层级中的一部分"⑤。

索绪尔把语言学划入了符号学,因为他认为语言首先是一个特殊的符号

---

① 索绪尔著,高名凯译:《普通语言学教程》,商务印书馆 1980 年版,第 46 页。
② 同上,第 143 页。
③ 屠友祥:"索绪尔与喀山学派:音位的符号学价值——索绪尔手稿初检",《外语学刊》,2007 年第 3 期。
④ 索绪尔著,高名凯译:《普通语言学教程》,商务印书馆 1980 年版,第 37 页。
⑤ А. Соломоник, *Философия знаковых систем и язык*. Минск, 2002: с. 23.

系统,语言符号具有符号的一般特征,语言符号有任意性,能传递一种本质上不同于自身的社会规约信息。索绪尔认为语言学的主要问题是符号学的问题,符号学发现的规律也可以用于语言学,但是语言是各种符号系统中最重要的,因为任何符号系统的解释都依靠语言。同时"语言是个层级符号系统。每一级的符号总是由能指加所指构成,而它们的复合构成物又作为上一级的符号的能指进入新符号的构成过程"[①]。音响形象和概念的联结称为符号,构成第一层级系统,表达最基本的往往与客观外界事物联系起来的意义,指物性是其主要的内容。第一层级的能指和所指结合的符号整体在第二层级中作为高一级的能指,此时的所指往往是民族文化、宗教信仰和美学等附加意义。

1.2.3 语言是关系系统

索绪尔在系统内部对各种关系进行考察,认为语言是一个符号关系系统。语言中只有关系,除此之外别无其他,"进入系统中的符号的功能,是由系统的组成成员的各个要素之间的相互关系来决定的"[②]。在索绪尔看来,语言系统建立在同一和区别之上(区别占支配地位),任何一个成分的确定依据的不是它本身具有的实体特征,而是关系。

首先,语言符号能指和所指之间的任意性关系。任意性在索绪尔看来是第一原则。在这一点上他强调了语言的社会心理属性,切断语言符号与外界客观事物的联系,是因为索绪尔把语言系统建立在语言符号的关系之上,语言中只有差别建构的关系,这样语言符号就不是一个独立的实体。语言符号只在与其他语言符号和整个语言系统的相互关系中才得以存在,在索绪尔那里关系远比实体重要得多。索绪尔否定了语言是一个分类命名集的说法,认为词与物没有天然存在的联系,它们是以不可论证的任意性结合在一起的。

其次,语言单位的组合关系和聚合关系。语言系统中单位的关系体现为组合和聚合,组合关系和聚合关系处于不同的轴线上,是语言系统复杂结构的两种基本关系。组合关系是在话语之内对语言要素结合为话语的考察,考察的内容不只是相邻要素的关系,而且还涉及各个要素和整体的关系。组合关系体现了语言的线性本质。话语只有一个长度,沿着时间的先后排列,组合关

---

① 王铭玉:《语言符号学》,高等教育出版社 2004 年版,第 222 页。
② 冯志伟:《现代语言学流派》,陕西人民出版社 1999 年版,第 23—24 页。

系的各项要素有一定的数量,同时也有一定的次序。聚合关系的各个要素是不在场的,它们以意义的相似或能指的相似通过联想关系构成一个开放的集合。构成聚合关系的要素没有固定的数量,也没有确定的顺序,而且属于同一聚合体内的要素不能同时出现在话语中的同一位置,在话语中的同一位置上他们是互相排斥的。

1.2.4 语言是价值系统

语言的价值来自语言符号系统,来自系统中语言要素之间的关系,来自系统中的差异和对立。价值的概念是索绪尔从政治经济学中引进到语言学的,并提出语言是纯粹价值系统的观点,"因为语言是一个纯粹的价值系统,除它的各项要素的暂时状态以外并不决定于任何东西"①。经济学中有使用价值和交换价值,人们把事物作为体现使用价值的物品时,就不交换它;把事物当作交换价值的商品时,则不使用它。商品的两种价值之间有天然的物质基础,而语言符号的价值是以能指和所指的任意性结合为依据的,没有必然的联系。语言符号的价值不能以物质的标尺来衡量,语言符号的价值不可以量化,也没有大小之别,语言要素互相联系、互相制约,只能从关系的网络中确定它们的价值。经济学中的价值和语言学的价值不是同一个范畴,它们之间只是一种类比关系,是一种基于内在的相似性,都是一种关系的体现,"语言系统是一系列声音差别和一系列观念差别的结合,但是把一定数目的音响符号和同样多的思想片段相结合就会产生一个价值系统,在每个符号里构成声音要素和心理要素间的有效联系的正是这个系统"②。

索绪尔从语言符号的能指、所指及符号的整体三个方面展开对价值的讨论,能指和所指是为了深入研究符号的作用和功能人为提出的理论上的区分,事实上单独的看其中每一方面,它们都是消极的,没有意义的,而只有两者的结合才能构成积极的要素即语言符号。"索绪尔认为共时状态是'真正的、唯一的现实性',只有同时要素间的关系才构成价值系统,共时价值的规律反映了语言系统的结构规律,语言任何层次的要素都是在共时状态中构成关系、确认自身、参与操作。"③声音差别和概念差别使语言符号得以存在,它们存在于

---

① Ф. де. Соссюр,*Курс общей лингвистики*. Екатеринберг,1999:с.82.
② 索绪尔著,高名凯译:《普通语言学教程》,商务印书馆1980年版,第167页。
③ 皮鸿鸣:"索绪尔语言学的根本原则",《武汉大学学报》,1994年第4期。

一个系统中,每一个语言符号都以与其区别和联系的其他语言符号的存在为条件,"绝对的孤立的、没有其他任何参照的所指关系及由此构成的语言符号是不存在的。从这个意义上讲,价值是一种关系,是一种对比,是系统的产物"①,语言符号系统和语言价值系统是不可分割的语言的两个属性。

1.3 索绪尔语言系统观的影响

系统观体现了索绪尔的结构主义思想,深刻而广泛的影响了日后的各个结构主义语言学派,语言系统观思想在一些结构主义语言学派中得到继承和发展,语言单位的确定和分类被置于更抽象的地位。布拉格学派从系统原则出发研究语言的演化,这不同于索绪尔认为历时没有系统性的观点。布拉格学派认为,语言系统是一个功能系统,即作为表达手段的系统,执行一定的交际目的。语言功能的概念开启了语言系统在人类生活和社会秩序中的地位。布拉格学派把语言视为系统的系统,与现代控制论和哲学中把语言看做复杂系统的观点是一致的。一方面,语言系统作为层级系统,每一个层级都是一个系统(次系统);另一方面,语言系统是自己变体的系统,如功能语体、地域方言、社会方言等等,每一个变体都是语言系统的一个次系统。丹麦语符学派被看做是索绪尔所阐述的结构主义原则的继续;他们继承了索绪尔把语言系统的形式和实体区分开的思想,"语符学被看做是一个具有内部关系的自主系统,其结构只能通过语言内部的标准描写出来"②。叶尔姆斯列夫把语言符号的能指和所指进行了更深层的划分,提出表达形式、表达实体、内容形式、内容实体,重视描写语言与对象之间的结构关系。哥本哈根学派的抽象结构语言学对语言的形式化描写有重要意义,但是却没有把这种形式系统用于具体的自然语言的研究。雅各布森等研究语言系统发展的二律背反趋势即语言系统任何时候都达不到绝对的稳定,语言总是处于相对平衡—打破平衡—趋于相对平衡的动态发展之中。

索绪尔最终突破了原子主义的樊笼,采取了对语言相反的审视方法,建构了从系统到单位,从整体到单位的结构主义范式。因此,索绪尔成为了结构主义语言学的鼻祖,他的语言学理论成为之后结构主义语言学派发展的起点。

---

① 马壮寰:"索绪尔的语言价值观",《当代语言学》,2004年第4期。
② 王福祥,吴汉樱:《语言学历史·理论·方法》,外语教学与研究出版社2008年版,第107页。

2. 语言符号系统的层级性研究

2.1 语言符号系统的层级性研究回顾

索绪尔开创了结构主义语言学的开端,结构的概念深入到语言学研究之中,并深刻影响了他之后的语言学研究和其他领域的理论变革。索绪尔不仅认为语言是一个符号系统,而且是最典型的符号系统,此外,语言中的一切都是关系,语言中只有差别,正是这种差异性决定着语言单位的价值。结构对应着单位,因为结构是可以分解的,"构成语言的符号不是抽象的事物,而是现实的客体"[1],这些"现实的客体"又称为具体实体或单位,在言语语音的连续统中根据意义要素才划定了界限。符号的视觉形式即文字和符号的语音形式并不是同样的东西,语音是一个连续的语流,是"模糊的浑然之物"。语言符号系统中的单位不是先在的,但是不借助这些单位对语言的研究就寸步难行,因为"语言的特征就在于它是一种完全以具体单位的对立为基础的系统"[2],这样一来,对语言符号系统中的单位的研究就是我们整个研究的起点和基础。然后,由这些语言单位构成语言符号系统的结构,而语言符号系统结构的典型特点是我们关心的内容。语言符号除了具有系统性这一重要特征之外,语言单位之间还处于层级性阶梯之中,语言的系统性和层级性是互相联系、密不可分的,因为"只有在现代的语言层次理论中,语言系统才能获得深刻的理论性解释(瓦西里耶夫)"[3]。索绪尔在《普通语言学教程》中并未涉及这一方面,以后的语言学家是在索绪尔设定的语言的符号性、组合关系和聚合关系以及历时和共时等特征的基础上的发展和延伸。

从本体论上来看,语言符号的层级性是一种语言分节性的体现,是人类语言与动物语言的重要区别。任何动物的语言都没有分节,其表达的意义都是处于混沌的状态,因为意义与形式是不可分割的,没有分节明晰的形式,就谈不上有单位的意义。多层级性是语言符号的一个优点,人类可以用有限的材料,经过不同的组织方式表达出不同的意义。

语言符号的层级性涵盖着非常复杂的内容,从不同角度出发的研究会给语言层次不同的划分结果,解释着语言不同方面的重要特征。语言层次理论

---

[1] 索绪尔著,高名凯译:《普通语言学教程》,商务印书馆 1980 年版,第 146 页。
[2] 同上,第 151 页。
[3] 华劭:《语言经纬》,商务印书馆 2003 年版,第 50 页。

发源于哲学领域,哲学上探讨思维与语言的关系,有元语言和对象语言的区分,这是从认识论角度对语言的划分,正是以元语言理论为基础,语言层次理论才发展到成熟阶段。从语言层次理论研究史上看,弗雷格开启了语言层次思想的先河,除了我们所熟知的指称理论,他区分了概念语词与对象语词、直接引语和间接引语,他认为,这些都处于不同的语言层次上,可以说这是后来语言层次理论的发展起点。弗雷格在《论意义和指称》中提出了区分语言层次的思想,他指出同一个词,带引号和不带引号具有不同的作用。指称自身的词需要加上引号,从而与指称其他对象的词区分开来。句子"哈尔滨是黑龙江的省会"与"'哈尔滨'由三个不具有独立意义的字构成"中,"哈尔滨"与"'哈尔滨'"处于不同的层次,因为它们意义不同。到塔尔斯基的元语言思想的出现,标志语言层次理论的形成。元语言是用来谈论对象语言的语言,元语言与对象语言的区分是避免语义学中概念悖论的重要方法。塔尔斯基也是为了寻求消除悖论及给真理下定义的方法从而开始了对语言层次的研究。

哥本哈根学派的核心人物叶尔姆斯列夫从语符学的角度研究语言的层次划分问题,由于他在著作体系中提出了过多的新概念,因此,语符学理论通常被认为是非常晦涩难懂的语言学理论之一。他在《语言理论导论》中提出语言功能模型、外延符号模型、内涵符号模型、元语言模型,从而以四个模型构筑了哥本哈根学派理论的大厦,四模型是叶尔姆斯列夫语符学理论的主要内容。他把语言是关系的理论发展到极致,他提出的内容与表达大致相当于索绪尔的所指与能指,从而继续分出了内容形式与内容实体,表达形式与表达实体,形成了语言世界的四个平面理论。

巴特根据叶尔姆斯列夫提出的表达—意义—内容层面即 ERC 模型,提出建立第二系统的设想,"他假设上述 ERC 系统本身也可称为另一系统中的纯粹成分,这样第二系统实际上就是第一系统的引申"[1],出现了第一系统的整体作为第二系统的表达即(ERC)RC 模式以及第一系统的整体作为第二系统的内容即 ER(ERC)模式。巴特提出直接意指与含蓄意指的区分,"我们记得,一切意指系统都包含一个表达平面(E)和一个内容平面(C),意指作用则相当于两个平面之间的关系(R),这样我们就有:ERC"[2]。在(ERC)RC 模式

---

[1] 王铭玉:《语言符号学》,高等教育出版社 2004 年版,第 143 页。
[2] 巴特:《符号学原理》,生活·读书·新知三联书店 1988 年版,第 169 页。

中,(ERC)作为第一系统构成了直接意指平面,而(ERC)RC作为第一系统扩展之后的第二系统就是含蓄意指平面,因此,我们可以说,含蓄意指的系统一定是包含了直接意指系统的。而ER(ERC)模式体现的是元语言系统,意指系统(ERC)构成了整体ER(ERC)模式的内容平面,用巴特的话说"它是一种以符号学为研究对象的符号学","以天然语言提供的第一系统为基础的社会,将不断发展出一些第二意义系统,而且这种有时明显有时隐蔽的发展将逐步涉及一门真正的历史人类学"①。

洛特曼对符号系统有着自己的解读,他把符号世界分为了三个组成部分:以自然语言为第一模式系统(первая моделирующая система);人工语言系统(如旗语、莫尔斯电码、交通信号灯等);以自然语言为基础的其他符号系统为第二模式系统(вторая моделирующая система)②。可见,在洛特曼看来,符号学研究的重心是符号系统中符号之间的关系以及符号系统的层级。文化符号学研究的方法论突破了传统文化研究的静态考察,把文化视为一个过程,而不单纯是一个产品。文化是符号,但同时又不是单个孤零零的符号杂乱无章地堆积在一起,它是一整套符号体系,是文本的集合。在洛特曼的符号学思想中有一对重要概念,那就是第一模式化系统和第二模式化系统,"从符号和符号系统——自然语(按照洛特曼的观点,这是第一模式化系统)产生之日起,信息的浓缩和保存方式便取得了另一种性质,此后人类就产生了特有的信息积累方式,人类文化才如同语言符号系统一样建立起来。它不可避免地复现了自然语的结构体系,是自然语言的衍生,是建立在该社会群体所接受的自然语基础之上的第二模式化系统"③。我们可以看出,洛特曼的第一模式化系统指的是自然语言,而第二模式化系统是文化符号学研究的另一个重要概念,是指在自然语言基础上形成的各种符号系统,即"可以建立能在认识过程中再现事物的模式的系统"④。洛特曼的两个模式化系统划分的理论,是对索绪尔能指与所指角度研究符号的发展和深化,语言符号系统既可以是描述世界对象的语言,同时也是对其他符号系统进行解释的元语言。

---

① 巴特:《符号学原理》,生活·读书·新知三联书店1988年版,第170页。
② Ю. М. Лотман, Избранные статьи. Таллин,1992:с.83—85.
③ 郑文东:"符号域:民族文化的载体——洛特曼符号域概念的解读",《中国俄语教学》,2005年第4期。
④ 杜桂枝:"莫斯科—塔尔图学派",《外语学刊》,2002年第1期。

关于语言的层级性特征,我国语言学家华劭教授认为,就单位与层次的概念来看,语言符号系统是一个层级装置,一般的符号系统分为次符号层、符号层和超符号层,作为符号装置的语言也相应地分为语言中的次符号层级、语言中相当于符号的层级和语言中的超符号层级。然后具体就本体层次与分析层次,表达层面与内容层面的层次进行了详细的分析,语言单位间的关系体现在组合关系与聚合关系之中,更高级、更复杂的语言单位是较低级语言单位在选择的基础上通过组合关系而逐层构筑起来的①。

王铭玉看到符号学与语言学若即若离的尴尬状况之后,便致力于建立语言学与符号学之间实实在在的关系,促成符号学与语言学的真正联姻,提出了建构语言符号学学科的设想,并以《语言符号学》专著的形式填补了这一研究空白。王铭玉指出:"语言符号学是一门交叉学科,如果试着给这门学科下个定义,它是研究语言符号本身以及用符号学的思想观点来研究语言学问题的学科"②,这不仅是对索绪尔提出的"语言学家的任务是要确定究竟是什么使得语言在全部符号事实中成为一个特殊的系统……"③这一号召的响应,而且语言学与符号学有结合的可能与基础,这样符号学便不再是虚无缥缈的帝国,语言学也可以借助符号学在方法论和认识论上的魅力向一门领先科学迈进。《语言符号学》从十二大方面全面论述了语言符号学这一交叉学科的基本思想:语言符号的二元对立、语言符号的层次、语言符号的意义、语言符号的指称、语言符号的关系、语言符号的时态、语言符号的功能观、语言符号的主体观、语言符号的双喻观、语言符号的可逆性、语言符号的标记性、语言符号的象似性,而具体到语言符号的层次研究又分为广义的层次观、狭义的层次观、语言符号的基本层次、语言符号的过渡层次、韩礼德的层次思想几个方面。可见语言符号系统的层次是非常复杂的内容,当然也是非常重要的领域,是语言符号学的重要组成部分。

在回顾了语言符号层级理论的产生与发展历史,以及国内外关于语言符号系统层级性的研究状况之后,我们拟从三个方面来对语言符号系统的层级性特征进行说明,这就是:语言符号系统的表达层、语言符号系统的内容层、语

---

① 华劭:《语言经纬》,商务印书馆2003年版,第50—68页。
② 王铭玉:《语言符号学》,高等教育出版社2004年版,第90页。
③ 索绪尔著,高名凯译:《普通语言学教程》,商务印书馆1980年版,第38页。

言符号系统的功能层,这是一种把语言结构与语言的功能结合起来的尝试。

2.2 语言符号系统的层级性划分

2.2.1 语言符号系统的表达层

我们认为,把语言符号分为次符号层次、符号层次和超符号层次只是一种较为宽泛和粗糙的分类形式,这种划分依据的是一般符号系统的普遍划分标准,但是用在语言系统中就显得过于简化,不能用于分析较复杂的语言问题。索绪尔把语言分为语言和言语,放在层次理论中来看,这也算是从具体和抽象的角度对语言系统的层次划分。许多语言学家都重视语言层次问题,如美国生成语言学家乔姆斯基从语言生成的动态观点把语言分为深层结构和表层结构,苏联语言学家斯柳萨列娃从结构主义静态的观点认为层次是语言系统的最重要特征等等。

在研究语言符号系统的表达层之前,我们先来看一下索绪尔对单位的定义:"单位没有任何特别的声音性质,我们可能给它下的唯一定义是:在语链中排除前后的要素,作为某一概念的能指的一段音响。"[1]"音响"是物质的声音实体,如果在语链中排除前后的要素,它的前提就是需要意义的参与,只有声音实体与意义结合才能构成一个可以分辨的单位。一定的物质载体与意义构成了基本的符号单位,在语言符号系统中是以词为代表的。结构主义语法通常把词、词组、句子看做语言的基本单位,在句子层次上,组成句子的各个成分除了线性组合关系,还有层次关系,也就是谁和谁优先结合为更大的单位,我们称之为成分分析法。通过成分分析法,形容词修饰名词组成名词词组,名词词组和名词词组构成并列结构,动词与名词构成动宾结构,名词和动词构成主谓结构等等。

提起语音,我们会想到马丁内提出的语言的双重分节概念,他指出:"人类语言具有双重分节的特性。语言的第一分节,是特定语言共同体所有成员整理共同经验的方式,亦即把交际中的经验分解为一个个符素(monème)。符素是音义结合的最小单位,也就是最小的表义性单位,相当于通常所说的语素。这种符素的语音形式又可分解为一系列音位,音位本身并无意义,但有区别符素的功能,所以是最小的区别性单位,这就是语言的第二分节。马丁内认为,

---

[1] 索绪尔著,高名凯译:《普通语言学教程》,商务印书馆1980年版,第147—148页。

双重分节特性的揭示,使我们看清了语言是一个有两个层次的结构。无限数量的话语可简约为有限数量(大约数千个)的符素,而数千符素的能指部分,又可只用数十个音位加以识别。"①

法位学把语言分为语法、语音、所指三个层级,三个层级又分为不同的层级,在每一个层级上都有数量不同的法位,研究语言就是对语言的三个层级和法位的研究。"语法等级体系有语素、词、词组、子句、句子、段落、独白、对话等等级。但有人不提独白或对话,而提会话或语篇。无论如何,语素是最低的等级。语音等级体系有音位、音节、语音词、语音词组,语音句等等级。语音词也称为重读群,有时语音词组也包括在重读群之内,有时语音词组则称为停顿群。音位是最小的等级"②,所指层级因其尚未成熟此处不予列举。法位学中的层级像俄罗斯套娃一样是层层相扣的,下一层级处于上一层级之中。此外,法位学持一种泛层级理论观,认为人的行为和人类的文化也是有层级的,人的语言只不过是其中的一个层级而已。

语言的层级研究是为了探究语言结构本质的目的,语言符号是能指与所指的结合体,现代语言学理论一般把符号能指看做是语音和文字,我们把它们暂且称为表达的听觉形式和视觉形式,而所指是内容,我们把它放入内容层来研究,这样,语言符号系统的表达层就分为语音表达层和视觉表达层。我们参照华劭教授关于语言符号系统表达层面的层次划分,认为语音表达层可以由音素(звук)、音节(слог)、语音词(фонетическое слово)、语音句(фраза)构成,它们在脱离书面语言的时候发挥交流的作用。音素指语流中不能再分的最小单位,音素不表示意义,但"因素在语流中不是孤立的,而是首尾相接的,所以会因前后邻音以及重音位置的影响而发生或多或少的变化"③。若干音素构成的连续不断的线性序列就是语流。音节中至少包含一个元音。语音词往往指的是实词,其特征是有重音,虚词与邻近的实词一起构成语音词。

语言除了有听觉表达形式还有文字或视觉表达形式,视觉表达层是可见的形式,我们分为音位、词素、词、句子。这是参考了有较为广泛认可度的语言

---

① 徐志民:"马丁内及其语言理论",《外语教学与研究》,1994 年第 3 期。
② 李学平:"语言的层次结构",《外语学刊》,1987 年第 3 期。
③ 信德麟,张会森,华劭:《俄语语法》,外语教学与研究出版社 1990 年版,第 11 页。

单位的层次划分,可以说这是语言系统中基本的功能单位的层次。有的分层中把词组单独列出,作为词汇语法层出现,在这里我们把词组划在了词的层次上,作为一种扩展词而存在。我们这样分类出于形式化目的,也只是一种简单的设想,毕竟语言符号系统因其自身的复杂性,关于它的层次问题,人们至今也没有非常统一的认识。

2.2.2 语言符号系统的内容层

语言研究中有音、形、义三分的传统和说法,而在语言符号系统的分层中,我们把音和形都划在了表达层中。在我们看来,音属于语音表达,形属于视觉表达,义大体相当于我们的内容层。语言符号的内容层也就是其所指层,是关于意义的研究,因此,我们认为,可以分为字面意义和隐喻意义,字面意义又分为义子、义素、词义、句义。义子的概念源于区别性特征,义子是语义层次的最小区别性特征。常见的如"单身汉"的义子构成:雄性+人+成年+未婚,从而以"未婚"区别于"男人"。

义素是词义子的总和,"义素反映词的基本意义,它是意义的最小单位,由一串区别性特征构成,常被用作语义成分分析的操作单位"[①]。词义层是高于义素层的概念,相应的,词义是由词素构成。需要指出的是,在词义层就出现了词汇意义和语法意义的划分。如луна的词汇意义"月亮,也称月球,古称太阴,是指环绕地球运行的一颗卫星。年龄大约有46亿年。它是地球唯一的一颗卫星和离地球最近的天体,与地球之间的平均距离是384 400千米"[②],而语法意义是阴性、第一格、单数。除了基本的词汇意义和语法意义,我们还会有"花好月圆,嫦娥奔月,天狗食月"的认识,这是一种文化意义。我国的一些诗歌中也有所描写,如:

明月几时有?把酒问青天。不知天上宫阙,今夕是何年。我欲乘风归去,又恐琼楼玉宇,高处不胜寒。起舞弄清影,何似在人间。

转朱阁,低绮户,照无眠。不应有恨,何事长向别时圆?人有悲欢离合,月有阴晴圆缺,此事古难全。但愿人长久,千里共婵娟。(苏轼:《水调歌头》)

[①] 王铭玉:《语言符号学》,高等教育出版社2004年版,第195页。
[②] 参见网页:http://baike.baidu.com/view/2383.htm? fr=ala0_1_1,2010年3月5日。

床前明月光,疑是地上霜。举头望明月,低头思故乡。(李白:《静夜思》)

句义,顾名思义是句子的意义,句子有客观意义和主观意义,也就是命题意义和命题意向。命题指"句子情态聚合体与交际聚合体的所有组成部分,以及由句子派生结构(称名化结构)所共有的语义常体"①,命题意义也就是句子指向客观世界的内容,命题意向则就包含着说话人的主观情感和评价等因素。隐喻意义的出现就是把句子的命题意义悬置,而命题意向凸显出来,从而句子的二级所指成为了说话人要表达的内容。

2.2.3 语言符号系统的功能层

功能语言学是与结构语言学和转换生成语言学派有着同样重要地位的学派,其研究的重点是语言系统和功能。系统功能语言学秉承索绪尔的语言是一个符号系统的观点,韩礼德从语言功能的角度出发,认为语言是一个多层级的装置。韩礼德的语言层次观受到其老师弗斯的影响,弗斯是英国普通语言学的第一位教授,他把语言分为四个层次:语音层、词汇层、语法层和语言环境层次②。在语法层下分为形态学层次和句法层次,形态研究词形变化,句法则主要是关于语法范畴的组合与聚合关系研究。语言环境层次是弗斯语言层次理论中区别于其他语言学家划分语言层次的地方,涉及非语言因素和语言行为的效果研究。韩礼德把语言环境层看做语言之外的因素,提出了不同于弗斯的语言三个层次的划分:音系层、词汇语法层、语义层。并且不同的层次之间处于一种体现(realization)关系之中,下层是对上层的体现,音系层是对词汇语法层的体现,词汇语法层是对语义层的体现。语言三个层次之间以体现的关系联结起来,韩礼德意在说明语言层次之间不是决然分开的,语言符号系统以自己的层次特征区别于其他符号系统,语言特点正是在不同的层次上得以展开。

由于不满足于静态分析语言的结构和层次,韩礼德将视野转向对语言的使用和功能的分析。我们一般接受的句子类型是根据功能划分的,如陈述、祈使、疑问、感叹四种。韩礼德曾经分出了儿童语言的七种功能,这是微观功能,

---

① Лингвистический энциклопедический словарь. М.,1990. c. 401.
② 杨卫东:"论韩礼德的语言层次",《作家杂志》,2009年第12期。

然后到成人语言就会出现宏观功能。宏观功能又分为理性功能和实用功能。"纯理功能产生于宏观功能,宏观功能产生于微观功能,语法功能是纯理功能在词汇语法层中的具体体现,人们平时对语言的实际运用,构成了一般意义上的语言功能。"①纯理功能又称为元功能,是人类语言的各种功能经过抽象和概括后的结果,并不对应于任何可见的语言形式,纯理功能的划分属于语义层面上的,纯理功能下分为:概念功能、人际功能、语篇功能。关于三大功能之间的关系,韩礼德认为:"语言的三大纯理功能在成人语言中是同时存在的。这是因为讲话者总是在通过连贯的话语(语篇功能)和别人交际(交际功能)的同时,反映周围的客观世界和自己的内心世界(概念功能)。"②可见,概念功能、人际功能和语篇功能之间是人的语言功能的抽象概括,这三种功能体现于每一次的语言使用过程之中,而且它们之间地位等同,不存在主次之分。

2.3 符号意义的层级性与隐喻生成结果的符号学解读

人是社会中的人,社会是人的社会,同样社会因为人而得以产生、存在和发展,我们生活和看到的世界已经是自然事实与人造事实的融合体。为了确切的透视隐喻这一现象,并且尽量避免我们自己的主观标准的强加性,我们应该把语言、神话以及构成社会运行模式中的各种符号系统置于它们得以产生的社会当中来检阅和审视它们所依赖的各种因素,亦即我们所说的文化模式。文化有相对性,我们因此需要"依据这一原则去按照一种文化本身的观念理解这一文化,而不是参照某种抽象的、被认为是人的普遍行为的模式理解它"③。文化本身的观念指的是文化的特殊性和地域性,文化本身并不具有世界普遍性。

隐喻的解读终究归结为对语言符号意义的解读,因为这也是语言符号的主要作用所在,即表达意义。以往的意义理论数量众多、说法不一,奥格登与理查兹列举出意义的22种定义。此外,意义还涉及多种学科,如人文科学中的哲学、逻辑学、心理学等,社会科学中的物理学、化学、生物学等,一定程度上甚至可以说,一切存在都涉及意义,因为一切都离不开语言,对语言的研究也就是对意义的研究。历史上曾经有过为数众多的研究意义的理论,指称论、观念论、反映论、关系论,涉及概念意义、内涵意义、外延意义、风格意义、感情意

---

① 朱永生,严世清,苗兴伟:《功能语言学导论》,上海外语教育出版社2004年版,第137页。
② 朱永生,严世清:《系统功能语言学的多维思考》,上海外语教育出版社2001年版,第26页。
③ 霍克斯:《论隐喻》,昆仑出版社1992年版,第55页。

义、联想意义、结构意义、命题意义、情态意义等等。虽然意义如此繁多,但是对于语言这个最复杂、最典型的符号系统而言,似乎都缺乏说服力和解释力,符号学的意义只有以符号学的方法才能解决,也许这就是我们翻阅了所有意义理论之后的结论吧。

我们认为要研究符号意义,首先要观察符号表达意义的方式和特点,"符号往往通过多个层面来表达意义,而任一层面上的意义集合,都不是一个封闭的系统;层面之间会时时发生相互作用,上一层次作为下一层次的符境,逐层使符号的意义消除模糊性,趋向相对的具体性与确定性"①,这就是语言符号意义层级观的构想。符号意义层级观的提出为全面、系统的研究符号意义提供了理论依据和操作指南,指出了符号意义的开放性、层级性、语境依赖性特点。在我国语言学家华劭把语言符号分为物质符号、语言符号、言语符号思想的基础上,王铭玉提出了语言符号意义层级观理论。如以下图表所示②:

层次	Ⅲ 表层	Ⅱ 浅层	Ⅰ 深层
符号	言语符号	语言符号	物质符号
符号的生成 = 能指 + 所指	语音体	语音词	语音外壳
			所指映象
		类别事物	
	实际事物		
概念	实指	类指	映指
意义	情景意义	认知意义	感知意义
称谓	具体称谓	指象称谓	联想称谓

图表 62

由图表可直观看出,语言按照符号的层级性被分为了深层的物质符号、浅层的语言符号、表层的言语符号。语言符号和言语符号分别对应于索绪尔对语言和言语的划分,浅层语言符号指的语言的潜势存在,是约定俗称的系统,

---

① 王铭玉:《语言符号学》,高等教育出版社 2004 年版,第 221 页。
② 同上,第 222 页。

具有社会性、同质性,其能指形式是语音词,所指内容是表示类别的事物,类别事物是对大量具体事物范畴化分类后所产生的,也就是说是抽象、概括具有同质性事物的特征而得出的认知意义的集合。浅层语言符号所指的内容以系统化、科学化的形式体现出来,只不过还没有涉及具体使用的语境与情景因素,这类语言符号更多的是固化在词典中的释义。言语符号处于整个分类的表层,是浅层语言符号的使用,言语符号的能指是浅层语言符号以整体的形式构筑的,而所指则是实际事物,实际事物也就是具体语境中的客观对象。这样我们可得出结论:言语符号讨论的范围已经是涉及具体语境的,以称谓或描述某个具体事物为目的的,是浅层语言符号以组合或聚合的方式,把有限的语言手段运用到无限的具体交际活动中的过程,其中涉及的因素,除了语言符号,还有符号使用者、语境因素。由于受到索绪尔语言与言语划分的影响,对浅层语言符号和表层言语符号的划分容易接受和理解,这里我们需要解释的是深层物质符号。我们知道语言符号的形成不是一次性完成的,在以系统性、概括性、抽象性和科学性的形式固化在词典之中以前,深层物质符号主要是人通过联想作用所捕获的一种模糊的感知意义。深层物质符号的能指是语音外壳,也就是索绪尔所说的音响形象,所指映像是人联想的感知意义,这是语言社团中的人对客观世界的一种朴素认识,主要集中于对世界的一种直观性的把握,如外形、声音、形状、颜色、味道等等。由于每个人的经验丰富程度存在差异,这种所指映像也就有着相应的差别。从来没有见过冰灯的人对冰灯的所指映像就贫乏,他只是通过自己对冰和灯的认识简单加合,从而想象着冰灯的样子。这样,符号层级理论把符号的能指与所指二元发展成为符号、意义、事物、概念四个要素,概念和意义从而也就区分开来。概念主要是从思维的角度出发,是对事物的本质属性的界定,主要处于浅层语言符号的认知意义中。意义的范围要宽于概念,包括了深层物质符号的感知意义、浅层语言符号的认知意义以及表层言语符号的情景意义,意义比概念更具模糊性,在浅层的言语符号层,情景意义中还会出现附加意义。

符号的层级特征在动态地构筑符号层级系统。任何一个符号都不是孤立的,而是处于系统中与其他符号的关系之中,这种关系是一种解释关系,在对一个符号解释的过程中会不断的涉及其他符号。人的思维和认知活动是动态的不断深化的过程,那么人的这种解释活动也就是处于变化之中的,解释的动态性是符号层级性的始因,解释的无限性预示着符号层级的开放性。这就是皮尔斯的符号增长概念,他曾用命题与元命题来说明这种层级性。如"我在说谎"这一命题的对错问题最初作为语义悖论的典型例子,引起许多学者的关注。如果我说了假话,那么从元命题来看,"'我在说谎'这句话是有真值的",但是会得出对象命题"我没有说谎"。对象命题与元命题不处于一个层次之上,元命题是对对象命题的阐释,并不涉及外部对象。当然,这只是语言符号层级理论的一个应用。这里我们关注的是符号所指的层级衍生性与隐喻意义。

符号层级性理论已经表明,一级符号是一级能指与所指的整体,当一级符号除了一级所指的内容之外又出现了新的附加意义的时候,就出现了二级所指。即一级符号以整体的形式作为二级符号的能指,一级所指被悬置,附加意义作为二级所指执行主要功能。我们认为,从符号层级性理论来看,这种符号的二级所指就是我们要说明的隐喻意义。需要指出的是,符号的隐喻意义首次只出现在表层言语符号的使用之中,即在具体语境中,是一种临时性的建构。我们所说的浅层语言符号的隐喻意义或死隐喻,是在言语符号使用中出现的隐喻意义经过多次使用后,被同一语言团体所接受之后才固化在语言符号上的,所以,语言符号的隐喻更多的是隐喻化的结果。

以名词 storm(暴风雨)为例,storm 一词作为浅层语言符号的能指与符号所指"暴风雨"对应,词的基本词义也就是语言符号的一级能指和所指就此被联系起来。这时这一符号在深层的物质符号的感知意义具有个人通过感觉而得知的一些特点,如风很大的下雨的天气,经常会造成树木和房屋的破坏,因此,有很大的危险性。而在浅层语言符号的暴风雨则有着一系列的经过抽象化和科学化的认知意义,往往体现在词典之中,如"暴风雨:强大而突然来的,又猛又急"[①]。根据事物的这一特征,storm 一词还有了猛烈的、有破坏性的事件或境况、强烈的情绪等等。此时的,下雨的天气和破坏性事件同时存在,我们在此把"风很大的下雨的天气,经常会造成树木和房屋的破坏,因此,有很大的危险性"称为一级所指,把"猛烈的、有破坏性的事件或境况、强烈的情绪等等"称为二级所指,这样就产生了两个不同层次上的双重意义。需要指出

[①] 《新华字典》,商务印书馆 1998 年版,第 18 页。

是，在更高一级层次中产生的二级所指意义，是第二性的，是在具体情境中才会出现的，而且二级所指的出现依据的是与一级所指的某方面特征的相似性。我们先看一组关于 storm 的语句[1]：

(1) The photos caused *a storm* when they were first published in Italy.

这些照片在意大利初次出版时引起了**剧烈的争议**。

(2) The film caused *a storm of controversy*.

这部电影引起**暴风雨般的激烈争论**。

(3) There has been *a storm of criticism* following the publication of his comments.

他的评论发表后已经出现了**大量激烈的批评**。

在符号层级衍生过程中，我们可以看到下级符号系统中的符号以整体的形式进入更高一级的符号中作为纯粹的能指而发挥作用，但是一级符号中的所指内容并没有消失，而是被悬置，一级符号能指与二级符号能指之间存在着相似性，或物理的或心理的，或主观的或客观的，或先在的或构建的。需要指出的是，更高层级的符号系统以前一级符号系统为基础，但是，符号系统的层级是开放的，其具体有多少层级需要靠人的认知程度和解释来决定。一般认为，超出符号一级所指的内容都是符号的附加意义，或隐喻意义。

再如在海德格尔的诗《返乡》中的诗句"家园天使，来吧！融入生命的所有血脉中，让普天同欢，分享天国的恩赐！"其中的"天使"、"生命的血脉"、"天国"无不是指向符号的层级意义，"家园"是一个空间，给人以生活的处所，寄居于大地之中，人在其中才能有在家的感觉，家又有了精神向往与归属地之意。因为大地赠予人这一空间，这里的"家园天使"就是指大地。"'年岁'为我们称之为季节的时间设置空间。在季节所允诺的火热的光华与寒冷的黑暗的'混合'游戏中，万物欣荣开放又幽闭含藏。在明朗者的交替变化中，'年岁'的季节赠予人以片刻之时，那是人在'家园'的历史性居留所分得的片刻之时。'年岁'在光明的游戏中致以它的问候。这种朗照着的光明就是第一个'年岁天使'"[2]。

隐喻最早源于《诗学》，诗歌是隐喻最富饶的土壤，但是隐喻不会终结在诗歌之中，隐喻通过语言符号系统逐渐渗透到人类的所有活动领域之中，只要有

---

[1] A. Deignan, *Metaphor*. 北京, 2001: p. 177—178.
[2] 海德格尔：《荷尔德林诗的阐释》，商务印书馆 2004 年版，第 15 页。

语言就会有隐喻,"不仅能折射出人类诗性智慧的光辉,也能揭示出人类认识世界、改造世界的睿智;不仅是人类改造世界的桥梁,也是人类认知自身的途径"①。

第二节　符号学视角下的隐喻意义

1. 字面意义与隐喻意义

柯勒律治说:"语言被构筑出来不只是要承载对象本身,而且同样要承载正在表现那一对象的人的形象、情绪和意愿。"②也就是说,语言在表达客观世界的同时,担负着把说话人的形象与内在思维融入其中的责任,也许柯勒律治正是在求索着语词与事物间统一性的关系,致力于将语词纳入鲜活的事物之中。柯勒律治认为语词和句子构造本身并不与事物直接对应,语词对应于思想,语法秩序和语词的联系对应于思维法则和人类的情感。人类通过想象丰富了思维,通过隐喻活动扩展现实的视域,因此,隐喻并不是先在的,隐喻是一种把复杂多样归于统一、把连续发生的事物同时呈现出来的思维过程。人大多情况下是把视觉为先、为主的生活置于眼睛独裁专制之下,这正是书面语的抽象性、明晰性得以盛行的原因,并且人总是乐意于承认书面语的这种地位。其实,人类最初的和具体的语言形式是口语或曰言语,而并非语言(根据索绪尔把语言形式分为语言和言语,我们在此分别用言语表示口语,用语言表示书面语——作者注),语言虽然以其逻辑性和明晰性见长,但是其丰富性却远未及言语,语言不能完整的再现言语,充其量只是一种缩略的言语,是言语的抽象。言语伴随着的发音、语调、身势信息都将被语言的抽象和明晰取代,这也就是我们所说的字面意义。隐喻意义的存在是与单一性、抽象性的字面语言专制的战斗力量,我们生活在世界的隐喻中。观念构成思想,而表达思想的任务最终需要语词来完成,语词表达的意义由字面意义与隐喻意义之分,隐喻意义是或多或少不同于字面意义的意义。

隐喻意义常常被用来与字面意义或字典意义进行对比,"隐喻通过形象地

---

① 季广茂:《隐喻理论与文学传统》,北京师范大学出版社2002年版,第10页。
② 霍克斯:《论隐喻》,昆仑出版社1992年版,第77页。

而不是从字面上使用一个词或一些词语,承担着两个事物之间的一种关系;也就是说,隐喻是在一种特殊的意义上使用词,这一意义不同于字典里所注出的意义"①。意义是主观或客观对象带给我们的某种思考、感受与理解,是它的语词符号所指称的东西,意义理论常常区分出字面意义与隐喻意义。关于字面意义我们可以这样来理解:即字面意义就是我们在语词日常用法中的理解,这是固定在词典中的意义,这种意义以直接和直观的方式面向所有说同一种语言的人类群体。而隐喻意义或转义以及引申意义则是通过与语境互动之后通过字面意义的铺垫给人一种有别于字面意义的东西。在隐喻的纯修辞学领域,语词与观念具有绝对的优先地位,那么在孤立的讨论个别语词的时候,它的字面意义就是它原始的、固有的意义,它的隐喻意义则相应的就是派生意义。可见,隐喻意义的出现是为了两种目的,一是为了表达某种比原有语词更生动、形象的观念,二是弥补语言的缺陷,因为该语言中不存在表达相应观念的语词。到这里我们会得出结论,隐喻意义以字面意义为母体,同时隐喻意义是在特定语境中为了形象化表达新观念而出现的,新修辞学派列日小组的热内特的名言就是"除了形象化表达还是形象化表达",为将修辞学建立成为一门关于形象化表达的学科,他专门写了《话语的形象化表达》一书,形象化表达对应于字面表达。需要指出的是,字面意义与隐喻意义的划分并不只是停留在语词层面,其对立可以发生在语词、句子甚至文本层。

　　讨论字面意义之前,我们首先要了解词与词义的定义。关于词的定义,对词下任何定义都不是放之四海而皆准的,因为世界上的语言从属于不同的语系,各个语系之间存在着巨大的差异,不同的语言中词的概念必然会不同,也就是说,不可能存在适合于所有语言的一般的词的定义。随着结构主义语言学在现代语言学史上的开端性作用,语言的结构研究和关系研究成为了研究的主流与中心,那么词素、词、句子、文本便成为了语言层级结构的划分单元。在这里,我们认为,虽然不存在普遍的关于词的定义,但还是可以给出大概相当的定义的。王德春先生认为,"词是音义结合的、语法上定型的、能独立运用的最小语言单位"②,美国语言学家萨丕尔在其著作《语言论》中给词如下描述:"词是从句

---

① 霍克斯:《论隐喻》,昆仑出版社1992年版,第103页。
② 王德春:《语言学通论》(修订本),北京大学出版社2006年版,第57页。

子分解成的、具有孤立'意义'的、最小的叫人完全满意的片段。"①叶蜚声、徐通锵先生认为,"词是语言中能够独立运用的最小符号"②。而我们常用的关于词的定义一般采用一种综合的视角,即词是具有物质载体的表达相对固定意义的可以自由使用的符号。词因此具有了以下特征:具有物质载体,符号结构和语音形式;表达相对固定的意义,这是语词系统化用法的保证,是人类社会顺利进行交流的制度保障;词是符号,并且能够自由的组合运用,产生了意义创新的基础。语词的意义研究是语义学的内容,"词的意义是人们对于所称谓的事物、现象的概括认识,确定词(符号)和它所称谓的对象(事物)之间的联系是词义的语言功能。词义具有概括性、社会性和发展性"③。语义学意义上的词义是人们在社会生活与实践中对客观事物的抽象概括和总结,揭示的是本质属性,并以语言符号和语音形式固化在词典中。语词符号的这种意义是符号的一级所指内容,也就是我们在这里探讨的字面意义。《荀子·正名》中给名予以的解释被奉为经典,"名无固宜,约之以命,约定俗成谓之宜,异于约则谓之不宜;名无固实,约之以命,约定俗成谓之实名",这是我国历史上对于名称与现实关系持约定俗成观点的规约派的代表。这与索绪尔符号任意说有着深层的一致性。

　　语词意义因其符号能指与所指处于任意性关系之中,所以随着社会发展、人类认识的深化,以及人类对于语词表达的社会交际功能的需要,语词的意义会发生变化。根据以往学者们的研究,词义的变化大致有以下几种形式:词义的扩大;词义的缩小,如"子不孝父之过"中的"子"在古代指儿子和女儿,而发展为只是指儿子;词义的消失,随着社会发展,一些事物或现象消失,那么语词当时所有的意义也便随之消失了;词义的转移,即语词保留了原有的能指形式,所指发生了改变,这是科技发展中一些旧词新义出现的现象,"波铁布尼亚曾把意义分作近点的和远点的(ближайшее и дальнейшее значения),前者属于语言学范围,后者则应由其他相关的专门科学来研究"④。如председатель日常生活中为"主席",而随着企业概念的出现,又发展为"总裁"。солнце近义为"太阳,东升西落,给地球提供热量",而科学概念中的远点意义为"恒星,

---

① 萨丕尔:《语言论》,商务印书馆1985年版,第30页。
② 叶蜚声,徐通锵:《语言学纲要》,北京大学出版社1997年版,第126页。
③ 王信泰:"符号视角下的词和词义",《上海师范大学学报》,1995年第3期。
④ 华劭:"从符号学角度看转喻",《外语学刊》,1996年第4期。

太阳系的核心,九大行星围绕着它做周期旋转"。词义的另一种变化是引申,即语词保留原有所指的基础上又产生了新的所指意义,根据符号学相关理论,这是符号层级发展变异的结果,也就是与我们在此讨论的隐喻意义。我国每年正月十五都有吃汤圆的习俗,在老鼎丰汤圆的包装袋上我看到了如下内容:汤圆是我国的代表小吃之一,历史十分悠久。据传,汤圆起源于宋朝。汤圆煮熟后,吃起来香甜可口,因为这种糯米球煮在锅里又浮又沉,所以它最早叫"浮圆子","圆"意味着"团圆"、"圆满",象征全家人团团圆圆、和睦幸福,人们也可以此寄托了对未来生活的美好愿望! 在语言日常用法中,汤圆是作为一种食物而存在的,是一种煮在清水汤里的圆形带馅食物。以其外形的圆形来引申到"家庭的团圆与和睦",这是符号所指层级意义衍生的结果造成的,汤圆的一级所指为食物,二级所指则成了家庭团圆和美好生活的愿望。其英文翻译为 sweet dumpling,dumpling 意思是"饺子",直义为"甜的饺子"。饺子是中国人的传统食品,过年吃饺子是我们的习俗,表达着团圆和睦的美好愿望。隐喻意义以字面意义为基础,即在不增加符号能指的情况下,丰富发展了符号的所指内容,从而造成了符号能指与所指的不对称性。

从符号学角度看,隐喻的本质在于:符号 A 的字面意义被悬置,符号 A 的能指和所指以整体的形式作为一个新的能指,然后符号使用者通过积极联想作用,从不在场的符号聚合体中构建出与符号 A 有某方面相似性特征的符号 B 与符号 A 并置,符号 A 与符号 B 之间就建立起了某种联系,而这种联系创生了符号 A 的新的所指意义,也就是隐喻意义。需要指出的是,符号的隐喻意义与字面意义是同时存在的,隐喻意义的出现并不以字面意义的消失为前提,"当交际过程中在符号两种所指现象之间建立起的合理联系逐渐被大多数受话人所接受,于是符号就形成两种意义:直义和转义,而上述联系就变成解释从直义到转义的理据(мотивированность)"[1]。隐喻意义的理据性有较大的主观性和创新性,其目的更多的是对形象化表达的追求。汉语言中的诗句"红豆生南国……此物最相思",红豆与爱人之间的眷恋与爱慕联系起来,这其中的理据更多的是一种文化因素,具有特殊性,可能很难被外国人接受其中表达的意境。

与隐喻意义的此种产生机制相对应,隐喻多是用于描述功能,用一事物去

---

[1] 华劭:"从符号学角度看转喻",《外语学刊》,1996 年第 4 期。

描述另一事物,或者是对原有事物的一种新奇的重新描述,因此,名词性隐喻多是用于表语或主语。描述的起因依靠的是两事物之间的相似性特征,如常举的例子 ножка стола,ножка 是动物的"腿"的意思,根据腿的支撑作用,引申为支撑桌子的部位,成为了桌子腿。俄语中的 подставить кому ножку,解释为"给某人下绊,对……进行暗中破坏,阻挠某事的顺利进行"。"隐喻语义的两重性使其不符合句子主要要素——主体与述语性特征的基本功能,对证同言语中所指事物来说,隐喻过于主观,对表示述语性特征来说,隐喻又有歧义。发挥隐喻作用的天然场合是诗歌艺术言语,在那里它服务于美学的(而不是纯信息的)功能"[1],我们同意这里所说的隐喻语义的两重性特征,即符号字面意义与隐喻意义的同时存在性,但是隐喻虽有主观性特征,但还不至于过于主观而无法把握。隐喻的所谓的"歧义"性特征正是隐喻张力作用的本质,从修辞学角度来看,隐喻最早被亚里士多德定位在诗学和修辞学的领域之内,隐喻的基本作用是美学和修饰,隐喻的信息功能体现在对现实的一种重塑。隐喻对现实的重新描述与隐喻研究的层次紧密联系,即在语词层面上的隐喻更多研究的是语词符号的替换,在句子层次上的隐喻则是关于语义的更新。我们知道,句子作为命题的基本形式,其功能是为了表达人的思想、情感,在特定的话语环境中以生动的、创造性的形象化形式表达着符号使用者对世界和对现实的一种新的认识和理解。符号使用者在与环境现实的接触中不断产生着新的认识,认知主体的认知模式是利用已有的概念去重新理解旧有事物,形成不同概念领域的新关联,符号所指便出现新的衍生,符号所指的层级性衍生诉说着隐喻意义的生成规律。

关于字面意义朱风云和张辉认为,"字面意义在所有语境下是不变的,它的产生是由词法的语言知识和语言规则共同相互作用的结果"[2],这样看来,字面意义就是词典意义,是不变化的。当然这种提法是根据索绪尔语言与言语的划分原则,即排除了变化的时间因素,如果放在历时环境中,词的字面意义也还是处在绝对的变化之中。在区分字面意义与隐喻意义时,莱考夫认为:"非隐喻字面义(non-metaphorical literality)是直接有意义的语言,其理解不

---

[1] Лингвистический энциклопедический словарь. М. ,1990:с.296—297.
[2] 朱风云,张辉:"熟语意义的加工模式与其影响因素",《外语研究》,2007 年第 4 期。

需要其他经验的帮助,也不需要隐喻或转喻的直接或间接的介入。"①胡壮麟认为,"对隐喻陈述首先要理解词语的蕴涵意义,歧义性是隐喻提示的必然副产品"②,我们不能因为语言天生的模糊性和歧义性,就把隐喻和歧义放在同等的位置上。认知语言学的研究表明,"多义、歧义现象是通过隐喻、转喻等人类认知手段由一个词的中心意义或基本意义向其他意义延伸的过程,是人类认知范畴和概念化的结果"③,可见,隐喻是语言的多义性或歧义性的一个成因。塞尔在字面意义与隐喻意义的关系问题上提出:"其一,字面意义的通达(access)具有无条件的优先权,即字面意义总是先于比喻意义,字面意义的接受和拒绝是比喻意义加工的必经阶段;其二,有缺陷的字面意义是比喻理解的前提条件;其三,语境在比喻意义的通达过程中有着重要的影响和作用,与字面意义相比,比喻意义应该需要更多的和不同的语境信息,因为与字面意义的加工相比,要获得适当的非字面意义必须经过额外的加工。"④

2. 隐喻与一词多义现象的关系探究

一词多义(polysemy)现象是自然语言中普遍存在的事实,从语义学创始以来,语言学家就一直关注意义与形式之间的关系,一词多义现象是其中重要的内容。狭义的语义学指语言学中的语义学,主要的研究内容是词汇、句子层次的意义问题,而广义的语义学则涉及哲学、逻辑学、认知科学等领域的语义研究。关于语义学何时建立的,李福印指出:"自从 1883 年,法国语言学家布列尔(Michel Bréal)在用法语发表的题为《语言的知识规律:语义学简介》的论文中,正式使用 la sémantique 一词以来,语义学的流派和理论层出不穷"⑤,在这里考证语义学诞生的确切日期并不是我们的任务,我们想要说明的是语义学是一个如此古老的学科,甚至比索绪尔的《普通语言学教程》还要早。20 世纪 30 年代德国语言学家特列尔(J. Trier)依据结构主义语言学的相关思想创立了语义场理论,开始了关于语言系统中语义关系的系统研究,"语义场指的

---

① 石洛祥,李力:"超越字面意义的疆域——隐喻歧义的理解及消解",《外语与外语教学》,2008 年第 6 期。
② 胡壮麟:《认知隐喻学》,北京大学出版社 2004 年版,第 51 页。
③ 赵艳芳:《认知语言学概论》,上海外语教育出版社 2000 年版,第 34 页。
④ 石洛祥,李力:"超越字面意义的疆域——隐喻歧义的理解及消解",《外语与外语教学》,2008 年第 6 期。
⑤ 李福印:《语义学概论(修订版)》,北京大学出版社 2007 第二版,第 15 页。

是由一组有共同义素的语言单位构成的结构系统,代表着相同的范畴概念,即'场'"①,语义场的概念扩展了索绪尔的语言中只有关系的观点,语言词汇的语义也是一个处于关系中的概念,词义不是孤立存在的。语义场理论在一词多义问题上认为,一词多义现象是语义结构历时演变为共时所产生的多义结构,其核心是一个本义。

2.1 隐喻与一词多义关系的语言学解读

秉承理想的语言应该是"一个词形一种意义,或一种意义一个词形"②的观念,旧修辞学把一词多义现象看做是语言的缺点,认为多义的存在是人们交流失败或产生误解的原因。其实这是对语言的一种曲解,多义性是语言本身的属性,无论任何人为的努力都是不能从语言中消除的。一个词形对应一种意义,这种意义与词形的无歧义性只是一种理想的自然语言状态。试想如果语言以形式与意义的一对一形式存在和运作,那么随着社会与世界的不断发展,新的意义会以超出人想象的速度增长,那么词的数量将是一个非常庞大的群体,任何一个人都无法清晰准确地记忆,那么在交流中势必会造成障碍。通常的假设是语言在发展最初遵循的是这种语词形式与意义的严格对应,一个词总是用来指称特定的事物或现象,因为原始初民对自然和自身的认识是有限的,这决定着语词数量的有限性。

多义在本质上是语言意义的一种延伸,这是一种新的现实被不断地吸收进语言之中,从而经验得以扩展其范围。理查兹曾经指出,"我们常常遇到的主要困难是需要去发现我们是怎样使用隐喻的以及我们所认定的词义固定的词是怎样发生意义变化的"③,在这里理查兹把隐喻的使用与词义的变化联系在一起,虽然他并没有直接指出隐喻就是一词多义的原因,但是我们还是可以看出他这句话里暗含着的一些意图。隐喻对语词意义的变化有着不可推卸的责任,一定程度上可以说,正是隐喻意义的不断产生使得语词的意义由单一走向了多元,一词多义现象逐渐蔓延。斯威策(Sweetser)明确指出,"大多数多义词是隐喻认知的产物"④。相似性是隐喻得以构建的现实基础,而多义性是

---

① 章宜华:《语义学与词典释义》,上海辞书出版社 2002 年版,第 51 页。
② P. J. Hopper,& E. C. Traugott, *Grammaticalization*. Beijing,2001:p. 71.
③ I. A. Richards, *The Philosophy of Rhetoric*. New York,1965:p. 92.
④ 王文斌:《隐喻的认知构建与解读》,上海外语教育出版社 2007 年版,第 258 页。

隐喻得以产生的语言前提。试想,如果自然语言中的语词都是单义的,一个形式对应一个意义,意义没有模糊的中间区域,意义之间是界限分明的,那么意义之间就不会出现交叉,每一个语词都有自己独特的位置,而无法受到另一个语词的影响,当然其结果是不会出现一个词对另一个词的置换,词与词的并置也不会出现新的意义。束定芳认为,"引起词义变化的原因是语言的施喻者出于某种需要,比如需要命名新的自然或文化现象,需要用具有象征意义的词来描述某些信仰和社会理想等,用其熟悉的始源域来映射相对陌生的目标域,从而使原来的词义得到延伸和发展。多义性是自然语言意义深化的动力之源,是语言符号系统各个不同层次发生转换的内在力量"[1]。隐喻与多义性是语言特征的两面,语言意义上的多义性造就了语言运思模式的隐喻性,或者是因为语言的隐喻性导致了语词意义的多义性,也许在这个问题上我们至今也不能给予明确的和令人信服的解释。赵艳芳也就隐喻与一词多义现象给出了如下解释:"认知语言学研究表明多义现象(包括不同义项和不同词性)是通过人类认知手段(如隐喻、转喻)由一个词的中心意义或基本意义向其他意义延伸的过程,是人类认知范畴和概念化的结果"[2]。赵艳芳从认知语言学的角度认为,多义现象是一个词具有多种互相联系的意义的语言现象,但是这一现象的产生是人的认知手段在发挥作用,是一种从词的基本意义向其他意义延伸的过程,而隐喻正是这其中发挥作用的认知手段之一。

　　除了用语义场理论之外,认知语义学家们还曾用原型理论和范畴理论分析词汇的一词多义现象。泰勒(J. R. Taylor)在《语言的范畴化:语言学理论中的类典型》中指出,语言范畴中有许多的多中心结构(polycentric structure),多中心就是多原型,这些原型通过家族相似性而得以联结,是通过隐喻等方式在原型的子范畴之间发生联系,多义词以自己的一个意义核心吸引着它的其他义项[3]。泰勒对一词多义现象的解释也是坚持了将语词的意义分为基本意义和附着的意义,这些意义之间通过家族相似性而互相联系着,并且在此我们感兴趣的是隐喻对一词多义现象产生的作用。认知语言学下的隐喻是语言的基本原理,渗透到人的概念系统之中,隐喻与一词多义现象处于这样一种关系

---

[1] 束定芳:《隐喻学研究》,上海外语教育出版社 2000 年版,第 109 页。
[2] 赵艳芳:《认知语言学概论》,上海外语教育出版社 2001 年版,第 36 页。
[3] J. R. Taylor, *Linguistic Categorization: Prototypes in Linguistic Theory*, Beijing, 2001: p. 99—100.

之中:隐喻是语言的基本特征,一词多义是语言中普遍存在的现象,隐喻是一词多义现象产生的重要途径,隐喻化的结果固化在语言当中形成了一词多义的现实。

2.2 隐喻与一词多义关系的符号学解读

首先,多义性是语言符号的一个重要特征,一词多义在语言符号系统中大量存在,"语言符号除了专有名词、纯术语外,多义现象居多,并且在符号与符号之间存在一定的有机联系(语音的、语法的、构词的、语义的等),这可以认为是语言符号在意义方面的主要特征之一"①。其次,我们坚持语言的字面意义与隐喻意义划分的观点,这是一个关于语言意义的假设,在此假设的基础之上,自然语言中的语词,不管是单义词还是多义词,都只有一个意义是字面意义或基本意义,而除此之外的所有其他意义都是隐喻意义。字面意义的确认不需要语境的参与,具有常规性、清晰性和不变性等特点。然后,我们认为,隐喻是一词多义现象的触发机制之一,一词多义是隐喻的结果,是语词意义经过隐喻化之后在语词上的沉淀与固化。语言是一个符号系统,每一个语词都是该语言符号系统中的一个符号,符号的意义就是符号的所指内容。在符号学视角之下,隐喻与一词多义现象处于一种什么样的关系之中是我们以下要尝试分析的内容。

2.2.1 符号能指、所指间的任意性与一词多义

首先,与符号的能指对应的所指并不是一个确定的唯一的单位,也就是说,符号能指与所指之间不是一一对应的关系,"实际上多义性也是语言符号兼容性的一种表现,即多种意义的兼容"②。所指是一个域概念,其中有不同的义子构成,就像一个语义场的概念,其中最突出的区别性特征位居域的核心,用于把该符号与其他符号区别开来。而且所指的界限具有模糊性,在大概的范围之内,都是该符号所指的界限,"词不同于其他符号的另一特点,是其作为能指的语音物质与作为所指的意义内容(兼指其内涵与外延)没有一对一的关系"③。人们言说一个符号的时候,其符号能指包含了一系列的所指内容,这些内容可能只是具有字典意义,如一个小孩在动物园指着骆驼问妈妈:"妈

---

① 王铭玉:《语言符号学》,高等教育出版社2004年版,第39页。
② 同上,第38页。
③ 华劭:《语言经纬》,商务印书馆2003年版,第43页。

妈,这是什么?"妈妈回答他说:"这是骆驼。"当然这样的解释也许并不能满足小孩的好奇心,因为仅仅是一个符号的能指是空洞的,除了语音【luòtuo】之外,别无其他。也许妈妈会接着说:"骆驼是沙漠之舟,因为它们用于在沙漠等恶劣、干旱的环境之中运输货物,它们即使很长时间没有水也能存活。"在这一例子中,"骆驼"这一能指对应的所指包括:动物,长有两个驼峰,体形高大,在沙漠等恶劣环境活动,可以运输货物,不怕干旱等等,这是语词符号对概念所包含的若干特征的概括,我们称这些内容为一级所指。骆驼在沙漠里的这种用途或形象和船在水中的形象具有相似性,给人充当交通工具,所以,用符号"舟"具有了用来重新描述"骆驼"这一对象的功能,其描述的符号形式是"沙漠之舟"。根据斯捷潘诺夫的语义三角理论,这种现象是语词符号的语音外壳不变,能指不变,只是在言语环境中所指事物的外延发生变化。船:水=骆驼:沙漠,"沙漠之舟"已经不同于符号"骆驼"一级所指的内容,我们把这种所指称之为二级所指,这样,符号"骆驼"就实现了从一级所指向二级所指的衍生过渡。这里有隐喻功能的词是"舟",而不是"骆驼","骆驼"是本体,沙漠之舟是喻体。在"沙漠之舟"与骆驼结合的语境中,一级所指——船,转为二级所指沙漠中的交通运输工具,此时,已经与骆驼本身无关了,用"沙漠之舟"整个词组来称为骆驼时,已经是死喻或所谓的转义了。

关于符号意义的这种现象,"按本维尼斯特的两次赋予符号意义的理论,在语言中,符号第一次获取意义的方式是社会约定俗成的,是所谓符号性(语符性)的(семиологический),第二次获取意义的方式是产生于言语中的特殊方式,他把这叫做语义性的(семантический)"①。本维尼斯特把符号意义分为约定俗成的和特殊的,符号性意义也就是看到符号就知道意义,这种意义具有常规性和稳定性,而语义性意义则是产生于言语使用之中,揭示了对语境、使用人等因素的依赖作用。斯捷潘诺夫对索绪尔语言符号二元论提出不同意见,坚持语义三角理论,即语言符号由语音、语义与所指对象构成,"在具体的语句中、言语中,整个语义三角作为一个整体可以作为另一个新事物的符号。这样,词中的符号关系是多层次的"②,斯捷潘诺夫把符号的物质语音形式以

---

① 华劭:《语言经纬》,商务印书馆 2003 年版,第 40 页。
② Ю. С. Степанов, *Основы общего языкознания*. М. ,1975:c. 248.

及符号反映的客观对象都加入到语言符号之中,这是符号三元论观点,不同于索绪尔给语言符号纯心理的定位,我们认为这种观点更全面。

其次,符号的任意性原则是符号能指与所指不对称性发展的根本原因。关于符号的任意性,索绪尔指出,"能指和所指的联系是任意的,或者,因为我们所说的符号是指能指和所指相联结所产生的整体,我们可以更简单地说:语言符号是任意的"①,这样语言符号任意性就成了支配整个语言学的"头等重要"的原则。语言符号的任意性的后果有两个:一是保证了语言符号系统的稳定性和不变性,因为,既然符号能指的选择是没有理据的,那么针对一个具体的符号其能指的选择就是随意的,并不存在选择哪一个更好或更坏的问题。在语言初创期,能指形式一经选择,那么在该语言社会中便被固定下来。语言有历史继承性,后来的人只有强制被动的执行和接受这一现实,"符号的任意性本身实际上使语言避开一切旨在使它发生变化的尝试"②。语言在时间的维度上得以存在,正是有了时间这一概念保证着语言的连续性。从另一方面来看,有趣的正是保证语言符号不变性的这种任意性同时也是促使语言符号发生变化的罪魁祸首。既然符号能指与所指处于任意性之中,那么在理论上说,它们之间的关系又是松散的,人们有着重新选择这种组合的自由权利,因为这种行为不会受到任何限制,这样就导致了语言符号任意性的第二个后果:能指和所指的关系会发生转移。

根据现代语言学理论,语言符号是能指与所指结合的整体,那么在能指与所指关系之间发生的转移就会出现不同的情况。首先,符号的所指不变,能指发生变化,这样的结果大致有两种:一、语言中会产生语音变体或近义词。如俄语中的 достичь/достигнуть,семетричный/семетрический,галоша/калоша,лиса/лисица,ноль/нуль,безкусие/безкусица。汉语中的我/俺,媳妇/老婆/内人/糟糠,皇上/皇帝/君王等等。根据其发展程度的变化,"语言中一般不允许长期存在两个完全等值的变体,总利用它们表示不同感情色彩、语体属性,一旦进一步发生语义上的细微变化,那就超出一个词的变异范围,而成为所谓同义词(实际上是近义词)"③。也就是说符号能指的变化,这里指语音变体与近

---

① 索绪尔著,高名凯译:《普通语言学教程》,商务印书馆1980年版,第102页。
② 同上,第109页。
③ 华劭:《语言经纬》,商务印书馆2003年版,第41页。

义词之间是有一定的界限的,超出这个界限就发展为近义词。二、符号的能指形式不变,对应的客观事物也不变,随着客观事物的本质特征和属性的不断被揭示,在某一固定的专业领域就会产生区别于日常所指的内容,这就是术语。郑述谱在谈到术语时说,"总之,在术语学家看来,术语是不同于作为语言学研究对象的词和词组的特殊研究对象。虽然,在大多数情况下,研究的也是语言学研究的词汇单位,但术语学要揭示的却是这些单位的另外一些特征"[1],这另外一些特征,就是科学技术领域的概念。术语一旦形成,其所指便用于专门的学科领域,这是对符号原来所指的深化和专门化,两者之间并不是一词多义的关系。其次符号能指不变,符号的所指对象发生了扩展,除了原来的所指内容又出现了新的内涵意义,可以指称新的对象。两个所指对象之间的相似性特征参与到这一变化的过程当中,以隐喻的形式扩展了词的义项,形成词汇语义变体,符号所指的这种扩展造成了两种结果:新奇隐喻的表达形式和固化在语言当中,产生一词多义或者是同音词。如俄语中的 земля 大写是"地球",小写是"土地",лист 以其复数形式把"页"和"叶"区分开,память 指人的记忆和计算机的存储装置——硬盘和虚拟内存等。汉语中"老板"一词原来指私营企业的所有者,职工都为其劳动,听其支配。而现在大学校园中,尤其在理工科研究生群体中,"老板"一词用来称呼导师,导师申请科研课题,分给学生做实验,导师给予学生一些补助。这样师生关系就发展了老板与职工关系的一些特征,"老板"与"职工"间的关系也就被用来隐喻老师与学生间的关系。用亚里士多德关于隐喻的类比模式 A:B=C:D,A 是老师,B 是学生,C 是老板,D 是职工,老师就是学生的老板。计算机中的"鼠标",因其外形与老鼠相似而得名,"防火墙"、"计算机病毒"、"信息高速公路"等概念已被大家所熟知。至于虚拟网络中的"偷菜"游戏,"今天你收菜了没有?"已经成为部分"网虫"交谈的执行话题。这种把现实生活映射和转移为虚拟、抽象领域的现象日益普遍,从符号学角度来看,这是以具体喻抽象的过程,这都是符号所指内容和所指对象发生变化的结果。

2.2.2 符号的线性特征与一词多义

以上我们以符号能指与所指之间的任意性为基础,分析了一词多义现象的

---

[1] 郑述谱:"术语的定义",《术语标准化与信息技术》,2005 年第 1 期。

产生以及隐喻在其中发挥的作用,指出:符号能指与所指关系的不同变化形式会导致相应不同的结果:语音变体和语义变体、术语和隐喻化意义。我们知道,索绪尔提出了语言符号系统的两大特征:语言符号的任意性和线条性,那么,语言的线性特征与一词多义又有着什么样的关系呢? 这是以下我们关注的焦点。

索绪尔在《普通语言学教程》中指出:"能指属听觉性质,只在时间上展开,而且具有借自时间的特征:(1)它体现一个长度,(2)这长度只能在一个向度上测定:它是一条线。……它跟视觉的能指(航海信号等等)相反:视觉的能指可以在几个向度上同时并发,而听觉的能指却只有时间上的一条线;它的要素相继出现,构成一个链条。"①这是索绪尔提出的语言线性原则,与语言符号的任意性原则构成语言的两大基本原则。因为这条原则看起来太简单了,常常被人们忽略,在研究中语言符号的任意性成为热点,而语言符号的线条性却偏居一隅,少有问津。在此,我们在语言符号层面来审视一词多义现象,解读隐喻在其中所发挥的作用,指出符号学下的一词多义是语言符号所指层级化衍生的产物,语言符号的所指之所以有层级衍生特征是因为语言符号的能指与所指处于任意性的关系之中,符号所指的多层级性造成了符号能指与所指的不对称性。而"能指与所指的不对称性是各种语言共有的现象,它给辨认与使用语词造成一定的麻烦,但同时又被人们有意地用于语言游戏,以引起声音和意义联想的妙趣。在创作中,它是修辞手段的重要资源"②。隐喻是符号所指层级衍生的原因,因此,隐喻是一词多义产生的过程,对隐喻的解读是对一词多义的义项进行的选择与确认,一定程度上可以说,语言符号在言语层面上的线性特征是隐喻出现的一个天然因素。

语言符号不同于视觉符号,因为视觉符号可以同时从不同的方向展开,没有方向性的限制。语言符号的特点是只能以线性的次序单向性的延展,语言的线性特征同时决定着语言的组合关系和聚合关系。语言符号在言语的情境下,在一个位置只能从不在场的聚合体中选择一个语词,同一个位置具有排他性。在言语中,单个的语词的意义之所以无法确定,那是因为"在语言状态中,一切都是以关系为基础的"③,言语中的语词一个接着一个排列,构成一个连

---

① 索绪尔著,高名凯译:《普通语言学教程》,商务印书馆1980年版,第106页。
② 华劭:《语言经纬》,商务印书馆2003年版,第48页。
③ 索绪尔著,高名凯译:《普通语言学教程》,商务印书馆1980年版,第170页。

续结构。而其中的每一个语词都是与它左边和右边的语词,甚至整个语句为依托的,单个语词并不孤立地存在,在它的背后是一个潜在的系统。在"你是我心中的太阳"这句话中,"太阳"这个词的所有义项以整个符号的形式被带入句子之中,但是言说者在这里表达的只是其中的一个义项,而诸如:太阳是距离地球最近的恒星,太阳系的中心天体,太阳系质量的 99.87% 都集中在太阳,太阳系中的八大行星、小行星、流星、彗星、海王星等都围绕太阳运行。而在西方的希腊神话中,太阳神阿波罗是天神宙斯和女神勒托所生,太阳给人类带来光明和温暖,是光明和生命的象征。在如此多的"太阳"的所指之中,听话人通过对句子语义冲突的排除,得出"太阳"在这句话中不是指称客观事物,而是太阳的附加意义,也就是我们在前面提到的二级所指。因此,"你是我心中的太阳"就解读为"你是我的生命,给我带来温暖",而不是字面上的"你是那颗太阳系核心的恒星"。人们使用语言符号的过程受到线性特征的限制,只能逐词逐句的连续表达,每一次只能是事物特征的某一方面的描述。这正如巴特所认为的:"能指符号指向的是与能指符号相关联的事物指向的文字符号所汇集的海洋,而不仅仅是能指符号所指向的事物本身。"[1]每个符号的所指内容都是一个界限模糊的域,这些互相关联的义项之间构成了符号的完整所指,而在符号所指的特征上还要看到符号所指的层级性存在这一事实。

  以上我们通过分析一词多义性现象的产生,论述了隐喻在这一过程中的作用。同时,在对语言的符号系统性和层次性的研究中,更清晰的认识到了语言符号系统的这两大特征。以语言是一个符号系统和语言是一个层级装置作为我们研究隐喻的基础,很自然的我们想到了以符号意义的层级衍生性理论来检阅隐喻意义,这样我们似乎找到了符号学与隐喻的某种关联,也为隐喻的解释提供了符号学上的理论基础。我们从语言的表达层、内容层、功能层三大层次论述了语言的层级性,涵盖了结构主义中语言音、形、义的方面,而且把功能主义中语言功能的思想也纳入层级性分级中。众所周知的是,语言这个符号系统的终极单位是符号,符号是由能指和所指构成的两面体,我们这里的符号的层级性衍生指向的是符号的所指。一个符号的意义不是物质实体,而是音响与概念之间的内部关系的总和。

---

[1] 赵同林:"隐喻产生的符号学阐释",《郑州经济管理干部学院学报》,2007 年第 6 期。

本 编 小 结

我们遵循着以往学术传统的规范,首先对隐喻问题研究的历史和现状进行了一番梳理,按照不同学科对隐喻问题的研究进行了总结,因为隐喻问题已经不再被局限在某一个地域,而成为多学科下共同关注的一个焦点。我们从修辞学、语义学、语用学、哲学、认知语言学以及系统功能语言学等视角下审视了不同学科中对隐喻问题的关注重点,并简要评析了这些学科对隐喻研究的贡献和面临的困境。隐喻之所以重新引起人们的关注,是因为其颇具魅力的意义之谜。20世纪哲学的语言转向预示着对语言意义问题的深入挖掘,而隐喻意义自然成为了众多学科追逐的对象。不可否认的是,隐喻研究的历史是一个逐渐深化的过程,每一次理论的更新都是在以前研究的基础之上做出的,隐喻研究也从定位于修辞学上的语言的装饰品上升到了人类思维的工具。我们认为,隐喻是一个极其复杂的问题,到目前来看,任何学科与任何理论似乎都无力一劳永逸地、彻底地解决这一难题。人们只是试图以不同的视角来探究这一让人费解的意义之谜,隐喻已经渗透到了语言活动的全部领域:日常语言、科学术语、自然科学、社会科学,已经提升到了对人类本身进行理解的中心地位。

以往的隐喻研究理论是对解读隐喻所涉及的外部因素以及内部运作机制的研究,对人这一主体因素涉及较少,对其重要性阐述得还略显单薄。我们试图为隐喻研究寻找一个新的视域,以便能给隐喻研究找到一个新的解释,其目的是能够向隐喻的本质深处推进。符号学作为一种现代语言学的研究范式有其独特的方法论意义,把符号学定位于一般认识论和方法论科学,我们要充分发挥符号学与认知科学密切联系的优势,展现符号学的方法论对语言学研究的指导意义。我们的目的是在前人研究成果的基础上,试图用符号学的一般方法论原理对隐喻问题进行符号学阐释,从符号学的视角来分析隐喻的性质、隐喻的生成基础、生成过程和生成结果。把最有学术张力和解释力的符号学与充斥人类生活的隐喻进行结合,符号学深入到语言的具体问题,发挥符号学方法论的解释力。

我们从不同学科对隐喻研究的内容以及困境的分析,走向了以符号学研究隐喻的尝试。通过对符号学研究的历史和内容的分析,我们在深入了解这门学科的同时,主要目的是要发掘符号学的方法论的阐释力与内涵。符号学最早由现代语言学的鼻祖索绪尔提出,并把语言学归属在符号学的范围之内,认为语言是最典型的符号系统,但是符号学与语言学的联姻一直相隔千里。王铭玉在《语言符号学》里提出了建构语言符号学的构想,并以12个核心要素为具体支持,全面阐释了语言符号学学科的框架。隐喻属于语言问题,因为隐喻表达依靠的是语言符号,隐喻在表层体现出的是一种符号关系,而在意义层则是符号所指的层级性衍生,隐喻的生成过程就是符号使用者建构符号所指间的相似性的过程。因此,我们以语言符号学中语言符号的系统性和语言符号能指与所指理论、语言符号间的相似性理论、语言符号的层级衍生理论、语言符号的主体理论四个理论来阐释隐喻的静态生成基础以及动态生成机制。索绪尔指出语言是一个符号系统,在研究符号的层级性理论之前,我们对索绪尔语言符号的系统观进行了全面分析,指出语言符号的系统性是研究语言符号层级性的前提。我们还从语言是共时系统、语言是符号系统、语言是关系系统、语言是价值系统几个方面进行了论述。系统观体现了索绪尔的结构主义思想,深刻而广泛地影响了日后的各个结构主义语言学派,语言系统观思想在一些结构主义语言学派中得到继承和发展,语言单位的确定和分类被置于更抽象的地位。语言系统观是索绪尔语言学理论的基础,索绪尔深刻的思想、宏观的视野正是体现在他给语言的系统性定位和在语言系统这一指导性原则下对语言本质以及语言单位间关系的考察,以及由此开启的语言学研究的结构主义时代。

语言符号所指的层级性理论是我们研究隐喻意义生成的核心理论支撑。在回顾了语言符号层级理论的产生与发展历史,以及国内外关于语言符号系统层级性的研究状况之后,我们从三个方面来对语言符号系统的层级性特征进行了说明,这就是:语言符号系统的表达层、语言符号系统的内容层、语言符号系统的功能层,这是一种把语言结构与语言的功能结合起来的尝试。符号的层级特征在动态的构筑着符号层级系统。任何一个符号都不是孤立的,而是处于系统中与其他符号的关系之中,这种关系是一种解释关系,在对一个符号解释的过程中会不断地涉及其他符号。人的思维和认知活动是动态的、不断深化的过程,那么人的这种解释活动也就是处于变化之中的,解释的动态性是符号层级性的始因,解释的无限性预示着符号层级的开放性。符号层级性理论已经表明,一级符号是一级能指与所指的整体,当一级符号除了一级所指的内容之外又出现了新的附加意义的时候,就出现了二级所指。即一级符号以整体的形式作为二级符号的能指,一级所指被悬置,附加意义作为二级所指执行主要功能。我们认为,从符号层级性理论来看,这种符号的二级所指就是我们要说明的隐喻意义。需要指出的是,符号的隐喻意义首次只出现在表层言语符号的使用之中,即在具体语境中,是一种临时性的建构。我们所说的浅层语言符号的隐喻意义或死隐喻,是在言语符号使用中出现的隐喻意义经过多次使用后,被同一语言团体所接受之后才固化在语言符号上的,所以,语言符号的隐喻更多的是隐喻化的结果。隐喻在语言符号的使用过程中即言语中产生,用表示一个事物或现象的符号转而表示另一事物或现象,从而把一事物或现象的特征转移到另一事物或现象之上,其基础是两个事物或现象之间的某种相似性特征。符号主体即施喻者利用自己的主观积极联想建构两个事物或现象间的相似性的过程是隐喻的动态形成过程。建构相似性过程完成以后,以语言符号为载体的隐喻表达具有了转义的性质,当该语言集团的人广泛接受这一表达并且大量使用后,这种新的转义趋向于固定在语言符号的释义之中,就有了符号的性质。

  在研究中我们指出,语言符号所指间的相似性是隐喻的静态基础,而建构语言符号间的相似性是隐喻的动态生成机制。象似性与相似性是两个不同的概念范畴,在论文中我们也做了区分。语言象似性研究的出现源于语言符号与其所指的内容之间存在着不同程度的理据性,语言形式与语言内容之间的这种联系就是我们常常理解的语言象似性。语言符号象似性的研究不仅出现在语词、句法而且还研究语篇上的象似性,象似性的话题已经成为了认知科学中的重要概念。然而语言象似性的深入研究,如词汇象似性、句法象似性、语篇象似性的表现形式、表现手段等内容,并不是我们在此论述的重点。我们的初衷是把象似性的概念放在隐喻研究的框架中,发现象似性与隐喻的种种关系。语言符号的象似性问题对应于符号的任意性,象似性与任意性是语言符号性质的两级,在任意性与象似性之间存在着一个模糊渐进的中间区域,而并非除了象似性就是任意性。隐喻符在皮尔斯的分类体系中只是象似符的一个子范畴,象似性在语言上表现在符号与表达的客体之间有某种理据性。

以往的隐喻理论研究中对建构隐喻的施喻者和解读隐喻的受喻者的主体因素考虑得不够深入和全面,无论是隐喻的建构还是解读都离不开人这一主体,对施喻者这一主体的深入认识有助于我们对隐喻建构这一动态过程的全面把握和理解。通过回顾哲学中关于主体、主体性以及主体间性三个概念的论述,人正是以主体的身份与世界处于一种实践关系之中,在这种过程中人通过概念这一人类的思维形式进行对世界的规定和把握。我们认为,隐喻是语言符号在言语中的使用,在动态的隐喻建构和理解过程中,隐喻涉及一种符号关系,这种符号关系就是人这一主体在认识和思维层次上通过建构相似性的活动从而实现的对世界的一种重新描述。根据符号学相关理论,我们把隐喻生成机制解释为符号使用者建构符号与符号之间相似性,更确切地说是在两个符号所指之间建构相似性。因此,在隐喻生成中的主体指的是符号使用者即施喻者。以文化因素和语言因素作为施喻者主体的共性因素,而社会经历、世界知识、生活环境、思维方式、文学修养等作为主体的个性因素,从而认为,主体的共性因素是符号使用者即受喻者正确解读隐喻的前提,而主体的个性因素则更多地体现在符号使用者在建构和解读隐喻的差异性之中。

我们以一词多义现象来分析隐喻生成的结果,指出隐喻对语词意义的变化有着不可推卸的责任,一定程度上可以说,正是隐喻意义的不断产生使得语词的意义由单一走向了多元,一词多义现象逐渐蔓延,一词多义是隐喻生成的结果。一词多义现象是符号所指的层级衍生导致了符号所指与能指的不对称性发展的结果,而符号的任意性原则是符号能指与所指不对称性发展的根本原因。在符号使用者根据符号所指间相似性特征运用联想机制建构隐喻的动态过程中,隐喻体现出了不同的形式。以往的隐喻理论把用表示具体事物或现象的符号转而表示抽象事物或现象作为典型的隐喻形式,我们认为,隐喻还存在着另外三种形式,即用表示具体事物或现象的符号转而表示另一具体事物或现象、用表示抽象事物或现象的符号转而表示另一抽象事物或现象、用表示抽象事物或现象的符号转而表示具体事物或现象。需要指出的是,前两种形式是隐喻运作的主要形式,大部分的隐喻都是以这种模式形成的。隐喻作为一种复杂的语言现象、作为思维的工具,其体现形式是多样化的。

隐喻虽然作为千古意义之谜,吸引着无数学科中无数学者的研究,至今的各种学科和各种理论在对隐喻问题的解释上都存在着这样或那样的不足,似乎隐喻在我们面前总是戴着一层神秘的面纱,我们不能看清它的真面目。即便如此,根据以往隐喻研究的历史,我们还是可以窥见隐喻的一些特征。我们从隐喻的形象性、民族文化性、普遍性、新奇性、动态生成性和语义模糊性几个方面分析了隐喻的一些基本特征,我们知道这只是隐喻展现出的万千面孔中的几次回眸,隐喻因其意义生成的动态性、开放性、层级性决定了其特征的多样性。关于在符号学视角下来研究隐喻的价值和意义,我们认为,对符号学来说,走下"帝国主义宝座"去面对生活中无所不在的隐喻现象,解决具体的问题,建构隐喻的符号学体系,从而扩展隐喻研究的视角,为无限趋近隐喻的本质提供一种可能。对隐喻来说,从修辞格到认知思维再走进符号学,是隐喻得以符号学阐释的过程。对于符号学的平民化和隐喻的符号化都是一个值得研究的内容。通过本课题的研究,可以更充分地看到符号学方法论的阐释张力,同时,对隐喻问题的研究,也可以从不同于认知科学的视角,发掘隐喻的符号学解释,给隐喻以符号学的理论支撑。

我们以符号学的相关理论探讨了隐喻的生成与解读,不可否认的是,书中涉及的部分问题需要进一步的探索,如隐喻建构与解读过程中的主体因素还有哪些?是否所有的人类语言中都存在着隐喻现象?符号学的方法论到底还有哪些?语言符号学对隐喻的研究除了符号的层级理论、符号的主体观还应寻找符号学的哪些理论为依据?此外,由于主要偏重理论方法的探讨,还未涉及隐喻的应用问题,尤其是在不同语境中,如学术论文、第二语言教学、母语的使用、词典编撰过程中隐喻的功能和使用特点。对自然语言中的隐喻语料的收集和分析也是我们进一步要做的工作。以上问题都需要我们在今后的研究中做更深入的分析,我们深信,语言符号学是一门有着丰富生命力和广阔前景的学科,对隐喻问题的阐释也不仅仅局限在我们现在的视野之中。隐喻作为千古意义之谜通过各种不同学科的研究已经初步显示出了一些特征,希望本研究能够对隐喻本质的揭示起到一定的借鉴意义。

参 考 文 献

[1] Абрамов, С. Р. *Герменевтика: история и теория метода.* Майкоп, 2001.
[2] Агеев, В. Н. *Семиотика.* М., 2002.
[3] Акимова, Г. Н. *Новое в синтаксисе современного русского языка.* М., 1990.
[4] Алпатов, В. М. *История лингвистических учений.* М., 1999.
[5] Амвросова, С. В. *Эгоцентрические координаты научной речи.* //Научный и общественно-политический текст: Лингвистические и лингводидактические аспекты изучения. М., 1991.
[6] Анисимова, Е. Е. *О целостности и связности креолизованного текста (к постановке проблемы).* //ФН, 1996, №5.
[7] Апресян, Ю. Д. *Экспериментальное исследование семантики русского глагола.* М., 1967.
[8] Арутюнова, Н. Д. *Логический анализ языка: противоречивость и аномальность текста.* М., 1990.
[9] Арутюнова, Н. Д. *Метафора.* //Лингвистический энциклопедический словарь. М., 1990.
[10] Арутюнова, Н. Д. *Метафора и дискурс.* //Теория метафоры. М., 1990.
[11] Арутюнова, Н. Д. *Предложение и его смысл.* М., 1976.
[12] Арутюнова, Н. Д. *Синтаксические функции метафоры.* //Серия литературы и языка, 1978, №3.
[13] Арутюнова, Н. Д & Журинска, М. А. *Теория метафоры.* М., 1990.
[14] Арутюнова, Н. Д. *Функциональные типы языковой метафоры.* //Серия литературы и языка, 1978, №4.
[15] Арутюнова, Н. Д. *Язык и мир человека.* М., 1998.
[16] Арутюнова, Н. Д. & Ширяев, Е. Н. *Русское предложение. Бытийный тип.* М., 1981.
[17] Ахманова, О. С. & Гюббенет, И. В. *«Вертикальный контекст» как филологическая проблема.* //ВЯ, 1977, №3.
[18] Баженов, Л. Б. & Бирюков, Б. В. *Семиотика и некоторые аспекты проблемы языка и мышления.* //Язык и мышление. М., 1967.
[19] Баженова, Е. А. *В поисках единицы смысловой структуры научного текста.* //Принципы

и методы исследования в филологии: конец XX века. Санкт-Петербург-Ставрополь, 2001.

[20] Баранов, А. Г. *Проблемы методологии исследования текста.* //Принципы и методы исследования в филологии: конец XX века. Санкт-Петербург-Ставрополь, 2001.

[21] Баранов, А. Н. &Кобозева, И. М. *Вводные слова в семантической структуре предложения.* //Системный анализ значимых единиц русского языка. Красноярск, 1984.

[22] Барт, Р. *Введение в структурный анализ повествовательных текстов.* //Зарубежная эстетика и теория литературы XIX—XX вв. М. , 1987.

[23] Барт, Р. *Нулевая степень письма.* //Семиотика. М. , 1983.

[24] Барт, Р. *Избранные работы: Семиотика. Поэтика.* М. , 1989.

[25] Бархударов, Л. С. *Проблема предложения в трактовке различных грамматических направлений.* //Вопросы языкознания. 1976, №3.

[26] Бахтин, М. М. *Проблема текста (опыт философского анализа).* //Вопросы литературы, 1976, №10.

[27] Бахтин, М. М. *Эстетика словесного творчества.* М. , 1979.

[28] Бедрина, И. С. *Функциональная семантикостилистическая категория гипотетичности в сопоставлении с функционально-семантической категории модальности.* //Разновидности текста в функционально-стилевом аспекте. Пермь, 1994.

[29] Белянин, В. П. *Психологические аспекты художественного текста.* М. , 1988.

[30] Бенвенист, Э. *Общая лингвистика.* М. , 1974.

[31] Бех, П. А. &Тарасова, Т. А. *Некоторые особенности структурно-семантической организации научного текста.* //Научный и общественно-политический текст: Лингвистические и лингводидактические аспекты изучения. М. , 1991.

[32] Блэк. М. *Метафора.* //Теория метафоры. М. , 1990.

[33] Болдырев, Н. Н. *О функционально-семиотическом подходе к анализу языковых единиц.* Тамбов, 1998.

[34] Болдырев, Н. Н. *Функционально-семиологический принцип исследования языковых единиц.* //Язык и культура: Факты и ценности. К 70-летию Юрия Сергеевича Степанова. М. , 2001.

[35] Болотнова, Н. С. *Филологический анализ текста.* М. , 2007.

[36] Бондаренко. И. В. *Исследование метафоры на семантическом и когнитивном уровнях.* //Проблемы семантики и прагматики. Калининград, 1996.

[37] Булыгина, Т. В. &Климов, Г. А. *Уровни языковой структуры.* //Общее языкознание: Внутренняя структура языка. М. , 1972.

[38] Булыгина, Т. В. *Особенности структурной организации языка как системы и методы ее исследования.* М. , 1991.

[39] Бухбиндер, В. А. &Розанов, Е. Д. *О целостности и структуре текста.* //ВЯ, 1975, №6.

[40] Валгина, Н. С. *Теория текста: учебное пособие.* М. , 2003.

[41] Вардзелашвили. Ж. *О двоякой сущности метафоры*. //Серия: филология. Выпуск IV. СПб-Тб. ,2002.

[42] Вартазарян. С. Р. *Семиотика и проблемы коммуникации*. Ереван,1981.

[43] Вежбицка, А. *Метатекст в тексте*. //Новое в зарубежной лингвистике. Вып. VIII. Лингвистика текста. Составление, общая редакция и вступительная статья Т. М. Николаевой. М. ,1978.

[44] Вежбицка, А. *Сравнение-градация-метафора*. //Теория метафоры. М. ,1990.

[45] Ветров, А. А. *Семиотика и ее основные проблемы*. М. ,1968.

[46] Виноградов, В. В. *Избранные труды исследования по русской грамматике*. М. ,1975.

[47] Виноградов, В. В. *Из истории изучения русского синтаксиса*. М. ,1958.

[48] Витгенштейн, Л. *Философские исследования*. //Философские работы. М. ,1994.

[49] Волков, А. А. *Композиция текстов массовой информации*. //Аспекты общей и частной лингвистической теории текста. М. ,1982.

[50] Всеволодова, М. В. *Категория именной темпоральности и закономерности ее речевой реализации*. М. ,1983.

[51] Всеволодова, М. В. *Теория функционально-коммуникативного синтаксиса*. М. ,2000.

[52] Гак, В. Г. *Высказывание и ситуация*. //Проблемы структурной лингвистики. М. ,1972.

[53] Гак, В. Г. *К типологии лингвистических номинаций. Языковая номинация. Общие вопросы*. М. ,1977.

[54] Гак, В. Г. *О двух типах знаков в языке*. //Материалы конференции "Язык как знаковая система особого рода". М. ,1967.

[55] Гак, В. Г. *Транспозиция*. //Энциклопедический лингвистический словарь. М. ,1990.

[56] Гальперин, И. Р. *Интеграция и завершенность текста*. //Серия литературы и языка, 1980, №6.

[57] Гальперин, И. Р. *Текст как объект лингвистического исследования*. М. ,1981.

[58] Гальперин, И. Р. *Сменность контекстно-вариативных форм членения текста*. //Русский язык. Текст как целое и компоненты текста. Виноградовские чтения XI. М. ,1982.

[59] Гаспаров, Б. М. *Язык, память, образ. Лингвистика языкового существования*. М. ,1996.

[60] Гаспаров, М. Л. *Литературный интертекст и языковой интертекст*. //Серия литературы и языка,2002, №4.

[61] Гийом, Г. *Принципы теоретической лингвистики*. М. ,1992.

[62] Глазунова, О. И. *Логика метафорических преобразований*. СПб. ,2000.

[63] Головачева, А. В. *Стереотипные ментальные структуры и лингвистика текста*. М. , 2000.

[64] Голубева, А. И. *Скрепы как особый вид связочных средств и их функционирование в научном тексте*. //Научная литература: язык, стиль, жанры. М. ,1985.

[65] Гончаренко, В. В. &Шингарева, Е. А. *Фреймы для распознавания смысла текста*. Кишинев, 1984.

[66] Гореликова, М. И. &Магомедова, Д. М. *Лингвистический анализ художественного текста*. М. ,1989.

[67] Горелов, И. Н. &Седов, К. Ф. *Основы психолингвистики*. М. ,1998.

[68] Горшков, А. И. *Лекции по русской стилистике*. М. ,2000.

[69] Гринев, С. В. *Введение в лингвистику текста : Учебное пособие*. М. ,2000.

[70] Группа µ. *Общая риторика*. Благовещенск,1998.

[71] Гюббенет, И. В. *К проблеме понимания литературно-художественного текста*. М. ,1981.

[72] Данилевская, Н. В. *К вопросу стереотипных о единицах речемыслительного процесса*.// Текст: стереотип и творчество. Пермь,1998.

[73] Данилевская, Н. В. *Научное знание как единица анализа целого текста (к обоснованию объекта исследования)*.//Принципы и методы исследования в филологии: Конец XX века. Санкт-Петербург-Ставрополь, 2001.

[74] Данилевская, Н. В. *В поисках механизма развертывания целого научного текста (функциональнь-стилистический аспект)*.//Языковая деятельность: переходность и синкретизм. Москва-Ставрополь, 2001.

[75] Дейк, Т. А. ван. *Язык. Познание. Коммуникация*. М. ,1989.

[76] Дементьев, В. В. *Изучение речевых жанров : обзор работ в современной русистике*.//ВЯ, 1997, №1.

[77] Демьяненко, А. Ф. *О методологических направлениях семиотики и о связи мышления и языка*.//Язык и мышление. М. ,1967.

[78] Диброва, Е. И. *Пространство текста в композитном членении*.//Структура и семантика художественного текста. Доклады VII-й Международной конференции. М. ,1999.

[79] Добжиньская. Т. *Метафорическое высказывание в прямой и косвенной речи*.//Теория метафоры. М. ,1990.

[80] Долинин, К. А. *Имплицитное содержание высказывания*.//ВЯ,1983,№6.

[81] Дресслер, В. *Синтаксис текста*.//Новое в зарубежной лингвистике. Вып. VIII. Лингвистика текста. Составление, общая редакция и вступительная статья Т. М. Николаевой. М. ,1978.

[82] Дымарская-Бабалян, И. О. *О связности текста : семантический и грамматический аспект*. Ереван, 1988.

[83] Ельмслев, Л. *Метод структурного анализа в лингвистике*.//История языкознания XIX—XX вв. в очерках и извлечениях. М. ,1965.

[84] Ермоленко, С. С. и др. *Методологические основы новых направлений в мировом языкознании*. Киев,1991.

[85] Залевская, А. А. *Введение в психолингвистику*. М. ,2000.

[86] Залевская, А. А. *Некоторые особенности естественного семиози-са*. //Слово и текст: психолингвистический подход. Тверь, 2004.

[87] Зарубина, Н. Д. *Текст: лингвистический и методический аспекты*. М. , 1981.

[88] Звегинцев, В. А. *О цельнооформленности единиц текста*. //Известия АН СССР. Серия литературы и языка, 1980, №1.

[89] Звегинцев, В. А. *Язык и лингвистическая теория*. М. , 2001.

[90] Зильберман, Л. И. *Структурно-семантический анализ текста*. М. , 1982.

[91] Золотова, Г. А. *Коммуникативные аспекты русского синтаксиса*. М. , 1982.

[92] Золотова, Г. А. *К вопросу о конститутивных единицах текста*. //Русский язык. Функционирование грамматических категорий. Текст и контекст. М. , 1984.

[93] Золотова, Г. А. *Говорящее лицо и структура текста*. //Язык—система. Язык—текст. Язык—способность. М. , 1995.

[94] Золотова, Г. А. *Очерк функционального синтаксиса*. М. , 1973.

[95] Зубкова, Л. Г. *Язык как форма*. М. , 1999.

[96] Иванов. Вяч. Вс. *Избранные труды по семиотике и истории культуры*. М. , 2007.

[97] Иванов, Вяч. Вс. *Очерки по истории семиотики в СССР*. М. , 1976.

[98] Иванов, Вяч. Вс. *Лингвистический путь Романа Якобсона*. //Якобсон Р. О. Избранные труды. М. , 1985.

[99] Иванов, Вяч. Вс. *О взаимоотношении динамического исследования эволюции языка, текста и культуры*. //Исследования по структуре текста. М. , 1987.

[100] Иванов, Вяч. Вс. *Из истории ранних этапов становления структурного метода*. // Московско-тартуская семиотическая школа. История, воспоминания, размышления. М. , 1998.

[101] Ионицэ, М. П. &Потапова, М. Д. *Проблемы логико-синтаксической организации предложения*. Кишинев, 1982.

[102] Каменская, О. Л. *Текст и коммуникация*. М. , 1990.

[103] Канью, З. *Заметки к вопросу о начале текста в литературном повествовании*. //Семиотика и художественное творчество. М. , 1977.

[104] Карасик, В. И. *О категориях дискурса*. //Языковая личность: социолингвистические и эмотивные аспекты. Волгоград-Саратов, 1998.

[105] Караулов, Ю. Н. *Активная грамматика и ассоциативно-вербальная сеть*. М. , 1999.

[106] Каргашин, И. А. *Начало и конец лирического текста*. //Логический анализ языка: семантика начала и конца. М. , 2002.

[107] Карпенко, С. М. &Болотнова Н. С. *К вопросу об организации ассоциативно-смысловых полей ключевых слов в поэтических текстах Н. Гумилева*. //Лингвистические парадигмы: традиции и новации (Материал международного симпозиума молодых

ученых 《Лингвистическая панорама рубежа веков》). Волгоград,2000.

[108] Кащеева, М. А. *Предисловие.* //Вопросы английской контекстологии. Л. ,1974.

[109] Кибрик, А. Е. *Очерки по общим и прикладным вопросам языкознания.* М. ,1992.

[110] Кинцель, А. В. *Психолингвистическое исследование эмоционально-смысловой доминанты как текстообразующего фактора.* Барнаул,2000.

[111] Кобозева, И. М. *Лингвистическая семантика.* М. ,2001.

[112] Ковтунова, И. И. *Вопросы структуры текста в трудах акад. В. В. Виноградова.* //Русский язык. Текст как целое и компоненты текста. Виноградовские чтения XI. М. ,1982.

[113] Кожевникова. Л. П. *Метонимия и дискурс.* //Проблемы семантики и прагматики. Калининград,1996.

[114] Кожин, А. Н. *Структура и функционирование поэтического текста. Очерки лингвистической поэтики.* М. ,1985.

[115] Колесов, В. В. *История русского языкознания.* СПб. ,2003.

[116] Колшанский, Г. В. *Контекстная семантика.* М. ,1980.

[117] Колшанский, Г. В. *О языковом механизме порождения текста.* //ВЯ,1983, №3.

[118] Колшанский, Г. В. *Семиотика слова в логическом аспекте.* //Язык и мышление. М. ,1967.

[119] Комиссаров, В. Н. *Смысловая стратификация текста как переводческая проблема.* //Текст и перевод. М. ,1988.

[120] Кондрашов, Н. А. *История лингвистических учений.* М. ,1979.

[121] Косиков, Г. К. *《Структура》 и/или《текст》(стратегии современной семиотики).* //Французская семиотика: От структурализма к постструктурализму. Пер. с фр. , составление и вступительная статья Г. К. Косикова. М. ,2000.

[122] Кошелев, А. Д. *Ю. М. Лотман и тартуско-московская семиотическая школа.* М. ,1994.

[123] Кравченко, А. В. *Знак, значение, знание. Очерк когнитивной философии языка.* Иркутск,2001.

[124] Кравченко, А. В. *Язык и восприятие: Когнитивные аспекты языковой категоризации.* Иркутск,1996.

[125] Красных, В. В. *Основы психолингвистики и теории коммуникации: Курс лекций.* М. ,2001.

[126] Крейдлин, Г. Е. & Кронгауз, М. А. *Семиотика или азбука общения.* М. ,2006.

[127] Крижановская, Е. М. *О стереотипности компонентов коммуникативнопрагматической структуры научного текста.* //Текст: стереотип и творчество. Пермь,1998.

[128] Кронгауз, М. А. *Семантика.* М. ,2001.

[129] Крысин, Л. П. *Социолингвистические аспекты изучения современного русского языка.* М. ,1989.

[130] Кубрякова, Е. С. *О связях когнитивной науки с семиотикой (определение интерпре-*

танты знака). //Язык и культура: Факты и ценности. К 70-летию Юрия Сергеевича Степанова. М. ,2001.

[131] Кулиев. Г. Г. *Метафора и научное познание*. Баку,1987.

[132] Курилович, Е. *Лингвистика и теория знака*. //Звегинцев В. А. История языкознания XIX—XX веков в очерках и извлечениях. Часть II. М. ,1965.

[133] Лакан,Ж. *Функция и поле речи и языка в психоанализе*. М. ,1995.

[134] Лакофф, Дж. *Когнитивная семантика*. //Язык и интеллект. М. ,1996.

[135] Лебедева, Л. Б. *Конец—обращение к началу: завершение опыта*. //Логический анализ языка: семантика начала и конца. М. ,2002.

[136] Лебедева,Н. Б. *Жанровая модель естественной письменной речи (коммуникативн-осемиотический аспект)*. //Интерпретация коммуникационного процесса: межпредметный подход. Барнаул,2001.

[137] Леви-Стросс,К. *Структура и форма*//Зарубежные исследования по семиотике фольклора. М. , 1986.

[138] Леви-Строс,К. *Структурная антропология*. М. ,1985.

[139] Левицкий,Ю. А. *Лингвистика текста*. М. ,2006.

[140] Леденев,Ю. Ю. *Попытка определения текста в свете теории изофункциональности*. // Языковая деятельность:переходность и синкретизм. Москва-Ставрополь,2001.

[141] Лейчик, В. М. *Термин и научная теория*. //Научный и общественно-политический текст: Лингвистические и лингводидактическ-ие аспекты. изучения. М. ,1991.

[142] Лекант, П. А. *Виды предикации и структура простого предложения*. //Лингвистический сборник. М. ,1975.

[143] Лекант, П. А. *Предикативная структура предложений*. //Средства выражения предикативных значений предложений. М. ,1983.

[144] Липилина. Л. А. *Метафора как средство концептуализации действительности*. //Проблемы семантики и прагматики. Калининград,1996.

[145] Лихолистов. П. В. *Компьютерный жаргон*. //Русская речь,1997,№3.

[146] Лотман, Ю. М. *О разграничении лингвистического и литерату-роведческого понятия структуры*. //ВЯ,1963,№3.

[147] Лотман,Ю. М. *Структура художественного текста*. М. ,1970.

[148] Лотман,Ю. М. *Анализ поэтического текста: структура стиха*. Л. ,1972.

[149] Лотман,Ю. М. *Избранные статьи*. Таллин,1992.

[150] Лотман, Ю. М. *Лекции по структуральной поэтике*. //Ю. М. Лотман и тартуско-московская семиотическая школа. М. ,1994.

[151] Лотман, Ю. М. *Структура художественного текста*. //Лотман Ю. М. Об искусстве. СПб. ,1998.

[152] Лотман, Ю. М. *Внутри мыслящих миров. Человек-текст-семиосфера-история*. М., 1999.

[153] Мартынов, В. В. *Категории языка: семиологический аспект*. М., 1982.

[154] Лэм, С. *Очерк стратификациооной грамматики*. Минск, 1977.

[155] Мартьянова, И. А. *В поисках философии текста (Мамардашвили М. Психологическая топология: М. Пруст «В поисках утраченного времени»)*. //Принципы и методы исследования в филологии: Конец XX века. Санкт-Петербург-Ставрополь, 2001.

[156] Маслов, Ю. С. *Какие языковые единицы целесообразно считать знаками?* //Язык и мышление. М., 1967.

[157] Махлина, С. Т. *Семиотика культуры и искусства: Опыт энциклопедического словаря. Части I (А-Л) и II (М-Я)*. СПб., 2000.

[158] Мелетинский, Е. М. *Структурно-типологическое изучение сказки*. //Пропп В. Я. Морфология сказки. Изд. 2-е. М., 1969.

[159] Мелиг, Х. Р. *Семантика предолжения и семантика вида в русском языке*. //Новое в зарубежной лингвистике: Современная зарубежная русистика. М., 1985.

[160] Мельников, Г. П. *Типы означаемых языкового знака и детерминанта языка*. М., 1974.

[161] Михайлова, Е. В. *О межтекстовых связях, интертекстуальной ситуации и текстовом симбиозе*. //Языковая личность: социолингвистические и эмотивные аспекты. Волгоград-Саратов, 1998.

[162] Молчанова, Г. Г. *Семантика художественного текста*. Ташкент, 1988.

[163] Моррис, Ч. У. *Основания теории знаков*. //Семиотика. М., 1983.

[164] Москальская, О. И. *Семантика текста*. //ВЯ, 1980, №6.

[165] Москальская, О. И. *Грамматика текста*. М., 1981.

[166] Москальская, О. И. *Текст—два понимания и два подхода*. //Русский язык. Функционирование грамматических категорий. Текст и контекст. М., 1984.

[167] Мурзин, Л. Н., Штерн А. С. *Текст и его восприятие*. Свердловск, 1991.

[168] Никитина, Е. С. *Семиотика*. М., 2006.

[169] Никитин, М. В. *Предел семиотики*. //ВЯ, 1997, №1.

[170] Николаева, Т. М. *Лингвистика текста: современное состояние и перспективы*. //Новое в зарубежной лингвистике. Вып. VIII. Лингвистика текста. Составление, общая редакция и вступительная статья Т. М. Николаевой. М., 1978.

[171] Николаева, Т. М. *«Событие» как категория текста и его грамматические характеристики*. //Структура текста. М., 1980.

[172] Николаева, Т. М. *Контекстуальноконситуативная обусловленность высказывания и его семантическая цельность*. //Русский язык. Текст как целое и компоненты текста. М., 1982.

[173] Николаева,Т. М. *Единицы языка и теория текста*.//Исследования по структуре текста. Отв. ред. Т. В. Цивьян. М. ,1987.

[174] Николаева,Т. М. *Метатекст и его функции в тексте*(на материале Мариинского евангелия).//Исследования по структуре текста. М. ,1987.

[175] Николаева,Т. М. *Речевая модель«обывателя» и идеи Н. С. Трубецкого—Р. О. Якобсона об оппозициях и«валоризации»*.//Поэтика. История литературы. Лингвистика. М. ,1999.

[176] Николаева,Т. М. *От звука к тексту*. М. ,2000.

[177] Никольская, Л. А. *О терминологическом уточнении основной категории контекстуального анализа. (от «контекста ситуации» к «единице контекста»)*.//Вопросы английской контекстологии. Л. ,1974.

[178] Нирё,Л. *О значении и композиции произведения*.//Семиотика и художественное творчество. М. ,1977.

[179] Новиков,Л. А. *Семантика русского языка*. М. ,1982.

[180] Новиков,А. И. *Семантика текста и ее формализация*. М. ,1983.

[181] Новиков,А. И. &Чистякова,Г. Д. *К вопросу о теме и денотате текста*.//Известия АН СССР. Серия литературы и языка,1981,№1.

[182] Новиков,А. И. &Ярославцева,Е. И. *Семантические расстояния в языке и тексте*. М. ,1990.

[183] Новиков,Л. А. *Художественный текст и его анализ*. М. ,1988.

[184] Одинцов,В. В. *Стилистика текста*. М. ,1980.

[185] Островский, О. Л. *К вопросу о кореференции как одном из способов структурной организации текста*.//Лингвистические исследования. Дубна,2001.

[186] Падучева,Е. В. *Высказывание и его соотнесенность с действительностью*. М. ,1985.

[187] Панов,М. В. *О парадигматике и синтагматике*.//Известия АН СССР. Серия литературы и языка. 1980,№2.

[188] Пельц,Е. *Семиотика и логика*.//Семиотика. М. ,1983.

[189] Перебейнос,В. И. *Закономерности структурной организации научно-реферативного текста*. Киев,1982.

[190] Перфильева, Н. П. *Вставка и текст*.//Проблемы интерпретационной лингвистики. Новосибирск,2000.

[191] Пиотровский,Р. Г. *Инженерная лингвистика и теория языка*. М. ,1979.

[192] Плотников,Б. А. *О форме и содержании в языке*. Минск,1989.

[193] Пляскина, М. В. *Модальные слова в пространстве художественного текста*.//Проблемы интерпретационной лингвистики. Новосибирск,2000.

[194] Полозова. И. В. *Метафора как средство философского познания*. Самара,1999.

[195] Попов,Ю. В. &Трегубович,Т. П. *Текст:структура и семантика*. Минск,1984.

[196] Попова, З. Д. *Знаковая ситуация в лингвосемиотике. Вестник ВГУ.* //Серия гуманитарной науки. 2005, № 2.

[197] Потебня, А. А. *Из записок по русской грамматике.* М. ,1958.

[198] Почепцов, Г. Г. *История русской семиотики.* М. ,1998.

[199] Почепцов, Г. Г. *Русская семиотика: идеи и методы, персоналии, история.* М. ,2001.

[200] Пропп, В. Я. *Морфология сказки.* Изд. 2-е. М. ,1969.

[201] Пропп, В. Я. *Структурное и историческое изучение волшебной сказки* (*Ответ К. Леви-Строссу*). //Семиотика. М. ,1983.

[202] Ревзин, И. И. *Субъективная позиция исследователя в семиотике.* //Труды по знаковым системам. Т. 5. Памяти Владимира Яковлевича Проппа. Тарту,1971.

[203] Ревзин, И. И. *К общесемиотическому истолкованию трех постулатов Проппа* (*анализ сказки и теория связности текста*). //Типологические исследования по фольклору. М. , 1975.

[204] Ревзина, О. Г. *Методы анализа художественного текста.* //Структура и семантика художественного текста. Доклады VII-й Международной конференции. М. ,1999.

[205] Реформатский, А. А. *Введение в языковедение.* М. ,1976.

[206] Реформатский, А. А. *Опыт анализа новеллистической композиции.* //Семиотика. М. ,1983.

[207] Ржевская, Н. Ф. *О семиотических исследованиях в современном французском литературоведении.* //Семиотика и художественное творчество. М. ,1977.

[208] Россихина, Г. Н. *О распределении композиционно-речевых форм по функциональным стилям* (*на материале немецкого языка*). //Научный и общественно-политический текст: Лингвистические и лингводидактические аспекты изучения. М. ,1991.

[209] Ростова, А. Н. *Метатекст как форма экспликации метаязыкового сознания* (*на материале русских говоров Сибири*). Томск,2000.

[210] Серль. Д. *Метафора.* //Теория метафоры. М. ,1990.

[211] Серль, Д. *Что такое речевой акт?* //Новое в зарубежной лингвистике. 1986,№17.

[212] Сильницкий, Г. Г. *Семантические типы ситуаций и семантические классы глаголов.* //Проблемы структурной лингвистики. М. ,1973.

[213] Скляревская. Г. Н. *Языковая метафора как объект лексикологии и лексикографии.* Л. , 1989.

[214] Слышкин, Г. Г. *Апелляция к прецедентным текстам в дискурсе.* //Языковая личность: социолингвистические и эмотивные аспекты. Волгоград-Саратов,1998.

[215] Слюсарева, Н. А. *О знаковой ситуации.* //Язык и мышление. М. ,1967.

[216] Солганик, Г. Я. *К проблеме модальности текста.* //Русский язык. Функционирование грамматических категорий. Текст и контекст. М. ,1984.

[217] Солганик, Г. Я. *Стилистика текста.* Изд. 3-е. М. ,2001.

[218] Соломоник А. *Позитивная семиотика. О знаках, знаковых системах и семиотической деятельности*. М. ,2004.

[219] Соломник, А. *Семиотика и лингвистика*. М. ,1995.

[220] Соломоник. А. *Философия знаковых систем и язык*. Изд. 2-е, Минск,2002.

[221] Соломник, А. *Язык как знаковая система*. М. ,1992.

[222] Солнцев, В. М. *Язык как системно-структурное образование*. М. ,1971.

[223] Сорокин, Ю. А. *Текст: цельность, связность, эмотивность*. //Аспекты общей и частной лингвистической теории текста. М. ,1982.

[224] Сорокин, Ю. А. *Психолингвистические аспекты текста*. М. ,1985.

[225] Сорокин, Ю. А. , Тарасов Е. Ф. *Общение. Текст. Высказывание*. М. ,1989.

[226] Соссюр. Ф. де. *Курс общей лингвистики*. Екатеринбург,1999.

[227] Соссюр, Ф. де. *Труды по языкознанию*. М. ,1977.

[228] Степанов, Ю. С. *В мире семиотики*. //Семиотика. М. ,1983.

[229] Степанов, Ю. С. *В трехмерном пространстве языка*. М. ,1985.

[230] Степанов, Ю. С. *Имена, предикаты, предложения (семиологическая грамматика)*. Изд. 2-е. М. ,2002.

[231] Степанов, Ю. С. *«Интертекст», «интернет», «интерсубъект» (К основаниям сравнительной концептологии)*. //Известия АН РАН. Серия литературы и языка. 2001, №1.

[232] Степанов, Ю. С. *Методы и принципы современной лингвистики*. М. ,1975.

[233] Степанов. Ю. С. *Основы общего языкознания*. М. ,1975.

[234] Степанов, Ю. С. *Семиологический принцип описания языка*. //Принципы описания языков мира. М. ,1976.

[235] Степанов, Ю. С. *Семиотика*. М. ,1971.

[236] Степанов, Ю. С. *Семиотика языка и литературы*. М. ,1983.

[237] Стоянович, А. *Авторская самооценка в аспекте стереотипизации*. //Текст: стереотип и творчество. Пермь,1998.

[238] Супрун, А. Е. *Повтор в лексической структуре текста*. //Язык-система. Язык-текст. Язык-способность. М. ,1995.

[239] Сусов, И. П. *Глубинные аспекты семантики предложения*. //Проблемы семантики. М. ,1974.

[240] Сусов, И. П. *Семантическая структура предложения*. Тула,1973.

[241] Сусов, И. П. *Уровни языковой системы и лингвистическая семантика*. //Синтаксическая семантика и прагматика. Калинни,1982.

[242] Схова, Л. В. *Контекстуальная связь предложений*. Киев,1982.

[243] Сыров, И. А. *Категория связности и явления синкретизма в системе «Предложение-ССЦ-Текст»*. //Языковая деятельность: переходность и синкретизм. Москва-Ставрополь,2001.

[244] Телия. В. Н. *Метафора в языке и тексте*. М. ,1988.

[245] Тодоров,Ц. *Теории символа*. М. ,1999.

[246] Трошина,Н. Н. *Прагмастилистический контекст и восприятие текста*. //Прагматика и семантика. М. ,1991.

[247] Тураева,З. Я. *Лингвистика текста*. М. ,1986.

[248] Тураева,З. Я. *Лингвистика текста и категория модальности*. //ВЯ,1994,№3.

[249] Успенский, Б. А. *Избранные труды. Т. 1. Семиотика истории. Семиотика культуры*. М. ,1994.

[250] Успенский,Б. А. *Семиотика искусства*. М. ,1995.

[251] Успенский, Б. А. *К проблеме генезиса тартуско-московской семиотической школы*. // Московско-тартуская семиотическая школа. История, воспоминания, размышления. М. , 1998.

[252] Успенский,Б. А. *Семиотика искусства*. М. ,2005.

[253] Уфимцева, А. А. *Лексическое значение (Принцип семиологического описания лексики)*. М. ,1986.

[254] Уфимцева, А. А. *Понятие языкового знака*. //Общее языкознание. Формы существования,функции,история языка. М. ,1970.

[255] Уфимцева,А. А. *Слово в лексико-семантическом системе языка*. М. ,1968.

[256] Уфимцева,А. А. *Типы словесных знаков*. М. ,1970.

[257] Фатеева,Н. А. *Контрапункт интертекстуальности,или Интертекст в мире текстов*. М. ,2000.

[258] Федорова Л. Л. *О двух референтных планах диалога*. //ВЯ,1983,№5.

[259] Федорова. Л. Л. *Семиотика хрестоматия*. М. ,2005.

[260] Филлмор,Ч. *Дело о падеже*. //Зарубежная лингвистика. М. ,1999.

[261] Формановская, Н. И. *О смысловой объемности текста с коммуникативно-прагматической точки зрения*. //Русский язык за рубежом,1988,№ 5.

[262] Фреге,Г. *Понятие и вещь*. //Семиотика и информатика. М. ,1997.

[263] Фреге,Г. *Смысл и денотат*. //Семиотика и информатика. М. ,1997.

[264] Фурс,Л. А. *Предложение как мыслительный конструкт*. М. ,2003.

[265] Хомский,Н. *Синтаксичекие структуры*. //Новое в лингвистике. М. ,1962.

[266] Худяков,А. А. *Семиозис простого предложения*. Архангельск,2000.

[267] Цивьян, Т. В. *Предисловие*. //Исследование по структуре текста. М. ,1987.

[268] Чебанов,С. В. ,Мартыненко Г. Я. *Семиотика описательных текстов*. СПб. ,1999.

[269] Чередниченко,И. В. *Структурно-семиотический метод тартуской школы*. СПб. ,2001.

[270] Чернейко, Л. О. *Гипертекст как лингвистическая модель художественного текста*. // Структура и семантика художественного текста. Доклады VII-й Международной

конференции. М. ,1999.
- [271] Черняховская,Л. А. *Информационная структура текста как объект перевода*. //Текст и перевод. М. ,1988.
- [272] Шабес,В. Я. *Событие и текст*. М. ,1989.
- [273] Шахматов,А. А. *Синтаксис русского языка*. Л. ,1941.
- [274] Шведова,Н. Ю. *Русская грамматика*. М. ,1980.
- [275] Ширяев,Е. Н. *Структура разговорного повествования*. //Русский язык. Текст как целое и компоненты текста. Виноградовские чтения XI. М. ,1982.
- [276] Шмелева,Е. Я. *Начало и конец анекдота*. //Логический анализ языка:семантика начала и конца. М. ,2002.
- [277] Шмелева,Е. Я. &·Шмелев,А. Д. *Русский анекдот :текст и речевой жанр*. М. ,2002.
- [278] Шмелев,Д. Н. *Синтаксическая членимость высказывания в современном русском языке*. М. ,1976.
- [279] Шмелева,Т. В. *Семантический синтаксис. Тексты лекций*. Красноярск,1994.
- [280] Шмидт,З. Й. *《Текст》и《история》как базовые категории*. //Новое в зарубежной лингвистике. Вып. VIII. Лингвистика текста. Составление,общая редакция и вступительная статья Т. М. Николаевой. М. ,1978. с. 89—108.
- [281] Юганов,В. И. *Коммуникативно-информационная структура немецкого микротекста*. Калинин,1980.
- [282] Якобсон,Р. О. *Избранные труды*. М. ,1985.
- [283] Якобсон,Р. *Лингвистика и поэтика*. //Структурализм:"за" и "против". М. ,1975.
- [284] Якубинский,Л. П. *Избранные работы. Язык и его функционирование*. М. ,1986.
- [285] Ярцева,В. Н. *Языкознание. Большой энциклопедический словарь*. М. ,1998.
- [286] Baake,K. *Metaphor and knowledge*. Albany,2003.
- [287] Barthes,R. *Mythologies:A Selection from Mythologies*. Paris,1957.
- [288] Blackburn,S. *Oxford Dictionary of Philosophy*. Oxford,1996.
- [289] Cameron,L. &· Graham,L. *Researching and Applying Metaphor*. Shanghai,2001.
- [290] Deignan,A. *Metaphor*. Beijing,2001.
- [291] Fan Wenfang. *A systemic-functional approach to Grammatical metaphor*. Beijing,1997.
- [292] Fauconnier,G. *Mental spaces—aspects of meaning construction in natural language*. Beijing,2008.
- [293] Goatly,A. *The language of metaphors*. London,1997.
- [294] Guttenplan,S. *Objects of metaphor*. Oxford,2005.
- [295] Haiman,J. *Natural syntax :iconicity and erosion*. Beijing,2009.
- [296] Halliday,M. A. K. *An Introduction to Functional Grammar*. Beijing,2000.
- [297] Hoopes,J. *Pierce on Signs*. Chapel Hill NC,1991.

[298] Hopper, P. J & Traugott, E. C. *Grammaticalization*. Beijing, 2001.
[299] Innis, R. *Semiotics: An Introductory Anthology*. Bloomington, 1985.
[300] Jackendoff, R. & Aaron, D. *Review of More than cool reason*. //Language, 1991.
[301] Jakobson, R. & Halle, M. *Fundamentals of language*. Mouton & Co. ' s-Gravenhage, 1956.
[302] Johansen, J. D. *Dialogic Semiotics*. Bloomington, 1993.
[303] Lakoff, G. & Johnson, M. *Metaphors We Live by*. Chicago, 2003.
[304] Lakoff, G. *Women, Fire and Dangerous Things*. Chicago, 1990.
[305] Lanchun. *A cognitive approach to spatial metaphors in English and Chinese*. Beijing, 2008(second edition).
[306] Levinson, S. C. *Pragmatics*. Beijing, 2001.
[307] Nick, L. S. *Metaphors for evaluation*. London, 1981.
[308] Ning Yu. *The contemporary theory of metaphor*. Amsterdam, 1998.
[309] Norton, B. G. *Environmental ethics and weak anthropocentrism*.//Environmental Ethics. McGraw-Hill, 1998.
[310] Ortony, A. *Metaphor and thought*. Cambridge, 1993.
[311] Rakova, M. *The extent of the literal metaphor, polysemy and theories of concepts*. Beijing, 2004.
[312] Richards, I. A. *The Philosophy of Rhetoric*. New York, 1965.
[313] Ricoeur, P. *The Rule of Metaphor*. London, 2003.
[314] Ronald, A. J. *Greimas and the Nature of Meaning*. London, 1987.
[315] Scheffler, I. *Beyond the letter*. London, 1979.
[316] Searle, J. R. *Expression and meaning: studies in the theory of speech acts*. Cambridge, 1979.
[317] Sheriff, J. K. *The fate of Meaning*. Princeton, 1989.
[318] Sweetser, E. *From Etymology to Pragmatics: Metaphorical and Culture Aspects of Semantic Structure*. Cambridge, 1990.
[319] Taylor, J. *Ten lectures on applied cognitive linguistics*. Beijing, 2007.
[320] Taylor, J. R. *Linguistic Categorization: Prototypes in Linguistic Theory*. Beijing, 2001.
[321] Verbrugge, R. R. *Transformation in Knowing: A Realistic View of Metaphor*.//Cognition and Figurative Language. Hillsdale, 1980.
[322] Wierzbicka, A. *Metaphors linguists live by: Lakoff & Johnson contra Aristotle*.//Papers in Linguistics, 1986.
[323] Winfried, N. *Handbook of Semiotics*. Indiana, 1990.

[324] 阿基申娜编,汪意祥译:《俄文书信大全》,湖南科学技术出版社1992年版。

[325] 安娜·埃诺著,怀宇译:《符号学简史》,百花文艺出版社 2005 年版。
[326] 艾柯著,卢德平译:《符号学理论》,中国人民大学出版社 1990 年版。
[327] 埃科著,王天清译:《符号学与语言哲学》,百花文艺出版社 2006 年版。
[328] 安利红:"篇章信息处理的基本原则",《外语学刊》,2003 年第 1 期。
[329] 巴特著,董学文、王葵译:《符号学美学》,辽宁人民出版社 1987 年版。
[330] 巴特著,汪耀进、武佩荣译:《恋人絮语——一个解构主义的文本》,上海人民出版社 1988 年版。
[331] 巴特著,王东亮等译:《符号学原理》,生活·读书·新知三联书店 1999 年版。
[332] 巴特著,屠友祥译:《S/Z》,上海人民出版社 2000 年版。
[333] 巴特著,黄天源译:《符号学原理》,广西民族出版社 1992 年版。
[334] 巴特著,孙乃修译:《符号帝国》,商务印书馆 1999 年版。
[335] 巴特著,怀宇译:《显义与晦义——批评文集之三》,百花文艺出版社 2005 年版。
[336] 巴特著,李幼蒸译:《符号学原理》,生活·读书·新知三联书店 1988 年版。
[337] 巴赫金:《巴赫金全集(第一卷):哲学美学》,河北教育出版社 1998 年版。
[338] 巴赫金:《巴赫金全集(第四卷):文本对话与人文》,河北教育出版社 1998 年版。
[339] 白春仁,汪嘉斐,周圣,郭聿楷:《俄语语体研究》,外语教学与研究出版社 1999 年版。
[340] 贝塔朗菲·拉威奥莱特著,张志伟等译:《人的系统观》,华夏出版社 1989 年版。
[341] 布龙菲尔德著,《语言论》,商务印书馆 1997 年版。
[342] 蔡晖:"再论篇章伴随意义层",《中国俄语教学》,1999 年第 1 期。
[343] 蔡晖:"试论篇章的言语格调",《外语学刊》,1999 年第 4 期。
[344] 蔡曙山:《言语行为和语用逻辑》,中国社会科学出版社 2000 年版。
[345] 陈家旭:《英汉隐喻认知对比研究》,学林出版社 2007 年版。
[346] 陈嘉映:《语言哲学》,北京大学出版社 2004 年版。
[347] 陈平:"描写与解释:论西方现代语言学研究的目的与方法",《外语教学与研究》,1987 年第 1 期。
[348] 陈倩:"俄语句际关系研究的历史及现状",《中国俄语教学》,1999 年第 2 期。
[349] 陈望道:《修辞学发凡》,上海教育出版社 1979 年版。
[350] 陈勇:"略论符号学分析的方法论实质",《解放军外国语学院学报》,2006 年第 1 期。
[351] 陈勇:《篇章符号学:理论与方法》,黑龙江大学出版社 2010 年版。
[352] 陈勇:"语言研究中的标记理论",《外语研究》,2002 年第 5 期。
[353] 陈勇:"认知语义学视野下的俄语词汇语义研究",《中国俄语教学》,2003 年第 2 期。
[354] 陈勇:"俄语语篇连贯的特征与语境分类",《中国俄语教学》,2003 年第 4 期。
[355] 陈宗明,黄华新:《符号学导论》,河南人民出版社 2004 年版。
[356] 程雨民:《语言系统及其运作》,上海外语教育出版社 2000 年版。
[357] 池上嘉彦著,张晓云译:《符号学入门》,国际文化出版公司 1985 年版。
[358] 池上嘉彦著,林璋译:《诗学与文化符号学》,译林出版社 1998 年版。

[359] 丹·扎哈维著,蔡文菁译:《主体性和自身性》,上海译文出版社 2008 年版。
[360] 德里达著,汪堂家译:《论文字学》,上海译文出版社 2005 年版。
[361] 邓军:《篇章的逻辑语义分析》,黑龙江教育出版社 1997 年版。
[362] 丁尔苏:"符号学研究——世界与中国",《中国比较文学》,1994 年第 2 期。
[363] 丁尔苏:《语言的符号性》,外语教学与研究出版社 2000 年版。
[364] 董小英:《再登巴比伦塔——巴赫金与对话理论》,生活·读书·新知三联书店 1994 年版。
[365] 杜桂枝:"莫斯科—塔图符号学派",《外语学刊》,2002 年第 1 期。
[366] 杜桂枝:《20 世纪后期的俄语学研究及发展趋势 1975—1995》,首都师范大学出版社 2000 年版。
[367] 杜文礼:"语言的象似性探微",《四川外语学院学报》,1996 年第 1 期。
[368] 范·迪克:"话语分析——一门新的交叉学科",《国外语言学》,1990 年第 2 期。
[369] 范晓:《三个平面的语法观》,北京语言文化大学出版社 1996 年版。
[370] 菲尔墨著,胡明扬译:《"格"辩》,商务印书馆 2002 年版。
[371] 冯晓虎:《隐喻——思维的基础篇章的框架》,对外经济贸易大学出版社 2004 年版。
[372] 冯志伟:《现代语言学流派》,陕西人民出版社 1987 年版。
[373] 弗莱德·R. 多尔迈著,万俊人,朱国钧等译:《主体性的黄昏》,上海人民出版社 1992 年版。
[374] 高概著,王东亮编译:《话语符号学》,北京大学出版社 1997 年版。
[375] 格雷马斯著,蒋梓骅译:《结构语义学》,百花文艺出版社 2001 年版。
[376] 格雷马斯著,冯学俊、吴泓渺译:《论意义——符号学论文集(上、下)》,百花文艺出版社 2005 年版。
[377] 耿占春:《隐喻》,东方出版社 1993 年版。
[378] 苟志效,陈创生:《从符号的观点看——一种关于社会文化现象的符号学阐释》,广东人民出版社 2003 年版。
[379] 顾嘉祖,辛斌:《符号与符号学新论》,东南大学出版社 2006 年版。
[380] 顾曰国:"礼貌、语用与文化",《外语教学与研究》,1992 年第 4 期。
[381] 桂诗春:《新编心理语言学》,上海外语教育出版社 2000 年版。
[382] 郭贵春:《隐喻、修辞与科学解释》,北京科学出版社 2007 年版。
[383] 郭鸿:"对符号学的回顾和展望:论符号学的性质、范围和研究方法",《外语与外语教学》,2003 年第 5 期。
[384] 郭鸿:"符号学使语言学成为一门科学",《外语研究》,1998 年第 3 期。
[385] 郭鸿:《现代西方符号学纲要》,复旦大学出版社 2008 年版。
[386] 海力古丽·尼牙孜:《当代俄罗斯新闻政论语义辞格研究》,中央文献出版社 2007 年版。
[387] 赫立民:"俄语广告语言的特点",《中国俄语教学》,1994 年第 3 期。
[388] 何英玉:《词语的指称研究》,黑龙江人民出版社 2003 年版。

[389] 何兆熊:《新编语用学概要》,上海外语教育出版社 2000 年版。
[390] 洪堡特著,姚小平译:《论人类语言结构的差异及其对人类精神发展的影响》,商务印书馆 1999 年版。
[391] 胡壮麟:《认知隐喻学》,北京大学出版社 2004 年版。
[392] 胡壮麟等:《系统功能语法概论》,湖南教育出版社 1997 年版。
[393] 胡壮麟:《语篇的衔接与连贯》,上海外语教育出版社 1994 年版。
[394] 胡壮麟:"语境与文体",《山东外语教学》,2000 年第 4 期。
[395] 胡壮麟:"走近巴赫金的符号王国",《符号学研究》,军事谊文出版社 2001 年版。
[396] 胡壮麟:"语境研究的多元化",《外语教学与研究》,2002 年第 3 期。
[397] 胡壮麟:"语法隐喻",《外语教学与研究》,1996 年第 4 期。
[398] 华劭:"从符号学角度看转喻",《外语学刊》,1996 年第 4 期。
[399] 华劭:"关于语句意思的组成模块",《外语学刊》,1998 年第 4 期。
[400] 华劭:《华劭集》,黑龙江大学出版社 2007 年版。
[401] 华劭:"名词的指称、词义和句法功能",《外语学刊》,1995 年第 1 期。
[402] 华劭:《语言经纬》,商务印书馆 2003 年版。
[403] 黄国文:《语篇分析的理论与实践——广告语篇研究》,上海外语教育出版社 2001 年版。
[404] 黄华新,陈宗明:《符号学导论》,河南人民出版社 2004 年版。
[405] 黄晓敏:"漫谈法国叙述符号学",《外国文学》,1995 年第 3 期。
[406] 霍克斯著,瞿铁鹏译:《结构主义和符号学》,上海译文出版社 1987 年版。
[407] 霍克斯著,高丙中译:《论隐喻》,北京昆仑出版社 1992 年版。
[408] 季广茂:《隐喻理论与文学传统》,北京师范大学出版社 2002 年版。
[409] 贾中恒,朱亚军:"Pierce 的符号三元观",《外语研究》,2002 年第 3 期。
[410] 金立鑫:《语法的多视角研究》,上海外语教育出版社 2000 年版。
[411] 卡西尔著,甘阳译:《人论》,上海译文出版社 2004 年版。
[412] 卡西尔著,于晓译:《语言与神话》,生活·读书·新知三联书店 1988 年版。
[413] 科仁娜著,白春仁等译:《俄语功能修辞学》,外语教学与研究出版社 1982 年版。
[414] 蓝纯:《认知语言学与隐喻研究》,外语教学与研究出版社 2005 年版。
[415] 乐眉云:"索绪尔的符号学语言观",《外国语》,1994 年第 6 期。
[416] 李福印:《语义学概论》,北京大学出版社 2007 年版。
[417] 李广仓:《结构主义文学批评方法研究》,湖南大学出版社 2006 年版。
[418] 李洪儒:"从语句的交际结构看说话人形象",《外语学刊》,2002 年第 4 期。
[419] 利科著,汪堂家译:《活的隐喻》,上海译文出版社 2004 年版。
[420] 李勤,钱琴:《俄语句法语义学》,上海外语教育出版社 2006 年版。
[421] 李善廷:"论隐喻的相似性",《中国俄语教学》,2008 年第 1 期。
[422] 李肃:"洛特曼文化符号学思想发展概述",《解放军外国语学院学报》,2002 年第 2 期。
[423] 李锡胤:"篇章结构的功能分析尝试",《外语学刊》,1993 年第 6 期。

[424] 李学平:"语言的层次结构",《外语学刊》,1987年第3期。
[425] 李延福:《国外语言学通观(上下册)》,山东教育出版社1999年版。
[426] 李幼蒸:《结构与意义》,中国社会科学出版社1996年版。
[427] 李幼蒸:《理论符号学导论》,社会科学文献出版社1999年版。
[428] 李幼蒸:《历史符号学》,广西师范大学出版社2003年版。
[429] 李战子:"论篇章连贯率",《外语教学》,1994年第4期。
[430] 廖春红:"试析莫里斯符号学的意义观",《北方论丛》,2006年第4期。
[431] 列维-布留尔著,丁由译:《原始思维》,商务印书馆1981年版。
[432] 林大津:"国外英汉对比修辞研究及其启示",《外语教学与研究》,1994年第3期。
[433] 林书武:"隐喻研究的基本现状、焦点及趋势",《外国语》,2002年第1期。
[434] 林书武:"《隐喻与象似性》简介",《国外语言学》,1995年第3期。
[435] 刘保山:"几种语篇分析理论介绍",《外语教学与研究》,1983年第2期。
[436] 刘鸿绅:"篇章语言学的发展史及研究领域(上)",《国外语言学》,1987年第3期。
[437] 刘鸿绅:"篇章语言学的发展史及研究领域(下)",《国外语言学》,1987年第4期。
[438] 刘国辉:"间接言语行为取向的隐含动因探讨",《山东外语教学》,2001年第4期。
[439] 刘礼进:"英汉篇章结构模式对比研究",《现代外语》,1999年第4期。
[440] 刘润清:《西方语言学流派》,外语教学与研究出版社1995年版。
[441] 刘森林、李佐文:"论语篇语用连贯的再现",《天津外国语学院学报》,2000年第2期。
[442] 刘鑫民:《现代汉语句子生成问题研究》,华东师范大学出版社2004年版。
[443] 刘正光:"FauConnier的概念合成理论:阐释与质疑",《外语与外语教学》,2002年第10期。
[444] 吕公礼:"从语境的终极参照性看含义理论的演化与重构",《外国语》,1996年第4期。
[445] 卢梭著,洪涛译:《论语言的起源》,上海人民出版社2003年版。
[446] 路易-让·卡尔韦著,车槿山译:《结构与符号》,北京大学出版社1997年版。
[447] 罗念生:《罗念生全集》(第一卷),上海人民出版社2007年版。
[448] 吕红周:"拓扑学和符号域的呈现——语言文化研究的动态平衡",《俄语语言文学研究》,2010年第2期。
[449] 吕红周:"隐喻与一词多义现象的关系探究",《俄语语言文学研究》,2010年第4期。
[450] 吕红周:"索绪尔的语言系统观研究",《外语学刊》,2010年第4期。
[451] 吕红周:"俄语名词语义范畴自动标注研究",《外语研究》,2010年第4期。
[452] 马壮寰:"索绪尔的语言价值观",《当代语言学》,2004年第4期。
[453] 米克·巴尔:《叙述学:叙事理论导论》,中国社会科学出版社1995年版。
[454] 苗兴伟:"论衔接与连贯的关系",《外国语》,1998年第4期。
[455] 莫里斯著,罗兰、周易译:《指号、语言和行为》,上海人民出版社1989年版。
[456] 莫里斯·梅洛-庞蒂著,姜志辉译:《符号》,商务印书馆2005年版。
[457] 倪波、顾柏林:《俄语语义学》,上海外语教育出版社1995年版。

[458] 欧文·拉兹洛著,钱兆华等译:《系统哲学引论——一种当代思想的新范式》,商务印书馆 1998 年版。
[459] 裴文:《索绪尔:本真状态及其张力》,商务印书馆 2003 年版。
[460] 彭增安:《隐喻研究的新视角》,山东文艺出版社 2006 年版。
[461] 皮鸿鸣:"索绪尔语言学的根本原则",《武汉大学学报》,1994 年第 4 期。
[462] 戚雨村:"索绪尔研究的新发现",《外国语》,1995 年第 6 期。
[463] 戚雨村:《现代语言学的特点和发展趋势》,上海外语教育出版社 2000 年版。
[464] 戚雨村,谢天蔚:"从语言系统的研究到语言使用的研究",《外国语文教学》,1983 年第 2 期。
[465] 戚雨村:"索绪尔符号价值理论",《外语研究》,2001 年第 2 期。
[466] 钱冠连:《语言全息论》,商务印书馆 2002 年版。
[467] 钱军:"语言系统的核心与边缘——布拉格学派理论研究",《福建外语》,1996 年第 3 期。
[468] 钱敏汝:"戴伊克的话语宏观结构论(上)",《国外语言学》,1988 年第 2 期。
[469] 钱敏汝:"戴伊克的话语宏观结构论(下)",《国外语言学》,1988 年第 3 期。
[470] 钱敏汝:《篇章语用学概论》,外语教学与研究出版社 2001 年版。
[471] 乔治·埃利亚著,曲辰译:《话语分析基础知识》,天津人民出版社 2006 年版。
[472] 萨丕尔著,陆卓元译:《语言论》,商务印书馆 1985 年版。
[473] 沈家煊:"句法的象似性问题",《外语教学与研究》,1993 年第 1 期。
[474] 石洛祥,李力:"超越字面意义的疆域——隐喻歧义的理解及消解",《外语与外语教学》,2008 年第 6 期。
[475] 束定芳:"试论现代隐喻学的研究目标、方法和任务",《外国语》,1996 年第 2 期。
[476] 束定芳:《隐喻学研究》,上海外语教育出版社 2000 年版。
[477] 束定芳:《认知语义学》,上海外语教育出版社 2008 年版。
[478] 束定芳:"理查兹的隐喻理论",《外语研究》,1997 年第 3 期。
[479] 束定芳:"论隐喻的运作机制",《外语教学与研究》,2002 年第 2 期。
[480] 束定芳:"隐喻研究中的若干问题与研究方向",《语言的认知研究》,上海外语教育出版社 2004 年版。
[481] 石云孙:"论语境",《语境研究论文集》,北京语言学院出版社 1992 年版。
[482] 司格勒斯著,谭大立等译:《符号学与文学》,春风文艺出版社 1988 年版。
[483] 斯拉夫金:"苏联篇章语言学发展概况",《国外语言学》,1988 年第 1 期。
[484] 宋宜:《结构主义语言学思想发微》,巴蜀书社 2004 年版。
[485] 苏金:"苏联的篇章语言学研究状况",《外语学刊》,1987 年第 4 期。
[486] 苏金:"再论俄罗斯篇章语言学现状",《俄语语言文学研究》第一辑(语言学卷),外语教学与研究出版社 2002 年版。
[487] 孙汉军:《俄语修辞学》,陕西人民出版社 1999 年版。
[488] 索尔加尼克著,顾霞君译:《俄语句法修辞学(复杂句法整体)》,上海外语教育出版社

1989 年版。
[489] 索绪尔著,高名凯译:《普通语言学教程》,商务印书馆 1996 年版。
[490] 索振羽:"索绪尔及其《普通语言学教程》",《外语教学与研究》,1994 年第 2 期。
[491] 涂纪亮:《现代欧洲大陆语言哲学》,中国社会科学出版社 1992 年版。
[492] 屠友祥:"索绪尔与喀山学派:音位的符号学价值——索绪尔手稿初检",《外语学刊》,2007 年第 3 期。
[493] 汪少华:"合成空间理论对隐喻的阐释力",《外国语》,2001 年第 3 期。
[494] 王艾录,司富珍:《汉语的语词理据》,商务印书馆 2001 年版。
[495] 王德春:《语言学通论》,北京大学出版社 2006 年版。
[496] 王德福:"论叶尔姆斯列夫语符学的四个理论模型",《锦州师范学院学报》,2003 年第 5 期。
[497] 王福祥:《俄语话语结构分析》,外语教学与研究出版社 1981 年版。
[498] 王福祥,吴汉樱:《语言学历史·理论·方法》,外语教学与研究出版社 2008 年版。
[499] 王钢:《普通语言学基础》,湖南教育出版社 1999 年版。
[500] 王红旗:《生活中的神秘符号》,中国华侨出版公司 1992 年版。
[501] 王健平:《语言哲学》,中共中央党校出版社 2003 年版。
[502] 王铭玉:"从符号学看语言符号学",《解放军外国语学院学报》,2004 年第 1 期。
[503] 王铭玉:"二十一世纪语言学的八大发展趋势(上、中、下)",《解放军外国语学院学报》,1999 年第 4—6 期。
[504] 王铭玉:"符号学·语言·语言文化的肖像性",《外语研究》,1994 年第 4 期。
[505] 王铭玉:"语言符号的层次及其相互关系",《中国俄语教学》,1997 年第 3 期。
[506] 王铭玉:"对皮尔斯符号思想的语言学阐释",《解放军外国语学院学报》,1998 年第 6 期。
[507] 王铭玉:《语言符号学》,高等教育出版社 2004 年版。
[508] 王铭玉,宋尧:《符号语言学》,上海外语教育出版社 2005 年版。
[509] 王宁:"走向文学的符号学研究",《文学自由谈》,1995 年第 3 期。
[510] 王松亭:《隐喻的机制和社会文化模式》,黑龙江人民出版社 1999 年版。
[511] 王文斌:《隐喻的认知构建与解读》,上海外语教育出版社 2007 年版。
[512] 王文斌:"概念合成理论研究与应用的回顾与思考",《外语研究》,2004 年第 1 期。
[513] 王文忠:"修辞活动的民族文化特点",博士学位论文,黑龙江大学 2003 年。
[514] 王希杰:"比喻的深层结构和表层结构",《修辞学研究》,语文出版社 1987 年版。
[515] 王小红:"认知心理状态在理解隐性话语和隐性连贯中的作用",《广西民族学院学报》,2000 年第 4 期。
[516] 王信泰:"符号视角下的词和词义",《上海师范大学学报》,1995 年第 3 期。
[517] 王寅:"象似性原则的语用分析",《现代外语》,2003 年第 1 期。
[518] 王寅:"从后现代哲学的人本观看语言象似性",《外语学刊》,2009 年第 6 期。
[519] 王寅:《认知语言学》,上海外语教育出版社 2007 年版。

[520] 王寅:《认知语言学探索》,重庆出版社 2005 年版。
[521] 王寅:"论语言符号象似性",《外语与外语教学》,1999 年第 5 期。
[522] 王宗琥:"俄汉古典诗歌韵律之对比研究",《中国俄语教学》,1998 年第 1 期。
[523] 维特根斯坦著,郭英译:《逻辑哲学论》,商务印书馆 1992 年版。
[524] 沃·伊瑟尔著,金惠敏等译:《阅读行为》,湖南文艺出版社 1991 年版。
[525] 吴风:《艺术符号美学》,北京广播学院出版社 2003 年版。
[526] 吴贻翼,宁琦:《现代俄语模型句法学》,北京大学出版社 2001 年版。
[527] 吴贻翼,雷秀英,王辛夷,李玮:《现代俄语语篇语法学》,商务印书馆 2003 年版。
[528] 吴哲:"认知语言学视角下术语的隐喻性解析",《中国俄语教学》,2009 年第 1 期。
[529] 伍铁平:"二分法和直接成分学说",《现代英语研究》,1981 年第 1,2 期。
[530] 武姜生:"语篇连贯的图式论分析",《西安外国语学院学报》,1999 年第 1 期。
[531] 西川直子著,王青,陈虎译:《克里斯多娃——多元逻辑》,河北教育出版社 2002 年版。
[532] 向容宪:"符号学与语言学和逻辑学",《贵州师专学报》(社会科学版),1998 年第 1 期。
[533] 肖敏、蔡晖:"试论篇章伴随意义层",《中国俄语教学》,1996 年第 3 期。
[534] 谢之君:《隐喻认知功能探索》,复旦大学出版社 2007 年版。
[535] 辛斌:"语篇互文性的语用分析",《外语研究》,2000 年第 3 期。
[536] 辛斌:"体裁互文性的社会语用学分析",《外语学刊》,2002 年第 2 期。
[537] 信德麟:"索绪尔《普通语言学札记》(俄文本)评介",《国外语言学》,1993 年第 4 期。
[538] 信德麟,张会森,华劭:《俄语语法》,外语教学与研究出版社 1990 年版。
[539] 熊学亮:《认知语用学概论》,上海外语教育出版社 1999 年版。
[540] 熊学亮:"语用学与认知语境",《外语学刊》,1996 年第 3 期。
[541] 徐章宏:《语用——认知视角下的隐喻理解》,科学出版社 2007 年版。
[542] 徐志民:"马丁内及其语言理论",《外语教学与研究》,1994 年第 3 期。
[543] 许国璋:《许国璋论语言》,外语教学与研究出版社 1991 年版。
[544] 许宁云:"论符号学的对话性",《外语论坛》,2002 年第 4 期。
[545] 雅柯布森著,钱军、王力译:《雅柯布森文集》,湖南教育出版社 2001 年版。
[546] 亚里士多德:《修辞术·亚历山大修辞学·论诗》,中国人民大学出版社 2003 年版。
[547] 亚里士多德著,罗念生译:《修辞学》,上海人民出版社 2006 年版。
[548] 严辰松:"功能主义说略",《解放军外语学院学报》,1997 年第 6 期。
[549] 严辰松:"语言临摹性概说",《国外语言学》,1997 年第 3 期。
[550] 严世清,董宏乐:"语篇连贯的新视角",《山东外语教学》,1999 年第 3 期。
[551] 杨大春:《文本的世界》,中国社会科学出版社 1998 年版。
[552] 杨喜昌:《俄语句子语义整合描写》,黑龙江人民出版社 2005 年版。
[553] 杨习良:《修辞符号学》,黑龙江教育出版社 1993 年版。
[554] 尤瑟夫·库尔泰著,怀宇译:《叙述和话语符号学》,天津社会科学院出版社 2001 年版。
[555] 于晖:"语篇体裁结构潜势及其应用",《解放军外国语学院学报》,2001 年第 1 期。

[556] 俞建章、叶舒宪:《符号:语言与艺术》,上海人民出版社1988年版。
[557] 俞如珍:"聚合关系和组合关系的神经心理基础",《山东外语教学》,1992年第3期。
[558] 俞如珍、金顺德:《当代西方语法理论》,上海外语教育出版社1994年版。
[559] 袁晖:《比喻》,安徽人民出版社1982年版。
[560] 张德禄:"语篇连贯研究纵横谈",《外国语》,1999年第6期。
[561] 张德禄:"社会文化因素与语篇连贯",《山东师范大学外国语学院学报》,2000年第4期。
[562] 张德禄、刘洪民:"主位结构与语篇连贯",《外语研究》,1994年第3期。
[563] 张凤:"《叶夫盖尼·奥涅金》的符号学分析",博士学位论文,解放军外国语学院2005年。
[564] 张光鉴、高林生、张菀竹:《科学教育与相似论》,江苏科学技术出版社2000年版。
[565] 张光明:"关于中外符号学研究现状的思考",《外语与外语教学》,1995年第5期。
[566] 张会森:《修辞学通论》,上海外语教育出版社2002年版。
[567] 张建理:"连贯研究概览",《外语教学与研究》,1998年第4期。
[568] 张杰、康澄:《结构文艺符号学》,外语教学与研究出版社2004年版。
[569] 张晶:"俄语广告篇章中的先例文本",《北京第二外国语学院学报》,2003年第2期。
[570] 张沛:《隐喻的生命》,北京大学出版社2004年版。
[571] 张廷国、陈忠华:"语篇的理论界定、描写和解释",《烟台大学学报》(哲社版),2003年第7期。
[572] 张绍杰、王克非:"索绪尔两个教程的比较与诠释",《外语与外语教学》,1997年第4期。
[573] 张绍杰:《语言符号任意性研究》,上海外语教育出版社2004年版。
[574] 张亚非:"语篇及其符号解释过程",《外国语》,1993年第5期。
[575] 张亚非:"逻辑式的语义解释作用及其局限性",《解放军外国语学院学报》,1992年第5期。
[576] 章启群:《意义的本体论——哲学诠释学》,上海译文出版社2002年版。
[577] 赵蓉晖:《索绪尔研究在中国》,商务印书馆2005年版。
[578] 赵世开:《美国语言学简史》,上海外语教育出版社1989年版。
[579] 赵艳芳:《认知语言学概论》,上海外语教育出版社2001年版。
[580] 赵艳芳:"语言的隐喻认知结构——《我们赖以生存的隐喻》评价",《外语教学与研究》,1995年第3期。
[581] 赵毅衡:《符号学文学论文集》,百花文艺出版社2004年版。
[582] 郑述谱:"术语的定义",《术语标准化与信息技术》,2005年第1期。
[583] 郑文东:"符号域:民族文化的载体——洛特曼符号域概念的解读",《中国俄语教学》,2005年第4期。
[584] 郑文东:《文化符号域理论研究》,武汉大学出版社2007年版。
[585] 周礼全:《逻辑——正常思维和成功交际的理论》,人民出版社1994年版。
[586] 周小成:"篇章语音整和",《中国俄语教学》,2003年第4期。
[587] 周祯祥:"现代符号学理论源流浅探",《现代哲学》,1999年第3期。
[588] 朱永生:"试论语篇连贯的内部条件(上)",《现代外语》,1996年第4期。

[589] 朱永生:"试论语篇连贯的内部条件(下)",《现代外语》,1997年第1期。
[590] 朱永生:"韩礼德的语篇连贯标准——外界的误解与自身的不足",《外语教学与研究》,1997年第1期。
[591] 朱永生,严世清,苗兴伟:《功能语言学导论》,上海外语教育出版社2004年版。
[592] 朱永生,严世清:《系统功能语言学多维思考》,上海外语教育出版社2001年版。
[593] 兹维金采夫著,伍铁平等译:《普通语言学纲要》,商务印书馆1981年版。

重要人名索引

A

阿布拉莫夫(С. Р. Абрамов)
阿格耶夫(В. Н. Агеев)
阿克萨科夫(К. С. Аксаков)
阿莫索娃(Н. Н. Амосова)
阿姆斯特朗(Armstrong)
安年斯基(И. Анненский)
埃亨巴乌姆(Б. М. Эйхенбаум)
艾贝尔森(R. Abelson)
安杰拉斯(Angeles)
昂格雷尔(Ungerer)
奥格登(C. Ogden,1889—1957)
奥古斯丁(St. Augustine,354—430)
奥卡姆(W. Occam)
奥斯特罗夫斯基(Островский)
奥斯汀(Austin)
阿赫玛托娃(А. Ахматова)
阿赫马诺夫(А. С. Ахманов)
阿赫马诺娃(О. С. Ахманова)
阿胡吉娜(Т. В. Ахутина)
奥金措夫(В. В. Одинцов)
阿鲁久诺娃(Арутюнова)
阿尼西莫娃(Анисимова)
阿普列相(Ю. Д. Апресян)
阿瑞斯(Ares)

奥特库普希科娃(М. И. Откупщикова)
艾柯(Umberto Eco,1932—)
安德鲁·奥托尼(A. Ortony)

B

巴尔胡达罗夫(Л. С. Бархударов)
巴尔萨洛乌(Л. Барсалоу)
巴尔索夫(А. А. Барсов)
巴赫金(М. М. Бахтин,1895—1975)
巴拉诺夫(Баранов)
巴利(C. Bally)
巴利(Ш. Балли)
巴秋什科夫(К. Батюшков)
巴特(Roland Barthes,1915—1980)
巴特莱特(M. Bartlett)
巴任诺夫,(Л. В. Баженов.)
巴尔多娃(В. А. Балдова)
邦达尔科(А. В. Бондарко)
邦达列夫(Ю. Бондарев)
抱茨勒(Botzler)
贝里(M. Berry)
贝塔朗菲(L. von Bertalanffy)
别洛戈拉佐娃(Р. Белоглазова)
别努阿(А. Н. Бенуа)
别尔宗(В. Е. Берзон)
别尔金娜(Бердина)

别赫捷列娃（Н. П. Бехтерева）
比奥特罗夫斯基（Р. Г. Пиотровский）
比留科夫（Б. В. Бирюков）
比尤列尔（К. Бюлер）
博尔德列夫（Н. Н. Болдырев）
波波夫（Попов）
博杜恩·德·库尔特内（Бодуэн де Куртенэ）
博格丹诺夫（В. В. Богданов）
伯里克利（Pericles）
波普（Bopp）
波斯佩洛夫（Н. С. Поспелов）
波塔波娃（М. Д. Потапова）
波铁布尼亚（А. А. Потебня）
伯格兰德（de R. Beaugrande）
本维尼斯特（Émile Benveniste, 1902—1976）
比留科夫（Б. В. Бирюков）
布莱克（M. Black）
布列尔（Michel Bréal）
布赫宾杰尔（В. А. Бухбиндер）
布雷吉娜（Т. В. Булыгина）
布朗（G. Brown）
布勒（K. Bühler, 1879—1963）
布留索夫（В. Брюсов）
布龙达尔（V. Brondal, 1887—1942）
布洛克（А. А. Блок）
布宁（И. А. Бунин）
布尔加科夫（М. Булгаков）
布斯拉耶夫（Ф. И. Буслаев）

C

采伊特林（С. Н. Цейтлин）
茨韦塔耶娃（М. Цветаева）
彻斯特曼（Chesterman）

D

达尼列夫斯卡亚（Н. В. Данилевская）

达维多夫（И. И. Давыдов）
丹尼斯（F. Danes）
德里达（J. Derrida, 1930—2004）
德雷斯勒（W. Dressler）
德马尔斯卡亚-巴巴良（Дымарская-Бабалян）
德米特里耶夫斯基（А. Дмитриевский）
杜波依斯（P. Dubois）
狄俄倪索斯（Dionysus）
迪尔凯姆（E. Durkheim）
狄更斯（C. Diskens）
笛卡尔（R. Descartes, 1596—1650）
迪克森（P. Dixon）
多利宁（К. А. Долинин）

E

尔热夫斯卡亚（Ржевская）

F

菲多鲁克（Е. М. Галкина-Федорук）
费尔克拉夫（N. Fairclough, 1941—）
菲尔墨（C. J. Fillmore）
费特（А. А. Фет）
菲什曼（J. A. Fishman）
弗洛伊德（S. Freud, 1856—1939）
弗雷格（G. Frege, 1848—1925）
菲古罗夫斯基（И. А. Фигуровский）
福柯（M. Foucault）
福柯尼耶（Fauconnier）
弗里德曼（И. А. Фридман）
夫鲁别利（М. А. Врубель）
弗斯（J. Firth）
福尔图诺夫（Ф. Ф. Фортунов）
富尔斯（Фурс）
弗谢沃洛多娃（М. В. Всеволодова）

G

盖达尔（А. Гайдар）

重要人名索引 595

高尔基(М. Горький)
冈察洛夫(А. Д. Гончаров)
戈德斯坦(K. Goldstein, 1878—1965)
格拉宁(Д. Гранин)
格赖斯(Grice)
格雷马斯(A. J. Greimas, 1917—1992)
格里姆(Grim)
格里涅夫(Гринев)
格里森(H. A. Gleason)
格列科娃(И. Грекова)
戈列夫(Горелов)
格列齐(Н. И. Греч)
格林卡(Ф. Глинка)
戈卢别娃(Голубева)
戈尔什科夫(А. И. Горшков)
格沃兹杰夫(А. Н. Гвоздев)
贡巴尼翁(A. Compagon, 1950—)
贡恰连科(В. В. Гончаренко)
果戈理(Н. Гоголь)

H

哈贝马斯(J. Harbermas)
哈蒂姆(B. Hatim, 1947—)
哈勒瑞(J. V. Harari)
哈桑(R. Hasan)
哈韦格(R. Harweg)
海德(H. Head)
海姆斯(F. D. Hymes)
韩礼德(M. A. K. Halliday)
浩普仕(Hoopes)
赫尔曼(Herman)
赫尔德(Herder)
黑哥尔(K. Heger)
黑格尔(Georg Wilhelm Friedrich Hegel, 1770—1831)
洪堡特(B. von. W. Humboldt, 1767—1835)

霍布斯(Hobbes)
霍克斯(Terence Hawkces)
胡佳科夫(А. А. Худяков)
霍凯特(C. Hockett)

I

J

加利佩林(И. Р. Гальперин)
吉奥姆(Г. Гийом)
基布里克(А. Е. Кибрик)
吉冯(G. Von)372
济诺夫耶夫(А. А. Зиновьев, 1922—2006)
季布罗娃(Е. И. Диброва)
季霍诺夫(Н. Тихонов)
杰利维特(А. Дельвит)
捷利亚(В. Н. Телия)
杰米扬延科(А. Ф. Демьяненко)
捷尼叶尔(Л. Теньер)
吉布斯(Gibbs)
吉罗(Pierre Guiraud, 1912—1983)
季莫费耶夫(Л. И. Тимофеев)
金采利(Кинцель)
金金(С. И. Гиндин)
加克(В. Г. Гак)
加斯帕罗夫(Б. М. Гаспаров)
久别涅特(И. В. Гюббенет)

K

卡尔采夫斯基(Карцевский)
卡普兰(Robert Kaplan)
卡扎科夫(Ю. Казаков)
卡尔波夫(В. Карпов)
克拉斯内赫(В. В. Красных)
科尔尚斯基(Г. В. Колшанский)
克拉夫琴科(Кравченко)

卡拉西克(В. И. Карасик)
卡勒(J. Culler)
卡缅斯卡亚(О. Л. Каменская)
卡西尔(Enst Cassirer,1874—1945)
卡谢耶娃(Кащеева)
卡尔纳普(R. Carnap,1891—1970)
卡尔加申(Каргашин)
科博泽娃(Кобозева)
科雷特纳亚(М. Л. Корытная)
克龙加乌兹(Кронгауз)
科热夫尼科娃(Кв. Кожевникова)
科任(А. Н. Кожин)
科日娜(Н. А. Кожина)
科米萨罗夫(В. Н. Комиссаров)
柯勒律治(S. T. Coleridge)
克里斯蒂娃(J. Kristeva,1941—)
克莉斯多(David Crystal)
克里扎诺夫斯卡亚(Е. М. Крижановская)
克里莫夫(Г. А. Климов)
科列斯尼科夫(В. В. Колесников)
科夫图诺娃(И. И. Ковтунова)
科布里娜(Н. А. Кобрина)
孔德(A. Comte)
库里罗维齐(Éжи Курилоóвич,1895—1978)
库尔特内(Baudouin de Courtenay,1845—1929)
奎因(W. van O. Quine)

L

拉波夫(W. Labov)
拉伯雷(Rabelais,1494—1553)
拉季谢夫(А. Н. Радищев)
拉康(J. Lacan,1901—1981)
拉斯克(Rask)
拉斯普京(В. Распутин)
拉兹洛戈娃(Е. Э. Разлогова)

莱昂斯(J. Lyons,1932—)
莱考夫(G. Lakoff)
莱蒙托夫(М. Ю. Лермонтов)
兰姆(Lamb)
朗格(Langer)
朗吉努斯(Longinus)
劳伦特(Jenny Laurent,1949—)
列昂季耶夫(А. А. Леонтьев,1936—2004)
列费罗夫斯卡亚(Е. А. Реферовская)
列福尔-马特斯基(А. А. Реформатский)
列坎(П. А. Лекан)
列维-斯特劳斯(Claude Lévi-Strauss,1908—2009)
列兹尼科夫(Л. О. Резников,1905—1970)
理查兹(I. A. Richards,1893—1979)
利科(P. Ricoeur)
里亚布采娃(Н. К. Рябцева)
洛特曼(Ю. М. Лотман,1922—1993)
莱布尼茨(G. W. Leibniz,1646—1716)
里法泰尔(M. Riffaterre,1924—2006)
列夫津(И. И. Ревзин)
列别杰娃(Н. Б. Лебедева)
罗蒙诺索夫(М. В. Ломоносов)
洛姆捷夫(Т. П. Ломтев)
罗斯托娃(Ростова)
罗赞诺夫(Е. Д. Розанов)
鲁姆哈特(D. Rumelhart)
鲁利亚(А. Р. Лурия)

M

马丁内(Andre Martinet,1908—1999)
马林诺夫斯基(Bronislaw Kaspar Malinowski,1884—1942)
马尔特诺夫(Мартынов)
马尔特年科(Г. Я. Мартыненко)
马泰休斯(Mathesius,1882—1945)

马尔捷米扬诺夫(Ю. С. Мартемьянов)
马尔沙克(С. Я. Маршак)
马斯洛夫(Б. А. Маслов)
马雅可夫斯基(В. В. Маяковский)
麦茨(Ch. Matz,1913—1993)
梅尔金(В. Я. Мыркин)
梅利尼科夫(Г. П. Мельников)
梅利丘克(А. Мельчук)
梅力格(Х. Р. Мелиг)
梅列京斯基(Е. М. Мелетинский)
梅森(Ian Mason)
米哈伊洛娃(Михайлова)
米斯特里克(J. Mistrik)
明斯基(M. Minsky)
莫里斯(Charles William Morris,1901—1979)
莫尔恰诺娃(Г. Г. Молчанова)
莫斯卡利斯卡亚(О. И. Москальская)
穆南(George Mounin,1910—1993)
穆尔津(Л. Н. Мурзин)
梅洛-庞蒂(M. Merleau-Ponty,1908—1961)
穆卡洛夫斯基(J. Mukarovsky,1891—1975)

N

纳博科夫(В. Набоков)
尼基京(М. В. Никитин,)
涅克拉索夫(В. Некрасов)
诺维科夫(Л. А. Новиков)
诺维科夫(А. И. Новиков)
尼科拉耶娃(Т. М. Николаева)
尼科利斯卡亚(Никольская)
尼廖(Л. Нирё)
尼林(П. Нилин)
诺任(Е. А. Ножин)
诺顿(Bryan G. Norton)

O

P

潘科(C. Pankow)
帕尔梅尔(Ф. Палмер)
帕坦伽利(Patanijali)
帕特鲁舍夫(В. А. Патрушев)
帕乌斯托夫斯基(К. Паустовский)
派克(K. L. Pike)
佩奇(R. Petch)
佩斯科夫(В. Песков)
佩维奥(A. Paivio)
佩列别伊诺斯(Перебейнос)
皮尔斯(Charles Sanders Peirce,1839—1914)
皮特菲(J. S. Petofi)
皮夏利尼科娃(В. А. Пищальникова)
皮亚杰(J. Piaget,1896—1980)
普利亚斯基娜(Пляскина)
普利高津(Prigogine I. R.)
普洛普(В. Я. Пропп,1895—1970)
普洛特尼科夫(Плотников)
普希金(А. С. Пушкин)

Q

齐夫(G. K. Zipf)
契诃夫(A. Чехов)
切巴诺夫(С. В. Чебанов)
切夫(Chafe)
切列德尼琴科(И. В. Чередниченко)
切斯捷尔通(Г. К. Честертон)
切尔涅伊科(Чернейко)
切尔努希娜(И. Я. Чернухина)
乔姆斯基(A. N. Chomsky,1928—)
乔伊斯(J. Joyce,1882—1941)
秋特切夫(Ф. И. Тютчев)
昆提良(M. F. Quintilian)

R

热奈特(G. Genette,1930—)
任金(Н. И. Жинкин)
茹尔蒙斯基(В. М. Журмунский)
日尔蒙斯基(В. М. Жирмунский)
茹科夫斯基(В. Жуковский)
茹拉夫列夫(А. П. Журавлев)

S

萨尼科夫(В. З. Санников)
塞尔(Searle)
桑福德(A. Sandford)
斯珀伯(D. Sperber)
斯捷潘诺夫(Ю. С. Степанов,1930—)
斯拉马-卡扎库(Т. Слама-Казаку)
斯兰斯基(В. Сланский)
斯柳萨列娃(Н. А. Слюсарева)
斯塔布斯(M. Stubbs)
斯托亚诺维奇(Стоянович)
斯威策(Sweetser)
宋采夫(В. М. Солнцев)
索绪尔(F. de Saussure,1857—1913)
苏里奥(E. Souriau,1892—1979)
申农(C. E. Shannon,1916—2001)
沙别斯(Шабес)
沙赫马托夫(А. А. Шахматов)
沙图诺夫斯基(И. Б. Шатуновкий)
尚克(R. Schank)
申加列娃(Е. А. Шингарева)
什捷尔恩(А. С. Штерн)
施密德(Schmid)

索罗金(Ю. А. Сорокин)
什韦多娃(Н. Ю. Шведова)
索尔加尼克(Г. Я. Солганик)

什梅列夫(Д. Н. Шмелев)
什韦伊采尔(А. Д. Швейцер)
舒克申(В. Шукшин)

T

泰勒(J. R. Taylor)
特列尔(J. Trier)
特列古博维奇(Трегубович)
特里福诺夫(Ю. Трифонов)
特鲁别茨柯依(Н. С. Трубецкой,1890—1938)
特罗希娜(Н. Н. Трошина)
特纳(Turner)
特尼亚诺夫(Ю. Н. Тынянов)
托多罗夫(Tzvetan Todorov,1939—)
陀思妥耶夫斯基(Ф. М. Достоевский,1821—1881)
托姆(R. Tom)
图巴洛娃(И. В. Тубалова)
屠格涅夫(И. Тургенев)
图拉耶娃(З. Я. Тураева)
图尔马切娃(Н. А. Турмачева)
托马舍夫斯基(Б. В. Томашевский)

W

瓦尔(F. Wahl)
瓦尔吉娜(Н. С. Валгина)
瓦斯涅措夫(Ю. А. Васнецов)
瓦西里耶夫(Б. Васильев)
维柯(G. Vico,1668—1744)
维戈茨基(Л. С. Выготский)
韦尔纳德斯基(В. И. Вернадский,1863—1945)
威廉·詹姆斯(W. James)
韦弗(Weaver)
韦日比茨卡(А. Вежбицка)
韦特罗夫(А. А. Ветров)
维诺格拉多夫(В. В. Виноградов,1894—1969)

维特根斯坦(Wittgenstein)
威多森(H. G. Widdowson)
维诺库尔(Т. Г. Винокур)
威尔森(D. Wilson)
沃尔科娃(Л. Б. Волкова)
沃斯托科夫(А. Х. Востоков)
乌菲姆采娃(А. А. Уфимцева)
乌斯宾斯基(Б. А. Успенский,1937—)
乌伊利亚姆·布洛卡尔(Уильям Буллокар)

X

西比奥克(Thomas Albert Sebeok,1920—2001)
西多罗夫(В. Сидоров)
西利尼茨基(Г. Г. Сильницкий)
西塞罗(Cicero)
谢德林(М. Е. Салтыков-Щедрин)
谢多夫(Седов)
谢尔巴(Л. В. Щерба,1880—1944)
休斯敦(T. P. Houston)

Y

雅各布森(Р. О. Якобсон,1896—1982)
亚库宾斯基(Якубинский)
亚历山大·波普(Alexander Pope)

亚尔采娃(Ярцева)
叶尔姆斯列夫(L. Hjelmslev,1899—1965)
叶伊格尔(Г. В. Ейгер)
叶尔莫连科(Ермоленко,1923—1986)
叶赛宁(С. Есенин)
叶斯柏森(Otto Jespersen)
伊奥尼采(М. П. Ионицэ)
伊拉加(Hiraga)
伊萨琴克(А. В. Исаченк)
伊万诺夫(Вячеслав Всеволодович Иванов, 1929—)
约瑟夫·兰斯德尔(Joseph Ransdell,1931—2010)
尤尔(G. Yule)
约翰森(J. D. Johansen)
约翰森-莱尔德(Johnson-Laird)
约翰逊(M. Johnson)

Z

兹多罗沃夫(Ю. А. Здоровов)
兹韦金采夫(В. А. Звегинцев)
扎列夫斯卡亚(А. А. Залевская)
佐洛托娃(Г. А. Золотова)

跋

  2004年《语言符号学》一书在高等教育出版社问世了,当时一些学术同仁称其为"十年之一剑"(我于1993年在全国高校外语专业首先开设了"符号学"课程,并且开始了"语言符号学"课题研究)。如今又过了十年,我主持完成了教育部人文社会科学研究基地的重大项目"现代语言符号学",在商务印书馆的支持下,即将把这一成果在2013年初春出版,这总算对自己、对读者又有了一个小小的交代。

  语言符号学是一门交叉学科,它是研究语言符号本身以及用符号学的思想观点来研究语言学问题的学科(《语言符号学》,2004:90)。在1986年硕士学习期间我开始接触符号学,当时就有一个朦胧的想法,把语言学和符号学结合起来研究;1993年博士毕业后就更加坚定了语言符号学的研究方向,并且依据可能的"学术生命"为自己制定了"四十年四阶段研究计划"。概括地讲,第一个十年(奠基阶段,1993—2003年)的任务是开设课程,举办全国性专题学术会议,完成基础之作《语言符号学》;第二个十年(普及提高阶段,2003—2013年)的任务是在全国开展语言符号学的学术交流活动,培养硕士和博士团队,出版《符号学研究》和《符号语言学》文集,完成《现代语言符号学》重大课题研究;第三个十年(拓展阶段,2013—2023年)的任务是展开语言符号学的跨域研究,可能要涉及文字符号学、广告符号学、翻译符号学、社会符号学、文化符号学、传播符号学等学科,主要目的是想从其他符号学交叉学科汲取营养,进一步丰富语言符号学本身;第四个十年(鼎立阶段,2023—2033年)的任务是确立语言符号学的学科地位以及中国语言符号学在世界符号学界的地位。今天看来,我按计划走完了第二个十年,制定的任务都得到了落实,在创建语言符号学的征途上又迈出了坚实的一步。

  新作马上要面世了,与先前《语言符号学》一书相比,这次在书名上多了

"现代"二字,这里并没有游戏文字之意,而是在内容上有了较大的"现代"之变,主要体现在以下三个方面:一、研究目的。现代之作应面对现代问题,先前的研究多在基础理论上下功夫,而本书追求在理论的指导下去分析解决当下语言符号面临的具体问题,为语言符号学打上现代之烙印;二、研究途径。思维科学告诉我们,有序的客观世界是以它的层次性为突出特征的,而系统的层次问题是现代语言符号学中头等重要的问题,本书正是从篇章符号学、句子符号学、隐喻符号学的层次来展开研究的;三、研究方法。符号学可以被理解为关于符号系统和符号过程的理论和实践研究,虽然其研究的边界并不是十分清晰,但以共同的方法论导向为特征却是学者们所公认的(符号学在人文科学中的地位相当于数学之于自然科学),作为一门现代科学它更应为语言学研究提供精确的概念体系和有效的分析工具,本书采用的结构主义态度、二元对立的尺度、常体变体的二分观念、组合聚合的二维思想、三分法的原理等均具有现代科学的方法论价值。

《现代语言符号学》一书是集体劳动的结晶。首先应感谢教育部人文社会科学研究基地黑龙江大学俄罗斯语言文学与文化研究中心以及黑龙江省高校哲学社会科学学术创新团队建设计划资助(项目编号:TD201201),正是他们把"现代语言符号学"列入了重大项目进行培育,并予以资助出版;再则,要感谢本书的写作团队(陈勇、金华、吕红周),虽然他们都是我的博士学生,但论其能力,他们术有专攻,水平都在我之上,为专著的出版做出了重要的贡献;还要感谢天津外国语大学和天津市教委,他们积极地为我搭建科研平台,批准建立了天津市重点研究基地——语言符号应用传播研究中心,为专著的最终完成提供了良好的科研环境和条件;同时还要再次感谢中国语言与符号学研究会会长、北京大学资深教授胡壮麟先生,胡老已年过八旬,但我们是学术上的"忘年之交",他从我第一次参加符号学会议开始就一直关心并呵护我的成长,当2004年《语言符号学》一书要出版时,他通读全书,亲自作序,提携后生之情令人感动。这次当新的专著完成之后,胡老更是克服了许多身体上的不适情况,以前辈治学之"义不容辞"精神再次审读全书,并又一次提笔作序,阐发自己的学术感想,为我今后的学术进取留下励志之言;最后,我要感谢商务印书馆的冯华英女士。她以特有的学术眼光把此书列入了出版社的重要选题之中,又以严谨治学的态度审读、修改、编辑了全书,字里行间都有她的心血付出,相信这部专著的出版对她而言也会是沉甸甸的。

收笔之际,我想到了《语言符号学》中的一段话同样适应于《现代语言符号学》这部新书的出版。"创立语言符号学属于一项填补空白、与世界先进科学文化接轨的开创性工作,也是当代语言学和符号学工作者的神圣任务和职责。这项工作不仅可以在一定的广度和深度上促进语言学和符号学这两个学科的研究,推动它们本身的发展与完善,更重要的是,能够实现语言学和符号学的交叉融合,开拓一个新的研究领域,为语言学向领先科学的发展提供重要的科学依据。"(《语言符号学》,2004:91)

王 铭 玉

2012 年 11 月 26 日凌晨于天津

图书在版编目(CIP)数据

现代语言符号学/王铭玉等著.—北京:商务印书馆,2013
ISBN 978-7-100-09439-9

Ⅰ.①现…　Ⅱ.①王…　Ⅲ.①符号学　Ⅳ.①H0

中国版本图书馆 CIP 数据核字(2012)第 217468 号

所有权利保留。
未经许可，不得以任何方式使用。

现代语言符号学

王铭玉　等著

商 务 印 书 馆 出 版
(北京王府井大街36号　邮政编码 100710)
商 务 印 书 馆 发 行
北京瑞古冠中印刷厂印刷
ISBN 978-7-100-09439-9

2013 年 11 月第 1 版　　开本 787×1092　1/16
2013 年 11 月北京第 1 次印刷　印张 38½
定价：78.00 元